막스 베버(1864~1920) 1894년 프라이부르크 대학교 경제학 교수로 취임했을 무렵의 모습

▲베를린 대학교 베버는 이곳에서 박사 학위와 교수 자격을 취득했다.

◀하이델베르크 대학교 이곳에서 베버는 법학을 중심으로 역사학·경제학·철학 등을 공부했다.

에르푸르트 독일 중부 튀링겐 주의 중심 도시. 1864년 베버가 이곳에서 태어났다.

▲어린 시절의 베버(왼쪽)와 두 동생

▶베버와 아내 마리안네 가부장적인 아버지에게 반발
했던 베버는 그의 아내를 정신적 동반자로 대했다.

가족사진 맨 오른쪽이 막스 베버(1888)

1898년, 서른네 살의 베버는 건강 악화로 레만 호(위)와 보덴 호(아래)를 찾아 요양했다.

비스마르크(1815~1898) 베버가 살았던 시대의 독일은 '철혈 재상' 비스마르크의 이름으로 상징되는 독일 제2제정 사회였다.

▲독일민주당의 초대 지도자 프리드리히 나우만

◀독일민주당의 선전 포스터 1918년, 베버는 독일민주당에 참가, 선거활동을 펼쳤다.

전장으로 떠나는 독일예비군 제1차 세계대전이 일어나자 베버는 자원하여, 하이델베르크 예비군 육군병원위원회의 임무를 수행했다.

채닝(1780~1842) 베버는 스트라스부르 시절, 미국 목사 채닝의 사상을 접하고 깊은 영향을 받았다.

메이플라워 서약 공정하고 평등한 법률을 제정하고 이에 복종할 것을 다짐했다.

메이플라워 호에 오르는 필그림 파더스 미국 사회가 가장 발전한 자본주의 형태를 띠는 까닭은 프로테스탄티즘 윤리에 기인한다고 볼 수 있다.

세계사상전집038
Max Weber
DIE PROTESTANTISCHE ETHIK UND DER GEIST DES KAPITALISMUS
WISSENSCHAFT ALS BERUF/POLITIK ALS BERUF
SOZIOLOGISCHE GRUNDBEGRIFFE
프로테스탄티즘 윤리와 자본주의 정신
직업으로서의 학문/직업으로서의 정치/사회학 근본개념
막스 베버/김현욱 옮김

동서문화사

디자인 : 동서랑 미술팀

프로테스탄티즘 윤리와 자본주의 정신
직업으로서의 학문/직업으로서의 정치/사회학 근본개념
차례

Die protestantische Ethik und der Geist des Kapitalismus

프로테스탄티즘 윤리와 자본주의 정신

지은이 서문*1

이 논문은 1905년,*2 야페(Jaffé)가 편집한 〈Archiv für Sozialwissenschaft und Sozialpolitik(J. C. B. Mohr, Tübingen)〉, 〈Band XX, XXI〉에 [처음으로]*3 발표되었다. 이 논문에 대한 수많은 문헌들 중 매우 상세한 비판 논문만을 여기에 소개하겠다. 우선 라흐팔의 〈F. Rachfahl, Kalvinismus und Kapitalismus, Internationale Wochenschrift für Wissenschaft, Kunst und Technik, 1909, Nr. 39~43〉이 있다. 이에 대한 필자의 논문은 〈Antikritisches zum 'Geist' des Kapitalismus, Archiv, Band XXX, 1910〉이다. 또 이에 대한 라흐팔의 반박은 〈Rachfahl, Nochmals Kalvinismus und Kapitalismus, a. a. O., 1910, Nr. 22~25〉이며, 이것에 대한 필자의 논문은 〈Antikritisches Schlusswort, Archiv, Band XXXXI〉이다(브렌타노는 바로 다음에 소개할 비판 논문에서 인용하면서도 이 최신 논문들을 몰랐던 듯하다). 라흐팔이—다른 점에서 나는 그를 존경하지만—이 경우에서만큼은 자신이 잘 모르는 문제에 손을 대었다. 따라서 필자와 그의 논쟁은 그다지 유익하지 않았다. 이 논쟁을 통해 필자가 이번 책에서 보충할 수 있었던 내용은 하나도 없었다. 필자는 그저 위에 소개한 반박문 내용을 (아주 조금만) 본문과 주석에 보충적으로 인용하여, 예상되는 모든 오해를 막고자 하는 데 그쳤을 뿐이다. —다음으로 좀바르트의 저서 《Werner Sombart, Der Bourgeois(München und Leipzig, 1913)》가 있는데, 이에 대해서는 본문의 주석에서 논급할 것이다. 마지막으로 1913년에 있었던 '근대 자본주의의 기원'에 관한 브렌타노의 뮌헨 강연 〈Lujo Brentano, Die Anfänge des modernen Kapitalismus, Münchner Festrede in der Akademie der Wissenschaften, 1913(1916년에 별책으로 Exkurse가 증보되어 출판됨)〉의 부록 Exkurs II*4를 들 수 있다. 이 비판 논문에 대해서도, 이 책의 필요한 부분에서 특별히 주석을 달아 논할 예정이다. —또한 발표 당시의 이 논문에서 내용상 중요한 견해를 나타내고 있던 문장들 가운데, 이번에 삭제되거나 의미가 바뀌거나 완화되거나 내용적으로 다른 주장이 추가된 문장은 하나도 없다. 혹시 이 점에 관심이 있다면(그럴 것 같지는 않지만), 이전 논문과 비교하여 직접 확인하길 바란다. 그런 삭제나 변경은 전혀 필요 없었다. 지금 내 말을 의심하는 독자라도 이 책을 읽다 보면 저절로 이해하게 될 것이다. ―위에서 언급한 두 학자는 필자와의 논쟁 이상으로 서로 격렬한 논쟁을 벌이고 있다. 좀바르트의 《유대인과 경제생활》〈Sombart, Die Juden und das Wirtschaftsleben, 1911〉에 대한 브렌타노의 비판은 많은 점에서 근거가 있다. 그러나 브렌타노는, 이 책에서 생략했던 유대인 문제(이에 관해서는 후술하겠다)의 기본을 전혀 이해하지 못했다는 점은 차치하더라도, 그 밖에 여러 잘못된 견해를 품고 있었다.

신학에서는 이 논문 발표를 계기로 가치 있는 비평이 많이 나왔다. 대체로 호의적인 그 비평들은 필자의 논문에 대한 충분한 이해를 바탕으로 하였다. 개별적인 점에서는 다소 의견 차이가 날지라도 사실에 의거하여 쓰인 것이다. 필자는 이 논문에서 사용한 방법으로 문제를 다룰 수밖에 없었는데, 이것이 반감을 불러일으킨다 해도 어쩔 수 없는 노릇이다. 하지만 그럼에도 이렇게 필자의 논문이 받아들여졌다는 것은 매우 가치 있는 일이라고 본다. 물론 하나의 종교를 신봉하는 신학자들이 보기에 가치 있는 것일지라도, 필자의 이 연구에서는 가치가 없을 수도 있다. 필자가 문제로 삼고 있는 것은― 종교 측의 가치판단에 따르면―인류의 종교생활 가운데 외적으로 친근한 측면인 경우가 많은데, 종교에는 이런 측면 역시 분명히 존재했던 것이다. 또한 그것들은 바로 친근하고 외적이었기 때문에, 외면적으로 매우 강한 영향력을 종종 행사할 수 있었다. ―트뢸치의 대저《E. Troeltsch, Die Soziallehren der christlichen Kirchen und Gruppen(Tübingen, 1912)》은 그 밖의 점도 풍부하게 다루면서 이 논문의 문제에 대해서도 훌륭한 보충과 증명을 제공해 주므로, 여기서 다시 한 번―각 부분을 하나하나 인용하는 번거로움을 덜기 위해―독자들에게 이 책을 참조하길 권한다. 이 책은 온갖 방면에 깊은 관심을 가지고, 그 자신의 독자적인 관점을 바탕으로 서유럽 기독교 윤리의 보편적 역사를 다룬 것이다. 다만 이 책의 저자가 종교 교리에 중점을 둔 반면, 필자는 종교가 실제생활에 미친 영향을 문제 삼고 있다.

⟨주⟩

*1 이 저자 서문은 저작 모음집인 ⟨Gesammelte Aufsätze zur Religionssoziologie, Bd. Ⅰ⟩의
표제에 달린 주석이다. 그러나 여기서는 그 내용으로 판단하여 저자 서문이라는 형태
로 번역했다.

*2 원문에는 1904/5년이라고 되어 있다. 그러나 이 번역본에서는 빙켈만이 펴낸 최신 문
헌 ⟨Max Weber, Eine Aufsatzsammlung der protestantische Ethik, Ⅰ, hrsg. von Johan-
nes Winckelmann, CTB Siebenstein S. 27⟩에 의거해서 정정해 두었다. (역주)

*3 [ ]는 역자의 보충 및 주석을 나타낸다. (이하 동일)

*4 ⟨Lujo Brentano, Die wirtschaftende Mensch in der Geschichte, 1923⟩에 수록된 논문
⟨청교도주의와 자본주의(Puritanismus und Kapitalismus)⟩. 이 논문은 이 책을 이해하는
데 도움이 되므로 여기에 소개해 둔다. (역주)

제1장 문제

1. 신앙과 사회계층 분화

여러 신앙이 뒤섞여 있는 지방의 직업 통계에서는 흔히 다음과 같은 현상이 발견된다.[*1] 독일 가톨릭파 회의 석상이나 신문·문헌[*2]에서도 자주 논의되고 있는 이 현상은, 근대적 기업 분야의 자본 소유 및 기업가와 숙련된 고급 노동자들—특히 기술적·상업적 훈련을 통해 교육받은 종업원들—이 눈에 띄게 프로테스탄트적 색채를 띠고 있다는 것이다.[*3]

이를테면 동부 독일의 독일인과 폴란드인처럼 신앙의 종류가 국적의 구별과 일치하며, 따라서 문화의 발달 수준도 일치하는 지방에서만 이런 현상이 보이는 것은 아니다. 일반적으로 자본주의가 발전함에 따라 그 결과로 주민들 사이에 사회계층 분화 및 직업 분화가 발생한 지방이라면 어디서나—이런 분화가 심하면 심할수록 뚜렷하게—신앙 통계 수치에서 이 현상을 발견할 수 있다. 이처럼 거대 상공업 기업의 자본 소유 및 경영,[*4] 그리고 고급 노동과 관련된 프로테스탄트의 수는 상대적으로 매우 많다. 다시 말해 그런 분야에 참가하고 있는 프로테스탄트의 수가 총인구에서 차지하는 비율을 넘어선다.[*5] 이 사실은 어느 정도까지는 옛 시대에서 비롯된 역사적인 이유로 설명될 수 있다.[*6] 물론 이 경우 신앙상의 소속 문제는 경제 현상의 원인이 아니라, 얼마쯤은 결과로 간주되어야 할 것이다. 그런 경제적인 분야에 종사하는 일은 자본 소유나 값비싼 교육, 아니면—대부분의 경우—이 둘 모두를 필요조건으로 요구하며, 그렇기에 오늘날에는 유산 상속자나 상당히 부유한 사람이 아니고서는 그런 분야에 종사할 수 없다는 생각이 퍼져 있다. 그러나 과거 16세기 독일에서 어떤 지역이 프로테스탄티즘으로 개종했던가. 바로 대단히 풍족하고 자연 및 교통 사정이 좋으며 경제적으로 발달한 지방, 특히 수많은 부유한 도시였다. 그리고 이 사실의 여파가 현재까지 미쳐 경제상의 생존경쟁에서 프로테스탄트의 입장을 유리하게 만들어 주고 있다. 그런데 이 경우 역사적으로는 다음과 같은 의문이 생겨난다. 이처럼 경제적으로 발전했던 지방들이 '종교상의 혁명을 받아들이는 데에 유난히 강한 소질을 지니고 있었던 이유는 과연 무엇이었을까. 그 대답은 쉬워 보이지만, 실은 결코 그렇지 않다. 확실히 경제상의 전통주의에서 벗어났다는 사실이 사람들로 하여금 종교상의 전통에도 회의를 품게 하여 전통적 권위에 대한 반항을 불러일으키는 원인이 되었다고 생각할 수도 있다. 그러나 이 점을 살펴볼 때에는 오늘날 간과되기 쉬운 한 가지 사실에 유의해야 한다. 바로 종교개혁이 인간생활에 대한 교회의 지배를 배제하기는커녕, 오히려 종래와는 다른 형태의 지배를 구축했을 뿐이라는 사실이다. 사실 종래의 형태에 의한 종교적인 지배는 당시 실생활에서는 거의 체감되지 않을 만큼 매우 느슨한, 대부분의 경우 형식적으로만 남아 있는 것에 지나지 않았다. 그러나 새로운 형태의 지배는, 인간이 생각할 수 있는 거의 모든 범위의 가정생활과 공적(公的) 생활 전체에 걸쳐 대단히 엄격하고 번거로운 규율을 우리에게 요구했다. 현재 두드러지게 근대 경제의 모습을 나타내고 있는 국민들조차 가톨릭교회의 지배—과거에는 지금보다 더 '죄인은 가엾이 여기고 이단(異端)을 벌하는' 지배였다—에 복종하는 일을 조금도 힘들게 생각하지 않는 것처럼, 15세기 말에 가장 부유하고 경제적으로 발달했던 지방 사람들도 가톨릭교회의 지배에 복종하는 일을 힘들게 여기지 않았다.

칼뱅주의는 16세기에 제네바와 스코틀랜드를 지배했으며 16세기 말부터 17세기에 걸쳐서는 네덜란드 대부분을, 17세기에는 뉴잉글랜드 및 한때는 영국 본국까지 지배했다. 그러나 현대의 우리에게 이런 칼뱅주의의 지배는, 교회가 개인을 통제하는 형태 중에서도 가장 견디기 힘든 형태일 것이다. 그 시절 제네바·네덜란드·영국의 유서 깊은 도시귀족들도 칼뱅주의는 견디기 힘든 통제로 여기고 있었다. 사실 그 당시 경제적 발전이 진행되고 있던 여러 지방의 종교개혁자들이 열띠게 비난했던 것은, 사람들의 생활에 대해 종교 및 교회의 지배가 심하다는 점이 아니라 오히려 그 지배가 너무 부족하다는 점이었다. 그렇다면 경제적 발전이 진행되고 있던 여러 나라의 국민들, 뒤에서 살펴보겠지만 그중에서도 특히 그 시대 경제생활에 성공을 거듭하고 있던 시민적 중산계급이, 청교도주의의 지배라는 그 유례가 없을 정도로 전제적인 지배를 받아들인 까닭은 무엇이었을까. 게다가 그들이 싫어하면서도 어쩔 수 없이 받아들인 것이 아니라, 그것을 옹호하기 위해 칼라일의 "the last of our heroisms(우리의 마지막 영웅주의)"라는 표현이 어울릴 만큼 시민적 계급 자체에서 거의 전무후무에 가까운 영웅적인 행동을 보였던 이유는 대체 무엇이었을까.

그런데 좀 더 자세히 살펴보면 이런 문제도 생겨난다. 즉 근대 경제에서의 자본 소유 및 경영적인 지위를 현재 프로테스탄트들이 더 많이 차지하고 있다는 사실은, 앞서 알아보았듯이 어느 범위까지는 역사적인 사정—그들이 비교적 유리한 재산 조건을 미리 갖추고 있었다는 사정—의 결과에 지나지 않다고 해석되어야 하겠지만, 한편으로는 원인과 결과의 관계가 그렇지 않다는 점을 확실하게 보여 주는 현상들도 일어나고 있는 것이다. 그 현상들 가운데 몇 가지만 살펴보면 이런 사실이 드러난다. 우선 바덴이나 바이에른, 헝가리 등 곳곳에서 확인되는 현상인데, 가톨릭교도 부모와 프로테스탄트 부모는 일반적으로 자식들에게 다른 고등교육을 시킨다. 물론 이른바 '고등 수준' 학교의 학생이나 대학 지원 자격자들 가운데 가톨릭교도들이 차지하는 비율이, 총인구에서 그들이 차지하는 비율보다 전체적으로는 훨씬 적다는 사실은,*7 앞서 설명한 역사적 재산 조건의 차이에서 비롯되었다고 볼 수도 있다. 그러나 가톨릭교도 대학 지원 자격자들 내부에서도 근대적인, 기술 학습이나 상공업 관련 취직 준비처럼 대체로 시민적인 영리(營利)생활을 지향하는 학교, 예컨대 실업 고등학교, 실업학교, 고등 초등학교 과정을 마치는 사람의 비율은 프로테스탄트에 비해 훨씬 적다.*8 게다가 가톨릭교도 대학 지원 자격자들은 실제로 교양과정 중심의 고등학교에서 실시되는 교육을 특히 좋아한다. —이 사실은 앞서 소개한 이유로는 설명되지 않는다. 오히려 가톨릭교도가 자본주의적 영리에 관계하는 일이 적다는 사실이, 거꾸로 이런 것을 바탕으로 설명되어야 할 것이다. 그런데 근대적인 대공업(大工業)의 숙련 노동자 계층에 참가하고 있는 가톨릭교도가 적은 이유를 좀 더 명료하게 설명해 주는 것이 있다. 바로 다음과 같은 사실이다. 오늘날 공장의 숙련 노동력은 수공업 종사자들로부터 전용(轉用)되어 오는 경우가 대단히 많다. 따라서 수공업은 숙련 노동력을 제공하기 위한 준비 장소가 되었으며, 그곳에서 준비를 마친 사람들이 대기업으로 건너가는 것이 일반적이다. 그런데 이런 현상은 가톨릭교도의 직인(職人, Geselle)보다도 프로테스탄트 직인에게서 훨씬 쉽게 찾아볼 수 있다. 다시 말해 가톨릭교도 직인들은 언제까지나 수공업에 머무르려는 경향이 강하므로 비교적 장인(匠人, Meister)이 되는 경우가 많은 반면, 프로테스탄트 직인들은 공장에 들어가서 숙련 노동자의 상층이나 공업경영 간부의 지위에 오르려 하는 경우가 많다.*9 여기서 원인과 결과의 관계는 명백하게 다음과 같이 드러난다. 즉 사람들이 교육을 통해 얻는 정신적 특성, 특히 이 경우에는 고향 또는 부모님 가정의 종교적인 분위기로 인해 제약된 교육 방향이, 그들의 직업 선택 및 그 뒤의 직업적인 운명을 결정짓고 있는 것이다.

그런데 이처럼 독일 사회에서 가톨릭교도가 근대적인 영리생활에 관계하는 일이 비교적 적다는 것은 옛날부터 인정되어 왔고,*10 오늘날에도 일반적으로 널리 알려져 있는 아래의 경험과는 상반되기 때문에 더욱 주목받을 만하다. 즉 민족적 또는 종교적 소수자는 '피지배자'로서 다른 '지배자' 집단과 대립하는 위치에 놓여 있을 때 자발적으로든 강제적으로든 정치상 유력한 지위에서 쫓겨나게 마련인데, 그 결과 그들은 일반적으로 두드러지게 영리생활에 매진하게 되며 그중에서도 재능이 넘치는 사람들은 정치적 활동 무대에서 만족시킬 수 없는 명예욕을 이 방면에서 채우려고 한다는 것이다. 러시아 및 동프로이센 지방에서 경제적 번영의 길을 착실히 걷고 있는 폴란드인은—같은 폴란드인이 지배하는 갈리치아 지방과는 반대로—분명히 이와 같은 경우다. 또 오래된 예로는 루이 14세 시대 프랑스의 위그노, 영국의 비국교도와 퀘이커교도를 들 수 있다. 그리고 마지막으로 중요한 예가 2000년 동안이나 그렇게 살아온 유대인이다. 그런데 독일 가톨릭교도는 어떤가. 그들에게서는 이런 영향을 전혀, 아니 그 정도는 아니더라도 눈에 띌 만한 사실을 도저히 찾아볼 수가 없다. 뿐만 아니라 과거를 살펴봐도 그렇다. 그들은 프로테스탄트와는 달리 네덜란드에서든 영국에서든 박해를 받거나 그저 관대한 처분만을 받고 있던 시대에도, 무언가 눈에 띄는 경제적 발전을 이룬 적은 없다. 오히려 실제 모습은 이러했다. 우선 프로테스탄트(특히 나중에 살펴볼 종파[Sekte]가 있는 사람들)는 지배층일 때나 피지배층일 때나, 또 다수자의 위치에 있을 때나 소수자의 위치에 있을 때나, 특유의 경제적 합리주의에 대한 애착을 보여 왔다. 반면 가톨릭교도는 전자의 입장일 때나 후자의 입장일 때나 그런 경제적 합리주의에 대한 애착을 보이지도 않았거니와 오늘날에도 보여 주지 않는다.*11 그렇다면 생활태도에서 보이는 이 같은 차이의 원인은, 각자의 신앙이 지닌 항구적인 내면적 성질에서 주로 탐구되어야 하지 않을까. 즉 우리는 그들이 그때그때 처해 있는 외면적인 역사적·정치적 상황에서만 그 원인을 찾으려고 해서는 안 된다.*12

여기서 다음 문제가 발생한다. 여러 신앙의 특성을 형성하는 요인들 가운데, 지금 설명한 방향으로 이미 작용했거나 오늘날에도 어느 정도 작용하고 있는 것은 대체 무엇이었으며 또 무엇일까. 우리는 이 점을 연구해 봐야 할 것이다. 그런데 이 문제를 피상적으로 어떤 근대적인 인상에 의거해서 관찰할 경우, 사람들은 이런 대립을 다음과 같이 정식화(正式化)하면 된다고 생각할지도 모른다. 즉 가톨리시즘은 좀 더 '비현세적(非現世的)'이며 그 최고의 이상(理想)이 보여 주듯 금욕적인 여러 특징을 띠고 있기 때문에, 가톨릭교도들은 현세의 재물에 대해 좀 더 무관심한 태도를 취하게 된다는 것이다. 사실이와 같은 생각은, 오늘날 가톨릭과 프로테스탄트 중 어디에 속하는 신자들이 판단을 내릴 때에도 일반적으로 즐겨 사용되는 도식과 합치된다. 프로테스탄티즘을 신봉하는 사람들은 이 해석을 사용해서 가톨릭 생활 태도의 (사실상 또는 가설상의) 금욕적인 이상을 비판하고, 가톨릭교도들은 이에 맞서 "프로테스탄티즘으로 인해 세속화된 생활이 낳은 결과가 곧 '유물주의'다" 비판한다. 실제로 영리생활에 대한 두 파 신자들의 태도에서 보이는 이런 대립을, 다음처럼 정식화해야 한다고 말한 현대의 어느 학자도 있었다.

"가톨릭교도는 얌전하고 영리에 대한 충동이 적으므로, 위험과 자극으로 가득하지만 운이 좋다면 명예와 재산을 얻을 수 있는 생애보다는, 설령 소득은 훨씬 적더라도 좀 더 안정된 생활을 소중하게 여긴다. 옛말에 '맛있는 음식을 먹지 않을 거면 누워서 지내라'는 재미있는 속담이 있다. 즉 프로테스탄트는 적극적으로 맛있는 음식을 먹으려고 하는 반면, 가톨릭교도는 누워서 지내려고 하는 것이다."*13

사실 독일 프로테스탄트 가운데 교회에 열성적이지 않은 사람들의 생활 원동력은 이러한 '맛있는 음식을 먹자'라고 말할 수도 있다. 다시 말해 이 동기로 불완전하게나마 적어도 어느 정도까지는 그들의 특징을 올바르게 규정할 수 있다. 그러나 과거로 거슬러 올라가면 사정은 매우 달라진다. 영국,

네덜란드, 미국의 청교도들은 잘 알려져 있다시피 '세속적 즐거움'과는 거의 정반대되는 특징을 지니고 있었다. 게다가 뒤에서 설명하겠지만 그 '세속적 즐거움'과 정반대되는 특징이야말로 실은 그들의 여러 특징 중에서도 우리의 문제에 있어 가장 중요한 요소라 할 수 있다. 사실 그뿐만이 아니다. 예컨대 프랑스 프로테스탄티즘 등의 경우 칼뱅파(派) 교회는 일반적으로, 특히 신앙 투쟁 시대에 곳곳에서 '십자가 아래에서' 보여 주었던 그런 두드러지는 특징을 그 뒤로도 오래도록 간직했으며 오늘날까지도 얼마쯤은 유지하고 있다. 하지만 그럼에도—또는 오히려 그렇기 때문일지도 모르는데, 이 문제는 나중에 살펴보겠다—그들은 잘 알려진 사실처럼 프랑스 공업의 자본주의적 발전에서 가장 중요한 역할을 했다. 게다가 박해에서 간신히 벗어난 소규모 범위에서는 현재도 그런 역할을 맡고 있다. 만약 이러한 생활태도에서 볼 수 있는 성실함 및 종교적 관심의 엄격함을 '비현세적'이라 부른다고 해 보자. 그렇다면 프랑스 칼뱅주의자들은, 이를테면 북부 독일의 가톨릭교도—그들의 가톨리시즘은 다른 민족들에 비해 유난히 정신적인 문제에 속해 있다—와 최소한 비슷한 정도로는 비현세적이었고 오늘날에도 그런 셈이다. 또한 이들은 당시 지배적인 위치에 있던 종파에 대해서 같은 성질의 배반(背反)을 보여 주었다. 여기서 지배적인 위치에 있던 종파란, 하나는 프랑스의 가톨릭교도이며 다른 하나는 독일의 프로테스탄트다. 프랑스 가톨릭교도의 경우 하층은 매우 향락적이었고, 상층은 종교를 노골적으로 적대시하고 있었다. 독일의 프로테스탄트는 현재 세속의 영리생활에서 흥륭(興隆)을 거듭하고 있는데, 그 상층부는 눈에 띄게 종교에 무관심해진 사람들로 이루어져 있다.*14 이러한 비교가 명백하게 보여 주듯, 가톨리시즘이 '비현세적'이라든가 (이는 가설에 지나지 않는다) 프로테스탄티즘이 유물주의적인 '현세의 즐거움'을 포함하고 있다든가 (이것도 가설에 지나지 않는다) 하는, 이런 종류의 다른 막연한 관념들로는 이 문제를 해결할 수 없다. 애초에 이처럼 대략적인 관념들은 현재 상황에도 제대로 들어맞지 않으며, 과거 상황에는 전혀 적용될 수 없다. 설령 이 관념들을 사용해서 논의를 진행한다 해도, 이 경우에는 이미 설명한 것 이외에도 온갖 현상들이 줄줄이 발견될 터이므로 결국 좋든지 싫든지 다음과 같은 결론을 내리게 된다. 즉 비현세적이고 금욕적인 태도로 신앙에 열중하는 것과, 자본주의적 영리생활에 관계하는 것은 대립하기는커녕 오히려 서로 내면적인 친화관계(親和關係, Verwandtschaft)에 있다는 것이다.

자, 이번에는 지극히 외면적인 요인 몇 가지를 살펴보자. 우선 눈에 띄는 사실이 하나 있다. 기독교 신앙의 가장 내면적인 형태를 대표하는 사람이 상인 계층에서 매우 많이 배출되었다는 사실이다. 특히 경건파의 가장 성실한 신자들 중 상당수는 이 계층 출신이다. 이 경우 상인이라는 직업에 어울리지 않는 내면적인 사람들의 마음속에 '배금주의'에 대한 반동이 생겨난 것이라고 생각할 수도 있다. 확실히 아시시의 성 프란체스코를 비롯해 위와 같은 경건파 신도 가운데 많은 사람들의 경우, 개종자 자신에게 있어 '개종'의 전말은 주관적으로는 그런 것이었다고 한다. 또한 마찬가지로 대단히 일반적인 현상인—최근의 예로는 세실 로즈를 들 수 있다—목사 가정에서 뛰어난 자본주의적 기업가가 자주 태어나는 것도, 청년 시대의 금욕적인 교육에 대한 반동으로 설명될 수 있을지 모른다. 그러나 이런 방법으로는 도저히 설명할 수 없는 경우도 있다. 그것은 숙달된 자본주의적 사업 감각과 온 생애를 지배하는 가장 강렬한 형태의 신앙이, 동일한 개인 또는 집단에 동시에 존재하는 경우다. 게다가 이런 사실은 결코 고립된 것이 아니다. 이는 오히려 역사적으로 중요한 역할을 한 모든 프로테스탄트 교회나 종파 등의 집단에 걸쳐 그야말로 두드러지는 특징으로서 나타나고 있다. 특히 칼뱅주의는 그것이 등장한 모든 경우에서[15] 이런 모습을 보여 주고 있다. 종교개혁의 전파 시대에 칼뱅주의는 (다른 프로테스탄트 신앙과 마찬가지로) 어느 국토에서든 간에 하나의 특정한 계급과 결합하는 일은 없었다. 그럼에도 한 예로 프랑스의 위그노 교회에서는 처음부터 개종자들 가운데 수도자와 산업인(상인 또는 수공업자)이—박해받던 시대에서조차—특히 많이 존재했다는 사실은, 그야말로 특징적이며 어떤 의미에서는 유형적인 것이기까지 하다.[16] 스페인인은 이미 '이단'(즉 네덜란드인의 칼뱅주의)이 '상업정신을 크게 내세운다'는 점을 알고 있었는데, 이는 윌리엄 페티 경(Sir William Petty)이 네덜란드에서 일어난 자본주의 흥륭 현상의 여러 원인들을 검토할 때 밝혔던 견해와도 완전히 일치한다. 고타인(Gothein)[17]이 칼뱅주의의 디아스포라(분산, 分散)를 '자본주의 경제 양성소'라고 부른 것도 옳다.[18] 물론 이 경우에 그러한 디아스포라가 프랑스와 네덜란드에서 출발했으며, 따라서 이 두 나라의 경제적 문화의 우월성이 그런 상태를 낳은 결정적인 요인이 되었다고 생각할 수도 있다. 또는 추방 및 전통적인 생활 관계로부터의 이탈이 심각한 영향을 미친 것이라고 볼 수도 있다.[19] 그러나 콜베르의 투쟁에서도 알 수 있듯이, 17세기에는 프랑스 자체의 사정도 다를 바 없었다. 오스트리아에서조차—다른 여러 나라에 대해서는 함구한다 치고—때로는 프로테스탄트 제조업자들의 직접 왕래를 허락했을 정도다. 사실 프로테스탄트가 끼친 이러한 영향의 강도(强度)가 각 교파마다 반드시 똑같지는 않았던 듯하다. 다만 칼뱅주의는 독일에서도 마찬가지로 그런 영향을 미쳤던 것으로 보인다. 즉 부퍼탈 및 그 밖의 지방에서도 '개혁파' 신앙[20]은 다른 파에 비하여, 자본주의 정신의 발달을 촉진하는 데 크게 기여한 듯하다. 이를테면 그 영향이 루터파에 비해 두드러졌다는 점은, 전체적으로든 각 지방(특히 부퍼탈) 규모로든 비교해 보면 쉽게 알 수 있는 사실이다.[21] 스코틀랜드에 대해서는 버클(Buckle)을 필두로, 영국 시인 중에서는 특히 키츠(Keats)가 이런 관계를 강조하고 있다.[22] 보다 확실한 사실은—이것도 기억해 두기만 하면 된다—다음과 같다. 즉 프로테스탄트의 여러 집단들 가운데에서도 특히 '비현세적인 것'이 유복한 것이라는 관념이 속담처럼 굳어져 있는 종파, 그중에서도 퀘이커와 메노나이트의 경우에는 종교적인 생활 규제가 사업 정신의 고도의 발달과 결합하고 있다는 사실이다. 영국 및 북아메리카에서 퀘이커가 했던 역할을 네덜란드 및 독일에서는 메노나이트가 맡았다. 이 점은 많은 주지의 사실을 통해 알 수 있다. 특히 동프로이센에서 메노나이트는 병역을 끝까지 거부했는데도, 프리드리히 빌헬름 1세조차 그들이 산업에 꼭 필요하다는 이유로 내버려 둘 수밖에 없었다. 이 국왕의 성격에 비추어 볼 때 이것은 매우 유력한 예증(例證)이라고 할 수 있다. 마지막으로 경건파 신도에게서도, 고도로 발달한 사업 정신 및 활동 성과와 굳은 신앙의 결합을 발견할 수 있다는 것은 잘 알려진 사실이다.[23]—이에 관해서는 라인 지방이나 칼프의 사정을 떠올리면 충분할 것이다. —그저 잠정적인 의미를 지닐 뿐인 이 자리에서의 서술에 대해 더 이상 예증을 할 필요는 없으리라 생각된다. 왜냐하면 위에서 소개한 몇 가지 예만으로도 다음 사실을 분명히 밝힐 수 있기 때문이다. 즉 '노동의 정신'이든 '진보의 정신'이든 어떻게 불리든 간에 통상 프로테스탄티즘에 의해 환기되었다고 여겨지는 그런 정신은, 오늘날의 일반적인 해석인 '현세의 즐거움'이란 의미나 그 밖의 '계몽주의적' 의미로 이해되어서는 안 된다. 루터, 칼뱅, 녹스(Knox), 푸트(Voët) 등의 옛 프로테스탄티즘은, 현재 우리가 '진보'라 부르고 있는 것과는 거의 상관이 없었다. 오늘날에는 가장 극단적인 신앙을 지닌 사람들조차 당연하다고 생각하는 그러한 현대 생활의 모든 국면에 대해, 옛 프로테스탄티즘은 정면으로 적대적인 태도를 취했다. 그러므로 만약 옛 프로테스탄티즘 정신의 일정한 특징과 근대 자본주의 문화 사이의 내면적인 친화 관계를 인정하고자 한다면, 우리는 옛 프로테스탄티즘이 (일반적인 해석처럼) 다소나마 유물적(唯物的)이거나 반금욕적(反禁慾的)인 '현세의 즐거움'을 내포하고 있었다는 것이 아니라, 오히려 옛 프로테스탄티즘이 지닌 순수한 종교적인 여러 특징에서 그러한 친화 관계를 찾아야 할 것이다. ─몽테스키외는 영국인에 대해 이렇게 말했다('법의 정신' 제20권 제7장). "영국인은 신앙, 상업, 자유, 이 중요한 3가지에 관해서는 세계 그 어느 국민보다도 훨씬 뛰어나다." 생각건대 그들이 영리활동의 영역에서 탁월했다는 점은─그리고 이것과는 좀 다른 이야기지만, 그들이 정치상의 자유로운 제도들을 만들어 낼 자격을 갖추고 있었다는 점도─, 몽테스키외가 인정한 그들 신앙의 위대한 기록과도 관련되어 있지 않을까.

이렇게 의문을 하나하나 짚어 나가다 보면, 아직 어렴풋한 형태이긴 하지만 서로 관련되어 있는 듯 보이는 몇 가지 사실이 우리 눈앞에 드러난다. 따라서 우리의 과제는 이처럼 불분명한 여러 사실을 되도록 명확하게─역사 현상에 반드시 따라붙게 마련인 무한한 다양성에도 불구하고 가능한 한 명확하게─정식화(正式化)하는 것이다. 그런데 이 과제를 해결하려면 아무래도 지금까지의 방식, 즉 막연한 일반적인 표상의 범위 안에서 논의하는 방식을 버려야 한다. 그리고 역사상 천차만별한 모습으로 나타난, 기독교의 저 위대한 일련의 종교적 사상들이 지니는 고유한 특징 및 그것들의 차이점을 밝혀내야 한다.

하지만 그 전에 몇 가지 문제를 살펴볼 필요가 있다. 첫째는 우리가 지금 역사적으로 해명하고자 하는 대상의 특성에 관한 문제이고, 둘째는 어떤 의미에 있어 우리의 연구 범위에서 그런 해명이 가능해지는가 하는 문제다.

<주>

*1 예외적인 경우에 대해서는 대개 다음처럼 설명할 수 있다. 즉 어떤 산업에 종사하는 노동자의 신앙은, 당연히 다른 무엇보다도 그 산업의 입지(立地) 및 그 노동자의 공급지의 신앙에 의존한다. 그러므로 얼핏 볼 때에는 신앙 통계가 보여 주는 영상이 자주 왜곡되어서 나타나는 것이다. 이런 예로는 라인 주(州)의 경우를 들 수 있다. 게다가 하나하나의 직업을 좀 더 자세히 분류하고 산정하지 않는다면 통계 수치는 적확해질 수 없다. 자세한 분류 및 산정 작업을 하지 않으면, 사람을 부리지 않는 장인(匠人)과 대기업가가 둘 다 '경영자'의 범주에 뒤섞여 들어갈 수도 있기 때문이다. 하지만 실은 현대의 '고도자본주의(高度資本主義)' 아래에서 사회 일반, 특히 노동자층의 광범위한 불숙련(不熟練) 하층이 과거에 신앙이 발휘하던 힘의 영향을 더 이상 받지 않게 되었다는 사실도 하나의 이유다. 이 점에 대해서는 나중에 설명하겠다.

*2 《Schell, Der Katholizismus als Prinzip des Fortschrittes, Würzburg. 1897》, 《S. 31. — v. Hertling, Das Prinzip des Katholizismus und die Wissenschaft, Freiburg, 1899, S. 58》을 참조.

*3 이 점에 관해서는 내 문하생인 오펜바흐가, 현 시점에서 가장 상세한 통계자료라 할 수 있는 바덴의 신앙 통계를 바탕으로 상세한 연구를 실시하고 있다. 〈Martin Offenbacher, Konfession und soziale Schichtung. Eine Studie über die wirtschaftliche Lage der Katholiken und Protestanten in Baden, Tübingen und Leipzig, 1901〉(Bd. Ⅳ, Heft 5 der volkswirtschaftlichen Abhandlungen der badischen Hochschule). 이하의 서술에서 비교·대조하는 사실과 숫자는 모두 이 논문에서 인용하는 것이다.

*4 이를테면 1895년에 바덴의 상황은 이러했다. 프로테스탄트 1000명당 자본수익세의 과세 대상이 된 자본액은 95만 4060마르크, 가톨릭교도 1000명당 자본수익세의 과세 대상이 된 자본액은 58만 9000마르크, 유대인은 1000명당 400만 마르크로 단연 선두였다 (숫자 출처는 Offenbacher, a. a. O., S. 21).

*5 이 점에 대해서는 앞서 소개한 오펜바흐의 논문에 나오는 설명을 참조하라.

*6 이 점에 대해서도 오펜바흐의 논문을 참조하라. 바덴에 관한 상세한 서술이 그 논문의 처음 2장에 나온다.

*7 1895년 바덴의 총인구 비율은 프로테스탄트가 37.0%, 가톨릭교도가 61.3%, 유대인이 1.5%였다. 그런데 1885~91년에 초등학교보다 수준이 높은 학교, 즉 의무교육에 속하지 않는 학교를 다니는 학생들의 신앙 종별(種別)은 다음과 같았다(출처는 Offenbacher, a. a. O., S. 16).

	프로테스탄트	가톨릭교도	유대인
고등학교	43	46	9.5
실업 고등학교	69	31	9
고등 실업학교	52	41	7
실업학교	49	40	11
고등 초등학교	51	37	12
평균	48	42	10

(단위 : %)

프로이센, 바이에른, 뷔르템베르크, 라이히슬란트, 헝가리에서도 이와 같은 현상이 일어나고 있다(Offenbacher, a. a. O., S. 18의 숫자 참조).

＊8 바로 앞의 주석을 참조. 이에 따르면 중등 수준의 학교에 다니는 가톨릭교도 학생들의 비율은, 총인구에서 가톨릭교도들이 차지하는 비율에 비해 1/3쯤 적다. 다만 고등학교 (신학 연구에 대한 준비 교육을 근본적인 목적으로 삼는 학교)에서만은, 가톨릭교도 학생들의 비율이 총인구에서 차지하는 비율보다도 몇 퍼센트 정도 높다. 그런데 이에 관해서 특별히 지적해 둘 점이 있다. 이러한 중등 수준의 학교에서 볼 수 있는 프로테스탄트 학생 수에 관한 유형적 현상은, 헝가리 개혁파의 경우 좀 더 현저하게 나타난다는 점이다(Offenbacher, a. a. O., S. 19 끝부분의 각주).

＊9 〈Offenbacher, a. a. O., S. 54〉의 예증 및 그 논문 끝부분의 여러 표를 참조.

＊10 적절한 예증으로는, 뒤에서 자주 인용하게 될 윌리엄 페티 경(Sir W. Petty)의 저서에 실린 몇 부분을 들 수 있다.

＊11 예증으로서 아일랜드에 관한 페티의 기술을 자주 인용한 것은, 그 지방에서는 프로테스탄트 계층이 단순히 부재지주(不在地主)로서만 존재했다는 지극히 간단한 이유 때문이다. 만약 그 이상의 무언가를 주장하려 한다면, 나는 'Scotch-irish'의 지위가 보여주듯이 (주지의) 오류에 빠지게 될 것이다. 자본주의와 프로테스탄티즘 사이의 유형적인 관련은 다른 지역과 마찬가지로 아일랜드의 경우에도 역시 존재하고 있었던 것이다(아일랜드에서의 Scotch-irish에 관해서는 C. A. Hanna, The Scotch Irish, 2 vols., New York, Putnam을 참조).

＊12 물론 이것은 역사적·정치적 상황도 매우 중요한 결과를 낳았다는 사실을 부정하지는 않는다. 또 나중에 설명하겠지만, 이 사실이 많은 프로테스탄트 종파에 있어 그 생활 분위기 전체의 발전에 결정적인 의의를 지니면서 그들의 경제생활 참가 방식에 역작용을 가했다는 것은, 그 종파들이 소규모라서 동질의 소수파를 대표하고 있었다는 사실과 모순되지도 않는다. 그런 일은 이를테면 제네바와 뉴잉글랜드 이외의 지역에 사는 엄격한 칼뱅주의자들의 경우처럼, 그들이 정치상 지배적인 지위를 차지하고 있었던 곳에서조차 쉽게 발견되곤 했다. ─세계사를 살펴보면 온갖 신앙의 이주자들(인

도·아라비아·중국·시리아·페니키아·그리스·롬바르디아·'카호르'의 이주자들)이 상업적인 훈련을 맡아, 고도로 발달한 나라에서 다른 여러 나라로 이주해 갔다. 이런 사실은 매우 보편적인 현상으로 우리가 지금 논하고 있는 문제와는 아무 상관없다. (브렌타노는 앞으로 자주 인용될 그의 논문집 〈L. Brentano, Die Anfänge des modernen Kapitalismus〉에서 자신의 가족을 예로 들고 있다. 그러나 외국에서 이주해 온 금융업자가 뛰어난 상업상의 경험을 지니고 거래 관계를 담당하는 역할을 해내는 것은, 여러 시대의 여러 지방에서 발견되는 현상이다. 그런 사람들은 결코 근대 자본주의에서만 존재하는 특별한 유형은 아니다. 나중에 설명하겠지만, 그들은 프로테스탄트에게서는 도덕상의 불신이 섞인 대우를 받았던 것이다. 로카르노에서 취리히로 이주해 온 프로테스탄트 가족인 무랄트(Muralt)나 페스탈로치(Pestalozzi) 등은 이윽고 취리히에서 근대의 독자적인 자본주의적(산업적) 발전을 담당하게 되었지만, 이와는 사정이 전혀 다르다.)

＊13 Offenbacher, a. a. O., S. 68.

＊14 독일과 프랑스에 존재하는 여러 신앙의 특성과, 그들의 대립 관계가 알자스 지방의 민족투쟁에서 다른 문화 요소와 교착(交錯)되어 있는 상태를 자세히 서술한 것으로는 비티히의 뛰어난 논문〈W. Wittich, Deutsche und französische Kultur im Elsasse〉(Illustrierte Elsäss. Rundschau, 1900. 별책으로도 공식 간행됨)이 있다.

＊15 이 경우는 물론 그 지방에 전체적으로 자본주의 발전 가능성이 있었던 경우를 가리킨다.

＊16 이에 관해서는〈Dupin de St. André, L'ancienne église réformée de Tours. Les membres de l'église〉(Bull. de la soc. de l'hist. du Protest., 4. s. t. 10)을 참조하라. 이 경우에도—특히 가톨릭 논자는 이 견해에 가까울 듯한데—수도원 또는 일반 교회의 통제에 대한 해방 욕구가 이 같은 사실의 동기였다고 해석할 수도 있다. 그러나 당시의 반대파 사람들(라블레 Rabelais도 포함)의 견해만이 이를 부정하는 것이 아니다. 예컨대 위그노의 제1차 전국회의에서(Aymon, Synod. Nat., p. 10에 있는 1. Synode, C. partie., qu. 10 부분 참조) 금융업자가 교회의 장로 자리에 오를 수 있느냐 없느냐 하는 것이 양심의 문제로서 의문시되었다는 사실이나, 칼뱅의 태도는 명백했음에도 불구하고 전국회의가 열릴 때마다 이자(利子) 취득의 허용 문제가 불안을 품은 교회 구성원들에 의해 질문되고 논의되었다는 사실은, 그들 중에서 이런 문제에 관심을 갖는 사람이 많았다는 점을 나타낸다. 그리고 동시에 이 사실은, 그들이 참회의 의무 따위와는 상관없이 '고리대금이라는 악행'을 무조건 저지르고야 말겠다는 소망은 결코 강하게 품지 않았음을 보여 준다. (네덜란드에 있어서의 똑같은 사실—후술(後述) 참조—. 여기서 확실히 말해 두겠는데, 교회법에 의한 이자 금지는 이 연구에서는 전혀 문제되지 않는다).

＊17〈Gothein, Wirtschaftsgeschichte des Schwarzwaldes, Ⅰ, S. 67.〉

＊18 이 점에 관해서는 〈Sombart, Der moderne Kapitalismus, Ⅰ. Aufl., S. 380〉의 간단한
기록을 참조하라. 아쉽게도 좀바르트는 이후 그의 중요한 저작 가운데, 나의 사견으
로 말하자면 이 문제에 관해서는 매우 수준이 떨어지는 〈Der Bourgeois, München,
1913〉에서 잘못된 '명제'를 주장한다. 이것은 그 저작이 프란츠 켈러의 논문 〈F.
Keller, Unternehmung und Mehrwert, Schriften der Görres-Gesellschaft, 12. Heft.〉의 영
향을 받았기 때문이다. 그리고 나중에도 언급하겠지만, 이 켈러의 논문도 몇 가지 뛰
어난 기술(記述)—그것도 이 점에 대해서는 신선미가 없지만—을 보여 주고는 있으
나 사실은 다른 근대 가톨릭 옹호 논문의 수준에도 미치지 못한다.
＊19 어째서인가 하면, 고향을 떠나는 것 자체가 노동 강화의 유력한 수단이 될 수 있음이
분명하기 때문이다(앞의 ＊12를 참조). —고향에서는 아무리 유리한 돈벌이 기회가
다가와도 전통주의의 타성에 젖어 행동하지 않는 한 폴란드 소녀가, 돈을 벌려고 작
센 지방의 낯선 땅에 와서 노동을 시작하는 순간부터는 마치 다른 사람처럼 과도한
착취에도 버텨 내는 것이다. 먼 이탈리아에 와서 일하는 이주 노동자들에게서도 같은
현상을 찾아볼 수 있다. 이 경우 보다 높은 '문화 환경'으로 옮겨간 덕분에 얻는 교육
적인 영향도 물론 강하기는 하지만, 그런 영향이 꼭 결정적인 원인은 아니다. 왜냐하
면 일의 종류가—예를 들면 농업의 경우처럼—고향에서 하던 일과 똑같고, 게다가
그들이 이주 노동자 주택에 수용되어서 일시적인 (고향에서라면 견디기 힘들 법한)
생활수준 저하를 겪는다 해도, 위와 같은 현상이 나타나기 때문이다. 오래 살아서 익
숙해졌던 곳과는 전혀 다른 환경에서 일한다는 사실만으로도 전통주의는 충분히 파괴
될 수 있다. 또한 이 사실이 '교육적인' 효과도 낳는 것이다. 미국 경제 발달의 밑바
닥에 이런 작용이 깔려 있었다는 점은 지적할 필요도 없으리라. 고대까지 거슬러 올
라가자면, 바빌론 유수가 유대인에게 이와 같은 의미를 지녔다는 점은 대서특필되어
마땅하다. 그리고 그 밖에 조로아스터교 신자들에게서도 같은 현상을 발견할 수 있
다. —그러나 프로테스탄트의 경우는 조금 다르다. 청교도의 뉴잉글랜드 식민지, 가톨
릭의 메릴랜드, 감독교회의 남부지방, 많은 교파가 뒤섞인 로드아일랜드 등 여러 지
방의 경제적 특성에서 드러나는 명백한 차이를 통해 알 수 있듯이, 이 경우에는 각
종교상의 특성에서 생겨난 영향이 분명히 독자적인 요인으로서 작용하고 있는 것이
다. 이와 비슷한 현상을 인도의 자이나교도에게서 찾아볼 수 있다.
＊20 잘 알려져 있는 바처럼 '개혁파' 신앙의 대부분은 어떤 형태를 취하고 있든 간에, 어
느 정도 부드러워진 칼뱅주의 또는 츠빙글리주의다.
＊21 거의 완전히 루터파에 속해 있는 함부르크 시의 경우에도, 이 도시에서 17세기부터
지위를 유지해 온 유일한 자산가는 어느 유명한 개혁파 가족이다(발 교수 A. Wahl의
고마우신 가르침을 참고하였음).
＊22 그러므로 이러한 관련을 주장하는 것은 결코 '새로운 일'이 아니다. 라블리(Laveleye)

와 매튜 아널드(Matthew Arnold) 등은 이미 이 관련에 대해 논한 바 있다. 오히려 이 것을 별 이유도 없이 의심하는 입장이 '새로울' 정도다. 문제는 이런 관련을 설명하는 일이다.

*23 당연한 이야기지만 이 점이 다음 사실을 부정하지는 않는다. 즉 경건파의 공식적인 입장이, 다른 종교적 입장처럼 가부장적인 분위기로 인해 점점 자본주의 경제제도의 일정한 '진전'—예를 들자면 가내공업에서 공장제도로의 이행—에 저항하게 된다는 사실을 말이다. 어떤 종교상의 입장이 도달하려고 했던 이상과, 그 입장의 신앙이 실 제로 신자의 생활태도에 미친 영향은 명확히 구별되어야 한다. 이 점에 대해서는 앞 으로도 자주 고찰하게 될 것이다. 경건파 신앙을 가진 노동자들 적응력의 특성에 관 해서는, 내가 직접 베스트팔렌의 공장을 조사한 실례가 〈Zur Psychophysik der gewerblichen Arbeit〉(Archiv f. Soz., Band XVIII, S. 263 und Öfter)라는 논문에 실려 있다.

2. 자본주의 '정신'

이 연구의 표제에서는 '자본주의 정신'이라는 의미심장한 개념이 사용되고 있다. 이 말은 도대체 어떤 의미로 해석되어야 할까. 이것을 '정의'하려 할 경 우, 우리는 곧 연구 목적의 본질에 뿌리박고 있는 난관과 맞닥뜨리게 된다.

무릇 이러한 명칭이 뭔가 특별한 의미로 사용될 법한 대상이 발견될 수 있 다고 가정한다면, 그 대상은 반드시 '역사적 개체historisches Individuum'이어 야 한다. 다시 말해 역사적 현실의 여러 관련들을 그 문화적 의의라는 관점 에서 개념적으로 구성해 만든 하나의 전체, 즉 그런 역사적인 현실의 여러 관련들로 이루어진 하나의 복합체인 '역사적 개체'가 대상이어야 한다.

그런데 이런 역사적 개념은 내용적으로 볼 때 그 개체적인 특성 때문에 의 미를 갖는 현상들과 관련되어 있으므로, 이것을 '동일성과 종차(種差)'라는 도식에 따라 정의(독일어로는 abgrenzen, 즉 제한하다)할 수 없다. 이 개념 은 오히려 역사적인 현실로부터 얻어지는 하나하나의 구성 요소들을 통해 점차 구성되어 가는 방식으로 밝혀져야 한다. 따라서 이에 대한 확정적인 개 념 파악은 연구에 앞서 분명하게 밝힐 수 있는 것이 아니라, 연구의 결말 부 분에서 얻는 것이다. 바꾸어 말하면 여기서 자본주의 '정신'이라 불리는 것에 대한 최선의—우리가 여기서 문제 삼고 있는 관점에 가장 적합한—정식화는 연구 과정을 마쳤을 때 비로소 수행되며, 그것도 그 연구의 주요한 성과로서 달성된다. 또한 우리가 지금 취하려 하는 관점(이에 대해서는 나중에 좀 더 설명하겠다)이, 여기서 문제되고 있는 역사적 현상을 분석할 때 취할 수 있는 유일한 관점인 것도 결코 아니다. 관점이 바뀌면 다른 무언가가 '본질적인' 특징이 될 수도 있다. 이런 일은 모든 역사적인 현상을 상대로 일어날 수 있다. —여기서 다음 결론이 나온다. 즉 우리의 파악 방식에 따라 본질적인 것으로서 우리 앞에 나타나는 것만이 자본주의 '정신'을 해석할 수 있는 단 하나의 이해인 것은 아니다. 또 그것이 그런 이해여야 할 필요도 없다. 그것은 방법상 현실 세계의 사상(事象)을 추상적인 유개념에 끼워 맞추는 일이 아니며, 오히려 항상—또한 필연적으로—특수한 개체적인 색채를 띠는 구체적인 발생적 관련이라는 모습으로서 하나로 모아 가는 일, 말하자면 '역사적 개념 구성'이라는 것의 본질에 뿌리내리고 있다.

그러므로 이런 사정에도 불구하고 이 책에서 분석하고 역사적으로 해명해야 할 대상을 여기서 미리 확정해 둬야 한다고 말할 경우, 문제가 되는 것은 자본주의 '정신'이라 불리는 대상에 대한 개념적인 정의 따위가 아니다. 당장 우리에게 가능한 일은 고작 잠정적인 예시(例示)밖에 없다. 사실 이런 예시는 우리의 연구 대상을 이해하기 위해 꼭 필요하다. 고로 나는 문제의 '정신'을 나타내 주고 있는 하나의 사료(史料)를 단서로 삼아 그것을 설명해 보고자 한다. 이 사료는 자본주의 '정신'을 고전적일 만큼 순수하게 포함하고 있으며, 종교적 요소와의 직접적인 관계를 완전히 잃어버렸으므로—우리의 주제에 비추어 볼 때—'선입관이 섞이지 않았다'는 장점이 있다.

"시간은 곧 돈이라는 사실을 기억해라. 하루 노동으로 10실링을 벌 수 있는 사람이 외출하거나 집에서 빈둥거리거나 하면서 한나절을 보냈다고 가정해 보자. 이때 그가 오락이나 게으름을 위해 쓴 돈이 겨우 6펜스라 해도, 그것만 가지고 손득을 계산해서는 안 된다. 실제로 그는 6펜스 이외에도 5실링 화폐를 지불한 것이다. 아니, 차라리 버렸다고 할 수 있다.

신용은 곧 돈이라는 사실을 기억해라. 누군가가 내게 돈을 빌려 주고는 기한이 지나도록 받아가지 않는다고 가정해 보자. 이 경우에 나는 그 이자를, 또는 그 기간 동안에 그 돈으로써 얻을 수 있는 무언가를 그로부터 선물 받은 셈이다. 만약 좋은 신용을 충분히 이용한다면, 이런 식으로 적지 않은 돈을 벌 수 있다.

돈은 번식하여 자식을 낳는다는 사실을 기억하라. 돈은 돈을 낳을 수 있고, 그렇게 태어난 돈은 좀 더 많은 돈을 낳을 수 있으며 이런 일이 계속 반복된다. 5실링을 운용하면 6실링이 되고, 그것을 다시 운용하면 7실링 3펜스가 된다. 이리하여 그것은 마침내 100파운드로 불어난다. 돈의 액수가 많으면 많을수록, 한 번 운용할 때마다 생겨나는 돈도 그만큼 많아진다. 즉 이익이 빨리 증대된다. 돼지 한 마리를 죽이면, 그로부터 태어날 새끼돼지를 1000대까지 죽여버리는 셈이다. 5실링의 돈을 없애면, 이 돈이 벌어들였을 모든 돈—그러니까 수십 파운드의 돈을 없애버리는 셈이다.

'돈을 잘 갚는 사람은 모든 돈주머니의 주인이다.' 이 속담을 기억하라. 약속 기한에 맞춰 돈을 잘 갚기로 소문난 사람은, 친구들이 당장 쓰지 않는 돈을 얼마든지 빌려다 쓸 수 있다.

이것은 때에 따라 큰 도움이 된다. 근면함이나 검소함을 제외한다면, 한 청년이 세상에서 성공하는 데 가장 효과적인 수단은 모든 거래에서 시간을 지키는 것이다. 그러므로 빌린 돈은 반드시 약속한 날짜에 갚아라. 그러지 않으면 친구는 실망하여, 당신 앞에서는 결코 지갑을 열지 않을 것이다.

설령 그것이 아무리 사소하더라도, 신용에 영향을 끼칠 만한 행동에는 항상 주의해야 한다. 새벽 5시나 밤 8시에 울리는 당신의 망치질 소리를 채권자가 듣는다면, 그는 지불 기한을 6개월 뒤로 늦춰 줄 것이다. 반면 일해야 할 시간에 당구장이나 식당에 가 있는 당신을 채권자가 본다면, 그는 다음날 당장 돈을 갚으라고 할 것이다. 당신이 미처 갚을 준비조차 못 했는데도.

전자(前者)와 같은 행동은, 당신이 채무를 잊지 않았다는 증거가 된다. 또 그것은 당신이 신중할 뿐만 아니라 정직한 사람임을 모두에게 보여 주기도 한다. 따라서 당신의 신용은 더욱 높아질 것이다.

자기 손안에 있는 모든 것을 자신의 재산이라고 생각하면서 생활하는 사람도 있다. 이렇게 살아가지 않도록 주의하라. 신용을 얻은 사람들 중 상당수가 이런 실수를 저지른다. 이를 예방하기 위해 정확한 지출과 수입을 꾸준히 기록하면 좋다. 처음에 좀 노력해서 사소한 것까지 모두 기록해 두면 좋은 결과가 나타날 것이다. 우선 당신은 아무리 사소한 지출이라도 쌓이면 큰 돈이 된다는 점을 깨닫게 된다. 그리고 자신이 무엇을 절약했는지, 또 앞으로는 무엇을 절약해야 할지도 알 수 있다.

당신의 신중함과 정직함이 주위에 알려진다면, 당신은 해마다 6파운드의 돈으로 100파운드를 움직일 수 있게 될 것이다. 날마다 10펜스를 낭비하는 사람은, 1년에 6파운드가 넘는 돈을 낭비하게 된다. 이는 정확히 100파운드를 빌릴 수 있는 돈이다. 또 자신의 시간을 매일 10펜스의 가치에 해당하는 만큼(고작해야 몇 분일 것이다) 낭비하는 사람은, 1년에 100파운드나 움직일 수 있는 특권을 스스로 버리는 셈이다. 5실링의 가치에 해당하는 시간을 낭비하면 5실링을 잃게 되는데, 이는 5실링을 바다에 던져버리는 것과 똑같다. 5실링을 잃으면 그 돈만 잃는 것이 아니라, 5실링으로 거래해서 얻을 수 있었던 돈마저 모두 잃어버리게 된다. 그가 그렇게 잃어버린 돈은, 세월이 흐르면 상당히 큰 액수로 불어나 있을 것이다.”

페르디난트 퀴른베르거는 재치와 악의를 담아 집필한 《미국문화의 모습》[*1]에서, 위의 문장을 가리켜 ‘양키들의 신앙고백’이라며 비웃었다. 이 문장은 사실 벤저민 프랭클린이 쓴 것이다.[*2] 그가 특징적인 화법으로 설교한 위의 내용은 분명 ‘자본주의 정신’이다. 이 사실은 아무도 의심하지 못할 것이다. 설령 ‘자본주의 정신’이라는 말의 용례에서 발견할 수 있는 모든 의미가 윗글에 모두 포함되어 있지는 않다 해도 그러하다. 그러므로 나는 이 글을 조금 더 살펴보고자 한다. 미국을 싫어하는 퀴른베르거는 위 설교의 처세훈(處世訓)을 “소에게서 기름을 짜내고, 사람에게서 돈을 짜내라”란 말로 요약했다. 하지만 우리가 이 ‘구두쇠 철학’에서 발견하는 현저한 특징은 다음과 같다. 즉 신용할 수 있는 훌륭한 사람이라는 이상(理想), 특히 자신의 자본 증대를 자기목적으로 삼는 것을 개인의 의무라고 보는 사상이다. 실제로 이 설교의 내용은 단순한 처세술이 아닌 독자적 ‘윤리’다. 이 윤리에 거스르는 행위는 어리석은 짓일 뿐 아니라, 의무를 저버리는 행동이다. 바로 이 점이 위 설교 내용의 본질이다. 여기서의 가르침은 ‘사업의 지혜’만이 아니다. ―그런 거라면 달리 얼마든지 찾아볼 수 있을 터이다. ―여기서 말하고자 하는 것은 하나의 에토스(Ethos)이며, 이 에토스야말로 우리가 주목해야 할 대상이다.

야콥 푸거(Jakob Fugger)는 이미 은퇴한 어느 동업자에게서 이런 충고를 들었다. "자네도 돈은 벌 만큼 벌었을 테니, 이제는 은퇴해서 다른 사람들한테 돈 벌 기회를 주는 게 어떻겠나?" 그러나 푸거는 이 충고를 '무기력'하다고 비판하며 이렇게 대답했다. "내 생각은 전혀 달라. 나는 할 수 있는 동안에는 계속 돈을 벌겠네."[*3] 이러한 야콥 푸거의 말에서 드러나는 '정신'은 프랭클린의 정신과 명백히 다르다. 푸거의 정신은 상인으로서의 모험심과, 도덕과는 무관한 개인적 기질을 드러내고 있다. 반면 프랭클린의 정신은, 윤리적 색채를 띤 생활 원칙이라는 성격을 지니고 있다.[*4] 이 책에서는 '자본주의 정신'이라는 개념을 이런 독자적인 의미로 사용하고자 한다.[*5] 여기서 자본주의란 당연히 근대 자본주의다. 이 책에서 논할 대상은 전적으로 서유럽 및 미국 자본주의기 때문이다. 이는 문제의 정립 방법에 비춰 봐도 자명한 사실이다. 물론 '자본주의'는 중국에도, 인도에도, 바빌론에도, 또 고대에도 중세에도 존재했다. 그러나 나중에 살펴보겠지만, 이러한 '자본주의'에는 방금 설명한 독자적인 에토스가 없다.

그런데 프랭클린의 도덕적 훈계는 모두 공리적(功利的)인 경향을 띠고 있다. 예컨대 정직은 신용을 낳으므로 유익하며, 정확한 시간관념과 근면과 절약 등도 그러하기 때문에 이들은 미덕이라는 것이다. ―이런 생각은 다음과 같은 결과를 낳는다. 이를테면 정직의 겉모습이 정직과 같은 효과를 낳는다면, 겉모습만으로 충분하므로 그보다 더 노력해서 미덕을 추구할 필요가 없어진다. 즉 우리는 그런 노력을 비생산적인 낭비로서 배척해야 할 것이다. 아마 프랭클린도 이렇게 생각했을 것이다. 실제 그의 자서전에서 이런 미덕의 실천으로 '개종'한 이야기[*6]나, "절제의 겉모습 또는 자신의 공적을 일부러 감추는 듯한 겉모습을 유지하는 일은 사회에서 인정받는 데 유익하다"라고 설명하는 이야기[*7]를 읽어 본 사람은, 이런 결론에 도달할 수밖에 없다. 프랭클린의 생각대로라면 다음 논리가 성립된다. 즉 모든 미덕은 개인에게 실제로 유익한 경우에만 미덕일 뿐이며, 꾸며진 겉모습이 그와 같은 효과를 낳는다면 그 겉모습을 미덕으로 대용하면 충분한 것이다. ―엄밀히 볼 때 이 것은 공리주의가 최대한 피하고자 하는 귀결이리라. 바로 이 점 때문에 독일인이 미국인의 미덕에서 '위선'을 느끼는 것이라고 잘라 말할 수도 있겠다. ―하지만 진실은 결코 그리 단순하지 않다. 자서전에 나타나 있는 벤저민 프랭클린의 매우 성실한 성격이나, 미덕의 '유익함'을 신의 계시 덕분에 알았다면서 이것은 자신으로 하여금 선을 행하게 하려는 신의 뜻이라고 여기는 프랭클린의 생각을 보라. 이에 비춰 볼 때, 그의 사상에서 드러나는 것은 자기중심적 원리의 겉치레 따위가 아니다. 뿐만 아니라 이 '윤리'의 '최고선'(summum bonum)은 모든 자연스러운 향락을 엄격히 배제하고 꾸준히 돈을 벌고자 노력하는 것인데, 이 노력은 행복주의나 쾌락주의 등의 관점과는 전혀 상관없다. 따라서 이 노력은 순수한 자기목적으로 여겨지며, 그 때문에 개인의 '행복'이나 '이익'과 대립하여 완전히 초월적이고 비합리적인 것[*8]으로서 나타난다. 영리(營利)는 인생의 목적으로 간주되지, 인간의 물질적 생활의 요구를 충족시키기 위해 필요한 수단으로 간주되지는 않는다. 제삼자의 입장에서 보자면, 이런 노력은 '자연'을 거스르는 무의미한 것이다. 하지만 자본주의에서는 이것이 무조건적인 기조(基調, Leitmotiv)다. 아마 자본주의의 공기를 접해 보지 않은 사람은 이 기조를 이해하기 힘들 것이다. 그런데 이것을 둘러싼 분위기는 특정한 종교적인 관념과 밀접하게 관련되어 있다. 우리는 '왜 사람에게서 돈을 짜내야 하느냐'는 물음에 대한 답을 벤저민 프랭클린의 자서전에서 찾을 수 있다. 그는 어떤 교파에도 속하지 않는 이신론자(理神論者)였지만, 여기서는 성서의 한 구절(이 구절은 엄격한 칼뱅주의자였던 아버지가 청년 시절의 그에게 반복해서 가르쳐 준 것이라고 한다)을 인용하여 말했다. "그대는 자기 사업(Beruf)에 뛰어난 사람을 보았는가, 이러한 사람은 왕 앞에 설 것이다."[*9] 근대 경제조직 안에서 돈을 번다는 것은—그것이 합법적으로 이루어지는 한—직업(Beruf)[다음 단계에서 자세히 설명하겠지만, 이 원어는 직업이라는 뜻과 신에게 부여받은 사명이라는 뜻을 포함하고 있다]에 대한 유능함의 표시이자 그 결과이다. 그리고 다들 이미 눈치 챘겠지만, 이런 유능함이야말로 프랭클린의 (앞서 소개한 문장을 비롯한) 모든 저작에 걸쳐 일관적으로 드러나는 그의 도덕의 알파이자 오메가다.[*10]

실은 직업의무(berufspflicht)라는 독자적인 사상이 있다. 이 사상은 오늘날 우리에게 널리 알려져 있다. 하지만 그것의 진짜 의미는 결코 명백하지 않다. 그 활동 내용을 막론하고 자유로운 관점에서 보자면, 직업이란 노동력이나 물적 재산('자본'으로서의 재산)을 이용하여 단순한 이윤을 추구하는 일에 지나지 않는다. 그럼에도 개인은 자신의 '직업' 활동 내용을 의무로서

의식해야 한다고 생각하며, 실제로도 그렇게 의식한다. 이런 의무의 관념이 곧 직업의무다. —이 사상은 자본주의 문화의 '사회윤리'에서 나타나는 특징이며, 어떤 의미에서는 확실히 그 윤리를 구성하는 요소이기도 하다. 이 사상은 이미 완성된 자본주의를 토대로만 발생할 수 있는 것은 아니다. 나는 다음 단계에서 과거의 역사로 거슬러 올라가 이 사실을 규명할 것이다. 또한 현재 자본주의의 존속을 위한 조건으로서, 그 구성원 각자가—이를테면 근대 자본주의적 경영을 하는 기업가와 노동자들이—이런 윤리적 원칙을 주체적으로 습득해야만 하는 것도 아니다. 오늘날의 자본주의적 경제조직은 기성의 거대한 질서세계(cosmos)라 할 수 있으며, 개인은 태어날 때부터 그 안에 속한다. 따라서 사람은(적어도 개인으로서의 사람은) 사실상 변혁하기 어려운 '자본주의적 경제조직'의 철창 안에서 살아가야 하는 셈이다. 이러한 질서세계는 시장과 관계를 맺는 모든 사람의 경제행위에 대하여 일정한 규범을 강요한다. 오랜 기간 동안 이 규범을 거스르며 행동하는 제조업자는 반드시 경제적으로 도태될 것이다. 또한 이 규범에 적응하지 못하거나 일부러 안 하는 노동자도 결국 실업자가 되어 길거리로 쫓겨날 것이다.

이처럼 모든 경제생활을 지배하고 있는 오늘날의 자본주의는, 자신이 필요로 하는 경제주체—기업가와 노동자—를 경제적 도태에 의해 교육하고 만들어낸다. 하지만 바로 이 점 때문에, 역사적 현상을 설명하기에는 이 '도태'의 개념이 한계를 지닌다는 사실을 우리는 확인할 수 있다. 자본주의 특성에 적합한 생활태도나 직업관(職業觀)이 '도태'에 의해 선택될—즉 다른 것들에게 승리할—수 있으려면, 그러한 생활태도나 직업관이 미리 성립되어 있어야 한다. 그것도 개인 안에 개별적으로 속하는 것으로서가 아니라, 인간 집단의 내부에 속하는 사고방식으로서 성립되어 있어야만 한다. 그러므로 이런 직업관의 성립이 먼저 해명되어야 할 것이다. "그런 '이념'은 경제적 상황의 '반영' 또는 '상부구조'로서 태어나는 것"이라고 보는 소박한 유물사관에 관해서는 나중에 상세히 논할 예정이다. 여기서는 다음 사실을 지적하는 데 그치겠다. 우리의 목적에 비춰 보자면 그 정도로도 충분할 것이다. 즉 '자본주의 정신'(우리가 상정하고 있는 정신)은, 벤저민 프랭클린의 고향(매사추세츠)에서는 적어도 '자본주의의 발달' 이전에 명백히 존재하고 있었다 (1632년에 이미 뉴잉글랜드에서는—미국의 다른 지방에 비해—사람들이 유난히 이익 계산에 밝다는 이유로 비난받기도 했다). 그런데 뉴잉글랜드와 바로 이웃한 식민지—오늘날의 미합중국 남부 지방—등에서는 그런 정신이 매우 미성숙한 상태였다. 남부 지방 식민지는 사실 대자본가들이 영리를 목적으로 손을 댄 지역이었는데도 그러했다. 반면 뉴잉글랜드 식민지는 목사·지식인·소시민·직인·자영농민(yeoman)들의 결합에 의해 종교적인 이유를 바탕으로 탄생하였다. 이 경우의 인과관계는 '유물론' 입장에서의 인과관계와 정반대이다. 그런데 이런 이념의 청년기는, 일반적으로 '상부 구조'의 이론가들이 생각하는 것보다는 훨씬 어려운 가시밭길을 걷게 마련이다. 이 이념은 보통 들꽃처럼 쉽게 개화하지는 못했다. 내가 앞서 설명한 의미에서의 자본주의 정신도, 자신을 적으로 보는 커다란 세력과 힘든 투쟁을 치러야만 했다. 앞에서 인용한 벤저민 프랭클린의 말에 나타나 있는 심정은, 당시 일반인들에게는 기껍게 받아들여졌다. 하지만 그 시대가 혹시 고대나 중세였다면 어땠을까.*¹¹ 아마 그의 주장은 치사스런 인색함이나 저급한 심정으로 치부되어 배척받았을 것이다. 근대의 독자적인 자본주의 경제와 관련이 없는, 또는 그에 적응하는 일이 거의 없는 사회집단의 경우에는 오늘날에도 그와 같은 현상이 일어나고 있다. 그러나 이 현상은 자본주의 이전 시대에—많은 사람들이 주장하듯이—'영리의 충동'이 사람들에게 아예 인식되지 못했거나 발달이 덜 되었거나 했기 때문에 일어난 것은 아니다. 또 근대 낭만주의자들이 상상하듯 당시—또는 오늘날에도—시민적 자본주의 영역 안에 있던 사람들의 금전욕이 밖에 있던 사람들보다 적었기 때문도 아니다. 자본주의 '정신'과 자본주의 이전의 '정신' 사이의 차이는 그런 이유에서 생겨난 것이 아니다. 중국의 관리(mandarin)나 고대 로마의 귀족, 근대 농장주 등의 탐욕은 굉장한 수준이었다. 또 나폴리의 마차 제작자나 뱃사람이나 그와 비슷한 직업에 종사하는 아시아인들, 또 남유럽과 아시아 각국의 직인들이 품은 금전욕은, 영국인 등의 금전욕에 비해 훨씬 철저하며 때로는 뻔뻔스럽기까지 하다.*¹² 이는 그들의 금전욕을 경험해 본 사람이라면 누구나 알 만한 사실이다. 시민적 자본주의 발달이—서양의 발전을 기준으로 삼을 때—'뒤늦게 시작된' 나라들에서는, 사람들이 영리를 추구할 때 이기적으로 행동하는 그런 절대적인 뻔뻔스러움을 곳곳에서 찾아볼 수 있었다. 이것이 그 나라들의 독자적인 특징이었다. 공장주라면 누구나 알고 있듯이 이런 나라들(이를테면 독일에 비해 이탈리아의 경우)에서는, 노동자의 '양심적인 태도'(conscienziosità)의 결여가*¹³ 자본주의 발달을 방해하는 주요 원인 가운데 하나였으며, 실은 오늘날에도 어느 정도는 그렇다. 훈련받지 않은 '자유의지' 실행자들은 자본주의 체제에서는 노동자로서 도움이 안 된다. 또 프랭클린의 가르침에서도 분명히 드러나듯이, 줄곧 뻔뻔스러운 태도를 보이는 실업가도 자본주의에서는 쓸모가 없다. 그러므로 돈을 갈망하는 '충동'의 강약에 따라 자본주의와 그 이전의 차이점이 생겨나는 것은 아니다. 우리가 아는 한 금전욕은 인류의 역사만큼이나 오래된 욕망이다. 나중에 살펴보겠지만 금전욕의 충동에 사로잡혀 모든 것을 내던진 사람들은—예컨대 '돈을 위해서라면 지옥을 향한다고 해도 배를 띄우고, 돛이 다 타버리는데도 아랑곳하지 않았던' 저 네덜란드인 선장처럼—근대 자본주의와 전혀 상관없었다. 즉 근대의 독자적 자본주의 '정신'을 대량현상으로서—이 점이 중요하다—출현하게끔 해 준 원천에 해당하는 심정이 그들 마음속에는 없었던 것이다. 어떤 내면적 규범에도 복종하려 하지 않는 근시안적 영리활동은, 실제로 그것이 가능하기만 하다면 역사상 어느 시대에나 존재했다. 전쟁이나 해적 활동처럼 규범에 따르지 않는 자유로운 상업도, 다른 부족 또는 공동체 밖의 사람들과 맺는 관계에서는 얼마든지 가능한 일이었다. '공동체 내부(unter Brüdern)'의 관계에서는 금지되어 있는 일도 이런 경우에는 '대외 도덕(對外道德, Aussenmoral)'으로서 허용되었던 것이다. 이처럼 외면적으로는 돈과 비슷한 재화가 사람들에게 알려져 있고, 그것을—합자회사, 징세 청부, 국가에 대한 대부(貸付), 전쟁·궁정·관리들을 대상으로 한 금융 등에서—사용하여 이윤을 얻을 기회가 있는 한, 어떤 경제조직에서든 '모험'으로서의 자본주의적 영리활동이 발견될 수 있었다. 그리고 이와 마찬가지로 내면적으로도 윤리적 한계를 철저히 무시하는 모험적 심리가 널리 퍼져 있었다. 의식적인 한계에서 벗어난 무제한의 이윤 추구와 의식적인 뻔뻔함이 전통에 의한 엄격한 구속과 밀착해서 공존하는 경우도 적지 않았다. 게다가 전통이 파괴되어 자유로운 영리활동이 사회집단 내부에까지 어느 정도 침투할 경우에도, 그런 새로운 것에 대한 윤리적 긍정이나 형식화는 이루어지지 않는다. 그것은 그저 윤리적으로만 문제될 뿐인 현상, 또는 바람직하진 않지만 어쩔 수 없는 현상으로 간주된다. 따라서 사람들은 사실상 그것을 관대하게 취급

해버린다. 이것은 여러 윤리학설이 취해 온 통상적인 입장일 뿐만 아니라, ─이쪽이 본질적으로는 더 중요하지만─자본주의 이전 시대의 평균적인 사람들이 실제로 취했던 태도다. 여기서 '자본주의 이전'이라 함은 합리적 경영에 의한 자본 증식과 합리적인 자본주의적 노동조직이, 아직은 경제행위의 방향을 결정할 만큼 지배적인 힘이 되지는 못했다는 뜻이다. 그런데 이런 태도야말로 시민적 자본주의 경제의 성립을 방해하는 내면적 장해 중에서도 가장 커다란 적이다. 즉 사람들은 시민적 자본주의 경제 성립을 위한 전제조건에 적응하려 할 때, 곳곳에서 이 강대한 적과 조우해야 했다.

'윤리'의 옷을 두르고 규범의 구속에 복종하는 특정한 생활양식. 이런 의미에서의 자본주의 '정신'이 어쨌거나 조우할 수밖에 없었던 투쟁 상대는, 이른바 전통주의라고 불리는 감각 및 행동 양식이었다. 이 경우에도 나는 결론적인 '정의'를 내리지는 않겠다. 오히려 나는─물론 여기서도 다만 잠정적으로─몇 가지 실례(實例)에 대해 살펴보고, 그것이 의미하는 바가 대체로 무엇인지를 밝힐 생각이다. 그러면 우선은 아래에서부터, 즉 노동자와 관련된 실례에서부터 출발하겠다.

근대 기업가가 '자기 부하인' 노동자들에게서 되도록 최대한의 노동을 얻기 위해, 다시 말하자면 노동 집약도(集約度)를 높이기 위해 보통 사용하는 기술적 방법 가운데 성과급이란 것이 있다. 예컨대 농업에서는 추수철이 보통 가장 중요하다. 따라서 이때에는 노동 집약도를 높여야 한다. 추수를 빨리 끝내느냐 못 끝내느냐에 따라 이윤이 막대해지거나 손실이 생길 수도 있기 때문이다. 특히 날씨가 좋지 않을 때에는 더더욱 그렇다. 그러므로 추수철에는 거의 예외 없이 성과급 제도가 채택된다. 게다가 수익이 증가하여 경영 집약도가 높아지면, 추수를 빨리 끝내려는 기업가의 관심도 대체로 커진다. 이 때문에 그들은 당연히 성과급 비율을 닥치는 대로 높여서, 노동자가 단기간에 얻을 수 있는 보수를 엄청나게 늘림으로써 노동 성과를 높이려고 한다. 그러나 이 경우 특수한 어려움이 발생했다. 즉 성과급 비율을 끌어올렸는데도 일정 기간 내에 기대한 만큼 노동이 증대되지 않거나, 오히려 감소하기까지 하는 현상이 두드러지게 나타난 것이다. 성과급 비율이 올랐는데도 노동자들이 자신의 하루 노동량을 늘리기는커녕 도리어 줄였기 때문이다. 예를 들어 종래에는 1모르겐[약 2에이커]의 수확량에 대한 보수가 1마르크여서, 하루 2.5모르겐의 곡식을 거둔 노동자는 일당을 2.5마르크 받았다고 해 보자. 이때 고용주가 성과급 비율을 1모르겐당 25페니히로 올렸다면, 그는 (이를테면) 노동자가 하루 3모르겐의 곡식을 거두어 3.75마르크의 보수를 받으려 할 것이라고 기대할 터이다. 물론 실제로 그런 현상이 일어나기도 한다. 그러나 노동자가 하루에 겨우 2모르겐의 곡식만 수확하면서도 예전과 똑같이 2.5모르겐의 일당을 받는 데 (성서의 표현을 빌리자면) '만족'한다면 어떨까. 즉 높은 보수보다는 적은 노동이 그 노동자를 더 강하게 자극한 것이다. 되도록 많은 노동을 하면 하루에 돈을 얼마만큼 더 받을 수 있을까 하는 문제보다는, 지금까지와 같은 보수—2.5마르크를 벌어 전통적인 필요를 충족시키기 위해서는 얼마나 노동을 해야 하는가, 그것이 그의 관심사였다. 이는 그야말로 '전통주의'라 불릴 만한 생활태도의 한 예다. 사람은 '날 때부터' 가능한 많은 돈을 벌고자 하는 것이 아니라 오히려 간소하게 생활하고자 한다. 즉 습관적으로 해 온 생활을 계속해 나가면서, 그 생활에 필요한 것을 손에 넣으려 할 뿐이다. 자본주의 시대 이전 경제 노동의 기조는 이러했다. 근대 자본주의가 인간 노동의 집약도를 높여서 '생산성'을 끌어올리려는 작업을 시작했을 때, 곳곳에서 최대의 장해로 등장한 것이 바로 이 기조였다. 사정은 오늘날에도 마찬가지다. 자본주의의 토대가 되어 있는 노동자층이 '뒤떨어져'(자본주의의 관점에서 볼 때) 있을수록, 이 같은 장해는 더욱 강해진다. 그런데—다시 한 번 앞의 예로 돌아가자—임금의 비율을 올려 노동자의 '영리심(營利心)'을 자극하는 방법이 성공하지 못했다면, 고용주가 정반대의 방법을 사용하는 것도 당연한 이치다. 즉 임금의 비율을 낮춰서, 노동자가 전과 같은 보수를 받으려면 더 많이 일할 수밖에 없는 상황을 조성하는 것이다. 실제로 저임금은 고이윤과 관련되어 있다. 따라서 임금을 많이 지불할수록 그만큼 이윤은 줄어든다는 생각은, 공평한 입장에서 볼 때 지극히 타당하게 여겨진다. 이런 논리는 현재에도 적용된다. 사실 자본주의는 처음부터 끊임없이 이 방법을 사용해 왔다. 저임금은 노동의 증대를 낳는 '생산적' 수단으로 간주되었다. 즉 피터 드 라 쿨(Pieter de la Cour)—뒤에서 살펴보겠지만, 이 점에서 그는 완전히 고대 칼뱅주의 정신으로 모든 것을 판단했다—이 이미 말했듯이, "민중은 가난한 동안에만 그 가난으로 말미암아 노동을 한다"는 생각은 몇 세기에 걸쳐 신조(信條)로 굳어졌다.

그러나 언뜻 확실해 보이는 이 방법의 효과에도 한계가 있다.[14] 물론 자본주의 발전을 위해서는, 노동시장에서 저렴한 대가로 고용할 수 있는 많은 인력이 필요하다. 하지만 그런 '예비군'이 지나치게 많으면, 자본주의의 양적 확대는 가능할지 몰라도 질적 발전은 오히려 저해된다. 특히 노동을 집약적으로 충분히 이용할 만한 경영 형태로 이행하는 일은 더욱 어려워진다. 낮은 임금과 싼 노동력은 결코 똑같은 뜻이 아니다. 단순히 양적으로만 봐도 기본적 욕구마저 충족할 수 없는 임금이라면 노동량은 반드시 줄어들 것이며, 이 상황이 오랫동안 계속되면 그야말로 '가장 질 낮은 노동력'만이 남게 된다. 오늘날 보통 슐레지엔(실레지아) 사람들은 아무리 열심히 일해도, 보수가 높고 환경도 좋은 포메른이나 메클렌부르크 사람들에 비해 같은 시간 동안 2/3 면적의 곡물밖에 수확하지 못한다. 또 폴란드 사람들과 독일 사람들의 육체노동을 비교해 봐도, 출생지가 동쪽일수록 노동량이 줄어든다. 뿐만 아니라 일의 내용을 봐도 그렇다. 기능적(숙련) 노동이니, 파손되기 쉬운 고가의 기계를 다루는 작업이니, 고도의 예민한 주의력 및 창의력을 요하는 제품의 제조니 하는 분야에서는, 저임금은 자본주의 발전의 지주로서 전혀 도움이 안 된다. 이 경우 저임금은 이윤을 내기는커녕 의도한 것과는 정반대의 결과만을 낳는다. 이런 일에서는 단적으로 높은 책임감이 필요할 뿐 아니라 적절한 마음가짐도 있어야 하기 때문이다. 다시 말하자면 이 경우 최소한 근무시간 동안에는, "어떡하면 더 편하게 일을 조금만 하면서 평소와 같은 임금을 받을 수 있을까" 끊임없이 생각하는 태도가 아니라, 마치 노동이 절대적 자기목적—'Beruf' 즉 '천직'—인 것처럼 그에 매진하는 심정이 일반적으로 필요하다. 그런데 이런 심정은 인간이 천부적으로 지니는 것이 결코 아니다. 또한 고임금이나 저임금이라는 조작을 통해 직접 만들어 낼 수 있는 것도 아니다. 이 심정은 오히려 오랜 교육의 성과로서 비로소 탄생한다. 현재에는 자본주의의 견고한 기초가 이미 완성되어 있으므로, 어떤 공업국에서든 또 어떤 공업지대에서든 노동자를 조달하는 일은 비교적 쉽다. 그러나 옛날에는 노동자 조달이 언제나 매우 어려운 문제였다.[15] 사실 오늘날의 자본주의도—적어도 상황에 따라서는—성립 시대의 자본주의에 (나중에 살펴보겠지만) 도움을 주었던 유력한 사정에 의존하지 않고서는, 노동력 조달이라는 목적을 달성할 수 없다. 그런 의미를 분명히 밝히기 위해 여기서 또 하나의 사례를 들어 보겠다. 오늘날 뒤떨어진 전통주의적 노동의 형태를 가장 잘 보여 주는 것은 여성 노동자, 그중에서도 미혼 여성 노동자다. 어린 여성, 특히 독일 소녀들을 부리고 있는 고용주들이 이구동성으로 하는 말이 있다. 한번 습득했던 노동 형식을 버리고 보다 실용적인 형식을 선택하거나, 새로운 노동 형식에 적응하고 그것을 체득하거나 하는 일에서, 그녀들의 능력 및 의욕은 매우 부족하다는 것이다. 심지어 지성을 집중하거나 최소한 지성을 발휘해 보는 일에 대해서조차 그렇다고 한다. 좀 더 쉽게 일하면서 수입도 올릴 수 있는 노동 방법이 있다고 아무리 설명해 주어도, 그녀들은 도통 이해를 못하는 경우가 대부분이다. 성과급을 올리는 방법도 관습의 벽에 부딪칠 뿐 아무 도움이 안 된다. 다만 사정이 다른 경우도 있는데—이 점이 나의 고찰에서 중요하다—, 종교 교육을 받은 소녀, 특히 경건과 신앙이 퍼져 있는 지역에서 자란 소녀는 일반적인 여성과 다르다. 이런 소녀들에게 경제 교육을 하면 높은 효과를 얻을 가능성이 크다는 소문이 있다. 또 때로는 수학적인 조사도 이 사실을 뒷받침해 준다.*16 그녀들은 사고(思考) 집중력 및 '노동을 의무로 보는' 한결같은 태도, 게다가 이런 경향과 더불어 자주 발견되는 특성까지 갖추고 있다. 그 특성이란 임금과 그 액수를 계산하는 투철한 경제성과, 노동력을 크게 향상시켜 주는 냉정한 극기심 및 절제다. 노동을 자기목적, 즉 '천직'이라고 보는 그녀들의 생각은 그야말로 자본주의의 요구에 정확히 들어맞는다. 이런 사고방식은 위와 같은 경우에 가장 적합하며, 전통적 관습을 극복할 가능성도 종교적 교육의 결과로서 최대가 된다. 이처럼 현재 자본주의를 관찰해 봐도,*17 "자본주의에 대한 적응 능력과 종교적 요인 사이의 관계가 자본주의의 발전기에는 어떠했는가"를 문제로 삼는 일이 완전히 쓸모없지는 않다는 것을 알 수 있다. 그 시대에도 이 둘의 관계가 지금과 거의 비슷했다는 점은 다수의 개별적인 사실로부터 추론할 수 있기 때문이다. 예를 들어 18세기 감리교 노동자들이 동료들로부터 혐오와 박해를 받았던 주된 원인은, 그들의 노동 용구가 자주 파손되었다는 보고(報告)만 봐도 알 수 있듯이 종교적 상궤에서 벗어난 그들의 행동이 아니라—물론 영국에서는 그런 사례가 많았으며 그중에는 눈에 띄는 사건도 있었지만—, 오히려 현대식으로 말하자면 그들의 독자적인 '노동 의욕'과 관련된 것이었다.

여기서 다시 한 번 현대로 눈을 돌려 보자. 이번에는 특히 기업가에게 '전통주의'가 어떤 의미인지 밝혀 보겠다.

좀바르트는 자본주의 기원을 검토할 때,[18] 경제 역사의 무대가 되어 온 2개의 커다란 기조를 '필요충족(Bedarfsdeckung)'과 '영리(Erwerb)'로 구별했다. 이 둘은 경제활동의 양식과 방향을 결정하는 요인이 인간적 필요의 크기인지, 아니면 그런 한계에서 벗어난 이윤 추구 및 이윤 획득의 가능성인지에 따라 구별된다. 그가 말하는 '필요충족의 경제조직'은 얼핏 보기에 '경제적 전통주의'와 일치하는 듯 보인다. 실제로 '필요'의 개념이 '전통적 필요'와 같을 경우, 그 둘은 일치한다. 하지만 그렇지 않을 경우에는 좀바르트가 그의 저서의 다른 부분[19]에서 정의해 둔 '자본'의 뜻에 의거하자면, 조직 형태상 '자본주의적' 경제임에도 불구하고 '영리' 경제의 영역에서 비어져 나와 '필요충족 경제'의 영역에 들어가는 것이 대단히 많다. 또 이윤을 추구하면서 생산수단 구입 및 제품 판매라는 방법을 통해 자본(=돈 또는 화폐가치를 지닌 재화)을 움직이는 형태로 사기업가(私企業家)에 의해 지휘되는 경제, 다시 말해 명백히 '자본주의적'이면서도 여전히 '전통주의적'인 성격을 띠고 있는 경제도 있다. 이런 일은 근세 경제사에서도 예외적인 것이 아니며, 오히려─'자본주의 정신'의 새롭고 강력한 침입 때문에 자주 중단되기도 했지만─일반적인 현상이었다. 경제의 '자본주의적' 형태와 그 경영상의 정신이란, 확실히 일반적으로 볼 때 '적합한' 관련('adäquate' Beziehung)이란 관계를 맺고 있다. 그러나 이 둘은 결코 '법칙적'인 의존('gesetzliche' Abhängigkeit) 관계는 아니다. 그럼에도 앞서 벤저민 프랭클린의 예에서 본 것과 같이, 정당한 이윤을 '천직'으로서 조직적·합리적으로 추구하는 심정을, 나는 여기서 잠정적으로 '(근대) 자본주의 정신'[20]이라고 이름 붙였다. 이는 근대 자본주의적 기업이 이런 심정의 가장 적합한 형태로서 나타났으며, 또 거꾸로 이 심정이 자본주의적 기업의 가장 적합한 정신적 추진력이 되었다는 역사적 이유 때문이다.

그런데 이 같은 심정과 자본주의 기업은, 그 자체로서는 따로 존재할 수도 있다. 벤저민 프랭클린은, 그의 인쇄공장이 형태상 수공업 경영과 전혀 다를 바 없던 시절부터 이미 '자본주의 정신'으로 충만해 있었다. 그리고 뒤에서 살펴보겠지만 근세 초기에, 내가 이 책에서 '자본주의 정신'이라고 부르는 심정을 지녔던 사람들이 모두 도시귀족인 자본주의적 기업가였던 것은 아니며, 또 그런 기업가들 중에 유난히 많았던 것도 아니다. 오히려 스스로를 발전시키고자 계속 노력하던 산업적 중산계급에서 이런 인물이 훨씬 많이 등장했다.*21 19세기에도 이 심정의 전형적인 대표자는 선조 대대로 전해 내려온 상업 재산을 보유한 리버풀이나 함부르크의 상류 신사들이 아니라, 가난 속에서 출발해 벼락출세한 맨체스터나 라인=베스트팔렌 지방의 출세자들이었다. 16세기의 사정도 이미 그와 같았다. 당시 성립되고 있었던 산업은 주로 벼락출세한 사람들이 만들어 낸 것이었다.*22

은행, 수출 무역, 비교적 규모가 큰 소매업 등 가내공장 생산품에 대한 대규모 도매제 선대 등의 경영은, 자본주의적 기업 형태에 의존하지 않고서는 분명 이루어질 수 없다. 그럼에도 이들 모두는, 엄밀히 말하자면 전통주의적 정신에 의해 이루어질 수도 있다. 대규모 발권은행 업무가 그런 정신에 의거하지 않고 이루어지는 일은 용납되지 않는다. 또 해외무역도 모든 시대에 걸쳐 전통주의적 성격이 강한 독점과 통제를 바탕으로 실시되었다. 한편 소매업에서는—여기서 말하는 소매업이란 오늘날 국가의 원조를 끊임없이 요청하는, 규모도 작고 자본도 없는 게으름뱅이의 사업을 가리키는 것이 아니다—낡은 전통주의에 종지부를 찍기 위한 혁명이 현재 진행되고 있다. 과거에 낡은 형태의 도매제도를 끝낸 것도 바로 이러한 혁명이었다. 현대의 가내노동은 그저 형태상으로만 과거의 도매제도와 닮아 있을 뿐이다. 이 혁명의 과정 및 의미를 명확하게 밝히기 위해—그 자체에 대해서는 모두가 알고 있겠지만—여기서 사례를 하나 들어 보겠다.

전 세기(19세기) 중반까지의 선대 도매는, 적어도 (유럽) 대륙의 섬유공업 여러 부문에서는*23 현대인의 관념에 비춰 볼 때 상당히 느긋한 형태로 이루어졌다. 그 모습은 대충 다음처럼 상상하면 될 것이다. 먼저 농민들은 직물—(리넨의 경우) 모두 또는 대부분은 아직 자가생산(自家生産) 형태의 원료로 만들어졌다—을 가지고 도매상이 사는 도시를 방문한다. 그 직물은 면밀하고도 대체로 공정한 품질검사를 받은 뒤, 관례에 따라 값이 매겨진다. 이런 도매상에게서 물건을 사는 사람은, 판매로가 멀거나 십중팔구 외래 중개상인이다. 그들은 보통 견본을 보지 않고 관례에 따라 창고 물건을 적당히 구입한다. 또는 오래전부터 미리 주문을 넣어 두기도 하는데, 이때에는 농민에게까지 주문이 들어간다. 처음에는 상인들이 필요할 때마다 직접 오곤 했지만 점점 오랜 기간에 한번 오는 정도로 드물어졌다. 그 밖의 경우, 대개 통신으로 일을 해결하고 견본을 송부하는 일이 점차 늘어났다. 영업시간은 길지 않았으며—아마 하루 5~6시간 정도였을 것인데, 때로는 그보다 더 짧았으며 성수기에는 좀 더 길어졌다—그들에게 이득은 둘째 문제였다. 그들의 사업이란 어느 정도 생계를 유지하면서, 호경기에나 돈 좀 만져 보는 수준이었다. 동업자들의 이런 영업 방침은 대개 일치했으므로 서로 타협하기도 비교적 쉬웠다. 그래서 그들은 매일 클럽에 들러 때로는 새벽까지 술을 마시기도 하고, 마음이 맞는 친구끼리 모여 놀기도 했다. 따라서 생활 속도는 대체로 느렸다.

이것이 여러 가지 면에서 '자본주의적' 형태의 조직이었다는 점은 명백하다. 이 기업가들의 순수한 상인적(商人的)·사무적 성격을 봐도, 또 그런 사업을 꾸려가기 위해 자본을 꼭 필요로 했다는 점을 봐도, 그리고 경제 과정의 객관적인 측면이나 장부 기록 방법을 봐도 위 사실은 틀림없다. 하지만 그런 기업가들의 영혼을 움직였던 정신의 측면에서는, 그것은 '전통주의적' 경제였다. 여기서 사업 경영을 지배했던 것은, 전통적 생활 표준과 전통적 이윤의 양과 전통적 노동량, 전통적 사업 경영 양식, 노동자 및 본질적으로 전통적인 고객층과 맺는 전통적인 관계, 고객 확보 및 판매로 등의 전통적인 양식 등이었다. 이런 것들이야말로 그 시대 경영자들의 '에토스'—라고 불러도 될 것이다—의 기초였다. 그런데 어느 날 갑자기 이런 느긋한 생활이 뒤흔들리게 되었다. 그렇다고는 해도 조직 형태의 원리적인 변화—이를테면 집중경영이나 직조기 도입 등—가 전혀 나타나지 않는 경우도 많이 있었다. 아니, 오히려 일반적으로는 다음과 같은 일이 일어났을 뿐이다. 즉 도매제 선대 사업가 집안의 한 청년이 도시에서 농촌으로 직접 가서 자신의 요구에 딱 맞는 직조공들을 신중하게 선택하여, 그들에 대한 지배 및 통제를 강화함으로써 농사꾼인 그들을 노동자로 길러 냈다. 그리고 그는 최종 구매자와의 직접적인 접촉(소매업)을 통해 판매 분야를 모두 장악했으며, 고객을 스스로 확보하였다. 또 매년 규칙적으로 각지를 방문하고, 구매자의 필요나 희망을 기준으로 제품의 품질 개량에 힘써, 상대의 '취향에 맞는' 제품을 만듦과 동시에 '박리다매'의 원칙을 실행했다. 그리하여 이런 '합리화' 과정을 통해 언제 어디서나 탄생하는 결과가 여기서도 나타났다. 즉 스스로를 발전시키지 못하는 사람은 자연히 몰락하게 된 것이다. 심한 경쟁이 시작되면서 목가적인 그림자는 사라지고, 거액의 재산은 이자를 노린 대출 분야가 아니라 사업에 투자되었다. 느긋하고 편안한 생활은 완전히 사라지고, 투철한 냉정함이 그 자리를 대신했다. 남들에게 뒤처지지 않고 번영을 향해 나아가는 사람들은 소비를 원치 않고 영리를 원했기 때문이며, 낡은 양식에 머무르는 사람들은 허리띠를 졸라맬 수밖에 없었기 때문이다.[24] 게다가—여기서는 특히 이 점이 중요한데—이런 변혁을 초래한 원인은, 일반적으로 새로운 돈의 유입 같은 것이 아니라—내가 아는 많은 사례들의 경우, 이 혁명 과정의 모든 것이 완성되기까지 필요한 자본은 친척에게 빌린 수천 마르크로도 충분했다—도리어 새로운 정신이었다. 다시 말해 '근대 자본주의 정신'의 침입이야말로 변혁의 원인이었다. 근대 자본주의의 광대한 원동력이 무엇인가 하는 문제의 핵심은, 자본주의적으로 이용할 수 있는 돈의 출처가 아니라, 오히려 자본주의 정신의 전개다. 이 정신이 생기 넘치게 활동할 수 있는 곳에서는, 활동 수단인 돈도 스스로 조달하게 마련이다. 결코 그 반대가 아니다.[25] 그런데 이 새로운 정신의 침입은 평화롭게 이루어지는 일이 거의 없었다. 최초의 혁신자들은 대개 불신을 받았으며, 때로는 증오의 대상이 되기도 했다. 특히 도덕적 분노의 화살을 맞는 것이 일반적이었다. 그들의 신변에 대해 나쁜 소문이 도는 일도—나는 몇 가지 예를 알고 있다—적지 않았다. 그런 '새로운 스타일'의 기업가가 철저한 자기 제어를 계속 유지하면서 경제상·도덕상의 파멸을 피하기 위해서는, 매우 견고한 성격이 필요하다. 또 명석한 관찰력 및 실행력과 더불어, 특히 결연하고 두드러지는 '윤리적' 자질이 있어야만 한다. 그러지 않고서는 고객과 노동자의 신뢰(이 혁신에 꼭 필요한 신뢰)를 얻을 수 없기 때문이다. 게다가 이러한 자질 없이는 숱한 저항을 극복할 힘을 유지할 수도, 편안한 생활과는 양립하기 어렵지만 기업가에게는 꼭 필요한 힘든 노동을 견뎌 낼 수도 없다. 그런데 이런 사정을 공평하게 관찰하는 것은 누구에게나 어려운 일이었다. 왜냐하면 그런 윤리적 자질이, 과거 전통주의에 적합한 것과는 다른 독자적인 것이었기 때문이다.

그런데 경제생활에서의 새로운 정신의 관철이라는, 외관상으로는 눈에 띄지 않지만 결정적인 이 전환을 낳은 인물들은 대체 누구일까. 그것은 경제사상 일반적으로 어느 시대에서나 볼 수 있는 무모하리만큼 뻔뻔스러운 투기꾼이나 모험가, 또는 단적으로 '대부호' 같은 인물들이 아니었다. 오히려 그들은 엄격한 삶의 가르침 밑에서 성장하고 철저히 시민적인 관점과 '원칙'을 몸에 지녔으며, 숙고하고 단행하는 힘을 아울러 겸비한 데다, 특히 깨어 있는 시각과 해이함이 없는 면밀성을 발휘해 만사에 철저하게 임하는 인물들이었다.

사람들은 이렇게 생각할지도 모른다. '이런 개인의 도덕적인 자질은 윤리상의 원칙이라든가 종교사상 등과 무슨 관계가 있는 것이 아니며, 오히려 이러한 방향 설정과는 본질적으로 대립 관계에 있다. 전통에서 벗어나게 만드는 능력, 즉 자유주의적 '계몽사상'이야말로 그 무엇보다도 그런 능률적인 생활태도에 적합한 기초가 될 수 있다.' 확실히 오늘날에는 이 말이 일반적으로 옳다. 현재의 생활태도는 보통 종교에서 출발하지 않는다. 게다가 설령 둘 사이에 무슨 관계가 있다 해도, (적어도 독일에서는) 부정적 관계일 가능성이 높다. 현재 '자본주의 정신'으로 충만한 사람들 중 대부분은, 교회에 반대까지는 하지 않더라도 무관심하다. 일하지 않아도 되는 천국은, 신앙심이 깊다 하더라도 활동적인 그들의 성격상 매력적이지 못하다. 그들이 보기에 종교는 지상의 노동으로부터 사람들을 떨어뜨려 놓는 수단이다. 쉼 없는 분주한 활동의 '의미'를 그들에게 물어 보라. 그토록 분주하게 일하느라 자기 재산을 향락할 여유조차 만들지 않는 그들의 태도는, 순수한 현세적 생활목표에 비춰 볼 때 전혀 무의미하지 않느냐고도 물어 보라. 만약 그들이 이에 답할 수 있다면, 몇몇 사람들은 '자식이나 손자에 대한 배려'라고 대답할지도 모른다. 하지만 '자식이나 손자에 대한 배려'라는 동기는 그들만의 것이 아니라, '전통주의적' 사람들도 가질 만한 동기다. 따라서 그보다 더 많으며 더 정확한 대답은 따로 있다. "쉼 없는 노동이 자신에게 '없어서는 안될 생활'이 되었다." 이것이야말로 그들의 동기를 설명해 주는 유일하고도 적확한 해답이다. 또한 이것은 사업을 위해 인간이 존재할 뿐 그 반대는 성립되지 않는다고 보는 생활태도가, 개인의 행복이란 입장에서 볼 때 완전히 비합리적이라는 점을 명백히 설명해 준다. 물론 이 경우, 재산 소유 자체에 의해 얻어지는 권세나 명예에 대한 감정이 전혀 작용하지 않는 것은 아니다. 오늘날 미국처럼 모든 국민의 환상이 그저 수량적으로 큰 것을 지향하고 있는 곳에서는, 그런 숫자의 낭만은 저항할 수 없는 주력(呪力)을 발휘하여 상인들 내부에서 '시인'의 혼을 일깨운다. 한편 그렇지 않은 나라에서 이런 주력에 사로잡히는 사람은 전체적으로 보자면 기업가들 가운데 본디 지도자적 위치에 있는 인물들이 아니며, 특히 오랜 번영을 계속해서 누렸던 사람들이 아니다. 또한 독일에서 벼락출세한 자본가 가족의 경력에서 쉽게 찾아볼 수 있듯이, 세습재산과 명목 귀족의 안전한 영역 안에 도착한 상태에서 대학교나 관청에서 일하는 자식들이 자신의 출신을 잊어버리려 하는 것도, 아류 특유의 퇴폐적인 산물에 지나지 않다. 독일에서도 몇몇 훌륭한 실례를 보여준 자본주의적 기업가의 '이념형(理念型)'*26은, 이처럼 상스럽거나 보다 고상한 벼락부자들의 근성과는 전혀 다르다. 그런 기업가들은 겉치레나 불필요한 지출을 좋아하지 않을뿐더러, 고의로 권세를 이용하는 일을 싫어하고, 또 현재 자신이 얻은 사회적 명성에 대한 사람들의 칭찬도 기쁘게 받아들이기는커녕 일부러 피한다. 다시 말하자면 그들의 생활태도는, 앞서 인용한 프랭클린의 '설교'에 드러나 있는 일정한 금욕적인 특징을 띠는 경우가 많다. —이것은 나의 연구에 중요한 현상인데, 그 역사적 의미에 대해서는 나중에 자세히 살펴보겠다. —특히 이런 기업가들에게서는 적절히 냉정한 겸허함을 적지 않게 찾아볼 수 있다. 아니, 실은 매우 자주 찾아볼 수 있다. 이러한 겸허함은 벤저민 프랭클린이 우리에게 권하는 '지혜로운 자제(自制)'보다도 본질적으로 성실한 것이다. 이런 기업가들은 크나큰 부(富)를 차지하면서도 자신을 위해서는 '무엇 하나 가지지 않는다'. —그들은 다만 주어진 직업에서 힘써 일하려는 비합리적인 의식을 가지고 있을 뿐이다.

그런데 이런 태도는 자본주의 이전 시대 사람들에게 수수께끼같이 이해할 수 없고, 불결하여 경시되어 마땅한 것에 지나지 않았다. 인간이 평생에 걸친 노동의 목적으로 막대한 돈과 재화를 짊어지고 무덤까지 들어가는 일을 끊임없이 생각한다는 것은, 그들이 보기에는 도착적 충동인 '저주받은 금전욕'일 뿐이었다. 그들로서는 그 밖에 설명할 방법이 없었던 것이다.

현재의 정치, 사법, 유통의 모든 제도를 바탕으로, 경영 형태 및 현대 경제 특유의 경제구조에 맞춰 생각해 보자. 그러면 앞서 설명했던 것처럼, 우리는 이런 자본주의 '정신'을 순수한 적응의 산물로서 이해할 수도 있다. 자본주의적 경제질서는 이러한 화폐 획득이 '천직'으로서 수행될 것을 요구한다. 이는 외물(外物)을 대하는 인간의 태도 중에서 자본주의적 경제구조에 가장 적합한 것이며, 현재의 경제적 생존경쟁에서 승리를 거두기 위한 조건과도 밀접하게 관련되어 있다. 따라서 이런 '축재적(蓄財的)' 생활태도가 하나의 통일된 '세계관'과 필연적인 관련을 맺고 있는지 어떤지는, 오늘날에는 사실 문제가 되지 않는다. 특히 이런 생활태도는 종교 세력의 승인을 통해 지지받을 필요가 없어졌다. 오히려 사람들은 국가에 의한 경제생활 통제를 싫어하듯이, 교회 규범이 경제생활에 미치는 영향도—이런 것이 아직 존재한다면—귀찮다고 여기게 되었다. 이 경우에는 흔히 상업정책 및 사회정책에서의 이해관계 등이 '세계관'을 결정한다.

　자본주의적 성공 조건에 자신의 생활을 맞춰 나가지 못하는 사람은, 설령 몰락하지 않더라도 결코 번영할 수는 없다. 그런데 이것은 근대 자본주의가 승리를 거둬 낡은 터전에서 스스로를 해방시켰던 시대에 나타난 현상이다. 과거의 자본주의는, 형성기의 근대적 국가권력과 결합함으로써 비로소 낡은 중세적 경제통제의 여러 형태를 파괴할 수 있었다. 그렇다면 그 시대의 자본주의와 종교적 권위 사이에서도 아마—일단 이렇게 말해 두자—그런 일이 일어나지 않았을까. 만약 실제로 일어났다면 어떤 의미를 지녔을까. 그 해답을 연구하여 밝히는 것이 이 책에서의 내 사명이다. 왜냐하면 화폐 획득을 인간에게 부여된 자기목적, 즉 Beruf(천직)으로 보는 견해가, 다른 모든 시대의 도덕감각들과 반대된다는 점은 거의 증명할 필요조차 없기 때문이다. 교회법에도 채용되었고, 당시에는(복음서의 이자에 관한 부분과 마찬가지로*27) 상인의 활동에도 정당하게 적용되었던 '신을 기쁘게 하기란 어렵다'라는 교조(敎條)나, 이윤 추구를 추한 것이라고 말하던 토마스의 생각(어쩔 수 없는 것으로서 윤리적으로 용인되고 있는 이윤의 획득조차 이렇게 비난당했다)을 보라. 교회와 정치적으로 밀접한 관련이 있는 이탈리아 여러 도시들의 금융세력의 이해(利害)에 대한, 가톨릭 교리의 영합을 그곳에서 이미 찾아볼 수 있다. 그리고 그런 태도는 상당히 많은 사람들이 품은 철저한 반축재적(反蓄財的) 사고방식과 대립하였다.*28 또 이를테면 피렌체의 안토니누스(Antoninus)에게서 볼 수 있듯이 교회의 교리가 좀 더 현실에 순응하는 경우에도, 영리를 자기목적으로 삼는 행위는 근본적으로 수치스러운 행위에 해당했다. 결국 여기서도 "현재 사회질서가 어쩔 수 없이 그것을 허용하고 있을 뿐이다"라는 감각은 결코 사라지지 않은 상태였다. 당시의 윤리학자들과 그중에서도 특히 유명론자들은, 이미 성장하기 시작한 자본주의적 영업 형태들의 새싹을 기성사실로 받아들였다. 그들은 그것이 허용되어야 할 것이며, 특히 상업은 꼭 필요하므로 그 안에 나타나 있는 '근로'는 이윤의 정당한 원천으로서 윤리적으로도 비난받아선 안 된다는 점을 증명하려고 노력했다(물론 여기에도 모순이 없는 건 아니지만). 그러나 당시 지배적인 학설은 자본주의적 영리의 '정신'을 추한 것으로서 배척하였다. 또 그렇지 않은 학설도, 그 정신에 적어도 윤리상의 적극적인 평가를 부여하지는 못했다. 벤저민 프랭클린처럼 그것을 '도덕적'으로 보는 것은 당시로선 상상조차 못할 일이었다. 이런 생각을 자본주의자들이 품고 있었다. 그들이 평생 하는 일은 교회의 전통 위에서 성립하는 한, 기껏해야 도덕과 무관한 것으로서 허용되고 있을 뿐이었다. 아니, 그 일은 교회의 이자 금지에 언제 저촉될지 모른다는 의미에서 그의 내세를 위협하는 것이기까지 했다. 그래서 여러 기록에 따르면, 부자가 죽었을 때 막대한 금액이 '양심을 위한 돈'으로 교회에 기부되고, 또 그가 생전에 부당하게 갈취했던 '이자'라 해서 채무자에게 되돌려주는 일도 있었다. 다만―이단 또는 위험분자로 간주되던 사람들과 더불어―내면적으로는 이미 교회의 전통으로부터 해방되어 있던 도시귀족 계층만큼은 이와 달랐다. 그러나 회의적이거나 비종교적인 사람들이 보기에도, 불확실한 사후세계에 대한 보증을 얻는 데에는 위의 방법이 가장 효과적이었다. 실제로(적어도 많은 사람들의 막연한 생각에 의하자면) 교회의 계명(誠命)에 대한 형식적인 복종만으로도 영혼의 구원을 받을 수 있다고 생각했다. 그러므로 그들은 보통 적당한 금액을 지불함으로써 이 교리와 타협했다.*29 이 사실은 그야말로 당사자 자신이 자기들의 행위를 부도덕한 것, 또는 오히려 반도덕적(反道德的)인 것으로 생각하고 있었음을 잘 보여 준다. 그런데 이처럼 도덕적으로는 단순히 허용되고만 있을 뿐이었던 이윤 추구가, 어떻게 벤저민 프랭클린의 '천직'으로까지 발전할 수 있었던 걸까. 14, 15세기 피렌체는 당시 자본주의적인 발달의 세계적 중심지이자 열강을 위한 금융·자본도시였다. 하지만 그런 피렌체에서도 이윤 추구는 도덕상 위험한 것으로 간주되었다. 그것은 어디에서나 그저 허용되고만 있을 뿐이었다. 그런데 변두리 지역의 소시민적인 18세기 펜실베이니아에서, 이윤 추구가 도덕적으로 칭찬받아야 하며 더 나아가 의무에 가까운 생활태도의 내용으로 간주되었던 것이다. 더욱이 이 지역은 화폐 부족으로 자칫하면 물물교환경제 시대로 돌아갈 위험까지 있었으며, 대규모 산업 경영은 거의 찾아볼 수도 없었고, 은행이라고 해 봤자 간신히 싹만 보일 정도였던 것이다. 이 사실을 역사적으로 대체 어떻게 설명할 수 있을까. —이 경우 '물질적' 관계의 '관념적 상부 구조'에 대한 '반영'을 운운한들 아무 쓸모도 없을 것이다. —외면적으로는 이윤 획득을 지향하는 데 불과한 활동이, 개인의 의무 즉 '천직'이라는 범주로 구성되기에 이르렀다는 사실은, 어떤 사상계에 그 원천을 둔 것일까. 생각건대, 다름 아닌 그 사상이야말로 '새로운 유형'의 기업가가 가진 생활태도에 윤리적 토대와 정당성을 부여해 주었으리라.

일반적으로 근대 경제의 기조라 하면 '경제적 합리주의'가 꼽힌다. —특히 좀바르트의 논문에는 이와 관련된 적절하고 유익한 기술이 적지 않다. —만약 이 용어가 생산 과정을 과학적 관점 아래 재편함으로써, 인간 신체에 따라다니는 자연의 '유기적' 한계로부터의 해방으로 인한 노동생산성 증대를 의미한다면, 그것은 물론 잘못된 것이 아니다. 기술 및 경제 영역에서의 이런 합리화 과정이 근대 시민사회의 '생활이상(生活理想)' 안에서 커다란 부분을 차지하고 있음은 분명하다. 인류의 물질적 재화 조달의 합리화를 위해 일하는 것은, 평생에 걸쳐 항상 근로의 방향을 결정짓는 목표로서, '자본주의 정신'을 지닌 사람들의 머릿속에 자리하고 있었다. 지극히 명백한 이 사실을 이해하려면, 프랭클린이 필라델피아 시정(市政) 개선을 위하여 자신이 기울였던 노력에 대해 쓴 글을 읽어만 봐도 충분하다. 많은 사람에게 근로를 제공하고 고향 도시의 경제적 '번영'을 위해, 그것도 자본주의에 의해 그것과 결합된 인구 및 상업 수량을 목표로 삼는 경제적 '번영'을 위해, 전력을 다했다는 만족감과 긍지—이 모든 것이 근대 기업가들의 독자적인 인생의 기쁨이었으며 '이상주의적' 의미를 지녔다는 점은 명백하다. 또 엄밀한 계수적(計數的) 예측을 바탕으로 모든 것을 합리화하고, 경제적 성과를 목표 삼아 계획적으로 냉철하게 실행해 가는 일은, 자본주의적 사경제의 근본적인 특징 가운데 하나다. 이런 점에서 이것은, 하루 벌어 하루 먹고사는 농민의 생활이나, 수공업자의 특권적인 낡은 관습이나, 정치상의 권리라든가 비합리적인 투기를 생명으로 여기던 '모험상인의 자본주의'와는 전혀 다르다.

그러므로 '자본주의 정신'의 발전을, 합리주의의 거대한 발전의 부분적 현상으로 보는 것이 가장 간단명료한 해석으로 여겨진다. 또 궁극적인 인생문제에 대한 합리주의의 원리적 입장에서 이것을 이끌어 낼 수 있다고도 생각된다. 그렇다면 프로테스탄티즘은 순수한 합리주의적 인생관의 '이른 열매'라는 역할을 할 때에만 역사적 관찰 대상이 될 수 있다. 그러나 이 같은 관점에서 진지하게 연구해 보면, 그런 단순한 문제 설정 방식으로는 다음 사항조차 해결할 수 없다는 사실이 금세 드러난다. 즉 역사상 합리주의의 발전은결코 각각의 생활영역에서 병행하여 일어나지는 않기 때문이다. 예컨대사법의 합리화를 살펴보자. 이것을 법제의 개념적인 단순화 및 편제라고 생각한다면, 현재까지 이 합리화의 최고 형식은 고대 말기의 로마법이다. 로마법은 남유럽의 여러 가톨릭 국가에서 지배적인 지위를 유지해 왔다. 반면에경제적으로 가장 합리화되었던 몇몇 나라에서는 이런 사법의 합리화가 가장늦게 이루어졌다. 특히 영국에서는 당시 유력했던 법률가 길드의 힘 때문에로마법의 부흥이 실패로 돌아가기도 했다. 18세기에 순수한 현세적 합리주의 철학이 유행했던 현상도, 결코 자본주의가 크게 발달한 나라에서만 일어난 것은 아니었으며 그런 나라에서 유독 두드러진 것도 아니었다. 볼테르주의는 오히려 로만계 가톨릭 국가의 상층과 중간층—실천적으로는 이쪽이 중요하다—에 걸쳐 광범위하게 퍼졌으며 현재에도 널리 공유되고 있다. 그뿐만이 아니다. 세계의 모든 것을 의식적으로 개인적 자아의 현세적인 이익과관련지어 판단하는 생활태도를 '실천적 합리주의'라고 해석한다면, 이런 생활태도는 그야말로 이탈리아인이나 프랑스인처럼 피와 살이 '자유재량, 방종'으로 이루어진 민족의 특색이었으며, 지금도 그렇다. 그런데 자본주의에필요한 '천직' 사상과 인간을 관련지어 가는 풍부한 기반은, 우리가 확인한바에 따르면 결코 위와 같은 특색이 아니었다. 생활의 '합리화'는 매우 여러가지 궁극적인 관점을 바탕으로, 매우 여러 가지 방향을 향해 이루어지게 마련이다. —우리가 자주 잊어버리는 이 간단한 사실은, 본디 '합리화'에 관한모든 연구의 첫머리에 놓여야 할 것이다. —'합리주의'는 하나의 역사적 개념이며, 그 안에 수많은 모순을 안고 있다. 우리가 밝혀내야 할 점은 다음과같다. 즉 과거 및 현재의 자본주의 문화의 가장 특징적인 구성요소에 해당하는 '천직' 사상과—앞서 살펴봤듯이 순수한 행복주의의 이기심이란 입장에서보자면 한없이 비합리적인—직업 노동에 대한 헌신을 낳은, 저 '합리적'인

사고 및 생활의 구체적 형태는 대체 어떤 정신적 계보에 속하는가 하는 문제다. 게다가 여기서 특히 우리의 흥미를 끄는 것은, 이런 '천직'의 개념 안에 (모든 '천직'의 개념에서도 그렇듯이) 존재하는 이 비합리적 요소가 어디에서 비롯되었는가 하는 점이다.

〈주〉

*1 Ferdinand Kürnberger, Der Amerikamüde, Frankfurt, 1855. 알다시피 이것은 레나우(Lenau)의 미국 인상기(印象記)에 대한 시적 부연이다. 문학작품으로서 이 책의 가치는 현재 거의 찾아볼 수 없다. 하지만 독일인과 미국인의 감각적 차이(오늘날에는 이미 사라진 지 오래다), 즉 중세 독일의 신비주의 이후 그 나라의 가톨릭과 프로테스탄티즘에서 공통적 특징으로 나타나고 있는 내면적 생활과, 청교도적·자본주의적 행동력 사이의 대립을 기술한 자료로서의 가치는 최고라 할 수 있다. —퀴른베르거는 프랭클린의 문장을 상당히 자의적으로 번역했는데, 여기서는 이를 원문에 따라 정정했다.

*2 마지막 단락은 Necessary hints to a those that would be rich(1736)에서, 나머지 부분은 Advice to a young tradesman(1748), Works, ed. Sparks, Vol. Ⅱ, p.87에서 인용한 것이다. [저자는 앞의 주에서 말한 바와 달리, 세세한 부분에서는 의역을 시도하였다. 여기서는 이를 되도록 원문에 가깝게 번역했다.]

*3 좀바르트는 '자본주의 발생'을 논한 장의 앞머리에서 이 인용문을 제사(題詞)로 사용했다. Sombart, Der moderne Kapitalismus, 1. Aufl. Bd. Ⅰ, S. 193. 또 a. a. O., S. 390을 참조하라.

*4 나는 야콥 푸거가 도덕에 무관심하거나 신앙심이 부족한 인물이었다고 주장할 생각은 없다. 또 위 문장의 내용이 벤저민 프랭클린이 지닌 윤리의 전부라고 말할 생각도 없다. 브렌타노는 이 점에서 내가 오해하고 있다고 생각하는 듯하다. 하지만 그의 인용문(Brentano, Die Anfänge des modernen Kapitalismus, München, 1916, S. 150 f.)이 없더라도, 내가 이 유명한 박애주의자에 대하여 오해를 불러일으키는 일은 없을 것이다. 오히려 문제는 다음 사항이다. 즉 그 같은 박애주의자가 어째서 이런 신조(信條)를 마치 도덕가처럼(그 특징적인 구성을 브렌타노는 재현하지 않았다) 밝힐 수 있었는지가 문제다.

*5 나와 좀바르트의 문제 정립 방법은 이 점에서 명확히 다르다. 이런 차이가 매우 커다란 실제적 의미를 지닌다는 사실은 뒤에서 밝혀질 터이다. 다만 여기서 주의할 점은, 좀바르트도 이런 자본주의적 기업가의 윤리적 측면을 결코 무시하지는 않았다는 것이다. 하지만 그의 생각에 따르면 이 윤리적 측면은 자본주의의 산물이다. 나는 이 연구의 목적상 그와 반대되는 가설을 세울 수밖에 없다. 그리고 이 연구의 마지막에 다다

르기 전까지는 최종적인 입장을 밝힐 수가 없다. 좀바르트의 견해에 관해서는 a. a. O., I , SS. 357, 380 등을 참조하라. 이 경우 그의 견해는, 짐멜의 《돈의 철학》(Simmel, Philosophie des Geldes) 마지막 장의 뛰어난 표현과 연관되어 있다. 좀바르트가 《부르주아(Sombart, Der Bourgeois)》에서 나에게 가한 비판은 뒤에서 살펴볼 예정이다. 당장 여기서는 이 점을 상세히 논하지 않겠다.

* 6 "마침내 나는 인간관계에서의 진실과 정직과 성실이 인생의 행복에 있어 매우 중요한 요소라는 점을 확신하게 되었다. 그 뒤로 나는 이를 평생에 걸쳐 실행하기로 마음먹고, 이 결심을 일기에도 적어 두었다. 그것이 계시(啓示)라는 사실은 나로선 중요하지 않다. 생각건대 어떤 행위가 악(惡)인 까닭은 계시에 의해 금지되어 있기 때문이 아니며, 또 어떤 행위가 선(善)인 까닭도 계시에 의해 명령되어 있기 때문이 아니다. 어떤 행위가 금지되어 있는 이유는 그것이 본디 유해하기 때문이며, 또 무언가가 명령되어 있는 이유는 그것이 유익하기 때문이다."

* 7 "나는 표면에는 가능한 나서지 않는다. 이것(즉 그가 발안한 도서관 설립)도 '친구들'의 기획이란 형태로 출발하였다. 다시 말해 이 일은 그 친구들이 독서 친구에게 제의하듯이 내게 의뢰했다는 식으로 이루어졌다. 내 사업은 이런 방식으로 원만히 진행되었다. 그 뒤에도 나는 같은 방법을 써서 몇 번이나 성공을 거두었다. 따라서 나는 이 방법을 여러분에게 진심으로 권한다. 순간의 허영심을 억누른다는 일시적이고도 사소한 희생은 나중에 충분히 보답 받을 것이다. 잠시 동안은 누가 진정한 공적을 쌓았는지 사람들이 몰라 줄 것이며, 실속 없는 명성을 원하는 누군가가 그 공적을 차지하려 들지도 모른다. 그러나 이내 선망(羨望)이라는 기준이 공정한 평가를 내려, 그 사람으로부터 거짓된 명성을 도로 빼앗아 진정한 소유자인 당신에게 넘겨 줄 것이다."

* 8 브렌타노는 이 부분을 바탕으로, 세속적인 금욕이 인간 사이에 만들어 낸 '합리화와 훈련'에 관하여 내가 다음 단계(제2장 제1절)에서 전개한 논의를 비판하였다. Brentano, Die Anfänge des modernen Kapitalismus, SS. 125, 127, Anm. 1. 그런 합리화는 '비합리적 생활'에 대한 '합리화'에 해당한다는 것이다. 확실히 옳은 말이다. '비합리적'이라는 표현은 그 자체로 사용되는 것이 아니라, 늘 특정한 '합리적인' 입장에서 사용되는 법이다. 신앙이 없는 사람이 보기에는 모든 종교생활이 '비합리적'이고, 쾌락주의자가 보기에는 모든 금욕생활이 '비합리적'이다. 하지만 그것들도 그 자체의 궁극적 가치에서 본다면 하나의 '합리화'가 될 수 있다. 언뜻 한 가지 뜻을 가진 듯한 '합리적'이라는 개념이 실은 다양한 뜻을 지니고 있음을 밝히는 데, 이 논술이 일조할 수 있으리라. 아니, 일조하기를 바란다.

* 9 《잠언》 22장 29절. 루터의 번역본에는 'in seinem Geschäft', 옛 영어판 성서에는 'business'라고 되어 있다.

* 10 브렌타노는 내가 프랭클린의 윤리의 성격을 오해하고 있다고 생각했다. 그래서 그는

상세하지만 정밀성이 좀 떨어지는 변호를 하였다(a. a. O., SS. 150 f.). 이에 대하여 나는 위의 기술을 지적하는 데 그치겠다. 그것만으로도 그의 변호는 의미가 없어질 것이다.

*11 이 기회에 미리 '반비판(反批判)'이라 할 만한 이야기를 하고자 한다. —좀바르트는 때때로 이렇게 확언했다. 프랭클린의 '윤리'는, 르네상스 시대의 만능 천재였던 레온 바티스타 알베르티(Leone Battista Alberti)가 한 이야기를 그대로 반복한 것일 뿐이라고(Sombart, Der Bourgeois, München und Leipzig, 1913). 하지만 이는 전혀 근거 없는 주장이다. 레온 바티스타 알베르티는 수학, 조각, 회화, (특히) 건축 및 연애(그 자신은 여자를 싫어했다)에 관한 이론적인 저작 이외에도 《가정론(Della famiglia)》이라는 4권의 책을 저술했다(아쉽게도 내가 이 책을 집필할 때 참고할 수 있었던 그의 저작은 Mancini판이 아니라 오래된 Bonucci판이었다). —프랭클린의 문장은 앞에서 게재해 두었다. —그런데 알베르티의 저작 중에서 프랭클린의 이야기와 일치하는 부분, 특히 첫머리의 '시간은 돈이다'라는 격언 및 그에 이어지는 훈계와 일치하는 부분은 어디서 찾을 수 있을까. 약간이나마 그런 분위기를 풍기는 부분은 내가 알기로 딱한 군데뿐이다. 그것은 《가정론》 제1권의 끝부분(Ausg. v. Bonucci, Vol. Ⅱ, p. 353)에서 매우 일반적으로 기술된 다음 이야기다. 즉 돈은 가정에 있어 '만물의 정기(nervus rerum)'이므로 특히 주의해서 관리해야 한다는 기술뿐이다. —이는 카토(Cato)가 이미 《농업론(De re rustica)》에서 서술한 내용과 똑같다. 또 알베르티에 관해서도 살펴보자. 그는 자신이 피렌체 최고의 기사 집안('nobilissimi' cavalieri, Della famiglia, pp. 213, 228, 247, Bonucci판) 출신이라고 힘주어 말했다. 그러므로 그가 서자라는 이유로(그렇다고 신분을 잃지는 않았다) 귀족(signori) 문벌에게 배척받아, 그런 문벌에 원한을 품은 '혼혈아'가 되었다고 보는 견해는, 근본적으로 잘못된 것이다. 알베르티는 대규모 영업이 '고귀하고 신망 있는 가족(nobile e onesta famiglia)'과 '자유롭고 고귀한 심정(liberoe nobile animo)'에 어울린다고 말하며(p. 209), 적은 노동만으로 충분한것으로서 그 영업을 권장했다(Del governo della famiglia, Ⅳ, p. 55 및 Pandolfini의 책 p. 116 참조. 그러므로 모직물과 견직물의 도매제 선대(先貸)가 가장 바람직한 영업 방식인 셈이다!). 또 질서 있고 엄격한 가계 운영(즉 수입에 따라 지출을 조절하는 방식)을 권장했다는 점도 알베르티의 특징이다. 이는 지아노초(Gianozzo)가 주장했다는 '성스러운 가계 운영' 'santa masserizia'에 해당하지, 영리의 원칙은 아니다. 즉 그것은 (좀바르트도 이 점을 충분히 알고 있었을 테지만) 근본적으로 가계 운영의 원칙이다. —마찬가지로 돈의 본질을 논의하는 경우에도(a. a. O.), 알베르티는 근본적으로 자본의 증식이 아니라 재산(화폐 및 물적 재산)의 운용을 논하였다. —게다가 그는 '운명' 'fortuna'의 불확실성에 대처하는 수단으로—또한 건강도 지키는 수단으로(Della famiglia, pp. 73-74)—다음 방법을 계속 권했다. 즉 '만반의 일을 훌륭

하게(in cose magnifiche e ample, p. 192)' 해내는 습관을 빨리 익힐 것, 현재 지위의 유지를 방해하는 게으름을 물리칠 것, 역경에 대비하여 처지에 어울리는 직업을(단 '고용인의 일(opera mercenaria)'은 모든 처지에 어울리지 않는다, Della famiglia, 1. I, p. 209) 얻을 것을 권하였다. 한편 그는 '마음의 평안"tranquillità dell'animo'을 이 상으로 삼아 에피쿠로스학파와 같은 '은둔 생활' λάθε βιώσας(즉 vivere a sè stesso, op. cit., p. 262)에 깊이 경도되어, 온갖 관직(op. cit., p. 258)을 불안과 적의(敵意) 및 오직(汚職)의 원인으로 보며 혐오했다. 또 외딴 지역의 장원에서 보내는 생활을 꿈꾸고, 선조에 대한 긍지에서 비롯된 자부심을 가졌으며, 가족의 명예를 결정적인 기준 및 목표로 삼았다(그러므로 가족의 재산은 피렌체의 관습에 따라 분할하지 않고 그대로 놔둬야 한다). 이러한 알베르티의 특성은, 청교도가 보기에는 '피조물 신화 (神化)'의 죄악에 속하며 벤저민 프랭클린과는 전혀 인연이 없는 귀족주의적 감정에 지나지 않는다. 또 우리는 여기서 문인생활이 높은 평가를 받고 있다는 점도 주목해 야 한다. (왜냐하면 'industria'라는 말은 특히 문인적(文人的)·학문적인 근로의 의미 로 사용되고 있으며, 게다가 그것이 애초에 인간에게 어울리는 것으로 간주되고 있기 때문이다. 그리고―타인에게 의존하지 않는 생활과, 가난에 대비하는 수단을 아울러 갖춘 '합리적 가계 운영'이라는 의미의―'masserizia'에 위와 같은 가치를 부여한 사람 은 본질적으로는 문인이 아닌 지아노초뿐이었다. 더구나 지아노초의 경우에도 이것 은, 수도사 윤리에서 유래한[후술 참조] 이 개념의 기원인 과거의 사제들에게까지 소 급되어 있다) 이 모든 것들과, 벤저민 프랭클린 또는 그의 선조인 청교도들의 윤리 및 생활태도를 비교해 보라. 아니, 더 나아가 인문주의적 도시귀족을 대상으로 쓰인 이 르네상스 시대 문인의 저작과, 시민적 중산계급―여기에는 분명 사용인도 속한다 ―인 대중을 향해 쓰인 프랭클린의 저작 및 청교도의 논설·설교를 비교해 보라. 그러 면 둘의 차이가 얼마나 큰지 알 수 있을 것이다. 알베르티는 그의 저작 곳곳에서 고 대 저작가들의 말을 인용해 근거로 삼았다. 그런 그의 경제적 합리주의는, 크세노폰 (Xenophon), 카토(Cato), 바로(Varro), 콜루멜라(Columella)―크세노폰은 몰랐던 듯하지만 다른 사람들은 인용하고 있다―의 저작에서 드러나는 경제 취급 방식과 본 질적으로 비슷하다(다만 카토와 바로는 알베르티에 비해 영리 그 자체에 보다 중점을 두었다). 게다가 가내노동자의 사용 및 분업과 규율에 관한 알베르티의 몇몇 소론이 나 농민 등의 신뢰성이 부족하다는 점에 관한 소론은, 카토가 노예 농장에 관해서 쓴 처세의 지혜를 가내공업 및 분익소작의 자유노동에 적용한 듯 보인다. 좀바르트가(스 토아 윤리를 끌어들인 것은 결정적인 실수지만, 어쨌든 그가) "카토의 경우에는 경제 적 합리주의가 이미 '철저한 형태로까지 발전'해 있었다" 생각했던 점은, 우리가 올바 르게 이해한다면 꼭 잘못된 이야기는 아니다. 또한 알베르티 이론에서의 'massajo' '가 계 운영을 맡은 주인'의 이상(理想)은, 로마인의 'diligens pater familias' '가계 운영을 많은 아버지'와 사실상 같은 범주에 넣을 수도 있다. 한편 카토의 이론에서는 농장이 재산 '운용'의 대상으로서 평가되고 판단되어 있다는 점이 커다란 특징이다. 그런데 'industria'라는 개념은 기독교의 영향 때문에 점점 다른 색채를 띠게 되었다. 이로 인해 둘 사이에 차이점이 생겨났다. 기독교적인 'industria'의 관념은, 수도사의 금욕에서 출발하여 수도사 저술가를 통해서 발달해 왔다. 이것이야말로 뒷날 프로테스탄티즘이 전적으로 세속적인 '금욕'(뒤에 나오는 논의를 보라) 속에서 완전한 발달을 이루는 '에토스'의 싹인 것이다. (다음 단계에서도 자주 강조하겠지만, 이 둘의 유사성은 바로 여기서 비롯되는 것이며, 또 그것이 공적(公的) 교회이론인 토마스주의보다는 피렌체나 시에나의 탁발수도회 윤리학자의 이론과 유사한 이유도 이 때문이다.) 카토는 물론이고 알베르티의 주장에도 이런 에토스는 존재하지 않는다. 그들이 주장한 것은 처세술일 뿐 윤리는 아니다. 확실히 프랭클린의 이론에서도 공리주의가 엿보이긴 한다. 그러나 젊은 직인에 대한 그의 설교에는 분명 윤리적인 열정이 담겨 있으며, 이 점이 그의 특징이다. ―이것이 바로 문제가 된다. ―그에게 돈에 대한 주의를 게을리하는 것은, 자본의 태아를 '죽이는' 일이다. 따라서 그 행위는 윤리적 죄악이다. 그러므로 프랭클린과 알베르티의 내면적 친화 관계는 사실상 오직 다음과 같다. 우선 프랭클린은 '경제성'을 남에게 권할 때, 더 이상 그것을 종교적 관념과 관련짓지 않았다. 그리고 알베르티는―좀바르트는 그를 가리켜 '신앙적'이라고 말했는데, 알베르티가 많은 인문주의자들과 마찬가지로 성직의 지위에 올라 로마교회의 녹봉을 받은 것은 사실이지만, 그 처세훈의 지침으로 종교적 관념(중립적인 두 부분을 제외하면)을 사용하는 일은 보통 하지 않았다―아직 그것을 종교적 관념과 관련지으려 하지 않았다. 그들의 비슷한 점은 이 정도이다. 공리주의라는 것은―알베르티가 모직물이나 견직물 제조의 도매제 선대 경영을 추천하는 부분에서 드러나는, 중상주의적인 사회적 공리주의('많은 사람에게 일자리를 주는 것' a. a. O., S. 292)도―이런 영역에서는 항상, 적어도 형식적으로는 모두 비슷한 주장을 한다. 알베르티의 서술도 그런 종류의 내재적인 (이른바) 경제적 '합리주의'의 적절한 범례라 할 수 있다. 실제로 그런 합리주의는 '사상(事象) 그 자체에' 순수한 관심을 기울인 저작가를 통해 경제 상태의 '반영'으로서 널리 또 모든 시대에 걸쳐, 이를테면 중국의 고전 시대나 서양의 고대뿐만 아니라 르네상스 시대나 계몽주의 시대에도 언제나 존재하고 있었다. 고대의 카토, 바로, 콜루멜라의 경우에도, 또 알베르티와 그 동료들의 경우에도, 특히 'industria'에 대한 교설(教說)이라는 형태로 경제적 합리성(Ratio)은 충분히 발전되어 있다. 그런데 이러한 문인들의 교설이, 종교적 신앙이 구제라는 자극으로써 일으키는 것과 같은 생활태도의 근본적 변화(이 경우에는 방법적·합리적 변화)를 과연 어떻게 낳을 수 있었을까. 이에 비해 종교적 동기로 말미암은 생활태도(아마 더불어 경제상의 태도도)의 '합리화'의 정체는 비교적 명확하다. 온갖 교파의 청교도들의 경우는 제외하더라도, 자이나교도, 유대인, 중세의 금욕적 신자 집단, 위클리프, (후스파 운동의 여파인) 보헤미아의 동포 교단, 러시아의 거세파(去勢派) 및 경건파, 그 밖의 무수히 많은 수도사 집단 등의 실례를 살펴보면, 각각의 의미야 매우 다르겠지만 '합리화' 자체는 파악할 수 있다. 요컨대 종교적 바탕을 지닌 윤리와, 알베르티의 이론 사이의 근본적인 차이점은 다음과 같다. 즉 전자는 그 자체에서 태어난 생활태도에 대해 일정한, 그것도 그 신앙이 생명을 가지고 있는 동안에는 매우 강력한 심리적 자극(경제적 성격이 없는 자극)을 부여하는 반면, 후자는 단순한 처세술일 뿐 그런 힘을 지니지 않는다. 이런 자극에 의한 힘이 작용하여, 특히 (이것이 결정적인 일이지만) 신학자의 교설(그들 입장에서는 교설에 지나지 않는다 해도)에서 벗어난 방향으로 향하려 하는 경우에는, 이런 종류의 윤리는 민중의 생활태도와 그 경제생활에 독자적인 영향을 끼친다. 잘라 말하자면 이것이 이 연구의 주안점인데, 이 점이 이토록 간과되고 있다는 사실은 내 예상 밖이었다. 중세 말기의 신학적 윤리학자(그중에서도 피렌체의 안토니누스(Antoninus)와 시에나의 베르나르디누스(Bernhardinus))에 관해서도, 좀바르트는 어느 정도까지는 '자본의 아군'이었던 그들을 심각하게 오해하고 있다. 이에 대해서는 나중에 설명하겠다. 어쨌든 알베르티는 그런 동료들 축에 낄 만한 인물이 절대 아니었다. 그는 그저 'industria'의 개념을 중세 수도사의 사상으로부터(어떤 중개자를 통해서든 간에) 차용해 왔을 뿐이다. 물론 알베르티와 판돌피니(Pandolfini) 등은, 표면적으로는 가톨릭교회의 질서에 따르면서도 내면적으로는 전통적 교회의 교의에서 해방되어 있었다. 그들은 통례의 기독교적 교의에 속박되어 있으면서도, 매우 고대적이며 '이교도적'인 경향의 사상에 빠져 있던 대표적인 사람들이다. 그런데 브렌타노는 근대 경제이론(및 근대 경제정책)의 발달에 있어 이 사람들이 지니는 의의를 내가 '몰랐다고' 생각하는 듯하다. 그러나 내가 그런 계열의 인과관계를 여기서 논하지 않는 것은 오히려 당연한 일이다. 이 문제는 애초에 '프로테스탄티즘 윤리와 자본주의 정신'에 관한 논문에서 논할 대상이 아니다. (다른 기회에 분명히 밝히겠지만) 나는 결코 그들의 의의를 부인하지 않는다. 아니, 오히려 충분한 이유를 바탕으로 다음과 같은 견해를 가지고 있다. 즉 그들이 미친 영향의 범위 및 방향은, 프로테스탄티즘의 윤리(여기서 사실상 매우 중요한 선구자 역할을 한 것은 모든 종파와 위클리프=후스파의 윤리였다)가 미친 영향과는 전혀 별개의 문제다. 그 영향은 (태어나고 있는 시민계급의) 생활태도에 미친 것이 아니라, 정치가·군주의 정책에서 나타났던 것이다. 이 2가지 인과관계는 어느 정도 중복되어 있기는 하지만, 모든 경우에 걸쳐 중복되고 있는 것은 아니다. 그러므로 이 둘을 아무래도 명확히 구별해 둘 필요가 있다. 알베르티의 방대한 저작이 학자 이외의 사람들에게는 거의 알려지지 않았던 데 반해, 사경제(私經濟)에 대한 벤저민 프랭클린의 소책자—당시 미국에서는 교육적인 책으로 이용되었다—는 이 점에서 민중의 일상생활 실천에 깊은 영향을 주었다. 그런데 나는 이 책에서 벤저민 프랭클린을, 빛바래기 시작한 청교도들의 생활규범을 뛰어넘은 인물로서 인용하였다. 이는 영국 '계몽주의'와 청교도주의 사이의 관계와 마찬가지다.

*12 안타깝게도 브렌타노 역시 전게서(前揭書)에서 다음 사항만을 지적했다. 즉 그는 (전쟁에 의해서든 평화로운 수단에 의해서든 구별 없이) 온갖 종류의 이윤 추구를 뒤죽박죽으로 만들어 놓은 채, (이를테면 봉건적인 이윤 추구에 대립하는) '자본주의적' 이윤 추구의 결정적 특징으로서 돈(토지가 아님)에 대한 지향만을 들었다. 게다가 그는 더욱 세부적인 구별—이런 구별을 거쳐야지만 비로소 명료한 개념이 생겨날 터인데도 불구하고—을 거부했을 뿐만 아니라, 이 책의 당면 연구 목적을 위해 구성된 (근대) 자본주의의 '정신'이라는 개념에 대해서도 다음과 같이 주장했다(a. a. O., S. 131). "베버는 지금부터 증명되어야 할 사항을 모두 자기 의론의 전제로 삼았다." 나로서는 도저히 이해할 수 없는 주장이다.

*13 여러 가지 측면에서 이에 적절한 W. Sombart, Die deutsche Volkswirtschaft im neunzehnten Jahrhundert, S. 123 oben의 견해를 참조하라. 이하의 연구는—물론 결정적인 모든 논점에서 훨씬 오래된 연구까지 거슬러 올라가 있지만—, 좀바르트의 예리한 정식화(定式化)를 동반한 대저(大著)가 이미 존재한다는 사실에 큰 도움을 받았다. 심지어 그와 나의 견해가 갈리는 부분에서조차—아니, 실은 바로 그 부분에서—정식화라는 점에서 나는 그 저서의 많은 도움을 받았다. 이 사실은 새삼 언급할 필요도 없다. 좀바르트의 견해에 대해 언제나 결정적인 차이점을 의식하면서 그 많은 논점을 단적으로 거부하려 드는 사람들도, 이 사실은 자각하고 있어야 한다.

*14 이 한계가 어디에 있는지는 여기서 논할 문제가 아니다. 영국의 브래시(Brassey)가 맨 처음 이 문제를 제기하였으며, 브렌타노(Brentano)가 이를 이론적으로 확립하고, 더 나아가 슐츠 게바니츠(Schulze-Gävernitz)가 역사적·구성적으로 정식화했다. 이들의 이름 아래 확립된 저 고임금과 고능률 노동 사이의 관계를 다룬 이론에 대해, 우리가 어떤 태도를 취해야 할지는 여기서 깊이 논하지 않겠다. 이 논쟁은 하스바흐(Hasbach)의 투철한 연구논문(Schmollers Jahrbuch, 1903, SS. 385-391, 417)에 의해 재개되었는데 아직도 결착이 나지 않았다. 여기서는 그저 누구도 의심하지 않으며 또 의심할 수조차 없는 다음 사실을 지적하는 데 그치겠다. 그것은 저임금과 고이윤, 또는 저임금과 산업 발전의 좋은 조건이, 반드시 단순하게 합치지는 않는다는 점이다. 다시 말해 단순한 기계적인 화폐조작에 의해서는, 자본주의 문화에 대한 '교육' 및 자본주의 경제의 현실적인 성장 가능성은 탄생할 수 없다. 참고로 본문의 모든 실례는 그저 해설을 위해 소개된 것일 뿐이다.

*15 따라서 자본주의적 공업 역시 많은 경우에는, 오래된 문화적 전통을 지닌 지방에서의 광범위한 이주 없이는 확립되지 못했을 것이다. 수공업자의 '기교'와 비법이 개인적인

데 반해, 근대 기술은 객관적·과학적이라고 말한 좀바르트의 지적은 확실히 옳다. 그러나 자본주의 성립 시기에는 그런 구별이 거의 존재하지 않았다. ─사실 몇 세기에 걸친 전통 속에서 딱딱하게 굳어버린 기능보다는, 자본주의 노동자(어느 수준까지는 기업가도 해당)에게 필요한 (이른바) 윤리적 자질이 좀 더 '희소가치'가 높은 경우도 자주 있었다. 또한 현재의 공업에서도 입지 선택을 할 때, 그러한 오랜 전통 및 교육의 결과 얻어지는 집약적 노동에 대한 적성이 주민들에게 있느냐 없느냐 하는 문제를 완전히 무시할 수는 없다. 그런데 최근의 일반적인 학문적 풍조에서는, 이런 경향을 모두 인종의 차이로 치부할 뿐 전통 및 교육의 결과라고는 생각하지 않는다. 그러나 나의 사견으로 볼 때 여기에는 커다란 의문의 여지가 있다.

＊16 제1장 1의 ＊23에서 인용된 논문을 참조하라.

＊17 이 이론은 오해를 불러일으킬지도 모른다. 그러나 나의 이론은 다음 경향들과는 무관하다. 즉 어떤 잘 알려진 유형의 실업가들이 "국민으로 하여금 종교를 유지하도록 해야 한다"라는 신조를 자기들에게 유리한 방식으로 이용하려 드는 경향이나, (과거에는 자주 보였던) 루터파 목사를 비롯한 많은 사람들이 당국에 대해 동조적인 태도를 보이며 '특고경찰(特高警察)'의 역할을 다하고, 파업을 죄악으로 여기고, '탐욕'을 부채질한다는 이유로 노동조합을 배척했던 경향은─여기서 언급한 모든 현상과는 무관하다. 본문에서 설명한 여러 요인들은 개별적인 것이 아니라, 매우 흔하고 (나중에 설명하겠지만) 유형적인 현상으로서 반복하여 일어나는 사실인 것이다.

＊18 W. Sombart, Der moderne Kapitalismus, Band Ⅰ, 1. Aufl., S. 62.

＊19 a. a. O., S. 195.

＊20 여기서 말하는 자본주의란, 물론 근대 서양의 독자적인 합리적·경영적 자본주의를 가리킨다. 중국·인도·바빌론·그리스·로마·피렌체에서 현대에 이르기까지 3000년 동안 세계 곳곳에 존재했던 고리대금업자, 군수품 조달업자, 관직=징세 청부업자, 대상(大商), 금융업자들의 자본주의는, 여기서 다루는 자본주의가 아니다. Max Weber, Gesammelte Aufsätze zur Religionssoziologie, Ⅰ, Einleitung를 참조하라.

＊21 "자본주의적 기업의 기술과, 자본주의에 광대한 힘을 부여하는 (천직으로서의) '직업노동'에 매진하는 정신은, 본디 동일한 사회계층 안에서 태어나야 한다"라는 아프리오리(a priori)한 추론은 절대 용인될 수 없다. ─그러나 나는 여기서 다음 사실을 강조하겠다. ─종교적인 의식(意識) 내용의 사회적 관련에 대해서도 우리는 위와 같이 말할 수 있다. 칼뱅주의는 역사상 '자본주의 정신'에 대한 교육을 담당해 온 주역이었다. 그런데 한 예로 네덜란드의 대규모 화폐 자산가들 가운데 대부분은, (나중에 설명할 이유로 인해) 엄격한 규율에 따르는 칼뱅주의자가 아니라 아르미니안이었다. 네덜란드에서도 그 밖의 지방에서도, 드디어 기업가로서 활약하기 시작한 중소 시민계층이야말로 자본주의적 윤리와 칼뱅주의 신앙의 '전형적인' 대표자였다. 그런데 이 점

은 위에서 설명한 사실, 즉 대규모 화폐 자산가나 상인 등은 어느 시대에나 존재했다
는 사실과 완전히 일치한다. 시민적 산업 노동의 합리적인 자본주의적 조직은, 세상
이 중세에서 근세로 발전함에 따라 비로소 탄생한 것이다.

*22 말리니아크의 우수한 학위논문 J. Maliniak, Züricher Dissertation(1913)을 참조.

*23 이하의 묘사는 내가 여러 지방의 여러 부문에서 살펴본 사정을 자료 삼아 '이념적'으
로 정리해 본 것이다. 이것은 이 부분의 해설에 도움이 된다. 여기서 묘사된 바와 똑
같은 형태를 지닌 사례가 하나도 없다 해도 물론 상관없다.

*24 이런 합리주의가 처음 시작되던 시대—즉 독일 공업이 첫걸음을 떼던 시대—가 이를
테면 생활필수품 스타일의 전면적인 붕괴를 수반했던 것도, 이러한 이유로 볼 때 결
코 우연이 아니다.

*25 그렇다고 해서 귀금속 양의 변동이 경제에 아무런 영향을 미치지 않았다고 말할 수는
없다.

*26 이 용어는, 내가 여기서 관찰 대상으로 삼는 기업가 유형이 결코 경험적으로 얻어진
평균이 아니라는 점만을 뜻할 뿐이다. '이념형' 'Idealtypus'의 개념에 대해서는 Archiv
f. Sozialwissensch., Bd. XIX, Heft 1에 실린 나의 논문 Die "Objektivität" sozialwissensch-
aftlicher und sozialpolitischer Erkenntnis[Gesammelte Aufsätze zur Wissenschaftslehre에도
수록]을 참조하라.

*27 이 점에 관해서만 말하자면, 앞서 인용했던 켈러의 저서 F. Keller, Unternehmung
und Mehrwert,(Heft 12 der Schriften der Görres-Gesellschaft) 및 이에 의거한 좀바르
트의 기술(Sombart, Der Bourgeois)에 대해 여기서 간단하게 대답해 두는 것이 좋으리
라 생각된다. 교회법의 이자 금지(禁止)에 대해 전혀 논하지 않은 논고(지엽적인 한
부분에서 전체 논증과는 아무 상관없이 언급하고는 있지만)를 비판할 때, 이자 금지
의 유무야말로—이와 비슷한 일은 세계의 모든 종교윤리에서 한결같이 나타난다!—
가톨리시즘과 종교개혁의 윤리를 나누는 결정적인 차이점이라고 전제한 채 비판을 시
작해서는 안 될 것이다. 논문을 비판할 때 그것을 실제 읽지도 않는다든가, 읽어도
그 내용을 잊어버린다든가 해서는 안 된다. 16세기 위그노나 네덜란드의 교회사(敎會
史)는 usuraria pravitas(이자 소득의 사악함)에 대한 투쟁으로 일관했다. '롬바르디아
사람', 즉 은행가들이 성찬 자리에서 배제되는 일도 적지 않았다(제1장 1의 *12 참
조). 비교적 자유로운 칼뱅의 해석(하지만 그의 계율의 첫 초안에는 고리대금에 관한
규정이 있었다)이 처음으로 승리한 것은 살마시우스(Salmasius)가 활약하던 때였다.
따라서 둘의 차이는 이 점에 있는 것이 아니다. 오히려 그 반대다.—그런데 그보다
더욱 나쁜 것은, 이 점에 대한 좀바르트의 독자적 논증이다. 푼크(Funck) 및 그 밖의
가톨릭 학자들의 서적(그 인용도 뛰어난 부분에서 한 것은 아닌 듯하다)이나, 현재
부분적으로는 낡았지만 여전히 기초적이라 할 수 있는 엔데만(Endemann)의 연구에

비하면, 좀바르트의 논증에서는 아무래도 천박함이 눈에 띈다. 좀바르트는(a. a. O., S. 321) '신앙심 깊은 사람들'(주로 시에나의 베르나르디누스와 피렌체의 안토니누스가 이에 해당한다)이 '온갖 방법으로 기업정신을 자극하려 했다'는 점을 간파해야 할 것이라고—이자 금지에 관한 세계 각지의 이론과 마찬가지로, 그들의 이자 금지 해석은 (오늘날의 전문용어로 말하자면) '생산적' 투자를 전혀 고려하지 않았는데도—말했다. 켈러도 그렇게까지 난폭한 말은 결코 하지 않았는데 말이다. (참고로 좀바르트는 로마인을 '영웅민족'으로 보면서도, 한편으로는—이렇게 말해 두지 않으면 해결하기 힘든 모순이 생겨난다—카토 시대에 이미 경제적 합리주의가 '극도로' 발달해 있었다고 말한다. 참으로 주먹구구식인 주장이다(a. a. O., S. 267). 이래서야 그의 저서는 좋지 않은 의미의 '주장을 지닌 서적'이 될 뿐이다. 이를 하나의 징조로 보고 주의하는 편이 좋다.) 그런데 그는 이자 금지의 의미(여기서 하나하나 상세히 논하진 않겠다. 다만 그 의미는 과거에 자주 과대평가되었으며, 그 뒤에는 눈에 띄게 과소평가되었다. 그리고 현재와 같이 가톨릭교도마저 대부호가 되는 시대에는—종교를 옹호하려는 목적에서—그 의미가 완전히 뒤집어져 있다)도 완전히 곡해하고 있다. (잘 알려진 사실처럼 이자 금지는 19세기에 이르러 마침내—성서적 근거에도 불구하고!—성직회 Congregatio S. Officii의 교서에 의해 무효화되었다. 하지만 그것조차 temporum ratione habita(시대의 흐름에 맞춘 것)이었으며 간접적으로, 말하자면 그 효력이 회복되었을 경우 이에 복종하는 일이 예상되어도 usuraria pravitas(이자 취득의 사악함)이라는 심사에 따라 참회자를 괴롭혀선 안 된다고 규정해 놓은 것에 지나지 않았다.) 왜냐하면 고리대금에 관한 교회 교리의 매우 복잡한 역사를 자세히 연구해 본 사람이 "소작료 취득권 매매(Rentenkauf)나 환어음 할인이나 그 밖의 각종 계약이 허용될 수 있는가?"를 둘러싼 수많은 논쟁(특히 앞서 언급한 성직회의 훈령이 도시의 공채(公債)에 관해 내려졌다는 점을 둘러싼 논쟁)에 직면하여, '대부이자 금지'는 가난한 경우의 채무에 관해서만 실시된다든가, '자본의 유지'를 목적으로 한 것이라든가, 더 나아가 '자본주의적 기업을 촉진했다'라고 주장하는 일은 결코 용서받지 못하기 때문이다(a. a. O., SS. 24, 25). 진상은 다음과 같다. 교회는 상당히 오랜 시간이 지나고서야 이자 금지에 관심을 보이기 시작했다. 그런데 이 무렵 일반적인 순수한 사업투자의 형태는, 정액(定額) 이자가 붙는 대부가 아니라 모험대차(冒險貸借), 코멘다(Commenda, 합자회사), 소키에타스 마리스(Societas Maris), dare ad proficuum de main(위험 등급에 따라 이익 및 손실의 분배 비율을 결정하는 대부) 형식의 출자와 같은 형태였다. 따라서 (그런 사업투자는 기업가의 차입 이자의 성격을 띠고 있었음에 틀림없지만) 그들 모두를 (엄격한 교회법 학자들이 개인적으로) 하나하나 뒤쫓을 순 없는 노릇이었다. 그런데 정액 이자를 얻으려는 투자 및 어음할인이 가능해지고 또 일반적으로 이루어지면서, (나중에 살펴보겠지만) 이자 금지를 실시하는 측은 이것을 커다란 어려움으로 여기게 되었다. 이 어려움은 이후 상인길드의 각종 가혹한 규제(블랙리스트!)를 낳기에 이르렀다. 그러나 이 경우, 교회법 학자들의 이자 금지에 관한 태도는 대개 순수한 법률적·형식적인 성격을 띠었다. 켈러가 말했던 '자본의 보호'라는 경향은 그들의 태도에서 전혀 찾아볼 수 없었다. 결국 자본주의 그 자체에 대한 태도를 결정한다는 점에 있어서는, 그들은 자본의 힘이 점점 비인격적으로 변해 윤리적 입장과 공존하기 힘들어졌다는 점에 막연한 전통주의적 혐오감을 품으면서도 (푸거가[家]나 금융업에 대한 루터의 발언은 이 사실을 반영하고 있다), 한편으로는 이에 적응할 필요성을 강하게 느끼고 있었다. —그러나 이것은 여기서 논할 문제가 아니다. 앞서 말했듯이 이자 금지 및 그 운명은, 이 연구에서는 단순히 표면적이고도 한정된 의미밖에 지니지 않기 때문이다. 스코투스학파, 그중에서도 15세기 이탈리아 탁발수도회 신학자들의 경제윤리, 또 여기서도 특히 시에나의 베르나르디누스와 피렌체의 안토니누스 등 특유의 합리적인 금욕 방식을 지닌 수도사 학자들의 경제윤리에 대해, 여기서 다루는 문제와 관련지어 부차적으로 해명할 수는 없다. 이것을 해명하려면 다른 논문이 필요하다. 이를 억지로 시도한다면, 가톨릭 경제윤리의 자본주의에 대한 적극적 관계를 설명할 때 비로소 논급되어야 할 문제를, 이 반비판에서 미리 다 논해버려야 하는 처지가 될 것이다. 요컨대 이 신학자들은 상인의 기업가 이윤을 그들 자신의 'industria' '근로'에 따른 보수로 여김으로써, 이것을 윤리적으로 허용될 수 있는 것(켈러도 물론 이 이상은 주장하지 못한다)으로 정당화하려 했던—이 점에서 많은 예수회 학자들의 선구자가 되었던—것이다. 'industria'라는 개념 및 그에 대한 존중은, 궁극적으로는 당연히 수도사의 금욕에서 도입된 것이다. 지아노초의 말에 따르면, 알베르티가 스스로 사제 용어에서 가져다 썼다는 masserizia(가계 운영)의 개념도 이와 마찬가지다. 수도사의 윤리가 실은 세속적 금욕이라는 특징을 지니는 프로테스탄트의 선구자였다는 점은 다음 단계에서 자세히 설명하겠다. (고대에는 견유학파와 후기 헬레니즘 시대의 묘비명에서, 또—전혀 다른 조건에 따른 것이지만—이집트에서도 이와 비슷한 개념이 싹트기 시작했다.) 그런데 수도사의 경우(알베르티의 경우도 마찬가지다) 완전히 결여되어 있었던 것이야말로 내게 있어서는 결정적인 요소다. 그것은 바로 (다음 단계에서 살펴볼) 금욕적 프로테스탄티즘의 특징적인 개념, 즉 신에게 부여받은 천직으로서의 세속적 직업 안에서 자신의 종교적 구원을 확증하려 하는 certitudo salutis(구원의 확실성)이란 개념이다. 따라서 그것은, 그런 종교의식이 'industria'에 부여하는 심리적 포상이기도 하다. 그런데 구원의 수단이 전혀 다른 가톨리시즘에서는 이런 개념이 완전히 결여되어 있다. 중세 저작가들이 영향을 끼친 방식으로 보자면, 그들은 윤리적인 교설만 취급할 뿐, 구원에 대한 관심이라는 실천적 조건에 따른 개인적인 자극은 취급하지 않았다. 또 그들의 경우 적응이 문제시될 뿐, (쉽게 알 수 있는 일이지만) 세속적 금욕에서 찾아볼 수 있는 구심적(求心的)인

종교적 자세에서 생겨나는 명제란 것은 문제시되지 않고 있다(그리고 안토니누스나 베르나르디누스에 대해서는, 이미 켈러의 연구보다도 더 좋은 것이 알려져 있다). 게다가 이 적응이라는 것에 대해서조차 오늘날까지 아직 논의가 계속되고 있다. 그럼에도 이 수도사 윤리개념의 의의는 분명히 있다. 그것을 조짐이라고 보는 경우에도 결코 무가치하다고 평가할 수는 없다. 그런데 근대적 천직 관념(Berufsbegriff)으로 흘러 들어 가는 종교윤리의 현실의 '싹' 가운데 하나는, 여러 종파 및 이단 중에서, 특히 위클리프 안에서 발견할 수 있다. 하지만 위클리프의 영향이 매우 강했기 때문에 뒷날 청교도주의는 거기에 무언가를 덧붙일 수가 없었다고 주장하는 브로드니츠(G. Brodnitz, Englishe Wirtschaftsgeschichte, Ⅰ, SS. 303 ff.)는 그 의의를 지나치게 과대평가하는 것으로 보인다. 여기서 이 모든 것을 자세히 살펴볼 수는 없으며 또 그럴 이유도 없다. 왜냐하면 중세 기독교윤리가 이미 자본주의 정신의 전제조건을 만드는 데 실제로 관여하여 영향력을 행사했다는 점과, 또 그 영향력의 수준까지 여기서 부차적으로 검토하기는 어렵기 때문이다.

*28 《누가복음》 6장 35절의 μηδὲν ἀπελπίζοντες '아무것도 바라지 말고'라는 어구와 Vulgata(공인 라틴어 성서)의 'nihil inde sperantes'라는 번역 구절은, (메르크스 A. Merx에 의하면) μηδένα ἀπελπίζοντες(=neminem desperantes, '누구도 바라지 말고')의 왜곡된 형태라고 한다. 즉 이 해석에 따르면, 가난한 형제를 포함한 모든 형제에게 이자 운운하지 말고 돈을 빌려 줘야 한다는 것이다. Deo placere vix potest(신을 기쁘게 하기란 어렵다)라는 어구는, 오늘날에는 아리우스파에서 나온 것으로 알려져 있다(이것은 내용상 우리에게는 아무래도 좋은 일이다).

*29 이 경우 그들이 어떤 방법으로 이자 금지와 타협했는지는, 한 예로 피렌체의 모직물 상인길드(Arte de Calimala) 규약의 제1부 제65장을 보면 알 수 있다(현재 내 수중에는 Emiliani-Giudici, Stor. dei Com. Ital., Ⅲ, p. 246에 나오는 이탈리아어 편집본이 있을 뿐이다). Procurino i consoli con quelli frati, che parrà loro, che perdono si faccia e come fare si possa il meglio per l'amore di ciascuno, del dono, merito o guiderdono, ovvero interesse per l'anno presente e secondo che altra volta fatto fue. 즉 길드가 구성원을 위해 직무로서 청부 형식을 통하여 면죄부를 얻는 방법이 있었다. 그 뒤에 기록되어 있는 각종 지침이나, 이를테면 그 앞(제63장)에 나오는 "이자와 이윤은 모두 '증여'로 기록해야 한다"는 명령을 보면, 당시 자본 이윤이 도덕에서 벗어난 성질을 지녔음을 알 수 있다. 이는 매우 특징적인 요소다. 오늘날 거래처에서 차액에 대해 이러쿵저러쿵 하는 사람을 상대로 블랙리스트가 제작되듯이, 당시에는 exceptio usurariae pravitatis(이자 취득의 사악함의 예외)를 종교 재판소에 제출한 사람은 절교당하는 일이 적지 않았다.

3. 루터의 천직 관념―연구 과제

('직업 또는 천직'을 뜻하는) 독일어 'Beruf'라는 단어에는, 또 같은 의미인 영어 'calling'이라는 단어에도 보다 명료하게, 어떤 종교적인―신에게 부여받은 사명(Aufgabe)이라는―관념이 함께 포함되어 있다. 그리고 각각의 경우, 이 단어에 역점을 두면 둘수록 그런 성격이 두드러진다는 것은 간과할 수 없는 사실이다. 게다가 이 단어를 온갖 문화국민의 언어에 걸쳐 역사적으로도 조사해 보면 우선 다음 사실을 알 수 있다. 즉 가톨릭교도가 우세한 민족에서나 고전고대*¹에서나, 우리가 (세속적인 직업, 다시 말해) 생활상의 지위 및 일정한 노동 영역이라는 뜻으로 사용하고 있는 '천직'이라는 단어와 비슷한 표현은 발견되지 않는데, 프로테스탄트가 우세한 민족에는 반드시 그런 표현이 존재한다. 더 나아가 우리는 다음 사실을 알 수 있다. 즉 그런 경우에 어떤 국어의 민족적 특성, 이를테면 '게르만 민족정신'의 발로 비슷한 것이 관여하는 게 아니라, 오히려 이 단어 및 그것의 현재 의미는 성서의 번역에서 유래하고 있으며, 그것도 원문의 정신이 아니라 번역자의 정신에서 유래하고 있다는 점이다.*² 루터의 성서 번역에서는, 먼저 〈집회서〉(구약성서 외전 가운데 하나)의 한 부분(11장 20, 21절)에서 이 단어가 오늘날과 똑같은 뜻으로 사용되고 있는 듯 보인다.*³ 그로부터 얼마 지나지 않아, 이 단어는 온갖 프로테스탄트 민족의 세속적인 용어 속에서 현재의 말뜻을 지니게 된다. 하지만 그 전에는 모든 민족의 세속적 문헌 중 어디에서도 이런 말뜻의 싹을 전혀 찾아볼 수 없었다. 또 내가 아는 바로는 종교적인 문헌에서도 마찬가지다. 다만 독일의 한 신비주의자는 예외였다. 이 신비주의자가 루터에게 끼친 영향은 잘 알려진 바다.

또한 말뜻과 마찬가지로 그 사상도 종교개혁의 새로운 산물이었다. ―이는 잘 알려진 사실이라 할 수 있다. ―그렇다고는 해도 이러한 천직 관념에 포함되어 있는 세속적 일상노동의 존중이라는 사실에 관해, 어떤 새싹 비슷한 것이 중세에 이미, 아니 고대(후기 헬레니즘 시대)에도 이미 존재하고 있었다는 점을 부정하는 것은 아니다. ―이 문제는 다음 단계에서 설명하겠다. 어쨌든 다음 사건은 무조건적으로 새로운 것이었다. 그것은 세속적 직업 내부에서의 의무 수행을, 마치 도덕적인 실천의 최고 내용인 것처럼 중요시하는 일이었다. 바로 이것이 그 필연적인 결과로서, 세속적 일상노동의 종교적 의의를 인정하는 사상을 낳았다. 즉 그런 의미에서의 천직(Beruf)이라는 개념을 최초로 만들어 낸 것이다. 다시 말해 이 '천직'이라는 개념에는 모든 프로테스탄트 교파의 중심적인 교의가 표출되어 있는 셈이며, 그것은 다름 아닌 기독교의 도덕 계율을 '사명'과 '권고'로 나누는 가톨릭적인 구별을 부정하는 것이다. 또 그것은 수도사로서의 금욕을 세속적 도덕보다 높이 치지 않고, 신을 기쁘게 하면서 살아갈 단 하나의 수단을 '각자의 생활상의 지위에서 생겨나는 세속적 의무의 수행'뿐이라고 보며, 그것이야말로 신에게 부여받은 소명(Beruf)이라고 생각하는 것이다.

　　루터에게서*⁴ 이러한 사상 전개를 발견할 수 있는 시기는, 그의 개혁활동 최초의 10년 동안이다. 초기 루터는 철두철미하게, 이를테면 토마스 아퀴나스로 대표되는 중세의 지배적인 전통에 따라 만사를 생각하였다.*⁵ 그러므로 세속적 노동은 신의 의지에 의한 것이긴 하지만 피조물적(被造物的)이며, 음식과 마찬가지로 신앙생활에 불가결한 자연적 기초이긴 해도 그 자체로는 도덕과 상관없다고 루터는 생각했다.*⁶ 그런데 그의 '오직 신앙만이(sola-fide)'라는 사상이 점차 명백한 형태로 철저해지면서, '악마에게 전해들은' 가톨릭 수도사의 '복음적 권고'에 대한 반대는 점점 날카롭게 강조되고, 세속적 직업이 지니는 의의는 점점 커지게 되었다. 수도원에서의 생활은 신에 대한 의(義)를 실천한다는 관점에서는 전혀 무가치하며, 현세의 의무에서 벗어나려 하는 이기적인 사랑의 결여에서 생겨난 산물이라고 루터는 생각했다. 더 나아가 그는 세속의 직업 노동이야말로 외적으로 드러나는 이웃 사랑이라고 생각했다. 하지만 이 생각의 기초가 된 사상은 무섭도록 현실과 동떨어져 있었다. 특히 루터는 분업이 개인을 강제하여 타인을 위해 노동하게 만든다는 점을 지적하였는데, 이는 유명한 아담 스미스*⁷의 명제와 기괴하리만치 상반되는 지적이다. 그러나 이처럼 본질적으로 스콜라 색채를 띤 기초 설정은 이윽고 사라진다. 그리고 "어떤 경우에서든 세속적인 의무 수행이야말로 신을 기쁘게 만드는 유일한 길이며 이것이―또한 이것만이―신의 의지이고, 따라서 허용되어 있는 모든 세속적 직업은 신 앞에서 똑같은 가치를 지닌다"라는 점이 그 뒤에도 계속해서 지적될 뿐 아니라 점점 더 강조되기에 이른다.*⁸

세속의 직업생활에 이런 도덕적 성격을 부여한 것은, 종교개혁의—따라서 루터의—업적 중에서도 후대에 가장 큰 영향을 미친 것이다. 이 점은 실제로 의문의 여지가 없으며 이제는 상식이라 해도 좋다.[9] 파스칼은 명상적인 심정 때문에 세속적 활동의 존중을, 그것을 허영과 교활함만으로 설명할 수 있다는 깊은 확신에 의거하여 거부했는데, 그런 강한 혐오감과 위의 직업관은 전혀 거리가 멀다.[10]—물론 예수회의 개연론(probabilism)이 만들어 낸, 관대하고 공리적인 세속에 대한 순응과는 더욱 거리가 멀다. 그런데 이러한 프로테스탄티즘의 달성이 각각의 경우에 지니는 실천적인 의의는, 일반적으로는 오히려 막연히 느껴질 뿐 아직 명확히 인식되지는 않은 상태다.

굳이 지적할 필요도 없겠지만, 루터가 이 책에서 말하는 의미의—또는 그 밖의 어떤 의미든 간에—'자본주의 정신'과 내면적으로 친화 관계를 맺고 있었다고는 말할 수 없다. 오늘날 종교개혁의 '업적'을 가장 열심히 상찬하는 교회 사람들이 보기에도, 그들은 어떤 의미로든 자본주의의 아군이 아니다. 또한 루터 자신도 프랭클린에게서 볼 수 있는 심정과 친화 관계를 맺기를 한사코 거부했을 것이다. 물론 여기서 푸거가(家) 및 그 밖의 대상인에 대한 루터의 비난[11]은 그 증거가 될 수 없다. 왜냐하면 16~17세기에 몇몇 거대 상사(商事) 회사가 차지했던 법률상·사실상의 특권적 지위에 대항하는 투쟁은 무엇보다도 우선 근대의 반독점 운동에 비교될 수 있는 행위이며, 동시에 그 자체로서는 결코 전통주의적 심정의 발로가 아니기 때문이다. 청교도나 위그노도 그런 사람들, 즉 금융업자와 '환전상', 영국 국교회와 영국·프랑스 국왕, 의회의 비호를 받는 독점업자, 대규모 투기업자, 은행가 등을 상대로 격렬한 투쟁을 벌였다.[12] 크롬웰은 던바 전투(1650년 9월) 이후 장기의회 앞으로 이런 문장을 써 보냈다. "청컨대 모든 직업(calling)의 남용을 개혁하라. 만약 소수자의 부를 위해 다수자를 가난으로 몰아넣는 것이 있다면, 이는 코먼웰스(Commonwealth)에 어울리지 않는 것이다."—그런 반면 크롬웰의 경우, 특수한 '자본주의적' 사고방식을 충분히 갖추고 있었음에 분명하다.[13] 이에 반해 고리대금과 이자 취득 일반을 비난하는 루터의 수많은 주장에는, 자본주의적 영리의 본질에 대한 그의 견해가 후기 스콜라학파와 비교해 봐도 (자본주의 입장에서 볼 때) 매우 '뒤떨어져' 있었음이 명백히 드러나 있다.[14] 특히 피렌체의 안토니누스(Antoninus)가 이미 극복했던 문제, 즉 돈의 비생산성에 관한 주장이 그에게서 엿보인다는 점을 그 예로 들 수 있다. 그러나 여기서 개별적인 요소를 상세히 살펴볼 필요는 전혀 없다. —왜냐하면 무엇보다도 종교적 의미에서의 '소명' 사상 자체는, 그 귀결로 보자면 세속적 생활태도에 대한 온갖 형태를 취할 수 있었기 때문이다. —종교개혁 자체가 이루어 낸 것은 일단 다음에 불과했다. 즉 가톨릭교도의 견해와는 대조적으로, 세속적 직업으로서 편제된 노동에 대한 도덕적 중시 및 종교적 포상의 수준을 눈에 띄게 강화했다는 점이다. 이를 잘 보여 주는 것이 '천직' 사상이다. 이후 이 사상의 발전 양상은, 그 뒤 프로테스탄트 교회들 안에서 각각 성장해 나간 신앙의 한층 심화된 특질에 의존하게 된다. 루터는 성서에서 그의 천직 사상을 이끌어 냈다고 생각했지만, 성서 자체로만 보면 그렇지도 않았다. 오히려 성서에서 근거가 될 만한 부분을 찾는 일에는 전체적으로 전통주의자가 더 유리했다. 특히 구약성서에 대해 말하자면, 순수한 예언서에는 세속적인 도덕을 중시하는 태도가 전혀 없다. 또 그 밖의 성서에서도 부분적으로 미약하게나마 그 흔적이나 싹이 발견될 뿐, 전체적으로는 거의 균질한 하나의 전통주의적 사상의 형태가 보인다. 다시 말해 "저마다 자신의 생업에 머무르고, 이윤 추구는 신을 믿지 않는 사람에게 맡길지어다" 이것이, 세속의 일에 대해 이야기하는 모든 구절에 드러나는 정신이다. 다만 탈무드(유대 율법서)는 이 점에 있어 부분적으로—기본적이진 않지만—다른 기반을 세우고 있다. "우리에게 일용할 양식을 주옵시고" 이 전형적인 고대 오리엔트식 기도에는 고전적인 순수함을 지닌 예수의 태도가 드러나 있다. 또 '$\mu\alpha\mu\omega\nu\tilde{\alpha}\varsigma\ \tilde{\tau}\tilde{\eta}\varsigma\ \dot{\alpha}\delta\iota\varkappa\dot{\iota}\alpha\varsigma$' '불의(不義)한 재산'이란 말에 나타나 있는 극심한 '현세 거부 지향'은, 근대의 직업 사상을 직접적으로 그(개인)와 관련지을 수 없게 한다.*[15] 신약성서에 기록되어 있는 사도 시대 기독교—특히 바울—의 세속적 직업생활에 대한 태도는 초대 기독교도에게 충만했던 종말론적 기대의 결과로서 무관심하거나, 또는 근본적으로 전통주의에 가까웠다. 즉 모든 사람은 주님이 재림하시는 날을 기다리는 처지이므로, 각자는 주의 '부름'을 받았을 때와 같은 신분 및 세속의 일에 머물러 지금까지와 같은 노동을 해야 한다는 것이다. 그러면 가난함 때문에 형제를 괴롭힐 일도 없을 터이고, —게다가 그것도 그저 잠시 동안의 일일 뿐이라는 주장이다. 루터는 자신의 관점에 비추어 색안경을 낀 채 성서를 읽었는데, 1518년부터 1530년까지의 그의 관점은 전통주의로부터 벗어나기는커녕 오히려 점점 더 전통주의로 기울어 갔다.*16

종교개혁 활동을 시작할 당시 루터는, 직업은 근본적으로 피조물적인 것이라고 생각했다. 그래서 세속적 활동 태도에 관한 그의 견해에서는, 《고린도전서》 제7장에서 드러나는 바울의 종말론적 무관심*17과 내면적으로 가까운 방식이 우세했다. 즉 사람은 어떤 처지에 있더라도 구원에 도달할 수 있으며, 짧은 인생의 순례길 위에서 직업의 태도 따위를 중시하는 일은 무의미하다고 생각했던 것이다. 그러므로 각자의 필요를 뛰어넘는 물질적 이익 추구는, 은혜 아래에서 벗어난 행위이며 또 타인의 희생 없이는 불가능한 일이므로, 단적으로 말해 배척받아 마땅한 것이었다.*18 루터가 현세의 분쟁에 휩쓸리는 일이 점점 잦아짐에 따라, 직업 노동의 의의를 중시하는 태도도 점차 강해져 갔다. 그런데 그는 동시에, 각자의 구체적인 직업은 신의 인도로 그들에게 주어진 것이며, 이 구체적인 지위를 충실히 이행하라는 것이 신의 특별한 명령이라는 생각을 하게 되었다. 그리고 '열광자들'(재세례파의 과격분자들을 가리킨다)이나 농민운동과의 항쟁 이후로 "신에 의해 개인이 그 안에 놓여 있는 역사적·객관적 질서는, 신의 의지의 직접적인 발현이다"라는 루터의 생각은 더욱 굳어졌다.*19 하지만 그와 동시에, 삶의 사소한 일에서조차 신의 섭리를 강조하던 그의 태도는, '운명 사상'에 기초한 전통주의적 색채를 점점 강하게 띠게 되었다. 다시 말해 개인은 한 번 신에게 부여받은 그 직업과 신분 안에 원칙적으로 머물러야 하며, 지상에서 개인이 하는 노력은 이 주어진 생활상의 지위라는 범위에서 벗어나면 안 된다는 것이다. 이처럼 처음에는 바울에게서 볼 수 있는 무관심한 태도의 결과였던 그의 경제적 전통주의는 그 뒤로 더욱 강해진 섭리의 신앙*20에 바탕을 두게 되었다. 이리하여 그는 신에 대한 무조건적 복종*21과, 주어진 환경에 대한 무조건적 적응을 동일시하기에 이르렀다. 따라서 루터는 결국 종교적 원리와 직업 노동의 결합을, 근본적으로 새롭거나 무언가 원리적인 기초 위에 세우는 데에는 도달하지 못했다.*22 교설(敎說)의 순수함이야말로 교회의 유일하고 완전한 기준이라고 생각했던 루터의 입장은, 16세기 20년대의 항쟁을 거친 뒤에는 더욱 확고해졌다. 이 점에서도 윤리 영역에서의 새로운 입장 전개는 저지되었던 셈이다.

이리하여 루터의 직업 개념은 끝내 전통주의를 벗어나지 못했다.[23] 세속적 직업이라는 것은 신의 인도(Fügung)로서 사람이 감수하고 '순응하여야' 할 대상이며, ―이런 색조 뒤에 숨겨지는 형태로 "직업 노동은 (천직으로서) 신에게 부여받은 사명, 아니, 오히려 사명 그 자체"라는 루터의 불완전한 사상[24]은 빛을 잃고 말았다. 게다가 정통 루터파의 발전은 이런 경향에 더욱 박차를 가했다. 이처럼 이 파가 가져다준 유일한 윤리적 수확은 아무래도 소극적인 것, 즉 금욕적 의무를 강조하다 보면 세속적 의무를 경시하게 된다는 (가톨릭적) 태도를 제거하는 것뿐이었다. 그리고 그것만이 이와 결합되어, 정부에 대한 복종과 주어진 생활 상태에 대한 순응이 강조되는 결과를 낳았다.[25]―나중에 중세의 종교윤리를 설명할 때 언급하겠지만, 루터파의 이런 직업 사상은 이미 독일 신비주의자들에 의해 광범위하게 준비되어 있었다. 그중에서도 타울러는 성직의 소명(Beruf)과 (천직으로서의) 세속적 직업(Beruf)이 원리상 같은 가치를 보유한다고 생각했다. 또한 그는 영혼이 자기 초월적(Ekstasis) 묵상을 통해 신의 혼을 수용하는 것만을 결정적이라고 보았으므로, 기존의 형식에 의한 금욕적인 업적에 대해서는 그렇게 큰 가치를 인정하지 않았다.[26] 뿐만 아니라 루터파는 어떤 의미로는 신비주의자들에 비해 퇴보했다고도 말할 수 있다. 왜냐하면 루터에게―루터파 교회의 경우는 더욱 그렇다―합리적 천직 윤리의 심리적인 기초는 신비주의자들의 경우(이 점에 대한 그들의 견해는, 어느 정도 경건파 및 퀘이커교의 신앙 심리를 상기시키는 구석이 있다[27])에 비해 한층 불확실했으며, 게다가―뒤에서 설명하겠지만―루터는 금욕적인 자기 훈련의 경향을 행동주의라 보고 위험시하였으며 그에 따라 루터파 교회에서도 그런 자기 훈련이 점점 뒷전으로 밀려날 수밖에 없었기 때문이다.

앞의 관찰에서 볼 수 있듯이, 이런 루터파의 '천직' 사상―여기서 확인해 두어야 할 것은 일단 그것뿐이지만[28]―만으로는 아무래도 우리의 탐구 대상에 대한 의문을 해소할 수 없다. 그렇다고 루터파 형식의 종교생활 변혁이, 우리가 고찰하는 대상에 있어서 어떤 실천적 의미도 없었다고 주장하려는 것은 아니다. 오히려 그 반대다. 하지만 그 실천적인 의미를, 루터 및 루터파 교회의 세속적 직업에 대한 태도에서 직접적으로 이끌어 낼 수는 없을 것이다. 또한 이것은 다른 프로테스탄티즘 교파들의 경우만큼 그 특징을 파악하기 쉬운 것도 아니다. 그러므로 나는 우선 여러 가지 형태의 프로테스탄 티즘 가운데, 생활 실천과 종교적 출발점 사이의 관련이 루터파의 경우보다 파악하기 쉬운 교파를 관찰해 보고자 한다. 칼뱅주의와 프로테스탄트 종파 (Sekte)들이 자본주의 발달의 역사에서 눈에 띄는 역할을 했다는 사실은 앞에서도 말한 바 있다. 루터가 그 자신과는 '다른 정신'을 츠빙글리 안에서 목격한 것처럼, 그의 정신적인 후예들도, 특히 칼뱅주의 안에서 다른 정신을 발견했다. 그중에서도 가톨리시즘은 일찍부터 칼뱅주의를 진정한 적으로 간주하였으며, 이 태도는 오늘날까지 이어지고 있다. 그 이유는 순전히 정치적이었다. 즉 종교개혁은 분명 루터의 개인적인 종교적 전개에서 분리될 수 없었으며 그의 인격으로부터 오랫동안 깊은 정신적 영향을 받았지만, 그의 사업은 칼뱅주의 없이는 도저히 외적인 영속성을 띨 수 없었을 것이다. ―그러나 가톨릭교도와 루터파교도의 공통된 태도인 칼뱅주의 혐오는, 칼뱅주의의 윤리적 특성에 깊은 뿌리를 지니고 있다. 표면적으로만 봐도 칼뱅주의에서의 종교생활과 현세적 행위 사이의 관계는, 가톨리시즘 및 루터파의 그것과 전혀 달랐다. 특수 종교적 주제만을 다룬 문학에서도 이 사실이 명확히 드러난다. 예컨대 단테의 《신곡》 마지막에서 천국에 도달한 시인이 이제는 만족하여 아무 말도 없이 신의 신비를 직시하고 있는 부분을, '청교도주의 신곡'이라 불리는 밀턴의 《실낙원》 끝부분과 비교해 보자. 밀턴은 마지막 편에서 낙원으로부터의 추방을 묘사한 뒤 이렇게 끝을 맺고 있다. ―

"그들은 고개를 돌려 지긋이 바라보았다.
조금 전까지 행복한 보금자리였던 낙원의 동쪽을.
지금은 신의 불꽃 칼이 휘둘리고
불을 쥔 무시무시한 얼굴의 천사들이 문 앞에 가득하다.
그들의 눈에서 저절로 눈물이 흘러나왔다.
하지만 곧 훔쳐냈다.
세계가, ―그렇다, 안주할 땅을 찾아 선택해야 할 세계가,
그들 눈앞에 펼쳐져 있었다.
섭리가 그들의 안내자였다.
두 사람은 손에 손을 잡고 방랑의 발걸음도 무겁게
에덴을 지나 둘만의 쓸쓸한 길을 걸어갔다."

그보다 조금 앞서 천사 미카엘이 아담에게 이렇게 말한다.

"필요한 것은 오직 이뿐이다.

그저 한결같이 그대의 지식에 어울리는 행위를 더하고,

신앙을 더하고,

미덕과 인내와 절제를 더하고,

더 나아가 이윽고 성스러운 이름으로 불릴

다른 모든 것의 영혼이기도 한 사랑을 더하라.

그러면 그대도 이 낙원에서 떠나길 마다하지 않으리라.

자신의 마음속에 있는 낙원을, 훨씬 행복한 낙원을,

그대는 손에 넣을 테니까."

청교도주의의 현세에 대한 엄숙한 관심 또는 세속적 생활을 사명(Aufgabe)으로서 존중하는 태도는, 위의 글에서 더할 나위 없이 강렬하게 표현되어 있다. 이런 표현은 중세 저술가의 펜에서는 도저히 태어날 수 없었을 것이다. 이는 누구나가 즉시 알 수 있을 터이다. 하지만 위의 정신은, 루터나 파울 게르하르트(Paul Gerhard)의 성가 합창곡에서 볼 수 있는 루터파 정신과도 성질이 다르다. 그런데 여기서 문제가 되는 것은, 이 막연한 추측 대신 사고를 통해 보다 정확한 정식화를 수행함과 동시에, 이 차이의 내적 원인들을 알아보는 일이다. 그 근거로 '민족성' 'Volkscharakter'을 드는 것은 자신의 무지(無知)를 고백하는 일일 뿐이다. 사실 '민족성' 자체가 근거로서 매우 빈약하다. 17세기 영국인들이 하나의 통일된 '민족성'을 지니고 있었다고 보는 견해는, 역사에 비춰 볼 때 전적으로 잘못되었다. 청교도혁명 기간의 '기사당' Cavaliers(왕당파)와 '원두당' Roundheads(의회파)는 단순히 서로 다른 정당이 아니었다. 그들은 서로 근본적으로 다른 종족 사람이라는 의식을 가지고 있었다. 아마 주의 깊게 관찰해 본 사람이라면 이에 찬성할 것이다.[29] 한편 영국의 Merchant adventurer라 불리는 무역상과 과거 한자동맹 도시의 상인들 사이에서 대립적인 성격을 찾을 수 없듯이, 중세 말기의 영국인과 독일인 사이에서도 무언가 근본적인 차이는 발견할 수 없다. 물론 두 나라의 정치적 운명의 차이로써 직접 설명될 수 있는 것들[30]을 제외한다면 말이다. 결국 종교상의 여러 운동의 힘이 여기서 처음으로—오직 그것만이라고는 할 수 없지만, 다른 무엇보다도 그것이—오늘날 우리가 느끼고 있는

저 차이점을 낳은 것이다.*31

이런 까닭에 나는 옛 프로테스탄티즘 윤리와 자본주의 정신의 발전 사이의 관계를 탐구하는 데 있어, 우선 칼뱅과 칼뱅주의 및 그 밖의 '청교도' 종파들이 달성한 업적을 살펴볼 것이다. 그렇다고 해서 내 생각을 오해하면 안 된다. 이런 교단들의 설립자 또는 대표자들이, 내가 말하는 '자본주의 정신'의 환기를 어떤 의미로든 생애의 목적으로 삼았다고 주장할 생각은 없다. 그들 중 누군가가 세속적 재산의 추구를 자기목적으로 설정하여 그것의 윤리적 가치를 인정했다고는 도저히 보기 어렵다. 어쨌든 여기서는 다음 한 가지를 확실하게 확인해 두어야 한다. 즉 개혁자들 가운데 그 누구의 경우에도 —그중에는 나의 연구 목적상 메노(Menno), 조지 폭스(George Fox), 웨슬리(Wesley) 등도 포함된다—윤리적 개혁 강령은 절대로 중심 문제가 아니었다. 그들은 결코 '윤리적 문화'를 목표로 삼는 단체의 창설자가 아니었으며, 또 인도주의적 사회 개혁 운동이나 그런 문화 이상(理想)을 대표하는 사람도 아니었다. 그들의 생애와 사업의 중심은 오직 영혼의 구제일 뿐 그 밖의 것은 없었다. 그들의 윤리적 지향 및 교설의 실천적 영향도 모두 영혼의 구제에 깊이 뿌리박고 있었으며, 고로 그것은 어디까지나 순수한 종교적 동기에서 비롯된 귀결이었다. 그러므로 종교개혁의 문화적 영향 중 상당수는—나의 특수한 관점에서 보자면 그 대부분이라 해도 좋다—개혁자들의 사업에서 생겨난 예상 밖의, 아니 전혀 의도하지도 않았던 결과이며, 그들 자신이 염두에 두었던 바와 동떨어지거나 오히려 정반대이기까지 한 경우도 많았다. 우리는 이 점을 미리 확인해 두어야 한다.

따라서 이하의 연구는 '이념'이라는 것이 역사 속에서 일반적으로 어떻게 움직이는지를 예시하는 데에도 조금이나마 도움이 될 것이다. 다만 이 순전히 이념적인 동기의 작용이라는 것을 내가 여기서 주장하는 의미에 대해 독자가 처음부터 오해하는 일이 없도록, 몇 가지 설명을 덧붙이면서 이 서론적 연구를 마무리하겠다.

무엇보다도 먼저 확실히 부정해 둘 것이 있다. 이 연구는 사회 정책적으로든 종교적으로든, 어떤 의미로든 간에 결코 종교개혁의 사상적 내용을 평가하려는 것이 아니다. 당면 목적으로 보자면, 나는 종교개혁의 여러 측면 중에서도 본래의 종교적 의식에 비해 주변적인 것, 또 대개 외면적인 것으로 간주될 만한 측면을 항상 다룰 수밖에 없다. 왜냐하면 내 목적은 그저 역사의 무수한 개별적인 요인으로부터 생겨나, 독자적인 '세속적' 경향을 띠는 근대문화의 발전이 짜 내는 그물코 안에, 종교적인 요인이 집어넣은 씨실을 어느 정도 명확히 밝히는 것이기 때문이다. 그러므로 나는 근대문화의 일정한 특징 있는 내용 가운데, 과연 얼마만큼을 역사적 원인으로서 종교개혁의 영향에 귀속시킬 수 있는가 하는 문제만을 다룬다. 물론 이 경우에는, 종교개혁을 '역사적 발전에 있어 필요한' 것으로서 경제의 추이에서 연역할 수 있을 것이라는 견해는 버려야 한다. 새로 만들어진 프로테스탄트 교회들이 계속 존재할 수 있었던 데에도, '경제법칙'뿐 아니라 거의 어떤 경제적 관점에도 따르지 않는 무수한 역사적 정세의, 그중에서도 순수하게 정치적인 여러 과정의 공동 작업이 필요했다. 그런데 또 한편으로는, '자본주의 정신'(물론 여기서 잠정적으로 사용하는 의미에서의 그것)은 종교개혁의 일정한 영향의 결말로서만 발생할 수 있었다느니, 경제제도로서의 자본주의는 종교개혁의 산물이라느니 하는 바보스러운 교조적 테제를 결코 주장해서는 안 된다.[*32] 자본주의적 경영의 중요한 형태 중 일부가 종교개혁보다도 훨씬 오래 전에 존재했다는 (내가 비판될 때 사용된) 주지의 사실만 봐도, 그런 공론(空論)이 성립되지 않는다는 점을 알 수 있다. 내가 확인하고자 하는 것은 그런 게 아니라 다만 다음 사항일 뿐이다. 즉 문제의 '정신'의 질적 형성 및 전 세계적인 양적 확대에 대해 종교의 영향이 과연, 또 어느 정도로 관여할 힘이 있었는지, 또 자본주의를 기반으로 삼는 문화의 어떤 구체적 측면이 그런 종교의 영향에 귀착하는지 하는 것이다. 그런데 이 경우, 종교개혁 시대의 물질적 기초와 사회적·정치적 조직 형태와 그 시대의 정신적 내용 등이 서로 매우 복잡하게 영향을 주고받는다는 점을 생각해 보면, 당장은 특정 형태의 종교적인 신앙과 천직 윤리 사이에 과연 어떤 '선택적 친화 관계(Wahlverwandtschaften)'가 인정될 수 있을지, 또 인정된다면 어떤 점에서 그런지를 밝혀 나갈 수밖에 없다. 동시에 그런 선택적 친화 관계의 결과로서, 종교상의 운동이 물질문화 발전에 미친 영향의 방식 및 일반적인 방향도 가능한 밝히고자 한다. 이런 점들이 대강이나마 명백해졌을 때 비로소, 근대의 문화 내용이 그 역사적 발생에 있어 어느 정도 종교적인 동기의 힘을 빌렸으며, 또 어디까지 다른 동기의 힘을 빌렸는지 판단해 볼 수 있을 것이다.

* 1 고대어 중에서는, 오직 히브리어에만 그와 비슷한 표현이 있다. 먼저 מְלָאכָה라는 말이 있다. 이 단어는 제사장의 직무(〈출애굽기〉 35장 21절, 〈느헤미야〉 11장 22절, 〈역대기 상〉 9장 13절, 23장 4절, 26장 30절), 왕에게 봉사하는 용무(특히 '사무엘 전서' 8장 16절, 〈역대기 상〉 4장 23절, 29장 6절), 왕의 신하의 임무(〈에스델서〉 3장 9절, 9장 3절), 노동 감독(〈열왕기 하〉 12장 12절), 노예(〈창세기〉 39장 11절), 농경 노동(〈역대기 상〉 27장 26절), 수공업자(〈출애굽기〉 31장 5절, 35장 21절, 〈열왕기 상〉 7장 14절), 상인(〈시편〉 107장 23절) 등의 노무와, 나중에 설명하겠지만 〈집회서〉 11장 20절에 나오는 모든 '직업 노동'의 경우에 사용되었다. 이 단어는 לְאַךְ(='보내다', '하사하다')라는 어원에서 파생된 것으로 본디 '사명'이란 뜻을 가지고 있다. 이 단어가 이집트 사상 세계, 또 솔로몬이 이를 모방하여 만든 부역국가(賦役國家)의 부역·공역 관료제의 사상 세계에서 유래했다는 점은 위의 인용을 봐도 명백하다. 사상적으로 보자면, 이전에 메르쿠스(Merx)가 보여 주었듯이, 이 단어의 이러한 본디 의미는 고대에 이미 사라져버렸다. 그리하여 이 표현은 온갖 '노동'을 가리키게 되었다. 즉 이것은 독일어 'Beruf'의 의미와 마찬가지로, 본디 제사장의 직무를 뜻하던 색조를 잃어버렸다. 또 חֹק(=지정된 것, 할당된 것, 직무)라는 단어도 〈집회서〉 11장 20절에 나오는데, 70인 역(譯)에서는 이를 διαθήκη이라고 번역했다. 이것도 부역 관료제 용어에서 유래한 것으로, 이 점에서는 דְּבַר־יוֹם라는 단어(〈출애굽기〉 5장 13절. 또한 〈출애굽기〉 5장 14절에서도 70인 역은 διαθήκη를 '직무'란 뜻으로 쓰고 있음을 참조하라. 〈집회서〉 43장 10절에서 70인 역은 이 단어를 κρίμα라고 번역했다)와 마찬가지다. 〈집회서〉 11장 20절에서는 이 단어가 분명히 '신의 계명 실행'이라는 뜻으로 사용되고 있다. ―그러므로 이것도 독일어의 'Beruf'와 의미상 가깝다. 〈집회서〉의 인용 부분에 대해서는, 그 책에 관한 스멘트(Rudolf Smend)의 유명한 저서(《Die Weisheit des Jesus Sirach》, Berlin, 1906)의 해당 절 및 'Index zur Weisheit des Jesus Sirach, Berlin, 1907'의 διαθήκη, ἔργον, πόνος 항을 참조하라. (잘 알려진 바처럼 〈집회서〉의 히브리어 원본은 한동안 소실되어 있었는데, 쉐히터(Schechter)가 발견하여 그 일부는 Talmud(유대 율법서)의 인용 부분으로 보충되었다. 루터 시대에는 아직 원본이 존재하지 않았으므로, 이 2가지 히브리어 개념은 그의 용어에 전혀 영향을 주지 않았다. 《잠언》 22장 29절에 관한 다음 단계에서의 서술을 참조하라.)―그리스어에는 독일어의 'Beruf'가 지닌 윤리적 색채를 띠는 표현이 하나도 없다. 루터는 〈집회서〉 11장 20, 21절을 현재의 말뜻과 똑같은 의미로 'bleibe in deinem Beruf'라고 번역했는데, 70인 역은 조금 달랐다. 그들은 이를 한 곳에서는 ἔργον라고 번역했으며, 원문이 완전히 훼손되어 있었던 듯한 (히브리어 원본에서는 신의 구원의 눈부심을 말하는 부분인데!) 다른 곳에서는 πόνος 라고 번역했다. 이외에 고대에는 τὰ προσήκοντα가 보통 '의무'란 뜻으로 사

용되었다. 스토아학파의 용어 중에서는 $\chi \hat{\alpha} \mu \alpha \tau o\varsigma$가 종종 비슷한 사상적 색채를 띠고 있다(과거에 디테리히(Alb. Dieterich)가 나에게 이 점을 교시하였는데, 사실 이 단어는 언어상 무관계한 기원을 가지고 있다). 그 밖의 단어들(예를 들면 $\tau \hat{\alpha} \xi \iota \varsigma$ 등)은 모두 윤리적인 색채를 지니고 있지 않다. ─라틴어에서 독일어의 'Beruf'(즉 분업에 바탕을 둔 어떤 인간의 지속적인 활동으로, 동시에 소득의 원천으로서 경제생활의 기초가 되어 있는 것)로 번역되는 단어는 다음과 같다. 우선 'opus'는 특별한 의미가 없다. 둘째로 'Beruf'의 윤리적인 내용에 다소나마 가까운 단어로는 officium(opificium에서 파생된 이 단어는 처음에는 윤리적 색채를 띠지 않았지만 후대 들어서는, 특히 세네카의 De benef., IV, 18에서는 Beruf와 비슷한 뜻을 지니게 되었다)이 있다. 그리고 munus─과거의 시민공동체에 존재하던 부역에서 비롯된 단어─와 professio가 있다. 이 마지막 단어는, 고유한 의미로는 공법상의 의무, 즉 옛 시대 시민들의 조세 신고에 기원을 둔 것으로 보인다. 그러나 후대 들어서 이 단어는, 특히 근대적인 의미의 '자유업' (professio bene dicendi처럼)과 비슷하게 사용되었다. 따라서 이러한 좁은 영역에서의 이 단어는 독일어의 'Beruf'와 여러 모로 비슷한 뜻을 지니게 되었다. (비교적 내면적인 의미로 사용되었다는 점도 같다. 예컨대 키케로가 어떤 사람을 가리켜 한 말인 'Non intelligit quid profiteatur'는, '그는 자신의 진정한 'Beruf'를 모르고 있다'라는 뜻이다.) ─다만 이 단어에 종교적인 의미는 없었으며, 완전히 현세적인 의미만 존재했다는 것은 확실하다. 제정기에 '수공업'에 관하여 사용된 'ars'라는 단어의 경우에도 이 점은 마찬가지다. 'Vulgata' '공인 라틴어 성서'는 앞서 소개한 〈집회서〉의 장구(章句)를, 한 부분에서는 'opus', 다른 부분(21절)에서는 'locus'라 번역하고 있다. 아마 후자는 '사회적 지위'라는 의미로 썼을 것이다. 'mandatorum tuorum'이라는 추가 개념이 히에로니무스와 같은 금욕자에게서 유래했다는 사실은 브렌타노가 지적한 바와 같다. 이 지적은 분명 옳았다. 그러나 브렌타노는 이 부분에서─다른 부분과 마찬가지로─이 점이야말로 이 개념이 금욕─종교개혁 이전에는 세속에서 벗어난 금욕, 이후에는 세속적인 금욕─에서 유래했다는 것을 특징짓는다는 사실을 지적하지 않았다. 단, 히에로니무스가 어느 원본을 바탕으로 번역했는지는 알 수 없다. 이것은 히브리어의 מלאכה가 지니는 오래된 공역 제도적인 의미에서 영향을 받았다고도 추정된다. 로망스어 국가 언어 중에서는 스페인어의 'vocacion'만이, 성직을 통해 무언가에 대하여 위탁받은 내면적인 'Beruf', 즉 '소명(부름)'이라는 의미를 지녔다. 이 점에서 'vocacion'는 부분적으로 독일어의 'Beruf'와 닮았다. 그러나 이 단어는 외면적인 'Beruf', 즉 '직업'이란 뜻으로는 전혀 사용되지 않는다. 이외에 로망스어 성서 번역에서는 스페인어의 'vocacion'나 이탈리아어의 'vocazione' 및 'chiamamento'라는 단어가, 신약성서의 $\varkappa \lambda \tilde{\eta} \sigma \iota \varsigma$ (복음에 의한, 영원한 구원으로의 부름)의 역어일 경우에 한해, 나중에 설명할 루터파 및 칼뱅파의 어법과 같은 의미로 사용되었는데, 공인 라틴어 성서에서는 이것이

'vocatio'로 되어 있다. (기묘한 이야기지만 내가 방금 자신의 견해를 증명하기 위해 인용한 이 사실을, 브렌타노는 종교개혁 이후의 'Beruf' 관념이 이미 오랜 옛날부터 존재하고 있었다는 점을 증명해 주는 자료로서 생각하였다(Brentano, a. a. O.). 하지만 절대 그럴 리 없다. 물론 χλησις는 'vocatio'로 번역될 수밖에 없었다. ─그러나 대체 중세의 언제 어디에서 이 단어가 현대 독일어의 'Beruf'와 같은 의미로 사용되었단 말인가. 이 단어는 확실히 위와 같이 번역되었지만 세속적인 의미로는 사용되지 않았다. 이것이야말로 진실이다.) 예를 들어 'Collezione di opere inedite e rare, Bologna, 1887'에 복각되어 있는 15세기 이탈리아어 성서는, 근대 이탈리아어 성서에서 쓰이고 있는 'vocazione'와 더불어 'chiamamento'라는 단어를 같은 의미로 사용하고 있다. 한편 로망스어 용어 가운데 외면적인 'Beruf', 즉 규칙적 영리활동으로서의 '직업'이라는 세속적 의미로 사용되고 있는 언어는, 종교적 특징을 전혀 가지고 있지 않다. 존경하는 내 친구이자 프라이부르크 대학교 교수인 바이스트(Baist)의 친절하고도 자세한 설명 및 각종 사전의 내용이 이를 증명한다. 그것이 'ministerium'이나 'officium'을 어원으로 삼는 단어처럼 애초에 윤리적인 색채를 띠고 있었든, 또는 ars나 professio나 implicare (impiego)에서 파생된 단어처럼 처음부터 그런 색채를 지니지 않았든 간에, 위 사실은 마찬가지다. 앞서 언급한 〈집회서〉의 루터 역(譯)에서 'Beruf'라고 번역된 부분은, 프랑스어 번역에서는 20절 'office'와 21절 'labeur'(칼뱅파 번역)라고 되어 있으며, 스페인어 번역에서는 20절 obra와 21절 lugar(공인 라틴어 성서에 따름), (프로테스탄트에 의한) 새로운 번역에서도 'posto'라고 번역되어 있다. 루터는 아직 학문적인 합리화를 충분히 거치지 못한 당시의 관용적인 독일어 표현에 깊은 영향을 주었다. 반면 여러 로망스어 국가의 프로테스탄트는 신도 수가 적었던 탓에 그러한 언어 창조상의 영향을 주지 못했으며, 또 굳이 그런 일을 시도하지도 않았다.

* 2 이에 반해 아우크스부르크 신앙고백에서는, 이 개념은 전개가 불충분한 상태로 함축적으로만 사용되고 있다. 아우크스부르크 신앙고백 제16조(Ausg. v. Kolde, S. 43 참조)를 보면 "복음은……세속의 정부, 경찰, 혼인 등과 모순되는 것이 아니라, 오히려 우리가 그 모든 것을 신의 질서로서 존중하고, 개인이 그러한 온갖 신분에 따라 그리스도의 사랑과 선행을 그 'Beruf'에 따라 증명하기를 요구하므로"(라틴어 문장에서는 et in talibus ordinationibus exercere caritatem이라고 되어 있을 뿐이다. 같은 책 S. 42)라는 가르침이 나온다. 그런데 '개인은 정부에 복종해야 한다'는 결론으로 볼 때, 여기서 말하는 'Beruf'란 적어도 제일차적으로는 《고린도전서》 7장 20절의 의미에서의 객관적 질서임에 분명하다. 또한 제27조(Kolde, S. 83 하단)에서 말하는 'Beruf'(라틴어 문장에서는 in vocatione sua)는, 신에 의해 질서를 부여받은 모든 신분에 관한 것, 다시 말해 성직·정부·제후·귀족 등으로 한정된 것이다. 게다가 독일어 문장에서의 그 단어는 Konkordienbuch(루터파 공식 문서)의 어법에 따르고 있을 뿐이다. 한편 독일판 Ed.

Princeps에서는 문제의 문장이 발견되지 않는다. 다만 제26조(Kolde, S. 81)에서는 "…
…우리가 고행을 하는 것은 은혜를 얻기 위함이 아니라, 개인이 그 Beruf에 따라(라틴
어에서는 juxta vocationem suam) 명령받은 일을 육체가 방해하지 않도록, 그 일을 숙
달시키기 위함이다"라는 표현이 사용되고 있다. ─이 구절에서 문제의 단어는 최소한
현재의 말뜻도 내포하는 방식으로 쓰이고 있다.

＊3 루터의 성서 번역 이전 시대에는, 독일어의 'Beruf', 네덜란드어의 'beroep', 영어의
'calling', 덴마크어의 'kald', 스웨덴어의 'kallese' 등의 단어는 어느 나라에서든 현재의
세속적인 의미로는 결코 사용되지 않았다. 이는 사전의 내용만 봐도 그렇고, 또 동료
인 브라우네(Braune) 교수와 홉스(Hoops) 교수의 호의적인 가르침으로 보아도 명백하
다. 중기 고지(高地) 독일어, 중기 저지(低地) 독일어 및 중기 네덜란드어에서 'Beruf'
와 같이 발음되는 단어는 모두 현재 독일어 'Ruf'의 의미를 지니고 있는데, 그 안에는
특히─중세 말기의─성직자 급여 수여와 관련된 수직(授職) 권한에 따른 후보자의
'Berufung'(Vokation) '임명'이라는 의미도 포함되어 있었다. 이는 스칸디나비아 국가
들의 사전에서 보통 지적되고 있는 특례다. 루터도 이따금 'Beruf'라는 단어를 이런 뜻
으로 사용했다. 그러나 설령 이 특례 어법이 훗날 이 단어의 말뜻 변화에 유리하게 작
용했다 해도, 근대적인 'Beruf' '천직(신에게 부여받은 소명으로서의 직업)' 개념의 창
조는 단어상으로도 성서 번역, 그것도 프로테스탄트의 성서 번역에서 출발하였다. 단
타울러(1361년 사망)의 경우에는, 뒤에서 서술하듯이 이런 개념의 싹이 보인다. 프로
테스탄트의 성서 번역으로부터 깊은 영향을 받은 모든 나라의 국어에서는 이 단어가
생겨난 반면, 이런 영향을 받지 않은 모든 국어(예컨대 로망스어계처럼)에서는 이 단
어가 아예 없거나, 있더라도 오늘날의 의미로는 사용되지 않고 있다. 일단 루터는 전
혀 다른 2개의 개념을 'Beruf'라고 번역하고 있다. 첫째는 바울로가 사용하고 있는
χλησις인데, 이것은 신에 의해 영원한 구원으로 부름 받는다는 의미다. 《고린도전서》
1장 26절, 《에베소서》 1장 18절, 4장 1절 및 4절, 《데살로니가후서》 1장 11절, 《히브
리서》 3장 1절, 《베드로후서》 1장 10절 등이 그 예다. 이들의 경우 χλησις는 순수한
종교적 개념으로, 사도가 선포한 복음을 통해 이루어지는 신의 부름을 가리키는 말에
지나지 않았다. 즉 이 개념은 오늘날의 세속적인 '직업'과는 전혀 관계없다. 루터 이전
의 독일어판 성서에서는 이 경우 'ruffunge'가 쓰였으며(하이델베르크 대학교 도서관에
소장된 고인쇄(古印刷) 성서는 모두 이렇다), 또는 한 예로 'von Gott geruffet'라는 표
현 대신 'von Gott gefordert'라는 말도 쓰이고 있다. ─둘째로 루터는 (앞에서도 이야
기했듯이) 바로 앞 주에서 인용한 《집회서》의 한 구절로서 70인 역에서는 'ἐν τῷ ἔ
ργῳ σου παλαιώθητι' 및 'καὶ ἔμμενε τῷ πόνῳ σου'라고 번역된 부분을, 'bleibe
bei deiner Arbeit'가 아니라 'beharre in deinem Beruf' 및 'bleibe in deinem Beruf'라고
번역했다. 이후 가톨릭교의 (공인된) 번역 성서(이를테면 Fleischütz가 번역한 것

Fulda, 1781)도 이 부분에서는 (신약성서에서도 마찬가지로) 단적으로 루터에 뒤따르고 있다. 내가 아는 한, 루터가 번역한 〈집회서〉의 이 부분에서 독일어 'Beruf'가 오늘날의 순수한 세속적 의미로 처음 쓰였다. (그 다음 바로 등장하는 20절의 권고 στῆθι ἐν διαθήκησου의 경우, 〈집회서〉 14장 1절 및 43장 10절에 의하면 διαθήκη는 사실—〈집회서〉가 (탈무드에서의 인용에 따라) 사용한 히브리어 표현에 상응하여—독일어의 'Beruf'에 가까운 것, 즉 '운명' 또는 '할당된 노동'을 뜻한다는 점이 명확한데도, 루터는 그것을 'bleibe in Gottes Wort'라고 번역했다.) 이처럼 루터 이후 및 현재 통용되는 말뜻을 지닌 'Beruf'라는 단어는 그 전의 독일어에서는 존재하지 않았다. 그리고—내가 아는 한—루터 이전의 어떤 성서 번역자나 설교자도 이 단어를 사용하지 않았다. 루터 이전의 독일어판 성서는 위에 소개한 〈집회서〉의 한 구절을 'Werk'라 번역했으며, 레겐스부르크의 베르톨트(Berthold)의 설교에서는 현재의 우리라면 'Beruf'라고 말할 만한 부분에서 'Arbeit'란 단어를 쓰고 있다. 따라서 이 경우의 어법은 고대와 똑같았다. 'Beruf'는 아니지만, 'Ruf'라는 단어가(κλῆσις의 역어로서) 세속적 노동의 의미로 사용되고 있는 최초의 부분은, 내가 아는 바로는 《에베소서》 4장에 대한 타울러의 다음과 같은 아름다운 설교(Basler Ausg. f. 117 v)에서 발견할 수 있다. '거름주기'를 하는 농민이 "성실하게 자신의 Ruff에 매진한다면, 자신의 Ruf를 등한시하는 성직자보다도" 성공하는 경우가 많다고 타울러는 말하였다. 그러나 이 단어는 이런 의미를 지닌 채 세속적 용어 안으로 들어오지는 않았다. 루터도 처음에는 'Ruf'와 'Beruf' 사이에서 흔들렸다(Werke, Erl. Ausg. 51, S. 51 참조). 또 그의 논문 《기독교인의 자유에 대하여(Freiheit eines Christenmenschen)》 등에서는 타울러의 위 설교에 공명하는 부분을 많이 찾아볼 수 있다. 그러나 이에 대해서는, 루터가 타울러에게서 받은 직접적인 영향은 명확하지 않다. 왜냐하면 루터는 애초에 이 단어를 타울러의 위 설교와는 달리, 순수하게 세속적인 의미로 사용하지 않았기 때문이다(이 점에서 나는 Denifle, Luther, S. 163의 의견에 반대한다). 그런데 〈집회서〉의 훈계는 70인 역의 어조로 볼 때, 일반적으로 신에 대한 신뢰를 권고하고 있을 뿐 세속적 '직업' 노동에 대한 독자적인 종교적 평가 등을 내리고 있지는 않다. 이 점은 분명한 사실이다(훼손된 제2의 부분에서 보이는 πόνος 노동이라는 말은, 훼손되지 않았더라면 그와 반대되는 뜻을 나타내지 않았을까). 〈집회서〉의 가르침이 21절의 권고—신은 가난한 사람을 쉽게 부유하게 만들 수 있으니, 신 없는 자의 행위에 현혹되지 말라—와 관련된다는 것은 명백하다. 그런데 이 말은 〈시편〉 작자의 "이 나라에 머물러 진실을 먹을거리로 삼을지어다"(〈시편〉 37편 3절)[오늘날의 번역 : 주님을 믿으며 선을 행하라. 그러면 그대는 이 나라에 살며 평안을 얻으리라]라는 권고와 똑같다. 다만 יהוה에 멈추라는(20절) 최초의 권고는, 복음서의 κλῆσις와 어느 정도 비슷한 뜻을 지니고 있다. 그러나 루터는 여기에서는 'Beruf'를 (그리스어 διαθήκη의 역어로서) 사용하지 않았다. 이처럼 루터는 Beruf에 관해 전혀 달라보이는 2가지 어법을 사용했다. 이 둘을 관련지어 주는 것이 바로 《고린도전서》의 문구 및 번역이다. 루터가 번역한 성서(현재 일반적으로 볼 수 있다)에 따르자면 문제의 문구를 중심으로 한 전후 관계는 다음과 같다. ―《고린도전서》 7장 17절 "……개인은……신에게 부름 받은(berufen) 그대로 행하여라. ……", 18절 "부름 받았을(berufen) 때 할례를 이미 받았다면, 그 흔적을 없애려 하지 마라. 부름 받았을(berufen) 때 할례를 아직 받지 않았다면, 할례를 받으려 하지 마라", 19절 "할례를 받았는지 안 받았는지는 문제가 아니며, 중요한 것은 신의 계율을 지키는 일이다", 20절 "개인은 부름 받은 그대로 지내라"(Ein jeglicher bleibe in dem Beruf, in dem er berufen ist. 즉 ἐν τῇ κλήσει ᾗ ἐκλήθη―메르크스(Merx) 추밀 고문관의 말에 따르면 이는 명백한 헤브라이즘이다―은, 공인 라틴어 성서에서는 in qua vocatione vocatus est라고 되어 있다), 21절 "부름 받았을(berufen) 때 그대가 노예였다 해도 염려치 마라. 다만 자유로워질 수 있다면 기꺼이 자유로워져라", 22절 "주님에게 부름 받은(berufen) 노예는 주님에 의해 자유로워진 사람이며, 부름 받은(berufen) 자유인은 그리스도의 종이니라", 23절 "(주님이) 값을 치러 그대들을 사신 것이니 사람의 노예가 되지 마라", 24절 "형제들이여, 각각 부름을 받은 그대로(worinnen er berufen ist) 하나님과 함께 있으라". 그리고 29절에서는 때가 '단축되어 있음'이 드러나 있다. 이어 종말론적 희망에 바탕을 둔 31절 "아내가 있는 자는 없는 자처럼, 물건을 사는 자는 없는 자처럼 하라" 등등 잘 알려진 가르침이 등장한다. 20절에 대해 말하자면, 루터는 1523년에 이 장을 해석할 때 아직 오래된 독일어판을 참고했다. 그래서 그는 κλῆσις를 'Ruf'로 번역했으며(Erl. Ausgabe, Bd. 51, S. 51), 더 나아가 'Stand' '신분, 상태'라는 의미로 해석하였다. 사실 위의 문장에서 보이는 κλῆσις는―그것도 이 경우에 한해서―라틴어의 'status' 및 독일어의 'Stand'―Ehestand(기혼 상태), Stand des Knechtes (노복(奴僕)의 신분) 등과 같이―에 해당함이 틀림없다. (그러나 브렌타노의 생각처럼(a. a. O., S. 137) 이것이 오늘날과 같은 의미의 'Beruf'를 뜻한다고는 말할 수 없다. 이 점은 확실하다. 브렌타노는 이 부분도, 또 그에 관한 내 이야기도 별로 정확하게 읽지 않았다.) 그리스어 문헌에서 이 단어―어원상 ἐκκλησία(소집된 자들의 집회)와 관련되어 있다―가 적어도 이와 비슷한 의미로 사용되고 있는 예는, 사전 등으로 찾아본 결과 단 하나였다. 즉 할리카르나소스의 디오니시오스가 쓴 글에서 라틴어의 classis ―그리스어에서 전화(轉化)된 것으로, '소집된' 시민 지구(地區) 부대를 뜻함―와 같은 의미로 사용되고 있는 예뿐이었다. 테오필락투스(11~12세기)는 《고린도전서》 7장 20절을 해설하여 ἐν οἵῳ καὶ ἐν ᾧ τάγματι καὶ πολιτεύματι ὤν ἐπίστευσεν(자신의 신앙이 있는 집, 지구(地區) 및 마을에)라고 하였다(이 구절은 동료인 다이스만 Deissmann 교수가 가르쳐 준 것이다). ―이 부분에서도 κλῆσις는 결코 현대 독일어의 'Beruf'와 같은 의미로 쓰이지 않았다. 그런데 루터는 "각자 그의 현재 상태에 머무를 지어다"라는 종말론적 권고의 경우 $\varkappa\lambda\eta\sigma\iota\varsigma$를 'Beruf'로 번역했는데, 그 뒤 구약 외전을 번역할 때 "각자 그의 업(業)에 머무를지어다"라는 〈집회서〉의 전통주의·반(反)물질주의에 바탕을 둔 권고의 경우에도, 그는 양자가 그저 내용상 비슷하다는 이유로 $\pi\acute{o}\nu o\varsigma$를 'Beruf'라고 번역했다. (이것이야말로 결정적이고도 특징적인 점이다. 앞서 설명했듯이 《고린도전서》 7장 17절에 나오는 $\varkappa\lambda\eta\sigma\iota\varsigma$는 결코 '직업', 즉 일정 영역의 일을 가리키지 않는다.) 그 사이인(아니면 거의 동시였는지도 모른다) 1530년에 아우크스부르크 신앙고백이 제출되었는데, 이 신앙고백은 세속적인 도덕의 가톨릭적 경시 풍조는 이로울 것이 없다는 프로테스탄티즘의 교리를 확정지음과 동시에, 그 안에서 '개인은 그의 Beruf에 따라'라는 말을 사용하였다(앞의 주석을 참조). 이 사실과 바야흐로 30년대 초부터 루터가 개인적인 질서를 더욱 신성시하게 되었다는 사실, 그리고 세속적인 질서를 신의 불변한 의지에 의한 것으로서 감수하려는 그의 태도가 더욱 두드러졌다는 사실이 위의 번역에 나타나 있다. 이 사실들은 아마 생활의 구석구석까지 영향을 미치는 신의 개별적인 인도에 대한 루터의 신앙이 더욱 뚜렷한 형태를 띠게 된 결과일 것이다. 'vocatio'는 라틴어의 전통적 용법에 따르면 성스러운 생활, 특히 수도원에서의 생활 또는 성직자의 생활에 대한 신의 소명이라는 의미로 사용되었다. 그런데 루터의 경우에는 위와 같은 교의의 영향 때문에, 세속적인 '직업' 노동이 그런 색채를 띠게 되었다. 그 이유는 다음과 같다. 그때까지는 〈집회서〉의 $\pi\acute{o}\nu o\varsigma$ 및 $\acute{\varepsilon}\rho\gamma o\nu$라는 단어에 대해서는 수도사의 번역에서 유래한 (라틴어) 유의어만이 사용되었는데, 이때 루터는 독일어의 'Beruf'를 역어로 사용하였다. 그런데 과거의 루터는 그러지 않았던 것이다. 몇 년 전에만 해도 그는 《잠언》 22장 29절에 나오는 히브리어를, 즉 〈집회서〉의 그리스어 번역본에 나오는 $\acute{\varepsilon}\rho\gamma o\nu$의 원어이자 특히—독일어의 Beruf 및 북구어의 kald, kallese와 똑같이—성직자의 'Beruf(소명)'에서 유래한 이 히브리어를, 다른 부분(《창세기》 39장 11절)에서와 마찬가지로 'Geschäft'라고 번역했다. (이것은 70인역에서는 $\acute{\varepsilon}\rho\gamma o\nu$, 공인 라틴어 성서에서는 opus, 영어 성서에서는 business라고 되어 있다. 북구어나 그 밖에 내 수중에 있는 번역들은 모두 이와 일치한다.) 루터에 의해 이렇게 창조된 'Beruf' '천직'이라는 단어는, 처음에는 그저 루터파 내부에서만 쓰이고 있었다. 칼뱅파는 구약 외전을 성경에 속하지 않는 것으로 간주했다. 그들이 루터의 Beruf(천직) 개념을 받아들이고 강조하게 된 것은, 사태가 발전함에 따라 이른바 '구원의 확증' 'Bewährung' 문제가 중요하게 대두된 결과였다. 칼뱅파의 첫 (로망스어계) 번역에서는 이 개념을 나타내는 단어가 없으며, 또 이미 표준어 형태로 확정되어 있는 국어에는 그런 단어를 관용어로 만들어 낼 힘이 없었다. 16세기가 지나가기 전에 'Beruf' '천직' 개념은 종교 이외의 문헌에서도 오늘날의 의미로 사용되기에 이른다. 루터 이전의 성서 번역자는 $\varkappa\lambda\eta\sigma\iota\varsigma$의 역어로 'Berufung'를 쓰고 있었다(한 예로 하이델베르크의 1462~66년, 1485년 고인쇄 성서가 있다). 또 1537년 에크(Eck)의 잉골슈

타트(Ingolstadt)판 번역에서는 $\varkappa\lambda\eta\sigma\iota\varsigma$가 'in dem Ruf, worin er beruft ist'라고 되어 있다. 루터 이후로는 가톨릭 역자들도 대부분 루터의 번역을 직접 참고하고 있다. 영국에서는—최초의 예로—위클리프(Wycliffe)의 번역(1382년)이 문제의 부분을 'cleping'(뒷날 'calling'이라는 차용어로 대체된 고대 영어)이라 번역하고 있다. —이는 훗날의 종교개혁 시대와 같은 사용법으로, 그야말로 롤라즈 윤리의 성격을 특징짓는 것이었다. 이에 반해 1534년 틴들(Tyndale)은 $\varkappa\lambda\eta\sigma\iota\varsigma$를 신분과 관련지어 생각해서 'in the same state wherein he was called'라고 번역했으며, 이는 1557년 제네바판에서도 마찬가지였다. 1539년 크랜머(Cranmer)의 공인 번역에서는 'state'가 'calling'으로 바뀌었는데, 1582년 (가톨릭의) 랑스 성서도, 엘리자베스 시대 영국 국교회의 궁정용 성서도, 공인 라틴어 성서에 따라 이를 또다시 'vocation'으로 번역하고 있다는 점은 주목할 만하다. 영국에 대해 살펴보자면, 크랜머의 성서 번역은 'calling'을 'trade'의 의미로 사용하는 청교도적 용법의 기원이 되었다. 이 사실은 이미 머레이(Murray)가 (O·E·D의) calling 항목에서 적절히 인정한 그대로다. 16세기 중엽에 calling은 벌써 이런 의미로 사용되었으며, 1588년에는 'unlawful callings'라는 표현이, 1603년에는 '고급' 직업이란 의미로 'greater calling'이란 말이 사용되고 있다(머레이의 같은 부분을 참조). (정말로 이상한 것은 브렌타노의—a. a. O., S. 139—다음과 같은 생각이다. 그는 중세에는 'vocatio'가 'Beruf'로 번역되지 않았으며, 또 그런 천직 관념도 일반인에게 알려지지 않았다고 보았다. 그리고 그 이유로, 당시에는 자유민만이 'Beruf' '직업'을 가질 수 있었는데, 그 자유민이—시민적 직업 내에는—전혀 존재하지 않았기 때문이라고 주장했다. 그러나 중세 상공업의 모든 사회적 편제(編制)는 고대와 달리 자유노동을 기초로 삼았으며, 특히 상인 대부분은 완전한 자유민이었다. 그러므로 나는 그의 주장이 무슨 소리인지 도통 이해할 수 없다.)

＊4 이하의 기술에 대해서는(K. Eger, Die Anschauung Luthers vom Beruf, Giessen, 1900)에 교시된 내용을 참조하라. 대부분의 신학적 저작가들의 경우와 마찬가지로 이 저자도 'lex naturae'(자연법) 관념에 대한 분석을 비록 충분히 명확하게 하진 못했지만, 아마 이것이 이 책의 유일한 결함일 것이다(이에 관해서는 Seeberg, Dogmengeschichte, Gött. Gel. Anz., 1902에 대한 트뢸치(Troeltsch)의 서평과, 현재에는 특히 같은 저자의 E. Troeltsch, Die Soziallehren der christlichen Kirchen und Gruppen, Tübingen, 1912의 해당 부분을 참조하라).

＊5 왜냐하면 토마스 아퀴나스가 신분 및 직업의 분화에 의거한 인류의 편제를 신의 섭리의 결과라고 해석할 때, 염두에 두었던 것이 사회의 객관적인 질서였기 때문이다. 그런데 저마다 일정한 구체적인 '직업'(이라고 나는 부를 터이지만, 토마스의 용어에 따르면 이것은 ministerium 또는 officium이다)을 지향하는 근거는 온갖 'causae naturales' '자연적 원인'에 존재한다. "이 여러 가지 officium에 대한 인간의 다양화는 우선 섭리

에서 생겨난 것이며, 사람들의 status는 이런 식으로 나뉘었다. ……다음으로 그것은 온갖 causae naturales으로부터, 즉 다수의 사람들 속에 존재하는 다양한 officium에 대한 저마다 다른 성향으로부터 생겨났다. ……"(Quaest. quodlibetal., Ⅶ, art. 17 c.) 이와 마찬가지로 파스칼의 직업 평가도, 성직의 선택에 있어 결정적인 요소는 우연이라는 명제에서 출발하고 있다(파스칼에 대해서는 A. Köster, Die Ethik Pascals, 1907 참조). 이 점에 대해서는, 각종 '유기체설 경향의' 종교 윤리 중에서도 가장 폐쇄적인 인도의 종교 윤리만이 다른 입장을 취하고 있다. 토마스학파의 직업 관념과 프로테스탄트(게다가 섭리를 강조한다는 점을 제외한다면 토마스학파와 가까운 사이였던 후기 루터파도)의 직업 관념은 명백히 대립하고 있었다. 그러므로 여기서는 이쯤에서 이야기를 마무리 짓고자 한다. 가톨릭의 견해에 대한 검토는 다음 단계에서 어차피 다시 한 번 할 생각이다. 토마스에 관해서는(Maurenbrecher, Thomas von Aquinos : Stellung zum Wirtschaftsleben seiner Zeit, 1898)을 참조하라. 그 밖의 개별적인 점에서 루터가 토마스와 일치하는 듯 보이는 부분도 있지만, 이것은 딱히 토마스라기보다는 스콜라철학의 일반적인 학설이 루터에게 영향을 줬기 때문일 것이다. 왜냐하면 데니플(Denifle)의 증명에 따르면, 루터는 사실 토마스를 잘 파악하지 못한 것으로 보이기 때문이다(Denifel, Luther und Luthertum, 1903, S. 501 ; Köhler, Ein Wort zu Denifles Luther, 1904, SS. 25 f.를 보라).

＊6 《기독교인의 자유에 대하여(Von der Freiheit eines Christenmenschen)》에서는 먼저, (1)세속적 의무의 구성이 자연법(lex naturae, 여기서는 현세의 자연적 질서라는 뜻)이라고 해석되는 것은, 사실상 자신의 육체와 사회적인 공동체에 연결되어 있기 때문에 생겨나는(Erl. Ausg. 27, S. 188) 인간의 '이중적 본성'에 의한 것으로 간주된다. ―(2)이런 상태에서 인간이(S. 196) ―이것이 위와 관련하여 생겨나는 제2의 근거다―만약 경건한 기독교인이라면, 신의 순수한 사랑에서 비롯되는 은혜의 결단에 보답하는 일에 이웃 사랑(隣人愛)의 정신으로 임할 것이다. (3)노동이 이런 '신앙'과 '사랑'의 매우 긴밀하지 못한 결합과 교착하여 '내면적인' 인간에게 있어 육체를 지배할 수 있는 수단이 된다는, 낡은 금욕적 기초 사상이 엿보인다(S. 190). ―(4)그러므로 노동은―이런 식으로 위와 관련된 서술이 이어지는데, 여기서는 '자연법' 사상이 다른 용법으로(이 경우 자연법이란 자연적 도덕에 해당한다) 사용되고 있다―신이 아담에게 (죄를 범하기 전에) 부여한 고유의 본능이며, 아담은 '그저 신을 기쁘게 만들기' 위해 이 본능에 따랐던 것이다. ―(5)마지막으로(SS. 161, 199) 〈마태복음〉 7장 이하에 따라, 신앙의 힘이 작용하는 새로운 생활의 성과야말로 숙달된 직업 노동이며 또 그래야만 한다고 보는 사상이 모습을 드러내고 있는데, 이로부터 '구원의 확증'이라는 칼뱅주의에서 결정적인 의미를 지니게 되는 사상은 전개되지 않았다. ―이 책을 떠받치고 있는 강한 논조는, 별개의 개념적인 여러 요인들의 이용으로써 설명될 것이다.

*7 "우리가 자신들의 식사를 기대하는 것은, 정육점 주인이나 술집 주인이나 빵가게 주인의 인애(仁愛)에 기대하는 것이 아니라, 그들 자신의 이익에 대한 그들의 소망에 기대하는 것이다. 우리는 그들의 이웃 사랑(스미스의 이론에서는 humanity)이 아니라 그들의 자기애에 호소하며, 이때도 우리 자신의 필요를 그들에게 말하는 것이 결코 아니라 그들이 얻을 이익을 말해 주는 것이다." (《국부론》제1편 제2장)

*8 "즉 (신은) 만물에 대해 그분 자신의 손으로 작용해 주신다. 그분의 손으로 소젖을 짜 주시고, 가장 비천한 농노의 일도 다 해 주신다. 따라서 가장 큰 일도 가장 작은 일도 똑같이 신을 기쁘게 만드는 일이다."(《창세기 강해》Op. lat. exeg., ed. Elsperger, VII, 213) 이 사상은 루터 이전 시대에는 타울러(Tauler)에게서 찾아볼 수 있다. 타울러는 세속과 성직을 막론하고 모든 'Ruf' '소명'이 원리적으로 똑같은 가치를 가진다고 생각했다. 독일 신비주의와 루터는 토마스주의에 대립한다는 공통점을 지니고 있다. 이 대립을 정식화하면 다음처럼 될 것이다. 즉 토마스는—주로 명상의 도덕적 가치를 고수하기 위해, 하지만 동시에 탁발수도사의 입장에서—바울로의 "일하지 않는 자는 먹지도 말라"는 명제를 해석하여, 자연법에 비추어 볼 때 필연적인 노동의 의무를 짊어지게 된 대상은 종족으로서의 인간이지 개인은 아니라고 생각할 수밖에 없었다. 농민의 'opera servilia' '농노적 노동'을 최하위로 정한 뒤 그 위로 단계를 차근차근 설정하면서 노동을 평가하는 방식은, 물질적 이유로 주거지인 도시에 구속되어 있던 탁발수도회의 독자적인 성격과 관련되어 있었다. 이에 반해 농민의 자식인 루터나 독일 신비주의자들은 모든 직업이 서로 같은 가치를 지닌다고 보고, 사회의 신분제도가 곧 신의 의지임을 강조하였다. 그들은 위와 같은 단계 및 평가는 염두에 두지도 않았다. 토마스의 저서 가운데 중요한 관련 부분에 대해서는(Maurenbrecher, Th. v. Aquinos : Stellung zum Wirtschaftsleben seiner Zeit, Leipzig, 1898, SS. 65 f.)를 보라.

*9 그런 만큼 놀라운 일은, 이런 새로운 창조가 인간의 행위에 전혀 영향을 주지 않을 수도 있다고 주장하는 2~3명의 학자들이 존재한다는 것이다. 참으로 이해하기 어려운 일이라고 감히 말해 본다.

*10 "허영심은 사람의 마음에 깊이 뿌리박고 있으므로 수송병이나 요리사 조수나 짐꾼조차 스스로를 자랑스러워하며 자신의 예찬자를 얻고자 한다. ……" (Ed. Faugère, I, p. 208, Vgl. Köster, Die Ethik Pascals, 1907, SS. 17, 136 ff.) '직업'에 대한 포르루아얄 및 얀세니즘의 원리적 입장에 대해서는 다음 단계에서도 간단히 설명하겠지만, 여기서는 호니히스하임 박사의 우수한 논문(Paul Honigsheim, Die Staats- und Soziallehren der französischen Jansenisten im 17. Jahrhundert, Heidelberger historische Dissertation, 1914)을 참조하라. 이는 포괄적인 저작《Vorgeschichte der französischen Aufklärung의 Teildruck》이다. 특히 그 책의 'SS. 138 ff.'를 참조하라.

*11 푸거가에 대해 루터는 "한 세대 만에 저토록 거대한, 왕과도 같은 재산이 누적된 일

에 대해서는 공정하다고도 신심 깊다고도 결코 말할 수 없다"고 생각했다. 이것은 본질적으로 볼 때 자본에 대한 농민의 불신이다. 이와 마찬가지로(Gr. Sermon. v. Wucher, Erl. Ausg., 20, S. 109) 그는 소작료 취득권 매매(Rentenkauf)를 '새로 교묘하게 안출된 것'이라며 도덕적으로 위험한 것으로 보았다. —왜냐하면 근대 성직자들이 정기 거래(Terminhandel)의 관계를 경제적으로 파악하지 못한 것처럼, 루터는 소작료 취득권 매매의 관계를 파악하지 못했던 것이다.

＊12 이러한 대립은 헤르만 레비의 저서 《Hermann Levy, Die Grundlagen des ökonomischen Liberalismus in der Geschichte der englischen Volkswirtschaft, Jena, 1912》에서 적절히 설명되고 있다. 또 한 예로 (Gardiner, Commonwealth, Ⅱ, S. 179)에 수록되어 있는, 1653년에 크롬웰 군대의 레벌러스가 독점 및 특권적 회사 기업을 비난했던 청원을 참조하라. 이에 반해 로드(Laud)의 정치 체제는, 국왕과 교회의 지도를 받은 '기독교사회당'의 경제조직을 목표로 삼았다. 국왕은 이 경제조직으로부터 정치적이면서 국고 중심적·독점적인 이익을 얻으려 했다. 청교도는 바로 이런 점에 반대하여 투쟁을 벌였다.

＊13 여기서 내가 말하고자 하는 바를 밝히기 위해, 1650년 1월 크롬웰이 아일랜드를 상대로 섬멸 전투를 개시할 때 포고했던 선언을 예로 들어 보겠다. 이는 1649년 12월 4일 및 13일에 발표된 클론막노이즈(Clonmacnoise)의 아일랜드인(가톨릭) 성직자들의 선언에 대한 회답으로, 요점은 다음과 같다. "영국인은 상당히 많은 세습재산을 (아일랜드에) 보유하고 있으며, 그 대부분은 그들 자신의 돈으로 구입한 것이었다. ……그들은 좋은 조건 아래 아일랜드인에게서 장기간 빌린 땅과 그곳에 존재하는 거액의 목축 자산, 자신의 비용으로 건설한 가옥과 농장을 소유하고 있었다. ……그대들이 동맹을 깨뜨린 것인데, ……그 시대 아일랜드는 매우 평화로웠으며, 영국인의 노동을 모범으로 삼고 상공업 및 교역을 통해 발전하고 있었다. 즉 그 시대의 아일랜드는 전역이 아일랜드인 소유일 때보다도 더 나은 상태였다. 과연 신은 지금도, 또 미래에도 그대들과 함께하실 것인가. 나는 그렇지 않을 것이라고 확신한다." 이 선언은 보어전쟁 당시 영국의 논설을 떠올리게 한다. 그러나 영국인의 자본주의적 '권익'이 전쟁의 법적 근거가 되었다는 점을, 위 선언의 특징으로 들 수는 없다. —그런 점이라면, 베네치아와 제노바 사이에 이루어졌던 오리엔트의 권익 범위에 관한 상의(商議)의 경우에도 논거가 될 수 있었던 것이다(이 점에 대해—내가 여기서 강조해 두었는데도— '브렌타노 a. a. O., S. 142'가 이의를 제기하고 있다는 것이 이해되지 않는다). 오히려 이 문서의 특징은, 크롬웰이—그의 성격을 아는 사람이면 다들 알겠지만 가장 깊은 주관적 확신을 바탕으로—아일랜드인 자신을 향해 그 정복이 도덕적으로 정당했다는 것을 신에게 호소하면서, 영국인의 자본이 아일랜드인의 노동을 도와해 주었다는 사실로써 그 주장을 뒷받침하고 있다는 점이다. —(칼라일의 저서 《올리버 크롬웰의 편

지와 연설(Thomas Carlyle, Oliver Cromwell's Letters and Speeches, 1845)》과 Gardiner, History of the Commonwealth, Ⅰ, SS. 163 f.에서 위 선언의 요점이 재록 및 분석되어 있다. 독일어 번역으로는 Hönig, Cromwell에도 수록되어 있다.)

＊14 이에 대해 자세히 설명하기에는 아직 이르다. 다음의 ＊16에서 소개한 문헌을 참조하라.

＊15 '예수의 비유'에 관한 율리허의 뛰어난 저서(Jülicher, Die Gleichnisreden Jesu, Bd. Ⅱ, SS. 108f., 636)에 나오는 기술을 참조하라.

＊16 이하의 사실에 대해서는 다시 한 번 'Eger, a. a. O.'의 서술을 참조하라. 그리고 오늘날에도 가치를 지니고 있는 슈네켄부르거의 뛰어난 저서(Schneckenburger, Vergleichende Darstellung des lutherischen und reformierten Lehrbegriffes, herausgegeben von Güder, Stuttgart, 1855)도 이 자리에서 소개해 두겠다(Luthardt, Ethik Luthers, 1. Aufl., S. 84. 나에게는 초판만이 있는데, 이 책이 발전의 진정한 모습을 설명해 주진 않는다). 그리고 (Seeberg, Dogmengeschichte, Bd. Ⅱ, S. 262 unten)도 참조하라. ― Realenzyklopädie f. prot. Theol. u. Kirche의 'Beruf' 항목은, 천직 개념 및 그 기원을 과학적으로 분석하지 않고, 여성 문제나 그 밖의 다양한 문제들에 대해 얄팍한 기술을 하고 있을 뿐이므로 가치가 없다. ―루터에 관한 경제학 관련 문헌 가운데, 여기서는 다만 슈몰러의 노작(G. Schmoller, Gesch. der nationalökon. Ansichten in Deutschland während der Reformationszeit, Z. f. Staatswiss., ⅩⅥ, 1860)과 비스케만(Wiskemann)의 현상(懸賞) 논문(1861년) 및 발트의 노작 《Frank G. Ward, Darstellung und Würdigung von Luthers Ansichten vom Staat und seinen wirtschaftlichen Aufgaben, Conrads Abh. ⅩⅩⅠ, Jena, 1898》을 소개하는 데 그치겠다. 종교개혁 400년을 기념하여 발표된 루터 관련 문헌 중에도 뛰어난 것들이 있긴 하지만, 내가 보기에는 이 특수한 논점에 대해 결정적으로 새로운 연구를 시도한 것은 없다. 루터(및 루터파)의 사회윤리에 관해서는 그중에서도 트뢸치의 저작 《Troeltsch, Die Soziallehren der christlichen Kirchen und Gruppen》의 해당 부분을 참조하라.

＊17 1523년의 《고린도전서》 제7장 강해. (Erl. Ausg. 51, SS. 1 f.) 여기서 루터는 아직, '모든 직업'은 신 앞에서 자유롭다는 사상을 이 구절의 의미로 해석했다. 즉 (1)인간적 규정(수도원의 서약, 혼인 금지 등)은 배척되어야 하며, (2)이웃에 대한 전통적인 세속적 의무 수행은(그 자체가 신에 대해서는 중요한 의미를 지니지 않지만) 이웃 사랑으로서 엄격히 명해져 있다고 본 것이다. 실은 이를테면 (a. a. O., SS. 55, 56)의 특징적인 서술 등에서는 물론, 신의 의(義)에 대한 자연법의 이중성이 문제시되고 있다.

＊18 좀바르트는 '수공업 정신'(=전통주의)을 서술할 때 정당하게도 그 앞부분에서 (루터의) 'Von Kaufhandlung und Wucher'(1524)의 한 구절을 제사(題詞)로 사용했다. 그 부분을 참조하라. "그러므로 그대는 이런 상업에 보다 어울리는 생계 이상의 무언가

를 결코 원치 않겠다고 결심해야 하며, 비용·노고·노동·위험을 따지고 계산해서 상품의 대가를 정하고 올리든지 내리든지 하여, 이런 노동과 노고의 보수를 거기서 얻는 데 그쳐야 한다." 여기서 정식화되고 있는 기본 명제는 분명 토마스주의를 의미하고 있다.

＊19 1530년에 그는 편지로써 폰 스텐베르크(H. v. Sternberg)에게 〈시편〉 117편의 강해를 헌정하였다. 그런데 이 편지에서 그는 이미, (하급) 귀족은 정신적으로 퇴폐한 상태지만 그 '신분'은 신에 의해 정해진 것이라 생각하고 있다(Erl. Ausg. 40, S. 282 unten). 뮌처의 폭동이 이 견해의 발전에서 결정적인 의의를 지녔다는 점은 이 편지로 보아(S. 282 oben) 확실하다. (Eger, a. a. O., S. 150)도 참조하라.

＊20 1530년의 〈시편〉 111편 5, 6절 강해(Erl. Ausg. 40, SS. 215, 216)에서도, 그는 세속적 질서를 하찮게 보는 수도원의 태도에 대한 공격 등을 출발점으로 삼았다. 그러나 여기서는 이미 자연법이 (황제나 법률가가 만들어내는 실정법과는 반대로) '신의 정의'와 동일시되고 있다. 이는 신에 의해 정해진 것이며 그 안에는 특히 사람들의 신분적 체제가 포함되어 있는데(S. 215, Abs. 2 a. E.), 다만 그런 신분이 신 앞에서는 모두 똑같은 가치를 지닌다는 점이 강조되어 있다.

＊21 이 복종은 특히 두 논문 'Von Konzilien und Kirchen'(1539)과 'Kurzes Bekenntnis vom heiligen Sakrament'(1545)에서 설명되고 있다.

＊22 기독교 신자의 구원을 그의 직업 노동 및 일상생활 속에서 확증하는 칼뱅주의의 중심 사상은 우리에게 매우 중요하다. 그런데 루터의 경우, 이 사상은 완전히 뒷전으로 밀려나 있다. 이를 보여 주는 예가 'Von Konzilien und Kirchen'(1539, Erl. Ausg., 25, S. 376 unten)에 나오는 다음 부분이다. "이 (올바른 교회를 판별하는) 7가지 신조와 더불어, 그리스도의 성스러운 교회를 가려낼 수 있는 좀 더 표면적인 특징이 있다. …… …그것은 비행, 주란(酒亂), 오만, 불손, 사치 등을 멀리하고 정절, 순결, 불취(不醉)를 유지하는 것이다." 루터의 말에 따르면, 이런 징후들은 '상술한 것'(교의의 순수성, 기도 등)만큼 확실하진 않다. 왜냐하면 "이교도들 중에서도 이런 행위의 훈련을 받아 기독교 신자보다도 더 성스럽게 보이는 사람들이 꽤 많기 때문이다". —나중에 설명하겠지만 칼뱅 자신은 이와 거의 다름없었으나, 청교도주의는 그렇지 않았다. 어쨌든 루터 입장에서 기독교 신자가 신에게 봉사하는 일이란 'in vocatione' '천직에 있어서'만 가능하며, 'per vocationem' '천직에 의해서' 가능한 것은 아니었다(Eger, a. a. O., SS. 117 ff.). —이에 반해 독일 신비주의자들에게서는, 순전히 심리적인 형태이긴 해도 최소한 확증 사상의 싹을 2~3개쯤 발견할 수 있다. (단 이것은 칼뱅주의보다도 경건파 쪽에 가깝다. 그 예로서 (Seeberg, Dogmengeschichte, S. 195 oben)에 인용되어 있는 소이제(Seuse od. Suso)의 문장 및 앞서 소개한 타울러의 글을 보라.)

＊23 그의 궁극적인 입장을 나타내 주는 글은 아마도 〈창세기 강해〉(Op. lat. exeget., ed.

Elsperger)에 나오는 몇몇 설명일 것이다. "또한 자신의 vocatio[=Beruf]에 힘쓸 뿐 아니라 그 밖의 일로 동요하지 않는다는 것은, 결코 사소하지 않은 시도였다. ……신분에 맞는 생활에 만족하는 자는 매우 드물다. ……"(Vol. Ⅳ, p. 109), "그러나 우리가 할 일은 신의 부름에 따르는 것이다. ……"(p. 111 eod.), "따라서 각자는 그의 vocatio에 머무르고, 그 수입에 의한 생활에 만족하며 다른 일에 현혹되지 않도록, 이 규정에 따라야 한다."(p. 112). ―결과적으로 볼 때 이는 다음과 같은 토마스 아퀴나스의 전통주의 정식화와 완전히 일치한다. "그러므로 그에 관해 인간의 선(善)은 일정한 수준으로 존재해야 할 것이다. 다시 말해 사람이 신분에 맞는 생활에 필요한 만큼의 외적 재산을 일정한 수준으로 취득하고자 하는 한, 그것은 선이다. 고로 그 수준을 초과하는 것은 죄(罪)이다. 즉 어떤 사람이 적당한 분량을 초과하여 그것을 취득하거나 보존하기를 원하는 한, 그것은 죄이며 탐욕이다." (Summ. th., Ⅱc Ⅱac, q. 118 art. Ⅰ c) 영리의 충동이 자신의 신분에 어울리는 필요의 한계를 초월하는 것은 곧 죄라는 주장을 뒷받침하기 위해, 토마스는 외적 재산의 목적(ratio)에 나타나 있는 자연법을 근거로 삼았으며, 루터는 신의 인도를 근거로 들었다. 루터가 생각했던 신앙과 직업의 관계에 대해서는 다음 설명을 살펴보자. "그대에게 신앙이 있을 때에는 모든 것, 육체적인 것, 만들어지는 것, 또는 먹고 마시고 깨어나고 잠드는 일도 모두 육체적인 것이며 만들어지는 것인데, 이런 것들이 신을 기쁘게 만든다. 중요한 것은 신앙이다. ……신앙이 없는 자의 노력 및 officium(직업)에서의 근로조차도 신을 기쁘게 만든다는 점은 분명 진실이다(이 직업생활에서의 활동은 자연법에 바탕을 둔 덕성이다). 그러나 불신과 허영의 방해 때문에, 그의 선한 일은 신의 영광에 귀속될 수 없다(칼뱅파의 표현과 비슷하다). ……그러므로 신앙이 없는 자의 선한 일은, 현세에서는 그 보상을 받을 만하지만(아우구스티누스의 '덕의 옷을 입고 나타난 악'과는 정반대다) 내세에서는 의미가 없다." (Vol. Ⅶ, p. 225)

＊24 설교집(Kirchenpostille, Erl. Ausg., 10, SS. 233, 235-6)에 "모든 사람은 무언가 하나의 천직(Beruf)으로 부름 받은(berufen) 상태다"라는 말이 있다. 개인은 이 천직(Beruf)(S. 236에서는 단적으로 '명령Befehl'이라고 표현되어 있음)에 따라, 그 천직에 있어서 신에게 봉사해야 한다. 신을 기쁘게 하는 것은 그 성과가 아니라, 그 안에서의 순종이다.

＊25 이는 현대 기업가들의 흔한 주장과 들어맞는다. 그 예로는―앞서 언급한, 경건파 신앙이 여성 노동자의 경제적 합리성에 미쳤던 촉진적인 영향에 대하여 눈에 띄게 대조되는 것인데―오늘날, 이를테면 루터파 교회의 독실한 신앙을 지닌 가내수공업자들이 베스트팔렌 같은 곳에서 두드러지는 전통주의적 사고방식을 자주 보이고 있다는 사실, 또 수입 증가를 눈앞에 두고도―공장제도로 이행할 필요가 없는 경우에도―노동 방식을 변경하지 않으면서, 그 이유로 내세에서 그런 행동이 모두 계산되기 때문

이라고 주장한다는 사실 등이 있다. 즉 단순히 교회에 소속되어 있다든가, 신앙을 가지고 있다든가 하는 것은, 그 자체만으로는 생활태도 전반에 대해 어떤 본질적인 의의를 지니지 않는 것이다. 자본주의 성립 시대에 그 역할을 다하고—어느 정도—현재에도 다하고 있는 것은, 오히려 매우 구체적인 종교적 생활내용이 미치는 영향이라 할 수 있다.

*26 (Tauler, a. a. O., Basler Ausg., Fol. 161 f.)를 참조.

*27 (Tauler, a. a. O. und Fol. 17, 18 v., 20)에 나오는 독자적이고 정서적인 설교를 참조하라.

*28 여기서 루터에 대해 설명한 목적은 오직 이 점을 확인하기 위함이었다. 그러므로 충분치 못하긴 해도 이 정도 소묘에 만족해야 할 것이다. 물론 이 설명은 루터의 의의를 평가한다는 입장에서 본다면 매우 모자라다.

*29 레벌러스는 자신들은 앵글로색슨을 대표해서, 윌리엄 정복왕 및 노르만인의 자손들과 싸워 '가독(家督)의 권리' birthright를 회복하려 한다고 믿었다. 그러므로 레벌러스의 역사를 이렇게 보는 사람 입장에서는, 만약 이를 인종 차이로까지 환원할 수 있다면 더할 나위가 없을 것이다. 이 평민의 '원두파'(Roundheads)를 계측인류학(計測人類學)상의 '둥근 머리형'(Rundköpfe)으로 해석하는 견해가 아직까지 나오지 않았다는 것은 그야말로 놀랄 일이다!

*30 그중에서도 마그나카르타(대헌장)와 크나큰 전쟁 결과 발생한 영국인의 국민적 자부심을 꼽을 수 있다. 외국의 아름다운 소녀를 보고 "그녀는 마치 영국 소녀 같군"이라고 말하는 현대의 전형적인 어법도 15세기에 이미 형성되었다.

*31 물론 이 차이점은 영국에서도 여전히 존속하고 있다. 특히 지주계급(squirarchy)은 '과거의 좋은 영국'의 기반으로서 오늘날까지 존재하고 있다. 따라서 종교개혁 이후의 역사 전체는, 2가지 유형의 영국인 기질이 벌이는 투쟁이라고도 볼 수 있다. 이 점에 대해서는, 영국 제국주의에 관한 슐츠 게바니츠의 저서(v. Schultze-Gevernitz, Der britische Imperialismus)에 대한 본의 비평(M. J. Bonn in der 'Frankf. Zeitung')에 나는 찬성한다. 그리고 레비의 비평(H. Levy im A. f. Soz. Wiss., Bd. XLⅦ/3)도 참조하라.

*32 나는 이 부분과 다음 단계에서의 설명—전혀 손대지 않고 이전 그대로 놔두었다—으로 충분히 명료하다고 생각한다. 그런데도 내가 그런 바보스러운 견해를 갖고 있다고 생각하는 사람들이 아직까지도 있다니, 참으로 기묘한 일이다.

제2장 금욕적 프로테스탄티즘 직업윤리

1. 세속적 금욕주의의 종교적 토대

역사상 금욕적 프로테스탄티즘(여기서 사용하는 의미에서의)을 담당했던 주역은 크게 넷으로 나눌 수 있다. 첫째는 칼뱅주의로, 특히 17세기 서유럽의 주요 전파 지역에서 취했던 형태다. 둘째는 경건파(Pietism)이며 셋째는 감리교(Methodism)다. 마지막으로 넷째는 재세례파 운동에서 생겨난 여러 종파들이다.*¹ 이들의 운동은, 서로에게 전혀 교섭하지 않은 채 대치하고 있었던 것은 아니며, 또 비금욕적(非禁慾的) 프로테스탄트 교회들로부터 명확히 분리된 것도 아니었다. 감리교는 18세기 중엽 영국 국교회 안에서 생겨났는데, 창립자들의 의도는 독립된 교회를 세우는 것이 아니라, 오히려 종래의 교회 내부에서 금욕적 정신을 환기하는 것이었다. 그랬던 감리교가 발전 과정에서, 특히 미국에 대한 전도 활동을 벌이면서 비로소 국교회로부터 분리된 것이다. 경건파는 우선 칼뱅주의를 바탕으로 영국과 네덜란드에서 발생했는데, 처음에는 왕당파와 결합한 채였으며 서로 간에 별 차이는 없었다. 그러나 17세기 말 슈페너(Spener)의 활동에 인도되어 마침내 루터파와 합류했으며 그 교의의 기초도 부분적으로 변화했다. 그 뒤 경건파는 루터파 교회 내부의 활동으로서 존속되었는데, 다만 모라비아(메렌)의 동포 교단 안에 남아 있던 후스파(Hussiten) 및 칼뱅주의의 영향 아래 친첸도르프(Zinzendorf)와 결합해 있던 헤른후트 교파(Herrnhuter)는 독자적인 방식으로 종파의 형태를 갖추게 되었다. 칼뱅파와 재세례파는 발전 당시에는 확실히 분리되어 있었지만, 17세기 후반의 침례교(Baptist)에 이르러 서로 밀접한 관련을 맺게 된다. 아니, 이미 17세기 전반에도 영국이나 네덜란드의 독립파(Independents) 종파들 안에서는 둘의 차이점이 그렇게 분명하지 않았다. 경건파의 경우에서 볼 수 있듯이 루터파와의 차이점도 그렇게 두드러지지 않앉으며, 또 칼뱅주의도 외면상의 성격에 있어서나 순수한 신도의 정신에 대해서나 가톨리시즘과 비슷한 영국 국교회와의 관계와 마찬가지였다. 가장 넓은 의미에서 '청교도주의'—다의적인 용어지만—라 불렸던 저 금욕적 운동*²에서 신도들인 대중, 그중에서도 완강한 사람들이 국교회 신앙의 기초를 공격했던 것은 사실이다. 하지만 그때에도 서로 간의 대립은 투쟁 과정에서 차츰 첨예하게 변해 갔던 것이다. 여기서는 당장 문제가 되지 않는 정치상의 제도 및 조직은 제외하겠지만, 그런 영역에서도 사정은 똑같았다. 물론 교의의 차이, 특히 예정설이나 의인설(義認說)처럼 매우 중요한 부분에서의 차이마저 무서우리만큼 여러 형태로 결합되어서, 17세기 초반에는 이미 교회의 일치가 이루어진 일도 확실히 많았다. 그러나 반드시 그랬다고만 말할 수도 없는 상태였다. 또한 특히 우리 입장에서 중요한 현상인 신도들의 도덕적 생활태도는, 위에서 든 네 종파 또는 그 가운데 몇몇이 결합한 교파(denomination)들 중 어디에서나 비슷한 모습을 볼 수 있었다. 그 비슷한 윤리상의 원칙들이 여러 교의(敎義)의 기초와 결합할 수 있다는 점은 다음 단계에서 살펴보겠다. 목회(영적 사목(司牧))를 돕는 도구로서 등장한 감화력이 큰 문헌, 그중에서도 여러 파의 결의론(決疑論) 강요도 시간이 흐를수록 서로 영향을 미치게 되었다. 그리하여—주지의 사실처럼—생활 실천 사이에는 갖가지 차이가 보이는데도 이 문헌들 사이에는 두드러지는 유사성이 존재하게 되었다. 따라서 얼핏 보기에는 교의의 기초도 윤리학설도 무시해버리고 오직 도덕적 실천을, 즉 확정할 수 있는 한 그것만을 문제로 삼는 것이 마치 최선의 방법처럼 여겨지기도 한다.—하지만 결코 그렇지 않다. 물론 금욕적 도덕의 기초가 된 각양각색의 교리가 격렬한 전쟁 이후 사멸해버린 것은 사실이다. 그러나 최초에 그 교리들을 기초로 삼았다는 사실은, 후세의 '비교리적(非敎理的)' 윤리에 큰 흔적을 남긴 것뿐만이 아니다. 그러한 근원적인 사상 내용을 모르고서는 다음 사실을 절대 이해할 수 없다. 즉 그런 도덕은, 그 시대에 가장 풍부한 내면성을 지닌 사람들을 무조건적으로 사로잡고 있었던 내세 사상과 밀접하게 관련되어 있었으며, 이 내세 관념의 압도적인 힘 없이는, 당시 생활상의 실천에 심각한 영향을 끼쳤던 도덕적인 혁신도 하나의 사건으로서 성취되지 못했으리란 사실 말이다. 우리에게 중요한 것은 당시의 윤리 강요 등에서 이론적·공적으로 설파된 내용이 아니라—확실히 그런 것들도 교회의 훈련, 목회, 설교를 통해 실천적 의의를 가지기는 했지만—오히려 그와는 전혀 별개의 것, 즉 종교적 신앙과 종교생활의 실천 속에서 생겨나 개인의 생활태도에 방향 및 기초를 부여해 준 심리적인 원동력을 밝히는 일이다.[*3] 그런데 이런 심리적 원동력은, 과거에는 종교적 신앙의 여러 관념들의 특성에서도 유래하는 부분이 많았다. 당시 사람들은 언뜻 추상적으로 보이는 교리에 대해 끊임없이 고찰했는데, 그 의미를 이해하려면 역시 그런 교리와 실천적인 종교적 관심사 사이의 관계를 알아야 한다. 교리에 대한 약간의 고찰[*4]은 신학에 익숙하지 않은 독자들에게는 귀찮은 일처럼, 또 신학상의 교양이 있는 사람들에게는 수박 겉핥기처럼 느껴질 것이다. 하지만 어쩔 수 없는 일이다. 물론 이 경우에는 종교적 사상을 현실의 역사에서는 보기 힘든 '이념형'으로서 구성된 정합적인 모습으로 제시하는 방법을 통해 고찰할 수밖에 없다. 하지만 현실의 역사 속에서는 명료한 경계선을 그을 수 없는 만큼, 오히려 철저히 정합적인 형태를 탐구함으로써 비로소 그 독자적인 영향을 해명할 수 있을 것이라 믿는다.

16~17세기에 자본주의가 가장 고도로 발전했던 문명국 네덜란드·영국·프랑스에서 정치적·문화적인 대규모 투쟁의 쟁점이 되었던 신앙, 따라서 우리가 맨 처음 살펴봐야 할 신앙[*5]은 바로 칼뱅주의다.[*6] 당시 이 신앙의 가장 특징적인 교의였으며 또 일반적으로 오늘날에도 그렇게 여겨지고 있는 것이, 은혜로운 선택의 교설(예정설)이다. 사실 이 교설이 개혁파 교회의 '본질적' 교의인가 '부수적인 것'인가에 대해서는 여러 의견이 있었다. 어떤 역사적 현상의 본질이 무엇이냐 하는 문제는 가치 및 신앙에 따른 판단이며, 이 경우에는 그 현상 내부에서 전적으로 '관심을 끄는 것', 또는 항구적으로 '가치가 있는 것'이 무엇이냐는 점이 중심이 된다. 그러나 한편으로는 다른 역사적 경과에 대한 영향이라는 관점에서 인과적으로 의의가 있는 것이 무엇이냐를 문제로 삼게 되는데, 이때에는 역사적인 인과 귀속의 판단이 도마에 오른다. 여기서는 당연히 후자의 관점을 취할 것이다. 그런데 이 관점에서 문화사적인 영향의 여하와 관련지어 그 중요성이 문제될 경우, 선택의 교설은 매우 높이 평가되어야 함이 분명하다.[*7] 네덜란드에서 올덴바르네벨트의 문화 투쟁이 와해되었던 것은 이 교의 때문이었으며, 제임스 1세 치하 영국에서 국교회의 분열이 항구적으로 변한 것도 왕실과 청교도주의가 교의상

—그야말로 이 교설에 관해—분열을 낳은 이후의 일이었다. 또 대체로 칼뱅주의가 국가에 유해한 것으로서 정부의 공격을 받은 이유는 무엇보다도 이 교설 때문이었다.*8 17세기 종교회의(Synod), 그중에서도 도르드레흐트(Dordrecht)와 웨스트민스터(Westminster)의 큰 회의를 비롯해 그 밖의 많은 작은 회의에서 중심 과제가 된 것은, 이 교설을 교회의 규준으로서의 교의로 끌어올리는 일이었다. 또 '전투 교회'의 무수한 영웅들에게 이 교설은 견고한 근거지와도 같았다. 그리고 이것은 18~19세기에 걸쳐 몇 차례 교회 분열의 원인이 되었으며, 대규모 신앙 부흥 시기에는 그 신호탄 역할도 하였다. 우리는 이 교설을 그냥 넘길 수 없다. 그러면 여기서 그 내용을 알기 위해—오늘날에는 교양 있는 사람이라도 이것을 모를 수 있으므로—권위 있는 전거(典據)로서 1647년의 '웨스트민스터 신앙고백' 'Westminster confession'을 인용하고자 한다. 독립파나 침례교의 신앙고백은, 그 점에서는 이 신앙고백을 단순히 반복한 것에 지나지 않다.*9

자유의지에 대하여

제9장 3항—인간은 죄의 상태로 타락함에 따라, 구원을 가져다주는 영적인 선(善)에 대한 모든 의지능력을 모조리 잃고 말았다. 따라서 인간은 날 때부터 선을 완전히 배반하고 죄 안에서 죽는 존재로, 자신의 힘으로 회개하든가 또는 회개하기 위해 힘쓰도록 스스로 준비할 수 없다.

신의 영원한 결단에 대하여

제3장 3항—신은 그 영광을 드러내시기 위해 스스로의 결단에 따라 어떤 사람……에게는 영원한 생명을 예정하시고(predestinated), 또 어떤 사람에게는 영원한 죽음을 예정하셨다(foreordained).

제3장 5항—신은 인류 가운데 영원한 생명으로 예정된 사람들을, 창세가 이루어지기 전에 선택하셨다. 신은 영원하고도 불변한 목적을 위해 스스로의 깊으신 뜻과 결정으로, 그들을 그리스도 안에서 영원한 영광으로 선택하셨다. 이는 모두 신의 자유로운 은혜와 사랑에 의한 것이다. 신앙이나 선행 또는 둘 중 무언가에 있어서의 인내, 혹은 그 밖의 피조물에 대한 무언가가, 그 예견의 조건이나 이유가 되어 이 선택이 이루어진 것은 결코 아니다. 모

든 것은 하나님의 영광으로 가득 찬 은혜를 찬미하기 위한 것이다.

　제7장—신은 자신의 피조물에 대한 주권에 영광을 드러내시려고 성의(聖意)에 따라 은총을 내리시거나, 또는 거부하시는 깊은 뜻에 따라 인류의 나머지 사람들을 간과하시었다. 신은 그들을 그 죄로 인해 치욕과 분노로 정하시기도 하고, 자신의 영광으로 가득 찬 의(義)로서 찬미하시기를 기뻐하시기도 했다.

유효한 소명에 대하여

　제10장 1항—신은 영원한 생명으로 예정된 사람들만을 스스로 정하신 시간에 말씀과 성령으로 부르심을 기뻐하신다. ……이리하여 신은 그들의 딱딱하게 굳은 마음을 없애시고 부드러운 마음을 내려주신다. 그리고 전능한 힘으로써 그들의 의지를 새롭게 하시어 선으로 인도하신다.

섭리에 대하여

　제5장 6항—신은 올바른 심판자로서, 과거에 죄를 저지른 자의 눈을 어둡게 하신다. 또 신은 불신자들에 대해 은혜를 내리기를 거부하시며, 이에 따라 그들의 이해가 밝아지고 마음이 움직일 일을 거부하신다. 더 나아가 신은 그들이 가지고 있는 은사(恩賜)마저 빼앗으시어, 그들의 퇴락이 죄를 만들어내기에 이르도록 그들을 인도하신다. 이로써 신은 그들을, 스스로의 욕망과 이 세상에 대한 유혹과 사탄의 힘에 기대도록 하신다. 그 결과 신이 나머지 사람들의 마음을 부드럽게 하는 데 쓰시는 수단조차 그들의 마음을 딱딱하게 만든다.*10

　밀턴이 이 교설을 비판하여 "설령 지옥에 떨어진다 해도 나는 이런 신을 도저히 존경할 수 없다" 말했다는 것은 유명한 이야기다.*11 그러나 여기서 우리가 문제로 삼는 것은 가치 평가가 아니라, 이 교리의 역사적인 위치다. 이 교설이 어떤 경위로 성립되었으며 칼뱅주의 신학 사상 내부에 어떤 식으로 편입되었는지에 대해서는, 간단히 설명하는 정도로 그치겠다. 그 방법은 2가지가 있었다. 아우구스티누스 이래 기독교 역사상 계속해서 나타나는 위대한 성인들 중에서도 가장 능동적이고 열정적인 사람들의 경우, 모든 종교적 구원의 감정은 하나의 객관적인 힘의 작용에 의한 것이었다. 즉 그 감정은 자신의 가치에 의한 것이 절대 아니라는 확고한 감각과 연결되어 나타났다. 다시 말해 죄의 감정에서 무시무시한 괴로움이 제거된 뒤 기쁨이 넘치는 신뢰의 강한 감정이 매우 갑작스럽게 그들 위에 나타나, 그런 새로운 은사를 무언가 그들 자신의 협력에 의한 것이라든가, 그들 자신의 신앙이나 의지의 업적 또는 성질과 관련된 것이라고 생각하는 일을 결코 용서하지 않는 것이다. 루터도 그의 종교적인 천재(天才)가 최고조에 달해 저《기독교인의 자유에 대하여》를 쓸 수 있었던 때에는, 신의 '헤아릴 수 없는 결단'이야말로 자신이 은혜의 상태에 도달할 수 있었던 절대적이고도 유일한 근원임을 확실히 의식하고 있었다.*¹² 그 뒤에도 루터는, 형식적으로는 이 사상을 버리지 않았다. —하지만 그것은 더 이상 중심적인 위치를 차지하지 않게 되었을 뿐만 아니라, 그가 책임 있는 교회 정치가로서 점점 '현실 정치적'으로 변함에 따라 더욱 뒤로 밀려났다. 멜란히톤(Melanchthon)은 이 '위험하고 이해하기 어려운' 교설을 아우크스부르크 신앙고백에 집어넣는 일을 전적으로 회피했다. 또 루터파의 교부들에게 은혜는 잃을 수 있는 것이며, 회개에 따른 겸손과 신앙에 따른 신의 말씀에 대한 신뢰와 성례전에 의해 새로이 얻을 수 있는 것이었다. 이 점은 교의상 의문의 여지가 없었다. 그런데 칼뱅의 경우*¹³에는 일의 진행 경로가 정반대였다. 교의상의 논적에 대한 논쟁이 진행됨에 따라 이 교리의 중요성이 눈에 띄게 증대한 것이다. 예정의 교설이 처음으로 충분히 전개된 것은 그의 '기독교 강요' 'Institutio' 제3판(1543년)에서였다. 그리고 그 교설이 중심적인 위치를 차지하기에 이른 것은 칼뱅의 사후, 도르드레흐트와 웨스트민스터의 종교회의가 그 문제를 결정짓기 위해 벌인 대규모 문화 투쟁의 한가운데에서였다. 그야말로 칼뱅에게 있어 이 '무시무시한 (신의) 결단'의 교리는 루터처럼 체험으로 얻은 것이 아니라, 사색에 의해 얻은 것이었다. 따라서 신만을 생각하고 인간을 생각하지 않는 그의 종교적 관심이 사상적으로 철저해질수록 위 교리의 중요성도 점차 커져 갔다.*¹⁴ 인간을 위해 신이 존재하는 것이 아니라 신을 위해 인간이 존재하는 것이며, 만사는—따라서 인간들 중 적은 부분만이 구원의 지복으로 부름 받았다는, 칼뱅 입장에서는 의심의 여지가 없는 사실 역시—어디까지나 높으신 신의 자기 영광을 위한 수단이라는 의미를 지닐 뿐이다. 지상의 '정의'라는 척도로써 신의 가장 높으신 인도를 헤아리는 것은 무의미할 뿐 아니라 신의 지고함을 훼손하는 일이다.[15] 생각건대 오직 신만이 자유롭다. 즉 그만이 어떤 규범에도 복종하지 않는다. 그리고 신이 우리에게 알려 주는 것을 선(善)으로 삼지 않는 한, 우리는 그의 결의를 이해하기는커녕 알 수조차 없다. 우리가 기댈 곳은 이런 영원한 진리의 단편들밖에 없다. 다른 모든 것은—우리의 개인적인 운명이 지닌 의미는 꿰뚫어 볼 수 없는 신비에 둘러싸여 있으며, 이를 밝히는 일은 불가능할 뿐 아니라 분수를 모르는 행위이기까지 하다. 예컨대 신에게 버려진 자가 운명의 부당함을 주장한다 해도, 그것은 짐승이 인간으로 태어나지 못했다고 투덜대는 것과 마찬가지다. 모든 피조물은 뛰어넘을 수 없는 심연으로 인해 신으로부터 단절되어 있으며, 신이 그 지고함에 영광을 드러내시기 위해 다른 결정을 내리시지 않는 이상, 오직 신 앞에서 그저 영원한 사멸을 맞이할 수밖에 없다. 우리가 알 수 있는 것은 인간 중 일부가 구원받으며, 나머지 사람들은 영원히 멸망 상태에 머무르리라는 사실뿐이다. 인간의 공적 또는 죄과가 이 운명의 결정에 영향을 줄 것이라는 생각은, 그 먼 옛날부터 정해져 있는 신의 절대적이고 자유로운 결정을 인간의 간섭으로써 바꿀 수 있다고 보는, 그야말로 말도 안 되는 사상인 것이다. 신약성서에서는 은화 하나를 발견한 여성처럼 죄인의 귀환을 기뻐하실 정도로 인간적이고 이해하기 쉬운 '하나님 아버지'였던 신이, 여기서는 태곳적부터 베일에 싸인 결단으로써 개인의 운명을 결정하셨고 우주의 가장 미세한 것에 대해서까지 이미 처리를 마치신, 인간의 이해 범위를 벗어난 초월적인 존재가 돼 버린 것이다.[16] 신의 결단은 절대불변이므로, 그 은혜를 신으로부터 부여받은 자는 그것을 잃을 수 없으며, 동시에 그 은혜로부터 거절당한 자는 그것을 얻을 수 없다.

이 비창하고 비인간적인 교설이, 그 장대한 귀결에 몸을 의지한 후세의 마음에 필연적으로 심어 줄 수밖에 없었던 결과는 무엇이었을까. 일차적으로 그것은, 개인의 유례없는 내면적 고독감(孤獨感)이었다.[17] 종교개혁 시대 사람들에게 인생의 결정적인 문제였던 영원한 지복에 대하여, 인간은 태곳적부터 정해져 있는 운명을 향해 고독한 길을 걸어가야 한다고 결론이 난 것이다. 누구도 그를 도울 수 없다. 목사도 도울 수 없다,—선택된 자만이 신의 말씀을 성령에 의해 이해할 수 있기 때문이다. 성례전도 도울 수 없다,

―성례전은 신이 그 영광을 늘리기 위해 정하신 것이므로 엄수되어야 할 터이지만, 이는 신의 은혜를 얻는 수단이 아니라 주관적으로 그저 신앙의 '외적인 보조' 수준에 머무르기 때문이다. 또한 교회도 도울 수 없다, ―참된 교회에 속하지 않은 자는 신에게 선택된 자가 아니라는 의미에서 '교회 밖에 구원은 없다'라는 명제에는 들어맞지만,[18] (외형상의) 교회에는 신에게 거절당한 자도 속해 있으며, 그들 역시 구원을 위해서가 아니라―이는 불가능하다―교회에 속하고 그 징계에 복종하여 신의 영광을 위해서 율법을 지키게끔 유도되어야 하기 때문이다. 마지막으로 신조차도 도울 수 없다, ―그리스도가 죽음을 맞이하신 것도 오직 선택된 자들만을 위해서였으며,[19] 그들을 위해 신은 태곳적부터 그리스도의 속죄의 죽음을 정하셨기 때문이다. 이 사실, 즉 교회나 성례전에 의한 구제를 완전히 폐기했다는 사실(루터의 사상에서는 이것이 아직 철저히 이루어지진 않았다)이야말로, 가톨리시즘과 비교할 때 무조건적으로 다른 결정적인 점이다. 세계를 주술로부터 해방한다는 종교 역사상의 위대한 과정,[20] 다시 말해 고대 유대의 예언자들과 더불어 시작되어 그리스의 과학적 사고와 결합하면서, 구원을 위한 온갖 주술적 방법을 미신이니 사악함이니 하면서 배척했던 저 주술로부터의 해방 과정은, 여기서 드디어 완결되었던 것이다. 진정한 청교도는 죽은 자를 매장할 때에도 모든 종교적 의식을 거부하고, 노래도 음악도 없이 근친을 묻었다. 이는 마음속에 '미신'이, 다시 말해 주술적 성례전 같은 것이 어떤 구원을 가져다준다고 믿는 마음이 생겨나지 않도록 하기 위함이었다.[21] 신이 거부하기로 결정하신 자에게 신의 은혜를 부여할 수 있는 주술적인 방법이 존재할 리도 없거니와, 실제로 어떤 방법도 존재하지 않는다. 인간의 이런 내면적인 고독감은 '모든 피조물은 신으로부터 완전히 단절된 무가치한 존재'라는 준엄한 교설과 맞물려, 한편으로는 문화와 신앙에 있어 감각적·감정적인 요소에 대한 청교도주의의 절대 부정적인 입장―그런 요소들은 구원에 무익할 뿐만 아니라 감각적 미상(迷想)과 피조물 신격화의 미신을 자극하기 때문이다―의 근거, 더 나아가 그들의 온갖 감각적 문화에 대한 원리적인 혐오의 근거[22]를 포함하게 된다. 그러나 또 한편으로 이런 내면적인 고독감은 오늘날에도 청교도주의의 역사를 지닌 국민들의 '국민성' 및 제도 속에 살아 있는 저 현실적이고 비관적인 색채를 띤 개인주의[23]―이것은 후세의 '계몽사상'

이 인간을 바라보았던 시각과 매우 대조적이다[24]—의 하나의 근본을 이루고 있다. 이런 은혜에 의한 선택이라는 교설이 미친 영향의 흔적은, 우리가 지금 고찰하고 있는 시대는 물론이고 그 교리의 타당성이 이미 사라져 가던 때에도 생활태도와 인생관의 기본적인 현상에서 명료하게 드러나고 있다. 그런데 이는 신에 대한 신뢰가 보여 주는 배타성의 가장 극단적인 형태이며, 그것을 연구하여 밝히는 일이야말로 우리가 여기서 해야 할 일이다. 예를 들어 영국의 청교도주의 저서들 중 상당수가, 인간의 도움 및 우정을 절대 신뢰하지 말라고 훈계하고 있다는 사실도 위에 해당한다.[25] 온건한 백스터(Baxter)도 가장 가까운 친구에 대해서조차 깊은 불신감을 품으라고 권했을 정도다. 베일리(Bailey)는 아예 누구도 신뢰하지 말고 남에게 폐를 끼치지도 말아야 하며, 신뢰할 수 있는 존재는 오직 신뿐이라고 말했다.[26] 루터파에 비해 현저히 대조되는 점은, 이런 생활감정으로 인해 칼뱅주의가 충분히 발전한 지방에서는 개인적인 참회를 듣는 일이—이에 대해 칼뱅 자신은 단순히 성례전에 관한 오해가 일어날 것을 걱정하였을 뿐이다—어느새 사라져 버렸다는 점이다. 이것은 대단히 영향력 있는 사건이었다. 당장은 이 신앙이 영향을 미치는 방식을 나타내는 징후로서, 또 사람들의 윤리적 태도를 강화하는 심리적 자극으로서 그러했다. 격렬한 감정을 동반하는 죄의식(罪意識)[27]을 정기적으로 '해소하기' 위한 수단이 사라져버린 것이다. 일상적인 도덕 실천에 대한 그 영향에 관해서는 아직 논급할 여지가 남아 있다. 하지만 인간의 일반적인 종교적 상황에 관한 결말은 명백하다. 칼뱅주의의 경우 구원을 얻으려면 진정한 교회에 속하는 일이 필요했음에도[28], 신과 그 신도들과의 교류는 깊은 내면적 고립화 속에서 이루어졌다. 이런 특유의 분위기가 가져다주는 독자적인 영향[29]을 알고 싶다면, 청교도 문헌 중에서도 가장 널리 읽힌 버니언(Bunyan)의 '천로역정(天路歷程)'[30]을 살펴봐야 한다. '기독교 신자'가 '멸망의 도시'에 살고 있다는 사실을 눈치 채고, 한시라도 주저 말고 천국으로의 순례 여행을 떠나야 한다는 소명을 들은 뒤 취하는 태도가 여기에 묘사되어 있다. 처자식은 그에게 달라붙는다. —하지만 그는 손가락으로 귀를 막고 "생명을, 영원한 생명을!" 이렇게 외치며 들판을 가로질러 사라져 간다. 근본적으로 자기 자신만을 문제로 삼고 오직 자신의 구원만을 생각하는 청교도 신자들의 감정을 묘사한 것으로서, 아무리 세련된 필치라도 이 옥중에서 펜을 들어 종교계의 호평을 널리 얻은 땜장이의 단순한 감각에는 비견될 수 없겠지만, 그중에서도 특히 '기독교 신자'가 순례 여정에서 같은 목적의 구도자와 대화하는 부분, 즉 고트프리드 켈러(Gottfried Keller)의 '올바른 빗 제조공' 'Gerechte Kammacher'과도 어느 정도 비슷한 저 감격적인 회화 속에 그 감정이 잘 표현되어 있다. 그는 구원 지점에 도달한 뒤에야 비로소, 가족도 곁에 있었으면 좋았을 텐데 하고 깨닫는다. 이런 죽음과 죽음 너머에 대한 고뇌로 가득 찬 불안은 될링거(Döllinger)가 묘사한 알퐁소 데 리구오리(Alfonso de Liguori)의 경우, 곳곳에서 강렬하게 느껴지는 그 무언가와 마찬가지다. 하지만 그것은 교황과 파문에 대항하는 투쟁으로서 '자신의 영적 구원을 우선하기보다는 고향에 대한 사랑을 중시하는' 피렌체 시민의 명예를 위한, 마키아벨리가 표현했던 저 긍지 높은 현세 존중의 정신과는 하늘과 땅 차이였다. 또한 그것은 리하르트 바그너가 죽음의 결투를 앞둔 지그문트에게 준 대사인 "보탄에게 안부 전해 주십시오. 발할라에 안부 전해 주십시오. ……하지만 발할라의 차가운 기쁨 따위에 대해서는 부디 한마디도 하지 말아 주십시오"와도 동떨어진 분위기다. 다만 이 불안의 작용은, 물론 버니언이나 리구오리의 불안과는 특징적으로 차이가 난다. 똑같은 불안이 후자에서는 있을 수 있는 모든 자기 비하의 동기가 되었음에 반해, 전자에서는 인생과의 끊임없는 조직적인 투쟁에 박차를 가하는 역할을 한 것이다. 이런 차이는 대체 어디서 온 것일까.

　사회적인 조직 형성이라는 점에서 칼뱅주의가 눈에 띄게 탁월했다는 사실과, 위와 같이 현세를 둘러싼 더할 나위 없이 단단한 속박으로부터 내면적으로 개인을 자유롭게 하려는 경향은, 도대체 어떤 식으로 연결될 수 있었던 것일까. 당장은 이 점이 하나의 수수께끼처럼 보일 것이다.[*31] 그러나 언뜻 기이해 보일지라도 이것은, 그야말로 칼뱅주의 신앙에 의한 개인의 내면적 고립화의 압력 아래에서 기독교의 '隣人愛(이웃 사랑)'이 될 수밖에 없었던 독자적인 색조로부터 생겨난 결과다. 그것은 우선 교의의 영역에서 생겨났다.[*32] 현세는 오직 신의 영광을 위해 존재한다. 선택된 기독교 신자가 생존해 있는 까닭은 오직 각자의 분야에서 신의 계율을 실행하여 현세에서 신의 영광을 더하기 위해서일 뿐이다. 그런데 신이 기독교 신자에게 바라시는 것은 그들의 사회적 활동이다.[*33] 왜냐하면 신은 인간생활의 사회적 구성이 그의 계율에 적합하고 그의 목적에 맞게 이루어지기를 바라시기 때문이다. 칼뱅파 신자들이 현세에서 행하는 사회적인 노동은 어디까지나 '신의 영광을 더하기 위한' 것이다. 그러므로 현세에서 온 인류의 생활에 이바지하고자 하는 사람들의 직업 노동도 이런 성격을 띠게 된다. 우리는 앞서 루터의 경우에서, 분업에 바탕을 둔 직업 노동이 '이웃 사랑'으로부터 도출되는 모습을 보았다. 루터에게 이웃 사랑의 의미는 불확실하고 순수한 사상적 실마리에 지나지 않았다. 그러나 칼뱅파에 이르러서는 이웃 사랑의 의미가 그 윤리 체계의 특징적인 부분으로까지 발전한 것이다. '이웃 사랑'은—피조물이 아니라 신의 영광[*34]에 대한 봉사여야 하므로[*35]—무엇보다도 우선 lex naturae(자연법)에 의해 주어진 직업이라는 임무를 수행하는 과정에서 드러난다. 게다가 이때 '이웃 사랑'은 특유의 물질적·비인격적인 성격, 즉 우리를 둘러싼 사회질서의 합리적인 구성에 도움이 될 만한 성격을 띤다. 생각건대 이 사회질서의 구성 및 편제는 놀라우리만큼 합목적적이며 성서의 계시나 우리의 타고난 직관에 비춰 보아도, 그것이 인류의 '실익'에 기여하는 방향으로 이루어져 있음은 분명하다. 고로 이 비인격적인 사회적 실익에 기여하는 노동이야말로, 신의 영광을 더함으로써 신의 성의에 따르는 행위로 생각될 수 있다. 청교도에게는—그 근거는 전혀 다르지만—유대인의 경우와 마찬가지로, 다른 종교들이 그토록 밝히려고 애쓰는 인생 및 현세의 '의미'에 대한 온갖 의문이나 신의론 문제 등은 당연히 배제될 수밖에 없었다. 사실 이 점은, 애초에 신비주의적이지 않은 기독교 전체에 적용될 수 있을 것이다. 이러한 힘의 절약과 더불어, 칼뱅주의에는 그와 같은 방향으로 작용하는 특질이 또 하나 있었다. 칼뱅주의에서는 종교적인 사항에 관해선 모든 것이 개인의 책임으로 간주되었음에도 '개인'과 '윤리'의 분열(쇠렌 키르케고르가 말한 의미에서의 분열)은 존재하지 않았다. 그 이유와 칼뱅주의의 정치적·경제적 합리주의에서 이 입장이 지니는 의미를 여기서 밝히지는 않겠다. 그러나 칼뱅주의 윤리의 공리주의적 성격의 근원은 분명 거기에 있으며, [세속적 직업을 신으로부터 받은 천직으로 보는] 칼뱅주의 직업관의 주요 성질들도 그곳에서 유래했다.[*36]—하지만 당장은, 예정설에 대한 보다 심화된 고찰로 돌아가자.

왜냐하면 우리에게 당장 결정적으로 중요한 것은 다음 문제이기 때문이다. 지상 생활의 갖가지 이해(利害) 문제보다도 내세가 더 중요할 뿐 아니라, 심지어 여러 가지 면에서 보다 확실하다고까지 여겨지던 그 시대에,*³⁷ 사람들은 그런 교설을 대체 어떻게 견뎌냈던 것일까.*³⁸ 아마 모든 신도들의 가슴 속에는 "나는 과연 선택된 사람일까", "나는 어떡해야 이 선택에 대한 확신을 얻을 수 있을까" 이런 의문*³⁹이 생겨났을 것이다. 그리고 이 의문이, 다른 모든 이해 문제를 뒷전으로 밀어 버렸을 것이다. —이 의문은 칼뱅 자신에게는 전혀 문제시되지 않았다. 그는 스스로를 신의 '무기'라고 보며, 자신이 구원받는다는 사실을 확신했다. 따라서 그는 "개인은 무엇을 통해 자기 자신이 선택받았다고 확신할 수 있는가" 이 물음에 대해 근본적으로는 다음과 같이 대답했을 뿐이다. 우리는 신이 결정하신다는 지식과, 참된 신앙으로부터 우러나오는 그리스도에 대한 굳은 신뢰로써 만족해야 한다고. 사람들이 선택되어 있는지 버려져 있는지를 그들의 행동으로써 알 수 있다는 억견(臆見)을 그는 원리적으로 배척했다. 그는 그런 견해를, 신의 비밀에 함부로 발을 들이는 불손한 시도라고 보았다. 현세의 생활에서는 선택받은 자도, 겉보기에는 버려진 자와 전혀 다르지 않다.*⁴⁰ 선택받은 자의 모든 주관적인 경험도—'성령의 장난'으로—, 오직 신앙의 힘으로 '마지막까지' 견뎌 내는 신뢰를 제외한다면, 버려진 자도 얼마든지 경험할 수 있다. 그러므로 선택받은 자들은 신의 보이지 않는 교회를 구성하고 있으며, 언제까지나 그러할 것이다.

그런데 당연한 이야기지만, 그의 추종자들—베자(Bèza)도 이미—생각은 달랐다. 특히 광범위한 평신도 계층은 더욱 그랬다. 그들 입장에서는 자신이 구원받는다는 사실을 안다는 의미에서의 '구원의 확신'이 다른 무엇보다도 중요할 수밖에 없었다.*⁴¹ 그리하여 예정설을 굳게 믿는 모든 지방에서는, '선택받은 자'에 자신이 속해 있는지 여부를 알 수 있는 확실한 표식이 존재하느냐를 둘러싼 문제가 필연적으로 발생했다. 개혁파 교회의 지반으로부터 먼저 생겨난 경건파의 발전 과정에서 이 문제는 항상 중심적인 의의를 지녔으며, 어떤 의미에서는 그 본질을 이룰 때도 있었다. 게다가 성찬에 관한 개혁파의 교설 및 그 실천의 정치적·사회적 주요 의의를 뒤에서 고찰할 때에도 논급하겠지만, 경건파 이외의 영역에서도 개인의 구원 여부를 확인하는 문제는 17세기 전반에 걸쳐 커다란 역할을 했다. 그것은 이를테면 성찬처럼, 참여하는 사람의 사회적 지위에 결정적인 영향을 미치는 주요 의식에 누군가의 참가를 허락하느냐 마느냐 하는 문제에도 관련되었다.

자신이 구원받은 상태인가 아닌가 하는 문제가 전면으로 드러난 이상, 적어도 칼뱅처럼 "신의 은혜가 인간 내부에 가져다주는 굳은 인내의 신앙이 스스로 그것을 확증한다"라는 점을 지시하는 것만으로는 더 이상 이 문제를 해결할 수 없게 되었다.*42 애초에 이 점은 정통적인 교리에서는 최소한 원리상 정식으로 방치된 적은 없었지만,*43 특히 목회의 실천이 예정설로 인해 생겨나는 내적 고통을 끊임없이 문제 삼아야만 하는 처지가 되면서, 그들은 칼뱅의 입장만을 고수할 수 없게 되었다. 이런 어려움에 대처하기 위해서 여러 가지 방법이 사용되었다.*44 그 과정에서 은혜로운 선택에 대한 해설이 변경되고 온건하게 고쳐졌다. 그러다가 결국 그것을 방치하는 일이 아닌 이상,*45 특히 목회의 경우에는 서로 관련된 두 유형의 권고가 특징적으로 나타나기 시작했다. 그중 하나는 "모든 사람은 자신을 선택받은 자라고 생각하여, 모든 의혹을 악마의 유혹으로 여기면서 배척해야 한다"는 태도를 무조건적인 의무로 간주하는 권고였다.*46 자기 확신이 없다는 것은 신앙이 부족한 탓이며, 그 때문에 은총이 제대로 작용하지 않아서 그렇다는 것이다. 이처럼 자신의 소명에 '잘 따르라'는 사도의 권고가, 여기에서는 하루하루의 싸움을 통하여 자신의 선택 및 의인(義認)에 대한 주관적 확신을 얻을 의무로 해석되고 있다. 이리하여 루터가 주장하던, 회심하여 신앙으로써 신에게 의지할 때 반드시 은총을 받는 겸허한 죄인 대신, 자기 확신으로 가득 찬 '성도(聖徒)'가 생겨나게 되었다.*47 저 자본주의 영웅시대의 강철 같던 청교도 상인들 사이에서 찾아볼 수 있는, 또 오늘날에도 개별적인 사례에서 발견할 수 있는 그런 성도가 말이다. 그리고 다른 하나는, 그런 자기 확신을 갖는 가장 좋은 방법으로서 끊임없는 직업 노동을 엄격하게 가르치는 권고였다.*48 즉 직업 노동에 의해, 아니, 오히려 직업 노동에 의해서만 종교상의 의혹은 사라지고 구원에 대한 확신이 생겨난다는 것이었다.

그런데 세속적 직업 노동이 이런 효과를 낳는다고 생각된—말하자면 종교적 불안을 해소하는 적절한 수단으로 여겨진—것은, 실은 개혁파 교회에서 생겨난 종교적 감각의 뿌리 깊은 특질에 근거한 현상이었다. 루터파와 대비되는 개혁파 종교 감각의 이런 특질이 가장 명백하게 드러나 있는 것은, 의인을 가져다주는 신앙의 성질에 대한 교설이다. 그런데 이 둘의 차이는 슈네켄부르거의 뛰어난 연속 강의에서 매우 정밀하게, 게다가 모든 가치 판단이 최대한 배제된 상태로 사실에 의거하여 구명된 바 있다.*⁴⁹ 그러므로 이하의 간단한 기술은 근본적인 점에서 그의 서술에 의거할 수 있다.

　루터파 신앙이 추구했던 최고의 종교 체험은 신과의 '신비적 합일'로, 이는 17세기에 특히 발달하였다.*⁵⁰ 개혁파 교리에는 당시 이런 형태로는 알려져 있지 않았던 이 말이 이미 암시되어 있었다. 그것은 신의 실체를 느끼는 것, 즉 신앙자의 영혼에 신이 실제로 들어온 느낌을 말한다. 그 성질로 볼 때 그것은 독일 신비주의자의 명상과 같은 작용을 하며, 신 안에서의 휴식에 대한 갈망이 충족되길 원하는 수동적 성격과 순수하게 감정적인 내면성이 그 특징이다. 그런데 신비적인 경향을 띠는 종교의식은—철학사에서도 볼 수 있듯이—주어진 경험적 영역에 있어 두드러지는 실재론적 현실감각과 충분히 결합할 수 있으며, 또 변증법적 교리를 거부함으로써 직접 그런 현실감각의 지주가 되는 경우조차 적지 않다. 뿐만 아니라 신비주의는 간접적으로 합리적인 생활태도를 촉진할 수도 있다. 그러나 신비주의의 현세에 대한 태도에는, 당연하게도 외면적인 활동의 적극적 평가라는 요소가 결여되어 있다. 더군다나 루터파의 '신비적 합일'에는 원죄로 인한 인간의 무가치성이라는 깊은 감정이 결합되어 있다. 이 감정은 죄를 용서받는 데 필요한 겸손함과 순수함을 유지해 가는 저 루터파 신도들의 '하루하루의 회개'라는 태도를 주의 깊게 길러 주었다. 이에 반해 개혁파 특유의 종교의식은, 파스칼의 정적주의적인 은둔과 대립하면서, 이처럼 오직 내면으로만 향하는 루터파의 감정적 신앙과도 처음부터 심하게 대립했다. 개혁파에서는 신적인 무언가가 인간의 영혼에 현실적으로 파고든다는 것은, 모든 피조물에 대한 신의 절대적 초월성으로 볼 때 있을 수 없는 일로 간주되었다. 다시 말해 '유한은 무한을 포용할 수 없다'는 것이다. 개혁파의 말에 따르면, 신의 은총을 받는 신도들과 신 사이의 교류는 오직 다음과 같은 방식으로만 이루어지고 또 의식될 수 있다. 즉 신이 그들 안에서 작용하시고 그들이 이를 의식한다. —요컨대 그들의 행위는 신의 은총으로 생겨난 신앙에서 나오며, 더 나아가 그 행위의 정당성에 따라서 신앙이 신의 작용임이 입증될 수 있다는 것이다. 그런데 이러한 대비에는, 실제의 종교의식을 분류할 때 도움이 되는 구원의 궁극적인 모습의 근원적 차이*⁵¹가 명확하게 드러나 있다. 왜냐하면 종교적으로 뛰어난 인물이 자신의 구원을 확신하는 방식은 스스로를 신의 힘을 담는 그릇으로 보든가, 아니면 그 힘의 도구로 보든가 둘 중 하나이기 때문이다. 전자의 경우 그의 종교생활은 신비적인 감정의 배양으로 기울어지며, 후자의 경우에는 금욕적인 행위로 기운다. 루터는 제1 유형에 가까웠으며, 칼뱅주의는 제2 유형에 속했다. 개혁파 신도들 역시 '오직 신앙'에 의해 구원받고자 했다. 그러나 칼뱅은 모든 단순한 감정이나 기분이 아무리 숭고해 보여도 자신을 속이는*⁵² 것이므로 신앙이 '확실한 구원' 근거가 될 수 없다고 했다. 신앙은 객관적인 결과에 의해 증명되어야 하는 것이다. 즉 신앙은 '유효한 신앙'*⁵³이어야 하며, 구원으로의 소명은 '유효한 소명'—사보이 선언에서 사용된 표현—이어야 한다. 만약 우리가 개혁파 신도에게 "그렇다면 어떤 성과를 통해 참된 신앙을 확실히 식별할 수 있느냐" 묻는다면, 그 대답은 다음과 같다. 그것은 신의 영광을 더하는 데 이바지하는 기독교인의 삶의 태도라고. 무엇이 신의 영광을 더하는지는, 성서에 직접 계시되어 있거나 신이 만드신 세계의 합목적적 질서(자연법*⁵⁴ lex naturae)에 간접적으로 드러나 있는 신의 성의(聖意)로써 추측할 수 있다. 특히 우리는 자신의 영혼 상태를, 성서에 실려 있는 선택된 사람들(예를 들자면 장로들)의 영혼 상태와 비교함으로써 자신이 구원받은 자인지 아닌지를 심사할 수 있다.*⁵⁵ 선택받은 사람만이 참으로 유효한 신앙*⁵⁶을 가지며, 재생(regeneratio) 및 그로부터 생겨나는 모든 생활의 성화(聖化, sanctificatio)를 거쳐서 신의 영광을 더할 수 있다. 이때 그는 겉치레만이 아닌 진실한 선행에 의해 그 일을 수행한다. 그리고 그 자신의 행위가—적어도 근본적인 성격과 지속적인 의도(propositum oboedientiae, 순종의 의도)로 볼 때—신의 영광을 더하기 위해 자기 안에서 살아 숨 쉬고 있는, 그런 힘*⁵⁷에 근거하고 있다. 따라서 그는 자신의 행위가 신의 성의에 합치하며 무엇보다도 신의 성업(聖業)에 의한 것임을*⁵⁸ 의식한다. 이를 통하여 이 종교의식이 목표하는 최고선, 즉 은혜의 확신*⁵⁹에까지 도달할 수 있는 것이다. 게다가 신도가 이런 확신에 도달할 수 있다는 점은 《고린도후서》 13장 5절에서 이미 증명된 것으로 간주되고 있다.*⁶⁰ 그러므로 선행은, 구원을 얻는 수단으로서는 전혀 쓸모없지만—선택받은 사람도 역시 피조물이기에, 그의 모든 행동은 신의 요구로부터 무한히 동떨어져 있기 때문이다— 선택을 식별하는 표식으로서는 꼭 필요하다.[61] 그것은 구원을 얻기 위해서가 아니라 구원에 대한 불안을 없애기 위해 필요한 기술적 수단인 것이다. 이런 의미에서 선행이 때로는 뜬금없이 '구원을 위해 필요한 것'으로 여겨지거나,[62] 또는 '구원의 취득'이 선행과 연결되거나 하는 것이다.[63] 그런데 따지고 보면 이것은 결국 "신은 스스로 돕는 자를 돕는다"[64]는 뜻이다. 즉 사람들이 흔히 비판하듯이, 칼뱅파 신도는 스스로 자신의 구원을—정확히는 구원에 대한 확신을—'만들어 낸' 것이다.[65] 게다가 그 구원은, 개별적인 공적을 서서히 쌓아 올리는 가톨릭의 구원과는 다르다. 그것은 언제나 선택되었느냐 버림받았느냐 하는 양자택일의 기로에 선, 조직적인 자기 심사에 의해 만들어진다. 이리하여 우리는 이 책의 고찰에 있어 매우 중요한 하나의 사실에 도달했다.

개혁파 교회 및 종파 내부에서 점점 명료한 형태를 띠게 된[66] 이러한 사색 과정은 루터파의 끊임없는 비판을 받았다. 루터파가 이를 가리켜 '행위주의(行爲主義)'라고 비난한 것은 잘 알려진 사실이다.[67] 이 비난은—공격받은 쪽이, 자신의 교리적 입장이 가톨릭의 교설과 동일시되는 데에 항의한 것은 정당했다 해도—개혁파 평신도들의 일상생활에서 드러나는 실천적 영향에 관한 한 확실히 정당하다.[68] 왜냐하면 도덕적 행위를 종교적으로 존중한다 해도, 칼뱅주의가 자기 신도들 사이에 만들어 낸 것만큼 강렬한 형태는 달리 없었기 때문이다. 그러나 이런 '행위주의'가 가지는 실천적 의미에 관해 결정적으로 중요한 것은, 그에 상응하는 생활태도를 특징짓고 중세 평신도의 일상생활과 전혀 다른 점을 낳은 독자적 성질을 가려내는 일이다. 아마 우리는 이것을 다음처럼 정식화할 수 있으리라. 중세의 보통 가톨릭 평신도[69]는, 윤리적으로는 소위 '하루 벌어 하루 먹고사는 생활'을 하고 있었다. 그들은 무엇보다도 전통적인 의무를 성실히 수행했다. 그러나 그들이 그 이상의 '선한 행위'를 한다 해도, 그것은 대개 서로 필연적인 관련이 없는, 적어도 일정한 생활체계로서 합리화되지 못한 개별적인 행위의 나열에 지나지 않다. 게다가 그런 행위는, 죄를 씻기 위해서라든가 사제의 영향을 받아서 또는 죽음을 앞두고 보험료를 내듯 행해졌다. 물론 가톨릭 윤리는 '심정(心情)' 윤리였다. 그러나 각 행위의 구체적인 '의도'에 의해 그 행위의 가치는 결정되었다. 그리고 개개의—선하든 악하든 간에—행위는 행위자 자신에게 귀속됨으로써 그의 현세와 내세의 운명에 영향을 준다고 여겼다.

물론 인간은 명확한 하나의 동기에 따라 행동하는 통일체는 아니다. 인간의 도덕생활은 (보통) 대립하는 몇 가지 동기들로 이루어지며 자주 모순으로 가득 찬 모습을 보인다. 가톨릭교회는 이 사실을 매우 현실적인 태도로 고려하였다. 또한 교회는 하나의 이상으로서, 원칙 있는 삶의 태도를 인간에게 요구하기도 했다. 그러나 가톨릭교회의 가장 중요한 권력 수단이자 교육 수단 가운데 하나이며, 그 기능상 가톨릭 종교의식의 가장 핵심적인 특성과 깊이 관련되어 있는 저 참회(고해성사)라는 성례전은, 그런 요구마저 약화시키고 말았다.

'주술로부터의 세계 해방', 즉 구원의 수단으로서의 주술을 배제하는 일[*70]은 가톨릭 신앙에서는, 청교도주의 종교의식(그 전에는 유대교뿐이었다)에서와는 달리 철저히 이루어지지 못했다. 가톨릭교도[*71]는 교회의 성례전이 가져다주는 은총에 의해 자신에게 부족한 것을 보충할 수 있었다. 사제는 주술사로서 미사 과정에서 화체(化體)의 기적을 일으켜, 천국으로 가는 열쇠를 손에 쥐고 있었던 것이다. 신도들은 회개와 참회로써 사제에게 도움을 청했고, 사제는 그들에게 속죄와 은총의 희망과 사면의 확신을 주었다. 이를 통해 그들은, 칼뱅파 신도들에게서 볼 수 있는 엄청난 내면적 긴장으로부터 벗어날 수 있었다. 그러나 칼뱅파 신도들은 이 무시무시한 긴장 속에서 살아가는 일을 피할 수 없었다. 그것은 무엇으로도 완화시킬 수 없는 그들의 운명이었다. 그들은 저 우호적이고도 인간적인 위로를 바랄 수도 없거니와 가톨릭교도나 루터파 신도와는 달리, 무기력하게 생각 없이 보낸 시간을 다른 시간의 고상한 선의로 보상하지도 못한다. 칼뱅주의의 신은 개별적인 선한 행위가 아니라 하나의 조직(System)으로까지 발전한 행위주의(Werkheiligkeit)를 자신의 신도에게 요구했다.[*72] 가톨릭에서 볼 수 있는 죄, 회개, 속죄, 사면, 그리고 새로운 죄 사이를 방황하는 인간적인 동요를 여기에서 기대할 수는 없었다. 또는 지상의 벌이나 교회의 은사 수단(성례전)을 가지고, 생애의 장부를 결산하는 일 따위도 기대할 수 없었다. 이리하여 사람들의 일상적인 윤리적 실천으로부터 무계획성과 무조직성이 제거되고, 모든 생활에 대한 일관적인 방법이 만들어지게 되었다. 18세기에 최후의 거대한 청교도 사상 부흥을 수행한 사람들에게 '방법주의자(methodist)'라는 이름이 붙은 것도, 17세기에 존재했던 이들의 정신적인 조상이 의미상 그와 똑같은

'엄격주의자(precisian)'라는 이름으로 불린 것도 결코 우연이 아니다.*73 왜냐하면 인간을 자연 상태(status naturae)에서 은혜 받은 상태(status gratiae)로 승화시키는 은총의 작용은 매 순간마다의 행동에 있어서의 생활 전체 의미의 근본적인 변혁*74을 통해서만 확실해질 수 있기 때문이다. '성도'들의 삶이란 오직 구원의 지복이라는 초월적 목적을 위해서만 존재한다. 그런데 바로 그 때문에 현세적 삶은, 지상에서 신의 영광을 더한다는 유일한 관점에 지배되어 철저한 합리화의 길을 걷게 되었다. 게다가 '모든 것은 신의 영광을 더하기 위해(omnia in majorem dei gloriam)'라는 관점이 이보다 더 진지했던 적은 일찍이 없었다.*75 그런데 단지 부단한 성찰로 이끌어진 삶만이 자연 상태를 뛰어넘는 것으로 여겨질 수 있었다. 데카르트의 '나는 생각한다, 고로 나는 존재한다'는 이러한 윤리적 재해석을 통해 당대의 청교도들에게 받아들여졌다.*76 이런 합리화는 개혁파 신앙에 독특한 금욕적 성격을 부여하였고, 가톨릭과 청교도 사이의 독자적인 대립과 아울러 그들 사이에 존재하는 내적 연관성도 근거를 갖게 되었다.*77 왜냐하면 당연히 가톨릭에도 이와 유사한 점이 어느 정도 있었기 때문이다.

기독교적 금욕이라고는 해도, 이에는 의심할 여지없이 외관상으로 또 의미상으로 엄청난 다양성이 내포되어 있다. 하지만 서양에서는 이미 중세에, 그것의 최고 수준의 형태가 명확하게 합리적인 성격을 갖추었다. 심지어 그 중 몇 가지 현상은 고대에도 이미 그러했다. 서양의 수도사 생활이─물론 전체가 아니라 일반적인 유형에서─동양의 수도승 생활과 대조적으로 갖는 세계사적 의미는 이런 사실에 근거하고 있다. 서양의 금욕은, 성 베네딕트 교단의 규율에서 이미 방향성 없는 현실도피 및 초인적 고행으로부터 원리상 벗어난 모습을 보였다. 이 경향은 클뤼니회(Cluny)에서는 그보다 더욱, 시토회(Cistercian)에서는 더더욱, 그리고 마지막으로 예수회에서는 그야말로 결정적으로 나타났다. 이는 합리적 생활방식이 체계적으로 완성된 방법으로서 이미 완성되어 있었다. 그것은 자연 상태를 극복하려는 목적을 지니고 있었다. 즉 비합리적인 충동의 힘과 세계 및 자연에 대한 예속으로부터 인간을 해방시켜 계획적 의지의 지배에 복속시키고,*78 그의 행동을 부단한 자기 심사와 그 윤리적 효과에 대한 숙고 아래에 두는 것이다. 그리고 이 금욕은 수도사들을 객관적으로는 신의 왕국에 봉사하는 노동자로 교육하고, 이를 통하여 주관적으로는 그들 자신의 영적 구원을 확신케 하는 것으로 발전했다. 이러한 능동적인 자기 통제는, 성 이그나티우스의 수련(exercitia)뿐 아니라 합리적인 수도사 덕행 일반의 최고 수준의 형태가 지니는 목적이었던 것처럼,*79 또한 청교도주의의 실천적 생활의 결정적인 이상(理想)이기도 했다.*80 이미 청교도 순교자의 심문 기록에서는, 순교자들의 냉정하고 조용한 태도와 대비하여 귀족 출신의 주교와 관리들의 정신없는 법석에 대한 깊은 경멸감을 찾아볼 수 있다.*81 이는 오늘날의 영국인 또는 영국계 미국인 가운데 최고의 '신사'의 유형에서 나타나는, 저 절제된 자기 통제에 대한 존경과도 일맥상통한다.*82 우리에게 익숙한 말로 한다면 다음과 같다.*83 청교도의 금욕은—다른 모든 '합리적' 금욕과 마찬가지로—사람으로 하여금 '[일시적인] 감정' 대신 '지속적인 동기'를, 특히 금욕 자체에 의해 '습득'된 지속적 동기를 고수하고 또 그에 따라 행동하게끔 하였다. —요컨대 이런 형식적·심리적인 의미에서의 '인격'이 되도록 인간을 교육해 갔던 것이다. 금욕의 목표는 일반적인 생각과는 달리, 깨어 있고 명민한 의식적 생활을 하게 만드는 것이었다. 그러므로 무계획적이고 본능적인 향락의 근절이야말로 시급한 과제였다. 이를 위해서는 신봉자들의 생활태도에 질서를 부여하는 것이 가장 중요한 수단이었다. 이 모든 결정적으로 중요한 점들은 가톨릭 수도사 생활의 규율*84에도, 칼뱅파 신도들의 생활상의 원칙*85에도 똑같이 드러나 있다. 이 두 종교에서 공통적으로 나타나는 현세를 지배하는 엄청난 힘, 특히 칼뱅주의가 루터파와는 달리 '투쟁하는 교회(ecclesia militans)'로서 프로테스탄티즘을 존속시킬 수 있었던 거대한 힘은, 이런 전인격에 대한 조직적 통제에 근거한 것이었다.

한편 중세의 금욕과 칼뱅주의 금욕 사이의 대립이 어느 부분에서 발생했는가는 매우 명확하다. 그 대립은, 칼뱅주의에서는 '복음적 권고(consilia evangelica)'가 사라진 결과 금욕이 순수하게 세속적인 것으로 바뀌었기 때문에 발생했다. 물론 가톨릭에서의 '방법적' 삶이 수도원의 골방에 한정된 것이었다는 말은 아니다. 그것은 교리에 비춰 봐도 실천에 비춰 봐도 잘못된 생각이다. 오히려 앞에서도 강조했듯이, 가톨리시즘이 가톨릭교도에게 요구한 도덕적 절제 수준은 비교적 높은 편이었다. 다만 윤리적으로 체계적이지 못했던 그 삶은, 가톨리시즘이—세속적인 삶에 대해서도—만들어 낸 최고의 이상에 도달할 수 없었을 뿐이다.*86 예를 들어 성 프란체스코의 제3교단은 일상생활의 금욕적 조직화를 목표로 하는 하나의 강력한 시도였으며, 이와 비슷한 다른 사례들도 분명 있었다. 《그리스도를 본받아(Imitatio Christi)》와 같은 저작의 강한 영향력이 보여 주는 바에 따르면, 이 책에서 권고하는 생활양식은 최소한의 요구인 일상도덕에 비해 한층 수준 높은 것처럼 느껴졌을 것이다. 하지만 그 일상도덕은 청교도주의가 제시하는 기준으로 측정되지 않았음에 틀림없다. 또한 가톨릭교회의 어떤 제도의 실천은 불가피하게도 조직적인 세속적 금욕의 싹을 끊임없이 뭉개버리는 역할을 했다. 면죄부 판매가 그 대표적인 예다. 그래서 종교개혁 시대에는 면죄부 판매가 부차적인 잘못이 아니라 근본적인 해악으로 받아들여졌다. 요컨대 결정적인 사항은 다음과 같다. 종교적인 의미에서 훌륭한 방법적 삶을 살아가는 사람은 결국 수도사로 한정될 수밖에 없다. 따라서 세속적 도덕을 뛰어넘는*87 삶만이 성스런 삶이 된다. 그러므로 금욕이 개인을 철저하게 지배할수록, 그는 점점 일상생활로부터 밀려날 수밖에 없었다. 이런 세속적 도덕에 대한 과소평가를 처음으로 배척한 사람은 루터였다. 물론 그는 어떤 '발전 경향'을 수행하기 위해서가 아니라 오로지 개인적인 경험에 의해 그랬으며, 심지어 처음에는 실행에 있어 망설이다가 이후 정치적 상황에 떠밀려서 그 사상을 펼치긴 했지만 말이다. 한편 칼뱅주의는 그런 태도를 루터로부터 단순히 물려받은 것에 지나지 않다.*88 이미 세바스찬 프랑크(Sebastian Franck)는 종교개혁의 의의를 밝히려 시도한 결과 "오늘날에는 모든 기독교인이 평생에 걸쳐 수도사로 살아가야 할 처지가 됐다"라고 말했다. 이는 그러한 종교의식의 핵심을 찌르는 설명이다. 세속적 일상생활로부터 금욕이 흘러나가 버리지 않도록 댐을 설치했으며, 과거에는 수도사들의 최고 대표자였던 저 열정적이고 엄숙하고 내면적인 사람들이 이제는 세속적 직업생활 내부에서 금욕적인 이상을 추구하게 되었다. 그런데 칼뱅주의는 이 발전 과정에 어떤 적극적인 요소를 첨가했다. 그것은 세속적 직업생활에서 신앙을 증명할 필요가 있다는 사상*89이었다. 이 사상은 종교적인 삶을 원하는, 보다 광범위한 층의 사람들에게 금욕을 추구할 적극적인 동인을 제공했다. 이로 인해 예정설이 윤리적 기초로 자리 잡았다. 이제 현세를 초월한 세속 밖에 존재하는 수도사들의 종교적 귀족주의 대신, 태곳적부터 신에 의해 예정된 성도들의 현세[세속적 생활]에서 탄생한 종교적 귀족주의*⁹⁰가 등장하게 되었다. 게다가 이 귀족주의는 'character indelebilis(불멸의 각인)'에 의해, 태곳적부터 버림받은 사람들과 선택받은 성도를 구별한다. 그 둘 사이에는 극복할 수 없는 단절이 존재한다. 이 단절은 현세로부터 외면적으로 분리되어 있던 중세 수도사들의 단절보다도 원칙상 훨씬 철저했으며, 눈에 보이지 않는다는 점에서 더욱 무시무시했다.*⁹¹—이런 단절은 사회적 감각의 온갖 측면에 무자비한 기세로 파고들었다. 이를테면 선택받은 성도들이 이웃의 죄악을 대할 때 신의 은총에 따라 취해야 할 태도는, 인간의 약함을 이해하고 관대한 도움의 손길을 내미는 것이 아니라, 영원한 멸망의 표지를 지닌 신의 적에 대한 증오와 경멸을 품는 것이다.*⁹² 이런 의식은 눈에 띄게 고양되었으며 상황에 따라서는 독립 종파를 형성하기에 이르렀다. 17세기 '독립파(Independents)' 운동의 예처럼 신의 영광을 더하려면 교회는 버림받은 자들도 율법에 복속시켜야 한다는 순수한 칼뱅파 신앙을 뛰어넘어, 구원받지 못한 자가 신의 무리에 끼어들어 성례전에 참여하고 심지어—목사로 임용되어—목회까지 하는 것은 신에 대한 모독이라고 보는*⁹³ 확신이 강해졌을 때, 위와 같은 의식은 현실로 나타났다. 한마디로 칼뱅파 계열의 침례교도에게서 볼 수 있듯이, 구원에 대한 확증이라는 사상의 귀결로서 도나투스파에 가까운 교회 개념이 나타난 경우였다. 또한 구원의 확증을 얻은 거듭난 사람들의 공동체, 즉 '순수한' 교회를 철저히 표방하는 종파가 형성될 수 없는 경우에도 다음과 같은 시도는 분명 이루어졌다. 즉 거듭난 기독교인과 거듭나지 않았으며 성례전에 참가할 만큼 성숙하지도 않은 기독교인을 구별하여, 전자에게 교회 관리 및 그 밖의 특수한 지위를 허용하고, 또 목사의 지위를 허락하려 했다. 이런 시도로 온갖 형태의 교회제도가 생겨났다.*⁹⁴

이런 금욕적 생활태도에는 언제나 규준이 될 만한 확고한 규범이 필요했다. 이제 사람들은 그런 규범을 당연히 성서에서 찾아내게 되었다. 칼뱅주의의 '성서지상주의(聖書至上主義)'에 관한 설명은 많지만, 여기서 우리의 연구에 비춰 볼 때 중요한 점은 다음과 같다. 즉 구약성서는 신약성서와 마찬가지로 성령에 의해 기록된 것이므로, 유대교의 역사적 상황에만 적용되거나 그리스도에 의해 명확히 부정된 것을 제외한다면, 구약성서의 도덕명령도 신약성서의 율법과 같은 권위를 지닌다고 간주되었다. 루터는—본디—

율법의 구속으로부터의 자유를 신자들의 성스러운 특권이라며 찬미하였다.[*95] 반면 칼뱅파 신도들의 경우 율법이란 신도들이 도달하기는 어렵지만 그래도 추구해야 할 이상을 가리키는 규범으로서 존재했다.[*96] 청교도들이 즐겨 읽었던 솔로몬의 《잠언》과 수많은 《시편》에 등장하는 히브리인들의 생활 태도, 즉 오직 신만을 공경하면서도 냉철한 시선을 지닌 그 태도는 그들에게 많은 영향을 미쳤다. 이는 청교도의 생활 분위기에서 느낄 수 있다. 특히 종교의식의 신비적이고 감정적인 측면을 억제하는 이성적[합리적] 성격은, 이미 샌퍼드가 올바로 지적했던 바와 같이[*97] 구약의 영향에서 비롯한 것이다. 사실 이런 구약의 합리주의 자체는 본질적으로 소시민적 전통주의의 성격을 지녔다. 또 구약성서에는 그와 더불어 선지자나 수많은 《시편》의 강한 격정뿐 아니라, 중세 시대에 발달했던 독자적인 감정적 종교의식의 출발점이라 할 수 있는 여러 요소들이 이미 존재하고 있었다.[*98] 이 점으로 미루어 보면 결국, 칼뱅주의 고유의 금욕적인 기본 성격 자체가 구약의 신앙 속에서 자기와 동질적인 요소들만을 선택하여 자신에 동화시켰다고 말할 수 있다.

칼뱅파 프로테스탄티즘의 금욕과 가톨릭 수도원 생활의 합리적 형태에 공통적으로 나타나는 윤리적 생활태도의 조직화는 순전히 외면적으로 봐도, '엄격한' 청교도가 끊임없이 자신이 은총 받은 상태인가 아닌가를 스스로 심사하였던 방식[*99]에 잘 드러나 있다. 죄와 유혹과 은총 속에서 이루어진 진보의 발걸음을 순서대로 또는 일람표식으로 기록한 신앙일기는, 예수회에 의해 시작된 근대 가톨릭(특히 프랑스)의 신앙에서도, 또 개혁파 교회의 가장 열성적인 신도들의 신앙에서도[*100] 공통적으로 발견된다. 그런데 가톨릭에서는 이것이 참회의 청문(고해성사)을 완벽히 수행하기 위한 수단이나, 혹은 '영혼의 지도자(directeur de l'âme)'가 신도—대개 여신도—를 지도하기 위한 도구로 사용되었다. 이에 반해 개혁파 기독교인들은 이 일기를 이용해서 스스로 '자신의 맥을 짚었다'. 저명한 도덕신학자들에 관해서도 그런 이야기가 전해져 내려오고 있다. 이를 대표하는 고전적 사례로는, 벤저민 프랭클린이 자신의 덕성 하나하나의 진보를 통계적으로 표시해 놓은 장부를 들 수 있다.[*101] 한편 중세 시대에도 옛날부터(이미 고대에도) 신의 장부라는 개념이 존재했는데, 이것은 버니언에 이르러 눈에 띄게 힘을 얻어 죄인과 신의 관계가 고객과 상인의 관계로 비유될 수 있다는 저 특징적인 살풍경한 극단으로까지 발전했다. 즉 한번 빚더미에 올라앉은 사람은 자신의 모든 공적에서 생겨나는 수입을 가지고서도 늘어나는 이자를 갚는 데 급급할 뿐 원금은 절대 갚지 못한다는 것이다.*102 그런데 후기 청교도들은 자신의 행동뿐만 아니라 신의 행동마저 심사하여 인생의 모든 과정에서 신의 뜻을 찾아냈다. 칼뱅의 진정한 교설과는 달리 그들은, 신이 어째서 이 일이나 저 일을 행하셨는지 알 수 있었던 것이다. 이리하여 삶을 성스럽게 하는 일은 하나의 사업 경영과 비슷한 성격을 띠게 되었다.*103 생활 전체의 철저한 기독교화는, 이처럼 칼뱅주의가 루터파와는 달리 윤리적 생활태도에 강요하였던 그 방법의식의 귀결이었다. 칼뱅주의의 영향을 올바르게 이해하려면, 그런 방법의식이야말로 사람들의 생활에 결정적인 영향을 미쳤다는 사실을 항상 염두에 두어야 한다. 여기서 두 가지 결론이 도출된다. 하나는 이 두드러지는 특질에 의해 비로소 그런 영향이 나타날 수 있었다는 것이고, 나머지 하나는 다른 신앙도 만약 이 결정적인 구원의 확증이라는 사상을 통해 동일한 윤리적 자극을 얻었더라면 똑같은 방향으로 작용했으리라는 것이다.

우리는 지금까지 칼뱅파의 종교의식만을 문제로 삼았다. 따라서 우리는 방법적으로 합리화된 윤리적 생활태도라는 의미에서의 청교도 윤리의 교리적 배경으로서 예정설을 전제해 왔다. 왜 그랬는가 하면, 예정설은 사실상 칼뱅의 입장을 여러 가지 면에서 엄밀히 고수했던 일파인 '장로파(Presbyterians)'보다 훨씬 넓은 범위에 걸쳐 개혁파적 교설의 주춧돌로서 존속하여 왔기 때문이다. 1658년 독립파의 사보이선언은 물론이고 1689년에 침례교의 핸서드 놀리즈가 했던 신앙고백도 이 교리를 내세우고 있었다. 또 감리교 내부에도 예정설은 존재했다. 비록 감리교 운동의 위대한 조직자 존 웨슬리(John Wesley)는 은총의 보편성을 믿고 있었지만, 초대 감리교의 위대한 설교자이자 철저한 사상가였던 화이트필드(Whitefield)도, 헌팅던 백작부인(Lady Huntingdon)을 중심으로 모여서 한때 강한 영향력을 발휘했던 사람들도 '특수한 은총 사상'을 신봉했다. 17세기 파란만장한 시대에 '성스러운 생활'을 대표하던 투사들이 스스로를 신의 병기이자 신의 섭리의 대행자로 보는 신념*104을 굳게 유지하면서, 결코 현세 본위의 순전히 공리주의(功利主義)적인 위선으로 순식간에 타락하지는 않았던 까닭은, 이 예정설의 장대한 일관성 덕분이었다. 사실 그런 공리주의의 힘만 가지고는 비합리적·관념적 목적을 위해 그토록 엄청난 희생을 치르지는 못했을 것이다. 게다가 이 교리는 대단히 천재적인 형태로, 무조건적으로 타당한 규범에 대한 신앙과 절대적인 결정론 및 초감각적(超感覺的) 신의 철저한 초월성을 하나로 묶었다. 고로 감정에 보다 관대하며 신에게도 도덕률을 적용하는 온건한 교리에 비해, 예정설은 그 원리상 훨씬 '근대적'이었다. 그런데 나중에 다시 설명하겠지만 우리의 연구에서 근본적인 의미를 지니는 구원의 확증 사상은 방법적 성격을 띤 도덕의 심리적인 출발점 역할을 할 뿐만 아니라, 앞으로 살펴 볼 여러 교파(denomination)에도 신앙과 도덕의 결합 도식으로서 반복하여 등장할 예정이다. 그러므로 이를 선택의 교설과 그 일상생활에 대해서 가지는 의미와 연결지어 '순수한 형태'로 고찰하는 일이 우선적으로 필요했으며, 고로 우리는 철저하게 정합적인 형태를 갖춘 선택의 교설로부터 출발해야 했다. 프로테스탄티즘의 내부를 살펴보자면, 이 교설이 초대 신봉자들 사이에서 낳은 금욕적 생활태도는 루터파 사람들의 (비교적 눈에 띄는) 도덕적 무능과 대조를 이룬다. 루터파의 '사라질 수 있는 은총(gratia amissibilis)' 교리에 따르면, 사람들은 고해성사라는 참회를 통해 은총을 언제든지 되찾을 수 있다. 따라서 이 교리 자체는 우리 삶을 윤리적이고 합리적으로 만들 만한 추진력이 될 수 없었다.[*105] 윤리적 생활의 그런 변혁은 바로 금욕적 프로테스탄티즘의 산물이었다. 이 사실은 우리의 연구에서 매우 중요한 의미를 지닌다. 어쨌든 이러한 루터파의 신앙은 본능적인 행위와 소박한 감정생활의 자연스러운 활력을 속박하려 들지 않았다. 그리하여 루터파 신앙은, 칼뱅주의의 엄청난 교리가 갖춘 저 부단한 자기 심사나 자기 생활 일반의 계획적 규제에 대한 추진력 등은 낳지 못했다. 루터와 같은 종교적 천재는 그런 자유롭고 속박 없는 정신적 분위기 속에서 거침없이 살아갔다. 게다가 그의 활동적 열정이 사라지지 않는 한 '자연 상태'로 타락할 위험도 없었다. 또한 루터파 신앙의 최고 대표자들이 보여 주었던 소박하고 예민하며 정감 넘치는 생활태도는, 율법에 구애받지 않는 그들의 도덕의식과 마찬가지로 순수한 청교도주의의 토양에서는 거의 찾아볼 수 없었다. 그런 사람들은 오히려 후커(Hooker)나 칠링워스(Chillingworth) 같은 온건한 영국국교회 신자들에게서 훨씬 많이 발견되었다. 그러나 일반적인 루터파 신도에 대해 말하자면, 가장 훌륭한 사람이라 해도 자연 상태로부터 그저 일시적으로만—개별적인 참회나 설교를 통해—구원될 뿐이라는 사실은 명백했다. 잘 알려진 사실처럼 루터파 영주들의 생활이 흔히 폭음(暴飮)과 난잡함으로 얼룩져 타락해 갔던 것에 비해, 개혁파 영주들의 생활은 윤리적 수준이 매우 높아서[106] 그 시대 사람들도 이를 피부로 느꼈을 정도다. 또한 루터파 목사들이 재세례파의 금욕 운동에 대해 순수한 신앙 설교만을 반복할 뿐 제대로 대항하지 못했다는 것도 널리 알려진 사실이다. 그리고 영국계 미국인들의 생활 분위기는 —사람들의 생김새에 이르기까지—오늘날에도 '자연 상태'에 수반되는 저 개방성의 철저한 극복의 영향 아래에 있는 데 비해, 독일인의 생활 분위기는 '따뜻함(Gemütlichkeit)'과 '자연스러움(Natürlichkeit)'을 지니고 있다. 더구나 독일인은 일반적으로 자신의 생활과 비교하여 영국계 미국인의 생활에서 편협함과 부자유스러움 또는 내면적 속박 등의 이질적 요소를 느낀다. 이런 현상도 근본적으로는, 루터파의 경우 칼뱅주의와는 달리 생활태도에 대한 금욕의 침투가 부족했다는 점에서 유래하고 있다. 이 현상에서는 개방적인 '현세주의자'들이 금욕에 대해 가지는 반감이 드러나 있다. 루터파 신앙은 바로 그 은총 사상 자체로 인해 생활의 방법적 합리화를 강제하는 조직화에 대한 심리적 추진력을 가질 수 없었다. 나중에 설명하겠지만 신앙에 금욕적인 성격을 부여하는 그런 심리적 추진력은, 그 자체로서는 분명 온갖 종교적 동기로부터 형성될 수 있었다. 칼뱅주의 예정설은 그러한 여러 가능조건들 중 하나에 지나지 않았다. 그러나 우리가 이미 확인했듯이, 예정은 유례없을 정도로 철저한 교리였을 뿐 아니라 매우 탁월한 심리적 영향력까지 갖추고 있었다.[107] 고로 칼뱅주의 이외의 금욕 운동은, 그 금욕의 종교적 동기라는 관점에서만 본다면 칼뱅주의의 내적 철저함이 완화된 형태로서 나타난다.

그런데 실제 역사적 발전 과정에서도 사정은—모두는 아니어도—대체로 위와 같았다. 개혁파 이외의 금욕 운동은 개혁파 형태의 금욕을 모방한 것이거나, 또는 그와 조금이나마 관련된 것이었다. 그 운동은 아무리 개혁파의 금욕에서 벗어나 그것을 뛰어넘어 독자적인 원리를 발전시켜 나갔다 해도, 결국 개혁파의 금욕을 비교 및 보충 자료로 사용하고 있었다. 신앙의 기초가 전혀 다른데도 비슷한 금욕적 결과가 발생하는 경우도 있었다. 이런 결과는 대체로 교회제도에서 비롯된 것이었다. 이에 관해서는 다른 곳에서 다시 논하도록 하겠다.[108]

어쨌든 역사적으로 보자면, 은총에 의한 선택 사상은 흔히 '경건주의 (pietism)'라 불리는 금욕적 운동의 출발점이었다. 이 운동이 개혁파 교회 내부에 머무르는 한, 경건주의 칼뱅파 신도와 그렇지 않은 칼뱅파 신도 사이에는 명확한 경계선이 그어질 수 없었다.*[109] 청교도주의의 대표적인 신자들 중 대부분은 경건파로 간주되기도 했다. 또 앞서 살펴봤듯이, 예정과 구원의 확증이라는 사상 사이에 존재하는 모든 연관이나 그 밑바닥에 있는 주관적인 '구원의 확신'의 취득에 대한 관심을, 칼뱅의 진정한 교리가 경건파 방향으로 발전된 결과라고 보는 견해도 결코 부당하지 않다. 개혁파 교단 내부의 금욕적 신앙부흥, 그중에서도 네덜란드에서 벌어진 신앙부흥의 기원은 어느 정도 희미해지거나 완화된 예정설의 재연과 관련되어 있었다. 그러므로 영국에 대해서는 '경건파'라는 개념을 전혀 적용하지 않는 것이 통례이다.*[110] 또 대륙(네덜란드 및 독일의 라인 강 하류 지방) 개혁파의 경건파도 최소한 핵심적인 부분에 있어서는, 예를 들어 베일리(Bailey)의 종교의식처럼 처음에는 단순한 개혁파적 금욕의 강화에 지나지 않았다. '경건의 실천(praxis pietatis)'이 너무나도 강조된 탓에 정통 교리는 뒷전으로 밀려나거나 때로는 아예 문제조차 되지 못하기도 했다. 구원받기로 예정된 자들도 다른 죄와 같이 교리상의 오류를 범할 수 있다. 경험이 가르쳐 주는 바에 따르면, 잡다한 신학을 잘 모르는 기독교인이 매우 명확한 신앙의 열매를 키워 내는 경우도 많고, 반대로 단순한 신학상의 지식이 행위에 대한 믿음의 증명을 보장해 주지 못하는 경우도 있다.*[111] 그러므로 신학 지식이 있어도 그것이 곧 선택의 증거가 될 수는 없었다.*[112] 이리하여 경건파 신도들은 공식적으로는 여전히 교회에 소속되어 있었지만—이것은 그들의 특징 중 하나다—, 신학자들의 영향 아래에 있는 교회에 대해서는 깊은 불신을 품게 되었으며,*[113] 세속과 동떨어진 '경건의 실천'의 신봉자들로만 구성된 '집회(Konventikel)'를 만들기 시작했다.*[114] 그들은 성도의 보이지 않는 교회를 지상으로 끌어내려 눈에 보이게 하려고 했다. 그들은 독립 종파의 형성이라는 귀결은 피하면서도 이 집회라는 공동체 내부에 머물러, 세속의 세력과 무관하고 모든 점에서 신의 의지에 합치하는 생활을 보내려 했다. 그럼으로써 일상생활의 외적인 모습에서도 자신의 부활을 계속 확신하고자 했던 것이다. 진정한 참회자들만으로 구성된 '작은 교회(ecclesiola)'는—이것도 경건파의 모든 유파에서 공통되는 특징이었다―금욕을 보다 강화함으로써, 지상에 있으면서도 신과 교류하는 즐거움을 누리고자 했다. 그런데 이런 경향은 루터파의 '신비적 합일'과 내적으로 어느 정도 비슷하다. 따라서 그들은 보통 개혁파 신도들에 비해 종교의 감정적인 측면을 강조하곤 했다. 이것은 우리의 관점에서 볼 때, 개혁파 교회의 토대 위에서 성립된 '경건파'의 결정적 특징이라고 할 수 있다. 왜냐하면 이런 감정적 요소는 본디 칼뱅주의 신앙과는 대체로 무관하며 도리어 중세 종교의식의 어떤 형태와 내적으로 비슷한데, 그것은 이 감정적 요소로 인해 경건파의 실천적 종교의식이 내세의 확신을 얻기 위해 금욕적으로 투쟁하기보다도 오히려 현세에 그대로 머무르면서 구원의 기쁨을 누리고자 하는 방향으로 기울었기 때문이다. 그리고 이런 감정이 극도로 고양될 경우, 신앙은 단적으로 히스테릭한 성격을 띠게 된다. 그 결과 무수한 실례를 통해 알려져 있고 또 그 신경증적 기초도 밝혀져 있는, 저 반쯤 감각적인 종교적 황홀 상태와 '신으로부터 버림받은 상태'로서 느껴지는 정신적 허탈 상태가 교차해서 발생한다. 그리하여 청교도의 조직화된 성스러운 생활이 인간에게 부과한 저 냉정하고 엄격한 훈련과는 거의 정반대의 결과를 낳는 것이다. 즉 칼뱅파 신도의 이성적인 인격이 '감정'으로 치우치는 일을 방지해주던 저 '억제'가 약해진 것이다.*115 게다가 이때 피조물의 타락을 강조하는 칼뱅주의 사상이 감정적으로 파악될 경우, 예컨대 소위 '벌레와도 같은 느낌'이라는 형태로 파악될 경우 그것은 직업 생활에서의 활동력을 없애버리는 원인이 되기도 했다.*116 더구나 예정설도―순수 칼뱅주의 종교의식과 정반대되는 방향으로―정서적 또는 감정적으로 이해될 때에는 숙명론이 될 수 있었다.*117 마지막으로 속세에서 은퇴하고자 하는 성도들의 충동이 감정적으로 눈에 띄게 고양될 경우에는, 반쯤 공산주의적인 성질을 띠는 수도원 공동체 조직이 생겨날 수도 있었다. 실제로 경건파 종교의식은 개혁파 교회 내부에서도 몇 번이나 그런 결과를 낳았다.*118 하지만 그런 감정적 성질의 강조가 낳는 극단적인 효과를 그들이 일부러 의도하지 않는 한, 다시 말해 개혁파 내부의 경건파가 세속적 직업생활 내부에서 구원의 확증을 얻고자 노력하는 한, 경건주의 기본 원리는 오히려 더욱 엄격한 직업생활의 금욕적 통제와 보다 강력한 직업윤리의 종교적 내면화를 이루었다. 이런 실천적 효과는, '독실한' 경건파 신도들이 2류 기독교라고 폄하한 보통 개혁파 신도들이 이루는 단순한 세속적 '명예'에 비해 특히 두드러졌다. 게다가 모든 개혁파 금욕은 엄격히 실천될수록 선택받은 성도들의 종교적 귀족주의를 더욱 강화하는 결과를 낳았는데, 그런 종교적 귀족주의는—네덜란드에서 그랬듯이—교회 내부에서 자발적으로 형성되는 집회 형태로 나타났다. 그런데 이 귀족주의가 영국 청교도주의에서는, 때로 교회제도 안에서 능동적 신자와 수동적 신자를 형식적으로 구별하였으며, 또 때로는—앞서 말했듯이—독립 종파의 형성을 촉진하기도 했다.

루터파의 토양에 서서 슈페너(Spener), 프랑케(Francke), 친첸도르프(Zinzendorf) 등의 이름과 결부되어 있는 독일 경건파의 발전을 고찰하려 할 때, 우리는 예정설의 토대로부터 벗어나게 된다. 하지만 그렇다고 그들이 예정설을 최고의 귀결로 삼는 저 사상의 영역으로부터 완전히 벗어난 것은 아니다. 특히 슈페너가 영국·네덜란드의 경건파로부터 영향을 받았음을 스스로 확인했다는 점에서, 또 초기 집회 사람들이 이를테면 베일리의 저작을 읽었다는 점에서 위 사실을 알 수 있다.[119] 어쨌든 우리의 독자적인 관점에서 볼 때 경건파란 결국 방법적으로 이루어지고 심사되는 생활, 즉 그런 금욕적 생활 태도가 칼뱅주의 이외의 종교의식의 영역에까지 침투한 예에 지나지 않는다.[120] 그런데 루터파는 이런 합리적인 금욕을 기묘한 존재로 받아들일 수밖에 없었다. 이 때문에 발생한 여러 어려움으로 인해 독일 경건파의 교리는 윤리적 일관성을 지닐 수 없었다. 슈페너는 조직적인 종교생활에 교리적 토대를 부여하고자 했다. 그래서 그는 "'신의 영광을 위해' 행하여지는 행위가 곧 선행이다"라는 개혁파의 독자적인 가르침[121]과, 더 나아가 "부활하는 자는 기독교적인 완전성에 어느 정도 도달할 수 있다"라는 개혁파의 믿음[122]을 루터파 사고양식에 결부시켰다. 다만 이 사상에는 이론적 일관성이 부족했다. 기독교인 생활의 조직적 성격은 슈페너의 경건주의 신앙에 있어서도 본질적인 것이었다. 그러나 신비주의에 깊은 영향을 받은 슈페너는,[123] 그 성격을 제대로 증명했다기보다도 근본적으로 루터파적인 상당히 불명확한 방식으로 묘사했을 뿐이다. 그는 구원의 확신을 성결한 생활에서 끌어내려 하지 않았다. 오히려 그는 그것을 구원의 확증 사상 대신 위에서 언급했던 루터파적인 느슨한 형태의 신앙과 결부시켰다.[124] 하지만 그럼에도 경건파에서 합리적·금욕적 요소가 감정적인 것을 압도하는 한, 우리의 관점에서 볼 때 결정적으로 중요한 다음 관념들이 반복해서 머리를 들 수밖에 없었다. (1) 자신의 성결한 생활이 율법에 의해 심사될 수 있을 정도로 보다 높은 수준의 확실성과 완전성을 추구해 가는 방법적 발전이야말로, 은혜 상태의 표징이라는 것.*125 (2)이로써 완전해진 자의 내부에서 작용하는 것은 신의 섭리이며, 신은 그들의 참을성 있는 기다림과 방법적인 숙고에 답하여 신호를 보내 주신다는 것.*126 바로 이런 관념들이다. 프랑케의 입장에서도 직업 노동은 훌륭한 금욕적 수단이었다.*127 다시 말해 신 자신께서 노동의 성과를 통해 믿는 자에게 축복을 내려 주신다는 관념을, 뒤에서 설명할 청교도주의의 경우와 마찬가지로 프랑케는 굳게 믿었다. 또한 경건파는 신의 '이중적 결단'을 대체할 만한 여러 관념들을 만들어 냈다. 이 관념들은 그 교설만큼 강력하지는 않아도 본질상 그와 같이 신의 특별한 은총에 바탕을 둔 부활하는 자들의 귀족주의*128와, 앞서 칼뱅주의에 관해 자세히 설명되었던 모든 심리적 귀결을 확립할 만한 것이었다. 그중 하나가 반대자들이 보통 경건파 탓으로 돌리는(물론 부당한 책임 전가다) 소위 '은혜 유한설(Terminismus)'*129이다. 이것은, 은혜는 모두에게 주어지지만 인생의 특정한 순간이나 생애 마지막 순간에 단 한 번만 주어진다는 이론이다.*130 이 순간을 놓친 사람은 더 이상 은총의 보편성의 도움도 받지 못한다. 칼뱅주의 교설의 말을 빌리자면, 그는 신에게 버림받은 상태가 된다. 예컨대 프랑케의 개인적 체험을 바탕으로 한 추상에 의해 얻어지고 또 경건파 신도들에 의해—지배적이라 할 수 있을 정도로—매우 광범위하게 퍼져 있었던 저 사상, 즉 "단 한 번만 일어나는 독자적 현상인 은총은 '참회 투쟁' 끝에 도달하는 '갑작스런 회개'의 형식으로 주어진다"라는 사상도 결과적으로는 위의 이론에 가깝다.*131 경건파 신도들 스스로도 인정했듯이, 모든 인간이 이런 체험에 필요한 소질을 갖고 있는 것은 아니었다. 그러므로 경건파 가르침이 권장하는 금욕적인 방법을 실천했는데도 그런 체험을 하지 못하는 자는, 부활을 얻은 사람들이 보기에는 수동적 기독교인에 지나지 않았다. 또 한편으로 '참회 투쟁'을 일으키는 방법이 고안된 결과, 마찬가지로 신의 은총을 얻는 것은 합리적인 인간 행동의 대상이 되었다. 모든 경건파 신도들이 이랬던 것은 아니지만—적어도 프랑케는 달랐다—슈페너에게 끊임없이 던져진 질문을 보면 알 수 있듯이 그중 많은 신도들은, 심지어 경건파 목사들마저 고해성사에 의문을 품었다. 루터파도 고해성사의 토대를 없애 버리는 역할을 했다. 이런 현상도 실은 은총 귀족주의의 결과다. 즉 그들의 말에 따르면, 참회를 통해 얻어진 은총의 작용이 성스러운 행위로서 나타나느냐 아니냐에 따라 죄의 사면 여부가 결정되어야 하므로, 단순한 참회만으로는 개인의 죄가 사면될 수 없다는 것이다.[*132]

친첸도르프의 종교적 견해는 정통파의 공격을 받아 흔들리기는 했다. 하지만 그의 자기 평가는 언제나 신의 '도구'라는 관념으로 귀착하였다. 그런데 리츨의 명명에 따르면 '종교적 호사가'인 그의 이상한 사상적 입장을, 우리가 중요하게 여기는 점에 관련지어 명확하게 파악하기란 물론 어렵다.[*133] 그 자신은 율법을 고집하는 '야곱―경건주의적 방향'과 대립되는 '바울―루터주의적 방향'의 대표자임을 자칭했다. 그러나 스스로 루터파임을 항상 강조했던 그가[*134] 실제로 승인하고 장려했던 형제단 및 그들의 실천은―1729년 8월 12일의 공식 기록에 따르면―많은 점에서 칼뱅파 성도들의 귀족주의와 정확히 일치하는 입장을 보여 준다.[*135] 1741년 11월 12일에는 장로 직분을 예수에게 위임하는 사건이 일어났는데, 이 유명한 사건도 위와 비슷한 사상을 외적으로 표현한 결과다. 게다가 형제단의 3가지 '방향(Tropen)' 가운데 칼뱅파와 모라비아파는 근본적으로 처음부터 개혁파 직업윤리를 지니고 있었다. 또한 친첸도르프도 존 웨슬리에 대하여 "의인(義認)을 받은 사람 자신은 모를지라도, 타인은 그의 행위로 미루어 그의 의로움을 알아볼 수 있다"는 매우 청교도다운 견해를 피력했다.[*136] 그러나 한편으로 헤른후트파의 독자적 신앙에서는 감정적인 요소가 두드러지게 나타나고 있었다. 특히 친첸도르프 자신도 그의 교단 내부에 청교도적인 의미의 금욕적 성결의 색채가 강해지는 일을 거듭해서 막았으며,[*137] 행위에 의한 구원이라는 주장을 루터적으로 배제하려 했다.[*138] 또 그가 독립 집회를 배척하고 고해성사를 존속시켰기에 성례전에 의한 구원을 고수한다는 본질적으로 루터파에 가까운 사상 경향이 강해지게 되었다. 더 나아가 종교적 감각의 천진함이야말로 그 진실성을 나타내는 표지라는 친첸도르프의 독자적 원칙이나, 신의 의지의 계시에 접하는 수단으로서 제비뽑기를 이용하는 방식도 생활양식에서의 합리주의를 방지하는 방향으로 매우 강하게 작용했다. 따라서 친첸도르프 백작의 영향이 미치는 한,[*139] 경건파 내부에서 전체적으로 신앙의 반합리적(反合理的)·감정적 요소가 가장 강했던 파는 헤른후트파였다.[*140] 스판겐베르그

(Spangenberg)의 '신앙의 형제라는 이상(Idea fidei fratrum)'에서도 도덕과 사면의 결합은, 루터파 일반과 마찬가지로 상당히 느슨했다.*141 친첸도르프가 감리교파의 완성 추구 경향을 배척했던 것은 다른 경우와 마찬가지로, 근본적으로 행복주의적인 그의 이상에서 나온 행동이었다.*142 즉 그는 신자들을 인도하여 합리적 노동 자체를 통해 내세에 대한 확신을 얻고자 했던 것이 아니라, 현재 상태에서*143 구원의 기쁨(그는 '지복(Glückseligkeit)'이란 표현을 썼다)을 감정적으로 맛보고자 했던 것이다. 한편 다른 교회들과 비교할 때 형제단이 지니는 결정적 가치는 기독교적인 생활의 행동성과 선교와―이와 관련된―직업 노동*144에서 찾아볼 수 있다는 사상이 여기에도 여전히 생생하게 살아 있었다. 또한 유용성이라는 관점에서 생활의 실천적 합리화는 친첸도르프의 인생관에서도 매우 중요한 부분을 차지하고 있다.*145 이런 합리화는 그의 경우―그 밖의 경건파 대표자들과 마찬가지로― 첫째로 신앙을 위협하는 철학적 사색에 대한 철저한 혐오와 이에 따른 경험적 개별 지식에 대한 강렬한 애착*146에서, 둘째로 직업 선교사들의 똑똑한 상식에서 유래하였다. 형제단은 선교의 거점이자 동시에 사업체였다. 따라서 형제단은 그 구성원들을 세속적 금욕으로 이끌었으며, 그 결과 그들은 생활의 어느 분야에서나 먼저 '사명'이 무엇인지 탐구하고 이를 염두에 두며 냉정하고 계획적으로 생활해 나가게 되었다. 다만 여기서 또다시 장해물로 등장한 것이, '은총의 선택'에 의해 신에게 선택받은 '제자들'*147 사이에 존재하던, 사도들의 선교 생활을 모범으로 삼는 사도의 무소유에 대한 카리스마적 찬미였다. 이는 결과적으로 '복음적 권고(consilia evangelica)'의 부분적인 부활을 의미했다. 이리하여 칼뱅파의 경우와 같은 합리적 직업윤리의 수립은 끊임없이 저지되었다. 그러나 이 작업이 절대 불가능하다고 생각되었던 것은 아니다(재세례파 운동의 변화가 한 예다). 오히려 오직 '천직이기 때문에(um des Berufs willen)' 노동에 힘쓴다는 사상에 의해 그런 작업을 위한 내적 준비가 강화될 수 있었다.

요컨대 우리의 현재 연구 관점에서 본다면, 우리는 독일 경건파 금욕의 종교적 초석에서 동요와 불안정을 확인할 수 있다. 이는 칼뱅주의의 강철 같은 철저성에 비해 크게 뒤떨어지는 점이다. 이것은 한편으로는 루터파의 영향이, 다른 한편으로는 그 종교의식의 감정적 측면이 낳은 결과다. 정리하자면 다음과 같다. 이런 감정적인 측면을 루터파와는 다른 경건파의 독자적 특징이라고 상정하는 것은 지나치게 일방적인 생각이다.*148 오히려 경건파의 경우에는, 영원한 미래를 약속해 주는 은총 상태를 항상 새로이 증명해야 한다는 내적 강박관념이 현재로 이동해서 감정적으로 변한 것이다. 또 경건파에서는 예정설 신도들이 끊임없는 유효한 직업 노동을 통해 항상 새롭게 얻으려 했던 자기 확신 대신에, 저 겸손(Demut)과 자기부정(Gebrochenheit)*149이 하나의 이상으로 떠오르게 되었다. 따라서 경건파의 생활 합리화는 칼뱅파의 경우에 비해 아무래도 강도가 약할 수밖에 없었다. 그리고 그 겸손과 자기부정도 부분적으로는 오직 내면적인 체험을 지향하는 감정적 흥분의 결과였으며, 또 한편으로는 경건파가 자주 의심하면서도 일반적으로는 인정하고 받아들였던 루터적 고해 제도의 결과였다.*150 다시 말해 이 모든 것이 나타내는 바는 실천적 '신성화'가 아니라, '죄의 사면'을 가장 중요시하는 루터파의 독자적 구원 사상이다. 여기에는 미래(내세)의 구원의 기쁨에 관해 확실한 지식을 얻고 또 유지하려는 계획적·합리적 노력 대신, 현재(현세)에서 신과의 화합 및 교류를 느끼려는 욕구가 존재했다. 그러나 경제생활에서 현재를 즐기려는 경향이 미래를 생각하는 관점에 입각한 '경제'의 합리적인 형성과 충돌하듯이, 종교생활의 영역에서도 어떤 의미로는 그런 일이 일어난다. 즉 현재에서 얻는 내적 감정의 만족을 종교적 욕구의 목표로 삼는 경우에는, 개혁파의 '성도'들이 오직 내세를 위한 구원의 확증을 목표로 삼는 것에 비해, 세속적 행위의 합리화를 재촉하는 추진력이 아무래도 부족할 수밖에 없다. 그러나 전통적으로 [신의] 말씀과 성례전에 집착하는 정통 루터파 신앙에 비하면, 방법적으로 삶을 종교화하는 데 있어서는 이쪽이 보다 적합했다. 전체적으로 볼 때 경건파는 프랑케, 슈페너에서 친첸도르프에 이르기까지 감정적인 성격을 점점 강조하는 방향으로 나아갔다. 하지만 이것이 경건파에 내재하는 어떤 '발전 경향'을 드러내 주는 것은 결코 아니다. 오히려 그런 차이는, 주요한 대표자들이 태어나고 자란 종교적(및 사회적) 환경이 서로 다르다는 점에 기인한 것이었다. 독일 경건파의 특성이 사회적·지리적 전파 과정에서 어떤 식으로 나타났는지는*151 이 자리에서 문제 삼을 수 없으며, 아직 구체적으로 논할 수도 없다. 여기서 우리가 다시 한 번 상기해야 할 점은, 이 감정적인 경건파로부터 청교도적 성도들의 종교적 생활태도에 이르기까지 아주 조금씩 다른 온갖 중간 단계가 존재했다는 사실이다. 만약 이런 차이의 실천적 귀결을 임시로나마 특징지어 본다면 다음과 같을 것이다. 경건파가 길러낸 모든 덕성은 오히려, 한편으로는 '직업에 충실한' 관리와 고용인과 노동자와 가내수공업자들이,*152 또 다른 한편으로는 주로 가부장적 정신을 지닌 고용주들이 신을 기쁘게 하는 (친첸도르프 식의) 겸양의 형태로 표현하는 것이었다. 이에 비해 칼뱅파는 시민적·자본주의적 기업가의 엄격하고 성실하며 행동적인 정신에 보다 가까웠다고 생각된다.*153 결국 순수한 감정적 경건파는—리츨이 이미 밝혔듯이*154—'유한계급'을 위한 종교적 유희였다. 이러한 성격 규정은 아무래도 완전하진 않지만, 그래도 이두 가지 금욕 운동 중 어느 한쪽의 영향만 받아 온 국민들의 경제적 특성이 오늘날에도 보여 주고 있는 일정한 차이와 일치한다.

감정적이면서도 금욕적인 종교의식과 칼뱅주의 금욕의 교리적 기초에 대한 무관심의 증대 및 그 배척과의 결합. 이러한 특징을 보이는 것이 바로 감리교(Methodist)*155다. 감리교는 대륙 경건파의 영국—미국판이라고 할 수 있다. 'Methodist(방법파)'라는 명칭에서 알 수 있듯이 당시 사람들에게 알려진 이 교리의 추종자들의 특성은, 구원의 확신을 얻기 위한 생활의 '방법적' 조직화였다. 이것은 감리교에서 처음부터 중시되었으며 항상 그 종교적 노력의 중심을 이루고 있었다. 그런데 감리교는 독일 경건파와 여러 가지로 다르면서도 어떤 점에서는 뚜렷한 유사성을 보였다.*156 그것은 바로 이 방법이 특히 '회개'라는 감정적 행위를 불러일으키는 데에 적용되었다는 점이다. 실제로 감리교에서는 처음부터 대중 선교를 지향했던 만큼 그 감정적 특성—존 웨슬리(John Wesley)의 경우 헤른후트파=루터파의 영향에 의해 환기된 특성—은 두드러지게 격정적 성격을 띠게 되었으며 특히 미국에서는 더욱 그랬다. 때로는 무아지경 상태까지 낳는 무서운 참회 투쟁이 미국에서는 특히 '고뇌의 집회'에서 자주 이루어졌다. 이는 신의 넘치는 은혜에 대한 신앙과, 이 신앙으로 인한 의인과 속죄에 대한 자각으로 신자들을 인도하였다. 그리고 이 격정적인 신앙은 내적으로 적지 않은 어려움을 겪으면서도, 청교도주의에 의해 분명히 합리적으로 규정된 금욕적 윤리와 독특한 결합을 이루게 됐다. 우선 감정적인 것은 모두 속임수라고 생각했던 칼뱅주의와는 반대로, 그들은 성령으로 구원받은 사람이 느끼는 절대적 확신—이것의 발생은 보통 시간적으로 확정될 수 있다—이야말로 단 하나뿐인 확실한 구원의 근거라고 생각했다. 그런데 성화의 교리가 철저하게 심화됨에 따라 웨슬리의 교리는 정통파 해석으로부터 명백히 벗어나게 된다. 이 교리에 따르면 그러한 부활하는 자는 이미 현세의 생활에서 그들 내부에 작용하는 은총의 힘에 의해, 대개 회개와는 상관없이 흔히 급작스레 발생하는 제2의 내적 사건인 '성화'를 통하여 죄가 없는 상태인 완전성의 의식에 도달할 수 있다. 이 목표에 도달하기란 매우 어렵지만—대부분 인생의 마지막에서나 도달한다—이를 추구하는 노력은 반드시 필요하다. 왜냐하면 그것은 구원의 확실성을 궁극적으로 보증함으로써 칼뱅파의 '음울한' 근심 대신 즐거운 확신을 우리에게 선사하기 때문이다.*157 그리고 진정한 회개자는 최소한 그 죄가 '더 이상 그를 지배하지 못한다는 사실'을 자신과 타인에게 보여 주어야 한다. 그러므로 감정의 자기 증명이 결정적인 의미를 지니는데도 불구하고 율법에 근거한 성스러운 생활이 확립되게 된 것은 당연한 일이었다. 웨슬리가 당시의 행위 중시 이론을 공격할 때 강력히 주장한 내용은 결국 옛 청교도주의 사상을 재생시킨 것에 지나지 않았다. 즉 행위란 개인이 구원받은 상태에 있음을 보여 주는 실재근거가 아니라 단순한 인식근거일 뿐이며, 그것도 행위가 오직 신의 영광을 위해 이루어졌을 때에만 그러하다는 것이었다. 웨슬리 본인의 체험에 따르면 올바른 행위 자체만으로는 부족하다. 스스로 구원받은 상태라고 느끼는 감정이 이에 추가되어야 한다. 웨슬리 자신은 기회가 있을 때마다 행위를 은총의 '조건'이라고 불렀으며, 1771년 8월 9일의 선언*158에서도 선행을 하지 않는 자는 참된 믿음을 가진 사람이 아니라고 강조했다. 또한 감리교도들도 교리가 아닌 신앙의 성질이라는 점에서 자신들이 국교회와 차별성을 지닌다고 늘 강조하였다. 신앙의 '열매'란 대체로 《요한복음》 3장 9절에 근거해 규정되었으며, 행위는 부활의 명백한 징표로 간주되었다. 하지만 그럼에도 여러 가지 어려움이 발생했다.*159 예정설을 받아들인 감리교도들에 의해 구원의 확신이, 금욕적 생활에서 생겨나며 항상 그 자체로서 새로운 확증이 되는 은총의 의식이 아니라, 은총과 완전성의 직접적인 감정 안에 존재하게 된 것이다.*160 특히 이 경우 지속적인 '인내(perseverantia)'의 확신이 단 한 번의 참회 투쟁으로 이루어지므로, 위 현상은 다음 둘 중 하나를 의미하게 되었다. 첫째로 이것은 천성이 약한 신자에게는 '기독교적 자유’를 반율법주의(反律法主義) 입장에서 해석한 것, 즉 방법적 생활의 이완을 의미했다. 둘째로 이 귀결이 거부될 경우, 이것은 아찔할 정도로 고조되어 가는 성도들의 자기 확신,[161] 즉 청교도적인 유형의 감정적 고양을 의미했다. 이런 결과는 반대자들의 공격에 직면한 그들이, 그에 대항할 목적으로 성서의 규범적인 타당성과 구원 확증의 불가피성을 더욱 강조하였기 때문에 생겨났는데,[162] 한편으로는 은총의 상실 가능성을 주장하는 반칼뱅주의적 웨슬리의 노선을 이 운동 내부에서 더욱 강화시키는 결과를 낳았다. 형제단을 매개로 웨슬리를 옭아매고 있던 루터파의 강한 영향[163]은 이러한 발전을 더욱 촉진하였다. 그로 인해 감리교 윤리의 종교적 기초의 불확실성은 보다 증가했다.[164] 어쨌든 결국 근본적으로 철저하게 유지된 것은 다음 관념에 지나지 않았다. 즉 ‘부활(regeneration)’—신앙의 열매로서 직접 나타나는 감정적인 구원의 확신—이 구원의 불가결한 기초라는 관념과, (적어도 가능성이라는 면에서) 죄의 지배로부터의 해방을 수반하는 성화(聖化)가 은총 상태를 증명해 준다는 관념뿐이었다. 또한 그에 따라서 구원을 얻는 외부적 수단, 그중에서도 특히 성례전의 의미가 축소되었다. 어쨌든 뉴잉글랜드 및 다른 여러 지방에서 감리교가 일으켰던 현상인 ‘general awakening(보편적 각성)’의 특징은 은총 및 선택의 교리의 고양이었다.[165]

이제 우리의 관점에서 정리하자면, 감리교의 윤리적 기초는 경건파와 마찬가지로 튼튼하지 않다는 결론이 나온다. 그러나 감리교에서도 ‘보다 고결한 삶(higher life)’이나 ‘제2의 복음’을 추구하는 노력이 예정설을 대신하고 있었다. 그리고 영국을 기반으로 성장한 감리교의 윤리적 실천은, 전적으로 이 나라의 개혁파 기독교를 기준삼아 그것의 ‘신앙부흥(revival)’을 목표로 이루어졌다. 여기서 회개의 격정적인 행위는 방법적으로 쓰이게 되었다. 이후 친첸도르프의 감정적 경건파에서 보이는 신과의 교류를 경건하게 즐기는 행위 대신, 이 각성된 감정은 곧 완전성을 추구하는 합리적 노력이라는 방향으로 향하게 되었다. 따라서 이 신앙의 격정적인 성격이 독일 경건파와 같은 내면적인 감정적 기독교로 발전하지는 않았다. 죄의식의 발달이 미약했다는 점(이는 부분적으로는 회개의 격정적인 경과가 낳은 결과였다)과 위 사실이 관련되어 있다는 것은 슈네켄부르거(Schneckenburger)가 이미 밝힌 대로이다. 이는 사람들이 감리교를 비판할 때 항상 지적하는 점이다. 이 점에서 개혁파적인 근본 특징은 종교 감각의 규준으로서 계속 남아 있었던 것이다. 감정의 흥분은 때때로 '코리반테스의 경우처럼 미친 듯이(korybantenartig)' 고양된 열광 상태로 변하기도 했지만, 그 외의 경우에는 생활의 합리적인 성격을 결코 해치지 않았다.*166 고로 감리교의 '부활(regeneration)'은 결국 순수한 행위주의를 보충하는 것으로, 예정설이 포기된 뒤의 금욕생활을 종교적으로 규정짓는 것에 지나지 않았다. 참된 회개를 증명하기 위해서는, 웨슬리의 표현을 빌리자면 그 '조건'으로서 행위라는 표지가 꼭 필요했다. 이는 사실상 칼뱅주의 경우와 똑같다. 여하튼 감리교는 천직 관념의 발달에 새로이 공헌한 바가 전혀 없다.*167 따라서 천직 관념에 대해 논하는 자리에서는 감리교를 단순히 '나중에 열린 열매(Spätling)'로 간주하여*168 기본적으로 제쳐놓겠다.

유럽 대륙의 경건파와 앵글로색슨 국가의 감리교는, 사상적 내용이나 역사적 발전에 비춰 본다면 둘 다 이차적인 현상에 지나지 않다.*169 이와는 달리 칼뱅파와 더불어 프로테스탄트적 금욕주의를 독자적으로 발전시킨 종파로는 재세례파(Täufertum)와, 그 운동을 직접 계승하거나 종교적 사고방식을 수용하면서 16~17세기 사이에 생겨난 종파들,*170 즉 침례교, 메노나이트파, 그리고 무엇보다도 퀘이커파를 들 수 있다.*171 이 종파들의 윤리는 개혁파의 윤리와 원칙적으로 전혀 다른 교리에 근거하고 있다. 다만 이하의 기술에서 나는 우리의 현재 연구에 있어 중요한 내용만을 지적하는 데 그칠 뿐, 이 운동의 다양한 모든 측면을 다루지는 않을 것이다. 물론 이 고찰은 선진 자본주의 국가들에서 이루어진 발전을 중심으로 전개된다. ―이들 교단에서 공통되며 역사적으로도 원리적으로도 가장 중요한 사상은 'believer's church (믿는 자의 교회)'*172이다. 우리는 그 싹을 이미 살펴본 바 있다. 문화 발전에 대한 이 사상의 영향력을 분명히 밝히려면 우리는 다른 연관에서 논해야 할 것이다. 어쨌든 이 사상에 따르면 교단, 즉 종교개혁 시대 프로테스탄트 교회가 쓰던 말을 빌리자면 '보이는 교회'*173는 더 이상 내세를 위한 신탁 재단이 아니었다. 즉 그것은―신의 영광을 더하기 위해서든(칼뱅파) 사람들에게 구원을 매개하기 위해서든(가톨릭 및 루터파)―의로운 자도 의롭지 않은 자도 모두 포괄하는 공적 제도(Anstalt)로서의 성격을 잃고, 스스로 믿고 부활한 개인들만으로 이루어진 단체로 생각되었다. 다시 말해 그것은 '교회

(kirche)'가 아니라 '종파(Sekte)'로 간주되었다.*174 이는 오직 스스로 내면적인 신앙을 얻고 이를 고백한 종교적 성인(成人)에게만 세례를 준다는, 그 자체로는 순전히 외면적인 원리로 상징되고 있었다.*175 그런데 재세례파에게서 볼 수 있는 이런 신앙에 의한 '의인(義認)'은 그들이 모든 종교적 담론에서 끊임없이 되풀이해 주장했듯이, 과거 프로테스탄티즘의 정통적 교리를 지배하였던 '심판을 통한 그리스도의 업적 부여(賦與)' 사상과는 근본적으로 달랐다.*176 오히려 그들이 보기에 의인이란, 그리스도의 구원의 업적을 내면적으로 자기 것으로 삼는 것이었다. 그것은 오직 개인적인 계시에 의해, 즉 각자의 내면에서 일어나는 성령의 작용에 의해서만 이루어질 수 있었다. 이 계시는 모든 사람에게 주어진다. 사람들은 그저 성령을 기다리면서, 이에 방해가 되는 현세에 대한 죄스러운 집착을 버리기만 하면 된다. 이리하여 교리에 대한 지식으로서의 신앙이나, 회개를 통해 은총을 얻기 위한 신앙은 그 중요성을 완전히 잃어버리게 되었다. 그 결과 원시기독교의 성령 종교적 사상이—물론 많이 변형된 형태로—부활하기에 이르렀다. 예를 들어 메노 시몬스(Menno Simons)가 그의 저서인 《교리서(教理書, Fondamentboek, 1539)》에서 비로소 어느 정도 체계적인 교리를 부여했던 저 파도, 다른 재세례파 종파와 마찬가지로 그리스도의 진정으로 성결한 교회 그 자체를 지향했다. 다시 말해 원시교회와 같이 신에 의해 개인적으로 각성되고 부름 받은 자들로만 구성되는 교단을 목표했던 것이다. 오직 부활한 자들만이 그리스도의 형제이다. 왜냐하면 그들은 그리스도처럼 성령에 의해 태어났기 때문이다.*177 이런 까닭에 초기 재세례파 교단에서는 '현세', 즉 이 세상 사람들과의 꼭 필요치는 않은 모든 교류를 철저히 회피하려는 경향이 생겨났다. 이는 초대 기독교도들의 생활을 모범으로 삼는다는 의미에서 매우 엄격한 성서주의와 결합하여 생겨난 것이었다. 이러한 현세 회피의 원칙은, 옛 정신이 남아 있는 한 결코 사라지지 않았다.*178 재세례파 종파들은 초기 신도들을 지배하고 있던 그런 동기들 가운데 영속적인 유산으로서, 오직 신에게만 바쳐야 하는 외경심을 해치는 모든 '피조물 숭배'를 배척한다는*179 원칙을 이어받았다. 그리고 이 원칙은—비록 다른 기초에서 성립되었지만—칼뱅파에서 우리가 이미 살펴본 것과 같으며, 그 기본적인 중요성은 앞으로도 꾸준히 지적될 것이다. 스위스나 독일 남부의 초기 재세례파 신도들이 생각했던

성서적 생활방식은, 본디 성 프란체스코의 경우와 마찬가지로 철저한 것이었다. 그것은 모든 세속적 즐거움으로부터 완전히 벗어나서 사도의 생애를 엄격하게 본받는 생활이었다. 초기에 활약하던 대표자들 가운데 몇몇 인물들의 생활은 그야말로 성 에기디우스(Aegidius)의 삶을 연상케 할 정도였다. 그러나 이런 엄격한 형태의 성서 준수(遵守)*180도, 그들 신앙의 성령적(聖靈的) 성격 앞에서는 확고부동한 존재가 될 수 없었다. 신이 선지자들과 사도들에게 계시하셨던 내용은, 그가 계시하고자 했거나 계시할 수 있었던 것의 전부는 아니었다. 오히려 그 반대였다. 문서를 통해서가 아니라, 일상생활 속에서 계시를 받고자 하는 신도들 개인에게 직접 주어지는 성령의 힘으로서의 말씀이 언제까지고 존속하는 것이야말로—일찍이 슈벵크펠트(Kasper Schwenckfeld)가 루터에 반대하여 말하였고, 훗날 폭스(George Fox)가 장로파에 대항하여 주장했듯이—참된 교회의 유일한 징표였다. 이는 원시교회가 증언해 주는 사실이다. 이런 계시의 존속이라는 사상으로부터 저 유명한 교리, 즉 이성과 양심에서 성령이 내면적으로 작용하는 것이 가장 중요하다는 교리가 생겨났다. 이 교리는 뒷날 퀘이커파를 통해 완전한 발달을 이룬다. 물론 이 사상 때문에 성서의 유효성이 사라지지는 않았다. 그러나 성서의 독재적인 성격은 배제되었으며, 동시에 교회에 의한 구원이라는 교리의 온갖 잔재들도 사라졌다. 이로써 퀘이커파에 이르러서는 세례나 성찬조차 없어지는 저 급진적인 발전을 향한 길이 열리게 되었다.*181 재세례파의 모든 교파는 예정설 신봉자, 특히 엄격한 칼뱅파와 더불어 구원의 수단으로서의 모든 성례전을 근본적으로 완전히 무가치한 것으로 간주했다. 이로써 그들은 종교적 차원에서 '주술로부터의 현세 해방'을 철저하게 이뤄 냈다. 계시의 존속에 의한 '내적인 빛'만이 우리로 하여금 신의 성서적 계시를 참으로 이해할 수 있게 해 준다.*182 또한 그런 '내적인 빛'의 효과는, 적어도 이 교리를 철저히 발전시킨 퀘이커파에 따르면 성서적 형태의 신의 계시를 아직 모르는 사람들에게까지 작용할 수 있었다. '교회 밖에 구원은 없다(Extra ecclesiam nulla salus)'라는 명제는 단지 이런 성령의 빛을 받은 사람들의 보이지 않는 교회에만 적용된다. 이 내적인 빛이 없다면 본디 인간은, 더 나아가 자연의 이성에 의해 인도되는 인간들조차*183 단순한 피조물에 지나지 않으며 신과는 동떨어진 존재다. 재세례파 사람들과 퀘이커파들은 이

점을 칼뱅파보다도 더 확실하게 실감하고 있었다. 그러나 한편으로 우리가 성령을 고대하며 이에 내적으로 기댈 때, 이 행위가 가져다주는 부활은 신의 힘에 의한 것이므로 죄의 권세를 완전히 극복한 상태에까지 우리를 인도할 수 있으며,[*184] 따라서 우리가 죄악으로 다시 타락하거나 은총을 잃는 일은 사실상 있을 수 없다고 생각되었다. 하지만 후대의 감리교에서 볼 수 있듯이 그런 상태에 이르는 것은 일반적인 법칙이 아니며, 오히려 개인의 완전성 수준은 각자의 진보 단계에 따라 결정된다고 여겨졌다. 어쨌든 모든 재세례파 집단은, 그 구성원들의 행위가 흠잡을 데 없다는 의미에서 '순수한' 집회가 되고자 했다. 현세 및 세속적 이해관계로부터의 내적 단절과, 양심 속에서 우리에게 말씀을 전하시는 신의 지배에 대한 절대적인 복종만이 참된 부활의 명백한 표지이므로, 그에 어울리는 행위가 구원의 필요조건이 되었다. 구원은 노력을 통해 얻어지는 것이 아니라 신의 은총으로 주어지는 선물이기는 하나, 양심에 따라 생활하는 자만이 자신을 부활하는 자로 여길 수 있다는 것이었다. 이런 의미에서 '선행'은 '불가결한 조건(ca usa sine qua non)'이었다. 지금까지 살펴봤듯이, 우리가 의거해 온 바클레이(Barclay)의 사상은 실질적으로 개혁파 교리와 일치하며 또한 칼뱅파 금욕의 영향 아래에서 발달한 것임에 분명하다. 영국과 네덜란드에서 칼뱅파는 재세례파 종파들보다 먼저 존재하고 있었으며, 또 조지 폭스의 초기 선교 활동도 전적으로 칼뱅주의 금욕의 진지한 내적 수용을 널리 권고하는 데 바쳐졌다.

그런데 심리적으로 보자면 재세례파 도덕 특유의 방법적 성격은—예정설이 배척되고 있었으므로—무엇보다도 성령의 작용에 대한 '기다림'이라는 사상에 근거한 것이었다. 이는 오늘날의 퀘이커파 '집회'에서도 볼 수 있는 특징으로, 바클레이의 이것을 다음과 같이 탁월하게 분석했다. 즉 이 묵묵한 기다림의 목적은 '자연적' 인간의 충동적이고 비합리적인 요소, 그리고 격정과 주관성을 극복하는 것이며, 인간은 신의 말씀을 접할 수 있는 유일한 상태인 영혼의 그 깊은 고요함에 이르기 위해 침묵해야 한다는 것이다. 물론 이러한 '기다림의' 작용은 히스테릭한 상태나 예언으로 변하거나, 심지어 상황에 따라서는—종말론적 희망이 계속 존재하는 한—폭발적인 열광적 천년왕국설로까지 변할 수도 있었다. 이는 신앙심의 기초가 유사한 신앙에서는 흔히 볼 수 있는 일이며, 실제로 뮌스터에서 섬멸당한 일파가 그 예이기도

하다. 그러나 재세례파의 신앙이 정상적인 세속적 직업생활에 영향을 미치게 되자 "피조물이 침묵할 때에만 신이 말씀하신다"는 사상은 분명, 사람들로 하여금 행위를 냉정히 고찰하고 양심을 개인적으로 신중히 음미하게 하는 교육을 의미하게 되었다.[185] 실제로 후기 재세례파 교단은 이런 조용하고 현실적이며 매우 양심적인 성격을 생활 실천 속에서 몸에 익혔다. 이 현상은 특히 퀘이커파에서 두드러지게 나타났다. 현세의 철저한 '주술로부터의 해방'은, 내적으로 세속적 금욕 이외의 다른 길을 허용하지 않았다. 또한 이로부터 정치권력 및 그것의 행사와는 일절 관계하지 않겠다는 교단들의 경우에는 외적으로도, 그런 금욕적 덕성이 직업 노동 내부에 침투하는 결과가 나왔다. 물론 재세례파 운동에서도 지도자들은 현세와의 단절을 어디까지나 철저히 수행하려 했지만, 그런 초기 세대에도 이미 엄격한 사도적 생활방식이 부활의 증거로서 모든 신도에게 무조건 필요하다고 받아들여졌던 것은 아니다. 이미 부유한 시민적인 요소가 이 세대에 속해 있었으며, 세속적 직업윤리와 사유재산제도 위에 철두철미하게 서 있던 메노 이전 시대부터 재세례파의 준엄한 도덕적 태도는 사실상 벌써 개혁파 윤리에 의해 개척된 길로 나아가고 있었다.[186] 왜냐하면 금욕의 탈속적(脫俗的)·수도사적 형태로의 발전은 루터 이후 성서적이지 못한 행위주의적인 것으로서 배척되었으며, 이 점에서는 재세례파도 그 노선을 따랐기 때문이다. 여기에서 고찰하지 않는 초기의 반(半) 공산주의적 교단은 제외하더라도, 재세례파 종파 중 하나인 'Tunker(dompelaers, dunkards)'는 교양 및 생활에 필요한 재산을 배척하는 입장을 오늘날까지도 유지하고 있다. 게다가 바클레이도 '직업에 대한 성실'을 칼뱅파나 루터파 방식으로 해석하지 않고 오히려 토마스주의에 가깝게 파악하여, 신도가 '자연적 이성(naturalis ratio)'으로 인해 현세의 관계에 휘말릴 때 발생하는 불가피한 귀결이라고 보았다.[187] 이런 견해에는, 슈페너나 독일 경건파 사람들의 많은 표현과 같이 칼뱅파의 천직 관념을 완화시키는 요소도 있기는 했다. 그러나 한편으로 재세례파 계통의 종파들에게 있어 직업에 대한 경제적 관심이 여러 가지 원인에 의해 오히려 강화되는 현상도 나타났다. 그 원인들 가운데 하나는, 본디 현세와의 단절에 따라 종교적 의무로 생각되던 관직의 수령 거부였다. 이것은 종교적 원리로서는 폐기된 뒤에도, 최소한 메노나이트파와 퀘이커파의 경우에는 무기의 사용이나 선서를 엄격히 거부함으로써 공직에 오를 자격을 잃었다는 점에서 사실상 계속 준수되어 왔다. 이와 더불어 또 하나의 원인은 재세례파의 모든 교파에서 나타나는, 귀족주의적 생활양식에 완강히 반대하는 태도였다. 이는 한편으로 칼뱅파와 마찬가지로 피조물의 우상화에 대한 금지의 결과였으며, 다른 한편으로는 저 비정치적이거나 단적으로 반정치적인 원칙들의 귀결이었다. 재세례파 생활태도의 진지하고도 양심적인 방법적 성격은 이리하여 비정치적인 직업생활의 길을 지향하게 된다. 그런데 이때 재세례파의 구원론이 개인에 대한 신의 계시로서 파악한 양심에 따른 행위의 자기 통제에 부여했던 엄청난 중요성은, 직업생활에 대한 그들의 태도에 하나의 현저한 특징을 심어 주었다. 게다가 이 특징은 자본주의 정신의 주요 측면의 발전에 있어 매우 큰 의미를 지닌 것이었다. 이에 관해서는 나중에 좀 더 자세히 고찰하겠다. 다만 그 고찰은 프로테스탄티즘 금욕의 정치·사회윤리를 총체적으로 논하지 않아도 될 만한 범위에서 이루어질 것이다. 하지만 그 고찰에서—적어도 이것만큼은 미리 말해 두겠다—재세례파, 특히 퀘이커파의 세속적 금욕이 취했으며 훗날 '정직은 최고의 전략이다(Honesty is the best policy)'*[188]라고 정식화되는 저 독자적인 형태*[189]가 이미 17세기 사람들의 눈에도 자본주의 '윤리'의 중요 원칙의 실천적 확증으로서 비춰졌다는 점이나, 앞서 인용한 프랭클린의 책이 바로 그에 관한 고전적인 문헌이라는 점을 우리는 깨닫게 될 것이다. 반면 칼뱅파의 영향은 오히려 사경제적 영리활동의 에너지를 해방시키는 방향으로 작용했다고 추정될 수 있다. 왜냐하면 '성도'들은 형식상 매우 합법적이었지만, 결과적으로 "행동하는 자는 양심을 지니지 않는다. 양심을 지니는 사람은 관찰자뿐이다."라는 괴테의 말이 칼뱅파 신도들에게도 흔히 적용될 수 있었기 때문이다.*[190]

이와 다른 맥락에서 접근해 본다면 재세례파 교파들이 현세적 금욕을 강화시켰던 또 하나의 중요한 원인을 고찰할 수 있다. 그러나 여기에서 선택한 서술 방식의 타당성도 설명할 겸, 몇몇 부분만 간단히 살펴보기로 하자. 이 연구는 완전히 의도적으로, 초기 프로테스탄트 교회의 객관적·사회적 제도와 그 윤리적 영향에 초점을 맞추고 있다. 또한 매우 중요한 교회규율로부터 출발하지 않고, 개인이 금욕적 신앙을 주관적으로 받아들임으로써 그들의 생활태도에 변화를 일으킨 신앙의 영향력에서부터 출발했다. 사안의 이러한 측면이 지금까지 거의 주목받지 못했다는 이유만으로 그랬던 것은 아니다. 교회규율이 미치는 영향의 방향이 항상 동일하지는 않았다는 점도 하나의 이유였다. 개인 생활에 대한 교회의 감시적 통제는, 그것이 칼뱅파 국교회 아래에서 마치 종교재판처럼 엄격하게 이루어질 경우, 방법적으로 구원을 얻으려는 저 금욕적인 노력이 가져다주는 개인적 힘의 해방에 오히려 정반대의 영향을 미칠 수도 있었으며 실제로도 그런 일이 종종 일어났다. 국가의 중상주의적 통제가 산업을 발전시킬 수는 있어도 그 자체만으로는 결코 자본주의 '정신'을 길러내지는 못한다. 국가의 통제가 감시적·권위적 성격을 띨 경우에는 오히려 그 정신이 단적으로 저해되기도 했다. 이런 효과는 교회가 금욕을 통제하면서 너무나 감시적인 방식을 쓸 때에도 똑같이 발생할 수 있었다. 이 경우 교회의 통제는 특정한 외적 행동을 강제하면서 합리적 생활태도를 지향하는 주관적인 동기를 종종 약화시키곤 했기 때문이다. 다만 이 점을 논할 때에는*191 다음 사실에 주의해야 한다. 즉 국교회의 권위적 도덕규제와 자유로운 복종에 바탕을 둔 종파의 도덕 규제 사이에는 커다란 차이가 있다는 것이다. 재세례파 운동의 모든 교파가 원칙적으로 '교회' 대신 '종파'를 낳았다는 사실이, 이 금욕의 강화에 기여했다. 이 점은 칼뱅파, 경건파 및 감리교 교단 내에서 사실상 자발적 집회라는 형식이 어쩔 수 없이 취해져 간 경우에도—각각 정도의 차이는 있지만—마찬가지였다.*192

이상의 간결한 서술에서 나는 청교도주의 천직 관념의 종교적 기반을 밝히고자 했다. 이제는 이 관념이 영리생활에 끼친 영향을 고찰할 차례다. 물론 이 영향은 개별적으로는 여러 가지 편차를 보이며, 또 우리에게 있어 결정적으로 중요한 문제점에 대한 강조 방식도 금욕적 교단의 차이에 따라 상당히 다르다. 하지만 그럼에도 불구하고 이미 살펴봤듯이, 그런 문제점은 어느 교단에나 공통적으로 존재했으며 또 중요한 영향을 끼쳐 왔다.*193 그러면 여기서 간단한 요약을 해 보자. 우리의 연구에서 결정적으로 중요한 점은 모든 교파가 종교상의 '은총 상태'를 사회적 신분(status)로 보았다는 사실이다.*194 이 신분은 피조물의 타락한 상태, 즉 현세로부터 신도들을 격리시켜주는 것이었다. 이러한 신분을 획득하는 일은—획득 방법은 각 교파들의 교리에 따라 달랐겠지만—어떤 주술적 성례전이나 참회에 의한 사면이나 개별적인 경건한 행위를 통해서는 결코 보증될 수 없다. 그것은 오직 '자연적'

인간의 생활양식과는 명백히 다른 독자적인 행위에 의한 확증을 통해서만 보증된다. 이러한 이론으로부터, 개인의 은총 상태를 유지하기 위해 생활을 방법적으로 통제하고 그 생활 안에 금욕을 침투시키려는 원동력이 생겨났다. 그런데 앞서 살펴봤듯이 이 금욕적 생활방식은, 신의 의지에 따라 자신의 모든 존재를 합리적으로 형성하는 것을 의미했다. 게다가 이 금욕은 더이상 '의무 이상의 선행(opus supererogationis)'이 아니라, 구원의 확신을 얻고자 하는 사람들 모두에게 요구되는 행위였다. 이리하여 종교적 요구에 의거하여 '자연적' 생활과는 구분되는 성도들의 특별한 생활은—이것이 결정적인 점인데—더 이상 세속을 떠난 수도원이 아니라, 세속 및 그 질서 안에서 이루어지게 되었다. 이처럼 내세를 지향하면서 세속 내부에서 이루어지는 생활태도의 합리화야말로, 금욕적 프로테스탄티즘의 천직 관념이 낳은 결과였다.

처음에는 세속을 떠나 고독함 속으로 도피했던 기독교의 금욕은, 세속을 버리면서도 수도원 내부에서 이미 세속을 교회의 지배 아래에 두고 있었다. 그러나 이 경우 세속적 일상생활 및 자연적인 분방한 성격은 대체로 방치되어 있었다. 이제 이 금욕은 수도원과의 관계를 끊고 세속의 활동 안에 모습을 드러냄과 동시에 세속적 일상생활 내부로 그 방법적 의식을 침투시켜, 그것을 세속적인 합리적 생활—그러나 이는 세속에 의한 것도, 세속을 위한 것도 아니다—로 개조하려 들기 시작했다. 이것이 어떤 결과를 낳았는지는 다음 서술에서 살펴보기로 하자.

〈주〉

＊1 츠빙글리파(Zwinglianismus)는 한때 유력했지만 그 의의는 곧 작아져 버렸다. 따라서 특별히 다루지는 않겠다. —준엄한 형태로까지 정식화된 예정설에 대한 거부를 교리상의 특질로 삼으면서 '세속적 금욕'을 배척했던 '아르미니우스파'《Arminianismus》는 네덜란드(및 미합중국)에서 종파로 조직된 것일 뿐, 이 장에서 우리의 흥미를 끌 만한 대상은 아니다. 또는 기껏해야 소극적인—즉 네덜란드에서 상인 귀족의 신앙이 되었다는 점이—흥미를 끌 뿐이다(이에 관해서는 뒷부분을 참조하라). 아르미니우스파의 교의는 영국 국교회 및 대다수의 감리교 계통의 교파에서 채용되었다. 그런데 그 '에라스투스 풍의'《Erastianisch》(즉 교회의 문제에 대해서도 국가의 지상권(至上權)을 주장하는 식의) 태도는, 정치에만 관심을 가지는 모든 심의 기관의 태도였다. 즉 이것은

영국의 장기의회와 엘리자베스 여왕, 네덜란드의 연방의회, 그중에서도 올덴바르네벨트(Oldenbarneveldt)의 입장이었다.

＊2 '청교도주의'라는 개념의 전개에 관해서는 Sanford, 《Studies and Reflections of the Great Rebellion》, pp. 65 f.를 참조하라. '청교도주의'란 용어는 이 책 어디에서나 17세기의 일반적인 용법과 늘 같은 의미로 사용된다. 다시 말해 그것은 네덜란드 및 영국에서의 금욕적 경향을 띤 종교상의 모든 운동을 가리키며, 교회제도상의 강령 또는 교리의 차이는 불문에 부친다. 따라서 '독립파', 조합교회파, 침례교, 메노나이트, 퀘이커가 이에 포함된다.

＊3 이 점은 이러한 문제를 논의하는 자리에서 자주 오해되곤 한다. 특히 좀바르트는 (브렌타노도 마찬가지지만) 윤리적 저작자들에게 도움이 되는 생활규범의 요강이라는 문헌(그것도 대부분은 내 논문에서 알아낸 것이다)을 항상 인용하면서도, 그것들이 누구에게 심리적으로 유효한 구제(救濟)의 자극을 주게 되었는지는 거의 의문시하지도 않았다.

＊4 굳이 말할 필요도 없겠지만 덧붙여 둔다. 이하의 소묘는 교의 문제에 관한 이상 모든 교회사·교의사의 문헌에서 볼 수 있는 견해, 즉 '세컨드 핸드'에 바탕을 두고 있으며, 그런 한 '독자성'을 주장하기는 어렵다. 물론 나는 힘닿는 데까지 종교개혁사의 원사료(原史料)에 중점을 두려 노력했다. 하지만 이 경우에도 혹시 수십 년의 농밀하고 자세한 신학적 연구를 무시하고, 그에 따라 사료를 이해하는—이는 피해선 안 될 일이다—일을 소홀히 여긴다면, 이는 매우 불손한 행위일 것이다. 나는 그저 이 고찰이 여러 가지 기술들을 모아 놓은 부정확한 요약으로 전락하지 않기를, 또 최소한 실질적으로 심각한 오해를 면할 수 있기를 기원할 뿐이다. 신학상의 중요한 문헌에 통달한 사람들에게도 '새롭게 느껴지는 무언가'가 이 서술 안에 존재한다 해도 당연한 일이며, 이는 나에게 있어 중요한 관점에 모든 초점이 맞춰져 있다는 범위 안에서 일어나는 현상이다. 그런 관점에서 보자면 그야말로 결정적으로 중요한 요소도—이를테면 금욕의 합리적인 성격 및 그것이 근대적인 '생활 스타일'에 대해 가지는 의의처럼—대부분 신학자들 입장에서는 생소한 것일 터이니 말이다. 이런 일반적인 사회학적 측면에 관해서는, 이 연구가 발표된 뒤 트뢸치(E. Troeltsch)의 전게서(前揭書)—그의 Gerhard und Melanchthom 및 Gött. Gel. Anz.에 실린 많은 평론에는 이미 이 대저(大著)에 대한 예비적 연구가 포함되어 있다—에서 조직적으로 자세히 기술된 바 있다. 앞으로 인용하는 문헌은 지면 관계상 참조한 모든 것이 아니라, 본문의 해당 부분이 근거로 삼고 있거나 그에 관련된 저작만으로 한정한다. 그것도 이 책의 관점에 가까운 경우에는 오히려 오래된 저서를 인용하는 일이 적지 않다. 독일 도서관은 경비가 풍족하지 않으므로, '지방'(Provinz)에서는 베를린이나 그 밖의 커다란 도서관에서 중요한 사료 및 연구서를 몇 주 동안 빌려올 수밖에 없다. 이를테면 푸트(Voët), 백스터(Baxter), 타이어맨(Tyermans), 웨슬리(Wesley)의 저서나 감리교, 침례교, 퀘이커교 저술가들의 모

든 작품, 또 (Corpus Reformatorum)에 수록되지 않은 초기 저술가들의 많은 저서가 그러했다. 어떤 문제에 대해서든 심도 있는 연구를 할라치면 영국, 특히 미국 도서관을 이용해야 할 상황이 자주 벌어진다. 이하의 소묘에 대해서는—당연한 이야기지만—독일에서 얻을 수 있는 것만으로 만족할 수밖에 없었다(실제로 만족할 수 있었다). 미국에서는 최근 들어 대학교가 자신의 '종파로서의' 전통을 전적으로 부인하는 특징적인 경향이 보이고 있다. 그래서 도서관에 그런 종류의 문헌이 거의, 또는 전혀 보충되지 않고 있다. 이것은 미국 생활 일반의 '세속화' 경향의 한 발로이다. 역사적으로 전해 내려온 이 나라의 국민성은 얼마 있지 않아 사라지고, 수많은 기본적 제도가 지닌 의미도 근본부터 결정적으로 변화해 버릴 것이다. 따라서 우리는 정통을 고수하는 종파가 설립한 소규모 지방 대학교를 방문해야 할 것이다.

＊5 이하의 서술에서는 당장은 금욕적 운동의 기원, 선구, 발달사를 문제로 삼지 않고, 이미 발달한 모습을 전제로 한 뒤 그런 사상을 고찰할 것이다.

＊6 칼뱅 및 칼뱅주의 일반에 관한 문헌으로는 Kampschulte의 기초적인 저작 외에도 Erich Marcks의 서술(그의 저서인 Coligny에서 찾아볼 수 있다)이 가장 좋다고 여겨진다. Campbell, The Puritans in Holland, England and America(2 vols.)에는 무비판적이고 경향적인 점이 없지 않다. A. Pierson, 《Studiën over Johannes Calvijn》은 두드러지는 반(反)칼뱅주의 입장에서 쓰인 당파적 저서다. 네덜란드의 발전에 대해서는 Motley의 저작 외에 네덜란드의 고전적 저술, 특히 Groen van Prinsterer, Geschiedenis van het Vaderland ; —La Hollande et l'influencede Calvin, 1864 ; —(근대 네덜란드에 관한) Le parti antirévolutionnaire et confessionnel dans l'église des Pays-Bas, 1860—, 또 그중에서도 Fruin, Tien jaren uit den tachtigjarigen oorlog, 특히 Naber, Calvinist of Libertijnsch를 비교 연구해 봐야 할 것이다. 그 밖에 19세기에 대해서는 W.J. F. Nuyens, Geschiedenis der kerkel. en pol. geschillen in de Rep. de Ver. Prov. (Amsterdam, 1886) ; A. Köhler, Die niederl. ref. Kirche (Erlangen, 1856)를 참조. 프랑스에 관해서는 Polenz의 저작 외에 현재로서는 Baird, Rise of the Huguenots을 참조하라. 영국에 대해서는 Carlyle, Macaulay, Masson 및—마지막에 언급한다고 해서 결코 뒤처지지는 인물이 아닌—Ranke의 저서들과, 현재로서는 특히 다음에 인용할 Gardiner나 Firth의 저작들, 더 나아가 Taylor, A Retrospect of the Religious Life in England (1854) 및 Weingarten, Die englischen Revolutions-Kirchen이라는 훌륭한 책, 그리고 Realenzyklopädie für Protest. Theol. u. Kirche, 3. Aufl.에 실린 E. Troeltsch가 쓴 영국의 Moralisten에 관한 논문, 또—이미 자명하지만—같은 저자의 E. Troeltsch, 〈Soziallehren der christlichen Kirchen und Gruppen〉 및 Ed. Bernstein, 〈Geschichte des Sozialismus〉 (Stuttgart, 1895), Bd. 1, SS. 506 ff. 소재의 뛰어난 논문을 참조하라. 가장 좋은 문헌 목록(7000점 이상이 포함됨)은 Dexter, Congregationalism of the Last Three Hundred Years에 실려 있다

(물론 주로 교회제도에 관한 것이지만, 그 밖의 것도 실려 있다). 이 서적은 근본적인
점에서 Price, Hist. of Nonconformism이나 Skeat, 그 밖의 사람들의 서술보다도 훌륭하
다. 스코틀랜드에 대해서는 이를테면 Sack, Die Kirche von Schottland (1844) 및 존
녹스(Jhon Knox)에 관한 문헌을 참조하라. 식민지 시대의 미국에 대해서는 수많은 개
별 문헌들 중에서도 Doyle,《The English in America》라는 책이 빛을 발하고 있다. 또
Daniel Wait Howe, The Puritan Republic (Indianapolis), J. Brown, The Pilgrim Fathers
of New England and their Puritan Successors (3rd ed. Revell)을 참조하라. 그 밖의 문
헌은 각각의 장소에서 인용하겠다. 교설의 차이에 관한 이하의 서술은, 특히 앞에서도
인용한 Schneckenburger의 강의록에 많은 도움을 받았다. Ritschl의 기초적인 저작
《Die christliche Lehre von der Rechtfertigung und Versöhnung, 3 Bde.》(이 책에서는 제
3판에서 인용했다)는 그 웅대한 사상적 안목에도 불구하고 저자의 특징을 드러내는 역
사 서술과 평가 판단이 뒤섞여 있으므로, 여기에서 독자가 충분히 신뢰할 만한 '객관
성'을 기대하기란 어렵다. 예를 들어 Schneckenburger의 주장을 부정하는 부분에서도
—내가 굳이 독자적인 판단을 내리진 않겠지만—과연 옳은지 고개를 갸웃거릴 만한
부분이 적지 않다. 또 예컨대 루터의 경우, 그의 놀랄 만큼 다양한 종교적 사상 감정
중에서도 특히 '루터다운' 교설이라고 리츨이 꼽은 것은, 리츨 자신의 평가 판단에 따
라 자주 결정된 듯 보인다. 다시 말해 그것은 루터의 사상 가운데에서도 바로 그 자신
에게 항구적인 가치가 있는 것들이다. 그것은 (그의 의견에 의한) 올바른 모습의 루터
사상이지, 반드시 사실 그대로의 루터 사상이라고 할 수는 없다. 한편 Karl Müller나
Seeberg, 그 밖의 인물들의 저서가 여러 군데에서 인용되고 있는데, 이에 관해서는 여
기서 굳이 말할 필요도 없을 것이다. —이하의 서술에서 내가 나뿐만 아니라 독자들 눈
앞에까지 이런 좋지 않은 주석을 밀어붙인 까닭은 오직 다음과 같다. 즉 (특히 신학에
익숙하지 않은) 독자들에게 그와 관련된 관점을 좀 더 많이 지적해 줌으로써, 이 소묘
에서 드러나는 사고방식을 일단이나마 다시 음미하실 수 있도록 하기 위함이다.

*7 이하의 소묘에 대해 처음부터 확실히 짚고 넘어갈 것이 있다. 여기서 고찰하려 하는 대
상은 칼뱅 자신의 견해가 아니라 칼뱅주의다. 그것도 16세기 말부터 17세기에 걸쳐 이
신앙이 지배적인 영향력을 행사하며 자본주의 문화를 담당했던 광범위한 지역에서 취하
게 된 모습, 바로 그런 모습의 칼뱅주의다. 또 당장은 독일을 고찰 범위 밖에 놓아두었
는데, 이는 단순히 이 나라에서는 순수한 칼뱅주의가 넓은 지역을 지배한 적이 없기 때
문이다. '개혁파'와 '칼뱅파'가 결코 똑같지 않다는 점은 굳이 말할 필요도 없으리라.

*8 케임브리지 대학교와 캔터베리 대주교 사이의 합의를 바탕으로 한 영국 국교회 신앙고
백 제17조에 관한 선언, 이른바 1595년 램버스 조항 Lambeth-Article은 (공식 견해와
는 달리) 사멸에 대한 예정도 분명히 언급하고 있지만, 이는 엘리자베스 여왕의 인가
를 받지 못했다. 사멸에 대한 예정이라는 명백한 표현에 (비교적 온건한 설교에서 사

용되는 멸망의 '묵과'라는 표현에 그치지 않고) 결정적인 중요성을 부여하려 한 것은 (핸서드 놀리즈 Hanserd Knollys의 신앙고백처럼) 바로 급진파 사람들이었다.

＊9 여기서는 물론이고 다음 단계에서도 인용할 칼뱅파 신조의 본문에 대해서는 Karl Müller,《Die Bekenntnisschriften der reformierten Kirche》(Leipzig, 1903)을 참조하라. 그 밖의 문헌은 각 부분에서 인용하겠다.

＊10 사보이 및 (미국의) 핸서드 놀리즈의 선언을 참조하라(여기서는 웨스트민스터 신앙고백의 원어 영문을 직접 번역해 인용했다. 파슨스(Talcott Parsons)가 영어로 번역한 이 책의 해당 부분은 Westminster Confession, fifth official edition, London, 1717에서 직접 인용된 것이다). 위그노의 예정설에 대해서는 특히 Polenz, I, SS. 545 ff.를 참조하라.

＊11 밀턴의 신학에 대해서는 (Eibach, Theol. Studien und Kritiken, 1879)에 수록된 논문을 참조하라(1823년에 재발견된《Doctrina Christiana》가 Summer에 의해 번역되었을 때 저술된, 이 문제에 관한 Macaulay의 논문은 피상적인 것에 불과하다. Tauchnitz Ed. 185, SS. 1 ff.). 물론 모두 상세한 점에서는 구성이 어느 정도 도식적이기는 하지만, Masson의 6권짜리 영문 주저 및 이에 의거한 Stern의 독일어 밀턴 전기를 참조해야 할 것이다. ―밀턴은 2중 결단이란 형태를 취하는 예정설에서 일찍부터 벗어나기 시작하였으며, 노년에 이르러서는 완전히 자유로운 기독교 신앙에 도달했다. 동시대의 갖가지 속박으로부터 해방되어 있었다는 점에서, 밀턴은 어떤 의미로는 세바스티안 프랭크(Sebastian Franck)에 비교할 수 있다. 다만 밀턴은 실제적이고 실행적인 인물이었던 데 비해, 프랭크는 근본적으로 비판적인 인물이었다. 칼뱅주의가 후세에 남긴 항구적 유산, 즉 세속적인 생활을 신의 의지에 따르게끔 합리화하는 운동을 넓은 의미에서 청교도주의라고 부른다면, 밀턴은 단순히 그런 넓은 의미의 '청교도'에 지나지 않았다. 똑같은 의미로 우리는 프랭크도 '청교도'라고 부를 수 있을 것이다. 두 사람 다 말하자면 '특이한 사람'이었다. 그러나 자세한 사항은 이 책의 고찰 영역 밖의 문제다.

＊12 "신은 소수의 인간을 구할 만큼 자비로운 분이시지만, 한편으로는 그분의 뜻에 따라 우리를 멸망으로 몰아넣으실 만큼 의로운 분이라는 사실을 믿는 것은, 가장 높은 단계의 신앙이다."―《노예의지론》De servo arbitrio의 유명한 부분에서 그는 이렇게 말했다.

＊13 루터도 칼뱅도 근본적으로는―Ritschl, Geschichte des Pietismus에서의 지적 및 Real-enzyklopädie für Protest. Theologie u. Kirche, 3. Aufl.에서 Köstlin이 집필한《Gott》 항목을 참조―신의 두 모습을 알고 있었다. 다시 말해 신약에서 분명하게 드러나 있는 은혜롭고 자비로운 아버지―《기독교 강요》첫머리의 몇 편에서는 이런 면이 많이 언급된다―의 모습과, 자신의 뜻에 따라 처단하는 전제군주로서의《Deus absconditus》'숨어 있는 신'의 모습, 그런 신의 두 모습을 안 것이다. 루터의 경우에는

형이상학적인 사색을 무익하고 위험한 것으로서 배척하는 경향이 점점 강해졌기 때문에, 신약에서의 신이 완전히 우세해졌다. 반면 칼뱅의 경우에는 인생을 지배하는 초월적인 신성의 사상이 승리를 차지했다. 칼뱅주의가 민중 사이에서 퍼져 나가는 동안, 그런 사상은 물론 오래가지 못했다. —그러나 그 사상을 대신한 것은 신약의 하나님 아버지가 아니라, 구약의 야훼였다.

* 14 이하의 서술에 관해서는 Scheibe, 《Calvins Prädestinationslehre, Halle, 1897》을 참조하라. 칼뱅파의 신학 일반에 관해서는 Heppe, 《Dogmatik der evangelisch-reformierten Kirche, Elberfeld, 1861》을 보라.

* 15 Corpus Reformatorum, Vol. 77, pp. 186 ff.

* 16 칼뱅주의 교설에 관한 위의 서술과 비슷한 내용을, 이를테면 Hoornbeek, Theologia practica(Utrecht, 1663), L. Ⅱ c. 1 : de praedestinatione(예정에 대하여) —이 장이 De Deo(신에 대하여)라는 표제의 바로 뒤에 이어지고 있다는 점이 특징적이다—에서도 발견할 수 있다. Hoornbeek의 경우, 성서의 전거는 주로 《에베소서》제1장이다. —예정이나 신의 섭리를 개인의 책임과 조화시켜 경험적인 의지의 '자유'를 구하고자 하는, 일관성이 없는 여러 시도들—그런 시도는 이미 아우구스티누스가 최초로 이 교설을 구상했을 때부터 시작되었다—에 대해서는 여기서 살펴보지 않아도 될 것이다.

* 17 "(신과의) 가장 깊은 교류는 제도나 단체나 교회 속에 존재하는 것이 아니라, 고독한 마음의 비밀 속에 존재한다." 다우든의 훌륭한 저서 Dowden, 《Puritan and Anglican》(p.234)는 위와 같이 이 결정적인 점을 정식화하고 있다. 이러한 개인의 깊은 내면적 고독감은, 마찬가지로 예정론자였던 포르루아얄의 얀센주의자들(Jansenists)의 경우에도 똑같이 생겨났다.

* 18 "이러한 집회—즉 교의, 성례전 및 규율의 순수함을 유지하고 있는 교회—를 무시하는 자에 대해서는, ……그의 구원은 절대 확실할 리 없다. 이런 행동을 계속하는 자는 선택되지 못한 자이다." Olevianus, De subst. foed., p. 222.

* 19 "신은 인류의 죄를 속죄하기 위해 그분의 아들을 보내셨다고 사람들은 말한다. —하지만 그것은 신의 의도가 아니었다. 신은 그저 소수의 사람들을 타락으로부터 구하고자 하셨을 뿐이다. ……그리고 내가 그대들에게 말하건대, 신은 선택된 자들을 위해서만 죽음을 택하신다." (Rogge, Wytenbogaert, Ⅱ, p. 9에 수록된, 1609년에 브루크(Broek)에서 실시된 설교. 그리고 Nuyens, a. a. O., Ⅱ, S. 232를 참조하라.) 핸서드 놀리즈의 신앙고백에서 이루어진, 중보(中保) 역할을 하는 그리스도에 대한 기초 설정도 결국 자승자박에 빠져 버렸다. 신은 애초에 이런 중보를 전혀 필요로 하지 않았다는 점이 곳곳에서 전제되고 있는 것이다.

* 20 (Entzauberung der Welt) '주술로부터의 세계 해방'의 과정에 대해서는 '세계종교의 경제윤리'에 관한 나의 논문들을 참고하라(이는 Max Weber, Die Gesammelte Aufsätze zur Religionssoziologie, 3 Bde.의 대부분을 차지하고 있는 《Wirtschaftsethik der Weltreligionen》을 가리킨다고 봐도 좋다). 고대 이스라엘의 윤리가 내용적으로는 이집트나 바빌론의 윤리에 가까운데도 불구하고 그런 것들과 대립하면서 차지했던 특수한 지위도, 또 위에 소개한 논문에서 드러나는 예언자 시대 이후의 그 발전도, 이미 전부 철두철미하게 이 "구원의 수단으로서 성례전이라는 주술을 거부한다"라는 근본적인 사태 위에 서 있었던 것이다.

＊21 가장 철저했던 사람들의 견해는 이러했다. 세례도 기존의 교회 규칙에 따라 의무로 정해져 있을 뿐, 구원에는 필요 없는 행위라고. 그렇기에 엄격한 청교도였던 스코틀랜드 및 영국의 독립파는, 신에게 명백히 거절당한 자(이를테면 술주정뱅이들)의 자식들에게는 세례를 해 주어선 안 된다는 원칙을 고수할 수 있었던 것이다. 1586년 에담(Edam)의 종교회의(32조 1항)는 다음과 같이 권한다. 세례를 간절히 소망하는 성인인데 성찬으로 대접받을 수 있을 만큼 '성숙'(reif)하진 못한 사람에게는, 그의 품행에 부족한 구석이 없고 그 소망이 '미신에서 비롯되지 않았다'(sonder superstitie)고 인정될 경우에만 세례를 해 주라고.

＊22 다우든의 전게서에 잘 설명되어 있듯이, '감각적 문화'에 대한 이 부정적인 태도는 그야말로 청교도주의의 한 본질적인 구성요소다.

＊23 '개인주의'(Individualismus)라는 말은 매우 다른 의미를 포함하고 있다. 이 책에서 이 말을 어떤 의미로 사용하고 있는지는 본문의 설명으로 분명해질 거라 믿는다. 루터파는 금욕적인 생활 규율을 가지지 않는다는 이유로—따라서 이 말이 이 책과는 다른 의미로 사용되어—'개인주의적'이라 평가받고 있다. 또 이를테면 디테리히 셰퍼는 그의 논문 〈Dieterich Schäfer, Zur Beurteilung des Wormser Konkordats〉(Abh. d. Berl. Akad., 1905)에서 이 말을 그와는 전혀 다른 의미로 사용하여, 중세를 '현저한 개인성'의 시대라고 불렀다. 왜냐하면 역사가의 입장에서 중요한 사건에 대해 살펴봐도, 당시에는 현대와 달리 비합리적인 여러 요인들이 중대한 의의를 갖고 있었기 때문이다. 셰퍼의 말은 옳다. 그러나 그가 반박하고 있는 사람들의 주장 또한 옳을 것이다. 사실 양쪽 모두 '개인성'이니 '개인주의'니 하는 말을 사용하면서도 전혀 다른 것을 생각하고 있기 때문이다. —야콥 부르크하르트의 독창적인 정식화는 오늘날에는 부분적으로 시대에 뒤떨어진 이론이며, 현재 이 개념에 대해 역사에 따른 근본적인 분석이 이루어진다면, 이는 학문적으로 매우 가치 있는 일이 될 것이다. 물론 이 분석은, 어떤 역사가들이 장난삼아 그저 시대에 라벨을 붙이기 위해 광고지라도 쓰는 기분으로 이 개념을 '정의'하는 것과는 정반대의 작업이다.

＊24 이것은 마찬가지로—물론 그 정도까지는 아니지만—후세의 가톨릭 교설과도 분명히 대조되고 있다. 이에 비해 똑같이 선택의 교설을 기초로 삼고 있는 파스칼의 심각한 비관주의는 얀세니즘에서 비롯한 것으로, 거기서 생겨난 그의 은둔적 개인주의는 공

식 가톨릭 회의 입장과 다르다. 이에 대해서는 이 책의 제1장 3의 주석 10)에 인용되어 있는, 프랑스의 얀센파에 관한 호니히스하임의 저술을 참고하라.

＊25 얀센파 신도들도 마찬가지였다.

＊26 Bailey, Praxis pietatis(독일어판, 라이프치히, 1724년), S. 187. 슈페너도 그의 저서 Ph. J. Spener,《Theologische Bedenken, 3. Ausgabe, Halle, 1712》(여기서는 이 제3판의 내용을 인용한다)에서 같은 입장을 취했으며, 친구의 충고는 신의 영광에 대한 고려에서 비롯되는 일이 드물며 대개 욕심과 관련된(꼭 이기적인 것은 아니다) 의도에서 나오는 일이 많다고 주장했다. ―"그―즉 세상 물정에 밝은 사람―는 그 누구의 사정에 대해서도 어둡지는 않지만, 자신의 이득과 손해에 가장 밝다. 그는 자신의 일만 생각하며, 할 필요도 없는데 불길에 손가락을 집어넣는 일 따위는 하지 않는다. ……그는 그것(현세)의 허위를 눈치 채고 있으므로 언제나 자신만을 믿으며, 혹시 배신당하더라도 실망하지 않을 정도로만 타인을 신뢰하는 법을 안다." 이런 철학을 만들어 낸 인물은 토머스 애덤스(Thomas Adams)였다(Works of the Puritan Divines, p. LI). ―더 나아가 베일리(Praxis pietatis a. a. O., S. 176)는 매일 아침 사람들 사이로 외출하기 전에, 위험으로 가득 찬 황야에 나가는 기분으로 신에게 '신중함과 정의의 옷'을 내려주십사 기도하기를 권하였다. ―이런 감각은 대단히 금욕적인 모든 교파(denomination)에 퍼져 있었으며, 경건파의 경우에는 이것이 직접적으로 일종의 세속적 은둔 생활을 유도하는 일도 잦았다. 스판겐베르그도 (헤른후프 교파의 성격을 띤) 그의 저서 《Spangenberg, Idea fidei fratrum》,(p. 382)에서 분명히 《예레미야》 17장 5절의 "무릇 사람을 믿으며 그 마음이 주에게서 떠난 자는 저주받으리라"를 지적하고 있다. ―이런 인생관 특유의 인간 혐오를 살펴보려면(Hoornbeek, Theol. pract., Ⅰ. p. 882)에 나오는, 원수를 사랑하는 의무에 관한 다음의 설명에 주의해야 한다. "요컨대 우리가 이웃에게 복수하지 않고 이를 복수하여 주실 신에게 맡긴다면, 우리는 더 많은 복수를 하는 셈이다. ……어쨌든 스스로 더 많은 복수를 행하는 자의 경우, 신은 그만큼 적은 복수를 해 주신다." 이것은 구약성서의 포로기(捕虜期) 이후의 부분에서 나오는 '복수의 위양'과 같은 사상으로, 과거의 "눈에는 눈" 사상에 비해 복수 감정의 세련된 고양이자 내면화라 할 수 있다. '이웃 사랑'에 관해서는 뒤에 나올 주석 ＊35 를 참조하라.

＊27 물론 참회를 들어 주는 자리가 인간에게 미친 영향은 결코 이것만이 아니다. 이를테면 Muthmann, Z. f. Rel. Psych., Ⅰ, Heft 2, S. 65에 나오는 무트만의 정식화는, 그런 청죄(聽罪)의 복잡한 심리학적 문제를 지나치게 간단히 다루어 버린 감이 있다.

＊28 칼뱅파 신도들이 만들어 낸 갖가지 사회적 조직의 심리적인 기초를 판단하는 데에는 이 연결이 매우 중요하다. 그들의 사회적 조직의 기초가 되어 있는 모든 것은, 내면적 '개인주의적'이며 '목적 합리적'이거나 '가치 합리적'인 동기다. 개인은 결코 감정

에 따라 사회조직에 들어가는 것이 아니다. '신의 영광'과 자신의 구원이 항상 '의식의 영역'을 뛰어넘은 곳에 존재한다. 이것은 오늘날에도 청교도주의 역사를 가진 국민들의 사회적 조직에 특징적인 면모를 각인해 놓고 있다.

＊29 칼뱅주의 교설은 근본적으로, 교회나 국가에 의한 윤리 및 영적 구원에 대한 해석을 무익하다고 생각한다는 점에서 반권위적(反權威的)인 기조를 지니고 있었다. 따라서 이 교설은 반복해서 억압받았다. 특히 네덜란드 연방의회의 경우가 그러했다. 그 결과는 언제나 비밀집회(Konventikel)의 탄생으로 이어졌다(1614년 이후).

＊30 John Bunyan, The Pilgrim's Progress. 버니언에 관해서는 English Men of Letters Series (by Morley)에 수록되어 있는 Froude가 집필한 전기와 매콜리의 (피상적인) 소묘 (Macaulay, Miscell, Works, Ⅱ, p. 227)를 참조하라. —버니언은 칼뱅파 내부 교파의 차이에 대해서는 무관심했지만, 그 자신은 엄격한 칼뱅파 계통의 침례교도였다.

＊31 칼뱅주의의 경우 "그리스도의 몸과 하나가 되는 것"(Calvin, Instit., Ⅲ, pp. 11, 10)이 요구되므로, 구원을 위해서는 신의 규율에 합치되는 공동체에 가입하는 일이 필요하다. 이러한 칼뱅주의 사상이 개혁파 기독교의 사회적인 성격을 설명하는 데 매우 중요하다는 지적은 옳다. 하지만 우리의 특수한 관점에서 본다면 문제의 중점이 조금 달라진다. 교리상의 그런 사상은 교회가 순수한 공적 제도(Anstalt)의 성격을 띠는 경우에도 생겨날 수 있었으며, 또 실제로 생겨나기도 했다는 점은 널리 알려진 사실이다. 하지만 그것 자체는, 칼뱅주의가 지니고 있던 저 공동체 형성을 솔선(Initiative)하는 심리적 힘은 가지고 있지 않으며, 또 그런 힘을 부여할 능력도 없다. 칼뱅주의에서 공동체 형성 경향은, 신의 규율 아래에 존재하는 교회란 형태를 취하는 온갖 교단의 바깥쪽에서도, 즉 '세속' 안에서도 힘을 발휘한 것이다. 이 경우 "기독교 신자는 '신의 영광을 더하기 위한' 활동에 의해 스스로가 구원받고 있다는 사실을 확증한다 (후술 참조)"라는 신앙이 결정적인 의미를 지니고 있었으며, 또 피조물 신격화와 인간적인 대인관계에의 집착에 대한 극도의 혐오감이 이런 에너지를 점점 비인격적(또는 사물적)인 활동으로 향하게 만든 것이다. 자신의 구원을 확증하는 일을 잊지 못하는 기독교 신자는 신의 목적에 따라 활동하며, 게다가 그 활동은 비인격적인 형태가 될 수밖에 없다. 순전히 감정적인—따라서 합리적인 성질을 띠지 않는—모든 인간적 대인관계는 금욕적 윤리의 경우와 마찬가지로 청교도주의 윤리의 경우에도, 피조물 신격화라는 의심을 자주 받게 된다. 우정에 대한 태도는—앞에서 설명한 것 외에도 —, 예를 들어 다음 충고를 보면 알 수 있다. "이성이 우리에게 허락하는 한도를 뛰어넘어 누군가를 사랑하는 것은 불합리한 행동이며, 이성을 가진 합리적인 피조물에게 어울리는 일이 아니다. ……그것은 빈번히 사람들의 마음을 사로잡아 신에 대한 사랑을 방해한다."(Baxter, Christian Directory, Ⅳ, p. 253) 이런 논증은 쉽게 찾아볼 수 있다. 신은 현세에 존재하는 것 안에서, 사회적 질서 안에서도 사물적이고 합목적

적인 것을 반드시 스스로의 영화의 수단으로서 원하신다. 그것은 피조물 자체를 위해서가 아니며, 피조물 세계의 질서를 스스로의 의지에 따르도록 하시기 위함이다. 그런 사상이 칼뱅파 신자들에게 영감을 주었다. 그렇기에 선택의 교설에 의해 해방된 성도(聖徒)들의 행위의 원동력은, 한결같이 현세를 합리화하려는 노력이란 형태로 솟구쳐 나온 것이다. 특히 개인의 '개인적인' 행복이나 '나의' 행복보다도 '공공의' 실익을, 혹은 백스터가 후세의 자유주의적·합리주의적 의미로 정식화한 말(Baxter, Christian Directory, Ⅳ, p. 262.《로마서》9장 3절에서 이를 인용하기란 무리일 것이다)을 빌리자면 '다수자의 행복'《the good of the many》을 우선하라는 사상도—그 자체는 결코 새롭지 않지만—, 청교도주의의 경우에는 피조물 신격화에 대한 거부에서 생겨난 것이었다. —개인적 서비스에 대한 미국인의 전통적인 혐오감은, '민주주의적인' 감각에서 유래하는 뿌리 깊은 이유를 별개로 친다면 바로 (간접적으로) 그런 전통과 관련되어 있다. 또 청교도주의 역사를 가진 국민들이 카이사르주의(Caesarism, 의회제 민주주의를 바탕으로 출현하는 독재 체제)에 대하여 비교적 강한 저항력을 지닌다는 사실도 그와 관련되어 있다. 그래서 영국인은 일반적으로 내면적 자유를 지키면서 한편으로는 거물의 '가치를 승인'하면서도, 다른 한편으로는 대(大) 정치가에 대해서도 비판적이었던 것이다. 그런 인물들에 대한 히스테릭한 편애나, 정치적인 일에 관하여 누군가에게 '감사'하면서 복종해야 한다는 순진한 사상을 영국인들은 거부할 수 있었다. —이는 우리가 1878년 이후 독일에서 적극적으로든 소극적으로든 체험해온 수많은 사건들과 정반대다. —권위에 대한 신앙(이것은 성서의 내용과 같으며 비인격적인 경우에만 허락된다)은 죄로 간주되고, 더 나아가 최고 성자나 위인에 대한 존경조차 과도할 경우에는(이 때문에 신에 대한 순종이 흔들릴 수도 있으므로) 죄로 생각되었다. 이 점에 관해서는 Baxter, Christian Directory(2. ed., 1678), Ⅰ, p. 56을 참조하라. —'피조물 신격화'에 대한 거부와, 당장은 교회에서이며 궁극적으로는 인간 생활 전반에서 오직 신만이 만물을 '지배'해야 한다는 원칙이, 정치상 어떤 의미를 지녔는가 하는 문제는 현재 우리의 관점에서 벗어난다.

＊32 교의의 영역에서의 '귀결'과 실천적·심리적인 '귀결'의 관계에 대해서는 뒤에서 자주 논할 예정이다. 물론 이 둘이 똑같지 않다는 것은 굳이 언급할 필요도 없으리라.

＊33 여기서 '사회적'이라는 말의 의미는 단순히 정치적, 교회적인 공동체 조직 내부에서의 활동을 가리킬 뿐이다. 즉 이 말에 현대적인 의미는 전혀 포함되어 있지 않다.

＊34 어떤 행위가 신의 영광이 아닌 무언가 다른 목적을 위해 이루어졌다면, 그것은 아무리 선할지라도 이미 죄로 물든 행위다. 핸서드 놀리즈의 신앙고백, 제16장.

＊35 이처럼 모든 생활을 오직 신과 관련지음으로써 생겨나는 '이웃 사랑'의 '비인격성'이 종교적 공동생활이라는 고유의 영역에서 어떤 의미를 가지게 되었는지는, '중국 내지 선교회'(China Inland Mission) 및 '국제 선교사 동맹'(International Missionaries' Alliance)의 행동양식으로 설명할 수 있다(이에 관해서는 Warneck, Gesch. d. prot. Mission, 5. Aufl., SS. 99, 111 참조). 그들은 순회 설교를 통해 모든 이교도에게 복음을 말 그대로 '공급할' 목적으로, 거액의 비용을 들여 엄청난 수의 선교사를 준비했다. 중국 선교사만 해도 1000명이나 될 정도였다. 그들이 그렇게 한 이유는, 복음 전파야말로 신의 명령이며 신이 훗날 재림하실 때 그 행위를 고려하실 것이라고 믿었기 때문이다. 그로 인해 설교를 들은 사람들이 기독교로 개종하여 구원을 얻을지 어떨지는 아니, 그 사람들이 선교사의 말을 문법적으로나마 이해할지 어떨지조차 원리적으로 볼 때는 나중 문제다. 그것은 오히려 신의 성스러운 뜻에 의해 결정될 일이다. 허드슨 테일러(Hudson Taylor)의 말에 따르면 중국에는 약 5000만 가구가 살고 있다(Warneck, a. a. O. 참조). 선교사들 1000명은 각자 매일 50 가구를 '담당할 수 있으므로' 1000일 정도면, 즉 넉넉잡아 3년이면 온 중국에 복음을 '공급할' 수 있다는 것이 그들의 주장이었다. —이는 그야말로 칼뱅주의가 교회 훈련 등에서 보여 주는 도식이다. 이때 교회의 목적은 훈련받는 사람의 영적 구원이 아니라—그것은 오직 신과 (실제문제로서는 그들 자신과) 관련된 일이므로 교회의 규율로는 어찌할 수 없는 문제였다—신의 영광을 더하는 것이었다. —물론 위에서 설명한 현대의 전도 사업은 여러 교파들의 협동에 바탕을 두고 있으므로, 모든 책임을 칼뱅주의에게만 돌릴 순 없다. (애초에 칼뱅 자신은 교회의 확대를 (unius Dei opus) '오직 신만이 하실 일'이라고 보았으므로, 이교도 전도 의무를 인정하지 않았다.) 하지만 그런 방식은 역시, '신의 영광을 위해 계율을 지킨다면 이웃 사랑은 저절로 충분히 이루어질 것이다'라는 청교도주의 윤리에 의해 널리 퍼진 사고방식에서 유래했음이 틀림없다. 우리가 신의 영광을 위해 그 계율을 실천하기만 하면 이웃 사랑은 저절로 이루어지는 것이다. 그것만으로도 이웃은 받아야 할 몫을 받을 것이며, 앞일은 신의 뜻대로 진행될 것이기 때문이다. —이리하여 '이웃'과의 관계에 존재하던 '인간성'(Menschlichkeit)은 사멸해버렸다. 이 점은 매우 다양한 현상에서 드러난다. 여기서 그런 분위기의 흔적의 한 예로, 어느 개혁파가 펼친 유명한 자선사업을 들어 보겠다. 그것이 유명한 것도 어떤 의미로는 당연하다. 그 자선사업으로 인해, 암스테르담의 고아들은 20세기인 오늘날에도 검은색과 붉은색, 또는 붉은색과 녹색으로 절반씩 물들여진 웃옷과 바지—마치 광대와 같은 차림이다—를 입고 줄지어 교회까지 행진하게 된 것이다. 그런데 옛날 사람들은 이 모습을 보고 지극히 도덕적인 일이라고 느꼈음이 분명하다. 모든 '인간적이고 따뜻한' 감수성을 지닌 사람들은 이에 반드시 불쾌감을 느낄 테지만, 과거 사람들은 이를 '신의 영광에 도움이 되는 행위'로 보았다. 그리고 이런 점은—나중에 살펴보겠지만—사적인 직업 활동의 온갖 사소한 부분에서도 드러난다. —물론 이 모든 것은 하나의 경향을 나타내는 데 지나지 않으며, 다음 단계에서 우리는 이에 일정한 제한을 두게 될 것이다. 그러나 우리는 그 사실을, 그러한 금욕적 신앙이 보여 주는 하나의—그것도 매우 중요한—경향으로서 이 자리에서 분명히 밝혀 둬야 한다.

*36 이런 모든 사정에 관하여, 똑같은 예정설에 의해 규정된 윤리라 해도 포르루아얄의 그것은 어떤 점에서는 전혀 달랐다. 포르루아얄은 신비주의적이고 세속에서 벗어난 방향, 즉 그런 의미에서는 가톨릭적인 방향을 취했기 때문이다(Honigsheim, a. a. O. 를 보라).

*37 이 점은 버니언(Bunyan)의 《천로역정》(The Pilgrim's Progress)에서도 그 기조로서 대단히 강렬하게 나타나고 있다.

*38 훈데스하겐으로 대표되는 견해(Hundeshagen, Beitr. z. Kirchenverfassungsgesch, u. Kirchenpolitik, 1864, Ⅰ, S. 37)—이는 그 뒤에도 반복해서 나타나고 있다—에 따르면 예정설은 신학자들이 품었던 교설이지 민중(Volk)이 신봉하던 것은 아니었다고 한다. 만약 '민중'(Volk)이라는 개념을 교양 없는 하층의 대중(Masse)으로 해석한다면 이 견해는 옳다. 하지만 그런 경우에도 정당성은 매우 한정된 것에 지나지 않다. 쾰러는 1840년대에 바로 그 '대중'(그가 생각했던 것은 네덜란드의 소시민층이었다)이 엄격한 예정설을 신봉했다고 말했다(Köhler, a. a. O.). 즉 그들 입장에서는 신의 이중적인 결단을 부인하는 사람은 모두 이단이자 신에게 버림받은 자인 것이다. 쾰러 스스로가 자신의 재생(예정설에 있어서의 재생) 시점을 의문시하였다. 다 코스타(Da Costa)나, 드 코크(de Kock)의 분리도 그와 연관이 있다. 그리고 크롬웰은 물론이고 —이미 젤러는(Zeller, Das theologische System Zwinglis, S. 17) 그를 하나의 범례로 들어 예정설의 영향을 예증하였다—그 주위의 모든 성도들도 문제가 무엇인지를 잘 알고 있었으며, 예정설에 관한 도르드레흐트 및 웨스트민스터 종교회의의 규범적 견해는 국민적일 뿐 아니라 매우 중요한 것이었다. 크롬웰의 지배 아래에서는 예정설 신봉자만이 심문 및 추방 관련 일을 할 수 있었다. 또 백스터(Life, Ⅰ, p. 72)는 다른 점에 있어선 반대했음에도, 성직의 자질에 대한 예정설의 영향은 중시했다. 영국이나 네덜란드에서 비밀집회(conventicle)를 형성했던 개혁적 경건파 신도들이 예정설에 대해 불분명한 관념만 가지고 있었다는 견해는 전적으로 잘못된 것이며, 실은 그것이야말로 구원의 확실성을 추구했던 그들이 집회를 열게 된 계기 그 자체였다. 예정설이 단순한 신학자들의 교설로 그쳤을 때 지닐 수 있었거나 혹은 없었던 의미가 무엇이었는지는, 정통 가톨릭이 잘 보여 주고 있다. 실제로 정통 가톨릭 내부에서도 예정설은 대단히 심오한 형태로나마 어느 정도 존재하고 있었기 때문이다. (여기서 결정적으로 중요한 사실은, 개인이 스스로를 선택받은 존재로 생각하고 더 나아가 그것을 증명해야 한다는 견해가 항상 부정되고 있다는 점이다. 가톨릭 교설에 관해서는 Ad. van Wyck, 《Tract. de praedestinatione, Cöln, 1708》 등을 참조하라. 파스칼의 예정 신앙이 얼마나 정통적이었는지는 여기선 논할 수 없다.)—훈데스하겐은 예정설에 호의적이지 않았는데, 그때 그는 주로 독일의 상태를 보고 그런 인상을 받았음에 틀림없다.

그의 반감은 연역적인 억견(臆見), 즉 이 교설이 반드시 도덕적 숙명론과 반율법주의(反律法主義)를 낳을 것이라는 억측에 바탕을 둔 것이었다. 이 억견은 이미 젤러에 의해 논파되었다(Zeller, a. a. O.). 그러나 이런 경향이 생겨날 수 있었다는 점도 부정할 수 없다. 멜란히톤도 웨슬리도 그에 관해 말했지만, 어떤 경우든지 이른바 감정적인 신앙이라고 할 만한 종교의식(宗敎意識)과 관련되어 있는 것이 특징이다. 합리적인 구원의 확증이라는 사상을 갖지 못한 이런 사람들의 경우, 그러한 결과가 나오는 것은 예정설의 특성상 당연한 일이다. —실제로 이슬람교에서는 그런 숙명론으로의 귀결이 발생했다. 어째서 그렇게 되었는가. 그 이유는 이슬람교의 경우 예정설이, 신의 이중적인 결단에서 비롯된 예정에 바탕을 둔 것이 아니라 숙명론적 예정설이었기 때문이다. 따라서 그 교설은 지상 생활의 운명과는 관련되어 있을지언정 내세에서의 구원과는 아무 상관이 없었다. 고로 예정된 것에 대한 '확증'이라는 윤리상 결정적으로 중요한 일이 이슬람에서는 전혀 의의를 갖지 못했다. 그리하여 이 예정설로부터는 전사(戰士)의 용기(운명의 여신 '모이라'의 경우처럼)가 생겨났을 뿐 생활의 조직화는 생겨나지 못했다. 그러기에는 종교적 '자극제'가 부족했던 것이다. 하이델베르크의 신학 학위 논문인 〈F. Ullrich, Vorherbestimmungslehre im Islam und Christ., 1912〉를 보라. 예정설은 실천상의 필요에 따라—예컨대 백스터의 경우와 같이—점점 온화한 방향으로 변해 갔다. 그러나 신에 의한 선택의 결정 및 그 검증을 구체적인 개인과 관련된 일이라고 보는 사상이 그대로 존속하는 한, 많은 세월이 흘러도 예정설의 본질이 변하는 일은 없었다. —이제 마지막으로 하나만 살펴보자. 청교도주의(가장 넓은 의미의 청교도주의)의 위대한 인물들은 모두 청년시대에 예정설의 음울한 엄숙함에 영향 받으며 자랐다. 그들은 예정설을 자신의 출발점으로 삼았다. 밀턴과 백스터가—물론 그들도 점차 온건해졌지만—그랬고, 또 훗날 그토록 자유로운 사상을 지녔던 프랭클린도 그랬다. 하지만 그들은 예정설의 엄격한 해석으로부터 차츰 벗어났다. 이러한 그들 각자의 해방은 종교계 전체의 발전과 똑같은 방향으로 이루어졌다. 그러나 눈에 띄는 신앙부흥은 언제나 바로 이 예정의 교의와 관련되어 이루어졌다. 적어도 네덜란드에서는 전부, 영국에서도 대부분의 경우가 그러했다.

＊39 아류(亞流) 시대의 루터파 신도들에게 예정의 교의는 논외였는데, 이런 의문 자체도 칼뱅파 신도들에 비해 훨씬 뒷전으로 밀려나 있었다. 그들이 영혼의 구원에 관심이 별로 없었기 때문은 아니다. 루터파 발전 과정에서 교회가 가진 공적인 구원 제도(Heilsanstalt)의 성격이 전면에 드러남으로써, 신도들은 자기들이 교회 활동의 객체이며 그에 보호를 받는다고 생각했기 때문이다. 경건파 사람들이 처음으로—이것이 특징적이다—루터파 신도들에게도 이 문제를 의식하게 만들었다. 그런데 구원의 확실성이라는 문제 자체는, 성례전을 실시하지 않는 모든 구원의 종교—불교든 자이나교든 그 밖의 종교든—에서 이미 완벽히 중심적인 의의를 지니고 있었다. 이 점을 오해

하지 말기 바란다. 그러나 이들 종교에서 발생한 심리적 원동력은 전부 순수한 종교적 성격밖에 지니지 않았다.

*40 이 생각은 부처(Bucer)에게 보낸 편지에서 확연히 드러나고 있다. Corp. Ref., 29, pp. 883 f. 그리고 Scheibe, a. a. O., S. 30도 참조하라.

*41 웨스트민스터 신앙고백에 따르면, 우리는 어떤 행위를 하든 항상 '무익한 나'이며(16장 2항) 악(惡)과의 싸움은 평생 계속될 터이지만(18장 3항), 선택받은 자에게는 틀림없는 은혜의 확실성에 대한 예기(豫期)가 주어져 있다(18장 2항). 다만 선택받은 자도 때로는 기나긴 투쟁을 겪지 않고서는 구원의 확실성을 얻지 못할 수도 있다. 이 구원의 확실성은 의무 이행 의식을 통해 주어지는 것이며, 신앙이 있는 자가 그 의식을 모두 빼앗기는 일은 결코 없다.

*42 순수한 칼뱅파 교리는 신앙과 성례전에 의한 신과의 교류 의식을 지시하고, '성령의 그 밖의 열매'는 부수적으로 언급하고 있을 뿐이다. (Heppe, Dogmatik d. ev. reform. Kirche, S. 425)를 보라. 칼뱅 자신은 루터파 사람들과 마찬가지로 행위를 신앙의 열매라고는 했지만, 그것이 신에게 인정받고 있다는 사실을 상징한다고 보는 견해에 대해서는 매우 강하게 반대했다(Instit. Ⅲ, pp. 2, 37, 38). 그런데 금욕을 특징짓고 있는 저 행위에 있어서 신앙을 확증한다는 사상에 대한 실천으로 방향을 바꿔 감에 따라, 칼뱅의 교설은 점점 변화한다. 그의 교설에 따르면(루터의 경우와 같이) 진정한 교회를 특징짓는 일차적인 표식은 순수한 교설과 성례전이었는데, 시간이 지나면서 (disciplina) '규율'도 그 표식으로서 점점 인정받게 되었다. 이런 발전 과정은 (Heppe, a. a. O., SS. 194 f.)의 서술을 통해 더듬어 볼 수 있는데, 사실 16세기 말 네덜란드의 교회 회원자격 획득 방식에서도 이미 그것을 찾아볼 수 있다(규율에 대한 복종을 명백한 형태의 계약으로 만드는 것이 중심적인 조건이었다).

*43 예컨대 Olevianus, De substantia foederis gratuiti inter Deum et electos(1585), p. 257을 보라. 그리고 Heidegger, Corpus Theologiae, XXIV, pp. 87 f. 및 Heppe, a. a. O., S. 425도 참조하라.

*44 이에 관해서는 특히 Schneckenburger, a. a. O., S. 48의 설명을 참조하라.

*45 이리하여 백스터의 경우, 이를테면 (mortal sin) '용서받지 못할 죄'와 (venial sin) '용서받을 수 있는 죄' 사이의 구별―가톨릭과 똑같은 구별―이 다시 모습을 드러냈다. 전자는 구원받지 못한 상태 또는 구원이 이루어지지 않은 상태를 보여 주는 증거이며, 이때에는 전인격적 '회심(回心)' (conversion)을 통해서만 구원에 대한 보증을 얻을 수 있다. 후자는 구원받은 사람에게서도 나타날 수 있는 일이다.

*46 백스터(Baxter), 베일리(Bailey), 세즈윅(Sedgwichk), 호른베이크(Hoornbeek)는― 저마다 뉘앙스의 차이는 있지만―이 유형에 속한다. 그리고 Schneckenburger. a. a. O., S. 262에 나오는 예증을 참고하라.

＊47 '구원받은 상태'(Gnadenstand)를 일종의 [사회적인] 신분(Stand)으로서의 성질을 지
니는 것이라고 보는 견해(예를 들면 고대 교회의 금욕적 고행자들의 신분처럼)는 지
금까지 종종 등장해 왔는데, 그중에서도 스홀팅하이스의 저서(Schortinghuis, Het
innige Christendom, 1740—[네덜란드] 연방의회는 이를 금서로 지정했다!)에 잘 드
러나 있다.

＊48 백스터의 (기독교 지침) Baxter, Christian Directory', 특히 마지막의 많은 부분에서—
나중에도 논급하겠지만—이를 찾아볼 수 있다. —자신의 도덕적 무가치에 대한 불안
을 해소할 방법으로서 직업 노동을 장려하는 것은, 금전욕과 직업 금욕에 관한 파스
칼의 심리적 해석을 연상시킨다. 그는 직업 노동의 장려를, 사람들이 자신의 도덕적
무가치를 어떻게든 숨길 목적으로 안출한 수단이라고 생각했다. 그는 예정의 신앙을
다음과 같이 보았다. 즉 그것은 모든 피조물의 원죄로부터 비롯된 무가치에 대한 확
신과 결합하여, 오히려 현세의 단념 및 묵상의 장려에 이바지하는 것이 되었으며, 그
것에 의해서만 인간은 죄의 무게로부터 벗어나 구원에 대한 확신을 얻을 수 있다고.
—정통 가톨릭 및 얀센파 직업 개념의 특징에 관해서는, 앞서 인용했던 파울 호니히
스하임 박사의 논문(계속되어야 할 좀 더 큰 노작(勞作)의 일부)에서 심도 있는 논술
이 이루어지고 있다. 얀센파의 경우, 구원에 대한 확신과 세속적 행위의 결합은 그
흔적조차 찾아볼 수 없다. 얀센파의 '직업' 개념은 루터파에 비해, 아니 순수한 가톨
릭에 비해서도 주어진 환경에의 적응이라는 의미를 훨씬 강하게 내포하고 있다. 게다
가 그것은 가톨릭의 경우처럼 사회질서에 의해 명해진 것일 뿐만 아니라, 자기 양심
의 소리에 의해 명해진 것으로 간주되고 있다(Honigsheim, a. a. O., SS. 139 f.).

＊49 홀츠만(H. Holtzmann)의 기념 논문집에 실린 롭스테인(Lobstein)의 투철한 소묘도
그의 관점에 의존하고 있다. 따라서 이하의 기술에 관해서는 이 자료도 참조하길 바
란다. 이 단편은 '구원의 확신'이라는 기조를 지나칠 정도로 강조했다는 점에서 비난
받고 있다. 그러나 바로 이런 경우일수록 칼뱅의 신학과 칼뱅주의를, 그리고 신학 체
계와 목회의 필요를 구별해서 생각해야 한다. 민중에게 폭넓은 영향을 준 종교운동은
모두 "어떻게 해야 자신의 구원을 확신할 수 있는가"라는 물음에서 출발하였다. 그런
물음은 이 경우뿐만 아니라 대부분의 종교 역사상, 이를테면 인도의 종교사에서도 중
심적인 역할을 했다. 애초에 그러지 않을 수가 있었겠는가.

＊50 물론 이 개념의 완전한 발전이 이루어진 것이 후기 루터파 시대(프레토리우스 Prae-
torius, 니콜라이 Nicolai, 마이스너 Meisner)였다는 점은 부정할 수 없다(이 개념은 이
미 요한네스 게르하르트 Johannes Gerhard의 경우에도, 그것도 여기서 문제되고 있는
의미로서 분명히 드러나 있다). 이에 리츨은 자신의 저서 Ritschl, 《Geschichte des
Pietismus》 제4편(Bd. II, SS. 3 f.)에서, 이 개념이 루터파 종교의식에 도입되었던 현
상을 가톨릭 경건 감정의 재생 또는 전용(轉用)이라고 주장하였다. —다만 이런 사

고방식이 칼뱅의 새로운 교설이었다고는 말할 수 없다는 데에 이론을 제기하지는 않았지만(S. 10), 그 해결 방향이 그야말로 정반대였다는 점을 지적했다. 나는 이에 관해 독자적인 판단을 내릴 자신이 없다. 그러나 루터의 《기독교인의 자유에 대하여》에서 풍기는 분위기가 후대 문헌에서 보이는 '사랑하는 예수님'의 달콤한 미태와도, 타울러의 종교적 정감과도 다르다는 점은 물론 누구나 알 수 있으리라. 마찬가지로 루터의 성찬론(聖餐論)에서 드러나는 신비적·주술적 요소에 대한 고집은, 종교적 동기로 보자면 '성 베르나르와 같은' 경건함—리츨이 예수의 '신부'라는 사상의 근원으로 보고 끊임없이 되돌아가는 저 '아가(雅歌)의 정감'—과도 확연히 다르다. 하지만 그럼에도 불구하고 루터의 성찬론이 신비적인 감정적 종교의식의 재생을 촉진해 준 요소 가운데 하나였다고 생각하면 안 되는 것일까. —더 나아가 여기서 한마디 해 두자면, 신비주의자들의 자유가 곧 현세로부터의 도피였다는 주장은(a. a. O., S. 11) 결코 적절하지 않다. 특히 타울러는 종교심리학적으로 매우 흥미로운 그의 서술에서, 잠을 못 이루는 사람에게 그가 추천하는 야간 명상의 실천적 효과로서 정연함(Ordnung)을 들었는데, 그런 명상을 통해 이 정연함은 세속적 직업 노동에 대한 사고에까지 영향을 미친다고 하였다. 즉 그는 이렇게 말했다. "이를 통해(잠들기 전에 실시하는 신과의 신비적 합일을 통해) 이성은 밝아지고 두뇌는 강해진다. 그리고 인간은 참으로 신과 하나가 되었다는 내면적 훈련의 힘에 인도되어, 하루 내내 더욱 평화로워지고 고귀해진다. 이 경우 그가 하는 일은 모두 정연(Ordnung)해진다. 고로 인간이 이런 일에 대해 준비하여 마침내 덕(德) 위에 서게 되었을 때, —이런 식으로 인간이 현실에 나온다면 그의 일은 유덕하고도 고귀한 것이 된다."(Tauler, Predigten, Fol. 318) 이점에 대해서는 한 번 더 다룰 예정이지만, 어쨌든 신비적인 명상과 합리적인 직업관 그 자체가 꼭 서로를 배척하는 것은 아니라는 점을 알 수 있다. 종교의식 스스로가 히스테릭한 성격을 띨 때 비로소 이와 반대되는 일이 일어난다. 그러나 신비주의자의 경우에도, 경건파의 경우에도 그런 일이 항상 일어났던 것은 아니다.

＊51 이에 관해서는 〈Max Weber, Gesammelte Aufsätze zur Religionssoziologie, Ⅰ〉에 수록된 논고 'Wirtschaftsethik der Weltreligionen Einleitung'을 참조하라.

＊52 이런 전제에 있어서는, 칼뱅주의와 공식 가톨릭은 서로 접점을 가지고 있다. 그런데 가톨릭 신도의 경우에는 이 전제에서 참회와 성사(聖事)라는 성례전의 필요성이 생겨난 반면, 개혁파 신도의 경우에는 실천상의 세속적 활동에 의한 구원의 확증이 필요하다.

＊53 베자를 예로 들어 보자. (Bêza, De praedestinat. doct. ex praelect. in Rom. 9. a. Raph. Eglino exc., 1584, p. 133. ……) "참으로 선한 일로부터 구원이라는 하사품(下賜品)에, 구원으로부터 신앙에—이렇게 위로 올라가듯이, 그런 확실한 결과로부터 그대의 의지와는 상관없는 유효한 소명에, 이 소명으로부터 선택에, 선택으로부터 예수에 있어 신의 성좌의 부동성(不動性)과 같이 견고한 예정이라는 하사품에, 결과와 원인의

가장 확실한 연쇄에 따라 우리는 나아간다. ……" 다만 버림받았다는 사실을 증명하는 표식에 관한 문제는, 그것은 궁극적 상태와 관련된 것이므로 신중하게 다뤄야 한다(이 점에 대해서는 청교도주의가 처음으로 다른 견해를 보였다). —이 내용에 관해서는 Schneckenburger, a. a. O.,의 심도 있는 논의를 참고하길 바란다. 물론 거기에서는 한정된 부류의 문헌만이 인용되고 있지만 말이다. 청교도 문헌에서는 이런 경향이 반복해서 나타나고 있다. 버니언은 이렇게 말했다. "그대는 '믿었느냐'가 아니라, '실행했느냐' 또는 '말뿐이었느냐'라고 질문 받을 것이다." 가장 온건한 형태로 예정설을 주장한 백스터에 따르면(Baxter, The Saints' Everlasting Rest, Chap. Ⅻ), 신앙이란 마음과 행위로써 예수에게 복종하는 것이다. 그러면 인간 의지의 자유가 사라지며 오직 신만이 구원의 능력을 갖게 된다는 반론에 대해, 백스터는 다음과 같이 말했다. "먼저 그대가 할 수 있는 일을 하라. 그런 뒤에 정당한 이유가 있다면, 자신이 은총을 받아 마땅하다고 신에게 호소하라."(Works of the Puritan Divines, Ⅳ, p. 155) 교회사가(敎會史家) 훌러가 실시한 검토는 전적으로, 실천상의 행위로써 자신의 구원을 증명하는 문제에 한정되어 있었다. 그리고 이미 다른 곳에서 인용했던 하우(Howe)의 저서에 실린 내용도 마찬가지다. 어쨌든 Works of the Puritan Divines를 자세히 읽어보면, 이에 관한 예증을 차례차례 발견할 수 있다. 또한 청교도주의로의 '회심'을 유도한 것이 다름 아닌 가톨릭의 금욕적 문헌이었던 경우도 적지 않다. —백스터의 경우 그것은 예수회의 한 작은 책자였다. —다만 이런 사고방식이 칼뱅의 새로운 교설이었다고는 말할 수 없다(1536년의 초판본 Inst. Christ., c. Ⅰ, pp. 97, 113을 참조). 그런데 칼뱅 자신의 경우에는, 이런 방법으로도 은총의 확신에 다다를 수 있다는 확실한 보장이 없었다(p. 147). 일반적으로는 《요한1서》 3장 5절 및 그와 비슷한 다른 부분이 인용되었다. 유효한 신앙을 절실히 바랐던 이는—여기서 미리 말해버리자면—좁은 의미의 칼뱅파 신도들만은 아니었다. 침례교 신앙고백에서도 그와 같이, 예정에 관한 조항에서 신앙의 열매가 문제시되고 있다. ("그리하여 그—재생의—올바른 증거는, 회개와 신앙과 신생(新生)이라는 성스러운 열매 가운데 나타난다."—Baptist Church Manual by J. N. Brown, D. D., Philadelphia, Am. Bapt. Publ. Soc.에 실려 있는 신앙고백 제7조) 마찬가지로 1649년 할렘 종교회의에서 승인된, 메노나이트파의 영향을 받은 작은 책자 《Olijf-Tacxken》 '올리브 가지'의 첫 장은 "사람은 무엇으로써 신의 아이들을 식별하는가?"라는 질문으로 시작된다. 이어지는 대답은 다음과 같다. "신약을 믿는 자의 양심에, 신의 은총에 대한 확신을 심어 주려면, ……오로지 풍성한 신앙만이 확실한 근본적 표식이 될 수 있다. 이것이 전부다."(p. 10)

＊54 사회윤리의 실질적인 내용에 대해 자연법이 갖는 의의는 앞에서 조금이나마 살펴본 바 있다. 여기서 우리가 문제 삼고 있는 것은 그 내용이 아니라, 도덕적 행위에 대한 기동력(起動力)이다.

＊55 이런 사고방식이, 구약이나 유대 성향의 정신이 청교도주의에 유입되는 일에 박차를 가했음은 분명한 사실이다.

＊56 사보이선언은 순수한 교회(ecclesia pura)에 속하는 자를 가리켜 이렇게 말했다. 그들은 '유효한 소명에 의한 성도'이며, 이 사실은 '그들의 고백과 행동에 의해 눈에 보이는 형태로 나타난다'고.

＊57 Charnock, (A Principle of Goodness) '선한 것의 원리'(Works of the Puritan Divines, p. 175)에서 차녹이 한 말.

＊58 세즈윅은 회심을 가리켜 '은혜에 따른 선택의 결단의 사본'이라고 말했다. ―또한 베일리의 말에 따르면, 선택받은 자는 순종적이도록 정해져 있으며 또 그럴 능력도 부여받았다. ―(침례교의) 핸서드 놀리즈(Hanserd Knollys)의 신앙고백에 의하면, (행위에서 드러나는) 신앙을 향해 신의 부름을 받는 사람만이 진정한 신앙자이며, 단순한(temporary believers) '일시적인 신앙자'는 이에 해당하지 않는다.

＊59 예를 들면 백스터의 Christian Directory(《기독교 지침》) 끝부분을 참조하라.

＊60 (Charnock, Self-examination, p. 183)이 그 예다. 하지만 여기서 그것은, 가톨릭의 (dubitatio) '의심'에 관한 교리에 반박할 목적으로 사용되고 있다.

＊61 이런 논증은 예컨대 호른베이크의 저술에서 반복적으로 등장하고 있다. 한 예로 (Joh. Hoornbeek, Theologia practica, Ⅰ, p. 160 ; Ⅱ, pp. 70, 72, 182)를 참조하라.

＊62 예를 들면 Conf. Helvet. 16에 이런 말이 나온다. "그리고 부적절하게도, 구원은 그것 (행위)에 귀속하게 되었다."

＊63 상술한 모든 내용에 관해서는 Schneckenburger, a. a. O., SS. 80 ff.을 참조하라.

＊64 "만약 그대가 예정되어 있지 않다면 예정되게끔 행동하라." 이것은 그 옛날 아우구스티누스가 한 말이라고 전해져 내려오고 있다.

＊65 본질적으로 같은 의미를 지니는 괴테의 격언이 떠오른다. "인간은 어떻게 자기 자신을 아는가. 관찰에 의해서는 결코 아니다. 행위에 의해서다. 그대의 의무를 다하려고 노력하라. 그러면 그대가 무엇인지 금세 분명해질 것이다. ―그렇다면 그대의 의무란 무엇인가. 그날그날이 그대에게 요구하는 일이다."

＊66 칼뱅 자신의 경우, '구원'이 눈에 보이는 형태로 드러나야 한다는 것은 물론 확고한 원리였지만(Instit., Ⅳ, Ⅰ, §, 2, 7, 9), 구원받은 자와 버림받은 자 사이의 경계는 인간의 지식으로는 역시 파악하기 어려운 것으로 간주되었다. 그러므로 율법에 따라 조직되고 관리되는 교회에서 신의 말씀이 순수하게 전파될 경우, 선택된 자도―우리 눈으로는 그를 구별하지 못하지만―그 안에 존재한다고 생각할 수밖에 없었다.

＊67 칼뱅주의의 경건 감정이란 종교 역사상에서는, 어떤 종교사상이 종교적 실천의 태도에 대해 만들어 가는 윤리적 귀결과 심리적 귀결, 이 둘 사이의 관계를 나타내는 여러 사례 가운데 하나에 지나지 않는다. 확실히 윤리적으로는 예정설로부터 숙명론을 도

출하는 것도 가능했다. 그러나 '구원의 확증' 사상이 개입함으로써, 심리적 영향은 그와는 정반대로 변해버렸다. (잘 알려진 사실처럼, 니체에 경도된 사람들은 원리상 똑같은 이유로, 영원으로의 회귀라는 사상이 적극적인 윤리적 의의를 가진다고 주장한다. 다만—청교도 입장에서 내세란, 자신의 일이 문제시된다는 의미를 지녔는데 반해—이 경우 문제시되는 것은 행위자와의 의식의 연속에 의한 연결을 전혀 갖지 않는 내세이며, 그런 내세에 대한 책임이다.) 이미 호른베이크는(Hoornbeek, Theol. pract, Vol. Ⅰ, p. 159) 이런 은혜에 의한 선택과 행위 사이의 관계를—당시의 말로—다음과 같이 잘 설명하였다. "선택된 자는 바로 그 선택으로 인해 숙명론에 도달할 리 없다. 다시 말해 그는 숙명론적인 귀결을 거부함에 따라, 자신이 '선택 그 자체로부터 심적 영향을 받아 직무에 충실하게 된 자'임을 스스로 증명한다." 실천상의 온갖 이해가, 윤리의 영역에서는 추론 가능한(더욱이 사실의 영역에서도 때때로 일어나게 마련인) 숙명론적 귀결을 여러 토막으로 잘라 버리는 것이다. —그런데 한편으로 종교의 사상 내용이 지니는 의의는—그야말로 칼뱅주의에서 볼 수 있듯이—이를테면 윌리엄 제임스가 인정하려 했던 것보다도(William James, The Varieties of Religious Experience, 1902, pp. 444 f.) 훨씬 컸다. 종교적 형이상학에서 합리적인 것이 지니는 의의를 고전적인 형태로 특히 잘 드러내 주는 것은, 칼뱅주의의 신(神) 관념의 사상적 구조가 인간생활에 미친 커다란 영향이다. 청교도의 신이 역사에 영향을 끼친 방식이 그 이전과도 이후와도 전혀 다른 까닭은, 특히 사상의 힘이 부여(賦與)한 성질로 인한 것이다. (그건 그렇다 치고, 일상생활에서의 증거라는 잣대를 가지고 종교적 관념의 의의를 '실용주의적'으로 평가하려 하는 제임스의 입장은, 그야말로 이 탁월한 학자의 고향에 감돌던 청교도적 사상의 분위기에서 탄생한 것이다.) 당연한 이야기지만 종교적 체험 그 자체는 다른 모든 체험과 같이 비합리적이다. 이것이 신비적인 최고의 형태를 띠는 경우가 바로 진리에 있어서의 체험이다. 이 체험은—제임스가 멋지게 설명했듯이—절대적인 전달 불가능성으로 특징지어진다. 즉 이것은 독자적인 성격을 가졌고 인식으로서 나타나며, 우리의 언어 및 개념이라는 수단으로는 제대로 재현될 수 없다. 더구나 모든 종교적 체험은 합리적인 정식화 과정에서 즉시 그 내용을 잃어버리기 시작하며, 개념적 정식화가 진행될수록 이 현상은 더욱 심해진다. 17세기에 재세례파 종파들이 이미 경험했듯이, 합리적 신학의 비극적인 갈등은 전부 여기에 근거하고 있다. —그런데 이런 비합리성—이는 결코 종교적 '체험'뿐만이 아닌 (여러 가지 의미와 수준에 있어서) 모든 체험이 지니는 고유 특성이지만—은, 직접적인 종교 '체험'을 붙잡아서 자신의 궤도 위에 올려놓는 사상체계의 종류가 무엇이냐는 문제가 실천의 영역에선 가장 중요하다는 것과 모순되지 않는다. 왜냐하면 교회가 인간생활에 강한 영향을 미치며 또 교의에 대한 교회 내부의 관심이 두드러지게 높아진 시대에는, 그런 사상체계의 차이에 따라, 실천의 영역에서 매우 중요한 의미를 지니는 서로 다른 윤리적 귀결이 온갖 종교들 사이에서 생겨나기 때문이다. 대규모 종교전쟁 시대에는 평신도들조차 교의에 대해―현대의 척도로 볼 때―믿어지지 않을 정도로 강렬한 관심을 가졌다. 이 사실은 사료(史料)를 훤히 꿰뚫고 있는 자라면 누구나 알 것이다. 이에 대비될 수 있는 것은, 현재의 프롤레타리아트가 '과학'의 성과 및 과학으로써 증명되는 것에 대해 지니는, 근본적으로 반쯤 미신에 가까운 저 관념뿐이다.

∗68 (Baxter, The Saints' Everlasting Rest, Ⅰ, p. 6)에서 백스터는 "구원을 우리의 목적으로 삼는 것은 타산적인 행위인가, 아니면 율법에 맞는 행위인가?" 이 의문에 다음과 같이 대답했다. "만약 우리가 한 일의 대가로서 구원을 얻으려 한다면 그것은 물론 타산적이다. ……그렇지 않다면 그런 타산적 행위는 곧 예수가 명하신 바이다. ……예수를 추구하는 일이 타산적이라고 한다면, 나는 기꺼이 타산적인 인간이 되고 싶다."―어쨌든 정통 칼뱅파 평신도로 지목되는 사람들 중 상당수도, 구원에 관해 행위주의적인 모습을 보여 주었다. 베일리의 말에 따르면, 희사(喜捨)는 현세의 죄를 피하는 수단이다. (Bailry, Praxis pietatis, p. 262.) 또 어떤 신학자들은 신에게 버림받은 자에게 선행을 권하면서 "그로 인해 죄가 가벼워질 것이다" 말하며, 선택받은 자에게 선행을 권하면서 "신은 그대를 근거 없이 사랑하시는 것이 아니라 이유가 있어서 사랑하시니, 이는 반드시 보답 받을 것이다" 변호한다(Schneckenburger, a. a. O., S. 101).

∗69 여기서도 우선 이들의 특정적인 차이를 분명히 밝히려면, 아무래도 '이념형적'인 추상어를 사용할 수밖에 없다. 이것은 어떤 의미로는 역사적 현실에 폭력을 가하는 행위다. 그러나 이 방법을 쓰지 않으면 수많은 추가적 설명을 덧붙여야 하므로 명확히 정식화할 수 없다. 여기서 되도록 선명하게 묘사한 대립이 어느 정도로 상대적인 것에 불과한지는 따로 논해야 할 문제다. 자명한 일이지만, 이미 중세 시대에 가톨릭 공식 교설 자체도 모든 생활의 조직적 성화(聖化)라는 이상을 내세우고 있었다. 그러나 다음 사실들에도 의문의 여지는 없다. 첫째로, 가톨릭교회의 일상적 실천은 매우 유효한 훈련 수단인 참회의 청취를 통해, 본문에서도 말했던 '비조직적인' 생활태도를 신도들로 하여금 취하기 쉽게 만들었다. 따라서 둘째로, 중세 가톨릭 평신도의 일상생활에서는, 칼뱅파 신도들의 근본적으로 냉엄한 정신적 분위기 및 완전히 독립독보한 고립성을 찾아볼 수 없다.

∗70 이 요인의 절대적이며 근본적인 중요성에 관한 내용은, 앞서 언급한 바 있는 나의 논문 〈Wirtschaftsethik der Weltreligionen〉[베버의 Gesammelte Aufsätze zur Religionssoziologie, 3 Bde.에 수록되어 있음]에서 비로소 점차 명확해질 것이다.

∗71 이것은 어느 정도는 루터파 신도들에게도 적용될 수 있다. 루터는 성례전에 남아 있는 주술의 마지막 잔재를 제거하지는 않았다.

∗72 이를테면 Sedgwick, Buβe-und Gnadenlehre(deutsch v. Röscher, 1689)를 참조하라. 다시 말해 회개한 자는 '확고한 규칙'을 가지며, 그것을 확실히 익힌 뒤 그에 따라 생

활 전체를 조직하고 변화시킨다(S. 591). 그는—현명하고 명민하고 신중하게—율법에 따라 생활한다(S. 596). 이는 은총에 의한 선택의 결과이므로, 전인격의 영속적 변화로 인해서만 실현된다(S. 852). 진정한 참회는 항상 행위가 되어 나타난다(S. 361). — 단순한 '도덕상의' 선한 일과 '성령에 의해 이루어지는 일'의 차이는, 호른베이크 Hoornbeek, op. cit., I, IX c. 2의 설명에 따르면 다음 사실에서 비롯된다. 즉 후자는 다시 태어난 자의 생활의 성과이며(op. cit., Vol. I, p. 160), 그 안에는 신의 은총의 초자연적인 작용에서만 생겨날 수 있는 끊임없는 진보가 존재한다(op. cit., p. 150). 결국 성화(聖化)란 신의 은총으로써 일어나는 전인격의 변화인 것이다(op. cit., pp. 190 f). —이런 사상은 프로테스탄티즘 전체에 걸쳐 나타날 뿐 아니라 가톨릭의 최고 이상에서도 발견된다. 다만 그것은 세속적 금욕과의 결합이 가능한 청교도주의의 흐름 속에서 처음으로, 현세의 생활에 있어 철저한 모습으로 나타날 수 있었다. 그리고 이를 자극하는 충분히 강력한 심리적 자극제는 오직 청교도주의에서만 주어졌다.

*73 여기서 엄격주의자(precisian)라는 명칭은 네덜란드에서 생겨났는데, '경건한 사람들'이 성서의 가르침을 엄격히 따르며 생활한 데에서 유래했다(예를 들어 보에(Voёt)의 경우). —참고로 17세기 청교도에게도 개별적으로는 '방법주의자'라는 명칭이 사용되었다

*74 왜냐하면 청교도 목사들이 (예컨대 버니언이 《The Pharisee and the Publican》 Works of the Puritan Divines, p. 126에서) 강조했듯이, 설령 인간이 자력으로—상상조차 못할 일이지만—신에게 당연히 공적(功績)으로 인정받을 타인 어떤 일을 스스로 할 수 있다거나 아니면 항상 완전하게 살아갈 수 있다고 가정해도, 온 생애에 걸쳐 '선행'으로 쌓아올린 모든 공적이 단 하나의 죄로 인해 순식간에 물거품이 되기 때문이다. 가톨릭에서 볼 수 있는 정신적 당좌계정 및 그 결산이라는 것—이는 먼 옛날부터 널리 퍼져 있던 생각이다—을 청교도주의에서는 찾아볼 수 없다. 오히려 신도들은 '은혜받는 상태가 과연 영겁의 벌이냐 아니냐' 하는, 온 생애를 건 양자택일의 문제 앞에 서게 된다. —그런데 청교도주의에도 당좌계정의 결산이라는 관념의 흔적은 남아 있다. 이에 관해서는 뒤에 나올 *103을 보라.

*75 바로 이 점에서 단순한 '율법상의 합법성(Legality)'이나 '예의바름(Civility)' 사이의 명확한 차이가 생겨난다. 버니언의 표현에 따르면 그런 것들은, '도덕'이라 불리는 마을에 사는 '세속적 현인 씨(Mr. Worldly-Wiseman)'와 같은 부류다.

*76 Charnock, Self-examination(Works of the Puritan Divines, p. 172)에서는 "자신에 대한 지식과 반성은 이성적인 사람들만의 특권이다"라고 하였다. 그에 대한 각주의 내용은 다음과 같다. "'나는 생각한다, 고로 나는 존재한다'는 새로운 철학의 제1원리이다."

*77 여기는 아직 둔스 스코투스(Duns Scotus)의 신학—한 번도 지배적인 학설이 되지 못하고 항상 암묵적으로만 인정되거나 심지어 이단으로 몰리기까지 했던 신학—과, 금

욕적 프로테스탄티즘에 존재하는 일종의 사고방식 사이의 어떤 유사성을 언급할 자리
는 아니다. 이후 경건파 사람들은 아리스토텔레스 철학에 대해 특유의 혐오감을 드러
내게 된다. 이 점에 있어서는—의미가 좀 다르지만—루터도, 그리고 가톨릭과 의식
적으로 대립했던(Inst. Chr., Ⅱ, c. 2, S. 4 ; Ⅳ, c. 17, S. 24 참조) 칼뱅도 마찬가지였
다. '의지의 우위'—칼(Kahl)은 이렇게 불렸다—는 그런 모든 종파에 공통된 것이
다.

∗78 예를 들면 가톨릭의 Kirchenlexikon의 'Ascese(금욕주의)' 항목에서도 똑같은 정의가
내려져 있다. 그것은 역사에서 찾아볼 수 있는 최고의 현상 형태와도 완벽하게 일치
한다. 또 (Realenzyklopädie für protestantische Theologie und Kirche)에서 Seeberg가
집필한 항목도 마찬가지다. 현재 이 연구의 목적으로 볼 때, 금욕이라는 개념은 위와
같은 뜻으로 사용될 수 있어야 한다. 금욕을 이와는 다른 의미로—보다 넓은 의미로
든 좁은 의미로든—해석하는 일은 물론 가능하며, 사실 그런 일이 일반적으로 일어난
다는 점은 나도 충분히 알고 있다.

∗79 [버틀러(Butler)의] Hudibras에서는 청교도가 성 프란체스코 수도사에 비교되고 있다
(첫 번째 시, 18, 19). 제노바 사절 피쉬는 그의 보고에서, 크롬웰의 군대를 '수도사'
집단이라 부르고 있다.

∗80 필자는 이런 비세속적(非世俗的) 수도사의 금욕과 세속적인 직업상의 금욕 사이에는
내적인 연속성이 존재한다고 분명하게 주장한 바 있다. 그런데도 브렌타노(Brentano,
a. a. O., S. 134 및 그 밖의 부분)가 수도사들의 노동 금욕 및 그에 대한 권고를 근거
로 내 의견에 반대하고 있다는 사실이 그저 놀라울 뿐이다. 이 책에 딸린 'Exkurs'는
본디 나에 대한 비판으로 가득 차 있지만, 이 부분에서는 특히 논조가 격렬하다. 그
런데 비세속적 수도사의 금욕과 세속적인 직업상의 금욕 사이의 연속성은, 누구나 알
다시피 내 주장 전체의 기본 전제 중 하나다. 즉 종교개혁이 합리적인 기독교적 금욕
과 조직적인 생활태도를 수도원에서 끌어내 세속의 직업생활 속으로 가져왔다는 것이
내 주장이다. 아무 수정도 가하지 않은 이하의 서술을 참조하라.

∗81 (Neal, History of the Puritans)와 (Crosby, English Baptists)에 많이 실려 있는 청교도
에 대한 종교재판 기록이 이를 증명한다.

∗82 이미 샌퍼드 Sanford, op. cit.는(또 그보다 이전 혹은 이후 시대의 많은 사람들도) '자
제(reserve)'라는 이상의 기원을 청교도주의에서 찾고자 하였다. 이 이상에 대해서는
(James Bryce, American Commonwealth, Vol. Ⅱ)에 실린 미국 대학교에 관한 기록도
참조하라. —청교도주의의 '자기 통제'라는 금욕적 원리는 또한 근대적 군대규율의 원
류이기도 하다. (근대적 군대제도의 창시자인 Moritz von Oranien에 관해서는 Preuss.
Jahrb., 1903, Ⅲ, S. 225에 있는 Roloff의 글을 보라.) 장탄된 총을 가지고도 발사하지
않은 채 말을 천천히 몰아 적에게 접근했던 크롬웰의 '철기대(Ironsides)'가 왕당파의

'기사단(Cavalier)'을 압도할 수 있었던 까닭은, 그들이 (이슬람교도들에게서 볼 수 있는) 열정에 사로잡히지 않고 오히려 냉정한 자기 통제에 의해 항상 지휘관의 지휘에 따랐기 때문이다. 이에 반해 왕당파의 군대는 기사다운 과격한 습격을 감행할 때마다 점점 분열되어 갔다. 이에 관해서는 Firth, Cromwell's Army의 기술을 참조하라.

＊83 이 점에 관해서는 특히 (Windelband, Über Willensfreiheit, S. 77 f.)를 참조하라.

＊84 다만 불순물이 아예 없었던 것은 아니다. 명상이 때로는 감정을 수반하면서 이런 합리적인 요소들과 뒤엉키기도 했다. 그러나 이런 경우에는 명상도 또한 방법적으로 통제되었다.

＊85 리처드 백스터의 말에 따르면, 신이 우리에게 생활 규범으로서 부여해 주신 '이성'에 반대되는 모든 것이 죄이다. 게다가 실질적인 죄를 수반하는 열정뿐만이 아니라, 거의 무의미하거나 단순히 도가 지나친 감정 그 자체도 모두 죄악이다. 왜냐하면 그런 것들은 '침착함(countenance)'을 파괴하고, 단순한 피조물적인 현상으로서 모든 행위 및 감정이 신에 대해 가지는 이성적인 관계로부터 우리를 떨어뜨려 놓기 때문이다. 이는 결과적으로 신에 대한 모독이다. 한 예로, 분노의 죄악성에 관한 그의 말을 참조하라(Baxter, Christian Directory, 2. ed., 1678, Ⅰ, p. 285. 참고로 p. 287에서는 타울러가 인용되고 있다). 불안의 죄악성에 관해서는, op. cit., p. 287 B를 보라. 우리의 식욕도 '식사 규칙이나 척도'로 여겨질 경우에는 우상숭배에 해당한다. 이것은 (op. cit., pp. 310, 316 A)에서 매우 명확히 설명되고 있으며 종종 논의의 대상이 되기도 했다. 이런 서술에서 가장 많이 인용되는 자료는 솔로몬의 《잠언》인데, 그 밖에도 플루타르코스(Plutarchos)의 De tranquilitate animi(고요한 영혼), 성 베르나르(S. Bernhard)나 보나벤투라(Bonaventura) 등의 중세 금욕적 문헌도 적지 않게 인용된다. "술과 여자와 사랑을 좋아하지 않는 자가 어디 있겠는가. ……" [루터의] 이 말에 대한 반대는, 위생상의 이유 때문에 허락되는 범위(그런 범위 내의 운동이나 오락)에서 벗어나는 모든 감각적 쾌락을 우상숭배의 관념으로 포괄하는 것에 의해 가장 첨예하게 표현되었다(이 점은 나중에 설명하겠다). 이 자리와 그 밖의 장소에서 인용된 사료가 교의 또는 건전한 덕을 위해 저술된 책이 아니라, 목회의 실천에서 유래한 것임에 유의하길 바란다. 따라서 이 사료들이 끼친 영향의 방향이 매우 명료하다는 점에도 주목해 주었으면 한다.

＊86 말이 나온 김에 한마디 덧붙이자면, 만약 위의 서술에서 어떤 형태로든 종교의식에서 비롯된 가치판단이 엿보인다면 나로서는 심히 유감스러울 따름이다. 이 자리에서 가치판단은 결코 관심의 대상이 아니다. 여기서 내가 문제 삼는 것은, 아마 순수한 종교적 가치판단의 영역에서는 비교적 주변적인 것이지만 실천적 행위 문제로서는 매우 중요한, 일정한 특징들이 미치는 영향뿐이다.

＊87 이에 관해서는 특히 (Realenzyklopädie für protestantische Theologie und Kirche, 3. Aufl.)에 있는 에른스트 트뢸치의 항목 'Moralisten, englische'를 참조하라.

*88 '역사적 우연'으로서 나타나는 매우 구체적인 종교적 의식 내용과 정황이 얼마나 두드러지는 영향을 끼칠 수 있는가 하는 점은, 다음 사실을 보면 명료하게 알 수 있다. 즉 개혁파의 토대 위에서 생겨난 경건파 신도들 사이에서는 수도원의 부재가 종종 유감스러운 일로 여겨졌으며, 또 라바디(Labadie) 등의 '공산주의적' 실험도 그저 수도원 생활의 대용품에 지나지 않았다.

*89 이 사상은 종교개혁 시대의 많은 신앙고백에서도 이미 드러나고 있었다. 리츨조차도 (Ritschl, Pietismus, Ⅰ, SS, 258 f.) 그 이후의 발전을 종교개혁정신의 타락으로 간주했음에도 불구하고, 예컨대 (Conf. Gall. 25, 26, Conf. Belg. 29, Conf. Helv. post. 17)과 같은 신앙고백에서는 "개혁파의 특수한 은총 사상적인 교회를 매우 경험적인 표지(標識)로 설명하고 있으며, 신자들은 도덕적 활동이라는 표지 없이는 그런 참된 교회에 속하는 자로서 인정받지 못하고 있다"라는 사실에 이론을 제기하지는 않았다(이 점에 관해서는 앞의 *42를 보라).

*90 "신을 찬양할지어다. 우리가 다수자에 속하지 않으니." (Th. Adams, Works of the Puritan Divines, p. 138)

*91 역사적으로 매우 중요한 '장자상속권' 사상은 이를 통해 영국에서 유력한 지위를 얻을 수 있었다. "하늘에 기록되어 있는 장자……. 장자의 권리는 사라질 수 없으며, 기록된 모든 이름은 결코 지워질 수 없다. 그들이 영원한 생명을 물려받음은 지극히 확실하다." (Th. Adams, Works of the Puritan Divines, p. ⅩⅣ)

*92 참회를 원하는 자의 후회라는 루터파 감정은, 금욕적인 방향으로 발달한 칼뱅주의에게는 이론상으로는 받아들여졌다 해도 실천에 있어서는 정신적으로 낯선 것이었다. 칼뱅주의자들이 보기에 이런 감정은 윤리적으로 가치가 없으며 버림받은 자에게는 쓸모없는 것일 뿐이었다. 또한 자신의 선택에 확신을 가진 자의 경우, 스스로가 인정한 죄는 성장 부족 및 성화의 불완전성을 나타내는 것에 지나지 않았다. 이때 그는 후회하는 대신 그 죄를 증오하며, 신의 영광을 위한 행위로써 그것을 극복하려 한다. Works of the Puritan Divines에 나오는 하우(Howe)(1656년부터 58년까지 크롬웰 가정의 전속 목사였던 인물)의 Of men's enmity against God and of reconciliation between God and Man을 참조하라. 구체적으로는 다음과 같다. "육욕에 물든 정신은 신에 대한 적대이다. 따라서 새로이 바뀌어야 할 정신이며, 그것도 단순한 사고의 영역에서가 아니라 실천과 행동의 영역에서 새로워져야 한다."(p. 237) "화해는……첫째로 그대가 이전에는 신을 적대하고 멀리했음에 대한 깊은 자각과(p. 246), ……둘째로 그것이 끔찍한 부정이자 사악이었다는 사실에 대한 분명하고 철저한 이해로부터 출발해야 한다(p. 251)." 여기서는 죄인에 대한 증오가 아니라 오직 죄에 대한 증오만이 언급되고 있다. 그러나 이미 에스테 공작부인 레나타(레오노레의 어머니)가 칼뱅

에게 보낸 유명한 편지—만약 그녀의 아버지나 남편이 신에게 버림받은 자라고 확신하게 되었을 경우, 그녀가 그들에게 품을 '증오'에 대한 이야기가 이 편지에 실려 있다—는 그런 증오가 죄인을 향하게 되었음을 증명한다. 또한 이것은 앞에서 설명했던, '자연적' 감정으로 결합된 공동체의 유대로부터 개인이 예정설에 의해 내면적으로 해방되는 것을 보여 주는 사례라고 할 수 있다.

*93 "다시 태어났거나 성별(聖別)된 인간임을 확실히 증명할 수 있는 자만이 가시적인 교회에 속할 수 있으며 또 그래야 한다. 이것이 없어진다면 교회의 가장 중요한 본질이 상실될 것이다." 이런 형태로 원칙을 규정했던 사람은 크롬웰 치하의 옥스퍼드에서 부학장을 맡았던 독립파 칼뱅주의자인 오웬이다(Owen, Inv. into the Origin of Ev. Ch.). 보다 자세한 것은 필자의 논문 〈Die protestantische Sekten und der Geist des Kapitalismus〉를 참조하라.

*94 〈Die protestantische Sekten und der Geist des Kapitalismus〉를 참조.

*95 (Cat. Genev., 149, Bailey, Praxis pietatis, p. 125)에 이런 말이 나온다. "우리는 모세를 제외한 그 누구의 명령에도 따르지 않는 것처럼 생활해야 한다."

*96 "개혁파는 율법을 이상적 규범이라 여겼지만 루터파 신도들은 지킬 수 없는 규범이라하여 파기했다." 루터파 교리문답서(catechism)에서 율법은, 필요한 겸손을 환기시킬 목적으로 앞에 등장한다. 그러나 개혁파 교리문답서에서 율법은 항상 복음 다음에 나온다. 개혁파는 루터파에 대해 "그들은 사실 구원받기를 두려워한다"고 비난했으며 (Möhler), 루터파는 개혁파를 가리켜 "자유롭지 못한 율법의 노예이며 오만하다"고 비난했다.

*97 Sanford, Studies and Reflexions of the Great Rebellion, pp. 79 f.

*98 이들 가운데 특히 잊어선 안 될 것은—청교도들은 보통 이것을 단적으로 무시하지만—〈아가서(雅歌書)〉이다. 〈아가서〉에 나타나 있는 동양적 사랑은, 이를테면 성 베르나르와 같은 유형의 경건심을 발달시키는 데에 영향을 주었다.

*99 이런 자기 심사의 필연성에 대해서는, 앞서 인용한 바 있는 Charnock의 《고린도후서》 13장 5절에 관한 설교를 참조하라. Works of the Puritan Divines, pp. 161 f.

*100 대부분의 도덕신학자들이 신앙일기를 권장했다. 한 예로 백스터(Baxter, Christian Directory, Ⅱ, pp. 77 ff.)를 들 수 있다. 하지만 그는 '위험성'을 완전히 무시하지도 않았다.

*101 사실 이런 도덕생활의 기록은 당연히 다른 경우에도 널리 유행했다. 그러나 이 경우, 영원한 과거로부터 정해진 선택이냐 사멸이냐에 관한 단 하나의 인식 수단이라는 데에 초점이 맞춰진 것은 아니었다. 따라서 그런 '계산'에 대한 배려나 주의를 불러일으키는 결정적인 심리적 자극제가 결여되어 있었다.

*102 이 점이 외적으로 비슷한 다른 행동양식들과 결정적으로 다른 점이다.

＊103 백스터도 신의 비가시성(非可視性)을 다음과 같이 설명하였다(Baxter, Saints' Ever-lasting Rest, c. ⅩⅡ). 즉 우리는 통신을 통해 보이지 않는 타인과 실속 있는 거래를 할 수 있듯이, 보이지 않는 신과의 '성스러운 거래'를 통해 '훌륭한 진주'를 손에 넣을 수 있다. ─이처럼 이전의 도덕학자들이나 루터파 사람들에게서 일반적으로 볼 수 있었던 법률적인 비유 대신 상업적 비유가 쓰이게 되었는데 이는 청교도주의의 특징 중 하나이며, 실제로 청교도주의는 인간으로 하여금 자신의 구원을 스스로 '구입하게' 만들었다. ─더욱이 다음의 설교 구절도 참조하라. "우리가 어떤 물건의 가치를 측정하는 일은, 그것을 아예 모르지도 않고 또 절실히 필요로 하지도 않는 현명한 인간이 그것과 교환하기 위해 내놓는 물건으로 말미암아 이루어진다. 신의 지혜이신 그리스도는 영혼을 구제하시기 위해 그 자신을, 다시 말해 그의 값비싼 피를 치르셨는데 그는 영혼이 무엇인지도 아셨고 그것을 필요로 하시지도 않았다." Mathew Henry, The Worth of the Soul(Works of the Puritan Divines, p. 313).

＊104 이와 반대로 루터 자신은 이미 "눈물은 행위에 선행하며 고통은 모든 행위를 능가한다" 말하고 있었다.

＊105 이 점은 루터파 윤리학설의 발전과정에서도 매우 명백하게 드러나고 있다. 그에 관해서는 〈Hoennicke, Studien zur altprotestantischen Ethik, Berlin, 1902〉 및 가르침으로 가득 찬 트뢸치의 서평 〈Besprechung von E. Troeltsch, Gött. Gel. Anz., 1902, Nr. 8〉을 참조하라. 루터파 교리는 특히 초기의 정통 칼뱅파 교리에 대해, 이따금 표현적인 면에서 상당히 유사한 모습을 보이기도 한다. 그러나 이 둘의 종교적 지향의 차이점은 점점 더 다른 길로 나아가게 된다. 멜란히톤은 신앙에 도덕을 결합시킬 실마리를 찾기 위해 참회라는 개념을 전면적으로 내세웠다. 신앙에는 율법으로 인해 작용하는 참회가 우선 필요하지만, 선행(善行)이 그 뒤를 따르지 않는다면─거의 청교도적인 표현인데─그것은 의인(義認)을 가져다주는 참된 신앙이 될 수 없다. 멜란히톤의 생각에 따르면, 어느 정도 상대적인 완전성은 지상에서도 달성될 수 있다. 아니, 멜란히톤은 처음에는 이렇게까지 말했다. 의인은 인간에게 선행할 능력을 주기 위해 행해지며, 완전성에 접근한다는 것은 적어도 신앙이 우리에게 줄 수 있는 현세적 구원의 척도라고. 그리고 후기 루터파 교리학자들도 "선행은 신앙이 낳는 필연적인 열매이며 신앙은 새로운 삶을 가져다준다"라고 하였다. 이는 표면적으로는 개혁파의 생각과 매우 유사하다. '선행(gute Werke)'이 무엇이냐는 물음에 대한 대답으로 율법의 준수를 내세우는 경향은, 이미 멜란히톤의 이론에서도 충분히 강했지만 후기 루터파 신도들의 경우에는 더욱 증대하였다. 루터의 본디 사상을 상기시키는 흔적이라고는 이제 성서지상주의, 특히 구약의 개별적 규범을 행동 지침으로 삼음으로써 생성되는 사소한 진지함만이 남게 되었다. 근본적으로는 십계명이─자연적 도덕률의 가장 중요한 원칙을 조문으로 만든 것으로서─여전히 인간 행위의 규범

으로 여겨지고 있었다. —하지만 그런 도덕률의 준수와, 의인(義認)에 대해 신앙이 지니는 배타적인 의의의 지나친 강조 사이에는 어떤 확실한 연결통로가 형성되지 않았다. 왜냐하면 그 신앙이—전술 참조—칼뱅파의 경우와 전혀 다른 심리적 성격을 띠고 있었기 때문이다. 초기 루터파의 순수한 입장은 이제 폐기되어버렸다. 교회가 구원을 위해 필요한 제도라고 생각되는 한, 그 입장은 폐기될 수밖에 없었다. 하지만 그렇다고 새로운 입장이 확립되어 있었던 것도 아니다. 특히 교리적 토대('오직 신앙뿐'!)가 무너질지도 모른다는 염려도 있었기에, 생활의 금욕적 합리화를 개인의 도덕적 과제로 부여할 수는 없었다. 칼뱅주의에는 예정설이 있었지만, 루터파에는 구원의 확증이라는 사상을 고양시킬 만한 추진력이 존재하지 않았기 때문이다. 게다가—예정설의 결여와 더불어—성례전의 주술적 해석, 그중에서도 부활(regeneratio)—또는 부활의 단초—을 세례와 결합시킨 일은, 은총 보편주의가 채용되어 있는 한 방법적 도덕생활의 발전을 저해할 수밖에 없었다. 왜냐하면 성례전의 주술적 해석은, 특히 루터파의 경우처럼 원죄가 강조되는 분위기에서는 자연 상태와 은총 상태 사이의 거리감을 약화시켰기 때문이다. 의인을 순전히 재판의 일종으로서 이해하는 행위도, 회개한 죄인이 행하는 개별적인 참회의 작용에 의해 신의 결정이 번복될 수 있다는 전제에 의거하고 있으므로 위와 똑같은 결과를 낳았다. 더욱이 멜란히톤은 이런 점을 점점 더 강조했다. 그의 교설의 변화는 무엇보다도 참회를 강조하는 점에서 드러나고 있는데, 그 모든 변화는 그가 '의지의 자유'를 승인했다는 것과 내적으로 관련되어 있다. 그리고 바로 이것이 루터파 생활태도의 비방법적(非方法的) 성격을 결정지었다. 평균적인 루터파 신도들의 사고방식에서는, 개별적인 죄에 대한 개별적인 은총의 부여가—고해성사가 존속하였기 때문에—구원의 내용을 이룰 수밖에 없었다. 그들의 사고방식은, 구원의 확증을 스스로 만들어 내는 성도들의 귀족주의를 발전시키지 못했다. 고로 그것은 율법에 구애받지 않는 도덕생활에도, 또 율법에 따르는 합리적 금욕에도 도달하지 못했다. 율법은 그저 규칙 또는 이상적 요구로서 '신앙'과 어떤 내적인 관련도 없이 병존할 뿐이었다. 게다가 이 경우에조차 엄격한 성서지상주의를 행위주의(위선)로 간주하여 기피했으므로, 율법의 세부적인 내용은 매우 불명료하고 구체적이지 못하며 특히 조직적이지 못한 형태로 남게 되었다. —이리하여 트뢸치가 그들의 윤리학설에 대해 말했던 바와 같이(Troeltsch, a. a. O.) 그들의 생활은 '결코 성취될 수 없는 단순한 시작의 총계'이며 '개별적인 불확실한 명령을 갖가지 형태로 고수하면서', '상호 관련된 생활 전체의 완수'를 목표로 삼지는 않고 루터 자신에게서 시작된 발전의 흐름에 따라(앞의 설명을 보라) 커다란 일에서든 작은 일에서든 근본적으로 주어진 생활환경에 적응하는 모습을 나타냈다. 흔한 개탄의 목소리에 따르면, 독일인이 외국 문화에 쉽게 '적응'하고 또 민족의식의 급격한 변화를 일으키기도 하는 원인 역시 근본적으로는—독일 민족의 어떤 정치적 운명과 병행하여—현재 우리의 생활 전체에 영향을 남겨 놓고 있는 그러한 루터파의 발전에서 찾아볼 수 있다. 오늘날 문화를 주체적으로 취득하는 일이 여전히 잘 안 되고 있는 근본적 이유는, 그 일이 '권위에 의해' 주어진 것을 수동적으로 받아들이는 방식으로 이루어져 왔기 때문이다.

＊106 이에 관해서는 예컨대 Tholuck,《Vorgeschichte des Rationalismus》를 참조하라.

＊107 이와는 전혀 다른 이슬람교 예정설(정확히 말하자면 숙명론)의 영향 및 그 원인에 대해서는 앞서 인용했던 F. Ullrich, Die Vorherbestimmungslehre im Islam und Christentum, 1912(Heidellberger theologische Dissertation)를 참조하라. 얀센파(Jansenisten)의 예정설에 관해서는 P. Honigsheim, a. a. O.를 보라.

＊108 이에 대해서는 필자의 논문〈Die protestantische Sekten und der Geist des Kapitalismus〉를 보라.

＊109 리츨은 Ritschl, (Geschichte des Pietismus, Ⅰ, S. 152)에서 라바디(Labadie) 이전 시대에 대하여(특히 네덜란드에서만 발견되는 특징을 바탕으로) 그런 경계선을 다음 3가지 점에서 찾고 있다. 즉 경건주의의 경우 (1)집회(Konventikel)가 형성되었다는 점, (2)'피조물의 무가치' 사상이 '복음에 따른 구원에 대한 관심과 모순되는 방향으로' 발전되었다는 점, (3)은총을 얻는 일이 '주 예수와의 친밀한 교류에 의해서'라는 비개혁파적 방식으로 이루어졌다는 점이 특징적이다. 그런데 세 번째 특징은 이런 초기에는, 그가 언급한 대표자들 가운데 한 명에게만 해당한다. 또 '피조물의 무가치' 사상 그 자체는 분명 칼뱅주의 정신의 산물로, 실천의 영역에서 현세 도피의 방향으로 향했을 때 비로소 프로테스탄티즘의 정상 궤도에서 벗어나게 되었던 것이다. 그리고 집회도 오히려 도르드레흐트 종교회의에 의해 이미 어느 정도는 (특히 교리문답을 목적으로) 만들어져 있었다. —리츨이 위의 저서에서 지적한 경건과 신앙의 특징들 중 고찰해 볼 만한 것은 다음과 같다.(1)생활의 온갖 외면적인 요소에 이르기까지 성서 문구의 노예가 되어 있다는 의미에서의 '엄격주의' 태도, 푸트(Gisbert Voët)가 이를 종종 대표하였다. (2)의인과 신의 화해를 자기목적으로 삼지 않고, 금욕적이고 성결한 생활에 대한 단순한 수단으로 본다는 점. 아마도 이는 로덴스타인(Lodensteyn)에게서 찾아볼 수 있으리라. 하지만 예를 들어 멜란히톤 등에게서도 그 전조를 발견할 수 있다(＊105 참조). (3)참된 부활의 징표로서 '참회의 투쟁'을 높이 평가한다는 점. 이를 처음으로 가르친 사람은 테링크(W. Teellinck)였다. (4)부활하지 않는 자가 참가하는 성찬에는 불참한다는 점(이것은 다른 기회에 논하겠다). 그와 관련하여 도르드레흐트 종교회의에서 결정한 범위 밖에서 집회가 형성되고, 그와 더불어 '예언', 즉 신학자가 아닌 자들에 의한 성서 해석이 부활했으며 심지어 여자(Anna Maria Schurmann)들마저 이를 행하게 된 점. 이상은 모두 종교개혁자 자신의 교리 및 실천에서 일탈한 것들이다. 이런 일탈은 상황에 따라서는 매우 두드러지게

나타났다. 그러나 리츨의 서술에서는 언급된 바 없는 여러 종파들, 특히 영국 청교도와 비교해 보면 이런 사실들은, (3)을 제외하고는 개혁파 신앙의 발전 과정 전체에 걸쳐 나타나는 경향들이 그저 고양된 것에 불과하다는 사실을 알 수 있다. 리츨의 자유로운 서술은 다음과 같은 점에서 크게 손상되었다. 즉 이 위대한 학자는 자신의 교회정책적인, 또는 (이렇게 말할 수 있다면) 종교정책적인 가치판단을 도입한 결과, 특수 금욕적 신앙에 대한 반감으로 말미암아 그런 경향이 나타날 경우 그 모두를 '가톨릭 신앙'으로의 퇴행이라고 억지로 해석해버린 것이다. 그런데 가톨릭의 경우와 마찬가지로 초기 프로테스탄티즘 자체도 '모든 종류의 신분과 계급을 가진 인간'을 포함하고 있었는데, 그럼에도 경건파가 17세기 가톨릭 특유의 정적주의를 배척한 것과 마찬가지로 얀센파 형태의 가톨릭교회도 세속적 금욕의 엄격주의를 거부했던 것이다. —나의 독자적인 고찰에 따르면, 경건파 종교의식의 영향이 정도의 차이 차원을 넘어서 질적으로 달라지는 경우는 오직 다음과 같다. 즉 '현세'에 대한 불안이 점점 강해진 결과 사경제적 직업생활로부터의 도피, 다시 말해 수도원의 공산주의적 기초를 지닌 집회의 형성을 유도한 경우나(Labadie), 아니면—당시 사람들이 몇몇 극단적인 경건파 신도들을 비난할 때 했던 말처럼—명상을 위해 일부러 직업노동을 경시하기에 이르렀던 경우다. 당연한 이야기지만 이런 결과가 자주 생겨난 것은, 성 베르나르의 〈아가서〉 해석에서 출발되었다는 의미로 리츨이 '베르나르주의'라 부르던 그 특징을 경건파 명상이 지니게 될 때, 다시 말해 비밀스런 성애적(性愛的) 색채를 띤 '신비적 합일'을 추구하는 신비적인 감정적 종교의식의 형태를 취할 때였다. 그런 종교의식은 순수한 종교심리학적 관점에서 볼 때도 개혁파의 신앙에 대해, 더 나아가 푸트와 같은 사람들에게서 드러나는 경건파의 금욕적 특징에 대해서도 하나의 '이물(異物)'이었다. 그런데 리츨은 곳곳에서 이 정적주의를 경건파 금욕과 결합시켜, 후자도 마찬가지로 저주받은 것으로 간주하며 배척하였다. 그는 자신이 경건파 문헌에서 발견한 가톨릭 신비사상 또는 금욕사상으로부터의 인용을 하나하나 지적했다. 그러나 전혀 그런 '혐의가 없는' 영국이나 네덜란드의 도덕신학자들도 실은 베르나르(Bernhard), 보나벤투라(Bonaventura), 토마스 아 켐피스(Thomas a Kempis)를 인용하고 있었다. —어느 프로테스탄티즘 교회에서든 가톨릭 전통과의 관계는 매우 복잡했다. 우리가 어떤 관점을 취하느냐에 따라, 여기서는 이 교회가 저기서는 저 교회가 가톨릭 신앙에—또는 그 신앙의 특정한 측면에—가까운 것처럼 보였다.

＊110 (Realenzyklopädie für protestantische Theologie u. Kirche, 3. Aufl)에 수록된 Mirbt가 집필한 항목 'Pietismus'를 보라. 그 항목은 가르침으로 가득 차 있지만 개혁파의 내력을 완전히 무시한 채 오직 슈페너의 개인적 종교체험으로서 경건파의 성립을 설명하고 있다. 이는 상당히 기이한 느낌을 준다. —경건파 입문으로서 읽을 만한 것은

역시 Gustav Freytag, Bilder aus der deutschen Vergangenheit의 서술 내용이다. 영국 경건파의 기원에 관한 당시의 문헌으로는 예컨대 W. Whitaker, Prima institutio disciplinaque pietatis(1570)를 참조하라.

＊111 잘 알려져 있다시피 경건파는 이런 관점 때문에 관용 사상의 주요 담당자 중 하나가 될 수 있었다. 이 기회에 관용이라는 사상을 조금 더 살펴볼까 한다. 역사상 서양에서는, 인문주의적·계몽주의적 무관심을 제외한다면—이것만으로는 결코 커다란 영향이 생겨날 수 없다—관용 사상은 다음 4가지 주요 원천에서 태어났다고 볼 수 있다. (1)순수한 정치적 국가 이유(원형 : Wihelm von Oraniem). (2)중상주의(특히 두드러지는 예로는, 분파 사람들도 경제적 진보의 중요한 담당자로서 받아들인 암스테르담 및 그 밖의 여러 도시, 영주, 군주 등의 경우를 들 수 있다). (3)칼뱅주의 신앙의 급진적인 유파. 국가가 불관용을 통해 종교를 조성하는 일과 예정설은 근본적으로 양립할 수 없었다. 국가의 그런 행위로는 인간의 영혼을 결코 구제할 수 없다. 교회가 이단을 억압하기 위해 국가의 도움을 요청하는 것은 오직 그들이 신의 영광을 생각하기 때문이다. 그런데 목사와 성찬 참가자는 전부 선택된 자들이어야만 한다는 사상이 점차 강조될수록 목사의 임면(任免)에 대해 국가가 간섭한다든가, 부활을 얻지 못했다고 여겨지는 대학 졸업자가 신학적 교양이 뛰어나다는 이유만으로 교구 목사의 지위에 올라 봉급을 받는다든가, 또 일반적으로 품행이 나쁜 정치적 유력자가 교회 내부의 문제에 개입한다든가 하는 것 등이 교회로서는 점점 더 견디기 힘든 일이 되었다. 개혁파 내부의 경건파는 교리상의 정확성에 별로 중점을 두지 않았다. 그들은 '교회 밖에 구원은 없다'라는 명제를 점점 무너뜨림으로써 위의 견해를 보다 강화해 갔다. 칼뱅은 신에게 버림받은 자들도 성결한 교회제도 아래에 복종시키는 것이 곧 신의 영광에 어울리는 일이라고 생각했다. 그러나 뉴잉글랜드에서는, 구원의 확증을 가진 성도들이 귀족주의라는 모습으로 교회를 구성하려는 시도가 있었다. 그런데 급진적 독립파 신도들은, 개개의 교회 내부에서만 가능한 '구원의 확증'의 심사에 대한 시민 또는 상급 성직자들의 권력 개입을 일찍부터 반대하였다. 신의 영광을 위해서는 신에게 버림받은 자도 교회의 규율 아래에 복종시켜야 한다는 사상은, 신에게 버림받은 자와 함께 성찬에 참석하는 것은 신의 영광을 모독하는 행위라는 사상—처음부터 존재했던 이 사상은 점점 강렬하게 강조되었다—에 의해 축출되고 말았다. 이는 오직 부활하는 자만을 포함하는 종교 공동체인 '믿는 자의 교회(believer's church)'라는 사상을 낳았으므로, 결국 주의주의(主意主義, Voluntarismus)로 귀결될 수밖에 없었다. 이런 사상의 귀결이 가장 명확히 드러난 것은, 예컨대 '성도의회'의 지도자 Praisegod Barebones가 속해 있던 칼뱅주의 침례파였다. 크롬웰 군대는 양심의 자유를 위해, 더 나아가 '성도' 의회는 국가와 교회의 분리를 위해 온 힘을 다했다. 왜냐하면 그 구성원들은 독실

한 경건파 신도였기 때문이다. 즉 그들은 그런 적극적인 종교상의 이유에서 그러했던 것이다. (4)이후에 자세히 설명할 재세례파 종파들의 사상. 그들은 개인으로서 부활한 자만을 교회 공동체에 받아들여야 한다는 원칙을, 처음부터 가장 강하고 내면적으로 철저한 형태로 주장했다. 그래서 교회의 모든 제도적 성격과 세속적 권력의 개입을 혐오했다. 여기서도 무조건적인 관용의 요구는 적극적인 종교상의 이유에서 비롯되었다. ─이러한 근거를 바탕으로 침례파보다 약 한 세대 전, 그리고 로저 윌리엄스(Roger Williams)보다 약 두 세대 전에, 최초로 완전한 관용 및 국가와 교회의 분리를 주장한 사람이 있었다. 바로 존 브라운(John Brown)이었다. 이런 의미에서의 교회의 최초 선언은 아마도 1612년 또는 1613년 암스테르담에서 이루어진 영국 침례파 결의일 것이다. 그 내용은 이러하다. "당국은 종교 또는 양심의 문제에 관여해선 안 된다. ……그리스도만이 교회 및 양심의 왕이시자 입법자이시기 때문이다." 국가에 의한 양심의 자유의 성문법적 보호를 권리로서 요구한 첫 교회 공문서는, 아마도 1644년에 만들어진 (특수 은총 사상을 주장하는) 침례파 신앙고백 44조일 것이다. 다시 한 번 분명히 말해 두겠다. 관용 그 자체가 자본주의에 도움이 되었다는 견해가 종종 눈에 띄는데, 이 견해는 전적으로 잘못되었다. 종교적 관용은 결코 근대 혹은 서유럽에서만 독자적으로 나타난 것이 아니었다. 그것은 인도, 중국, 헬레니즘 시대 서남아시아의 거대 국가들, 로마 제국, 이슬람 국가들 등에서 매우 광범위하게 나타났다. 그런 지역에서 관용은 그저 국가 이유에 따른 제한만을 받았을 뿐이며(그런 제한은 오늘날에도 존재한다!) 16, 17세기에는 세계적으로 독보적인 절정을 이루기까지 했다. 반면 정치 경제적 융성기의 네덜란드나 젤란드, 또는 청교도들의 영국이나 뉴잉글랜드처럼 청교도주의의 지배 아래에 있었던 지방에서는 관용이 오히려 가장 위축되었다. 서유럽에서 특징적이었던 것은 도리어─종교개혁 이전에든 이후에든─사산 왕조의 페르시아 왕국에서도 볼 수 있었던 종교적 불관용이었다. 물론 중국, 일본, 인도 등에서도 때로는 불관용이 나타나기는 했지만, 이는 대개 정치적 이유에서 비롯된 것이었다. 따라서 관용 그 자체는 자본주의와 무관함에 틀림없다. 문제는 그 관용이 누구에게 유리한 영향을 끼쳤는가 하는 점이다. ─'믿는 자의 교회'에 대한 요구가 낳은 결과는 필자의 논문 〈Die protestantische Sekten und der Geist des Kapitalismus〉에 보다 상세히 설명되어 있다.

＊112 이런 사상이 실제로 적용된 예로는 크롬웰의 'tryers', 즉 목사 후보자에 대한 시험관들의 경우를 들 수 있다. 그들이 확인하려 한 것은, 신학의 전문적 교양보다는 오히려 후보자가 주관적으로 은총 받은 상태이냐 아니냐 하는 문제였다. 앞 주에서 소개한 필자의 논문을 참조.

＊113 아리스토텔레스 및 고전 철학 일반에 대한 불신은 경건파의 특징이다. 그런데 이 불

신의 실마리는 칼뱅에게서도 찾아볼 수 있다(Instit. Ⅱ, c. 2, p. 4 ; Ⅲ, c. 23, p. 5 ;
Ⅳ, c. 17, p. 24 참조). 주지의 사실처럼 루터의 경우에도 초기에는 그런 불신이 존
재했지만, 후기에는 인문주의자(특히 멜란히톤)의 영향과 교육·변증의 필요성으로
인해 그런 경향이 사라지게 된다. 웨스트민스터 신앙고백(제1장 제7항)도 구원을 위
해 필요한 것은, 무식한 자도 충분히 이해할 수 있게끔 성서에 기록되어 있다고 가
르쳐 준다. 이는 프로테스탄트의 전통과 정확히 들어맞는다.

＊114 공적 교회는 이런 사적 집회의 형성에 대해 항의했다. 예를 들어 1648년 스코틀랜드
장로파 교회의 (소)교리문답 제7항은, 한 가족에 속하지 않는 자가 가정예배에 출석
하는 것은 성직의 권한을 침해하는 일이라며 금지하고 있다. 일반적인 금욕적 공동
체와 마찬가지로 경건과 종교의식도, 성직의 특권적 이해관계와 얽혀 있는 가부장적
가족의 속박으로부터 개인을 해방시킨 것이다.

＊115 여기서 나는 이런 종교적 의식 내용의—전문 학술적 의미에서의—'심리학적' 관계
에 깊이 파고드는 일을 일부러 삼갔다. 그리고 그에 대응하는 용어조차 가급적 사용
하지 않았다. 그런 데에는 충분한 이유가 있다. 정신의학을 포함하여 오늘날 확립되
어 있는 심리학상의 개념들 자체는, 역사적 판단의 공평성을 해치지 않고 우리의 문
제 영역의 역사적 연구에 직접 사용하기에는 아무래도 불충분하기 때문이다. 그런
어려운 용어를 사용하는 일은 오히려 위험한 유혹이다. 그것은 자명하고 때로는 사
소하기까지 한 사실을 적당히 유식해 보이는 외국어 지식으로 치장하여, 마치 보다
정확한 개념 규정이 이루어진 것 같은 모습으로 꾸며내는 일에 불과하다. 유감스럽
지만 람프레히트(Lamprecht)가 그러한 전형적인 예다. —일정한 역사적 대중현상을
해명하기 위해 정신병리학적 개념을 적용하려고 시도한 연구들 중 비교적 진지하게
다룰 가치가 있는 것으로는 W. Hellpach,《Grundlinien zu einer Psychologie der
Hysterie, 12. Kapitel》및 같은 저자의《Nervosität und Kultur》를 들 수 있다. 내가 보
기에는 매우 다양한 지향성을 가진 이 저자도 람프레히트의 이론으로부터 악영향을
받기는 했다. 하지만 여기서 그 점을 자세히 살펴볼 수는 없다. —경건파에 대한 람
프레히트의 도식적인 설명(Lamprecht, Deutsche Geschichte, 7. Bd.)이 이전 시대의
문헌에 비해서조차 얼마나 무가치한지는, 쉽게 구할 수 있는 문헌만 봐도 금세 알
수 있다.

＊116 한 예로 Schortinghuis의《Innigen Christendom》의 신봉자들이 그러하다. —종교사적
으로 볼 때 이 현상은《이사야》에 있는 여호와의 종에 관한 부분과《시편》제22편까
지 거슬러 올라간다.

＊117 이 현상은 네덜란드 경건주의자들 사이에서 개별적으로 나타났으며, 스피노자주의의
영향 아래에서도 나타났다.

＊118 Labadie, Tersteegen 등.

＊119 이 점이 가장 명료하게 드러난 경우는 아마 슈페너가 이렇게 주장했던 때일 것이다. "집회는 사도의 명령에 의해 보증된 기독교인의 기본 권리이므로, 무질서와 남용이 일어나지 않는 한 당국은 이를 감독할 권한이 없다."(Spener, Theologische Bedenken, Ⅱ, SS. 81 f.) 이는 신의 법에서 유래하므로 남에게 넘겨줄 수 없는 개인의 권리는 국가와의 관계 및 효용 범위에 관한 청교도의 입장과—원리상—완전히 똑같다. 확실히 리츨은 이런 이단이나 그 밖의 본문에서 언급된 이단을 간과하지는 않았다 (Ritschl, Pietismus, Ⅱ, SS. 115, 157). '기본적 인권' 사상이란 우리가 결국에는 총체적으로 신세지고 있는 대상이며, 오늘날 '가장 반동적인 사람'에게조차 자신이 누리는 개인적 자유의 최소 영역으로 여겨지는 것이다. 그런데 이 '기본적 인권' 사상에 대한 그의 실증적 비판(속물적이라고는 말할 수 없지만)은 대단히 비역사적이다. 하지만 위의 2가지 중 무엇에 관해서도 슈페너가 루터파 입장과 유기적인 관계를 맺지 않았다는 점에서는 물론 그에게 동의할 수밖에 없다. 슈페너가 그 유명한 '경건한 열망(pia desideria)'에 의해 이론적 기초를 다졌으며 실제로 만들어 내기도 한 집회 (Konventikel, collegia pietatis) 자체도, 본질적으로는 영국의 '성서집회(prophesyings)'에 대응하는 것이었다. 성서집회는 1547년에 라스코(J. Lasco)가 만든 런던 성경연구회(London Bible Classes)에서 처음 시작되었으며, 그 뒤로 교회의 권위에 대한 반역이라 간주되어 박해받았던 청교도적 신앙이 역사에 남긴 귀중한 형태들 가운데 하나였다. 슈페너가 제네바 교회 계율을 거부할 때 내세웠던 이유는 잘 알려져 있듯이, 결국 그 계율의 집행자로 정해진 '제3신분(status oeconomicus, 즉 세속 신자들)'이 루터파 교회에서는 교회조직의 일부로 간주되지 않는다는 것이었다. 게다가 한편으로—파문이 문제시될 경우—군주가 파견한 추기경 회의(consistorium)의 세속적인 구성원을 '제3신분'의 대표자로 인정했기에 루터파적 색채는 약해졌다.

＊120 루터파의 지배적인 영역에서 최초로 사용된 '경건주의(Pietismus)'라는 명칭 자체를 보라. 이는 '경건(pietas)'에서 방법적인 경영(Betrieb)이 생겨난다는 점을 당시 사람들이 이미 경건주의의 특징으로 보았음을 의미한다.

＊121 확실히 이런 동기는 칼뱅주의에서 두드러지게 나타났지만, 칼뱅주의만의 고유한 특성은 아니었다. 루터파의 가장 오래된 교회 규칙에서도 이런 동기는 자주 발견된다.

＊122 《히브리서》 5장 13절, 14절의 의미에서. (Spener, Theolog. Bedenken, Ⅰ, S. 306) 참조.

＊123 슈페너는 베일리나 백스터 이외에(Consilia theologica, Ⅲ, 6, 1 dist. 1, 47, das. dist. 3, 6을 보라) 토마스 아 켐피스와 특히 타울러를 높이 평가했다(하지만 그가 타울러를 완전히 이해했던 것은 아니다, Consilia theologica, Ⅲ, 6, 1 dist. 1, 1). 타울러에 관해 자세히 언급한 부분으로는 (Cons. theol., Ⅰ, 1, 1, Nr. 7)을 들 수 있다. 슈페너가 보기에 루터는 타울러로부터 유래한 것이었다.

＊124 (Ritschl, a. a. O., Ⅱ, S. 113)을 보라. 슈페너는 후기 경건파(와 루터)에게서 찾아
볼 수 있는, '참회의 투쟁'을 참된 회개의 유일한 결정적 징표라고 보는 사상에 반대
했다(Spener, Theol. Bedenken, Ⅲ, S. 476). 속죄 신앙에서 생겨나는 감사의 열매인
성스러운 생활─루터파 특유의 정식화(앞 장 제3절의 ＊6)를 보라─에 대해서는
(Ritschl, a. a. O., S. 115, Anm. 2)에 인용된 부분을 참조. 구원의 확신에 관해서는
한편으로는 (Theologische Bedenken, Ⅰ, S. 324)에서 "참된 신앙은 감정에 의해 감
득되기보다는 오히려 그 열매(사랑 및 신에 대한 순종)에 의해 식별되는 것이다"라
고 말한 반면, 다른 한편으로 (Theol. Bedenken, Ⅰ, SS. 335 f.)에서는 이렇게 말했
다 : "그런데 자신이 구원과 은총을 받는 상태에 놓여 있는지 아닌지를 어떻게든 확
인하고 싶다면"─"영국의 저술가들"보다는─"우리나라의"─루터파의─"책에서
더 확실한 가르침을 얻을 수 있으리라." 그러나 성스러운 생활의 특징의 본질에 관해
서는 영국인들과 같은 의견이었다.
＊125 프랑케가 추천했던 신앙일기는 이 경우에도 그에 관한 외적인 표징이었다. ─성결한
생활의 방법적인 수련과 습관은, 더 나아가 그 생활의 성장 및 선악의 구별을 낳는
다는 것이다. ─이것이야말로 기독교인의 완전성에 대한 프랑케의 저서 A. H.
Ftancke, 《Von des Christen Vollkommenheit》의 기본 테마이다.
＊126 경건파의 이런 합리적인 섭리 신앙과 루터파의 정통적 해석 사이의 차이점을 특징적
으로 보여 주는 것이 있다. 바로 할레(Halle)의 경건파 신도와, 루터파 정통 신앙의
대표자 뢰셔(Löscher)가 벌인 유명한 논쟁이다. 뢰셔는 그의 저서 《Timotheus
Verinus》에서, 무릇 인간의 행위로 이루어지는 모든 것은 섭리의 인도와 대립된다고
까지 말하였다. 이에 맞선 프랑케의 입장은 시종일관 다음과 같았다. 즉 결단을 조
용히 기다림으로써, 막 일어나려 하는 것을 한순간 명확하게 직관한 결과가 곧 '신의
신호'라고 생각해야 한다는 것이다. ─이는 퀘이커파의 심리와 매우 유사하며, 합리
적인 방법이 신에게 다가가는 길이라고 보는 일반적인 금욕적 관념과도 일치한다. 친
첸도르프는 가장 중요한 결단에 있어서 교단 형식의 운명을 운에 맡겨버렸다. 물론
이것은 프랑케 형태의 섭리 신앙과는 거리가 멀었다. ─슈페너는 《Theol. Bedenken》,
(Ⅰ, S. 314)에서 타울러를 인용하면서 이렇게 말했다. 기독교인의 '태연함'이란 상태
는 모든 것을 신의 작용에 맡기는 상태이며 경솔한 자기 행동으로 이를 방해해서는
안 된다고. 이는 근본적으로 프랑케의 입장이기도 하다. (현세적) 여기서는 평안을
추구하는 경건주의 신앙의 능동성이, 청교도주의에 비해 본질적으로 약화되어 있는
형태로나마 곳곳에서 나타나고 있다. 이에 반해 1904년에 어떤 침례파 지도자(앞으
로 인용될 연술의 주인공인 G. White)는 그의 교파의 윤리적 강령을 "우선은 정의
이고 그 다음이 평화다"라고 규정했다(Baptist Handbook, 1904, p. 107).
＊127 A. H. Franke, Lect. paraenet., Ⅳ, S. 271.

＊128 이런 관념들은 거듭해서 나타났다. 이를 특히 비판하였던 인물은 리츨이다. 앞의 주 126)에 소개된 프랑케의 저서에 이 교설이 포함되어 있으니 참조하라.

＊129 이는 예정설을 믿지 않는 영국 경건파 사람들, 이를테면 굿윈(Goodwin)에게서도 찾아볼 수 있다. 굿윈과 그 밖의 사람들에 관해서는 Heppe,《Gesch. des Pietismus in der reformierten Kirche, Leiden, 1879》를 참조하라. 이 책은 리츨의 표준적인 저작이 나온 뒤에도 영국에 있어서는, 또 부분적으로는 네덜란드에 있어서도 여전히 불가결한 서적이다. (Köhler, Die niederl. ref. Kirche)에 의하면 네덜란드의 경우 19세기에도 켈러는 부활 시기에 대한 질문을 자주 받았다고 한다.

＊130 그들은 이를 통해, "은총은 회복 가능하다"라는 루터파 교설(특히 일반적으로 이루어지던 임종 시의 '회개')이 낳은 방자한 결론을 타파하려 했다.

＊131 이와 관련하여 회개의 진실성을 나타내는 절대적 표지로서 그 '일시(日時)'를 알아야 한다는 주장에 대해 슈페너는 반대했다. Spener, Theol. Bedenken, Ⅱ, 6, 1, S. 197. 멜란히톤이 루터의 '양심의 공포(terror conscientiae)'를 몰랐듯이 슈페너도 '참회 투쟁'을 몰랐다.

＊132 물론 이와 더불어 모든 금욕 특유의 '만인사제론(萬人司祭論)'의 반권위적(反權威的) 해석도 함께 작용하였다. —때로는 참된 회개의 '확증'이 얻어질 때까지 목사는 사면을 연기해야 한다는 주장도 등장했는데, 리츨이 이를 칼뱅주의 원칙이라고 한 것은 옳은 지적이다.

＊133 이 연구에서 중요한 점이 무엇인지는 다음 책에서 쉽게 파악할 수 있다. Plitt, Zinzendorfs Theologie(3 Bde., Gotha, 1869 f.), Bd. Ⅰ, SS. 325, 345, 381, 412, 429, 433 f., 444, 448, Bd. Ⅱ, SS. 372, 381, 385, 409 f., Bd. Ⅲ, SS. 131, 167, 176.—또한 Bernh. Becker, Zinzendorf und sein Christentum(Leipzig, 1900), 3. Buch, Kap. Ⅲ도 참조.

＊134 물론 그는 아우크스부르크 신앙고백이—그의 불쾌한 표현을 빌리자면—오직 '상처의 진물'을 뒤집어썼을 때에만 루터파의 기독교적 신앙생활에 적합해질 수 있다고 말했다. 그의 글을 읽는다는 것은 고행과 같다. 왜냐하면 너무나 약해서 곧 사라질 듯한 사상을 표현하는 그의 언어는, 과거 F. Th. Vischer가 (뮌헨의 '그리스도의 테레빈(Christoterpe)'파와 논쟁할 때) 뼈저리게 느꼈던 저 '그리스도의 테레빈유'가 풍기는 악취보다 훨씬 불쾌하기 때문이다.

＊135 "우리는 그리스도의 피로 씻기지 않고 성령의 힘으로 철저히 변화되는 일도 겪지 못한 자들은 형제로 인정할 수 없다. 신의 말씀이 순수하게 전해지고 사람들이 그에 따라 신의 아들로서 성스럽게 생활하는 영역 밖에서는, 그리스도의 분명한(가시적인) 교단이 존재할 수 없다." 마지막 문장은 확실히 루터의 소교리문답에서 따온 것이다. 그러나 그 문장은—리츨이 이미 밝혔듯이—거기서는 신의 거룩한 이름이 어

찌하면 더 성스러워질 수 있느냐는 물음에 대한 대답으로 사용된 반면, 여기서는 성도들로 이루어지는 교회의 경계선을 명확히 하는 데 쓰이고 있다.

＊136 Plitt, a. a. O., Ⅰ, S. 346을 보라. 보다 확실한 것은 Plitt의 이 책 S. 381에 인용되어 있다. 바로 "선행은 구원에 필요한가" 이 질문에 대한 대답이다. —"구원에 이르는 데에는 필요 없을뿐더러 오히려 유해하다. 그러나 구원에 이른 뒤에는 매우 필요하며, 이것을 행하지 않는 자는 아직 구원받지 못한 셈이다." 그러므로 여기서도 선행은 구원의 실재 근거가 아니라 단지—유일한—인식 근거일 뿐이다.

＊137 예를 들면 리츨이 강하게 공격하고 있는 '기독교인의 자유'에 대한 풍자를 통해 저지하고 있다. Ritschl, a. a. O., Ⅲ, S. 381.

＊138 그중에서도 구원 이론에서, 신의 형벌을 통한 보상이라는 사상을 한층 강조하는 모습이 그렇다. 그는 전도를 통해 접근하려던 그의 시도가 미국 종파들에 의해 거부된 뒤, 위 사상을 구원 방법의 토대로 삼았다. 이후 헤른후트파 금욕의 목표로서 천진함, 겸손함, 자기 비하의 유지가 강조되었다. 이런 경향은 교단 내부의 청교도적 금욕에 가까운 경향과 날카롭게 대립하게 되었다.

＊139 이 영향에도 한계는 있었다. 그러므로 람프레히트처럼 친첸도르프의 종교의식을 하나의 '사회심리적' 발전 단계에 끼워 넣으려는 시도는 잘못된 것이다. 더구나 그가 근본적으로 봉건적인 감각을 지닌 Graf(백작)이었다는 점은 그의 종교의식 전체에 가장 강한 영향을 미쳤다. 게다가 그런 종교의식의 감정적 측면은 '사회심리적'으로 볼 때 '감상주의(Empfindsamkeit)' 시대만큼이나 기사계급의 감상적 퇴폐의 시기에 어울리는 것이다. 대체로 '사회심리적' 관점에서 이것은 서양적 합리주의에 대비해 볼 때 독일 동부의 가부장적 속박이라고 한다면 가장 쉽게 이해될 것이다.

＊140 이 점은 친첸도르프와 디펠(Dippel)의 논쟁에서 분명히 밝혀졌다. 또한—그의 사후에—1764년 종교회의에서 발표된 견해도, 헤른후트파 교단이 지닌 구원의 제도(Anstalt)로서의 성격을 명료하게 표현하고 있다. 그에 대한 리츨의 비판을 보려면 (Ritschl, a. a. O., Ⅲ, SS. 443 f.)를 참조하라.

＊141 예를 들면 (Spangenberg, Idea fidei fratrum, pp. 151, 153, 160)을 참조. 참된 회개와 면죄에도 불구하고 구원을 얻지 못하는 일이 발생한다는 것은, 이 책의 p. 311에 나오는 견해로 알 수 있다. 그런데 이런 입장은 루터파의 구원론에 합치되지만 칼뱅파(및 감리교) 구원론과는 충돌한다.

＊142 예컨대 Plitt, a. a. O., Ⅲ, S. 131에 인용된, 《마태복음》 20장 28절에 관한 친첸도르프의 다음과 같은 견해를 참조하라. "신이 좋은 재능을 부여해 주신 사람이 있다면 나는 기뻐하며 그 재능을 이용할 것이다. 하지만 만약 그가 자신의 재능에 만족하지 않고 더 좋은 재능을 얻으려 한다면, 이는 파멸의 시초일 것이다." 친첸도르프는—특히 1743년 존 웨슬리와의 대화에서 볼 수 있듯이—성화(聖化)의 진보를 부정했

다. 왜냐하면 그는 성화를 의인과 동일시하여 그리스도와의 감정적 관계 안에서만 그것을 찾았기 때문이다. Plitt, a. a. O., Ⅰ, S. 413. 신의 '도구'라는 감정 대신 신의 '소유'가 나타난다. 이는 금욕이 아니라 신비주의다(이 용어들의 의미는 Einleitung zu 〈Wirtschaftsethik der Weltreligionen〉, Max Weber, Gesammelte Aufsätze zur Religionssoziologie, Ⅰ, SS. 237~275에서 언급되고 있다). —물론 청교도들의 경우에도 (위에 소개한 부분에서 논해진 의미로) 현세의 심적 상태가 그들의 현실적인 추구 대상이었다. 하지만 그렇게 구원의 확신(certitudo salutis)이란 뜻으로 해석된 심적 상태는 그들에게 있어 능동적인 도구감정이었다.

＊143 (Plitt, a. a. O., Ⅱ, S. 345)에 인용된 친첸도르프의 견해를 참조, 또 (Spangenberg, Idea fidei, p. 325)도 보라.

＊144 그러나 직업 노동은 바로 그런 식으로 도출되었기 때문에 철저한 윤리적 토대를 가질 수 없었다. 친첸도르프는 직업에 대한 성실성을 요구하는 결정적 관점으로서, 직업에서의 '예배'라는 루터적 관념을 끌어들이는 일을 거부했다. 그는 직업에 대한 성실성을 오히려 '구세주의 성실한 역사'에 바치는 대상이라고 보았다. Plitt, a. a. O., Ⅱ, S. 411.

＊145 그의 저서 《Sokrates, d. I. Aufrichtige Anzeige verschiedener nicht sowohl unbekannter als vielmehr in Abfall geratener Hauptwahrheiten》(1725)에는 "이성을 갖춘 사람에게 신앙이 없을 수 없고, 신앙을 갖춘 사람에게 이성이 없을 수 없다" 이런 유명한 말이 나온다. 또한 그가 베일(Bayle) 같은 저작가를 선호했다는 사실도 잘 알려져 있다.

＊146 수학적 정초를 통해 합리화된 경험론에 대한 금욕적 프로테스탄티즘의 각별한 애착은 잘 알려진 바이다. 하지만 여기서는 아직 이 주제를 깊이 다룰 수 없다. 수학적·합리적인 '정밀한' 연구로의 학문적 전향 및 그 철학적 동기, 그리고 이 전향과 베이컨의 관점 사이의 대립에 관해서는 (Windellband, Gesch. d. Philos., SS. 305~307), 특히 근대 자연과학을 물리적·기술적 관심의 산물이라고 보는 사상을 적절히 거부하고 있는 S. 305 이하를 참조. 물론 그들 사이에는 매우 중요한 관계가 존재하지만, 이는 대단히 복잡한 관계이다. 또한 (Windellband, Neuere Philos., Ⅰ, SS. 40 f.)도 보라. 슈페너의 책에도 매우 분명히 나타나 있듯이 프로테스탄트 금욕의 입장에서 결정적인 관점은, 기독교인의 신앙은 그 신앙의 열매에 의해 인식되며, 또한 신과 그 의도에 대한 인식도 오직 신의 성업을 인식함으로써만 이루어질 수 있다는 것이다(Spener, Theol. Bedenken, Ⅰ, S. 232, Ⅲ, S. 260). 따라서 청교도, 재세례파, 경건파 신도들이 특별히 선호했던 학문은 물리학이었으며, 그 다음은 같은 방법이 사용되는 다른 수학적·자연과학적 분야들이었다. 현세의 '의미'는 신의 계시의 단편적인 성격 때문에—칼뱅주의적 사상이다—개념적 사색으로는 도저히 파악될 수 없지만, 우리가 자연에 존재하는 신의 법칙을 경험적으로 파악한다면 그에 대한 지식을

얻을 수 있다는 것이 그들의 생각이었다. 17세기 경험론은 금욕 사상이 '자연 안에서의 신'을 탐구할 때 쓰던 수단이었다. 경험론은 인간을 신에게 인도하지만, 철학적 사색은 인간을 신으로부터 멀리 떨어뜨려 놓는다고 생각되었다. 특히 슈페너에 따르면 아리스토텔레스의 철학은 기독교에 근본적으로 해로운 것이었다. 다른 모든 철학, 특히 '플라톤' 철학은 그보다 낫다는 것이다(Cons. Theol., Ⅲ, 6, 1, Dist. 2, Nr. 13.). 참고로 특징적인 다음 구절들을 보라. "그러므로 나로서는 데카르트에게 해 줄 말이 없다(그는 데카르트의 저서를 읽지 않았다). 하지만 내가 계속해서 바라 왔고 지금도 바라고 있는 것은 다음과 같다. 즉 신이 인간들을 일깨우시어 어떤 인간적인 권위가 아니라, 학자들에게는 알려져 있지 않은 건전한 이법(理法)에만 마음을 기울이는 참된 철학을 반드시 그 눈앞에 보여 주시는 것이다." (Spener, Cons. Theol., Ⅱ, 5, Nr. 2.) 금욕적 프로테스탄티즘의 이런 견해가 교육, 특히 실업교육의 발달에서 어떤 의의를 지녔는지는 잘 알려진 그대로다. 이 견해는 '함축적 신앙(fides implicita)'에 대한 태도와 결합하여 그들의 교육강령을 낳았다.

＊147 "제자들이란 대체로 다음 4가지에서 자신의 행복을 얻는 사람들이다. (1)미천하고 멸시받으며 조롱당한다. ……(2)주를 위해 쓰이지 않는 모든 것을……하찮게 여긴다. (3)아무것도 갖지 않든가, 아니면 얻은 것을 모두 남에게 준다. ……(4)돈을 위해서가 아니라 사명으로서의 직업을 위해, 그리고 주와 이웃을 위해 날품팔이처럼 일한다. ……" (Rel. Reden, Ⅱ, p. 180 ; Plitt, a. a. O., Ⅰ, S. 445.) 모든 사람이 '제자'가 될 수는 없으며 또 그래서도 안 된다. 오직 주의 부름을 받은 자만이 제자가 될 수 있다. ―그러나 친첸도르프 자신의 고백에 따르면, 산상수훈이 형식상 모든 사람을 대상으로 하기 때문에 난점이 존재하는 것이다(Plitt, a. a. O., Ⅰ, S. 449). 이런 '자유로운 사랑의 무차별주의'는 옛 재세례파의 이상과 유사함이 분명하다.

＊148 왜냐하면 신앙의 감정적 내면화는 아류 시대의 루터파에서도 어느 정도 발견되기 때문이다. 루터파 신도들의 눈에 '위선(행위로써 얻는 구원)'으로 비쳤던 금욕적 생활 규제가 여기서는 오히려 본질적인 차이를 낳고 있다.

＊149 슈페너는 '확신(Sicherheit)'보다는 '심정의 동요(herzliche Angst)'가 좀 더 나은 은총의 표지라고 생각했다(Spaner, Theol. Bedenken, Ⅰ, S. 324). 물론 청교도 저작가들도 '거짓된 확신'에 대해 분명히 경고하고는 있다. 하지만 적어도 예정설은 목회에 대해 영향력을 가지는 한, 언제나 그와는 정반대 방향으로 작용했다.

＊150 고해가 존속할 때 생겨나는 심리적 효과는, 언제나 자기 행위에 대한 책임의 해제라는 형태로 나타난다(사실 이 때문에 고해가 추구되었던 것이다). 따라서 고해는 엄격하고 철저한 금욕적 요구를 면제해 주는 효과도 낳았다.

＊151 이 경우―경건파 신앙의 특징에 대해서도―순전히 정치적인 요인이 그와 더불어 얼마나 강하게 작용했는지는, 뷔르템베르크(Württemberg)의 경건파에 관한 리츨의 서

술에 암시된 내용을 보면 알 수 있다. 자주 인용되었던 그 책을 보라(Ritschl, a. a. O., Ⅲ.).

*152 앞의 *147에 인용된 친첸도르프의 말을 보라.

*153 자명한 이야기지만 칼뱅파도, 특히 순수한 칼뱅파는 분명 '가부장적'이었다. 그리고 예를 들어 백스터의 활동 성과와 키더민스터(Kidderminster) 공업의 가내공업적 성격 사이의 관련은, 그의 자서전에 명확히 드러나 있다. (The Works of the Puritan Divines, p. XXVⅢ)에 인용되어 있는 다음 구절을 보라. "그 마을은 키더민스터 직포를 짜는 것으로 살아간다. 그리고 사람들은 직기 앞에서 일하면서도 눈앞에 책을 펼쳐놓고 서로에게 가르침을 준다. ……" 그러나 개혁파 및 (특히) 재세례파 윤리에 입각한 가부장제는, 경건주의에 입각한 그것과는 전혀 다른 성질을 띠게 된다. 다만 이 문제는 다른 맥락에서 논의되어야 한다.

*154 (Ritschl, Lehre von der Rechtfertigung und Versöhnung, 3. Aufl. Ⅰ, S. 598.) 프리드리히 빌헬름 1세는 경건주의를 지대 및 금리로 생활하는 자들에게 적합한 사상이라고 했는데, 이는 슈페너나 프랑케의 경건주의보다는 오히려 이 국왕의 특징을 나타내는 말이었다. 빌헬름 1세도 자신이 관용령을 통해 경건파를 국내에 받아들인 이유를 잘 알고 있었다.

*155 감리교를 공부하는 입문으로는 (Realenzykl, f. Prot. Theol. u. K., 3. Aufl.,)에 나오는 Looks의 'Methodismus'라는 뛰어난 항목이 가장 적절하다. 또한 Jacoby(그중에서도 《Handbuch des Methodismus》), Kolde, Jüngst, Southey의 여러 책들도 도움이 된다. 웨슬리에 관해서는 (Tyerman, Life and Times of John Wesley, London, 1870 f.)를 보라. Watson, Life of Wesley는 독일어로 번역된 것도 있다. 감리교의 역사에 관한 귀한 장서 중 하나는 시카고 근처 에번스턴의 노스웨스턴 대학교에 있다. 고전적인 청교도주의로부터 감리교에 이르기까지 일종의 연결고리 역할을 한 인물은 종교 시인 아이작 왓츠(Issac Watts)였다. 그는 올리버 크롬웰의 전속 목사였던 하우(Howe)와, 리처드 크롬웰의 친구였다. 그리고 화이트필드는 그의 조언을 구했다고도 한다(cf. Skeats, op. cit., pp. 254 f.).

*156 이런 유사성은—웨슬리 형제의 개인적인 영향은 논외로 한다면—역사적으로 볼 때 한편으로는 예정설의 후퇴에서 유래했으며, 다른 한편으로는 감리교 창시자들에 있어 '오직 신앙뿐(sola fide)'이라는 구호의 강력한 부활에서 유래했다. 특히 감리교 특유의 전도적(傳道的) 성질도 그 부활에 큰 힘을 실어 주었다. 그것은 '각성'을 위한 설교라는 일종의 중세적인 방법이 (모습이 바뀐 채) 부활되어 경건파적 형태와 결합된 결과였다. 이 현상은 분명 '주관주의(Subjektivismus)' 발전의 일반적인 기본 과정에 속하지는 않는다. 왜냐하면 이것은 그 점에서는 경건파뿐만 아니라 중세의 성 베르나르적 신앙보다도 뒤처지기 때문이다.

＊157 웨슬리 자신이 이따금 이런 식으로 감리교 신앙의 효과를 설명했다. 이는 친첸도르프의 '지복(Glückseligkeit)'과 분명 유사하다.

＊158 이를테면 (Watson, Leben Wesleys, S. 331)에 인용된 내용을 보라.

＊159 J. Schneckenburger, Vorlesungen über die Lehrbegriffe der kleinen protestantischen Kirchenparteien, herausgeg. von Hundeshagen, Frankfurt, 1863, S. 147.

＊160 예정설을 믿는 사람들의 지도자는 화이트필드였는데, 그가 세상을 떠난 뒤 이 집단은 조직성을 잃고 와해되고 말았다. 화이트필드는 웨슬리의 '완전성' 교리를 근본적으로 거부했다. 실제로 이 교리는 칼뱅파의 '구원의 확증' 사상 대용품에 지나지 않았다.

＊161 (Schneckenburger, a. a. O., S, 145.—Loofs, a. a. O.)의 내용과는 조금 다르다. 이두 가지 귀결은 이와 비슷한 모든 신앙에서 전형적으로 나타난다.

＊162 1770년 회의가 한 예다. 이미 1744년 회의는 성서의 말씀이 칼뱅주의에도 반율법주의에도 각각 '아슬아슬하게' 닿아 있음을 인정했다. 즉 성서의 실천적 규범으로서의 타당성이 유지되고 있는 한, 그 의미가 분명치 않다 해도 교리적 차이 때문에 서로 갈라서서는 안 된다는 것이다.

＊163 감리교는 죄 없는 완전성이 가능하다는 그들의 이론에 의해 헤른후트파와 갈라진다. 특히 친첸도르프는 이 이론을 배척했다. 한편 웨슬리는 헤른후트파 신앙의 감정적 측면을 '신비주의'라고 보았으며, '율법'에 관한 루터의 견해를 '신에 대한 모독'이라고 해석했다. 이 점에서 모든 합리적인 종교적 생활양식과 루터파 사이에 뿌리 깊이 존재하는 벽이 나타난다.

＊164 존 웨슬리는 때때로 이 점을 강조했다. 사람들은 퀘이커파, 장로파, 영국 국교회 등등 어디에 속하든 교리를 믿어야 하지만, 오직 감리교에서는 그럴 필요가 없다는 것이다. 이상에 관해서는 물론 대체적인 개요에 지나지 않지만 (Skeats, History of the Free Churches of England, 1688~1851)의 설명도 참조하라.

＊165 예를 들어 (Dexter, Congregationalism, pp. 455 f.)를 참조.

＊166 하지만 오늘날 미국 흑인들의 경우처럼 이는 생활의 합리적인 성격을 해칠 수도 있었다. —어쨌든 경건파의 감동은 비교적 온화했던 데에 비해, 감리교의 격정은 뚜렷한 병리적인 성격을 종종 띠었다. 이 현상은—순수한 역사적 원인이나 그 경과가 공개되어 있는 경우를 제외한다면—아마 감리교가 전파된 지역의 생활 속에 금욕이 점점 강하게 침투했다는 것과 관련되어 있지 않을까. 그러나 이를 확정짓는 일은 정신의학자의 소관일 것이다.

＊167 그러나 뒤에서 인용할 존 웨슬리의 말에 나타나 있듯이, 감리교도 다른 금욕적 교파들과 마찬가지로 천직 관념을 발전시켰으며 같은 결과를 낳았다.

＊168 (Loofs, a. a. O., S. 750.) 여기서 Loofs는 감리교가 영국 계몽기 이후에 나타났다는

점에서 다른 금욕 운동과 다르다고 강조하면서, 이를 19세기 초 독일에서 일어난 경건파의 부활(물론 훨씬 미약했지만)에 비정(比定)했다. 그런데 리츨의 견해에 따른다면, 감리교는 친첸도르프 형태의 경건파와도 비정될 수 있을 것이다(Ritschl, Lehre von der Rechtfertigung u. Versöhnung, Bd. 1, SS. 568 f). 이 변종은—슈페너나 프랑케와는 달리—이미 계몽사상에 대한 반동이기도 했다. 다만 앞에서 살펴봤듯이 같은 반동이라고는 해도, 감리교는 적어도 친첸도르프의 영향 아래에 있는 한의 헤른후트파와는 전혀 다른 방향을 취했다.

＊169 또한 이것은—이미 보았듯이—청교도주의의 철저한 금욕적 윤리가 약화된 것이었다. 그런데 사람들은 이런 종교적 관념도 자본주의 발달의 '지수(指數)'나 '반영'에 지나지 않다고 습관처럼 해석하려 들지도 모른다. 그러나 사실은 정반대였다.

＊170 침례교 중에서도 소위 '일반 침례교도(General Baptists)'만이 옛 재세례파로 소급될 수 있다. '특별 침례교도(Particular Baptist)'는—앞서 말했듯이—칼뱅파에서의 교회 소속 자격을 원칙적으로 부활하는 자, 혹은 개인적으로 신앙고백을 한 자에게만 주어지는 것으로 제한하였다. 따라서 이들은 원칙적으로 주의주의자(Voluntaristen)로 모든 국교회에 반대하는 입장을 고수했다. 물론 실제로는 크롬웰 치하에서도 그 원리가 언제나 한결같았던 것은 아니다. 이러한 특별 침례교도도 일반 침례교도도 역사적으로는 재세례파 전통의 담당자로서 매우 중요한 존재지만, 우리 입장에서는 그 교의를 일부러 분석할 필요가 없을 듯하다. 퀘이커파는 형식상 조지 폭스와 그의 동지들이 만든 것이지만, 그 근본 사상이 재세례파의 전통을 계승하고 있다는 점은 의문의 여지가 없다. 퀘이커파의 역사에 관한 최고의 입문서이자, 동시에 그 종파와 침례파 및 메노나이트파 사이의 관계까지 보여 주는 서적으로는 Robert Barclay, 《The Inner Life of the Religious Societies of the Commonwealth, 1876》이 있다. 침례파의 역사에 관해 참조할 만한 책은 우선 다음과 같다. H. M. Dexter, 《The True Story of John Smyth, the Se-Baptist, as told by himself and his contemporaries, Boston, 1881》(그리고 이 책에 관해서는 J. C. Lang in Bapt. Quart. R., 1883, p. 1 f. 참조); J. Murch, A History of the Presb. and Gen. Bapt. Ch. in the West of England, London, 1835; A. H. Newman, History of the Baptist Ch. in the U. S., New York, 1894(Am. Church Hist. Ser., Vol. 2); Vedder, A Short History of the Baptists, London, 1897; E. B. Bax, Rise and Fall of the Anabaptists, New York, 1902; G. Lorimer, Baptists in History, 1902; J. A. Seiss, Baptist System Examined, Lutheran Publ. Society, 1902. 그 밖의 자료로는 Baptist Handbook, London, 1896 ff.; Baptist Manuals, Paris, 1891~3; The Baptist Quarterly Review; Bibliotheca Sacra, Oberlin, 1900도 참조하라. 가장 좋은 침례파 관련 장서는 뉴욕 주의 Colgate College에 있다고 생각된다. 퀘이커파의 역사에 관한 최선의 장서는 런던의 Devonshire House에 소장된 것이다(필자는 이를

이용하지 못했다). 현대 정통파의 기관지(機關誌)는 Jones 교수가 편집하는 〈American Friend〉다. 퀘이커파 역사에 관한 최선의 책은 Rowntree의 저서다. 또한 Rufus B. Jones, George Fox, an Autobiography, Phil., 1903 ; Allton C. Thomas, A History of the Society of Friends in America, Phil., 1895 ; Eduard Grubb, Social Aspects of the Quaker Faith, London, 1899를 보라. 그 밖에도 우수한 전기적 문헌들이 다수 있다.

＊171 뮐러의 연구가 남긴 수많은 공적 중 하나는, 표면적으로는 눈에 띄지 않지만 실제로는 상당한 것이었던 재세례파 운동에 정당한 지위를 부여했다는 점이다. Karl Müller, Kirchengeschichte를 참조. 이 재세례파 운동만큼 모든 교회로부터 무자비한 박해를 받은 종파도 없다. 왜냐하면 그것이 [필자가 정의한] 특수한 의미에서의 종파(Sekte)가 되고자 했기 때문이다. 그 가운데 종말론적 신앙을 지닌 일파가 뮌스터에서 반란 사건을 일으키면서, 이 종파는 이후 5세대가 지나도록 온 세계(이를테면 영국)로부터 악평을 받았다. 특히 이 종파는 끊임없는 박해 때문에 지하로 추방되었으므로, 그 종교적 사상 내용을 조직적으로 정식화하는 데에 이르기까지는 오랜 시간이 걸렸다. 그들 자신은 신에 대한 신앙을 전문적인 '학문'으로 다루는 일을 적대시했는데, 그런 원칙을 고려한다 해도 그들이 훨씬 적은 '신학'만을 산출했던 까닭은 위와 같은 사정 때문이었다. 따라서 과거의 신학자들은―아니, 동시대 신학자들조차―재세례파 운동에 호의적이지 않았으며 흥미를 보이지도 않았다. 근대의 많은 신학자들 경우에도 사정은 매한가지였다. 예를 들어 리츨은 수많은 편견을 가지고 '재세례파(Wiedertäufer)'를 다루었으며, 심지어 이를 경멸하여 신학상의 '부르주아적 관점'이라 말하고 싶어 했을 정도다(Ritschl, Pietismus, Ⅰ, SS. 22 f). 게다가 수십 년도 더 전부터 Cornelius의 뛰어난 저작이 이미 존재하고 있었다. Cornelius, 《Geschichte des Münsterschen Aufruhrs》참조. 리츨은 이 경우에도 역시 여러 가지 면에서 '가톨릭'으로의 쇠퇴―그의 관점에 의한 것이지만―라 여겨지는 요소들을 예로 들면서, 성령주의자와 프란체스코파 수도승이 이에 미친 직접적인 영향을 찾아내려 했다. 물론 그의 증명은 때로 성공할지도 모르지만, 그 관련은 매우 가느다란 실과도 같은 것에 지나지 않다. 그런데 역사적인 사실은 다음과 같다. 가톨릭의 경우에도 평신도들의 세속적 금욕은 언제나 사적 집회를 낳았다. 그런데 가톨릭 공식 교회는 이런 집회들을 극단적으로 불신하여 이들이 수도원으로 결성되게끔―즉 현세 바깥으로 나오게끔―인도하려 하거나, 아니면 이들을 제2급의 금욕으로서 기존 수도원에 의도적으로 편입시켜서 관리하려고 했다. 또한 이 시도가 실패했을 때, 가톨릭교회는 이런 주관주의적인 금욕적 도덕이 권위의 부정과 이단을 낳을 수도 있다는 위험성을 강조했다. 비슷한 예로는 엘리자베스 왕조 당시 '성서집회(prophesyings)', 즉 반쯤 경건주의적인 성서집회가 'conformism(국교주의)'에 따랐음에도―위와 동일한 이유로―영국 국교회의 탄압을 받았던 것을 들 수 있다. 또 스튜어트 왕조가 유희서

(Book of sports)—이는 나중에 설명하겠다—에서 보여 주었던 태도도 같은 예다. 수많은 이단 운동의 역사, 이를테면 겸손파(Humiliaten)나 베긴회 수녀들 (Beghinen)의 역사, 그리고 성 프란체스코의 운명이 이를 입증하고 있다. 탁발승이나 프란체스코파 수도사들의 설교는 개혁파적 재세례파 계통의 프로테스탄티즘의 금욕적 평신도 도덕을 위한 토대를 마련하는 데에 많은 공헌을 했다. 그런데 서양 수도사들의 금욕과 프로테스탄티즘의 금욕 생활 사이에 상당한 유사성이 존재하는—이 사실은 특히 우리의 연구 관점에서 볼 때 매우 중요하므로 계속 강조될 것이다—이유는 궁극적으로는 다음 사실에서 유래한다. 즉 성서적 기독교에 입각하는 모든 금욕은 어떤 중요한 특징을 공통적으로 당연히 가질 수밖에 없다는 점과, 대체로 종파를 막론하고 기독교 신앙에 바탕을 둔 모든 금욕은 육체적인 관념을 '억제'하는 어떤 확실한 수단을 필요로 한다는 점이다. 이하의 서술이 간단한 이유는 이 논문에서 특별히 다루어질 문제, 즉 '시민적' 천직 관념의 종교적 기초의 발달에 대해 재세례파 윤리가 갖는 의의가 매우 적기 때문이다. 이 운동의 의의는 사회적 측면에서 훨씬 중요한데, 이것은 여기서 논할 문제가 아니다. 문제 설정이 이러하므로 나는 옛 재세례파 운동의 역사적 내용을 살펴볼 때, 그것이 우리의 시각에서 볼 때 중요한 후대 종파들—침례파, 퀘이커파, 메노나이트파(비교적 간략하게나마)—의 특성에 미친 영향만을 서술하겠다.

* 172 앞의 * 93 참조.

* 173 그 기원과 변천에 관해서는 A. Ritschl, (Gesammelte Aufsätze, S. 69 f.) 참조.

* 174 물론 재세례파는 '종파'라고 불리기를 계속 거부했다. 그들은 《에베소서》 5장 27절에서 뜻하는 교회임을 자처했다. 그런데 우리가 쓰는 말로 표현하자면 그것은 '종파'다. 재세례파와 국가 사이에 관계가 전혀 없었기 때문만은 아니다. 원시기독교 시대의 교회와 국가 사이의 관계는 물론 퀘이커파(Barclay)에 있어서도 그들의 이상이었다. 왜냐하면 많은 경건파 신도들(Tersteegen)의 경우처럼 그들에게도 십자가 아래에 있는 교회의 순수성만이 믿을 수 있는 것이었기 때문이다. 그러나 신앙이 없는 국가에서는 설령 십자가 아래에 있다 해도 칼뱅주의조차—같은 경우라면 가톨릭교회 역시—차선책으로 국가와 교회의 분리에 찬성할 수밖에 없었다. 또한 그들이 '종파'라는 이유는, 교회 가입이 사실상 교단과 세례 지망자 사이의 가입 계약에 의해 이루어졌기 때문도 아니다. 왜냐하면 예를 들어 네덜란드의 경우, 개혁파 교회에서 조차(정치적 사정으로 인해) 형식적으로는 오래된 교회제도에 따라 동일한 일이 이루어졌기 때문이다. 이에 관해서는 V. Hoffmann, 《Kirchenverfassungsrecht der niederl. Reformierten, Leipzig, 1902》를 보라. 그들이 '종파'라고 불려야 할 이유는 오히려 따로 있다. 즉 교단 일반이 부활하지 않는 자를 포함해서는 안 되고 따라서 원시기독교의 모범에서 벗어날 수도 없기 때문에, 그 교단은 결국 공적 제도(Anstalt)

로서의 교회의 형태가 아니라 종파로, 다시 말해 자발적인 형태로 조직될 수밖에 없었던 것이다. 개혁파 입장에서는 단순한 사실이었던 것이 재세례파 교단들에 있어서는 '교회' 개념의 본질이 된 것이다. 물론 개혁파에도 'believer's church (믿는 자의 교회)'를 낳을 만한 종교적인 특정 동기가 존재했다. 이는 앞서 살펴본 바와 같다. '교회'와 (Kirche) '종파 (Sekte)'에 관한 보다 자세한 내용은 필자의 논문 〈Die protestantische Sekten und der Geist des Kapitalismus〉, Max Weber, Gesammelte Aufsätze zur Religionssoziologie, Ⅰ을 보라. 이 논문에서 사용된 '종파' 개념은 거의 나와 동시에, 하지만—내 생각에—나와는 아무 상관없이 Kattenbusch도 사용하였다. Realenzykl. f. Prot. Theol. u. Kirche에서 그가 집필한 'Sekte'란 항목을 보라. 트뢸치는 이 개념을 받아들여 더욱 심도있게 논의했다. E. Troeltsch, Soziallehren der christlichen Kirchen und Gruppen을 보라. 또한 필자의 〈'Einleitung' in die Aufsätze über 'Wirtschaftsethik der Weltreligionen'〉, Max Weber, Gesammelte Aufsätze zur Religionssoziologie, Ⅰ도 참조.

＊175 이 상징이 역사적으로 교회의 일체성을 유지하는 데에 얼마나 중요했는가는—왜냐하면 이 상징은 일의적이고도 명백한 표지였으므로—Cornelius가 분명하게 논하였다. Cornelius, a. a. O.

＊176 메노나이트파의 의인 교리가 이와 상당히 유사하다는 점은, 이 자리에서는 논외로 하겠다.

＊177 그리스도의 수육 (受肉) 및 그와 성모 마리아 사이의 관계에 대한 문제는, 이미 재세례파와 관련된 가장 오래된 문헌 (이를테면 Cornelius, a. a. O., Ⅱ, Appendix에 수록된 모든 '신앙고백')에서도 종종 유일한 순수 교리상의 논점으로서 놀라울 정도로 두드러지게 등장하고 있는데, 이 문제의 토의에 집중되었던 종교적인 관심은 아마도 위의 사상에 근거하는 것으로 보인다 (이에 대해서는 특히 Karl Müller, Kirchengeschichte, Ⅱ, 1, S. 330을 보라). 개혁파와 루터파의 그리스도론에 있어서의 차이, 즉 이른바 communicatio idiomatum (고유성의 교류)의 교리에 관한 문제의 밑바닥에도 이와 비슷한 종교적인 관심이 존재한다.

＊178 이런 원칙은 특히, 파문된 사람과의 교제를 시민적인 활동의 영역에서조차 원칙적으로 엄격히 피하는 데에 잘 나타나 있다. 이 점에 있어서는, 시민적인 활동에는 원칙적으로 종교적 간섭을 행해서는 안 된다고 주장하던 칼뱅파조차 상당히 양보했던 것이다. 필자의 논문 〈Die protestantische Sekten und der Geist des Kapitalismus〉 in ᅳ Max Weber, a. a. O., Ⅰ을 보라.

＊179 잘 알려진 바와 같이, 퀘이커파의 경우에는 이 원칙이 매우 사소해 보이는 외적인 요소에까지 영향을 미치고 있다 (모자 벗기, 무릎 꿇기, 절하기, 존칭의 사용 등에 대한 거부). 그런데 그 근본 사상은 모든 금욕에서 얼마쯤 나타나는 고유의 사상이

므로, 진정한 금욕은 언제나 '반권위적(反權威的)'이다. 칼뱅파의 경우 이 원칙은, 교회에서는 오직 그리스도만이 지배하셔야 한다는 원리에 드러나 있다. 경건파의 경우에는, 성서에 근거하여 칭호를 뒷받침하려 했던 슈페너의 노력을 떠올려 보면 된다. —그리고 가톨릭 금욕은 교회 조직의 권위가 문제시되는 한, 복종 자체를 금욕적이라고 해석함으로써 복종 서약을 통해 반권위적 경향을 억눌렀다. 그런데 프로테스탄티즘의 금욕에 나타나 있는 이러한 반권위적 원칙의 '이면(裏面)'이야말로 실은, 오늘날에도 청교도주의 영향 아래에 있는 국민들의 민주주의의 특징을 낳은 토대이며, 또 그런 민주주의와 '라틴 정신' 아래에서 성립된 민주주의의 차이점을 낳은 역사적 바탕이기도 하다. 또한 그것은 미국인들의 저 'Respektlosigkeit(존경심의 결핍)'의 역사적 근거이기도 하며—위의 민주주의 중 어느 쪽에 속하느냐에 따라—반감을 사거나 호감을 얻기도 한다.

＊180 물론 근본적으로 볼 때 이것은 재세례파 내부에서도 처음부터 신약성서에만 적용되는 것으로, 구약성서는 그 정도로 중시되지는 않았다. 특히 산중수훈은 모든 종파에서 사회윤리의 강령으로서 특별히 존중되었다.

＊181 슈벵크펠트(Schwenckfeld)는 일찍부터 성례전의 외적 수행 따위는 무의미한 것이라고 생각했다. 그러나 '일반 침례파'와 메노나이트파는 이에 반대하여 세례와 성찬을 중시했으며, 메노나이트파는 그 밖에 세족식(洗足式)까지 고집하였다. 어쨌든 성례전의 가치를 낮게 평가하는 일, 정확히 말하자면 오히려 그에 의문을 품는 일은, 예정설 신봉자들의 경우와 마찬가지로 매우 현저하게 나타났다. 여기서 예외가 된 것은 성례전뿐이었다. ＊178 끝부분에 인용된 필자의 논문 참조.

＊182 이 점에 관해 재세례파의 교파들, 특히 퀘이커파는 칼뱅의 《기독교 강요》 제3권, 2에 있는 표현을 근거로 삼았다. 실제로 이 표현에는 재세례파 교리와 매우 유사한 면이 틀림없이 존재한다. 퀘이커파에 대해서는 Barclay, 《Apology for the True Christian Divinity, 4. Ed., London, 1701》을 보라(이 책은 Ed. Bernstein의 호의 덕분에 필자가 사용할 수 있었다). '신의 말씀'—신이 장로, 선지자, 사도에게 주셨던 계시로서의—이 지니는 권위와, 그 말씀을 기록한 것으로서의 '성서'가 지니는 권위를 구별 짓는 오래된 사상은, 계시의 본질에 관한 재세례파의 견해와 뚜렷한 역사적 관련은 없다 해도 내적으로는 연관이 있다. 칼뱅파에 있어 기계적 영감론(靈感論)과 엄격한 성서주의는 16세기에 시작된 일정 방향으로 이루어진 발전의 소산이었으며, 재세례파에 바탕을 둔 퀘이커파의 '내적인 빛' 교리는 비슷한 시기에 그와 정반대 방향으로 진행되기 시작한 발전의 귀결이었다. 이 경우 이들 사이의 첨예한 분리는, 부분적으로는 서로간의 끊임없는 대결이 낳은 결과이기도 했다.

＊183 이것은 소치니파(Sozinianer)의 어떤 경향에 강하게 대립해서 주장되어 왔다. '자연적' 이성은 신에 대해 전혀 모른다(Barclay, op. cit., p. 102). 이리하여 프로테스탄티

즘에서 '자연법(lex naturae)'이 본디 차지하고 있던 위치가 바뀌었다. 원칙상 '일반 법칙(general rules)'이니 도덕의 법전이니 하는 것은 존재할 수 없다. 왜냐하면 개인이 받으며 또 개인마다 다른 '소명(Beruf)'은, 신이 개인의 양심을 통해 지시해 주신 것이기 때문이다. 우리는 '자연적' 이성에 따른 보편적 개념으로서의 '선(善)'이 아니라, 신이 새로운 계약으로써 우리의 가슴 속에 써 놓으셨고 양심을 통해 표현하신 '신의 의지'를 행해야 한다. (Barclay, op. cit., pp. 73 f., 76.) 이러한─신적인 것과 피조물적인 것 사이의 점증하는 대립에서 유래하는─도덕의 비합리성은 퀘이커파 윤리의 기초인 다음 명제에서 나타나고 있다. 즉 자신의 신앙이 잘못되었다 해도 그 신앙에 반하여 행동하는 것은, 설령 타인 입장에서는 합법적인 것일지라도 결코 신에게는 용납될 수 없다는 것이다(Barclay, op. cit., p. 487). 물론 이 명제는 실천적으로 준수되지는 못했다. 예를 들어 Barclay의 경우에는 '모든 기독교인이 인정한 도덕상의 영원한 법규'가 관용의 한계였다. 실제로 당시 사람들도 퀘이커파의 윤리를─다소 다른 점은 있지만─개혁파 계통의 경건주의 윤리와 같은 것이라고 받아들였다. "교회의 모든 좋은 일은 퀘이커파에게 돌려진다"라고 슈페너는 자주 강조했다. 어쩌면 슈페너는 퀘이커파의 그런 평판을 질투했던 건지도 모른다. Cas., Theol. Ⅲ, 6, 1, Dist. 2(N. 64). 성서의 한 구절을 방패삼아 서약을 거부하는 것은, 바로 성서로부터의 실질적 해방이 얼마나 미약한 것이었는지를 보여 준다. "다른 사람들이 너에게 해 주길 바라는 것을 그들에게 해 주어라." 이 명제를 많은 퀘이커파 신도들은 모든 기독교 윤리의 총체라고 생각했는데, 이 명제의 사회윤리적 의의에 관해서는 이 자리에서 굳이 다루지 않겠다.

＊184 이 가능성을 상정해야만 하는 이유를 Barclay는 다음과 같이 말했다. 즉 그런 가능성이 없다면 "회의도 실망도 전혀 느끼지 않는 성자(聖者)의 경지 따위는 존재하지 않는다는 말이 되는데, 이는……매우 불합리한 이야기다." 구원의 확신과 관련되어 있음은 분명하다. Barclay, op. cit., p. 20을 보라.

＊185 이리하여 같은 생활의 합리화라고는 해도 칼뱅파와 퀘이커파 사이의 색깔의 차이는 계속 남아 있게 되었다. 그런데 백스터는 이 둘의 차이를 정식화하여, 개혁파의 (특징적으로 정식화된) 원칙은 "이성과 성령은 연결된 원리이다"인 반면 퀘이커파의 원칙은 "'성령'은 영혼에 작용하여 이를 맹종시킨다" 말했지만(Baxter, Christian Directory, Ⅱ, p. 76), 실제로 그의 시대에 이런 대립은 더 이상 적용되지 않았다.

＊186 Realenzykl, f. Prot. Theol. u. K.에 실린, Cramer가 매우 신중하게 집필한 항목인 'Menno' 및 'Mennoniten'을 참조. 특히 S. 604를 보라. 이 항목이 대단히 뛰어난 데에 비해, 같은 사전의 항목 'Beptisten'은 철저함이 부족하며 부분적으로는 부정확하기까지 하다. 그 저자는 이를테면 침례파 역사에서 빼놓을 수 없는 'Publications of the Hanserd Knolly's Society'도 몰랐다.

＊187 그래서 바클레이는 이렇게 말했다. 식사나 영리활동은 영적 행위가 아니라 자연적 행위이며, 따라서 신으로부터 부여받은 특별한 소명 없이도 이루어질 수 있다고. Barclay, op. cit., p. 404. 이 설명은 "만약 퀘이커파의 가르침대로 인간이 특별한 '성령의 강림' 없이는 기도할 수 없다면, 마찬가지로 인간은 신에게서 그런 특별한 지시를 받지 않는다면 밭조차 갈지 못할 것이다"라는 특징적 이론(異論)에 대한 답변이다. —현대의 퀘이커파 회의의 결의에서도, 충분한 재산을 모은 다음에는 영리생활에서 벗어나 세상의 번잡함을 피하고 오직 신의 왕국을 위해서만 살라는 권고를 찾아볼 수 있다. 이런 사상은 다른 교파들과 심지어 칼뱅파에서도 이따금 발견되지만, 그래도 역시 퀘이커파의 특색을 잘 나타내 주는 사상이라 할 수 있다. 시민적 직업윤리가 그 담당자들에게 수용된 것은 본디 현세 도피적이었던 [수도원의] 금욕이 세속적인 방향으로 바뀌었기 때문이라는 사실이 위 사상에 드러나 있다.

＊188 시카고 대학교의 베블런은 이런 표어가 '초기 자본주의적'인 것에 지나지 않다는 견해를 그의 흥미로운 저서에서 밝혔다 Veblen,《The Theory of Business Enterprise, 1904》. 그러나 현대의 '산업지도자(captains of industry)'처럼 선악의 피안에 서 있는 경제적 '초인'은 어느 시대에나 존재했으며, 그보다 밑의 광범위한 층에서 자본가들이 취하는 행동에는 오늘날에도 위 명제가 적용된다.

＊189 여기서 다시 한 번 Bernstein의 뛰어난 서술을 특별히 지적하겠다. E. Bernstein, a. a. O. 재세례파 운동에 관한 카우츠키의 극도로 도식적인 서술이라든가, '이단적 공산주의' 일반에 대한 그의 이론은 다른 기회에 자세히 살펴보겠다. K. Kautsky, Die Vorläufer des Sozialismus, Bd. 1.

＊190 예를 들어 Thomas Adams는 이렇게 생각했다(Works of the Puritan Divines, p. 138). "시민으로서의 행위는 다수자를 따라 하는 것이 좋고, 신자로서의 행위는 가장 선한 사람을 따라 하는 것이 좋다."—물론 이 말은 그가 생각했던 것보다 더 많은 의미를 함축하고 있다. 즉 청교도주의의 정직(honesty)은 형식주의적인 합법성에 지나지 않으며, 따라서 청교도주의 역사를 지닌 민족이 즐겨 자신들의 민족적 덕성이라고 주장하는 '정직(uprightness)'은 독일인의 '정직(Ehrlichkeit)'과 비교할 때 독자적인 차이를 보인다. 그들의 정직은 형식주의적·내성적으로 변형된 것이다. 교육학적 입장에서 이루어진 이에 관한 좋은 설명은 Preuβ. jahrb., Bd. 112(1903), S. 226에서 찾아볼 수 있다. 청교도주의 윤리의 형식주의 그 자체는 율법 준수에서 생겨난 당연한 결과이다.

＊191 이 점은 〈Die protestantische Sekten und der Geist des Kapitalismus〉 in : Max Weber, a. a. O., Ⅰ에서 간단히 다뤄지고 있다.

＊192 바로 이 점 때문에 가톨릭 소수파와는 달리, (금욕적) 프로테스탄티즘 소수파는 경제적으로 강한 영향을 미칠 수 있었다.

＊193 결정적인 구원의 '확증'에 대한 관심이 매우 다양한 교리적 기초들과 잘 어우러질 수 있었던 궁극적인 이유는, 기독교 일반의 종교사적 특성에서 찾아볼 수 있다. 하지만 이런 기독교 일반의 특성을 이 자리에서 논할 수는 없다.

＊194 예를 들어 바클레이는 "신은 우리를 하나의 국민으로서 모으셨다" 말했으며(Barclay, op. cit., p. 357), 나 자신이 해버포드 대학교(Haverford College)에서 들었던 퀘이커파 설교도 '성도(saints)' 즉 '선민(separati)'이라는 해석에 매우 중점을 두고 있었다.

2. 금욕과 자본주의 정신

프로테스탄티즘의 금욕적 종교 사상과 경제적 일상생활의 원칙 사이에 존재하는 관계를 밝히려면, 무엇보다도 영적 사목(목회)의 실천에서 나온 것으로 보이는 신학 문서를 검토해야 한다. 왜냐하면 온 관심이 내세에 쏠렸고 성찬 참가 여부가 기독교인의 사회적 지위를 좌우했으며, 영적 사목과 교회 규율과 설교에 의한 성직자들의 감화가―'권고(consilia)' 모음집이나 '양심 문답(casus conscientiae)' 모음집 등을 보면 알 수 있듯이―우리 현대인으로서는 쉽게 상상조차 못할 만큼 큰 영향을 미쳤던 시대에는, 그런 영적 사목의 실천 내부에서 작용하던 종교적인 힘이야말로 '국민성'을 만들어 낸 결정적 주체였기 때문이다.

여기에서는 금욕적 프로테스탄티즘을 전체적으로 논하며 다룰 것이다. 그런데 천직 관념의 가장 철저한 기초를 제공해 주는 것은 칼뱅파에서 생겨난 영국 청교도주의이므로, 우리의 원칙에 따라 그 대표자를 고찰의 중심에 세우도록 하자. 리처드 백스터(Richard Baxter)는 매우 실천적이고 협조적인 태도를 취한 인물로, 그의 저작은 몇 번이나 개정되고 번역되어 가치를 널리 인정받았다. 따라서 그는 청교도주의의 다른 대표적 저작가들에 비해서도 단연 뛰어나다. 장로파 신도(Presbyterian)이자 웨스트민스터 종교회의의 옹호자인 동시에―당시의 훌륭한 인물들과 마찬가지로―순수 칼뱅주의 교리로부터 점차 벗어나고 있었던 그는, 내적으로는 온갖 혁명과 분파 정신, 특히 '성도'들의 광신적인 열광을 혐오했다. 그렇기에 그는 내심으로 크롬웰의 왕위 폐지에 반대했다. 하지만 그는 외적 차이에는 어디까지나 관대했으며 그의 반대자들에 대해서도 공정했다. 그는 자신의 근본적 활동 분야를, 교회를 통한 도덕적 생활의 실천적인 장려에 두려 했다. 이를 목표로 그는—역사상 가장 영향력 있었던 목사의 한 사람으로서—의회의 지배하에서뿐만 아니라 크롬웰 치하나 복고된 왕정 아래에서도 계속 노력했지만,*¹ 결국 왕정복고 시대에—저 '성 바르톨로메오의 축일'보다 이전에—어쩔 수 없이 성직에서 물러나야 했다. 그의 저서 《기독교 지침(Christian Directory)》은 청교도주의 도덕신학의 가장 포괄적인 편람이다. 그는 자신의 목회 활동 경험에 입각하여 이 책을 썼다. 그리고 여기서는 이 책과 비교하여 독일 경건파 대표자인 슈페너의 《신학적 고찰(Theologische Bedenken)》, 퀘이커파에 관한 바클레이의 《변증(Apology)》, 또 그 밖의 금욕적 윤리의 몇몇 대표자들이 쓴 저서도,*² 지면 관계상 주석 형태로나마 이용할 생각이다.*³

이제 백스터의 《성도의 영원한 평안(Saints' Everlasting Rest)》이나 《기독교 지침》, 또는 다른 사람들의 비슷한 저술*⁴을 살펴보자. 우선 부(富)와 그 취득에 관한 견해에서*⁵ 우리 눈에 띄는 것은 신약성서의 가르침에서 드러나는 에비온주의 요소가 특히 강조되어 있다는 점이다.*⁶ 부라는 것은 그 자체로 대단히 위험하고 그것의 유혹은 끝이 없으며, 이를 추구하는 일*⁷은 신의 왕국이 갖는 엄청난 중요성에 비하면 무의미할 뿐만 아니라 도덕적으로 위험하기까지 하다. 칼뱅은 성직자가 부를 소유하는 일이 그의 활동을 전혀 방해하지 않으며 오히려 그의 명망을 높여 주기 때문에 바람직하다고 보았다. 따라서 칼뱅은 분쟁을 초래하지 않는다는 조건 아래 성직자들이 그들의 재산을 유리하게 투자하는 일을 인정했다. 그러나 이와는 달리 여기에서는 훨씬 엄격한 금욕, 즉 현세의 재산을 모으는 데 들어가는 모든 노력에 반대하는 금욕이 주장되고 있다. 우리는 금전 및 재물 추구를 죄악으로 간주한 사례를 청교도의 문헌에서 얼마든지 찾아낼 수 있으며, 이 점에 관해서는 훨씬 너그러웠던 중세 후기의 윤리적 문헌과 위 문헌을 비교할 수도 있다. 그리고 부에 대한 이런 염려는 대단히 진지한 것이었다. 그런데 이 염려가 지닌 윤리상의 결정적인 의미와 연관을 알기 위해서는 좀 더 자세히 고찰해 볼 필요가 있다. 도덕적으로 진정 배척되어야 할 것은 소유 위에 안주하는 일이며,*⁸ 부를 향락함으로써 게으름과 정욕에 빠지는 일과 무엇보다도 '성결한' 생활에 대한 노력으로부터 멀어지는 일이다. 재산이 위험하다는 말은, 그것이 이런 위험한 안주를 초래할 수 있기 때문이다. 왜냐하면 '성도의 영원한 평안'은 내세에 주어지는 것이며, 지상의 사람들은 자신이 은총의 상태에 있는지 확인하기 위해 '자신을 보내신 분의 과업을 해가 떠 있는 동안 수행해야 하기' 때문이다. 명백하게 계시된 신의 의지에 따르면, 신의 영광을 더하는 데 도움이 되는 것은 게으름이나 향락이 아니라 오직 행위뿐이다.[9] 따라서 시간 낭비는 원칙적으로 죄 중에서도 가장 무거운 죄에 해당된다. 인생의 시간이란 자신의 소명을 '확인'하기에는 너무나 짧고 귀중하다. 사교, '불필요한 잡담',[10] 사치[11]로 인한 시간 낭비뿐만 아니라 건강에 필요한—6시간에서 최대 8시간의—수면[12]으로 인한 시간 손실도 도덕적으로는 절대 배척되어야 한다.[13] 또한 프랭클린의 "시간은 곧 돈이다"라는 생각이 보편화되지는 않았지만, 이 명제는 어느 정도 정신적인 의미에서 옳다. 시간은 한없이 귀중한 것이다. 왜냐하면 우리가 잃어버린 시간만큼 신의 영광을 위해 노동할 기회가 줄어들기 때문이다.[14] 따라서 무위(無爲)한 묵상도, 최소한 그것이 천직인 직업 노동을 희생하면서 이루어질 경우에는 무가치하며 때로는 단적으로 배척받아야 한다.[15] 신은 묵상보다도 천직을 통한 신의 의지의 적극적인 실행을 더욱 기뻐하시기 때문이다.[16] 게다가 묵상을 위해서는 일요일이 마련되어 있다. 그리고 백스터에 따르면, 직업생활에 게으른 사람들은 신에게 봉사할 기회가 주어져도 시간이 없다고 말한다.[17]

그래서 백스터의 주저(主著)에서는, 철저하고 끊임없는 육체적·정신적 노동에 대한 설교가 때로는 격정적인 형태로까지 반복해서 등장하고 있다.[18] 여기서는 두 가지 주제가 함께 나타나고 있다.[19] 우선 노동은 옛날부터 이미 검증된 금욕 수단이다. 동양은 물론이고 온 세계 대부분의 수도자들이 지키는 규율에서와 달리[20] 서양 교회에서는 노동이 예로부터 그런 금욕 수단으로 평가받아 왔다.[21] 노동은 특히 청교도주의가 '부정한 생활(unclean life)'이라는 관념으로 일괄된 모든 유혹에 대한 독자적인 예방 수단이었으며, 이런 의미에서 그 역할은 결코 작지 않았다. 실제로 청교도주의의 성적 금욕은 수도사의 성적 금욕과 정도 차이만 있을 뿐 기본 원리는 같았으며, 결혼 생활까지 대상으로 삼았다는 점에서 그 영향 범위는 오히려 더 넓었다. 이 경우 성교는 부부 사이에서도, 단지 "너희는 생육하고 번성하라"는 계명에 따라 신의 영광을 더하는 수단으로서 신의 뜻에 적합하게 이루어지는 경우에만 허용되었다.*²² 종교상의 회의나 소심한 자책뿐만 아니라 온갖 성적 유혹을 극복할 방법으로서—소식, 채식, 냉수욕 등과 더불어—"너의 [천직인] 직업노동에 매진하라"는 처방이 주어진 것이다.*²³

그런데 노동은 그 이상의 것이다. 아니, 단적으로 말해 그것은 그 무엇보다도 신이 정하신 삶의 자기목적이다.*²⁴ "일하지 않는 자는 먹지도 말라"는 사도 바울의 명제는 무조건적으로 모든 사람에게 해당되는 것이다.*²⁵ 노동의욕이 없다는 것은 은총을 잃어버렸다는 징후이다.*²⁶

여기에서는 중세적 행동양식과의 차이가 명백하게 나타나고 있다. 토마스 아퀴나스도 이미 "일하지 않는 자는 먹지도 말라"는 명제에 주석을 덧붙였다. 하지만 그에 따르면*²⁷ 노동이란 개인 및 전체의 생활을 유지하는 데 필요한 자연적 이치일 뿐이다. 이 목적이 존재하지 않는 곳에는 그런 명령도 적용되지 않는다. 따라서 이 명령은 인류에게는 적용될지라도 각 개인에게는 적용될 수 없다. 일하지 않고도 자기 재산으로 살아갈 수 있는 자에게는 이 명령이 무의미하며, 또 신의 왕국에서의 활동의 영적 형태인 묵상이 말 그대로 그런 명령보다 우위에 선다고 여겨졌다. 더군다나 당시의 통속적 신학에서는, 수도사의 '생산성'의 최고 형태란 기도와 성가 합창을 통해 '교회의 보화(thesaurus ecclesiae)'를 늘리는 것이라고 보는 견해마저 있었다. 그런데 백스터는 노동의 윤리적인 의무에 그런 예외가 더 이상 존재하지 않게끔 했을 뿐더러, 아무리 부유한 사람이라도 이 무조건적인 노동의 계율로부터 벗어날 수 없다는 원칙을 매우 강하게 역설하였다.*²⁸ 부유한 사람도 일하지 않는다면 먹지 말아야 한다. 왜냐하면 비록 그가 생계를 위해 노동할 필요는 없다 해도, 그가 가난한 자와 마찬가지로 따라야만 하는 신의 계율은 존재하기 때문이다.*²⁹ 신의 섭리는 모든 사람에게 차별 없이 천직으로서의 직업(calling)을 부여하며, 사람들은 그것을 인식하고 그에 따라 일해야 한다. 그런데 이 경우의 천직은 루터파의 천직과는 달랐다.*³⁰ 그것은 사람들이 적응하고 감수해야 할 것이 아니라, 오히려 신의 영광을 위해 일하라는 각 개인에 대한 명령이었다. 겉으로는 사소해 보이는 이 차이가 낳은 심리적 결과는 매우 컸다. 또한 그것은 스콜라철학자들도 이미 숙지하고 있던 경제질서에 대한 섭리적 해석의 발전 과정과도 관련을 맺게 되었다.

여기서도 토마스 아퀴나스를 인용하는 것이 가장 좋으리라. 그는 사회에서 이루어지는 분업 및 직업 분화 현상을, 신의 세계 계획이 직접 표현된 것이라고 생각했다. 그런데 사람들이 이 질서(cosmos)에 편입시킨 요소는 자연적 원인에 의한(ex causis naturalibus) 것들로, 말하자면 우연적인(스콜라 철학의 용어를 빌리자면 'contingent') 것들이었다. 앞서 살펴봤듯이 루터의 이론에서는 사람들이 객관적인 역사적 질서에 따라 온갖 신분과 직업에 각각 속함으로써 형성된 체제가 곧 신의 의지의 직접적인 발현으로 간주되었으며, 따라서 개인이 신에게 받은 지위와 한계 내에서 계속 머무는 것이 종교적 의무로 여겨졌다.*31 특히 루터파 신앙에서는 일반적으로 '현세'와의 관계가 시종일관 부정확했기 때문에 이 점이 더욱 두드러져만 갔다. 사도 바울의 '현세에 대한 무관심'으로부터 완전히 벗어나지는 못했던 루터의 사상 영역에서는, 세속 생활의 구성에 대한 윤리적 원칙이 나올 수 없었다. 따라서 이 경우 사람들은 세속 생활을 있는 그대로 받아들이고, 이를 종교적인 의무로 생각할 수밖에 없었다. —이 점에 관해서도 청교도의 견해에서는, 사경제적 이해관계의 여러 상호작용에서 발견되는 섭리적 성격은 미묘한 차이를 보이고 있다. 청교도의 실용주의적 해석의 도식에 따르자면, 직업 분화의 섭리적 목적이 무엇인지는 그 결과에 따라 알 수 있다고 한다. 이 점에 관해 백스터는 자신의 견해를 자세히 설명했는데, 이 설명에는 아담 스미스의 유명한 분업 찬미론을 직접적으로 상기시키는 부분이 적지 않다.*32 직업의 특화는 노동자의 숙련(skill)을 가능하게 하므로 노동의 양적·질적 향상을 가져온다. 이 현상은 공공복지(common best)에 공헌하는데, 이 경우 공공복지란 가능한 한 많은 사람들의 복지라고 해석된다. 여기까지는 순전히 공리주의적인 설명이며 당시의 세속적 문헌에서 이미 널리 퍼져 있던 관점들과 통하는 구식이 많다.*33 그런데 백스터의 다음과 같은 발상에는 청교도주의 고유의 특징이 명확하게 드러나 있다. 즉 그는 논술 앞머리에서 "직업이 확정된 것이 아닐 경우 노동은 불안정한 임시 노동에 지나지 않으며, 사람들은 노동보다도 빈둥대는 데 더 많은 시간을 보내게 된다"고 말했다. 또한 그는 다음과 같이 글을 끝맺었다. "그리고 그(천직인 직업 노동에 따르는 자)는 질서 있게 노동하는 반면, 그렇지 않은 자들은 끊임없는 혼란을 겪으며 그 자신이 일하는 시간과 장소조차 확실히 알지 못한다.*34 ……그러므로 '확실한 직업(certain calling)'—다른 곳에서는 '확정된 직업(states calling)'이라고 되어 있다—은 만인에게 가장 좋은 것이다." 일반적인 일용노동자가 강요받고 있는 불안정한 노동은, 비록 때에 따라서는 불가피한 것이라 해도 언제나 바람직하지 못한 임시적인 상태이다. 이미 살펴봤듯이 '천직으로서의 직업을 갖지 못한 자'의 생활은, 세속적인 금욕이 요구하는 조직적·방법적 성격이 그야말로 결여되어 있다. 또한 퀘이커파 윤리에 따르면 인간의 직업생활이란 금욕적인 덕성의 부단한 연마이며, 천직으로서 직업에 종사할 때의 조심성[35] 및 방법에서 나타나는 그 양심적 태도에 의해 우리는 자신의 은총 여부를 증명해야 한다. 노동 그 자체가 아니라 합리적인 직업노동이야말로 신이 원하시는 것이다. 청교도주의의 천직 관념에서 늘 중요시되던 것은 직업에서 금욕을 실천하는 방법이었지, 루터의 경우처럼 신이 한 번 부여해 주신 운명에 그저 만족하는 것이 아니었다.[36] 그러므로 한꺼번에 몇 가지 직업을 동시에 가져도 되느냐는 질문에는, 그것이 공공복지나 자기 자신의 복지[37]에 도움이 되고 타인에게 해를 주지 않으며 또 그가 그 어떤 직업에도 불성실(unfaithful)하게 임하지 않는다면, 무조건 긍정적인 답변이 주어졌다. 뿐만 아니라 직업 변경도 결코 그 자체가 배척받아야 할 것으로 간주되지는 않았다. 다만 그 일은 경솔하게 실행되어선 안 되며 신을 보다 기쁘게 해 드리는 천직[38]을, 다시 말해 일반적 원칙에 따르자면 보다 유익한 직업을 선택하는 방향으로 이루어져야 한다. 이 경우 무엇보다도 중요한 것은, 직업의 유용성 즉 신께서 만족하실 정도를 결정짓는 잣대는 첫째가 도덕적인 기준이며 둘째가 생산되는 재화의 '전체'에 대한 중요성이며 셋째가 사경제적 '수익성'인데, 실천적으로는 이 '수익성'이 가장 중요했다는 점이다.[39] 청교도는 인생의 모든 사건에서 신의 역사하심을 발견했다. 따라서 그런 신이 신도들 중 누군가에게 이득을 볼 기회를 주신다면, 그것은 곧 신 자신의 뜻인 셈이다. 고로 독실한 기독교인은 이 기회를 이용함으로써 신의 [천직으로의] 소명(calling)에 응해야만 한다.[40] "만약 신이 그대들에게 너희 자신과 타인의 영혼에 해를 끼치지 않으며 율법에 어긋나지 않는 방법, 그것도 다른 방법들보다 많은 이익을 내는 방법을 가르쳐 주셨을 때 만약 이를 물리치고 이득이 적은 다른 방법을 선택한다면, 그대들은 자신이 받은 소명(calling)의 목적 중 하나를 거스른 셈이다. 즉 신의 대리인으로서 그의 선물을 받아들이고 신이 원하실 때 그를 위해 그것을 사용하기를 그대들은 거부한 것이다. 당연한 이야기지만 육욕이나 죄를 위해서가 아니라, 오직 신을 위해 그대들이 노동하고 부를 쌓는 것은 바람직한 일이다."*41 부는 오직 그것이 게으른 휴식이거나 죄스러운 쾌락으로의 유혹일 때에만 위험시되었다. 또한 부를 추구하는 행위도 이것이 뒷날 느긋하고 안일하게 살아가기 위해 이루어질 때에만 위험시되었다. 오히려 부의 추구는 [천직인] 직업의무의 수행으로서 도덕상 허용되어 있을 뿐만 아니라 요구되는 것이기까지 하다.*42 주인이 맡긴 돈을 제대로 운용하지 못해 쫓겨난 종의 이야기는 이 사실을 단적으로 보여 준다고 여겨졌다.*43 사람들이 흔히 말하듯이 가난하기를 바라는 것은, 아프기를 바라는 것과 같다.*44 따라서 이는 행위주의로서 비난받아야 하며, 신의 영광을 해치는 것이다. 게다가 노동 능력이 있는 사람이 구걸하는 행위는 나태한 것으로서 죄악일 뿐 아니라, 사도의 말씀에 비추어 봐도 이웃 사랑의 원칙에 어긋나는 것이다.*45

확정된 직업의 금욕적인 의의를 강조하는 일이 근대 전문직 종사자들에게 윤리적 광휘를 부여했듯이, 이윤 획득 기회를 섭리로 해석하는 일은 실업가들에게 윤리적 정당성을 제공했다.*46 영주들의 귀족적인 도덕적 해이함이나 벼락부자의 과시적 허세는, 금욕이란 관점에서 본다면 둘 다 혐오스러운 것이었다. 반대로 각성한 시민적인 '자립형 인간(self-made man)'은 대단한 윤리적 칭송을 받았다.*47 "신은 그의 사업(trade)을 축복하신다"는 것이 이런 신의 인도에 따라 성공한 성도들*48에게 상투적으로 사용되는 말이었다. 그리고 백스터의 충고대로 성서 속 위인들의 영적 상태와 비교하여 자신의 은총 상태를 심사했다.*49 그 과정에서 성경 구절을 '법전의 조문처럼' 해석했던 청교도들에 대해서는, 현세의 생활에서 그의 백성들에게 신앙의 보상을 제공하시는 구약성서의 신의 압도적인 힘*50도 그런 방향으로 작용할 수밖에 없었다. ―구약의 말씀들 그 자체의 의미는 물론 명확하지 않았다. 앞서 살펴봤듯이 루터는 세속적인 의미의 'Beruf(직업=천직)'이란 개념을 언어적으로는 《집회서》 번역에서 처음으로 사용했다. 그런데 《집회서》는 헬레니즘의 영향에도 불구하고, 그 안에 살아남은 전체적 흐름으로 볼 때 (넓은 의미의) 구약성서들 중에서도 전통주의적 영향력을 지닌 부분에 속해 있다. 루터파 독일 농민들이 오늘날에도 이 책을 특별히 애호하고 있으며,*51 독일 경건파의 광범위한 흐름을 띤 루터파적 성격이 언제나 《집회서》를 특별히 선호하는 형태로 나타나고 있다는 점은*52 특징적이라 할 수 있다. 청교도들은 신적인 것이냐 피조물적인 것이냐 하는 엄격한 양자택일 앞에 서서, 구약외전(Apocrypha)을 성령에 의한 것이 아니라며 배척했다.*53 그런 만큼 정전(正典, Canon) 중에서는 《욥기》가 더욱 강한 영향력을 가지게 되었다. 왜냐하면 《욥기》는 한편으로는 칼뱅주의 사상과 완전히 일치하는, 저 인간의 이해력을 뛰어넘는 신의 절대적으로 지고한 존엄성에 대한 크나큰 찬미와, 다른 한편으로는 칼뱅주의에서는 부차적 문제지만 청교도주의에서는 매우 중요하여 반복적으로 나타난 확신,*54 즉 신이 그 백성들을 현세의 생활에서—《욥기》에 의하면 오직 현세의 생활에서만—물질적으로도 축복해 주신다는 확신을 서로 결합시켰기 때문이다. 마치 백스터가 《고린도전서》 중 직업관에 있어 본질적으로 중요한 구절들이 갖는 전통주의적 색채를 무시했듯이, 《시편》의 정감 넘치는 수많은 시구와 솔로몬의 《잠언》에서 드러나는 동양적인 정적주의는 무시되고 말았다. 그 대신 구약 중에서도, 형식적 합법성을 신이 기뻐하시는 행동의 징표로서 찬양하는 구절이 그만큼 중요시되게 되었다. 모세 율법 가운데 신약에 의해 효력을 잃게 된 것은 단지 의례적·역사적으로 유대민족에 국한된 부분에 지나지 않는다. 그 나머지 부분은 '자연법(lex naturae)'의 발현으로서 예로부터 지금까지 그 효력을 유지하며,*55 근대 생활에 더 이상 맞지 않는 규정을 삭제했다. 그리고 한편으로는 이런 프로테스탄티즘의 세속적 금욕 특유의 저 자신감 넘치는 냉정한 합법성의 정신을, 구약성서의 도덕에 드러나는 그와 유사한 특징들로써 강화시켜 주는 길을 열었다.*56 따라서 동시대 사람들을 비롯한 후대 저술가들이 특히 영국 청교도주의의 윤리적 기조를 '영국의 히브리즘'이라고 부르는 것은,*57 우리가 제대로 이해한다면 매우 정확한 표현인 셈이다. 다만 이 경우 구약성서들이 탄생할 당시 팔레스타인의 유대교가 아니라, 형식주의적·율법적이고 탈무드에 바탕을 둔 교육의 영향 아래에서 수 세기에 걸쳐 점점 형성된 유대교를 염두에 두어야 한다. 이때 이 둘의 차이점에도 충분히 주의를 기울여야 한다. 전체적으로 인생 그 자체를 존중하는 경향을 보이는 고대 유대교의 기조는, 청교도주의의 독자적 특성과는 물론 거리가 먼 것이었다. 또한—이 점도 간과해선 안 되는데—중세 및 근대 유대교의 경제윤리와 청교도주의의 경제윤리를 비교하여 자본주의적 에토스의 발전에서 양자가 차지하는 위치를 결정짓는

데 중대한 역할을 한 특징들을 살펴보자면, 이 둘도 서로 거리가 멀었다. 유대교는 정치 또는 투기를 지향하는 '모험상인'의 자본주의에 가까웠으며, 그 에토스는 한마디로 천민자본주의의 에토스였다. 이에 반하여 청교도주의의 에토스는 합리적·시민적 경영과 노동의 합리적인 조직의 에토스였다. 청교도주의는 유대교 윤리 중에서 그런 틀에 적합한 요소만을 취하였다.

구약성서의 규범에 따라 생활을 구석구석까지 규제하는 일은 성격학적으로 어떤 결과를 낳았을까. 이것을 밝히는 일—이는 유대교 그 자체에 대해서조차 아직 충분히 해명되지 못한 흥미로운 과제다*58—은, 이 연구 범위 내에서는 불가능하다. 위에서 묘사한 윤곽 이외에, 신의 선민이라는 신앙이 청교도들 사이에서 장대하게 부활했다는 사실도 그들의 내면생활 전체에 있어 특기할 만한 것이리라.*59 온건한 백스터조차 신께서 자신을 다른 곳이 아닌 영국에, 그것도 진정한 교회 안에 태어나게끔 해 주신 것에 대하여 감사했다. 이처럼 신의 은총에 의해 자신이 도덕적으로 완전무결한 사람이 될 수 있었음에 감사하는 경향은, 청교도 시민의 생활 분위기*60를 지배했다. 그리고 이 경향은 자본주의 영웅시대 대표자들의 고유한 특성인, 강인하고 형식주의적으로 올바른 성격을 낳는 원인이 되었다.

이제 코앞까지 닥쳐온 청교도의 천직 관념 및 금욕적 생활태도가 자본주의적 생활양식의 발전에 직접적으로 영향을 미친 점을 특히 명확하게 밝혀보기로 하자. 앞서 살펴봤듯이 금욕이 전력을 다해 반대했던 것은, 다른 무엇보다도 현세 및 그것이 주는 즐거움의 무분별한 향락이었다. 이 경향이 가장 특징적으로 드러나 있는 것이 저 《유희서(Book of Sports)》를 둘러싼 투쟁*61이다. 《유희서》는 제임스 1세와 찰스 1세가 청교도주의의 탄압이라는 분명한 목적을 위해 법제화하여 모든 청교도 교회의 설교단에서 낭독되게끔 했던 것이다. 일요일에도 예배 시간 이외에는 민중적인 오락이 법률상 허용되어야 한다는 국왕의 지령에 대항하여 청교도들은 격렬히 항쟁했다. 그런데 이때 그들이 격앙했던 까닭은, 그것이 일요일의 안식을 방해한다는 것뿐만이 아니라, 오히려 성도들의 질서 있는 생활을 고의로 무너뜨린다는 사실 때문이었다. 또한 대체로 그런 유희의 합법성에 대한 공격을 국왕이 중죄로 다스리겠다고 위협했을 때 그 목적은 바로 이 반권위적인 경향, 즉 국가에 위험한 금욕적인 경향을 꺾기 위함이었다. 이처럼 국왕 치하의 봉건적인 사회는, 슬슬 대두되는 시민도덕 및 반권위적·금욕적 사적 집회에 대항하여 '즐기기를 원하는 자'를 보호했다. 이는 오늘날 자본주의 사회가 노동자의 계급적 도덕의식 및 반권위적 노동조합에 대항하여 '노동하기를 원하는 자'를 보호하려는 것과 비슷하다. 청교도들은 이에 대항하여 자신들의 결정적인 특성을 내세웠다. 즉 그들은 금욕적 생활태도의 원칙을 내세웠다. 왜냐하면 오락을 기피하는 청교도주의의 태도는 사실 퀘이커파에서조차 딱히 근본적인 원칙은 아니었기 때문이다. 다만 오락은 합리적인 목적, 다시 말해 육체의 활동력을 위해 필요한 휴식에 이바지한다는 목적으로 이루어져야 했다. 그런데 무절제한 충동에 따라 삶을 즐기기 위한 수단으로 사용되는 오락은 그들에게 바람직하지 못한 것이며 단순한 향락 수단일 뿐이었다. 더 나아가 승부에 대해 공명심이나 거친 본능이나 비합리적인 욕망을 일으키는 오락이라면 단적으로 배척되기도 했다. '귀족적' 오락이든 서민들의 무도장 또는 술집 출입이든, 사람들로 하여금 직업 노동이나 신앙을 잊게 만드는 충동적 쾌락은 합리적인 금욕의 적이었다.*62

따라서 종교적으로는 직접 평가되기 어려운 문화재에 대한 그들의 태도도 회의적이었다. 아니, 심지어 때로는 적대적이기까지 했다. 그렇다고 청교도주의의 이상적인 생활 속에 문화를 경시하는 암울한 속물근성이 포함되어 있었다는 것은 아니다. 적어도 학문에 관해서는—그들이 혐오했던 스콜라철학을 제외한다면—그와 정반대였다고 할 수 있다. 뿐만 아니라 청교도 운동의 가장 위대한 대표자들은 르네상스 시대의 교양을 깊이 받아들이고 있었다. 그중에서도 장로파 사람들의 설교는 고전의 인용으로 가득 차 있었으며,*63 급진적인 사람들도 설교에서는 물론 그러한 경향에 반대했지만 신학상의 논쟁에서는 그런 학식을 결코 가벼이 여기지 않았다. 아마 뉴잉글랜드의 초기 청교도 세대만큼 '대학교 졸업자(graduates)'가 많았던 경우도 없을 것이다. 또한 이를테면 버틀러(Samuel Butler)의 《휴디브라스(Hudibras)》와 같은 반대자들의 풍자도 바로 이러한 청교도의 현학적 지식 및 숙련된 논법을 겨냥한 것이었는데, 이런 상황은 가톨릭의 '맹목적 신앙(fides implicita)'의 교리에 대한 태도에서 비롯된 지식의 종교적인 존중과 어느 정도 관련되어 있다. 그러나 학문 이외의 문학,*64 더 나아가 감각적 예술 분야에서는 사정이 달랐다. 당연한 이야기지만 이 영역에서 금욕은, 과거의 유쾌한 영국 생활 위에 마치 서리처럼 내렸다. 게다가 이 서리를 맞은 것은 단지 세속적인 제례뿐만이 아니었다. 모든 '미신적인' 것과 주술·의식에 의한 은총 수여의 온갖 잔재를 겨냥해 퍼부어졌던 청교도의 격한 증오는, 메이폴(MayPole)이나*65 순수한 교회 예술 행사뿐만 아니라 기독교 고유의 크리스마스 축제마저 박해의 대상으로 삼았다. 물론 네덜란드에서는 종종 질박한 느낌을 주는 위대한 사실주의적 예술이 발달할 여지가 있었다.*66 하지만 이것은 다음 사실을 나타낼 뿐이다. 즉 이 나라에서 칼뱅주의의 신권 정치적 지배가 단기간 내에 보다 온건한 국가교회주의로 해체됨에 따라 칼뱅주의가 금욕적 감화력을 눈에 띄게 잃어버린 뒤로는,*67 권위주의적으로 이루어지던 풍속 규제가 봉건 영주나 도시귀족 계층(지대·금리 생활자 계층)의 영향 및 부유해진 소시민 계층의 향락 욕구를 더 이상 통제하지 못하게 되었음을 보여 줄 뿐이다. 청교도들은 극장을 배척했으며,*68 에로틱한 요소나 나체 등을 모든 영역에서 완전히 제거해버렸다. 그리하여 문학에 대해서나 예술에 대해서나 그들의 과격한 주장은 멈출 줄 모르게 되었다. 그들은 예술적 제재의 사용에 매번 반대하고, 무미건조한 합목적성을 굳게 옹호했다. 이를 위해 그들은 '잡담(idle talk)', '불필요한 것(superfluities)',*69 '쓸데없는 과시(vain ostentation)'라는 개념—비합리적이고 목적이 없는, 따라서 금욕적이지 않으며 더구나 신의 영광보다도 인간에게 봉사하는 태도를 표현하는 모든 개념—을 항상 사용하였다. 이 경향은 몸을 치장하는 장식품, 이를테면 옷차림*70에 적용될 때 특히 두드러졌다. 오늘날 생산의 '규격화(standardization)'*71는 자본주의의 요구에 따라 생활양식을 획일화했다. 이 강력한 경향은 본디 '피조물 신격화'에 대한 거부를 관념적인 기초로 삼고 있었다.*72 물론 여기서 잊어선 안 될 점은, 청교도주의 세계는 서로 모순되는 무수한 요소들을 포함하고 있으며, 예술에 있어 불후의 명작들에 대한 본능적 감각은 '왕당파' 생활의 분위기에서보다 청교도 지도자들의 경우에 더욱 발달되어 있었다는 것이다.*73 희대(稀代)의 천재 렘브란트의 경우 그 '행실'은 청교도의 신의 관점에서 볼 때 전혀 은총 받을 만한 것이 아니었으나, 그 예술의 방향은 그가 속한 종파의 환경으로부터도 근본적인 제약을 받고 있었다.*74 그러나 전체적인 사정은 마찬가지다. 이후에도 청교도의 생활 분위기를 형성하는 힘을 계속 지녔으며 실제로 형성하기도 했던 강력한 인격의 내면화는, 역시 주로 문학의 영역에만 영향을 주었으며 그것도 후대의 일이었다.

청교도주의가 이런 모든 방향에 미친 영향을 여기서 자세히 살펴볼 수는 없다. 그러나 다음 사실만큼은 확실히 밝혀 두겠다. 순수한 예술이나 유희를 위한 문화재를 즐기는 일에 대한 허용에는, 항상 하나의 특징적인 한계가 존재했다는 점이다. 그 한계란, 그것을 위해서는 그 무엇도 지출되어선 안 된다는 것이다. 인간은 신의 은총으로써 주어진 재화의 관리자에 지나지 않다. 성서의 이야기에 나오는 종처럼, 인간은 자신에게 맡겨진 돈을 한 푼 한 푼에 이르기까지 보고해야 한다.[75] 그리고 신의 영광이 아닌 자신의 향락 때문에 그중 일부를 지출하는 것은 적어도 위험한 행위다.[76] 앞이 보이는 사람이라면 오늘날에도 이런 사상의 소유자를 발견할 수 있을 것이다.[77] 인간은 자신에게 위탁된 재산에 대한 의무를 가지고 있으므로 그 재산을 관리하는 종복 또는 '영업기계'로서 봉사해야 한다는 사상은, 생활에 냉혹한 압력을 가하고 있다. 재산이 많으면 많을수록—만약 금욕적 생활태도가 이 시련을 견뎌 낼 수 있다면—신의 영광을 위해 그 재산을 계속 유지하고 부단한 노동으로써 늘려야 한다는 책임감도 더욱 강해진다. 이런 생활양식의 기원을 더 듬어 본다면, 근대 자본주의 정신의 많은 구성요소들과 마찬가지로 그 하나하나의 뿌리는 중세까지 거슬러 올라간다.[78] 그러나 이 생활양식은 금욕적 프로테스탄티즘에 이르러서 비로소 일관된 윤리적 기초를 발견하게 된다. 그것이 자본주의의 발전에서 어떤 의미를 지녔는지는 자명하다.[79]

지금까지 이야기한 내용은 다음과 같이 요약될 수 있다. —프로테스탄티즘의 세속적 금욕은 소유물의 무분별한 향락에 전적으로 반대하였으며 온갖 소비, 특히 사치성 소비를 억압했다. 그런 반면 이 금욕은 심리적 효과로서, 재화 획득을 전통주의적 윤리의 방해로부터 해방시켰다. 이는 이윤 추구를 합법화했을 뿐만 아니라, 이윤 추구가 곧 (위에서 서술한 의미에서) 신의 의지에 부합한다고 여김으로써 그런 전통주의의 쇠사슬을 끊어버렸다. 청교도를 비롯하여 퀘이커파의 위대한 옹호자 바클레이가 분명하게 증언했듯이, 육체적 욕구 및 외적 재화에 대한 집착과의 싸움은, 합리적인 영리에 대한 반대가 아니라 소유물의 비합리적인 소비를 겨냥한 것이었다. 이러한 소유물의 비합리적인 사용은, 특히 피조물 신격화로서 배척되어야 할[80] 사치라는 허영을 중시하는 데서 나타난다. 봉건적 감각에 가까운 이런 행위는, 신께서 원하시는 바인 개인과 전체의 생활목적을 위한 합리적이고 공리적인 사용이란 행위와는 거리가 멀다. 금욕은 재산 소유자에게 고행을 강요하는 것이 결코 아니다.*81 금욕은 그 사람에게 필요하고 현실적으로 유용한 일에 재산을 사용하라고 권고하는 것이다. '안락함(comfort)'이라는 관념은 윤리적으로 허용되는 사용목적의 범위를 특징적인 방식으로 제한하고 있다. 그런데 이 관념과 관련된 생활양식의 발달이 이런 인생관의 철저한 대표자였던 퀘이커파 신도 사이에서 가장 먼저, 또 가장 명료하게 나타났다는 점은 물론 우연이 아니다. 취약한 경제적 기반 위에 선 채 분별 있는 소박함보다도 쩨쩨한 우아함을 선호하던 봉건적 화려함의 허식과 허영에 대항하여, 그들은 시민적인 '가정(home)'의 청결하고 견실한 안락함을 이상으로 내세웠다.*82

사경제적 부의 생산이라는 측면에서 금욕은 부정(不正)뿐만 아니라 순전히 충동적인 물욕과도 싸웠다. —이 충동적인 물욕이야말로 금욕이 '탐욕(covetousness)', '배금주의'라 부르며 배척했던 것이기 때문이다. 이는 부유해지는 것을 궁극적 목표로 삼아 부를 추구하는 것이다. 이러한 소유는 그 자체가 유혹이다. 그런데 바로 이 점에서 금욕은 '항상 선을 추구하면서도 언제나 악을 만들어 내는'—여기서 악이란 금욕적 입장에서의 악, 즉 소유와 그 유혹이다—힘이었다. 왜냐하면 금욕은 구약성서와 마찬가지로, 그리고 '선한 행위'의 윤리적 평가에 따라 목적으로서의 부의 추구를 매우 사악한 행위라고 간주하면서도, [천직인] 직업 노동의 결과로서 부를 획득하는 것은 신의 은총이라고 생각했기 때문이다. 게다가 그뿐만이 아니다. 더욱 중요한 사실은 다음과 같다. 즉 쉼 없이 지속되는 조직적이고 세속적인 직업 노동을 최고의 금욕적 수단으로 보고, 또 이를 다시 태어난 사람과 그 신앙의 올바름에 관한 가장 확실하고 명백한 증명으로 보아 종교적으로 존중하는 태도는, 우리가 지금까지 자본주의의 '정신'이라 불러 왔던 저 인생관의 확산을 돕는 매우 강력한 지렛대가 된다고 할 수 있다.*83 그리고 앞서 설명한 소비의 억압을 이러한 영리 행위의 허용과 하나로 결부시킨다면, 여기서 발생하는 외적 결과는 자명하다. 즉 금욕적 절약 강제에 의한 자본형성이다.*84 벌어들인 재화의 소비적 사용을 저지하는 일은, 결과적으로 그 재화의 생산적 이용 즉 투하자본으로서의 이용을 촉진하였다. 이 작용이 얼마나 강했는지를 숫자로 정확히 표현할 수는 없다. 그러나 영국에서는 이 관계가 매우 명백히 드러났으며, 도일(Doyle)과 같이 비범한 역사가는 이를 놓치지 않았다.*85 겨우 7년 정도 엄격한 칼뱅주의의 지배 아래 놓여 있던 네덜란드에서는, 독실한 신도들이 거대한 부를 쌓고도 매우 검소한 생활을 유지함으로써 엄청난 자본을 축적했다.*86 또한 어느 시대 어느 곳에서나 존재했으며 오늘날 우리에게도 강한 영향을 미치고 있는 시민적 재산의 '귀족화' 경향이, 청교도주의의 봉건적 생활 형태에 대한 혐오로 말미암아 상당히 억제될 수밖에 없었다는 점도 매우 명백하다. 17세기 영국의 중상주의 저작가들은 네덜란드의 자본력이 영국을 능가한 이유를 다음과 같이 설명했다. 즉 영국에서는 새로 획득된 재산이 항상 토지에 투자되어서—게다가 토지 구입만이 문제가 되는 것이 아니었으므로—봉건적 생활 관습으로의 이행을 통해 귀족화된 반면, 네덜란드에서는 그런 경향이 없어 그 재산이 자본주의적으로 이용되었기 때문이라는 것이다.*87 청교도들은 농업을 특히 중요히 여겼으며 신앙에서도 매우 유익한 영리 부문으로서 중시했다. 그러나 이러한 농업 중시는 (이를테면 백스터의 경우처럼), 지주(landlord)가 아닌 자영농민(yeoman)과 자작농민(farmer)에 해당하는 것이었다. 또한 18세기에도 이는 융커(junker) 같은 농장주 귀족이 아닌 '합리적' 농업 경영자의 경우에 해당하였다.*88 17세기 이래 영국 사회는 '과거의 유쾌한 영국'의 대표자인 '향사(준귀족 지주계급)'와, 그 사회적 지위가 심히 요동치는 청교도계층으로 나뉘었다.*89 이 둘의 성향, 즉 있는 그대로 자연스러운 인생의 즐거움을 누리고자하는 성향과, 엄격한 규율과 자제를 통해 자신을 통제하고 형식적인 윤리적 규제에 몸을 맡기려는 성향은 영국의 '국민성' 속에 오늘날에도 병존하고 있다.*90 이와 마찬가지로 북미 식민지의 초기 역사에도, 하인들의 노동력으로 플랜테이션을 만들어 봉건 귀족적인 삶을 누리려 했던 '모험가들'과, 청교도들 특유의 시민적 심정 사이에 첨예한 대립이 존재했다.*91

청교도주의의 인생관은 그 힘이 닿는 한 어떤 경우에도 시민적인, 경제적으로 합리적인 생활태도를 지향하는 경향에 유리하게 작용했다(이것은 단순한 자본형성의 촉진보다도 훨씬 중요한 작용이었다). 청교도적 인생관은 이러한 생활태도의 가장 중요하고도 유일하게 철저한 담당자가 되었다. 이 인생관은 근대적 '경제인'의 요람을 지켜 왔다. 물론 청교도주의의 이상적인 삶은 청교도들 자신도 알고 있었듯이, 부의 '유혹'이라는 너무나 강한 시련

앞에서 분명 무력했다. 청교도주의 정신의 진정한 신봉자들은 신흥 소시민 계층이나 자작농 계층*92에서 나오는 것이 보통이었는데, 그중 '축복받은 부유한 사람들(beati possidentes)'은 설령 퀘이커파에 속한다 해도 흔히 과거의 이상을 부정하기가 쉬웠다.*93 이는 바로 현세적 금욕의 선구자, 즉 중세 수도원의 금욕이 반복해서 봉착했던 것과 같은 운명이었다. 수도원의 경우에도 엄격한 생활 규제 및 소비 억제가 실시되어 합리적인 경제 운영이 효력을 완전히 발휘하게 되면, 획득된 재산은―교회가 분열되기 전에는 그러했듯이―직접 귀족화되는 방향으로 향하였다. 그러지 않으면 수도원의 규율이 붕괴될 위기에 직면하므로 몇 번이고 '개혁'의 손길이 필요해지는 것이었다. 어떤 의미로 수도원 회칙의 모든 역사는, 소유의 세속화 작용이라는 문제와 벌인 끊임없는 격투의 역사라 할 수 있다. 청교도주의의 세속적 금욕의 경우에도 그와 같은 일이 장대한 규모로 일어났다. 18세기 말 영국 산업의 번영에 앞서 발생했던 감리교의 '신앙부흥'은 바로 이러한 수도원의 개혁과 비견될 수 있다. 그럼 여기서 우리가 지금까지 살펴본 모든 것에 대한 표어로 사용될 만한 구절을 존 웨슬리에게서 인용해보자.*94 이 구절은 금욕적 신앙의 지도자들이, 우리가 위에서 살펴본 언뜻 역설적인 듯한 관계를 완전히―그것도 우리가 설명한 것과 똑같은 의미로―이해하고 있었음을 보여 준다.*95

웨슬리는 다음과 같이 말했다.

"내가 염려하는 바는 재산이 불어남에 따라 종교 정신이 약화되는 것이다. 그러므로 진정한 종교의 신앙부흥을 사물의 본성에 따라 영속시킬 수 있는 방법을 나는 모르겠다. 왜냐하면 종교는 필연적으로 근로(industry)와 절약(frugality)을 낳게 마련이며, 이 두 가지는 부를 가져올 수밖에 없다. 그런데 부가 증대하면 자만이나 분노, 또 현세에 대한 온갖 형태의 애착 역시 증대한다. 그렇다면 가슴속에서 우러나오는 종교인 감리교 신앙심이 지금은 푸른 나무처럼 번영하고 있지만 대체 어떡해야 이 상태를 영원히 유지할 수 있을까? 감리교도는 어디에서나 근면하고 검소하다. 따라서 그들의 재산은 늘어난다. 이에 비례해서 그들의 자만심, 분노, 육체적인 현세의 욕망, 삶의 겉치레도 증가한다. 이리하여 종교의 형태는 남을지언정 정신은 점점 사라져 간다. 순수한 종교의 이런 끊임없는 부패를 막을 방법은 없는 것일까. 우리는 사람들이 근면해지고 검소해지는 것을 막아서는 안 된다. 우리는 모든 기독교인에게, 그들이 얻을 수 있는 모든 것을 얻고 절약할 수 있는 모든 것을 절약하라고 권해야 한다. 그런데 이는 결과적으로 부유해지라는 것이다."(이 다음에는 '가능한 한 이득을 얻고 가능한 한 절약하는' 사람은, 은총을 더하여 천국의 보물을 쌓기 위해 '가능한 한 남에게 베풀어야' 한다는 권고가 이어진다.) —이 모든 것은 바로 우리가 해명해 온 내용이다.*96

이런 강력한 종교운동이 경제적 발전에 대해 가졌던 의의는 무엇보다도 그 금욕적인 교육 작용에서 찾을 수 있다. 웨슬리가 말한 바와 같이 이 종교운동이 경제에 대한 영향력을 전면적으로 드러내기에 이른 것은, 보통은 순수하게 종교적인 열광이 이미 정점을 지나쳤을 때였다. 즉 신의 왕국을 추구하는 격정이 점점 냉철한 직업윤리로 해체되기 시작하면서, 종교적 뿌리가 점차 생명을 잃고 그 자리를 공리적 현세주의가 차지하게 되었을 때였다. 이 경우에는—다우든(Dowden)의 말을 빌리자면—'허영의 시장' 한복판을 지나 천국으로의 길을 서두르는 버니언의 내적으로 고독한 '순례자' 대신, '로빈슨 크루소' 즉 부수적으로 선교 사업을 펼치는 고립된 경제인이*97 민중의 환상 속에 모습을 드러낸다. 더 나아가 "두 세계를 모두 이용하라(to make the best of both worlds)"는 원칙이 보급되었을 때, 양심은—이것도 다우든이 지적했지만—결국 '부드러운 베개'라는 독일 속담에 고상하게 표현되어 있듯이 안락한 시민 생활을 돕는 수단의 대열에 놓이고 말았다. 종교적 생명이 흘러넘치던 17세기가 공리적인 다음 시대에 물려준 유산은, 무엇보다도 오직 합법적 형식으로 이루어지는 화폐취득에 관한 정당한—바리새인적(的) 정당함이라고 보아도 무방하다—양심이었다. "신을 기쁘게 하기란 어렵다(Deo placere vix potest)." 이 말은 흔적도 없이 사라졌다.*98 독자적인 시민적 직업 에토스가 탄생한 것이다. 시민적 기업가는 "형식적인 정당성의 제한을 준수하면서 도덕적 결함 없이 생활하고 남에게 무해하게 재산을 사용하기만 하면 신의 은총을 충분히 받을 수 있으며, 그것도 눈에 보이는 형태로 축복을 얻는다"는 의식을 지닌 채 영리활동을 할 수 있었으며 또 그렇게 해야 했다. 그뿐만이 아니다. 종교적 금욕의 힘은 냉정하고 양심적이며 뛰어난 노동 능력을 가지고 신을 만족시킨다는 삶의 목적으로써 노동에 힘쓰는 노동자들도 그런 기업가에게 제공했다.*99 게다가 이 종교적 금욕의 힘은 "현세의 재물 분배의 불평등함이 신의 특별한 섭리에 의한 것이며, 신은 은총의 예정을 통해 하시듯이 이 차별을 통해서도 우리가 모르는 비밀스런 목적을 이루고 계신다"*100라는 안심할 만한 보증을 사람들에게 주었다. '민중'—노동자와 수공업자로 이루어진 대중—은 가난할 때에만 신에게 순종한다는 칼뱅의 말은 지금도 자주 인용된다.*101 네덜란드인들(Pieter de la Court 등)은 이 말을 '세속화'하여, 민중은 궁핍함에 내몰릴 때에만 노동을 한다고 말했다. 자본주의 경제 기조에 관한 이런 규정은 더 나아가 저(低)임금의 '생산성'이라는 이론으로 유입되기에 이른다. 이 경우에도 우리가 앞서 여러 번 고찰했던 발전 도식 그대로, 사상의 종교적 뿌리가 사멸함에 따라 공리적인 경향이 그 자리를 점점 대신하게 되었다. 중세의 윤리는 구걸을 허용했을 뿐만 아니라 탁발수도회를 통해 이에 영광을 부여하기까지 했다. 세속의 거지들조차 때로는 유산자에게 자선이라는 선행의 기회를 준다는 점에서 '신분'으로 인정받고 평가되기도 하였다. 스튜어트 왕조 영국 국교회의 사회윤리는 내적으로 이런 태도에 더욱 가까웠다. 이런 현실에 근본적인 변화를 초래한 것은 영국의 저 가혹한 구빈법(救貧法)이었는데, 이 법은 바로 청교도적 금욕의 도움으로 성립되었다. 그리고 이러한 일이 가능했던 까닭은, 프로테스탄트 종파나 엄격한 청교도 교단 내부에는 구걸이란 것이 전혀 존재하지 않았기 때문이다.*102

이를 노동자라는 다른 측면에서 살펴보기로 한다. 예컨대 경건파의 친첸도르프 일파는 이윤을 추구하지 않고 [천직인] 직업에 충실한 노동자를 가리켜 사도를 본받아 살아가는 자, 즉 그리스도의 제자에 어울리는 카리스마를 지닌 자로서 찬미했다.*103 이러한 사상은 초기 재세례파 신도들 사이에서도 더욱 깊고 광범위한 형태로 퍼져 있었다. 물론 "생활을 영위하기 위한 다른 선택의 기회가 없기에 저임금에도 충실하게 일하는 사람들의 노동은 신을 매우 기쁘게 한다"는 견지는 거의 모든 [기독교] 유파의 금욕적 문헌 전반에 침투해 있었다. 이 점에서 프로테스탄티즘의 금욕 자체는 별로 새로울 것도 없었다. 그러나 그 금욕은 이러한 견지를 더할 나위 없이 강력하게 심화시켰을 뿐 아니라, 이 규범이 영향력을 발휘할 수 있게 해 주는 유일하게 결정적인 힘을 만들어 냈다. 즉 그런 노동을 천직(Beruf)으로, 또 구원의 확신을 얻는 최선의—게다가 때로는 유일한—수단으로 파악함으로써 생겨나는 저 심리적 동력을 창조해 낸 것이다.*104 또 한편으로 금욕은 기업가의 영리활동도 '천직'으로 해석하여 이런 독특한 노동의욕의 착취를 합법화했다.*105 이처럼 천직으로서 노동의무를 수행하고 이를 통해 신의 왕국에 도달하려는 한결같은 노력과, 교회규율이 다름 아닌 무산계급에게 강요하는 엄격한 금욕이 자본주의적 의미에서의 노동의 '생산성'을 크게 높였음은 분명하다. 영리활동을 '천직'으로 보는 것이 근대 기업가들의 특징임과 마찬가지로, 노동을 '천직'으로 보는 것이 근대 노동자들의 특징이다. 윌리엄 페티경과 같은 영국 국교회의 예리한 관찰자는 17세기 네덜란드의 경제력을 설명하면서, 네덜란드에 특히 많은 '국교회 반대파(칼뱅파 및 재세례파)' 사람들이 '노동과 산업 활동은 신에 대한 의무'라고 생각했던 것이 그 이유라고 말했는데, 이는 당시 새로웠던 이 사실을 있는 그대로 표현한 것이었다. 청교도주의는 스튜어트 왕조의 영국 국교회와 특히 로드(William Laud)의 사상에 나타나던 국고적(國庫的)·독점적 형태의 '유기적' 사회체제, 즉 그런 기독교적·사회주의적 하부구조를 토대로 삼은 국가 및 교회와 '독점업자'의 동맹에 반대하였다. 그 대신 청교도주의는 자신의 능력과 창의력에 바탕을 둔 합리적·합법적 영리활동에 대한 개인주의적 동력을 내세웠다. 따라서 청교도주의의 대표자들은 그런 종류의 국가적 특권을 지닌 상인·도매제 선대·식민지적 자본주의에 철저하고도 격렬하게 반대했다. 이리하여—영국에서는 국가적 특권을 지닌 독점산업이 이윽고 완전히 사라져버린 반면—청교도가 창조한 심리적 동력은, 정부의 권력에 기대기는커녕 부분적으로는 그 권력에 대항하기까지 하면서 생겨나고 있던 산업의 건설에 결정적인 도움을 주었다.*106 청교도들(William Prynne, Henry Parker)은 자신들의 우월한 시민적 사업윤리를 자랑스럽게 여겼으며, 대자본가의 특징을 지닌 '왕실 정치인이나 투기적 기업자'들을 도덕적으로 신뢰할 수 없다고 보아 그들과 손잡기를 거부했다. 이 점은 청교도들이 박해를 받게 된 진정한 원인이기도 했다. 디포(Defoe)도 여전히 은행어음을 거부하고 예금을 인출하는 방식으로, 비국교도에게 가해지는 박해를 이겨내자고 제안했다. 이러한 두 가지 자본주의적 행동의 대립은, 종교상의 대립과 매우 광범위하게 연관되어 있었다. 비국교도에 적대적인 사람들은 18세기에도 여전히 그들을 '소시민 정신(Spirit of Shopkeepers)'의 소유자라고 조롱하면서, 전통적 영국의 이상을 더럽히는 존재라고 박해했다. 청교도의 경제적 에토스와 유대인 에토스의 대립도 여기에서 유래한 것이며, 심지어 후자가 아닌 전자가 바로 시민적인 경제적 에토스라는 점은 당시 사람들(이를테면 Prynne)도 이미 알고 있었다.[107]

근대 자본주의 정신, 더 나아가 근대문화를 구성하는 본질적 요소 중 하나는 천직 관념에 바탕을 둔 합리적 생활태도다. 그런데 이것은 기독교적 금욕 정신으로부터 태어났다. 우리의 목적은 바로 이 점을 증명하는 것이다. 이제 다시 한 번 이 책의 앞부분에 인용된 프랭클린의 소론을 읽어 보라. 그러면 거기서 우리가 '자본주의 정신'이라고 불렀던 저 심정의 본질적 요소가, 앞서 살펴본 청교도의 [천직 의식에서 유래하는] 직업적 금욕의 내용과 같음을 알게 될 것이다.[108] 이들의 차이점은 그저 프랭클린의 경우 종교적 정서와 기초가 이미 생명을 잃고 소멸했다는 것뿐이다. ―근대의 직업 노동이 금욕적 성격을 띠고 있다는 생각 자체는 결코 새로운 것이 아니다. 전문직에의 집중과 그에 따른 파우스트의 만능성을 포기하는 것은 오늘날 가치 있는 행위의 전제 조건이 된다. 따라서 '업적'과 '포기'는 오늘날에는 도저히 떼려야 뗄 수 없는 관계가 되었다. 이 같은 시민적 생활양식이―그것이 하나의 생활양식이라면―가진 이러한 금욕적인 기조는, 괴테가 자기 인생의 절정에서 《빌헬름 마이스터의 편력시대》와 파우스트의 삶의 종막을 통해 우리에게 가르쳐 주려 했던 것이다.[109] 그에게 이 인식은 풍요롭고 아름다운 인간성의 시대에 대한 체념 어린 결별을 의미했다. 고대 아테네의 전성기가 다시 돌아올 수 없는 것처럼, 그런 시대는 현재의 문화 발전 과정에서 더 이상 다시 찾아올 수 없다. 청교도는 직업인이 되기를 원했고, 우리는 직업인이 될 수밖에 없었다. 왜냐하면 금욕은 수도사의 골방에서 직업 생활의 한복판으로 이동해 세속적 도덕을 지배하기 시작하면서, 이번에는 비유기적·기계적 생산의 기술적·경제적 조건과 결합된 근대 경제질서라는 저 강력한 질서 세계(cosmos)의 형성에 도움을 줬기 때문이다. 그리고 현재 이 경제질서는 자기 내부로 편입된 모든 개인―직접 경제적 영리활동에 종사하지 않는 사람도 포함된다―의 생활양식을 압도적인 힘으로 결정짓고 있으며, 장래에도 마지막 화석연료가 다 타 없어질 때까지 그러할 것이다. 백스터의 견해에 따르면, 외적 물질에 대한 염려는 단지 '언제든지 벗어던질 수 있는 얇은 외투'처럼 성도의 어깨에 살짝 걸쳐져 있어야만 했다.[110] 그런데 운명은 불행하게도 이 외투를 강철같이 튼튼한 우리로 만들어버렸다. 금욕이 세속을 개조하고 세속 내부에서 성과를 올리고자 하는 동안, 세속의 외적 물질은 역사상 그 어느 때보다도 강력해져서 마침내 절대적인 힘으로 인간을 지배하게 된 것이다. 그리고 오늘날 금욕 정신은—어쩌면 최종적으로—이 강철 우리로 부터 제거되어버렸다. 승리를 거둔 자본주의는 기계적인 기초 위에 선 이상, 이런 [정신적] 지지를 더는 필요로 하지 않는다. 우연히도 금욕을 계승했던 계몽주의의 장밋빛 분위기조차 이제는 완전히 사라져버린 듯하다. '천직 의 무'라는 사상은 옛 신앙의 유령이 되어 우리 생활 주변을 배회하고 있다. '세속적 직업을 천직으로서 수행하는 행위'를 최고의 정신적 문화가치와 직 접 관련지을 수 없는 경우에도—거꾸로 말해 그것이 주관적으로도 단순한 경제적 강제로만 느껴질 경우에도—, 요즘 사람들은 그 의미를 생각해보려 하지 않는다. 영리가·가장 자유롭게 추구되는 지역인 미국에서의 영리활동 은 종교적·윤리적 의미를 잃어버린 채 이제는 순수한 경쟁심과 결합하는 경 향이 있으며, 그 결과 스포츠적 성질을 띠는 일조차 종종 있다.*[111] 훗날 이 강철의 우리에서 살아갈 사람들은 누구인가. 그리고 이 거대한 발전이 끝나 는 순간 전혀 새로운 예언자들이 나타날 것인가, 아니면 옛 사상이나 이상이 힘차게 부활할 것인가. 그도 아니면 병적인 자기 오만으로 장식된 기계적 화 석으로 변하고 말 것인가. 그 대답은 아직 아무도 모른다. 어쨌든 이런 문화 발전의 마지막에 나타나는 '최후의 사람들(letzte Menschen)'에 대해서는 다 음 말이 진리일지도 모른다.

"영혼이 없는 전문가, 감정이 없는 감각주의자. 이런 공허한 사람들은 일 찍이 인류가 도달하지 못했던 단계에 자신이 다다랐다고 자만할 것이다."

그런데 이 시점에서 우리는 가치판단이나 신앙판단의 영역에 발을 들이게 된다. 이는 이 책의 순수한 역사적 서술의 범위에서 벗어난다. 오히려 이제 우리가 할 일은, 지금까지의 서술에서 그저 살짝 건드리기만 했던 금욕적 합 리주의의 의의를 사회—정치적 윤리의 내용과 관련하여, 즉 사적 집회 (Konventikel)에서 국가에 이르는 사회적 공동체의 조직 및 기능의 성격과 관련하여 밝혀내는 것이다. 그 다음으로 금욕적 합리주의와, 이것의 인문주 의적 합리주의*[112]와 그 생활이상 및 문화적 영향에 대한 관계, 더 나아가 철 학과 과학에서 경험론의 발전과 기술의 발전 그리고 정신적 문화재에 대한 관계가 분석되어야 할 것이다. 그리고 마지막으로 중세의 세속적인 금욕의 싹에서 생겨난 금욕적 합리주의의 역사적 생성과 그것이 순수한 공리주의로 해체되기까지의 과정이 역사적으로, 그것도 금욕적 종교가 전파되었던 각 지역에 따라 구명되어야 한다. 그럼으로써 근대문화의 다른 형성 요소들에 대해 금욕적 프로테스탄티즘이 가지는 문화적 의의의 중요성이 비로소 밝혀지게 될 것이다. 결국 이 책에서 우리는 오직 하나의 중요한 점에 대해서, 그 영향의 사실과 방향을 그것의 [심리적] 동기로부터 찾아내려고 시도했던 것이다. 그런데 또 이번에는, 프로테스탄티즘의 금욕 자체가 반대로 생성 과정 및 특질에 있어 사회적 문화 조건의 총체, 특히 경제적 조건으로부터 깊이 영향 받았다는 점도 분명히 해야 한다.*113 근대인은 일반적으로 최대한 선의를 갖고 임하더라도, 과거의 종교적 의식 요소가 인간의 생활태도, 문화, 국민성에 대해 가졌던 커다란 의의를 있는 그대로 의식하기 어렵다. 하지만 그렇다고 해서 나는 일면적인 '유물론적' 역사관 대신, 똑같이 일면적인 문화와 역사의 유심론적—인과적 설명을 정립할 생각은 없다. 이 두 가지는 모두 가능하지만,*114 이를 연구의 준비 작업이 아닌 결론으로서 주장할 수는 없다. 그것으로는 역사적 진리를 규명할 수 없기 때문이다.*115

〈주〉

*1 Dowden, Puritan and Anglican에 나오는 탁월한 성격 묘사를 보라. —'이중적 결단'에 의한 신의 예정이라는 교리에서 점점 이탈하게 된 이후의 백스터 신학을 어느 정도 설명해 주는 것으로는, 《Works of the Puritan Divines》에 실린 그의 논문에 대한 Jenkyn의 머리말을 들 수 있다. —그는 '보편적 속죄'와 '개인의 선택'을 결합시켜보려고 했지만, 이 시도는 사람들의 공감을 얻지 못했다. 우리에게 중요한 단 하나의 사실은, 윤리적으로 볼 때 예정설의 결정적 요소인 개인의 선택이라는 교리를 백스터가 계속 고집했다는 것뿐이다. 한편 의인을 재판이라고 보는 견해가 약해졌다는 사실은, 어느 정도 재세례파에 가까워졌다는 점에서 중요하다.

*2 토머스 애덤스(Thomas Adams), 존 하우(John Howe), 매튜 헨리(Matthew Henry), 제인웨이(J. Janeway), 차녹(St. Charnock), 백스터(Baxter), 버니언(Bunyan)의 논문 및 설교는 《Works of the Puritan Divines》 10 vols., London, 1845~48에 수록되어 있다. 다만 그 선택 방식은 다소 자의적이다. 베일리(Bailey), 세즈윅(Sedgwick), 호른베이크(Hoornbeek) 등의 저작에 관해서는 앞서 인용한 부분들을 보라.

*3 Gisbert Voët 또는 세속적 금욕에 대한 대륙의 다른 대표자들의 저서도 마음만 먹으면 인용할 수 있었다. 브렌타노는 이런 발전을 '순전히 앵글로색슨에 국한된 것'이라고 생

각했는데 이는 전적으로 잘못된 견해다. 내가 위와 같이 선택한 이유는 공리주의로 변화하기 직전인 17세기 후반의 금욕 운동을 되도록 분명히 밝히고자 했기 때문일 뿐, 고찰 범위를 그에 국한하려 했기 때문은 아니었다. 전기 형태의 문헌을 바탕으로 금욕적 프로테스탄티즘의 생활양식을 묘사하는 일도—특히 비교적 알려지지 않은 퀘이커파 관련 문헌을 다루는 것도—흥미로운 과제지만, 이 간단한 서술 범위 내에서는 아쉽지만 포기할 수밖에 없었다.

*4 왜냐하면 Gisbert Voët의 저작이나 위그노 종교회의의 의사록, 네덜란드의 침례교 문헌 등도 실제로 마음만 먹으면 사용할 수 있었기 때문이다. 매우 불행하게도 좀바르트와 브렌타노는, 내가 두드러지는 에피온주의 요소라고 생각했던 점을 백스터에게서 정확히 찾아내서 나오는 정반대로 사용했다. 즉 그들은 백스터의 교리가 (자본주의적으로) 분명하게 '뒤떨어져 있음'을 증명하는 근거로서 그것을 사용했던 것이다. 그런데 이런 문헌을 올바르게 사용하려면 첫째로, 그 전반에 대해 실제로 정통해야 한다. 또한 둘째로, 지금 내가 증명하고자 하는 논점을 간과해서는 안 된다. 그러한 '반(反)배금주의적' 교리에도 불구하고 이런 금욕적 신앙의 정신은 수도원 경제에서와 마찬가지로 경제적 합리주의를 낳았다. 왜냐하면 바로 이 반배금주의적 교리가 금욕으로 향하는 합리적 원동력을, 즉 이 결정적인 요인을 자극했기 때문이다. 이것이 내가 증명하고자 하는 내용이다. 이것이야말로 유일한 문제점이며 이 연구 전체의 핵심이기도 하다.

*5 시민적 부를 결코 좋아하지 않았던 칼뱅의 경우도 마찬가지였다(그가 베네치아 및 안트베르펜에 대해 퍼부었던 강한 공격을 보라. Calvin, Comm. in Jes. Opp., Ⅲ, pp. 140 a, 308 a.).

*6 Baxter, Saints' Everlasting Rest, Chap. Ⅹ, Ⅻ.—그 밖에도 Bailey, Praxis pietatis, p. 182 와 Matthew Henry, The Worth of the Soul, in : Works of the Puritan Divines, p. 319 의 다음 구절을 참조하라. "이 세상의 부를 추구하는 데 정신이 팔린 자가 자신의 영혼을 업신여기게 되는 것은, 그가 영혼에는 눈길도 주지 않고 육체를 우선시하기 때문만이 아니라 영혼을 부의 추구에 사용하기 때문이다."《시편》127장 2절. (그런데 바로 같은 페이지에 온갖 종류의 시간 낭비, 특히 오락으로 인한 시간 낭비를 죄악으로 보는 언급이 나온다. 이는 나중에 인용하겠다.) 영국이나 네덜란드 청교도주의의 종교적 문헌도 거의 다 같다. 예를 들어 Hoornbeek, op. cit., 1. Ⅹ, c. 18, 18에 나오는, 탐욕에 대한 강한 공격을 보라. (뿐만 아니라 이 저술가는 감상적 경건파의 영향도 받고 있다. 이 세상의 '번잡함(sollicitudo)'에 반대하여 신을 기쁘게 하는 '영혼의 평화(tranquillitas animi)'를 찬양한 부분을 보라.) 베일리도—유명한 성경 구절에 빗대어—"부자가 구원받기는 어렵다"고 말했다. Bailey, op. cit., p. 182. 또한 감리교의 교리문답서도 '이 세상에서 재산을 모으는 일'을 하지 말라고 권고한다. 경건파의 경우 이것은 매우 자명하며, 퀘이커파의 경우도 사정은 다르지 않다. Barclay, op. cit., p. 517

참조. "……그러므로 천직(calling)을 수단으로 삼아 좀 더 부유해지려고 하는 유혹에는 주의하라."

* 7 부는 물론이고, 충동적인 이윤 추구(또는 그에 준하는 일)도 마찬가지로 강하게 배척되었다. 네덜란드에서는 다음과 같은 일이 있었다. 1574년 남부 네덜란드 종교회의는 어떤 질문에 대한 답변으로 "'대금업자'는 율법적으로 허용되어 있으나 성찬에는 참석할 수 없다"고 선언했다. 1598년 데벤테르 종교회의(제24조)는 이 원칙을 대금업자의 종업원에게까지 확대 적용했으며, 1606년 호르헨 종교회의는 '고리대금업자'의 아내들의 성찬 참여를 허락하는 대신 엄하고 굴욕적인 조건을 내세웠다. 또한 1644년과 1657년에도 대금업자의 성찬 참여 여부를 둘러싼 논의가 벌어졌다. (외래 상인이나 금융업자는 수천 년 전부터 온 유럽─아시아 세계에 존재하고 있었는데도, 브렌타노는 가톨릭교도였던 자신의 선조를 예로 들어 이 사실에 반대하고 있다.) 그리고 Gisbert Voët도 '환전상(롬바르디아인, 피에몬테인)'을 성찬에서 배제하려 했다. Gisbert Voët, Disp. theol., Ⅳ, Anst. 1667, de usuris, p. 665. 위그노 종교회의에서도 사정은 별반 다르지 않았다. 그런데 이런 부류의 자본가 계층은, 이 연구에서 문제가 되고 있는 사상 및 생활방식의 전형적 담당자는 결코 아니었다. 그들은 고대나 중세에 비해서도 전혀 새롭지 않았다.

* 8 이 점에 대한 구체적인 설명은 Baxter, Saints' Everlasting Rest, Chap. Ⅹ를 보라. 신이 주신 재산이라는 '피난처'에 언제까지고 눌러앉아 있으려는 자에게, 신은 현세의 생활에서도 벌을 내리신다. 자신이 얻은 부에 만족하여 안주하는 일은 대개 파멸의 징조다. ─현세에서 가져야 할 것을 모두 손에 넣는다면, 우리는 더 이상 아무것도 원하지 않을까? 아니, 지상에서는 원하는 것이 없을 만큼 만족할 수 없다. ─그래선 안 된다는 것이 신의 성스러운 뜻이기 때문이다.

* 9 Baxter, Christian Directory, Ⅰ, pp. 375~6. "신이 우리와 우리 활동을 지탱해 주시는 것은 행위 때문이다. 노동은 체력의 자연적 목적이며 도덕적 목적이기도 하다. ……신에 대한 가장 큰 봉사이자 영예는 바로 행위이다. ……공공복지나 다수자의 복지는 우리 자신의 복지보다도 높이 평가되어야 한다." 우리는 이 구절에서, 신의 의지로부터 후대 자유주의 학설의 순수한 공리주의적 관점으로 옮겨 가는 전환의 출발점을 찾아볼 수 있다. 공리주의의 종교적 원천에 관해서는 본문 뒷부분의 서술 및 앞 절의 * 146을 보라.

* 10 침묵의 계율은─'모든 불필요한 말'에 대한 성서의 형벌 경고에서 나온 것인데─특히 클뤼니파 이후, 금욕적인 자기 통제 훈련의 훌륭한 수단으로 여겨졌다. 백스터도 불필요한 말이 곧 죄악이라는 점을 상세히 설명했다. 그 성격학적 의의에 대한 평가는 이미 Sanford, op. cit., pp. 90 f.에서 이루어졌다. 당시 사람들이 보기에 청교도들은 '암울하다'든가 '까다롭다'는 인상이 강했는데, 이는 '자연의 상태'에 수반되는 천진함

이 파괴된 결과였으며 이런 목적을 위하여 생각 없는 말도 금지되었다. —워싱턴 어빙은 그런 성격의 근거를 부분적으로는 자본주의의 '계산적 정신(calculating spirit)'에서, 또 부분적으로는 자기 책임감을 낳은 정치적 자유의 영향에서 찾으려 했다 (Washington Irving, Bracebridge Hall, chap. XXX). 그런데 여기서 우리는 다음 사실, 즉 어빙이 근거로 든 요인도 로망스어 국가에서는 같은 효과를 낳지 못했다는 점을 지적할 수 있다. 게다가 영국의 사정은 아마 이러했을 것이다. (1)청교도주의는 그 신도들에게 자유로운 제도를 창조할 능력을 주었으며, 동시에 세속적인 세력이 될 능력도 주었다. (2) 또한 청교도주의는 자본주의의 본질적 요인인 '계산성(Rechenhaftigkeit)'—좀바르트는 그 '정신'을 이렇게 불렀다—을, 하나의 경제 수단에서 모든 생활태도의 원리로까지 변형시켰다.

＊11 Baxter, op. cit., Ⅰ, p. 111.

＊12 Baxter, op. cit., Ⅰ, pp. 383 f.

＊13 Barclay, op. cit., p. 14에는, 시간의 귀중함에 대한 같은 설명이 나온다.

＊14 Baxter, op. cit., Ⅰ, p. 79. "항상 시간을 소중히 여겨라. 자신의 시간을 잃어버리지 않도록 매일 좀 더 주의한다면, 그대들은 자신의 금과 은을 잃어버리지 않게 될 것이다. 쓸데없는 오락이나 치장, 잔치, 잡담, 무익한 교제, 수면 중 무언가가 그대의 시간을 뺏으려고 유혹한다면 더욱 주의하라."—매튜 헨리도 "시간을 낭비하는 자는 자신의 영혼을 가벼이 여기는 자다" 말했다. Matthew Henry, 〈Worth of the Soul〉 in : Works of the Puritan Divines, p. 315. 여기서도 프로테스탄티즘의 금욕은 예로부터 인정된 길을 걷고 있다. 우리는 보통 '시간 부족'을 근대 직업인들의 특징이라고 생각하거나, 이를테면—괴테가 이미 《편력시대(Wanderjahren)》에서 했듯이—시계가 15분마다 울린다는 점에 비추어서 자본주의의 발달 정도를 측정하려 한다(좀바르트도 W. Sombart, Der moderne Kapitalismus, Erste Ausgabe에서 그렇게 했다). —하지만 이 경우에도 우리는, 맨 처음(이라고 해봤자 중세지만) 시간을 구분해서 생활했던 사람이 바로 수도사였으며 교회의 종은 애초에 그들의 시간 구분을 위해 필요한 것이었다는 점을 잊어선 안 된다.

＊15 Baxter, op. cit., Ⅰ, pp. 108 f.에 나오는 직업에 대한 논의 참조. 여기에 다음 같은 대목이 있다. "질문 : 오직 저 자신의 구원만을 생각하기 위해 이 세상을 버릴 수는 없습니까? 대답 : 이 세상의 번잡함과 세속적 관심 가운데, 너의 영혼을 불필요하게 방해하는 여분의 것들은 버려도 좋다. 그러나 공공복지에 도움이 되는 것은, 육체적 일이든 정신적 노동이든 결코 버려서는 안 된다. 개인은 교회나 공동사회(commonwealth)의 일원으로서 교회 및 공공복지를 위해 저마다의 자리에서 최선을 다해야 한다. 이를 무시하고 기도니 묵상이니 운운하는 것은, 그대들의 고용인이 가장 중요한 일을 거부하면서 사소하고 쉬운 일만 하려 드는 것과 마찬가지다. 그리고 신께서는

어떤 식으로든 그대들에게, 수벌처럼 남의 노동에 기대어 생활하지 말고 그대들 자신의 일용할 양식을 위해 일하도록 명령하셨다." 이어서 신께서 아담에게 말씀하신 "너의 이마에 땀 흘려"라는 계명과, "일하지 않는 자는 먹지도 말라"는 바울의 지시가 인용되고 있다. 퀘이커파의 경우에는 예로부터 알려져 있듯이, 가장 부유한 사람들도 자식에게 직업을 가질 것을 권하고 있다(이는 윤리적인 이유 때문이지 결코—알베르티가 권했던 것 같은—공리주의적 이유 때문은 아니다).

*16 경건파는 신앙의 감정적 성격으로 인해 이 점에서 다른 입장을 취한다. 슈페너는 (Theol. Bedenken, Ⅲ, S 445를 보라) 루터파적인 의미에서 직업 노동이 신께 드리는 예배임을 강조했으나, 그럼에도 직업 활동의 다망함이 우리를 신으로부터 멀어지게 한다는 것도—역시 루터파적으로—확연한 사실이었다. 이는 청교도주의와 매우 특징적으로 대립된다.

*17 Baxter, op. cit., p. 242. "성스러운 의무를 위해 시간을 내지 못하는 자들은 자신의 직업생활에도 게으른 사람들이다." 이로부터 도시—합리적 영리활동을 추구하는 시민계층의 거주지—야말로 금욕적 덕성이 존재하는 장소라는 견해가 생겨났다. 그래서 백스터는 자서전에서, 자신의 가르침을 받은 키더민스터의 직조공들에 관해 이렇게 말했다. "그들이 런던과 계속 접촉하고 거래한 것은, 상공업자들(tradesman)의 예의와 신앙심을 신장시키는 데 많은 기여를 했다." Works of the Puritan Divines, p. XXXⅧ. 수도 근처에 살면 덕성이 강화된다는 생각은, 오늘날의—최소한 독일의—성직자들에게는 매우 놀라운 것이리라. 그러나 경건파도 이와 비슷한 견해를 갖고 있었다. 슈페너는 젊은 동료 성직자에게 종종 이런 말을 써 보냈다. "적어도 이 사실만은 분명하다. 도시 사람들 대다수는 완전히 타락해 있지만, 그래도 그 많은 시민들 중에서는 선을 행하는 선량한 사람들도 약간이나마 발견된다. 그러나 시골에서는 의롭고 선한 사람이 전혀 발견되지 않는 경우도 있어서 걱정스럽다." Spener, Theol. Bed., Ⅰ, 66. S. 303.—요컨대 농민에게는 금욕적·합리적 생활태도에 적합한 자질이 거의 없다는 것이다. 농민을 윤리적으로 찬양하는 일은 시대적으로 매우 신선한 일이었다. 금욕의 계급적 제약성이라는 문제와 관련된 이런 견해 및 이와 유사한 표현들이 지닌 의미는, 여기에서는 살펴보지 않겠다.

*18 예컨대 다음 구절을 보라. Baxter, op. cit., pp. 336 f. "신에게 직접 예배드리지 않을 때에는 자신의 합법적 직업(calling)인 일(business)에 전력을 다해야 한다." "자신의 천직(calling)인 노동에 힘써라." "너희는 저마다 끊임없이 매진해야 할 직업(calling)을 가지고 있다. 너희가 신을 직접 예배하는 경우를 제외하고는 그 노동을 그만둘 수 없음을 깨달아라."

*19 노동 및 그 '품위'에 대한 독자적인 윤리적 평가가 꼭 본디부터 기독교 자신의 사상이었던 것은 아니며, 심지어 그 고유한 사상인 것도 아니다. 최근 하르나크(Harnack)는

이 점을 다시 한 번 강조하였다(Mitt. des Ev. -Soz. Kongr., 14. Folge, 1905, Nr. 3/4, S. 49).

＊20 베네딕트 수도원의 규율 아래 명확하게 존재하는 이 중요한 차이는 대체 어디에서 유래한 것일까. 이런 문제는 훨씬 포괄적인 고찰에서만 비로소 분명하게 밝혀질 수 있을 것이다.

＊21 경건파의 경우도 마찬가지였다. Spener, a. a. O., Ⅲ, SS. 429~430. 경건파의 독자적인 생각에 따르면 천직에의 충실이란, 원죄로 인해 우리에게 지워진 형벌이며 우리 개인의 의지를 근절하는 역할을 한다. 직업노동은 이웃에 대한 사랑의 봉사로서 신의 은총에 대한 감사의 의무이며(이는 루터주의 관념이다!), 따라서 우리가 이를 억지로 행한다면 신께서 만족하시지 못할 것이다. a. a. O., Ⅲ, S. 272. 그렇기에 기독교인은 "이 세상 사람들과 마찬가지로 자신의 노동에 열심히 매진하는 모습을 보인다"는 것이다. a. a. O., Ⅲ, S. 278. 이는 분명 청교도보다 뒤처진 견해다.

＊22 백스터에 따르면 혼인의 목적은 '절도를 지키면서 자식을 만드는 것'이다. 슈페너의 의견도 거의 비슷했다. 다만 그는—달리 억제할 방법이 없는—부도덕을 회피하는 것을 부차적 목적으로 보는 루터파의 조잡한 견해도 인정했다. 색욕은 성교의 부수적 현상으로서 부부 사이에 존재할 때조차 죄악으로 여겨졌다. 예컨대 슈페너의 견해에 따르면 색욕은 인류의 원죄가 낳은 결과이다. 그것은 신이 원하시는 자연적인 행위를, 죄의식과 결부되지 않을 수 없는 것—수치스러운 것(pudendum)—으로 만들어 버렸다. 또한 많은 경건파 사람들의 견해에 따르자면, 기독교 혼인의 최고 형태는 순결을 유지하는 것이며, 그 다음은 오로지 자식 출산을 목적으로 성행위를 하는 것이다. 이렇게 차례로 내려오다 보면 마지막에는 단순한 애욕 때문에, 또는 순전히 외적인 이유 때문에 맺어진 결혼이 나온다. 이 결혼은 윤리적으로는 축첩(蓄妾)에 가깝다. 그런데 이 낮은 단계에서도 그저 외적인 이유 때문에 맺어진 결혼이 (어쨌든 이는 합리적인 고려의 결과이므로) 애욕 때문에 이루어진 결혼보다는 그나마 낫다고 여겨졌다. 헤른후트파의 윤리 및 실천은 여기서는 도외시해도 좋다. 합리주의 철학(Chr. Wolff)은 이런 금욕적 윤리를 계승하여, 목적을 위한 수단으로 정해진 것, 즉 육욕 및 그 만족이 자기목적이 되어서는 안 된다고 생각했다. 순전히 위생적인 관점을 취하는 공리주의로의 변화는 이미 프랭클린의 경우에도 나타나고 있었다. 잘 알려진 사실처럼 그는 이른바 현대 의사들의 윤리적 입장에 서서 '순결'의 의미를, 건강상 바람직한 정도로 성교를 제한하는 것이라 이해했고, 그 방법을 이론적으로도 설명했다. 이것이 순수한 합리적 숙고의 대상이 되자마자 그와 같은 발전이 도처에서 나타났다. 청교도의 성적 합리주의자와 위생상의 성적 합리주의자는 서로 매우 다른 길을 갔지만, 이 점에 대해서만은 서로 공통되는 구석이 있었다. '위생적 매춘'—이는 매음굴 및 매춘부의 단속을 문제 삼는 것이다—의 어느 열렬한 대변자는 한 강의에서

(위생상 유익하다고 여겨지는) '혼외정사'의 도덕적 정당성을 주장할 때, 그것이 파우스트와 그레트헨을 통해 시적으로 미화되었다는 사실을 근거로 들었다. 이처럼 그레트헨을 매춘부로 보는 것과, 인간적인 격정의 강력한 지배를 건강을 위한 성교와 동일시하는 것은, 모두 청교도주의의 입장과 완전히 일치한다. 또 예컨대 탁월한 의사들이 종종 주장했던 견해, 즉 성적 절제의 중요성과 같이 인격적·문화적으로 미묘한 문제는 '오직' (전문가인) 의사가 다룰 영역에 속한다는 순전문가적인 견해도 마찬가지이다. 다시 말해 청교도의 경우 '전문가'는 도덕 이론가이고 의사의 경우 '전문가'는 위생 이론가라는 차이점은 있었지만, 문제 해결을 위해 세상에 받아들여지기 쉬운 '권한'이라는 원칙을 내세웠다는 점—물론 방향은 정반대지만—은 같았다. 다만 청교도적 견해를 뒷받침하는 강력한 이상주의는 매우 점잖은데도 불구하고 종족 보존 및 순수한 '위생'의 관점에서 보더라도 긍정적인 성과를 낸 반면, 근대의 성 위생학은 아무래도 '편견 없는 입장'을 표방해야 했으므로 오히려 자신의 성과를 망쳐버릴 위험도 있다. 그러므로 청교도주의의 영향을 받은 국민들에게서 볼 수 있는 성관계의 합리적 해석은 부부 관계를 세련되게 만들고 이 관계에 근본적으로 정신적·윤리적 성격을 부여했으며, 또 결혼에 있어서의 여성의 지위를 향상시켰는데—이에 반해 독일의 가부장적 분위기에서는 최고 지식인들 사이에서도 후진적인 모습이 발견되었다—, 이 점은 여기서 자세히 논하지 않겠다. (재세례파도 여성의 '해방'에 어느 정도 영향을 미쳤다. 이 경우에도 여성의 양심의 자유 보호와 '만인사제론' 사상을 여성에게까지 확대시킨 것이 가부장제를 뚫을 최초의 돌파구가 되었다.)

* 23 이 말은 백스터에게서 되풀이되어 나타난다. 이를 뒷받침하는 성서적 전거는 보통 프랭클린 이후로 널리 알려진 《잠언》 22장 29절이나 《잠언》 31장 16절 이하에 나오는 노동 찬미다. Baxter, op. cit., pp. 377, 382, etc. 참조.

* 24 친첸도르프조차 때로는 이렇게 말하였다. "인간은 살기 위해 노동할 뿐 아니라 노동하기 위해서도 산다. 노동할 필요가 없어진다면, 우리는 괴로워하거나 죽을 것이다." Plitt, a. a. O., Ⅰ, S. 428.

* 25 모르몬교의 어떤 신조는 (인용에 따르면) 다음과 같다. "태만한 자나 게으른 자는 기독교인이 될 수 없으며, 구원받을 수도 없다. 그들은 찔려 죽어서 벌통 밖으로 추방당하도록 정해져 있다." 여기에는 분명 수도원과 공장 사이를 이어주는 저 엄청난 규율이 존재했다. 그리고 이 규율이 개인을 노동이냐 도태냐 하는 선택의 기로 앞에 세움으로써, 이 종파의 놀라운 경제적 업적을—물론 이는 종교적 열광과 결합했기에 가능했던 일이지만—낳았던 것이다.

* 26 그러므로 백스터는 op. cit., Ⅰ, p. 380에서 그 온갖 징후를 면밀히 분석했다. —'태만(sloth)'과 '게으름(idleness)'은 지속적인 성격을 띠고 있으므로 매우 무거운 죄악이다. 백스터는 이를 단적으로 '은총 상태의 파괴자'라고 간주했다. Op. cit., Ⅰ, pp.

279 f. 이는 방법적인 생활과 정반대되는 것이다.

*27 앞의 1장 3절 *5를 보라.

*28 Baxter, op. cit., Ⅰ, pp. 108 ff. 특히 다음 구절이 눈에 띈다. "질문 : 그런데 부유하다는 이유로 노동을 면제받을 수 있습니까? 대답 : 부(富)는 너로 하여금 타인에게 보다 많이 봉사하게 해 주므로 이로써 비천한 노동을 면제받을 수는 있을 것이다. 그러나 가난한 자와 마찬가지로……네가 설령 부자라 해도 결코 노동의 봉사에서 면제될 수는 없다." 그리고 op. cit., Ⅰ, p. 376도 참조하라. "그들(부자들)은 외적으로는 노동해야 할 이유가 없지만, 마찬가지로 신에게 복종해야 한다는 커다란 의무를 지고 있다. ……신은 모든 사람에게 그것(노동)을 엄중히 명하셨다." 또한 앞 절의 *48을 보라.

*29 슈페너도 역시(Spener, a. a. O., Ⅲ, SS. 338, 425) 이런 이유를 근거로, 너무 일찍 연금 생활을 시작하려는 경향을 도덕적으로 위험한 것이라고 보아 배척했으며, 또한—금리 생활은 게으름을 낳는다는, 이자 취득 합법론에 대한 반론을 변호하면서—이자로 살아갈 수 있는 사람에게도 신의 명령에 따라 노동할 의무가 있다는 점을 강조했다.

*30 경건파도 이와 같다. 슈페너는 직업 변경이 문제가 될 경우 항상 "한번 어떤 직업을 가진 뒤에는 그 직업에 머무르면서 적응하는 것이 신의 섭리에 대한 복종의 의무다" 답하였다.

*31 인도의 구원론은 직업적 전통주의를, [윤회에 의한] 부활을 기대할 수 있는 가능성과 결부시켰다. 이 생활 전체를 지배하는 엄청난 정열에 대해서는 '세계종교의 경제윤리'에 관한 필자의 논문을 참조하라. 〈Vgl. Max Weber, Hinduismus und Buddhismus, Gesammelte Aufsätze zur Religionssoziologie, Bd. Ⅱ.〉이 점에 비춰 볼 때 우리는 단순한 윤리적 이론과, 종교에 의한 일종의 심리적 동인(動因) 창조 사이의 차이를 분명하게 알 수 있다. 경건한 힌두교도는 오직 자신이 태어난 카스트의 전통적 의무를 엄격하게 수행함으로써만 행복한 부활을 기대할 가능성을 품을 수 있었다. 이는 전통주의가 생각해 낼 수 있는 종교적 정초 중에서도 가장 확고한 것이다. 실제로 인도의 윤리는 이 점에서 청교도주의 윤리에 대한 철저한 반정립인데, 또 다른 관점(신분적 전통주의)에서 보자면 유대교에 대한 철저한 반정립이라고도 할 수 있다.

*32 Baxter, op. cit., Ⅰ, p. 377.

*33 그렇다고 백스터의 공리주의가 역사적으로 그런 세속적 관점을 원류로 삼았다는 것은 아니다. 오히려 거기에는, '현세(세속)'의 질서는 신의 영광과 신의 자기 영화에 봉사하기 위한 것이라는 순수한 칼뱅주의 관념이 나타나 있다. 경제적 질서는 만인의 생활—다수자의 복지(good of the many), 공공복지(common good) 등—이라는 목적에 봉사해야 한다고 보는 공리주의적 방향은, 다른 해석을 취하더라도 필연적으로 (귀족주의적인) 피조물 신격화로 귀결되거나 아니면 신의 영광이 아니라 피조물의

'문화적 목적'에 봉사하는 것이 된다는 사상의 결과였다. 그런데 경제적 질서의 합목적적인 형성 가운데 나타나 있는 신의 의지(앞 절의 *35를 보라)는, 전체적으로 현세적 목적만이 관심의 대상일 경우, 오직 '전체'의 복지 즉 비인격적인 '유용성'일 수밖에 없다. 그러므로 앞에서도 말했듯이 공리주의는, '이웃 사랑'의 비인격적인 형성과, 청교도의 '신의 영광을 더하기 위해'라는 원리가 지닌 배타성으로 인해 현세의 영화를 거의 거부하다시피 하는 태도가 낳은 결과였다. 실제로 피조물의 영화는 필연적으로 신의 영광을 파괴하므로 절대적으로 배척돼야 한다는 사상이 금욕적 프로테스탄티즘 전체를 얼마나 강력하게 지배하고 있었는지는, 아직 '민주주의'에 물들지 않았던 슈페너조차 수많은 질의에 대항하여 칭호의 사용이 도덕적으로 무의미하다고($\delta\iota\alpha\psi o\rho o\nu$) 계속 주장하는 데 주저와 노고를 보이지 않을 수 없었던 사실에서 잘 나타나고 있다. 그는 성서에서도 사도가 Festus 총독에게 각하($\chi\rho\alpha\tau\iota\sigma\iota o\varsigma$)라는 칭호를 사용했다는 사실을 통해 겨우 안심할 수 있었다. —이런 사정의 정치적인 측면은 이 논문에는 속하지 않는다.

*34 토머스 애덤스도, 불안정한 사람은 자기 집에서도 낯설게 행동한다고 말하였다. Works of the Puritan Divines, p. 77.

*35 이에 관해서는 특히 The Friends' Library(ed. W.&Th. Evans), Philadelphia, 1837, Vol. Ⅰ, p. 130에 나오는 조지 폭스의 글을 보라.

*36 물론 종교윤리의 이러한 방향 규정이 결코 현실적 경제 관계의 반영으로 간주될 수는 없다. 중세 이탈리아의 직업 분화가 당시의 영국보다도 훨씬 더 진척되어 있었음은 자명한 사실이다.

*37 왜냐하면 신은—청교도 문헌에서 자주 강조되듯이—어떤 경우에도 자기 자신보다 더 이웃을 사랑하라고 명령하신 적은 없으며, 단지 자기 자신처럼 이웃을 사랑하라고 하셨기 때문이다. 고로 자기 자신을 사랑하는 것도 인간의 의무다. 예를 들어 이웃보다도 자기 자신이 좀 더 목적에 맞게, 즉 보다 많은 신의 영광을 위해 재산을 활용할 수 있다고 확신하는 사람에게는, 이웃 사랑 때문에 그 재산을 남에게 나눠 줘야 할 의무가 없다.

*38 슈페너도 이런 입장에 가까웠다. 하지만 그는 (도덕적으로 특히 위험한) 상업이라는 직업에서 신학 쪽으로 옮겨가는 일이 문제시될 때에도, 매우 소극적이며 심지어 이를 만류하려는 태도를 취했다(a. a. O., Ⅲ, SS. 435, 443 : Ⅰ, S. 524). 참고로 슈페너의 확고한 견해에도 불구하고 바로 이 문제(직업 변경은 허용될 수 있는가)에 대한 대답이 빈번히 반복되었다는 사실은, 《고린도전서》 제7장에 대한 여러 가지 해석이 얼마나 일상생활의 실제에 깊이 뿌리박은 것이었는지를 보여 준다.

*39 이런 견해는 적어도 대륙의 지도자적 경건파 신도들에게서는 찾아볼 수 없다. '이윤'에 대한 슈페너의 입장은, 루터파의 '생계라는 관점(Nahrung)'과 '상업 번영(Flors der Commerzien)'의 수익성 등의 중상주의적 논증(a. a. O., Ⅲ, SS. 330, 332 ; vgl. Ⅰ, S. 418.—담배 재배는 국내로 화폐를 벌어들이기 때문에 유용하며 따라서 죄악이 아니다!) 사이에서 흔들리고 있었다(vgl. Ⅲ, SS. 426, 427, 429, 434). 하지만 그는 또한 퀘이커파나 메노나이트파의 예처럼 이윤을 얻으면서도 신앙을 유지할 수 있다는 사실, 더 나아가 매우 많은 이윤이—이에 관해서는 나중에 다시 설명하겠다—독실한 신앙의 직접적인 결과일 수도 있다는 사실을 틀림없이 지적했다(a. a. O., S. 435).

*40 백스터의 경우 이런 견해는 그가 생활하던 경제적 환경을 반영한 것이 아니었다. 그 반대로 그의 자서전에 나오듯이 그의 국내 선교 활동이 성공할 수 있었던 원인들 중 하나는, 키더민스터에 거주하는 상인들이 결코 유복하지 못해서 간신히 '먹을 것과 입을 것' 정도만 벌 뿐이었으며 수공업 장인들도 자신이 거느린 노동자들과 마찬가지로 '하루 벌어 하루 먹고사는 생활'을 해야만 했다는 점이었다. "복음서의 좋은 말씀을 받아들이는 자는 바로 가난한 사람들이다."—토머스 애덤스는 이윤 추구에 대해 다음과 같이 말했다. "그(식자)는……돈으로 부자가 될 순 있어도 선한 사람은 될 수 없음을 알기에, 지갑을 채우기보다는 선한 양심을 지키면서 잠드는 쪽을 선택한다. ……고로 정직한 사람이 보상으로서 얻을 수 있는 것 이상의 부를 얻으려 하지 않는다."—하지만 그것만큼은 어떻게든 손에 넣고자 한다고도 말했다(Th. Adams, Works of the Puritan Divines, LI). 다시 말해 형식상 정직한 이윤 추구는 모두 정당하다는 것이다.

*41 Baxter, op. cit., Ⅰ, Chap. Ⅹ, tit. Ⅰ, Dis. 9(par. 24) ; Ⅰ, p. 378, Spalte 2.에 그런 말이 나온다. 《잠언》 23장 4절의 "부를 얻으려고 애쓰지 말라"는 가르침은 그저 육체적 목적을 위한 부를 궁극의 목적으로 삼아서는 안 된다는 뜻으로 해석되었다. 봉건적—영주적(領主的) 형태로 이용되는 토지 재산은 혐오스러운 것이지만(op. cit., Ⅰ, p. 380의 타락한 젠트리 계급에 대한 언급을 참조), 토지 재산 자체가 혐오스러운 것은 아니다. —밀턴은 최초의 《영국 국민을 위해 변호하는 서(Defensio pro populo Anglicano)》에서 오직 '중산층(middle class)'만이 도덕의 담당자가 될 수 있다는 유명한 이론을 주장했다. 여기서 '중산층'은 '귀족계급'에 대항하는 '시민계급'으로 해석되었다. 이 사실은, 밀턴이 그 이유로 '사치'도 '궁핍'도 모두 도덕적 훈련을 방해한다는 점을 들었던 것만 봐도 알 수 있다.

*42 이것이 결정적인 점이다. —그러므로 여기서 이 점을 일반적으로 언급해 두겠다. 당연한 이야기지만 현재 우리가 문제 삼고 있는 것은, 신학적 윤리 이론이 개념적으로 어떤 발전을 이루었는가가 아니라, 신도들의 실제 생활에 통용된 도덕은 무엇이었으며 또 직업윤리의 종교적 정초가 실제로 어떤 영향을 미쳤는가 하는 점이다. 우리는 적어도 가끔은 가톨릭, 특히 예수회의 결의론적(決疑論的) 문헌에서—예컨대 여기서는 다루지 않겠지만 이자의 허용 여부 문제에 관한—많은 프로테스탄트의 결의론적 문헌과 비슷한 부분을 발견할 수 있다. 그리고 이 문헌들은, '허용되는 것' 즉 '거의 확

실히 허용되는 것'이라 간주되는 것들에 관해서는 오히려 프로테스탄트의 문헌을 능가하는 듯한 모습도 보여 준다. (나중에는 청교도들의 윤리가 예수회 윤리와 근본적으로 같다는 비판도 등장하게 된다.) 칼뱅파가 가톨릭 도덕신학자인 토마스 아퀴나스, 클레르보의 베르나르(Bernard de Clairveau), 보나벤투라뿐만 아니라 동시대 사람들의 문헌도 자주 인용했듯이─여기서는 자세히 설명하지 않겠다─, 가톨릭의 결의론도 이단의[프로테스탄트의] 윤리를 일반적으로 주목하였다. 그런데 평신도의 금욕생활에 대해 종교적 자극을 부여한다는 결정적인 사실은 지금 논외로 친다 해도, 이 둘 사이에는 이론적으로 다음과 같은 심각한 차이점이 존재했다. 즉 프로테스탄티즘의 천직 윤리가 금욕생활의 가장 진지한 신봉자들을 결과적으로 자본주의적 영리생활에 이바지하게끔 인도했던 반면, 가톨리시즘에 존재했던 이러한 자유파(latitudinarisch) 견해는 교회의 권위에 의해 승인받지 못한 특별히 느슨해진 윤리학설의 산물이었기에, 가장 진지하고 엄격한 신도들은 이와 아무 상관도 없었다. 가톨리시즘에서는 조건부로 허용되던 것이 프로테스탄티즘에서는 적극적으로 도덕적 선(善)으로 여겨졌다. 두 윤리 사이에 존재하는 이런 실천적으로 매우 중요한 근본적 차이는, 근세에도 얀센주의자들의 논쟁 및 회칙 'Unigenitus' 이후 최종적으로 확정되었다.

＊43 본문에서 소개한 백스터의 문장에는 다음과 같은 구절이 이어진다. "율법에 따라 이윤을 얻을 수 있는 가장 성공적인 방식으로 일하면 된다. 너의 모든 능력을 길러야 한다."─천국에서의 부를 추구하는 일과, 지상에서 가진 직업에서의 성공을 추구하는 일을 직접적으로 대응시킨 예로는 Janeway, Heaven upon Earth, in : Works of the Puritan Divines, p. 275 이하를 들 수 있다.

＊44 트리엔트(Trient) 공의회에 제출된 뷔르템베르크 공작 크리스토프(Herzog Christoph von Württemberg)의 [루터파] 신앙고백에서도, 이미 가난에 대한 맹세를 반대하는 입장이 표명되고 있다. "자신의 신분으로 인해 가난한 자는 그것을 감수해야 한다. 하지만 그가 계속 가난한 채로 살겠다고 맹세한다면, 이는 계속 아픈 채로 있겠다든가, 아니면 계속 악평을 받으며 지내겠다고 맹세하는 것과 똑같다."

＊45 백스터의 저서나, 이를테면 크리스토프 공작의 신앙고백에도 그런 내용이 있다. 또한 다음 구절들도 참조하라. "……부랑자들의 생활은 완전히 불법적인 것으로 그저 구걸생활일 뿐이다." 등. (Th. Adams, Works of the Puritan Divines, p. 259.) 칼뱅도 구걸을 엄격히 금지했으며, 네덜란드 종교회의들도 탁발 허가장이나 구걸을 목적으로 한 증명서에 극구 반대했다. 스튜어트 왕조, 특히 찰스 1세 치하의 Laud 체제 아래에서는, 정부에 의한 빈민 구제나 실업자 노동 알선의 원칙이 이미 계통적으로 형성되어 있었다. 반면 청교도들의 구호는 "동냥을 주는 것은 자선이 아니다(Giving alms is no charity, 훗날 디포의 유명한 논고에 붙은 제목)"였으며, 17세기 말에는 실업자에 대한 '노역장(workhouses)'이라는 가공할 제도가 실시되었다. Leonard, Early History of En-

glish Poor Relief, Cambridge, 1900 및 H. Levy, Die Grundlagen des ökonomischen Libera-
lismus in der Geschichte der englischen Volkswirtschaft, Jena, 1912, SS. 69 ff.를 참조.

＊46 영국 침례파 동맹(Baptist Union of Great Britain and Ireland)의 회장 화이트(G. Whit-
e) 씨는 1903년 런던 대회의 취임 연설에서 다음과 같이 강조했다. "우리나라 청교도
교회의 명부에 오른 자들 가운데 최선의 인물은, 바로 종교가 생활 전체에 침투해야
한다고 믿는 실업가들(men of affairs)이었다." Baptist Handbook, 1904, p. 104.

＊47 모든 봉건적 견해와의 특징적인 대립은 바로 이 점에서 생겨난다. 봉건적인 견해에
따르면, 벼락부자의 후손에 이르러서야 비로소 (정치적 또는 사회적인) 벼락부자의
성공이 혈통의 힘과 더불어 도움이 될 수 있다. (스페인어의 hidalgo[이달고, 하급귀
족]는 어원으로 볼 때 hijo d'algo=filius de aliquo(뛰어난 것의 아들)인데, 여기서
algo=aliquid(뛰어난 것)이란 선대로부터 물려받은 재산이므로 위와 같은 사정을 특
징적으로 나타내고 있는 셈이다.) 오늘날에는 이런 차이가 미국 '국민성'의 급속한 변
화 및 유럽화로 인해 매우 희미해졌다. 그러나 사업상의 성공이나 이득을 정신적인
달성의 징표로서 찬미하는 반면 단순한 (상속) 재산에는 아무런 경의도 표하지 않는,
봉건적인 태도와 정반대되는 특수한 시민적 견해가 미국에서는 지금도 종종 나타난
다. 한편 유럽에서도 (이미 제임스 브라이스(James Bryce)가 지적했듯이) 사회적 명
예를 수반하는 거의 모든 지위는 사실—그저 소유자 자신이 직접 판매대 앞에 서지
않고도 그에 필요한 재산의 변형(세습재산 설정 등)만 제대로 수행하고 있다면—돈
으로 구입할 수 있다. 혈통 존중에 대한 비판으로는 예컨대 토머스 애덤스의 글
Works of the Puritan Divines, p. 216을 보라.

＊48 이를테면 상인이었던 Familist파의 창시자 Hendrik Niklaes에게 이미 그런 말이 적용된
바 있다. Barclay, Inner Life of the Religious Communities of the Commonwealth, p. 34.

＊49 이처럼 구약의 족장들에게서 지침을 얻으려 하는 것—이는 청교도의 인생관이 지닌
특징이다—의 한 예는, 야곱(Jacob)과 에서(Esau)의 싸움에 관한 토머스 애덤스의
분석이다. (Works of the Puritan Divines, p. 235.) "그(에서)의 어리석은 행위는, 장
자상속권을 너무나 쉽게 값싼 조건으로 남에게 넘겨버렸다는 점, 즉 장자상속권
(birthright)을 너무 낮게 평가했다는 점(이 구절은 장자상속권 사상의 발전이라는 면
에서도 중요한데 이는 나중에 설명하겠다)을 바탕으로 논할 수 있다." 여기서 에서가
그 거래를 사기라고 주장하면서 인정하지 않으려 한 것은 믿음이 없는 짓이었다. 에
서는 그야말로 '교활한 사냥꾼이자 전사'이다. 그는 비합리적인 생활을 하는 미개인이
다. 이와는 반대로 야곱은 '초가(草家)에 사는 순박한 사람'으로 '은총 받은 자'를 대
표한다. 켈러는 루스벨트(Roosevelt)의 유명한 논고에도 나타나 있는 고대 유대교에
대한 내적 친근감이 네덜란드 농민들에게도 널리 퍼져 있음을 발견했다. Köhler, a. a.
O.—그런데 한편으로 청교도주의는 (크롬웰의 관용령 즈음해서) Prynne가 유대인에

반대하여 쓴 글에 분명히 드러나듯, 실천 신학에서는 유대인 윤리와의 대립을 확실하게 의식하고 있었다. 다음의 *58 참조.

*50 이는 예컨대 호른베이크에게 있어 확실한 것이었다. 왜냐하면 《마태복음》 5장 5절이나 《디모데전서》 4장 8절은 성도들에게 순수한 지상의 약속을 하고 있기 때문이다. (a. a. O., Ⅰ, S. 193.) 모든 것은 신의 섭리가 낳은 결과인데, 신은 특히 믿는 자들을 배려하신다. (a. a. O., S. 192.) "그러나 믿는 자 주위에는 다른 자들의 경우보다도 더 큰 신의 배려와 특별한 섭리가 작용한다." 또한 이어서 행운은 '일반적 섭리 (communis providentia)'가 아니라 저 특별한 배려에서 생겨난다는 점에 대한 의론이 등장한다. 베일리도 직업 노동의 성공에는 신의 섭리가 작용한다는 사실을 지적했다. (Op. cit., p. 191.) 번영이 '때때로' 독실한 신앙생활의 보상이라는 것은 퀘이커파의 저작에서 항상 나타나는 표현이다. (예를 들어 1848년의 서술에서도 그런 표현이 나온다. Selection from the Christian Advices, issued by the General Meeting of the Society of Friends in London, Sixth Edition, London, 1851, p. 209를 보라.) 퀘이커파 윤리와의 관련은 뒤에서 서술하겠다.

*51 (Zur bäuerlichen Glaubens-und Sittenlehre. Von einem thüringischen Landpfarrer, 2. Aufl., Gotha, 1890, S. 16.) 여기에서 묘사되는 농민은 바로 루터파 교회가 낳은 특징적 산물이다. 이 뛰어난 저자가 일반적인 '농민적' 신앙이라 간주한 것을 다룬 부분에 필자는 몇 번이고 '루터파적'이라는 표현을 덧붙였다.

*52 예를 들면 Ritschl, Pietismus, Ⅱ, S. 158의 인용을 참조. 슈페너는 직업 변경이나 이윤 추구에 대한 자신의 의문을 뒷받침할 근거를 《집회서》에서도 찾으려 했다. Spener, Theologische Bedenken, Ⅲ, S. 426.

*53 그럼에도 베일리는 외전을 통독하길 권했으며, 그 구절들을 가끔 인용하기도 했다. 그러나 이런 예는 물론 드물다. 다만 필자는 (아마 우연이겠지만) 《집회서》에서의 인용이 있었는지 생각나지 않는다.

*54 분명 선택받지 못한 사람이 외적 성공을 거두었을 경우, 칼뱅파 신도들(이를테면 호른베이크)은 '완고설(Verstockungstheorie)'에 따라 다음과 같이 확신하고 만족했다. 신은 그들을 더욱 완고하게 하여 보다 확실히 멸망으로 인도하시기 위해 그들의 성공을 허락하신 것이라고.

*55 현재 맥락에서는 이 점을 자세히 논할 수 없다. 여기서 문제가 되고 있는 것은 오직 '합법성'의 형식주의적 성격뿐이다. 구약성서의 윤리가 자연법(lex naturae)에 대해 갖는 의미는 트뢸치(Troeltsch)의 《Soziallehren》에 자세히 설명되어 있다.

*56 백스터에 따르면 성서의 윤리적 규범의 구속력이 미치는 범위는 다음 두 가지로 한정된다. (1)그것이 자연법의 '복사'에 지나지 않을 경우. (2)그것이 '명확한 보편성과 영원성'을 갖추고 있을 경우. Baxter, Christian Directory, Ⅲ, pp. 173 f.

＊57 예를 들면 (Dowden, op. cit., p. 39)의 버니언에 관한 서술을 보라.

＊58 이 점은 '세계종교의 경제윤리'에 관한 필자의 논문에 보다 자세히 설명되어 있다. (Max Weber, Gesammelte Aufsätze zur Religionssoziologie, 3 Bde.) 이를테면 특히 모세의 십계 가운데 제2계명("너희는 자신을 위해 아무런 우상도 만들지 말라")이 유대인의 합리적 성격, 즉 감각적 문화와 무관한 성격의 발달에 미친 엄청난 영향을 우리가 이 자리에서 분석할 순 없다. 그러나 특징적인 것으로 다음 사실들을 들 수는 있으리라. 미국에는 막대한 자금을 써서 유대인 이민자들의 미국화를 기획하고 실제로 놀라운 성과를 거둔 'Educational Alliance'라는 단체가 있는데, 그 지도자 중 한 사람이 필자에게 이런 말을 했다. "우리들은 모든 예술적·사회적 교육을 통해 유대인을 문화인으로 길러내기 위해 노력하고 있는데, 그 첫째 목표는 '제2계명으로부터의 해방'이다."—이스라엘에 존재하던 신의 인간화 금지(이 반대도 물론 마찬가지다!)에 대응하는 것은, 청교도주의에 존재하던 피조물 신격화의 금지다. 그런데 이 둘은 조금 다르기는 해도 거의 같은 방향으로 작용했다. —탈무드의 성격을 띤 유대교를 살펴보자면, 청교도 윤리의 주요 특징은 확실히 그와 유사한 면이 있다. 예컨대 탈무드 (Wünsche, Babyl. Talmud, Ⅱ, S. 34)에는 다음 같은 내용이 나온다. 즉 율법상 의무로 정해져 있지 않은 선한 행위를 의무로서 수행하는 것은, 보다 선한 행위이므로 신에게 더 많은 보상을 받을 수 있다. 다시 말해 냉정한 의무 수행은 감정적인 박애보다도 윤리적으로 더 높이 평가되는 것이다. 그런데 스코틀랜드인의 피를 이어받았으며 교육을 통해 경건파의 강한 영향을 받았던 칸트가 이런 교리와 유사한 결론에 도달했듯이, 청교도주의 윤리도 본질적으로 이 교리를 받아들였던 것이 아닐까 싶다. (여기서 논할 수는 없지만, 칸트가 규정한 많은 표현들이 금욕적 프로테스탄티즘 사상으로 직접 이어지기 때문이다.) 그런데 탈무드의 윤리는 동양적 전통주의의 분위기에 깊이 물들어 있기는 하다. "Rabbi Tanchum ben Chanilai는 '결코 관습을 바꿔서는 안 된다'고 말했다." (Gemara zu Mischna, Ⅶ, 1, Fol. 86 b, Nr. 93, bei Wünsche, a. a. O. 일용직 노동자의 생계가 문제시되고 있는 것이다.) 다만 이 율법은 유대인 이외의 사람에게는 적용되지 않았다. 그런데 '합법성'을 구원의 확증으로 보는 청교도의 관점은 이를 단순한 율법 준수로 보았던 유대교의 경우에 비하여, 적극적인 행위에 대해 훨씬 강력한 동기를 제공했음에 틀림없다. 물론 성공이 곧 신의 축복을 나타낸다는 사상이 꼭 유대교 윤리와 무관했던 것은 아니었지만 말이다. 그러나 유대교의 이중적 윤리(대내 윤리와 대외 윤리)에서 생겨난 종교—윤리적 의미의 근본적인 뒤틀림은, 이 가장 결정적인 점에서 두 종교의 영향을 전혀 다른 성질의 것으로 만들었다. 말하자면 '동포' 즉 유대인들 사이에서는 금지되어 있는 것도, '타인' 즉 유대인이 아닌 사람들을 상대로는 허용되는 것이다. 그리고 '명령받은' 것이 아니라 '허용되는' 것의 영역에서 거두는 성공은, (그저 그것만으로도) 청교도들에게서 볼 수 있는 종교적 확증

의 표지나 방법적 생활 형성에 대한 추진력이 될 수 없었다. 좀바르트는 이런 문제를 그의 저서 W. Sombart, 《Die Juden und das Wirtschaftsleben》에서 온갖 잘못된 방식으로 다루었는데, 이에 대해서는 이 주석 첫머리에 소개한 필자의 논문을 보라. 세부적인 점은 여기서 깊이 살펴보지 않겠다. 상당히 기묘하게 들릴지 모르지만, 유대교 윤리는 처음부터 끝까지 전통주의적이었다. 또한 그런 [전통주의라 불리는] 현세에 대한 내적 태도가, 독특한 방식으로 늘 새로운 발전 가능성의 싹을 포함한 저 기독교의 '은총' 및 '구원' 사상을 위한 거대한 변화를 낳았다. 하지만 이 점 역시 여기서는 다루지 않겠다. 구약에서의 '합법성'에 관해서는 (Ritschl, Die christliche Lehre von der Rechtfertigung und Versöhnung, Ⅱ, S. 265)를 참조하라. 영국 청교도들에게 당시 유대인은 그야말로 혐오해 마지않는, 전쟁·군수 조달·국가 독점·포말회사 투기, 군주의 건축·금융 기획 등을 지향하는 자본주의의 대표자들이었다. 필요한 유보 조항이 붙는다면 그 대립은 대체로 다음과 같이 규정될 수 있을 것이다. 즉 유대인의 자본주의는 투기적인 천민자본주의였고, 청교도의 자본주의는 시민적인 노동조직이었다.

＊59 백스터에게 성서의 진리는 궁극적으로 '신을 믿는 자와 믿지 않는 자 사이에 존재하는 놀라운 차이', 즉 '새로 태어난 자'와 그렇지 않은 자의 절대적인 차이, 그리고 믿는 자의 영혼을 구원하기 위해 이루어지는 신의 명백하고도 독자적인 배려(이는 물론 '시험'이라는 형태로 나타날 수도 있다) 등에 의거해 추정될 수 있다. Baxter, Christian Directory, Ⅰ, p. 165, Sp. 2 marg.

＊60 이런 점을 특징적으로 나타내는 것을 보려면, 버니언이 얼마나 많은 곡절을 겪은 끝에―때로는 루터의 《기독교인의 자유에 대하여》의 분위기에 점점 접근하는 경우도 있었다(예를 들면 Of the Law and a Christian, Works of the Puritan Divines, p. 254 이하 참조)―겨우 바리새인과 세리(稅吏)의 비유를 자신에게 맞게 해석했는지를 읽어 보는 것으로 족하다(op. cit., pp. 100 f.에 나오는 설교인 The Pharisee and the Publican을 보라). 바리새인은 왜 비난받는가. ―그는 실제로는 신의 명령을 지키지 않는다. 왜냐하면 그는 분명 외적인 사소한 일이나 의례에만 신경 쓰는 분파의 신자이기 때문이다(p. 107). 특히 그는 공적을 자신에게 귀속시키고, 심지어 '퀘이커파 신도들이 하듯' 성스러운 이름을 남용하여 자신의 덕행을 신에게 감사하면서, 또 죄스럽게도 그 덕행의 가치를 바탕으로(p. 126) 신의 은총에 의한 선택에 넌지시 반대하고 있다(p. 139 f.). 그렇기에 그의 신앙은 피조물 신격화이며 이는 비난받아 마땅한 죄악이다. 이에 반해 세리는, 그의 신앙고백의 정직성이 보여 주듯 영적으로 새로이 태어난 자다. 왜냐하면―루터파적 죄의식이 청교도들 사이에서는 특징적으로 약화된 것을 가리키는 말인데―올바르고 성실한 죄의식에는 은총의 가능성에 대한 의식이 반드시 따르기 때문이다(p.209).

＊61 예를 들면 (Gardiner, Constitutional Documents)에 수록되어 있다. 이 (반권위적) 금

욕에 대한 투쟁은, 루이 14세가 포르루아얄 및 얀센주의자에게 했던 박해에 비할 수 있다.

*62 이 점에 관해 칼뱅은, 적어도 우미하고 귀족적인 형식의 향락이 문제시될 때에 한해서는 본질적으로 훨씬 온건한 입장을 취했다. 성서만이 유일한 제한이었다. 성서에 엄격히 따르며 양심적인 사람은, 향락에 대한 충동을 품고 있다 해도 그것을 소심하게 문제 삼을 필요가 없다. 《기독교 강요》 제10장에 나오는 이 점에 관한 설명은(이를테면 "우리의 필요보다는 오히려 향락에 도움이 되는 것도 우리는 기피할 수 없다"), 그 자체로 보자면 오히려 매우 신축성 있는 실천 가능성 앞에 열려 있었다. 이 점에서 그의 후예들에게 있어 중대한 의미를 갖게 된 것은, 구원의 확증에 대한 불안의 증대와 더불어 (이에 관해서는 다른 자리에서 평가하겠지만) '전투 교회'의 분야에서 칼뱅주의의 윤리적 발전을 담당하게 된 사람들이 바로 소시민 계층이었다는 사실이다.

*63 예컨대 토머스 애덤스는 '성스러운 세 자매'("하지만 그중에 제일인 것은 사랑이다")라는 설교의 앞부분에서 다음과 같이 말했다. "파리스도 아프로디테에게 사과를 건네주었다!" Works of the Puritan Divines, p. 3.

*64 소설 등은 '시간 낭비(waste times)'이므로 읽어서는 안 된다. (Baxter, Christian Directory, I, p. 51, Sp. 2.)—잘 알려진 바처럼 영국에서는 엘리자베스 왕조 이래 희곡뿐만 아니라 서정시나 민요까지 사라져버렸다. 조형 예술 분야는 청교도주의의 억압을 거의 받지 않았던 듯하다. 그러나 매우 우수했던 음악적 재능(음악사에서 영국이 차지하는 비중은 상당히 크다)이 완전히 소멸되어버렸다는 점을 우리는 주목해야 한다. 당시 이 방면에서의 앵글로색슨족의 상황은 오늘날까지도 계속 이어지고 있다. 미국의 경우에도 흑인 교회—그리고 교회가 '신도 유지 방책'으로 고용하고 있는(보스턴의 트리니티 교회는 1904년에 연봉 8,000달러를 주고 고용했음) 성직 가수들—를 제외한다면, 그들의 '교회 음악'이란 독일인으로서는 듣기 어려울 만큼 날카로운 비명소리일 뿐이다(네덜란드의 사정도 부분적으로는 마찬가지다).

*65 네덜란드의 사정도 마찬가지였다. 이 점은 여러 종교회의 의사록을 통해 알 수 있다. (Reitsma' sche Sammlung, VI, 78, 139 etc.의 메이폴에 관한 결의를 보라).

*66 '구약성서의 부흥'과 궁극적으로 《이사야》 및 《시편》 제22편으로 소급되는 저 예술 분야에서 미를 적대시하는 기독교적 감각을 추구하는 경건파적 지향이, 추한 것을 보다 자주 예술적 대상으로 삼는 경향을 조장할 수밖에 없었으며, 또 이 현상에는 피조물 신격화에 대한 청교도적 거부도 함께 작용했음을 쉽게 알 수 있다. 그러나 개별적인 모든 점들은 아직 불확실한 듯하다. 로마교회에서는 전혀 다른 (선동적인) 동기가 외적으로는 유사한 현상을 일으켰는데, 이는 예술적으로는 완전히 다른 결과를 낳았다. 렘브란트의 명화 '사울과 다비드'(마우리츠 미술관 소장) 앞에 선 사람은 청교도적 감

각의 강한 영향력을 직접 느낄 수 있을 것이다. 노이만의 《렘브란트》(Carl Neumann, 《Rembrandt》)에 있는 네덜란드의 문화적 영향에 대한 뛰어난 분석은, 금욕적 프로테스탄티즘이 얼마나 적극적으로 예술을 낳는 힘을 가졌는가 하는 문제에 관해, 일단 우리가 알 수 있는 사항에 대한 척도를 제공한다.

* 67 네덜란드에서는 칼뱅파 윤리가 실제 생활에 침투한 수준이 비교적 낮았다. 또한 금욕적인 정신의 약화가 이미 17세기 초반부터 시작되고 있었다(1608년 네덜란드로 망명한 영국의 조합교회파 신도(congregationalist)는 이 나라에서 안식일이 제대로 지켜지지 않고 있다는 것에 불쾌감을 느꼈다). 이 정신은 프리드리히 하인리히(Friedrich Heinrich) 총독 시대에 완전히 약화되고 말았다. 전체적으로 볼 때 네덜란드의 청교도주의는 확장력이 미미했다. 이런 사정을 낳은 원인은 매우 다양하므로 여기서 자세히 논할 수 없다. 다만 부분적인 원인은 네덜란드의 정치조직(분립주의적 도시동맹 및 지방동맹)과 매우 약소한 군사력(독립전쟁은 주로 암스테르담의 돈과 용병으로 수행되었다, 영국의 설교가는 바벨탑 건축 당시 발생했던 언어의 혼란 사태를 설명할 때이 네덜란드 군대를 예로 들었다)에서 찾을 수 있다. 이 때문에 진지한 종교투쟁의임무 중 상당 부분은 남들에게 전가되었고 동시에 정치권력에도 참여하지 못하게 되었다. 그에 반해 크롬웰의 군대는—부분적으로는 징병된 사람들도 있었지만—스스로시민군이라는 자각을 갖고 있었다. (그런 만큼 바로 이 군대가 병역의무의 폐지를 강령으로 채택하고 있었다는 점은 특징적이다. 왜냐하면 신의 영광을 위해 오직 양심이선하다고 인정한 것을 이유로 싸우는 일이 허락될 뿐, 군주의 비위를 맞추기 위해 싸우는 일은 허락될 수 없다고 여겨졌기 때문이다. 독일의 전통적인 관념에 따르면 '부도덕한' 영국의 군대제도는, 역사적으로 보자면 처음에는 매우 '도덕적인' 동기로 만들어졌으며 무적의 군대를 지향했다. 그런데 왕정복고 이후로는 그것이 왕실에 봉사하게 되고 말았다.) 그런데 독립전쟁 시기에 칼뱅주의를 담당했던 네덜란드 시민군(Schutterijen)은 도르드레흐트 종교회의 이후 반 세대도 지나지 않아, 할스의 그림에나오는 저 표정에서도 보이듯이 이미 '금욕적인' 성격을 거의 잃어버리고 있었다. 종교회의는 그런 그들의 생활태도를 몇 번이나 비난했다. 네덜란드에서는 'Deftigkeit'라는 개념[베버는 여기서 이를 독일어 형태로 썼는데, 네덜란드어의 deftig는 영어의 noble과 비슷한 단어다]은 시민적·합리적인 '명망'과 도시귀족적인 신분의식으로 구성된 혼합물이다. 오늘날에도 네덜란드의 교회에서는 좌석이 계급 서열에 따라 배치되어 있는데, 이는 네덜란드 교회제도의 귀족주의적 성격을 보여준다. [중세 도시적인] 도시경제의 존속은 공업 발달의 걸림돌이 되었다. 공업의 번영은 거의 [남부 네덜란드에서 온] 망명자들을 통해 이루어졌으므로, 결국 일시적인 호황을 누렸을 뿐이다. 하지만 네덜란드에서도 칼뱅파나 경건파의 세속적 금욕은 다른 나라의 경우와 같은 방향으로 작용했다(다음의 주 86)에서 인용될 'Groen van Prinsterer'의 말에서 나타나

는 '금욕적 절약 강제'도 이에 포함된다. 이 점은 나중에 살펴보겠다). 칼뱅파적인 네덜란드에 문예가 거의 존재하지 않았던 것은 물론 우연이 아니다(네덜란드에 대해서는 Busken-Huët, Het land van Rembrandt 등을 보라. von der Ropp가 편집한 독일어 번역본도 나와 있다). '금욕적 절약 강제'라는 점에 있어 네덜란드의 신앙이 지니는 의의는, 18세기가 된 뒤에도 이를테면 Albertus Haller의 글에 분명하게 드러나 있다. 네덜란드 문예 비평 및 제재의 두드러지는 특징에 관해서는, 예를 들면 Oud Holland, 1891에 나오는 하위헌스(Const. Huyghens)의 자전적 기술(1629~31년에 쓰인 글)을 참조하라. (앞서 소개한 Groen van Prinsterer, La Hollande et l'influence de Calvin, 1864는 우리의 문제에 관한 결정적인 사실은 하나도 제공해 주지 않는다.) —미국의 뉴네덜란드 식민지는 사회적으로 볼 때, 본디 상인으로서 자본을 지출한 '지주(partronen)'에 의해 반(半)봉건적으로 지배되고 있었다. 그러므로 뉴잉글랜드의 경우와는 달리 이곳에는 '하층계급'이 이주하기 어려웠다.

＊68 만년의 셰익스피어가 그곳에 체류하고 있는데도 불구하고 청교도적인 시 당국이 스트랫퍼드 온 에이번의 극장을 폐쇄해버렸던 사건을 떠올려 보라(청교도에 대한 셰익스피어의 증오와 경멸은 곳곳에서 찾아볼 수 있다). 1777년 버밍엄 시는 극장이 '태만'을 조장하여 상업에 해를 끼친다는 이유로 극장 인가를 거부했다. Ashley, Birmingham Industry and Commerce, pp. 7~8.

＊69 이 경우에도 결정적으로 중요한 것은, 청교도에게 있어서는 오직 신의 의지나 피조물적인 허영이냐 하는 양자택일만이 존재했다는 점이다. 그러므로 그들 입장에서는 '자유재량에 맡겨도 되는 행위'란 존재하지 않았다. 앞에서 말했다시피 이 점에서 칼뱅은 다른 태도를 취했다. 그는 "무엇을 먹고 입을지는—영혼이 욕망의 힘에 종속되어버리는 경우를 제외한다면—아무래도 상관없는 문제다"라고 말했다. '현세'로부터의 자유는—예수회와 마찬가지로—무관심이라는 형태로 나타난다는 것이다. 다만 칼뱅의 경우 이것은, 토지가 제공하는 재화를 차별이나 욕심 없이 사용하는 것을 의미했다. 《기독교 강요》초판, 409쪽 이하. —결과적으로 이것은 분명 그 자신의 후예들의 엄격주의보다는 루터파에 가까운 관점이다.

＊70 이 점에 관한 퀘이커파의 태도는 잘 알려진 대로다. 이미 17세기 초기에 암스테르담의 어느 망명자 교단에서는, 한 목사 부인이 유행하는 모자와 옷을 착용했다는 이유만으로 엄청난 소동이 10년 가까이 벌어졌다(Dexter, Congregationalism of the Last Three Hundred Years에 재미있게 묘사되어 있다). —이미 샌퍼드는 다음과 같이 지적한 바 있다. 즉 현대 남성의 '이발 형태'는 과거 그렇게 조롱당하던 '원두파의 둥근 머리형(Roundheads)'이며, 마찬가지로 비웃음을 샀던 청교도 남성의 복장은 오늘날의 복장과 근본적으로 같다. Sanford. op. cit.

＊71 이 점에 관해서도 앞서 인용한 (Veblen, The Theory of Business Enterprise)를 참조.

＊72 우리는 항상 이 관점으로 돌아오는데, 이런 관점에서 다음과 같은 말이 설명될 수 있다. "그대 자신과 자식과 친구를 위해 단돈 1페니를 지출한다 해도, 신께서 명령하신 대로 신을 기쁘게 할 목적으로 그 돈을 써야 한다. 매우 주의하라. 그러지 않으면 도둑처럼 육체를 얻은 자아가 신으로부터 모든 것을 빼앗아버릴 것이다." Baxter, op. cit., Ⅰ, p. 108 하단 우측. 결정적인 사실은, 인간이 개인적인 목적으로 사용한 것은 신의 영광을 위한 봉사로 간주되지 않는다는 점이다.

＊73 이에 관해서는 보통 다음 예를 들 수 있다(예를 들면 Dowden, op. cit.). 크롬웰은 라파엘로의 밑그림과 만테냐의 '카이사르의 승리'를 파괴의 손길로부터 구해 낸 반면, 찰스 2세는 이 그림들을 팔아버리려 했다. 잘 알려진 사실처럼 왕정복고 시대의 사회도 영국 국민문학에 대해서는 철두철미하게 냉담하거나 아예 거부하는 태도를 취했다. 모든 나라 궁정에서 베르사유의 영향이 만능에 가까운 힘을 발휘했다. ―청교도주의 및 그 아래에서 훈련받은 사람의 최고 유형에 속하는 정신에, 일상생활의 무반성적인 향락의 억제가 미친 영향을 상세히 분석하는 일은 이러한 소론의 범위 안에서는 결코 이루어질 수 없다. 그러나 워싱턴 어빙(Washington Irving)은 일상적인 영어로 그 영향을 다음과 같이 표현했다. "그것(그는 정치적 자유를 염두에 두었지만 여기서는 청교도주의라고 해석하겠다)은 공상(fancy)의 유희라기보다도 오히려 구상(imagination)의 힘을 명백히 나타내고 있다." (Washington Irving, Bracebridge Hall, 1822.) 이 규정은 약간 협소한 감은 있지만 그래도 올바르다. 이 사실은 스코틀랜드인이 영국의 학문, 문학, 기술적 발명, 더 나아가 경제생활에서 차지하는 지위를 통해서도 알 수 있다. ―기술 및 경험과학의 발전에 대한 의의는 여기에서 논하지 않겠다. 이런 관계는 일상생활에서도 곳곳에 나타난다. 예를 들어 퀘이커파의 경우, (바클레이의 견해에 따르자면) '오락'으로서 허용되는 것은 친구 집 방문, 역사책 읽기, 수학 및 물리학 실험, 원예, 경제나 그 밖의 세상사에 관한 토론 등이다. 그 근거는 앞서 설명한 대로이다.

＊74 Carl Neumann, Rembrandt에서 탁월한 분석이 이루어진 바 있다. 이 책은 위에 언급된 모든 점들에 관해 참조될 수 있다.

＊75 앞에 소개된 Baxter, op. cit., Ⅰ, p. 108 이하를 보라.

＊76 이를테면 미망인이 쓴 허친슨 대령(Colonel Hutchinson) 전기의 유명한 서술을 참조(이 부분은 Sanford. op. cit., p. 57 등에서 자주 인용되고 있다). 그녀는 그의 기사적(騎士的) 품성이나 청명한 삶의 기쁨을 추구하던 성격을 자세하게 설명한 뒤 다음처럼 말했다. "그는 놀라울 정도로 수수하며 성품이 청결하고 고상한 데다, 그러한 것들을 매우 좋아했다. 하지만 그는 값비싼 물품으로 몸을 치장하는 일은 옛날부터 하지 않았다. ……"―문화적이고 세련된 교양을 갖춘 청교도 부인의 이상(理想)도 그와 같았는데, 특히 첫째로 시간의 사용, 둘째로 '허식'이나 오락을 위한 지출에 대해

서는 매우 알뜰했다. 이 점은 메리 해머(Mary Hammer)의 장례식에서 바클레이가 바친 조문에 드러나 있다. Works of the Puritan Divines, p. 533.

*77 특히 사업에 대성공하여 만년에는 갑부가 된 어느 제조업자의 사례—그 밖에도 많은 예가 있지만—가 생각난다. 그는 고질적인 소화불량을 치료하고 싶다면 매일 조금씩 굴을 먹으라는 의사의 권고를 받았을 때, 이에 쉽게 응하려 들지 않았다. 그는 전부터 자선사업에 거액을 기부해 왔으며 본디 '통이 큰' 성격이었다. 따라서 그는 인색해서 이를 거부한 것이 결코 아니었다. 그저 자신의 향락을 위해 재산을 소비하는 행위는 도덕적으로 위험하다는, '금욕적' 감각의 잔재 때문에 그랬던 것이다.

*78 직장이나 점포, 일반적인 '영업소'와 주거지, 상호와 성명, 기업자본과 개인재산 등의 분리, 그리고 '기업'(적어도 처음에는 회사재산)을 일종의 'corpus mysticum[신비적인 그리스도의 신체 즉 교회, 다시 말해 모든 신도에게 주어질 수 있는 신비적 공동재산]'으로 바꾸려 하는 경향은, 모두 이 방향에 따른 것이다. 이에 대해서는 필자의 논문〈Handelsgesellschaft im Mittelalter〉[Max Weber, Gesammelte Aufsätze zur Sozial-und Wirtschaftsgeschichte, SS. 312 ff.]를 참조.

*79 이미 좀바르트는 Der moderne Kapitalismus(제1판)에서 이런 특징적인 현상을 종종 적절하게 지적한 바 있다. 다만 주의할 것은, 재산 축적이 서로 전혀 다른 두 가지 심리적 원천에서 유래했다는 사실이다. 하나는 이미 오랜 옛날부터 영향력을 발휘했던 것으로, 순수하고 명료하게 나타날 때에는 기부재단·세습재산·신탁재산 등의 창설이라는 형태로 드러난다. 이것은 본디 자신이 번 재산을 간직한 채 죽음을 맞이하고자 하는 노력, 또는 특히 재산을 상속받을 많은 자손들의 이익을 해치더라도 '사업'을 확실히 존속시키고자 하는 노력과 맥을 같이한다. 이런 경우 문제가 되는 것은, 자신이 번 재산을 통해 내세에서도 이상적인 삶을 영위하고자 하는 희망과 더불어, '가족의 명예(splendor familiae)'를 유지하는 것이다. 여기서 후자는 결국 창설자 개인의 확대된 인격과 관련된 허영으로서, 근본적으로 항상 자기중심적인 목표다. 그런데 우리가 이 논문에서 다루려 하는 '시민적' 재산 축적의 동기는 위와 전혀 다르다. 이 경우 "단념해라, 단념해라(Entsagen sollst du, sollst entsagen)"라는 금욕적 명제는 "돈을 벌어라, 돈을 벌어라(Erwerben sollst du, sollst erwerben)"라는 자본주의의 적극적 명제로 바뀌면서, 단순하고 순수한 절대명령으로서 비합리적인 모습으로 우리 앞에 나타난다. 청교도의 경우에는 인간의 허영이 아니라 오직 신의 영광과 자신의 의무만이 동기였다. 그리고 오늘날에는 '직업'에 대한 의무만이 동기가 되고 있다. 어떤 사상의 극단적인 귀결을 상상하길 좋아한다면, 미국의 한 백만장자의 이론을 떠올려 보라. 그에 따르면 그런 거액의 부를 자식들에게 물려줘서는 안 된다. 왜냐하면 스스로 일해서 이득을 얻어야 한다는 도덕적인 선행으로부터 자식들이 멀어지게 해서는 안 되기 때문이다. 물론 오늘날 이 '이론'은 한낱 공상에 지나지 않지만 말이다.

*80 바로 이것이—몇 번 강조해도 지나치지 않을—(육욕을 제어한다는 순수한 금욕적 입장과 더불어) 가장 결정적인 종교적 동기다. 이는 퀘이커파 교도들에게 특히 분명히 드러나 있다.

*81 백스터는 예수회에서 발견되는 같은 동기로써 이를 부정했다. 즉 육체에는 그것이 필요로 하는 것이 제공되어야 한다. 그러지 않으면 인간은 육체의 노예가 되어버린다. Baxter, Saints' Everlasting Rest, p. 12.

*82 특히 퀘이커파에는 발전 초기부터 이 이상이 확실하게 존재하고 있었다. 그 중요한 사항들은 Weingarten이 그의 저서에서 밝힌 바 있다. Weingarten,《Englische Revolutionskirchen, 1868.》바클레이의 상세한 논의도 이 점을 매우 명료하게 설명해준다. (Barclay, op. cit., pp. 519 ff., 533.) 피해야 할 것들은 다음과 같다. 첫째, 피조물적 허영. 즉 모든 겉치레와 싸구려 허식, 그리고 실질적인 목적이 없거나 그저 희귀하다는 이유 때문에(즉 허영심 때문에) 값비싼 물품을 사용하는 것. 둘째, 재산의 불성실한 사용. 이를테면 생활에 꼭 필요한 것이나 장래를 위한 것에 비해 그다지 필요치 않은 무언가 때문에, 비교가 안 될 정도의 지출을 하는 것. 말하자면 퀘이커파 사람들은 생활상의 '한계효용의 법칙'을 갖고 있었던 것이다. '피조물의 적절한 사용'은 당연히 허락되어 있다. 특히 '허영'에 이르지 않는 한 물건의 품질이나 견고함을 중시해도 상관없다. 이 모든 것에 대해서는 Morgenblatt für gebildete Leser, 1846, Nr. 216 ff.를 참조(특히 퀘이커파의 안락함과 견고성의 관념에 대해서는 Schneckenburger, Vorlesungen, SS. 96 f.를 참조).

*83 앞에서도 말했듯이 우리는, 종교운동의 계급적 제약성 문제는 깊이 다루지 않는다(이에 관해서는 필자의 〈Wirtschaftsethik der Weltreligionen〉, Max Weber, Gesammelte Aufsätze zur Religionssoziologie, 3 Bde.를 참조). 그런데 예를 들어 본문에서 자주 인용된 백스터가 당시의 '부르주아 계급'의 관점에서 세상을 보지 않았다는 사실은, 그가 신을 만족시키는 직업의 서열을 밝힐 때 지식인에 이어서 먼저 농민이 나오고 그다음에 비로소 뱃사람, 옷장수, 책장수, 양복점 주인 등 온갖 직업들이 나왔다는 점만 보아도 충분히 알 수 있다. 그리고 방금 말한 '뱃사람'에는, (대단히 특징적인 점인데) 아마 선원뿐만 아니라 어부도 포함될 것이다. —이 점에서 탈무드의 많은 격언들은 다르다. 예컨대 (Wünsche, Babylonische Talmud, II 1, SS. 20~21)에 나오는 랍비 Eleasar의 말을 참조하라. 그에 반대하는 사람도 있겠지만 어쨌든 전체적인 뜻은 다음과 같다. 즉 상업(영리)이 농업보다 좋다는 것이다(II 2, S. 68에서는 현명한 투자로서 1/3은 토지에, 1/3은 상품에, 1/3은 현금에 투자하는 방법을 권하고 있다). 경제적(유감스럽게도 아직 이것을 '유물론적'이라고 부르는 사람들도 있지만) 설명 없이는 이론적 양심을 만족시키지 못하겠다는 사람들을 위해 다음 사실을 지적해 두겠다. 필자는 경제적 발전이 종교적 사상 형성 과정에 미친 영향도 매우 중시하고 있으

며, 우리가 현재 다루는 문제에서 경제 발전과 종교 사상의 상호 적응 과정 및 관계가 어떤 모습으로 나타났는지는 다음 기회에 설명할 것이다. 다만 그런 종교적 사상의 내용은 결코 '경제적'으로 연역될 수 있는 것이 아니다. 오히려 그 자체는—이 점은 분명하다—'국민성'의 강력한 형성 요인이며, 자기 내부에 순수한 고유의 법칙성과 불가항력을 포함하고 있다. 게다가 가장 중요한 차이—루터파와 칼뱅파 사이에 존재하던 차이—는 종교 이외의 요인이 작용한 한에 있어 무엇보다도 정치적으로 규정되어 있다.

＊84 앞서 소개한 논문에서 베른슈타인은 "금욕은 시민적 덕성이다" 말할 때 이 점을 염두에 두었던 것이다. (Ed. Bernstein, a. a. O., SS. 625, 681.) 이 부분에 나오는 그의 서술은, 이런 중요한 관련을 시사한 최초의 것이다. 다만 이 관련은 그의 추측보다도 훨씬 포괄적인 것이다. 왜냐하면 결정적인 것은 단순한 자본축적이 아니라, 직업생활 전반의 금욕적 합리화이기 때문이다. 미국 식민지에는, '금욕적 절약 강제'로 인해 투자 기회를 노리는 자본이 항상 존재했던 청교도적 북부와, 그렇지 않았던 남부가 있었다. 이 둘의 대조는 도일이 이미 명백하게 강조하였다.

＊85 Doyle, The English in America, Ⅱ, chap. 1. 뉴잉글랜드에서는 식민지 건설 초기 세대부터 이미 회사 형태의 철공소(1643년)와 시장을 상대로 하는 모직물 직조업(1659)이 존재했다(그 밖의 수공업도 고도로 발달했다). 이런 사정은 순수한 경제적 관점에서 볼 때 시대착오적이며, 남부의 사정뿐만 아니라 칼뱅주의의 지배를 받지 않고 양심의 자유를 완전히 누리던 로드아일랜드의 사정과도 매우 대조적이다. 로드아일랜드의 경우에는 훌륭한 항구가 있었는데도, 1686년에는 지사와 주의회의 보고서에 이런 말이 기록될 정도였다. "경제상의 큰 장해는 우리 중에 무역상인과 대규모 토지 소유자가 부족하다는 점이다." Arnold, History of the State of Rhode Island, p. 490. 이 경우 청교도의 소비 제한도, 절약된 자본이 끊임없이 재투자되도록 하는 방향으로 강하게 작용했음에 틀림없다. 이에 관해서는 교회규율의 영향도 간과할 수 없지만, 이 문제는 아직 논할 때가 아니다.

＊86 물론 네덜란드에서는 이런 사람들의 수가 급속히 줄어들었다. 이 사실은 Busken -Huët, a. a. O., Ⅱ, Kaps. Ⅲ-Ⅳ의 서술에서 분명히 드러난다. 그러나 Groen van Prinsterer는 베스트팔렌 조약 이후에 대해서도 "네덜란드인은 많이 팔고 적게 소비한다"고 말했다. Groen van Prinsterer, Handboek der geschiedenis van het vaderland, 3. Aufl., § 303 Anm., S. 254.

＊87 영국에 관해서는 예컨대 Ranke, Englische Geschichte, Ⅳ, S. 197에 왕당파 귀족의 진정서가 인용되어 있으니 참조하라. 이 진정서는 찰스 2세의 런던 입성 이후에 제출된 것으로, 그 내용은 시민적 자본의 토지 재산 획득을 법적으로 금지하고 이 자본이 전적으로 상업 쪽에 투자되도록 강제해야 한다는 것이다. ─네덜란드의 '도시귀족

(regenten)'이 도시의 단순한 문벌시민(patriziat)과 구별되어 다른 '신분'으로 간주되었던 것은 그들이 옛 기사령을 구입했기 때문이었다. (이에 대해서는 Fruin, Tien jaren uit den tachtigjarigen oorlog에 인용되어 있는 1652년의 진정서를 참조. 여기에는 도시귀족이 더 이상 상인이 아니라 지대 수령자임이 기록되어 있다.) 이 사회계층은 내적으로는 물론 독실한 칼뱅파 신앙을 갖고 있지 않았다. 그리고 17세기 후반 네덜란드의 광범위한 시민계급에서 발견되는 저 악명 높은 귀족 자격 및 작위 취득에 대한 욕구는, 이 시기의 영국과 네덜란드 두 나라의 사정을 비교하고 대조할 경우 충분히 주의해야 함을 단적으로 보여 주고 있다. 네덜란드에서는 상속재산으로 변한 화폐재산의 강대한 힘이 금욕적 정신을 파괴했다.

*88 영국에서는 시민적 자본에 의한 토지 구입이 성행함에 따라 영국 농업의 번창기가 도래했다.

*89 금세기에도 비국교도를 소작인으로 쓰지 않으려 하는 영국 국교회 지주가 드물지 않았다. (현재 두 교회의 세력은 수적으로 거의 비슷하지만, 과거에는 비국교도 측이 항상 소수파였다.)

*90 레비(H. Levy)는 최근 발표한 논문에서, 수많은 특징으로부터 추론된 영국 국민의 '성격적 소질'에 따르자면 영국인은 다른 국민에 비해 금욕적 에토스나 시민적 도덕을 받아들이는 데 오히려 부적합하다고 말했다. 즉 영국인의 성격은 근본적으로 야비하고 노골적인 생활의 향락에 적합했으며 지금도 그렇다는 것이다. 이러한 레비의 지적은 옳다. (H. Levy, in : Archiv für Sozialwissenschaft und Sozialpolitik, XLⅦ, SS. 605 f.) 청교도적 금욕의 힘은 그 전성기에는 매우 엄청났으므로, 신도들이 지닌 그러한 성격적 소질을 적당히 누그러뜨릴 수 있었던 것이다.

*91 도일의 서술에서도 누차 지적되고 있다. 청교도들의 태도 결정에는 항상 종교적 동기가 결정적으로(물론 이 동기가 유일한 것은 아니었다) 작용하고 있었다. 식민지는 (John Winthrop의 지도 아래) 신사계급이 매사추세츠로 이주하는 것을, 설령 상원의 세습 귀족이라 하더라도 그들이 교회에 가입하는 경우에 한해서만 허용하려 했다. 교회의 규율을 유지하기 위해 배타적인 이주 형태가 고집되었다. (뉴햄프셔와 메인의 식민은 국교회 대상인들이 자본을 투자해 대규모 가축농장을 설립하는 방식으로 이루어졌다. 따라서 이 식민지에는 이런 사회적 사정이 거의 존재하지 않았다.) 뉴잉글랜드 사람들의 강한 '이윤 욕심'은 이미 1632년에 비난받았을 정도이다(예를 들면 B. Weeden, Economic and Social History of New England, Ⅰ, p. 125를 보라).

*92 페티도 이 점을 강조한 바 있다. Petty, op. cit. 또한 그 시대의 모든 문헌, 특히 청교도의 종파들, 즉 침례파, 퀘이커파, 메노나이트파 신도에 대한 모든 문헌은 예외 없이, 그들 중 일부는 무산계급이고 일부는 소(小)자본가계급이라 하여 그들과 귀족적인 대상인이나 금융=모험상인층을 대립시켰다. 그런데 서양 자본주의에서 특징적인

공업 노동의 시민적=사경제적 조직을 낳은 것은, 독점 자본가, 국가 조달업자, 국가 금융업자, 식민지 경영자, 기업 발기인 등의 대부호들이 아니라 바로 이 소자본가계층이었다. 예를 들면 (Unwin, Industrial Organization in the 16th and 17th Centuries, London, 1914, pp. 196 ff.)를 보라. 동시대인들이 이런 대립을 이미 확실히 알고 있었다는 점에 대해서는 Parker, 《Discourse concerning Puritans, 1641》을 참조하라. 이 책에서는 마찬가지로 투기업자와 궁정 사람들 간의 대립 관계도 강조되고 있다.

＊93 이 점이 18세기, 특히 독립전쟁 시기에 펜실베이니아 정치에서 어떤 식으로 나타났는지에 대해서는 Sharpless, 《A Quaker Experiment in Government, Philadelphia, 1902》를 보라.

＊94 같은 문장이 Southey, Life of Wesley, Chap. ⅩⅩⅨ (Second American Ed., Ⅱ, p. 308)에도 나온다. 필자가 미처 몰랐던 이 사실을 애슐리 교수는 편지(1913년)로 지적해 주었다. 트뢸치는(필자가 이를 알려 줄 목적으로 그에게 편지를 보냈다) 이미 그 문장을 여러 번 인용했었다.

＊95 당연한 이야기지만 그런 운동의 지도자들이나 동시대인들은 자신이 하는 일과 그 위험성을 매우 확실하게 알고 있었는데, 현재 이 문제에 대해 그들보다 더 자세히 알기를 원하는 사람이 있다면 부디 이 구절을 읽어 보길 바란다. 나를 비판하는 사람들이 이처럼 부정하기 어렵고 과거에 그 누구에게도 부정된 적이 없는 사실―필자는 그 내적 원동력을 좀 더 깊이 검토한 것에 지나지 않다―을 그리도 쉽게 부정하는 것은 매우 유감스러운 일이다. 17세기에는 누구도 이 관계를 의심하려 들지 않았다. 그 밖에 (Manley, Usury of 6 per Cent Examined, 1669, p. 137) 참조. 이미 앞에서 인용된 근대 저술가들 외에 하이네(H. Heine)나 키츠(Keats) 같은 시인과 매콜리(Macaulay)나 커닝엄(Cunningham) 같은 저작가도 모두 이 사실을 자명한 것으로 받아들였다. 최근의 문헌 중에서는 Ashley, 《Birmingham Industry and Commerce, 1913》을 보라. 당시 애슐리 교수는 편지에서도 필자의 견해에 전적으로 동의한다고 밝혔다. 모든 문제에 대해서는 앞의 ＊90에도 인용된 레비(H. Levy)의 논문을 참조하라.

＊96 고전적 시대의 청교도들도 이 관계를 이미 숙지하고 있었다. 아마 이 사실을 가장 잘 보여 주는 증거는 버니언의 작품에서 'Mr. Money-Love(금전 애호가)'가 말했던 다음 구절일 것이다. "부유해지기 위해, 이를테면 고객을 늘리기 위해 신앙을 가지는 것도 괜찮다." 왜냐하면 신앙을 갖게 된 이유는 아무래도 좋기 때문이다. (J. Bunyan, The Pilgrim's Progress, Tauchnitz Ed. p. 114.)

＊97 디포(Defoe)는 열렬한 비국교도였다.

＊98 슈페너도 상인이라는 직업이 유혹과 함정으로 가득 차 있다고 생각하면서도 어떤 질문에 대해서는 이렇게 설명했다. "사랑하는 친구가 상업 자체에 대해 조금도 의문을 품지 않고 그것을 '인류에 큰 이익을 주며 신의 뜻에 따라 사랑을 실천하는 생활방식'

으로 여긴다면 나는 기뻐할 것이다." (Spener, Theologische Bedenken, a. a. O., SS. 426 f., 429, 432 ff.) 이 생각은 다른 여러 구절에서 이루어진 중상주의적 논의를 통해 보다 자세히 뒷받침되고 있다. 또한 슈페너는 이따금 매우 루터파적으로《디모데 전서》6장 8·9절과《집회서》에 입각해—앞의 설명을 보라—부(富)에 대한 욕망은 심각한 함정이므로 무조건 배척되어야 한다는 '생계(Nahrung)의 입장'을 취하면서도 (Theologische Bedenken, Ⅲ, S. 435 상단), 한편으로는 재세례파 종파 사람들이 번영하면서도 축복받은 생활을 계속 유지하는 점을 지적하여 그런 입장을 완화했다. 앞의 *39를 보라. 그에게 있어서도 근면한 직업노동의 결과인 부는 위험한 것이 아니었다. 다만 이러한 입장은 루터파의 영향 때문에 백스터만큼 철저하지는 못했다.

*99 백스터는 '답답하고 게으르고 육욕이 강하며 태만한 사람들'을 '고용인'으로 삼지 말고 '신앙 있는' 고용인을 쓰라고 권했다. Baxter, op. cit., Ⅱ, p. 16. 그것은 '신앙 없는' 고용인이 '표리부동한 고용인'이기 때문만이 아니라, 특히 '참으로 신심이 두터운 고용인은 마치 신께서 직접 명하신 것처럼 신에게 순종하는 마음으로 그대가 시키는 모든 일을 할 것이기' 때문이다. 그러나 '신앙이 없는' 고용인은 '그 일을 양심적으로 중요한 것이라고 여기지 않을' 것이다. 거꾸로 말하자면 노동자의 경우, 구원의 표지는 외적인 신앙고백 등이 아니라 '의무를 다하려는 양심'이다. 위 글에서는 신의 일과 고용주의 관심이 혼동되고 있다. 슈페너도 한편으로는 노동자에게 신을 생각할 시간을 가지라고 강하게 권하면서도, 다른 한편으로는 노동자는 되도록 (심지어 일요일에조차) 적은 자유 시간으로 만족해야 한다는 것을 자명한 전제로 삼기도 했다. (Spener, Theologische Bedenken, Ⅲ, S. 272.)—영국 저작가들이 해외에서 온 프로테스탄트 이민자들을 '숙련노동의 개척자'라고 불렀던 것은 옳은 표현이다. (H. Levy, Die Grundlagen des ökonomischen Liberalismus in der Geschichte der englischen Volkswirtschaft, S. 53)에 나오는 사례도 참조.

*100 오직 소수자에게만 예정되어 있으므로 인간의 척도로 보자면 '불공평한' 구원과, 마찬가지로 불공평하면서도 신의 뜻에 적합하다고 간주되는 재물 분배 사이의 유사성 —이 둘은 한없이 유사하다—에 관해서는 예컨대 Hoornbeek, a. a. O,, Vol. Ⅰ, S. 153의 기술을 참조하라. 뿐만 아니라 빈곤은 대개 태만이라는 죄악의 징후로 여겨지곤 했다. 이에 관한 기술로는 Baxter, op. cit., Ⅰ, p. 380이 있다.

*101 신이 많은 사람들을 가난한 채로 내버려 두시는 것은—토머스 애덤스도 이렇게 생각했다—, 유독 그들이 부에 수반되는 유혹을 이겨 내지 못할 것임을 아시기 때문이다. 이는 사람들이 부로 인해 신앙을 잃는 경우가 너무나도 많은 탓이다. Works of the Puritan Divines, p. 158.

*102 앞의 *45 및 거기에 인용된 H. Levy의 저작을 참조. 이와 동일한 점이 그 저작의 모든 서술에 나타나 있다(위그노에 대해서는 Manley의 서술이 그러하다).

＊103 이런 경향은 영국에도 존재했다. 한 예로 (William Law, Serious Call, 1728)과 관련된 경건파는 빈곤과 정결과—본디는—세속과의 절연을 주장했다.

＊104 백스터가 처음으로 키더민스터를 방문했을 때 그곳의 교회는 그야말로 영락한 상태였다. 그곳에서 그가 펼친 활약은 그 성과로 볼 때 목회 역사상 유례가 없을 정도였다. 그리고 이는 동시에 금욕이 어떤 식으로 대중을 노동에—마르크스주의적으로 말하자면 '잉여가치'의 생산에—적합하게 교육하고, 자본주의적 노동관계(가내공업, 직물업) 전반에서 그들을 사용하는 일을 어떻게 최초로 가능하게 하였는지를 보여주는 전형적인 사례이기도 하다. 이러한 인과관계는 보편적으로 나타난다. —백스터의 입장에서 보자면, 그는 자신의 신도들을 자본주의의 톱니바퀴 안에 집어넣어 그의 종교적·윤리적 관심을 위해 봉사하게끔 한 것이다. 그러나 자본주의의 전개라는 측면에서 보자면, 백스터의 종교적·윤리적 관심을 위한 봉사가 자본주의 '정신'의 발전에 도움이 된 셈이다.

＊105 이에 덧붙여 살펴볼 것이 하나 있다. 중세 수공업자는 '자신의 창작물'에 대한 '기쁨'을 맛보면서 많은 것을 만들어 냈다고 하는데, 그 '기쁨'이 과연 심리적 동인으로서 얼마나 위력적이었는지는 의심스럽다. 물론 그것에는 틀림없이 뭔가가 있었겠지만 말이다. 어쨌든 금욕은 이제 노동으로부터 이런 현세적·세속적 자극을 박탈하여—오늘날에는 자본주의가 그것을 영구히 없애 버렸다—노동을 내세라는 방향으로 향하게 했다. 직업 노동 자체는 [천직으로서] 신의 뜻이 되었다. 현재 관찰되는 노동의 비인간성, 즉 개인의 입장에서 볼 때 기쁨이 거의 없고 전혀 의미도 없는 노동의 성격도 여기서는 종교적으로 높이 평가된다. 형성기의 자본주의는 자신의 양심을 위해 경제적 착취마저 감수하는 노동자들을 필요로 했다. 오늘날 자본주의의 기초는 단단히 다져져 있으므로 내세와 같은 자극제 없이도 노동자들에게 노동의욕을 강제할 수 있게 되었다.

＊106 이 대립과 전개에 대해서는 H. Levy, a. a. O.를 참조. 영국에서 특징적으로 나타났던 여론의 매우 강력한 반(反)독점적 입장은, 역사적으로는 17세기에 있었던 국왕과의 정치적 권력투쟁—장기의회는 독점업자들을 의회에서 쫓아냈다—과, 청교도주의의 윤리적 동기와, 대규모 금융업자들과 대립하는 시민적 중·소 자본주의의 경제적 이해, 이 세 가지가 서로 결합함으로써 생겨난 것이다. 1652년 8월 2일의 군대 선언과 1653년 1월 28일의 레벌러스 청원은 국내 소비세·관세·간접세의 철폐 및 토지에 대한 단일 과세의 실시와 더불어 특히 '자유무역(free trade)'을 안팎으로 주장했다. 즉 독점에 의한 영업(trade) 제한은 전부 인권 침해이니 철폐되어야 한다고 주장한 것이다. 이미 '대간의서(Grand Remonstrance)'도 이와 유사한 주장을 했다.

＊107 이 점에 대해서는 (H. Levy, Die Grundlagen des ökonomischen Liberalismus in der Geschichte der englischen Volkswirtschaft, SS. 51 f.)를 참조.

＊108 이 논문에서는 아직 그 종교적 근원을 밝히지 못한 구성요소들, 특히 '정직은 최고
의 전략이다(Honesty is the best policy)'라는 명제(신용에 관한 프랭클린의 말) 등도
청교도주의에 기원을 두고 있는데, 이는 다른 맥락에서 논해야 할 문제다. (이에 관
해서는 필자의 논문 Die protestantische Sekten und der Geist des Kapitalismus, Max
Weber, Gesammelte Aufsätze zur Religionssoziologie, Ⅰ, SS. 207~236을 보라.) 여기
서는 그 문제에 대해, 베른슈타인(Eduard Bernstein)이 지적해 준 Rowntree의 다음
과 같은 말을 인용하는 데 그치겠다. "프렌드과 사람들이 숭고한 영적 사업을 하면
할수록 세속 문제 처리 과정에서의 기민성과 요령이 증가하는 것은 단순한 우연의
일치인가, 아니면 윤리적 귀결인가? 참된 신앙은 사람들을 정직하게 만들고 신중과
조심의 습관을 장려하여—이 덕목들은 착실한 부의 축적에 필요한 경제계의 지위와
신용을 얻는 데 중요하다—상공업자들의 성공을 돕는다." J. A. Rowntree, Quake-
rism, past and present, pp. 95 f. (또한 필자의 앞의 논문도 참조.) '위그노처럼 정직
한'이라는 말은 17세기에는 속담처럼 사용되었는데, 윌리엄 템플 경(Sir William
Temple)을 놀라게 했던 네덜란드인의 준법정신 그리고—1세기 뒤에—그런 윤리적
훈련을 거치지 않은 대륙 사람들과 대비된 영국인의 준법정신도 그와 마찬가지였다.

＊109 (Albert Bielschowsky, Goethe, Ⅱ, Kap. 18)에 훌륭한 분석이 실려 있다. —그리고
과학적 '세계관(cosmos)'의 발전에 대한 비슷한 견해가 이를테면 Windelband, Die
Blütezeit der deutschen Philosophie(Geschichte der neueren Philosophie, Bd. Ⅱ)의 마
지막에도 나온다.

＊110 Baxter, Saints' Everlasting Rest, Chap. ⅩⅡ.

＊111 오하이오 주의 한 도시에 사는 유력한 포목점 주인의 사위(독일에서 온 이주자)는
그의 장인을 이렇게 평가했다. "이 노인은 매년 7만 5000달러나 버는데도 쉴 수 없
는 것일까? 쉴 수 없다. 이번에는 창고 앞을 400피트로 확장해야 한다. 어째서? 그
러면 만사가 잘될 것이라고 그는 생각하니까. —저녁에는 아내와 딸들이 다함께 모여
독서를 하고 있는데도 그는 일찍 잠자리에 든다. 또 일요일에는 5분마다 시계를 보
면서 하루가 어서 끝나기만을 바라고 있다. —그야말로 잘못된 인생이다!"—'노인'이
보기에 이는 참으로 이해할 수 없는 비평으로, 아마 독일인의 무기력을 나타내는 것
이었으리라.

＊112 이 설명(고치지 않고 그대로 놔두었다)만 봐도 필자가 인문주의적 합리주의의 독자
적 의의를 분명히 인정했다는 점은, 브렌타노도 알 수 있었을 것이다. Brentano, a.
a. O. 또한 인문주의 역시 순수한 합리주의가 아니었다는 사실은 최근 Borinski가 다
시금 강조한 바 있다. 《Abhandlungen der Münchner Akademie der Wissenschaft, 1919.》

＊113 Below가 학사원에서 했던 강연, G. von Below, 《Die Ursachen der Reformation,
Freiburg, 1916》은 이 문제가 아닌 종교개혁 일반, 그중에서도 루터의 개혁을 다룬

것이다. 이 논문에서 다루어진 주제나 특히 이 연구를 둘러싼 논쟁에 관해서는 Hermelink, 《Reformation und Gegenreformation》을 참조할 수 있겠지만, 이것은 본디 다른 문제를 일차적으로 다룬 서적이다.

＊114 왜냐하면 우리는 지금까지의 서술에서 특히 신중하게, '물질적' 문화에 대한 종교의식의 영향이 확실하게 존재하는 관계만을 다루었기 때문이다. 이런 입장에서 더 나아가 근대문화의 모든 '특징'을 프로테스탄티즘의 합리주의에서 논리적으로 연역하는 명쾌한 '구도'를 만들어 내는 것도 어쩌면 쉬운 일인지도 모른다. 하지만 그런 시도는 '사회심리'의 '통일성'을 믿으며 이를 하나의 공식으로 규정할 수 있다고 생각하는 유형의 호사가들에게나 어울린다. —단지 덧붙여 말하자면, 우리가 고찰한 발전보다 이전 시대에 나타났던 자본주의의 발전에서도 기독교의 영향이 구석구석까지 미쳐 있었다는 점이다. 게다가 그것은 자본주의의 발전을 방해하기도 하고 촉진하기도 했다. 그 영향이 무엇이었는지는 다음 기회에 다루겠다. [그러나 베버는 이 점을 깊이 연구한 논문을 끝내 발표하지 않았다. 다음의 주를 보라.] 그리고 본문에서 간략히 설명했던 그 밖의 문제들 가운데 무엇을 이 잡지[이 논문이 처음으로 발표된 Archiv für Sozialwissenschaft und Sozialpolitik를 가리킨다]에서 논할 수 있을지는, 이 잡지의 계획상 확실치 않다. 그런데 이 논문도 그렇겠지만 타인의 (신학적·역사학적) 업적에 크게 의존할 수밖에 없는 두꺼운 책을 저술하는 것은 내 취향이 아니다(이 부분의 문장은 발표 당시 그대로 둔다). 종교개혁 이전의 '초기 자본주의' 시대의 생활이상과 현실 사이에 존재했던 긴장 관계에 대한 책으로는 현재 Strieder, Studien zur Geschichte kapitalistischer Organisationsformen, 1914, Buch Ⅱ가 있다(이 책은 앞서 좀바르트가 인용한 것으로 소개되었던 Keller, a. a. O.와 반대된다).

＊115 필자는 이 문장과 그 앞의 서술 및 주석 등으로, 이 논문이 의도했던 논점에 대한 거의 모든 오해를 떨어 버렸다고 본다. 따라서 더는 덧붙일 말이 없다. 다만 필자는 본디 앞에서 말한 계획에 따라 연구를 속행할 생각이었는데, 두 가지 이유 때문에 우선 종교와 사회의 보편사적(普遍史的) 연관에 대한 비교연구 성과를 쓰기로 마음을 바꾸었다. 그 첫째 이유란 우연한 사정인데, 특히 Ernst Troeltsch, 《Die Soziallehren der christlichen Kirchen und Gruppen, 1912》(이 저작은 필자가 탐구하려 했던 것들을 연구하여, 신학자가 아닌 나로서는 도저히 거둘 수 없는 성과를 내었다)가 출판되었다는 점을 들 수 있다. 그리고 둘째 이유는 필자의 이 논문이 고립되지 않고 문화발전의 총체 속에 위치할 수 있도록 하기 위함이었다. 위의 비교연구 결과가 《Die Wirtschaftsethik der Weltreligionen》이다. 그리고 그 바로 앞에 있는 〈Die protestantische Sekten und der Geist des Kapitalismus〉라는 소론은, 이 논문에서 사용된 '종파(Sekte)'의 개념을 설명함과 동시에 청교도주의의 '교회(Kirche)' 관념이 근대 자본주의 정신에 대해 가졌던 의의를 해명하기 위한 것이다.

Wissenschaft als Beruf
직업으로서의 학문

직업으로서의 학문

나는 여러분의 바람에 따라 '직업으로서의 학문'에 대해 이야기하려 합니다. 우리 경제학자들*¹은 지나치게 조심성이 많아 언제나 주제의 외적 측면*²에서부터 출발하는데, 나 또한 그렇게 하고자 합니다. 따라서 우리의 주제인 '직업으로서의 학문'에 대한 논의도 경제적 측면에서부터 시작하려 합니다. 오늘날 이 문제는 현실적으로 다음 질문과 같이 간추릴 수 있습니다. 즉 대학을 졸업한 학생이 학교에 남아 학문을 직업으로 삼겠다고 마음먹는다면, 그가 처할 외적 상황은 어떠한가? 이 문제에 관한 우리 독일의 특수 사정을 이해하려면 이 점에서 우리와 가장 뚜렷한 대조를 보이는 미국의 사정과 비교하여 살펴보면 좋을 것입니다. 잘 알려져 있다시피 독일에서 학문을 직업으로 삼고자 하는 젊은이는 보통 시간강사(privatdozent)로 그의 학자 경력을 시작합니다. 그는 어느 특정 대학에서 해당 전문 분야 대표자와 협의 및 동의과정을 거친 뒤, 교수자격 저서를 제출하고 해당 단과대학 교수진 앞에서 시험—대부분 형식적인 시험—을 치른 뒤에 교수자격을 얻게 됩니다. 이제 그는 시간강사로서 강의를 하지만 보수는 받지 않습니다. 그의 유일한 수입원은 학생들의 수강료입니다. 강의주제는 교수자격이 수여된 영역 내에서 강사 자신이 정합니다.

미국에서는 보통 이와 다르게 학자 경력을 시작합니다. 그 첫 단계는 '조교수'로 채용되는 것입니다. 이것은 독일 대학 자연과학부와 의학부의 큰 연구소에서 행하는 방식과 비슷합니다. 이런 큰 연구소에서는 아주 적은 몇몇 조교만이 조교경력을 다 마칠 즈음에서야 교수자격시험을 통해 시간강사가 되려 합니다. 미국과의 이러한 차이는 독일에서 학자의 경력이 전적으로 금권주의적(金權主義的) 전제에 기초하고 있음을 보여줍니다. 가난한 젊은 학자에게는 대학교수의 경력을 밟는 데 필요한 여러 조건들을 충족시키려는 시도 자체가 대단한 모험이기 때문입니다. 다시 말해서, 그는 나중에 생계를 꾸릴 수 있는 자리까지 오를 수 있을지 없을지도 모르면서 적어도 몇 년 동안은 버티어내야 하는 것입니다. 이에 반해 미국에서는 관료적 체제가 잘 잡혀 있습니다. 거기서는 젊은 학자도 처음부터 봉급을 받습니다. 물론 그리 큰 돈은 아닙니다. 대체로 완전히 초보는 아닌 노동자의 급료 수준 정도입니다. 그래도 그는 일정한 봉급을 받기 때문에 안정된 지위에서 시작하는 듯 보입니다. 그렇지만 그는 원칙적으로 우리나라 조교들이 그러하듯 기대에 미치지 못할 때에는 가차 없이 해고당할 수 있으며 이를 받아들일 수밖에 없습니다. 이 기대라는 것은 그가 '강의실을 가득 차게' 한다는 것을 뜻합니다. 독일의 시간강사에게는 이런 일이 일어날 수 없습니다. 독일에서는 시간강사를 한번 채용하면 해고할 수 없습니다. 물론 그가 어떤 '권리'를 가지고 있는 것은 아닙니다. 그렇지만 그는 여러 해 동안 강사로 봉사하고 나면 사람들이 자기를 배려해 줄 것이라고 믿습니다. 그는 이에 대해 도의적 권리를 갖고 있다고 생각하게 되는데, 우리는 이런 생각을 충분히 이해할 수 있습니다. 그는 또한—때로 이 사안은 매우 중요합니다—추가로 다른 시간강사들에게 교수자격증을 수여하는 문제에서도 자신의 이러한 도의적 권리가 고려되어야 한다고 생각합니다.

이 문제는 능력이 증명된 학자면 원칙적으로 누구에게나 교수자격을 주어야 하는가 아니면 '강의수요'를 고려해야 하는가, 다시 말해 기존의 강사들에게 강의의 독점권을 주어야 하는가라는 난처한 딜레마에 빠지게 합니다. 이것은 곧 논의하게 될 대학교수라는 직업의 이중적 성격과 연관되어 있습니다. 대개의 경우, 사람들은 기존 강사들에게 독점권을 주는 두 번째 대안을 선택합니다. 그러나 그것은 해당학과의 정교수가, 비록 그가 주관적으로는 아무리 양심적이라 하더라도 자기의 제자를 선호할 위험이 커집니다. 나 개인적으로는—이 점은 밝혀도 좋겠지요—다음과 같은 원칙, 즉 나에게서 박사학위를 받은 학자는 나 아닌 다른 사람에게서, 또한 다른 대학에서 인정받아 교수자격을 얻어야 한다는 원칙을 따랐습니다. 그러나 이런 원칙을 따른 결과로 나의 유능한 제자 가운데 한 명이 다른 대학에서 거절당한 일이 있었습니다. 아무도 그가 그러한 이유에서 (즉, 앞에서 말한 나의 원칙에 따라) 이 대학에 지원했다는 것을 믿지 않았기 때문입니다.

미국과의 또 다른 차이점을 든다면, 우리나라에서는 일반적으로 시간강사가 맡는 강의 시간이 그의 바람보다 적다는 것입니다. 물론 그는 그 학과의 모든 강의를 할 수 있는 권리가 있습니다. 그러나 이 권리를 행사하는 것은 연장자인 기존 강사들에 대한 지나친 무례함으로 여겨집니다. 일반적으로 '중요한' 강의는 전임 정교수가 하고, 강사는 부차적 강의를 맡는 것에 만족해야 합니다. 이런 상황이 지니는 이점은, 비록 온전한 스스로의 의지는 아니지만 그가 젊은 시절을 학문 연구에 바칠 수 있게 된다는 것입니다. 미국의 제도는 근본적으로 다르게 조직되어 있습니다. 강사는 봉급을 받기 때문에, 젊은 시절에야말로 엄청나게 과도한 강의부담을 지고 있습니다. 예를 들어 독문학과에서 전임 정교수는 괴테에 대해 매주 3시간짜리 강의 하나만 하면 되는 반면에 젊은 조교수는 주당 12시간을 가르쳐야 합니다. 게다가 이 12시간에는 주입식 독일어 교육뿐 아니라 문학 강의도 포함되는데, 그래서 만약 그가 이를테면 울란트*3급의 시인들까지만 강의하도록 지시받는다면 그는 그나마 이것을 다행으로 여깁니다. 즉 그는 여느 강사보다 더 많은 '문학'강의를 해야 합니다. 사실 공식적 과(科)조직이 강의계획을 결정하기 때문에, 조교수는 독일의 연구소 조교와 마찬가지로 이에 따를 수밖에 없습니다.

그런데 최근에는 대학제도가 많은 학문분야에서 미국화하고 있음을 분명히 관찰할 수 있습니다. 의학이나 자연과학의 큰 연구소들은 '국가자본주의적' 기업입니다. 이 연구소들은 대규모 경영수단 없이는 관리될 수 없습니다. 그리고 자본주의적 경영이 시행되는 곳이라면 어느 곳에서나 일어나는 상황이 여기서도 똑같이 발생하는데, '노동자의 생산수단으로부터의 분리'가 그것입니다. 노동자, 즉 조교는 국가가 제공하는 노동수단에 의존하게 됩니다. 따라서 그는 공장의 고용인처럼 연구소장에게 예속되어 있습니다. 연구소장은 전혀 거리낌 없이 그 연구소가 '자신의' 것이라고 생각하면서 연구소를 관리하기 때문입니다. 그러므로 조교의 위치는 흔히 '준(準)프롤레타리아트' 또는 미국대학 조교수의 지위와 같이 불안정합니다. 우리의 생활 전반이 그러하듯 독일의 대학생활도 매우 중요한 점들에서 미국화하고 있습니다. 과거에 공업 분야에서 수공 장인(匠人)이 생산수단을 직접 소유했듯이 학문적 수공업자가 노동수단(학자의 경우 이것은 첫째가 장서입니다)을 아직도 직접 소유하고 있는 학과들—나의 학과는 아직도 상당한 정도로 그러합니다만—에서도 이러한 발전이 계속 진척될 것이라고 나는 확신합니다. 실제로 이러한 발전이 지금 한창 진행 중에 있습니다. 자본주의적이며 동시에 관료화된 모든 기업체의 경우에서처럼, 이러한 발전이 가져올 기술적 이점은 전혀 의심할 바 없이 명백합니다. 그러나 자본주의화 및 관료화된 대학조직을 지배하는 '정신'은 독일대학의 고색창연한 분위기와는 다릅니다. 거대한 자본주의적 대학기업의 우두머리와 전통적 유형의 일반 정교수 사이에는 외적·내적으로 커다란 차이가 있습니다. 이 차이는 정신적 태도에서도 나타납니다. 그러나 여기서는 이 점을 자세하게 다루고 싶지 않습니다. 전통적 대학구조는 외적으로나 내적으로나 허구가 되어버렸습니다. 그러나 대학교수 경력이 가진 특유한 상황 하나는 아직도 존속하고 있으며, 오히려 훨씬 더 악화되었습니다. 즉 위에서 말한 바와 같은 시간강사가, 더구나 조교가 언젠가 정교수나 심지어 연구소 소장의 자리에까지 오를 수 있을지는 그야말로 요행에 속하는 문제라는 상황 말입니다. 물론 요행만이 있는 것은 아닙니다. 그렇지만 요행이 만연한 것은 사실입니다. 사실 '요행'이 그 정도로 큰 역할을 하고 있는 직업경력이 이 세상에 또 어디 있을까 싶습니다. 이런 말을 할 수 있는 것은 내가 교수로 채용될 때 겪은 다음과 같은 경험 때문입니다. 그 무렵 많은 내 또래 사람들이 나와 같은 분야에서 나보다 더 많은 업적을 이룩했음에도, 내가 매우 젊은 나이에 이 분야(경제학)의 정교수로 추천된 것은 개인적으로 몇 가지 우연 덕분이었습니다. 물론 나는 이러한 경험을 통해 많은 사람들의 부당한 운명을 감지할 수 있는 단련된 눈을 지니게 되었다고 자부하는데, 이들에게는 우연이라는 것이 나의 경우와는 정반대로 작용하였으며, 또 아직도 그러합니다. 다시 말해서, 그들은 유능함에도 불구하고 이 선발장치 안에서는 그들에게 마땅히 돌아가야 할 자리를 차지하지 못하고 있는 것입니다. 다른 모든 선발에서와 마찬가지로 대학교수 충원과정에서도 인간의 불완전성은 당연히 작용합니다. 그러나 유능함 자체가 아니라 요행이 그처럼 큰 역할을 한다는 사실은 비단 이러한 불완전성에만 기인하는 것이 아닐뿐더러, 이 불완전성이 그 일차적 요인도 아닙니다. 그렇게도 많은 평범한 인재들이 대학에서 주도적 역할을 하고 있다는 것은 분명한 사실입니다만, 이 사실에 대한 책임을 교수진이나 문교당국자들의 인격적 결함으로 돌린다면 그것은 부당한 일입니다. 오히려 그 책임은 인간의 공동작업 법칙, 특히 여러 단체의―이 경우에는 추천권을 갖고 있는 교수진과 문교당국자들의―공동작업 법칙에 있습니다. 예를 하나 들어보겠습니다. 우리는 여러 세기 동안의 교황선출사례들에서 이 과정을 추적할 수 있는데, 이것은 교수선발과정과 동일한 성격의 인선과정에 대한 가장 중요한 검색사례입니다. 여기서 '가장 유력한 후보'라고 거론되는 추기경이 선출될 가능성은 매우 희박합니다. 오히려 일반적으로는 제2 또는 제3의 후보가 선출됩니다. 이것은 미국 대통령선거의 경우에도 마찬가지입니다. 가장 뛰어난 사람이 당 대회에서 제1후보자로 '지명'받는 경우는 단지 예외일 뿐입니다. 오히려 대부분의 경우엔 제2후보자가, 때로는 제3후보자가 지명 받아 나중에 선거에 입후보합니다. 미국사람들은 후보자들의 이러한 분류를 위해서 이미 기술적―사회학적 전문용어들을 만들어 냈습니다. 이러한 예들을 중심으로 집단적 의사형성을 통한 선출이 가진 법칙성을 연구한다면 매우 흥미로울 것입니다. 오늘 여기서 그런 시도는 하지 않겠습니다. 그런데 그 법칙은 대학교수집단에도 적용됩니다. 그리고 놀라운 것은 대학에서 종종 잘못된 채용이 일어난다는 것이 아니라, 오히려 적절한 인선의 수가 그 모든 것에도 불구하고 상대적으로 매우 많다는 것입니다. 게으르고 평범한 인재들이나 야심가들만이 판을 치게 되는 상황이 다음과 같은 경우에는 어김없이 발생합니다. 즉, 몇몇 나라에서 볼 수 있듯이 의회라든지 아니면 지난날 독일에서처럼 군주들(이 두 경우 모두 결과는 같습니다) 또는 오늘날 독일에서와 같이 혁명을*4 통해 권력을 장악한 자들이 정치적 이유로 인사문제에 개입하게 될 때가 그러한 경우입니다. 어떤 대학교수도 자신의 채용과 관련하여 진행되었던 논의들에 대해 회상하기를 좋아하지 않습니다. 이런 논의들이 유쾌했던 경우는 드물기 때문입니다. 그렇지만 적어도 내가 알고 있는 많은 경우에는 순수하게 객관적 근거들을 기준으로 결정하려는 선의(善意)만은 예외 없이 있었다고 말할 수 있습니다. 따라서 우리는 대학교수에의 길이 그 정도로 광범위하게 '요행'에 의해 결정된다는 사실의 원인이 집단적 의사형성을 통한 선발방식의 결함에만 있지 않다는 점 또한 인식해야 합니다. 뿐만 아니라 학자의 길이 자신의 소명이라고 느끼는 젊은이라면, 그 누구든 자기를 기다리는 과제가 이중적 측면을 가지고 있다는 것을 분명히 알아야 합니다. 즉, 그는 학자로서뿐만 아니라 교수로서도 자질을 갖추고 있어야 합니다. 그런데 이 두 자질은 결코 일치하지 않습니다. 어떤 사람은 학자로서는 대단히 뛰어나면서도 교수로서는 정말 한심할 정도로 소양이 부족할 수도 있습니다. 나는 헬름홀츠*5나 랑케*6와 같은 사람들의 교수로서 활동을 상기시키고 싶습니다. 그리고 이들과 같은 경우가 그리 드문 것은 아닙니다. 그런데 사정은 다음과 같습니다. 즉 독일의 대학들, 특히 작은 대학들은 참으로 어처구니없는 방식으로 학생 끌어 모으기 경쟁을 벌이고 있습니다. 대학도시의 하숙집 주인들은 1천 명째 학생을 맞으면 잔치를 열어서 축하하고, 2천 명째 학생을 맞으면 매우 흔쾌히 촛불행렬을 하면서 축하합니다. 또한 학교 내부적으로 보면 한 과의 수강료 수입 정도는—이 점을 우리는 솔직하게 인정해야 합니다만—바로 옆에 있는 학과에 '학생들을 끌어 모으는' 교수진이 있는지의 여부에 따라 달라지기도 합니다. 아무튼 수강생의 규모가 숫자상으로 파악할 수 있는 교수 자질의 증거인 것은 분명합니다. 그에 반해 학자로서의 자질은 그렇게 숫자로는 셀 수 없으며 대담한 개혁자일수록 흔히, 그리고 매우 당연하게도 그의 학자적 자질이 논란의 대상이 됩니다. 그러나 대학 내의 모든 과정은 대체로 수강생이 많아야 막대한 수익과 이점이 확보된다는 암묵적 전제 아래 진행됩니다. 만약 어느 강사에 대해서 그는 좋은 교수가 아니라는 평이 돈다면, 설령 그가 세계 최고의 학자라 할지라도 그것은 그에게 대학 내에서의 사형선고나 다를 바 없습니다. 그런데 어떤 사람이 좋은 교수인지 아닌지의 문제는 학생들이 그에게 베풀어주는 출석 횟수에 따라 결정됩니다. 그러나 학생들이 어느 한 교수에게 몰려드는 이유는 거의 대부분 순전히 학문 외적 요인들, 가령 교수의 성미 또는 기질이나 심지어는 목소리와 억양 같은 것들에 근거하고 있는 것이 사실이며, 이런 외적 요인이 작용하는 정도는 상상도 할 수 없을 정도로 큽니다. 나 자신도 상당히 풍부한 경험과 냉정한 성찰을 통해 대형 강의들에 대해서는—분명 그러한 강의도 필요하지만—깊은 불신을 품게 되었습니다. 민주주의는 아무 데서나 다 적절한 것은 아닙니다. 오히려 우리가 독일 대학의 전통에 따라 대학에서 실시하는 학문훈련은 정신적 귀족을 훈련하는 것입니다. 우리는 이것을 숨겨서는 안 됩니다. 그렇지만 학문적 주제들을, 아직 훈련되지는 않았어도 수용능력이 있는 학생들에게 이해할 수 있도록 서술하고 또 이 학생들이—이것이 우리에게는 가장 중요한 점입니다만—그 문제에 대해 독자적으로 생각할 수 있도록 가르치는 것은 아마도 모든 교육적 과제 가운데 가장 어려운 과제일 것임은 두말할 나위도 없습니다. 분명히 그러합니다. 그러나 수강생의 수가 이 임무의 성취 여부를 결정하는 것은 아닙니다. 그리고—이로써 우리의 주제로 다시 돌아갑니다만—이러한 기술은 개인적 재능일 뿐, 학자로서의 학문적 자질과는 아무런 관련이 없습니다. 그러나 프랑스와는 달리 독일에는 학문의 '불사자들'*[7] 같은 단체가 없고, 따라서 대학들은 우리의 전통에 따라 연구와 교육이라는 두 가지 요구 모두에 따라야 합니다. 그렇지만 과연 한 개인이 이 두 능력을 동시에 갖추고 있는가는 전적으로 우연에 달려 있습니다. 이와 같이 학자의 길은 거친 요행의 세계입니다. 젊은 학자들이 교수자격 취득에 관해 조언을 구하러 올 때, 그들에게 이 길을 가도록 격려하는 것은 무책임한 일이라고 볼 수 있습니다. 만약 이 젊은 학자가 유태인이라면 사람들은 그에게 당연히 '모든 희망을 버려라' 말합니다. 그러나 유태인이 아닌 다른 모든 사람에게도 다음과 같이 그의 양심에 대고 물어야 합니다. "당신은 평범한 인재들이 해마다 당신보다 앞서 승진하는 것을 보고도 내적 비탄이나 파멸 없이 견딜 수 있다고 생각하는가?" 그러면 우리는 매번 두말할 나위도 없이 다음과 같은 대답을 듣게 됩니다. "물론입니다. 나는 단지 나의 '천직'을 위해서 살 뿐입니다." 그렇지만 적어도 나는, 그들 가운데 내적 상처를 입지 않고 참아 내는 사람은 아주 적은 몇몇에 지나지 않는다는 것을 알고 있습니다. 학자라는 직업의 외적 조건에 대한 이야기는 이 정도로 충분하다고 생각합니다.

여러분은 이런 외적 측면보다 학문에 대한 내적 소명에 관해서 듣고 싶어 할 것이라고 짐작합니다. 그럼 앞장에서 개괄한 바와 같은 외적 조직을 가진 학문을 직업으로 삼고자 하는 사람이 오늘날 처하게 되는 내적 상황은 어떠할까요? 이 내적 상황을 규정하는 첫 번째 사실은 학문이 예전과는 비교할 수 없을 정도로 깊은 전문화단계에 들어갔으며, 또 이 과정은 앞으로도 계속 진행될 것이라는 점입니다. 오늘날 우리가 외적으로도 그렇지만 특히 내적으로, 하나의 학문영역에서 진실로 매우 탁월한 것을 성취했다는 자신감을 가질 수 있는 유일한 경우는 매우 엄격한 전문화를 이루어냈을 때뿐입니다. 인접영역에 침범하는 모든 연구에는—우리는 간혹 이런 연구를 하며, 예를 들면 특히 사회학자들은 부득이하게 이런 연구를 자주 할 수밖에 없지만—

다음과 같은 체념적 의식이 깔려 있습니다. 즉 우리의 이런 영역 침범적 연구는 기껏해야 그 인접영역의 전문가에게 그의 전문적 관점에서는 그리 쉽사리 떠오르지 않는 유용한 문제제기들을 제공해 줄 뿐이며, 우리 자신의 연구는 어쩔 수 없이 극도로 불완전한 상태에 있을 수밖에 없다는 체념 말입니다. 실제로 학자가 일생에 단 한 번만이라도, "이번에 내가 성취한 것은 그 가치가 지속될 것이다"라는 만족감을 느낄 수 있다면, 그것은 오로지 엄밀한 전문적 작업을 통해서만 가능한 일입니다. 오늘날 진실로 결정적이며 유용한 업적은 항상 전문적 업적입니다. 그러므로 말하자면 일단 눈가리개를 하고서 어느 고대 필사본의 한 구절을 올바르게 판독해 내는 것에 자기 영혼의 운명이 달려 있다는 생각에 깊이 빠져들 능력이 없는 사람은 아예 학문을 단념하십시오. 이런 능력이 없는 사람은 우리가 학문의 '체험'이라고 부를 수 있는 것을 결코 자기 내면에서 경험하지 못할 것입니다. 학문에 문외한인 모든 사람들로부터 조롱당하는 저 기이한 도취, 저 열정, "네가 태어나기까지는 수천 년이 흐를 수밖에 없었으며", 네가 그 판독에 성공할지를 "다른 수천 년이 침묵하면서 기다리고 있다" 생각할 수 없는 사람은 학문에 대한 소명이 없는 것이니 다른 어떤 일을 하십시오. 열정을 갖고 할 수 있는 것만이 진정으로 가치 있는 일이기 때문입니다. 그러나 열정이 아무리 많고 순수하며 깊다고 하더라도, 그러한 열정만으로는 어떤 학문적 성과도 억지로 얻어 낼 수 없다는 것은 분명합니다. 물론 열정은 학문에서 결정적 요인인 '영감'의 전제조건입니다. 오늘날 많은 젊은이들은, 학문이 '혼'을 바치는 작업이 아니라 단지 냉정한 지성만을 가지고 실험실이나 통계실에서 제조되는 계산문제가 되어버렸다고 생각합니다. 마치 공장에서 상품이 만들어지듯 말입니다. 이에 대해 무엇보다도 먼저 언급해야 할 것은, 그렇게 말하는 사람들 대부분은 공장이나 실험실에서 일이 어떻게 진행되는지를 분명하게 알고 있지 못하다는 점입니다. 공장에서나 실험실에서나 어떤 가치 있는 일을 하기 위해서는 무언가가—그것도 적절한 무언가가—사람의 머리에 떠올라야 합니다. 그렇지만 이러한 착상(着想)은 억지로는 되지 않습니다. 착상은 그 어떤 냉정한 계산과도 무관합니다. 물론 계산 역시 꼭 필요한 전제조건이기는 합니다. 예를 들어 사회학자는 노년에 가서도 어쩌면 수개월간이나 아주 하찮은 수만 개의 계산문제를 머릿속에서 풀 수 있어야 하며, 그러기에는 자신이 너무 아깝다고 생각해서는 결코 안 됩니다. 어떤 결과를 얻고자 할 때, 그 작업을 기계적 보조수단들에 맡겨버리려고 하면 벌을 받기 마련입니다. 그리고 마침내 나오는 결과도 대개는 아주 미미합니다. 그러나 자기 계산의 방향에 대해서, 그리고 계산하는 도중에 나오는 개개 결과의 함의에 대해서 어떤 특정한 생각이 '떠오르지' 않는다면, 이 아주 미미한 결과마저도 나오지 않습니다. 일반적으로 착상은 끈덕진 작업이라는 토양에서만 싹이 틉니다. 물론 항상 그런 것은 아닙니다. 아마추어의 착상이 학문적으로 전문가의 착상에 못지않거나 아니면 그보다 더 큰 의의를 지닐 수 있습니다. 우리 학계의 가장 탁월한 문제제기와 인식 가운데 많은 것은 바로 아마추어들 덕분에 획득할 수 있었던 것입니다. 아마추어와 전문가의 차이점은 단지―헬름홀츠가 로베르트 마이어*8에 대해 말한 것처럼―아마추어는 연구 방법의 확고한 확실성이 결여되어 있기 때문에, 대부분 착상의 의의를 사후검증하고 평가하거나 그 착상을 실현시킬 수 없다는 점뿐입니다. 물론 착상이 작업을 대신하지는 못합니다. 작업 또한 착상을 대신하거나 억지로 불러 낼 수는 없는데, 이것은 열정이 그것을 불러내지 못하는 것과 같습니다. 이 둘, 즉 열정과 작업이―특히 그 둘이 합쳐져서―착상을 유인해 냅니다. 그러나 착상은 자기가 좋을 때 나타나지 우리가 원하는 때 나타나지 않습니다. 가장 좋은 착상은 책상에 앉아서 골똘히 생각하며 찾을 때 나타나는 것이 아니라―예링*9이 서술하는 바와 같이―소파에 앉아서 담배를 피우고 있을 때라든지, 또는 헬름홀츠가 자연과학적 엄밀성을 가지고 자신의 경험에 대해 말하는 것처럼 완만한 오르막길을 산책하고 있을 때라든지, 아니면 그와 비슷한 경우에 나타납니다. 어쨌든 착상은 그것을 기대하고 있지 않을 때 나타난다는 것이 실로 옳은 말입니다. 물론 책상에 앉아 골똘히 생각하면서 대답을 정열적으로 찾지 않았다면 좋은 생각이 떠오르지 않았을 것입니다. 어쨌든 학문적 노동자는 모든 학문연구에서 작용하고 있는 이러한 요행, 즉 영감이 떠오르느냐 안 떠오르느냐라는 요행을 감수해야 합니다. 어떤 사람은 뛰어난 학문적 노동자이면서도 가치 있는 독창적 착상은 한 번도 가져보지 못했을 수도 있습니다. 그러나 이것은 학문에만 해당되는 사항이지, 가령 회사 사무실에서는 실험실의 경우와는 사정이 다르다고 생각하는 것은 대단한 오류입니다. '상인적(商人的) 상상력'이 없는, 다시 말해 착상, 천재적 착상이 없는 상인이나 실업가는 평생 점원이나 기술관료로 머물러 있는 편이 가장 좋은 그런 사람에 불과합니다. 그런 사람은 결코 조직상의 혁신들을 이룩해 내지 못할 것입니다. 영감이 현실생활 문제를 해결하는 근대적 기업가의 활동영역에서보다 학문영역에서 더 큰 역할을 하는 것—학자의 오만함은 이런 착각을 하게 하지만—은 결코 아닙니다. 또—이것도 흔히 오해되고 있는데—영감이 예술영역에서보다 학문영역에서 적은 역할을 하고 있는 것도 아닙니다. 수학자가 책상에 앉아서 계산기나 자 또는 그 밖의 기계적 수단을 가지고서 학문적으로 가치 있는 그 어떤 결과에 도달할 것이라고 생각한다면 그것은 순진한 생각입니다. 바이에르슈트라스*[10] 같은 사람의 수학적 상상력은 그 의미와 결과 면에서 당연히 예술가의 상상력과는 전혀 다른 목표를 가지고 있으며, 질적으로도 근본적으로 다릅니다. 그러나 심리적 과정에서는 다르지 않습니다. 심리적 과정은 둘 다 플라톤이 말하는 '마니아'*[11]라는 의미에서의 '도취'와 '영감'입니다.

아무튼 어떤 사람이 학문적 영감을 얻게 될지의 여부는, 우리로서는 알 수 없는 운명적 순간에 달려 있지만, 물론 그 밖에 '천부적 재능'에도 달려 있습니다. 또한 앞서 말했듯이 영감이 중요하다는 것은 분명한 사실입니다. 그런데 이러한 영감 중시 경향이 특히 젊은 계층—이것은 매우 당연한 일이지만—사이에서 몇몇 우상을 낳는데, 오늘날에는 이 우상들에 대한 숭배가 길모퉁이마다 잡지마다 널리 퍼져 있음을 볼 수 있습니다. 그 우상들이란 '개성'과 '체험'입니다. 이 우상은 서로 밀접하게 결합되어 있습니다. 즉 체험이 개성의 본질을 이루며, 체험이 개성의 특징이라는 관념이 지배하고 있습니다. 요즈음 젊은이들은 체험하느라 고생합니다. 왜냐하면 그것이 개성을 지닌 사람의 신분에 어울리는 생활양식이라고 생각하기 때문입니다. 그리고 체험하는 데 성공하지 못하면 사람들은 적어도 이 귀중한 능력을 가지고 있는 듯이 행동합니다. 예전 사람들은 이 '체험'을 솔직하게 '센세이션'이라고 불렀습니다. 나는 '개성'이 무엇이며 어떤 의미를 가지는지에 대해서는 예전 사람들의 생각이 더 옳다고 믿습니다. 존경하는 청중 여러분! 학문영역에서는 순수하게 자신의 주제에 헌신하는 사람만이 '개성'을 가지고 있습니다. 그리고 이것은 학문영역에서만 그런 것이 아닙니다. 위대한 예술가치고 자기 일에, 그리고 오로지 자기 일에만 헌신하는 것 이외에 다른 일을 한 예술가를 우리는 알지 못합니다. 심지어 괴테같이 위대한 인물마저도 감히 자기의 '삶' 자체를 예술 작품으로 만들려고 했던 시도는, 최소한 그의 예술에는 부정적 영향을 끼쳤던 것입니다. 물론 괴테의 예술에 대한 이런 평가에 반론을 제기할 수도 있습니다. 그러나 어쨌거나 괴테 정도는 되어야 감히 그런 시도나마 해볼 수 있는 것이며, 심지어 수천 년 만에 한 번 나타나는 괴테 같은 인물마저도 이 시도에 대한 최소한의 대가를 치르지 않을 수 없었다는 점만은 누구나 인정할 것입니다. 정치도 다르지 않습니다. 그렇지만 오늘은 정치에 대해서는 말하지 않겠습니다. 그러나 학문의 영역에서 볼 때, 아래와 같은 사람은 분명히 '개성'을 가진 사람이 아닙니다. 자신이 헌신해야 할 과업의 흥행주로서 무대에 함께 나타나는 사람, 체험을 통해 자신을 정당화하려는 사람, 어떻게 하면 내가 단순한 '전문가'와 다른 존재임을 증명할 수 있을까, 또 어떻게 하면 나는 형식이나 내용 면에서 다른 어느 누구도 말하지 않은 그런 방식으로 무언가를 말할 수 있을까라고 묻는 사람, 이런 사람들은 '개성'을 가진 사람이 아닙니다. 이런 태도는 오늘날 광범위하게 나타나는 현상인데, 이는 어디에서나 천한 인상을 주며, 또 그렇게 묻는 사람의 가치를 떨어뜨리고 있습니다. 이와 달리 오직 과업에만 내적으로 몰두하는 사람은, 이를 통해 그 자신이 헌신하는 과업의 정점에 오르고, 또 이 과업의 진가를 보여주게 됩니다. 이것은 예술가도 마찬가지입니다.

위에서 학술적 연구작업과 예술적 창조작업이 공유하는 전제 조건들을 살펴보았습니다. 그러나 학술적 연구작업을 예술적 작업과 구분 짓는 하나의 움직일 수 없는 사실이 있습니다. 학문연구는 진보의 과정에 편입되어 있다는 사실이 바로 그것입니다. 이에 반해 예술영역에는—학문의 경우와 같은 의미에서—진보가 없습니다. 새로운 기술적 수단을 개발했던 시대의 예술품, 가령 원근법을 개발했던 시대의 예술품이 그러한 수단과 법칙에 대한 지식이 전혀 없는 예술품보다 단지 새로운 기술적 수단이나 원근법을 사용했다는 이유로, 순수한 예술적 관점에서 항상 더 뛰어난 것은 아닙니다. 다만, 후자의 예술품이 재료적 적합성과 형식적 적합성을 지니고 있다면, 다시 말해서 기술적 조건과 수단을 사용하지 않고서도 예술성에 합당할 수 있도록 그 대상을 선택하고 형상화했다면 말입니다. 진실로 '완성'된 예술품은 능가

되는 일이 없을 것입니다. 또 그것을 밟아버리지도 않습니다. 개개인은 이러한 완성된 예술품의 의의를 저마다 다르게 평가할 수는 있습니다. 그러나 아무도 예술적 의미에서 진실로 '완성'된 작품이 다른 하나의, 역시 '완성'된 작품에 의해 '추월당했다'라고는 결코 말할 수 없을 것입니다. 이에 반해 학문에서는 자기의 연구가 10년, 20년, 50년이 지나면 시대에 뒤떨어진 것이 되어버린다는 사실을 우리 모두 알고 있습니다. 이것이 학문연구의 운명이며 더 나아가 학문연구의 목표입니다. 학문은 똑같은 운명에 처해 있는 그밖의 모든 문화요소들의 경우와는 다른 매우 독특한 의미에서 이 운명과 목표에 예속되고 내맡겨져 있습니다. 학문상의 모든 '성취'는 새로운 '질문'을 뜻합니다. 그리고 이 '성취'는 '능가'되고 밟혀버리기를 원합니다. 학문에 헌신하고자 하는 사람은 누구나 이것을 감수해야 합니다. 물론 학문적 업적이 예술적 우수성 때문에 '향유수단'으로서, 또는 학문적 작업에 대한 훈련수단으로서 지속적으로 그 중요성을 유지할 수도 있습니다. 그러나 학문적으로 능가한다는 것은—다시 한 번 말합니다만—우리 모두의 운명일 뿐만 아니라 우리 모두의 목적이기도 합니다. 우리는 다른 사람들이 우리보다 더 멀리 나아가기를 바라지 않고서는 연구할 수 없습니다. 이러한 진보는 원칙적으로 무한히 계속됩니다. 이로써 우리는 학문의 의미문제에 맞닥뜨리게 됩니다. 왜냐하면 무한한 진보라는 법칙에 예속되어 있는 것이 과연 그 자체가 본질적으로 의미가 있는지의 여부는 그렇게 자명한 것은 아니기 때문입니다. 사실 결코 종결되지 않으며, 또 종결될 수도 없는 것을 사람들은 왜 하는 것일까요? 그것은 우선, 순수하게 실용적 목적, 즉 넓은 의미의 기술적 목적을 위해서라고 사람들은 말합니다. 다시 말해, 우리의 실천적 행동을 과학적 경험이 제공하는 예측들에 준거시킬 수 있기 위해서라고 사람들은 말합니다. 좋습니다. 그렇지만 이런 목적은 실천가에게만 의미를 지닐 뿐입니다. 그러나 학문이라는 직업에 대한 학자 자신의 내적 입장은 무엇입니까? 물론 그가 내적 입장의 정립을 도대체 추구하기나 한다면 말입니다. 학자는 다음과 같이 주장합니다. 단순히 다른 사람들이 학문에 힘입어 사업적 또는 기술적 성과를 얻도록 하기 위해서 또는 더 잘 먹고, 더 잘 입고, 더 밝게 조명하며 더 잘 통치하도록 하기 위해서만 학문에 종사하는 것이 아니라, '학문 자체를 위해서' 학문에 종사한다고 말합니다. 그러나 그는 항상 밝혀버릴 수밖에 없는 자신의 업적들을 통해 도대체 그 어떤 의미 있는 것을 성취할 수 있다고 믿는 것일까요? 다시 말해 전문분야로 나뉘어 있으며, 끝없이 진행되는 이 작업에 참여함으로써 도대체 그는 어떤 의미 있는 것을 이룰 수 있다고 믿습니까? 이 문제는 몇 가지 일반적 사항에 대한 논의를 필요로 합니다.

학문의 진보는 우리가 수천 년 전부터 겪어온 저 주지주의화(主知主義化) 과정*12의 한 작은, 그러나 물론 가장 중요한 부분입니다. 그런데 이 주지주의화 과정에 대해서 요즈음 사람들은 일반적으로 매우 부정적 입장을 취하고 있습니다. 우선 과학과 과학기술에 의한 주지주의적 합리화가 실제로 무엇을 뜻하는지 살펴봅시다. 그것은 오늘날 우리가, 가령 여기 강당에 앉아 있는 사람 모두가 인디언이나 호텐토트인*13보다 자신의 생활조건에 대해서 더 많은 지식을 가지고 있다는 것을 뜻하는 것입니까? 그렇다고 하기는 어렵습니다. 전차를 타는 우리 가운데 어느 누구도—그가 전문 물리학자가 아니라면—전차가 어떻게 움직이는지 전혀 알지 못합니다. 또 알 필요도 없습니다. 그가 전차의 작동을 '신뢰'할 수 있으면 그것으로 충분하며, 그는 이 신뢰에 기초하여 행동합니다. 그러나 그는 어떻게 전차가 움직일 수 있도록 제조되는지에 대해서는 아무것도 모릅니다. 그에 반해 미개인은 자신의 도구가 어떻게 만들어졌고, 또 어떻게 작동하는지에 대해서 우리와는 비교할 수 없을 정도로 훨씬 더 잘 알고 있었습니다. 오늘날 우리가 돈을 지불할 때 돈으로 물건을—때로는 많이, 때로는 적게—살 수 있는 일이 화폐의 어떤 속성에 의해 가능한가라는 질문에 대해서는 거의 모두가 저마다 다른 대답을 가지고 있을 것이라고 저는 장담합니다. 심지어 이 강당에 나의 동료 경제학자들이 있더라도 그들 역시 마찬가지일 것입니다. 그러나 미개인은 매일 매일의 식량을 얻기 위해서는 어떻게 해야 하는지, 또 어떤 제도들이 그렇게 하는 데 도움이 되는지를 알고 있었습니다. 그러므로 주지주의화와 합리화의 증대가 곧 우리가 처해 있는 생활조건에 대한 일상인들의 일반적 지식의 증대를 뜻하지는 않습니다. 그것은 오히려 다음과 같은 것을 뜻합니다. 우리는 원하기만 한다면 언제라도 우리 삶의 조건들에 대한 지식을 얻을 수 있다는 것, 따라서 우리 삶에 작용하는 어떤 힘들도 본디 신비롭고 예측할 수 없는 힘들이 아니라는 것, 오히려 모든 사물은—원칙적으로는—계산을 통해 지배될 수 있다는 것을 우리가 알고 있거나 또는 그렇게 믿고 있다는 것을 뜻합니다.

이것은 세계의 탈주술화(脫呪術化)를 뜻합니다. 신비롭고 예측할 수 없는 힘의 존재를 믿은 미개인이 했던 것처럼 정령(精靈)을 다스리거나 정령에게 간청하고 그 마음을 움직이기 위해 주술적 수단에 호소하는 따위의 일을 우리는 더 이상 할 필요가 없습니다. 정령에게 부탁했던 일들을 오늘날은 기술적 수단과 계산이 대신해 줍니다. 무엇보다도 이것이 주지주의화가 그 자체로서 의미하는 바입니다.

그러면 서구문화에서 수천 년 동안 계속되어온 이 탈주술화 과정이, 더 나아가 이 '진보'가—과학은 이 진보의 구성요소인 동시에 추진력입니다—이처럼 순수하게 실용적이고 기술적인 의미 이외에 도대체 어떤 의미를 갖고 있습니까? 이 문제는 레오 톨스토이의 작품들 속에 가장 근본적으로 제기되어 있습니다. 그는 특이한 과정을 거쳐 이 문제를 제기하게 되었으며, 그가 깊이 사색한 모든 문제는 차츰 다음과 같은 질문으로 모아졌습니다.

'죽음은 의미 있는 현상인가 아닌가?' 그의 대답은, 죽음이란 문화인에게 의미 있는 현상이 아니라는 것이었습니다. 그 이유는, 끝없는 '진보'의 한 단계를 형성하는 데 불과한 문명인의 삶은 그 본질상 종말이란 것을 가질 수가 없기 때문이라는 것입니다. 왜냐하면 진보 중에 있는 사람 앞에는 계속해서 또 다른 진보가 놓여 있기 때문입니다. 어느 누구도 죽음의 시점에서 스스로가 진보의 절정에 서 있다고 볼 수는 없습니다. 왜냐하면 이 진보의 절정은 무한 속에 놓여 있고, 따라서 영원히 다다를 수 없는 것이기 때문입니다. 아브라함*[14]이든 또는 고대의 어떤 다른 농부든 간에 그들은 '늙었지만 살 만큼 살았다'는 느낌, 즉 생에 대한 포만감을 가지고 죽었습니다. 왜냐하면 그들은 생명의 유기적 순환 속에 있었고, 그들의 인생은 그들에게 의미의 차원에서도 말년에는 인생이 줄 수 있는 모든 것을 주었으며, 또한 그들이 풀고 싶은 수수께끼도 더 이상 남아 있지 않았으므로 그들은 이제 생은 이것으로 '충분하다' 생각할 수 있었기 때문입니다. 그러나 문명이 사상, 지식, 또는 제반 문제들로 끊임없이 농축되어 가는 과정에 있는 근대 문화인은 '생에 지칠' 수는 있어도, 생에 대해 포만감을 느낄 수는 없습니다. 왜냐하면 그는 정신의 활력이 항상 새롭게 만들어 내는 것 가운데서 아주 작은 부분만을, 또한 최종적인 것이 아니라 단지 일시적인 것만을 재빨리 낚아챌 수 있을 뿐이기 때문입니다. 따라서 죽음이란 그에게는 아무 의미 없는 사건입니다. 그리고 죽음이 의미가 없기 때문에 문화생활 자체도 의미가 없습니다. 그럴 수밖에 없는 것이, 문화생활이 바로 스스로의 무의미한 '진보'를 통해 죽음을 의미 없는 것으로 낙인찍고 있기 때문입니다. 이러한 사상은 톨스토이의 후기 소설들 어디에서나 볼 수 있으며, 이것은 그의 예술의 기조입니다.

톨스토이의 이러한 견해에 대해 우리는 어떤 입장을 취할 수 있을까요? '진보' 자체가 기술적인 것을 넘어서는 어떤 인식 가능한 의미를 갖고 있을까요? 만약 그렇다면 진보에 대한 헌신이 의미 있는 소명이 될 수 있을 것입니다. 이러한 질문은 제기될 수밖에 없습니다. 그러나 이것은 더 이상 학문에 대한 소명의 문제가 아니며, 학문에 헌신하는 사람에게 직업으로서의 학문은 무엇을 뜻하는가, 이런 문제와는 이미 다른 차원의 문제입니다. 즉 인간의 삶에서 학문의 소명은 무엇이며, 가치는 무엇인가라는 문제인 것입니다.

이 문제에 관해서는 과거와 현재 사이에 엄청난 차이가 있습니다. 플라톤의 〈국가론〉 제7편 첫머리에 있는 놀라운 비유, 쇠사슬에 묶여 있는 동굴인간들에 대한 비유를 떠올려 보십시오. 그들의 얼굴은 앞에 있는 암벽을 향하고 있으며 등 뒤에는 광원(光源)이 있지만, 그들은 이 광원을 볼 수 없습니다. 그래서 그들은 빛이 벽에 던지는 그림자들만을 상대하면서 그림자들 사이의 관계를 밝히려고 노력합니다. 그러는 가운데 그들 가운데 한 명이 사슬을 끊어버리는 데 성공합니다. 그리고 몸을 뒤로 돌리자 그는 태양을 보게 됩니다. 그는 눈이 부셔 주위를 더듬으면서 자기가 본 것에 대해 중얼거립니다. 다른 사람들은 그가 미쳤다고 말합니다. 그러나 그는 차츰 빛을 보는 데 익숙해집니다.

이제 그가 할 일은 동굴인간들에게 내려가서 그들을 광명으로 인도하여 올라오는 것입니다. 그는 철학자에 해당되며 태양은 학문의 진리를 상징하는데, 학문만이 허상과 그림자가 아닌 진정한 존재를 포착하려고 노력한다는 것입니다. 그런데 오늘날 과연 누가 학문에 대해 그러한 태도를 취하고 있습니까? 특히 오늘날의 젊은이들은 오히려 그 반대로 느끼고 있습니다. 즉 학문의 사유체(思惟體)들은 인위적 추상들의 음험한 왕국이며, 이 인위적 추상들은 그 깡마른 손으로 실생활의 피와 진액을 붙잡으려 하지만 결코 손에 넣지 못하고 있다는 것입니다. 그러나 바로 이 생 속에서—플라톤에게는 동굴 벽에서의 그림자들의 유희였던 것, 바로 그 속에서—참된 현실이 고동치고 있다는 것입니다. 다른 모든 것은 그 참된 현실로부터 파생된 생명 없는 유령들에 지나지 않는다는 것입니다. 이러한 변화는 어떻게 해서 일어났습니까? 〈국가론〉에서 플라톤이 보여주는 정열적 열광은 따지고 보면 그 당시 모든 과학적 인식의 중대한 수단 가운데 하나, 즉 개념이라는 수단*15의 의미가 인식되기 시작했다는 사실에서 유래하는 것입니다. 개념이라는 수단이 가진 함의는 소크라테스에 의해 발견되었습니다. 물론 소크라테스만이 이 함의를 발견한 것은 아닙니다. 인도에서도 아리스토텔레스의 논리학과 매우 유사한 논리학의 맹아를 찾아볼 수 있습니다. 그러나 개념의 중요성에 대한 그리스에서와 같은 그러한 자각은 어디에서도 없었습니다. 자기가 아무 것도 모른다는 것을 인정하거나, 아니면 바로 이것이 진리라는 것, 확고하고 결코 사라지지 않을 영원한 진리라는 것을 인정하지 않고서는 빠져나올 수 없도록 사람을 논리적 나사 바이스*16에 집어넣을 수 있는 수단을 그리스인들이 최초로 수중에 넣은 것 같아 보였습니다. 이것이 소크라테스의 제자들이 겪은 엄청난 체험이었습니다.

이 체험에서 다음과 같은 결론이 도출되는 듯 보였습니다. 진(眞), 선(善) 또는 용기나 영혼—아니면 그 어떤 것이든—에 대해 올바른 개념을 찾아내기만 한다면, 그것들의 진정한 존재도 파악할 수 있을 것이라는 결론 말입니다. 진정한 존재의 파악은 다시금 우리가 우리의 삶에서 어떻게 올바르게 행동해야 하는지, 그리고 무엇보다도 도시국가의 시민으로서 어떻게 올바르게 행동해야 하는지를 인식하고 또 가르칠 수 있는 방법을 제공해 주는 듯이 보였습니다. 왜냐하면 철두철미하게 정치적으로 사고하는 고대 그리스인들에게는 모든 것이 이 문제에 달려 있었기 때문입니다. 학문도 이런 목적에서 했던 것입니다. 고대 그리스인의 이러한 발견 이외에 과학연구의 두 번째 중대한 도구가 르네상스 시대의 산물로서 등장했는데, 그것은 신뢰할 수 있는 방식으로 경험을 검증하는 수단인 합리적 실험이었습니다. 이것이 없었다면 오늘날의 경험과학은 불가능했을 것입니다. 물론 그 이전에도 사람들은 실험을 했습니다. 가령 인도에서는 요가의 금욕기술 개발을 위한 생리학적 실험이 있었으며, 수학적 실험은 고대 그리스의 경우 전쟁기술적 목적을 위해, 중세 때는 광산채굴의 목적에서 실시되었습니다. 그러나 실험을 연구 자체의 원리로까지 승화시킨 것은 르네상스의 업적입니다. 그런데 이런 발전의 선구자들은 레오나르도 다빈치 같은 예술영역에서의 위대한 개혁가들이었습니다. 특히 실험건반을 사용한 16세기 음악실험자들은 독특했습니다. 이러한 개혁가들로부터 시작해서 특히 갈릴레이를 통해 실험이 과학에 도입되었으며, 베이컨을 통해 이론영역에 도입되었습니다. 그 뒤에는 유럽대륙의 대학들, 그중에서도 이탈리아와 네덜란드에 있는 대학들에서 처음으로 정밀과학적 개별분야들이 실험을 계승하였습니다. 그러면 학문은 근대의 문턱에 있던 이 사람들에게는 무엇을 뜻하였을까요? 레오나르도 같은 예술분야의 실험자들과 음악분야의 개혁자들에게 그것은 진정한 예술에 이르는 길을 의미하였는데, 그들에게 그 길은 진정한 자연에 이르는 길이기도 하였습니다. 그래서 이들은 예술이 과학의 지위로까지 높여져야 마땅하다는 것, 동시에 무엇보다도 예술가가 사회적으로 보나 그의 삶의 내용으로 보나 학자의 지위로 격상되어야 한다고 생각했습니다. 이것은 레오나르도의 스케치북에도 깔린 야심입니다.

그러면 오늘날에는 어떻습니까? '자연에 이르는 길로서의 학문'—이것은 오늘날 젊은이들에게는 신성모독처럼 들릴 것입니다. 아니 오늘날의 상황은 정반대입니다. 지금의 젊은이들은 자신의 본성 그리고 이와 함께 자연 일반으로 되돌아가기 위해서는 학문의 주지주의로부터 해방되어야 한다고 믿습니다. 더욱이 학문이 참된 예술에 도달하기 위한 길이라는 견해에 대해서는 논평할 필요조차 없습니다. 그러나 정밀자연과학이 탄생한 시대의 사람들은 과학으로부터 앞에서 언급한 것보다 더 많은 것을 기대하였습니다. 슈밤메르담*17은 말했습니다. "나는 여기서 한 마리 이의 체내구조에 들어 있는 신의 섭리를 여러분에게 증명해 보이겠습니다." 여러분이 이 말을 떠올린다면, 프로테스탄티즘과 퓨리터니즘으로부터 간접적인 영향을 받은 과학연구가 당시에 무엇을 과제로 삼았는지 알게 됩니다. 그것은 신으로의 길을 찾는 것이었습니다. 이미 그 당시 사람들도 이 길을 철학자들에게서는, 그리고 이들의 개념 및 연역에서는 발견하지 못했던 것입니다. 이 길, 즉 중세가 신을 찾으려고 했던 이 길[*18]을 통해서는 신을 찾을 수 없다는 것을 그 당시의 모든 경건파 신학자, 특히 슈페너[*19]는 알고 있었습니다. 이들에 따르면 신은 숨겨져 있고, 그의 길은 우리의 길이 아니며, 그의 사상은 우리의 사상이 아닌 것입니다. 그러나 신의 창조물들을 물리적으로 포착할 수 있는 정밀자연과학에서는 세계에 대한 신의 뜻이 무엇인지 단서를 찾을 수 있으리라 생각했습니다.

그러면 오늘날은 어떻습니까? 특히 자연과학분야에서 발견되는 몇몇 애어른들을 제외하면, 오늘날 누가 아직도 천문학이나 생리학, 물리학, 화학 등의 지식이 세계의 의미에 대해서 뭔가를 가르쳐 줄 수 있다고 믿을까요? 아니면 누가 아직도 이런 학문들이 최소한 어떻게 우리가 세계의 의미—도대체 이런 의미가 있기나 하다면—의 단서를 찾을 수 있을지에 대해 뭔가를 가르쳐 줄 수 있다고 믿습니까? 이 문제에 관한 한 자연과학은 오히려 세계의 '의미' 같은 것이 있다는 믿음을 송두리째 파괴하는 데 적합할 뿐입니다! 그리고 더욱이 학문을 '신에 도달하는 길'로 여긴다? 다시 말해 신에 대해서는 각별히 냉담한 힘인 학문을 '신에 도달하는 길'로 여긴다? 학문이 신에 대해서는 각별히 냉담한 힘이라는 사실에 대해서—이것을 고백하든 안 하든 간에—자신의 내면 깊은 곳에서 의심하는 사람은 오늘날 아무도 없을 것입니다. 학문의 합리주의와 주지주의에서 해방되는 것이 신적인 것과의 연대 속에 사는 삶의 근본적 전제조건이라는 주장, 이러한 주장 또는 의미상 이와 유사한 주장이 종교적으로 경도되거나 종교적 체험을 추구하는 우리 젊은이들의 정서에서 항상 발견할 수 있는 기본적 슬로건 중의 하나입니다. 그리고 이들에 따르면 학문의 합리주의와 주지주의로부터의 해방은 단지 종교적 체험을 위해서뿐만 아니라, 오히려 체험 일반을 위한 근본적 전제조건이라는 것입니다. 다만 기이한 것은, 체험을 위해 이들이 택하는 길입니다. 이들은 주지주의가 지금까지 미처 건드리지 못한 유일한 영역이었던 바로 저 비합리적인 것의 영역까지를 이제는 의식의 영역으로 끌어올려 주지주의의 눈으로 자세하게 관찰하고 있는 것입니다. 왜냐하면 비합리적인 것에 대한 현대의 주지주의적 낭만주의가 결국 실제로 도달하는 곳은 바로 이것, 즉 비합리적인 것마저 주지주의적으로 분해하는 바로 이것이기 때문입니다. 주지주로부터 자신을 해방시키는 이러한 길은 그 길을 걷는 사람들이 자신들의 목표로 생각한 것과는 정반대의 결과를 가져다줍니다. 끝으로, 사람들이 순진한 낙관주의에서 학문 또는 학문에 기반한 기술, 즉 삶을 지배하는 기술을 행복으로의 길로 찬미했다는 사실은 '행복을 발명한' '최후의 인간들'*20에 대한 니체의 결정적 비판이 있고 나서는 더 이상 논의의 가치도 없다고 생각합니다. 강단이나 신문편집실에 있는 몇몇 애어른들을 제외하면, 도대체 누가 아직도 학문을 행복에의 길이라 믿고 있단 말입니까?

이제 우리의 주제로 되돌아갑시다. '진정한 존재로의 길', '진정한 예술에의 길', '진정한 자연으로의 길', '진정한 신으로의 길', '진정한 행복으로의 길' 등 이전의 그 모든 환상이 무너져버린 이상, 직업으로서 학문의 의미는, 앞에서 말한 내적 전제를 고려할 때 무엇입니까? 이에 대한 가장 간단한 답은 톨스토이가 제시했는데, 그의 답은 다음과 같습니다.

"학문은 의미가 없다. 왜냐하면 학문은 우리에게 가장 중요한 문제, 즉 '우리는 윤리적·당위적으로 무엇을 해야 하는가? 우리는 윤리적·당위적으로 어떻게 살아야 하는가?' 이 문제에 대해 어떤 답도 주지 못하기 때문이다."

학문이 답을 주지 못한다는 사실에는 전혀 이론의 여지가 없습니다. 문제는 다만 학문이 어떤 의미에서 답을 주지 '못하는가'하는 것이며, 또한 학문은 이 문제에 대한 답은 주지 못하지만, 문제를 올바르게 제기하는 자에게는 혹시 무엇인가를 제공해 줄 수 있지 않을까 라는 것입니다. 오늘날 사람들은 흔히 '전제 없는' 학문에 대해 논하곤 합니다. 그런 학문이 존재합니까? 이것은 우리가 '전제 없는 학문'이라는 말을 어떻게 이해하느냐에 달려 있습니다. 모든 학문연구에는 논리적 그리고 방법론적 규칙들의 타당성이 전제되어 있는데, 이 규칙들은 현실에서 올바른 방향을 찾는 우리 능력의 일반적 기초입니다. 그런데 논리적·방법론적 규칙에 대한 이러한 전제들은, 적어도 여기서 우리가 다루고 있는 특수한 문제에 비추어볼 때는, 가장 논란의 여지가 적은 부분입니다. 그러나 학문연구에는 또 하나의 전제가 깔려 있습니다. 곧 학문연구에서 나오는 결과는 '알 가치가 있다'는 의미에서 중요하다는 전제가 그것입니다. 그리고 분명히 바로 여기에 우리의 모든 문제가 담겨 있습니다. 왜냐하면 학문연구의 결과가 알 가치가 있다는 의미에서 중요하다는 이 전제 자체는 학문의 수단으로는 증명될 수 없는 것이기 때문입니다. 이 전제는 그것에 깔린 궁극적 의미를 기준으로만 해석될 수 있을 뿐이며, 또한 이 궁극적 의미를 우리는 다시금 삶에 대한 우리의 궁극적 입장이 어떠한가에 따라 거부할 수도 받아들일 수도 있는 것입니다. 더 나아가 이러한 전제, 즉 학문연구의 결과가 '알 가치가 있다'는 전제는 개개 학문의 구조에 따라 매우 달리 취급됩니다. 예컨대 물리학·화학·천문학과 같은 자연과학은 우주의 여러 과정들에 대한—그 과학의 한도 내에서 구성할 수 있는—궁극적 법칙들이 알려질 가치가 있다는 것을 자명한 것으로 전제하고 있습니다. 자연과학자들이 이러한 법칙들을 알 가치가 있다고 전제하는 이유는 단지 그러한 지식으로 기술적 성과를 달성할 수 있기 때문만이 아니라, 만약 이들이 학문을 '소명'으로 여긴다면, 이러한 '지식 그 자체를 위해서'이기도 한 것입니다. 그러나 알 가치가 있다는 이러한 전제 자체는 결코 증명될 수 없는 것입니다. 그리고 그런 학문들이 서술하는 이 세계가 존재할 가치가 있는 것인지, 그 세계가 '의미'를 갖고 있는 것인지, 그 세계에서 사는 것이 의미가 있는 것인지는 더더욱 증명될 수 없습니다.

자연과학은 그런 것들에 대해서는 묻지 않습니다. 가령 현대의학과 같은 과학적으로 매우 발달한 실용적 기술분야를 살펴봅시다. 의학연구의 일반적 '전제'는 상투적으로 표현하자면, 생명을 보존하는 의무 그 자체 및 고통을 가능한 한 경감시키는 의무 자체가 긍정된다는 것입니다. 그런데 바로 이것이 문제입니다. 가령 의사는 불치병에 걸린 환자일지라도 모든 수단을 동원해 그의 생명을 유지합니다. 설령 환자가 죽기를 간청한다 하더라도, 그리고 그의 가족들이 명시적이든 묵시적이든 차라리 그의 죽음을 원하거나 원할 수밖에 없는 상황이라고 하더라도 말입니다. 가족들은 불치병에 걸린 이 환자(한 가련한 미치광이라고 칩시다)의 삶을 무가치하게 여길 수 있습니다. 그래서 그들은 환자를 고통에서 벗어나게 해주고자 할지도 모릅니다. 또는 그들에게 이 무가치한 생명의 보존에 드는 비용을 감당할 능력이 없을 수 있을 것입니다. 그러나 위에서 말한 의학의 전제와 형법(刑法)은 의사가 그의 생명유지 노력을 중단하는 것을 허용하지 않습니다. 의학은 삶이 살 가치가 있는지, 또 어느 때 그러한가라는 것에 대해서는 묻지 않습니다. 모든 자연과학은, 만약 우리가 삶을 기술적으로 지배하고자 한다면, 우리가 무엇을 해야 하는가라는 물음에 대해서는 답을 줍니다. 그러나 자연과학은 우리가 삶을 기술적으로 지배해야 하는지 또 지배하고자 하는지의 여부, 그리고 이 지배가 궁극적으로 도대체 의미가 있는지의 여부에 관한 문제는 전적으로 제쳐놓거나 아니면 자신들의 목적을 위해서는 당연한 것으로, 즉 삶을 기술적으로 지배하는 것이 의미 있다고 전제합니다. 또는 미술학과 같은 분야를 보십시오. 미학에서는 예술품이 존재한다는 사실이 가정되어 있습니다. 미학은 예술품이 존재한다는 사실이 어떤 조건에서 성립하는지를 밝히려고 합니다. 그러나 미학은 예술영역이 혹시 악마가 지배하는 왕국*21이 아닌지, 또는 세속의 왕국이 아닌지, 따라서 예술은 그 가장 깊은 내면에서는 신에게 적대적이지 않은지 또 예술이 가진 지극히 내면적 형태의 귀족주의적 정신을 두고 볼 때 그것은 반(反)형제애적인 것이 아닌가 등의 질문을 제기하지 않습니다. 요컨대 미학은 예술품이 당위적으로 존재해야 하느냐고는 묻지 않습니다.

또는 법학을 보십시오. 법학은 법률적 사고─이 사고는 한편으로는 논리적 정연성 원칙에 구속되어 있으며, 또 다른 한편으로는 관습적으로 주어진 규준들에 구속되어 있습니다─의 규칙들에 따라서 무엇이 옳은지를 확인합니다. 다시 말해, 법학은 특정한 법 규칙들과 특정한 해석방법들이 구속력이 있는 것이라고 인정되어 있을 경우에 비로소 위에서 말한 확인작업을 할 수 있는 것입니다. 그러나 법이 당위적으로 존재해야 하는지의 여부, 굳이 이 '특정한' 규칙을 정해야 하는지의 여부에 대해서는 법학은 대답하지 않습니다. 법학은 다만 사람들이 어떤 결과를 원할 때, 이러이러한 법규가 우리의 법사고의 규범에 비추어 그 결과를 달성하기에 적합한 수단이라는 것을 진술할 수 있을 뿐입니다.

또는 역사적 문화과학들을 보십시오. 이 문화과학들은 정치, 예술, 문학 및 사회영역의 제반 문화현상들을 그 발생조건들로부터 이해하는 것을 가르칩니다. 그러나 이 과학들은 그 문화현상들이 존재할 가치가 있는지의 물음에 대해, 또 그 문화현상들을 알기 위해 노력할 가치가 있는지의 물음에 대해 답을 주지 못합니다. 역사적 문화과학들은 가령 앞에서 말한 발생론적 이해라는 방법을 통해서 우리가 '문화인' 공동체의 일원이 되는 것이 중요하다는 것을 전제하고 있습니다. 그러나 문화과학들은 이것이 실제로 중요하다는 것 그 자체는 어느 누구에게도 '과학적으로' 증명하지 못합니다. 그리고 이 과학들이 위에서 말한 참여가 중요하다고 전제하고 있다는 사실이, 당연함을 증명하는 것은 결코 아닙니다. 정말로 이것은 결코 그렇게 당연한 것이 아닙니다.

먼저 나에게 가장 가까운 분야들, 즉 사회학, 역사학, 경제학, 국가론 및 이 개별학문들 자체를 해석대상으로 삼고 있는 문화철학을 살펴봅시다.

강의실에서는 정치를 배제해야 한다고 사람들은 말하는데, 나도 이에 동의합니다. 학생들도 강의실에서 정치는 배제해야 합니다. 예를 들면 베를린에 있는 나의 예전 동료 디트리히 셰퍼 교수[*22]의 강의실에서 평화주의적 학생들이 교단을 에워싸고 소동을 일으켰다는데, 나는 이런 행동을 반 평화주의 학생들이 푀르스터 교수[*23]에 대해 일으켰다고 전해지는 소동과 똑같이 한탄합니다. 비록 나는 푀르스터 교수와는 전적으로 다른 견해를 가지고 있기는 하지만 말입니다. 그러나 물론 교수들도 정치를 강의실에서 배제해야 합니다. 그가 정치를 학문적으로 다룰 때에는 더구나 그러하며, 아니 이때야 말로 정치는 그 어느 때보다도 철저히 강의실에서 배제되어야 합니다. 실천적, 정치적 입장을 취하는 것과 정치구조 및 정당구도를 학문적으로 분석하는 것은 서로 다른 사안이기 때문입니다. 만약 내가 대중 집회에서 민주주의에 대해 강연한다면, 나는 나의 개인적 입장을 숨기지 않을 것입니다. 이런 대중 집회에서는 분명하게 알아볼 수 있도록 편을 드는 것이 연사의 마땅한 의무이며 책임입니다. 그러한 경우에 사람들이 사용하는 말들은 학문적 분석의 수단이 아니라, 정치적으로 다른 사람들의 지지를 얻기 위한 수단입니다. 이 말들은 관조적 사색의 토지를 일궈주기 위한 쟁기의 날이 아니라, 적에 대항하기 위한 칼, 즉 투쟁수단입니다. 이에 반해서 강의에서나 강의실에서 말을 그런 식으로 사용한다면, 그것은 방종한 짓일 것입니다. 강의실에서 가령 '민주주의'에 대해 논한다면 우리는 먼저 민주주의의 여러 형태를 제시한 다음, 그것들이 기능하는 방식을 분석하고, 또 각각의 민주주의 형태가 우리 생활조건에 어떤 결과를 가져다줄지를 확인할 것입니다. 그 다음 이 민주주의 형태들을 비민주적 정치체제들과 비교하면서 청중이 자신의 궁극적 이상을 기준으로 민주주의에 대해 입장을 취할 수 있다는 생각이 들 수 있을 정도까지 분석을 시도해야 합니다. 그러나 진정한 교수라면 교단으로부터 청중에게 어떤 특정한 입장을 노골적으로든 아니면 암시적으로든 밝히는 것은 삼갈 것입니다. 특히 '사실을 말하는' 척하면서 자신의 입장을 암시한다면 그것은 가장 악의에 찬 방법일 것입니다.

그러면 우리는 도대체 왜 그렇게 해서는 안 된다는 것일까요? 미리 말해두지만, 매우 존경할 만한 나의 많은 동료교수들은 이러한 자제를 실천하는 것은 전혀 불가능하며, 또 설령 가능하다 하더라도 자신의 입장을 암시하기를 피하는 것은 괴벽이라는 견해를 갖고 있습니다. 그런데 우리는 대학교수의 의무가 무엇인지를 어느 누구에게도 과학적으로 실증할 수는 없습니다. 우리는 그에게 단지 다음과 같은 것을 통찰할 수 있는 지적 성실성을 요구할 수 있을 뿐입니다. 즉, (1)사실 확인, 수학적 및 논리적 사실들의 확인 또는 문화적 재화들의 내적 구조의 확인과, (2)문화의 가치 및 그 개별적 내용의 가치에 대한 물음과 문화공동체 및 정치적 조직 안에서는 어떻게 행동해야 하는가 라는 물음에 대해 대답하는 것, 이 두 가지 즉, (1)과 (2)가 전혀 다른 문제라는 사실을 통찰하는 지적 성실성을 요구할 수 있을 뿐입니다. 그가 왜 강의실에서는 이 두 가지, (1)사실 확인과 (2)가치 문제 및 행동지침의 문제를 함께 다루어서는 안 되는가 라고 묻는다면, 예언자와 선동가는 교실 강단에서는 배제되어야 하기 때문이라고 대답할 수 있습니다. 그리고 예언자와 선동가에게는 "길거리로 나가서 공개적으로 말하라" 충고하는 것이 옳겠지요. 이것은 비판이 가능한 곳에서 말하라는 뜻입니다.

그에 반해 수강자들을 마주 대하고 있는 강의실에서는 수강자들은 침묵해야 하고, 교수가 말하도록 되어 있습니다. 그런데 학생들이 앞으로의 진로를 위해서 교수의 강의에 참석해야만 한다는 것과 강의실에는 교수에게 비판적으로 맞설 사람이 아무도 없다는 것, 바로 이러한 사정을 이용해서 교수가 자신의 지식과 학문적 경험으로 청중들에게 도움을 주지는 않고―이것이 그의 의무입니다만―자신의 개인적인 정치적 견해를 전수하려고 한다면, 이는 무책임한 짓이라고 생각합니다. 개인에 따라서는 자신의 주관적인 정치적 선호를 충분히 배제하지 못할 수 있다는 것은 분명합니다. 이때 그는 양심의 재판소로부터 날카로운 비판을 받을 것입니다. 이렇게 주관적인 정치적 선호를 배제하지 못하는 선생들이 있다는 사실이 배제의 의무에 대한 반대증거가 될 수는 없습니다. 왜냐하면 가령 우리는 순수한 사실의 영역에서도 오류를 범할 수 있는데, 그렇다고 해서 이것이 진실을 추구해야 할 우리의 의무에 대한 반대 증거가 될 수는 없기 때문입니다.

나는 학문적 발전 자체를 위해서도, 아니 특히 학문적 발전을 위해서야말로 강의실에서 가치판단과 사실판단이 뒤섞이는 것을 거부합니다. 나는 우리 역사학자들이 쓴 저작의 분석을 통해, 학자가 자신의 가치판단을 개입시킬 때마다 '사실'에 대한 이해가 온전히 이루어지지 못함을 입증해 보일 뜻이 있습니다. 그렇지만 그것은 오늘 강연의 주제를 벗어나고, 또 긴 논쟁을 필요로 할 것입니다. 다만 여기서 나는 다음과 같이 묻고자 합니다. 독실한 가톨릭 신자와 프리메이슨 비밀결사단*24이 함께 교회형태 및 국가형태 또는 종교사에 대한 강의를 들을 경우, 도대체 어떻게 해야 그들이 이 주제들에 대해서 똑같은 가치평가를 내릴 수 있겠습니까? 그런 일은 결코 있을 수 없습니다. 그럼에도 대학교수는 자신의 지식과 방법이 그들 모두에게 유익하기를 바라며, 또 그렇게 되도록 노력해야 합니다. 그렇지만 독실한 가톨릭교도는 기독교의 교리적 전제들에 얽매이지 않은 교수가 기독교 발생과정 관련 사실들에 대해서 제시하는 견해는 결코 받아들이지 않을 것이라고 여러분은 당연히 말할 것입니다. 물론 그렇습니다. 그러나 차이는 다음과 같은 것에 있습니다. 종교에 속박되는 것을 거부한다는 의미에서 '전제 없는' 학문은 사실 '기적'과 '계시'를 모릅니다. 기적과 계시를 가지고 작업한다면, 학문은 그 자신의 '전제'를 어기는 것이 될 것입니다. 그에 반해 신자는 기적과 계시, 그 모두를 알고 있습니다. 그러므로 앞에서 말한 '전제 없는' 학문은 이 신자가 다음과 같은 점은 인정할 것을—그 이상은 아닙니다—요구합니다. 즉, 만약 우리가 기독교의 발생과정을 설명할 때, 경험적 설명에서는 인과적 요인으로는 배제되는 그러한 '계시'와 '기적' 등과 같은 초자연적 힘의 개입을 제쳐놓고 설명해야한다면, 기독교의 발생과정은 위에서 말한 전제 없는 학문이 보여주는 바대로 설명될 수밖에 없다는 것을 인정하는 것, 그리고 신자는 자신의 신앙을 배반하지 않고서도 이것은 인정할 수 있습니다.

그렇다면 학문의 성과는 다음과 같은 사람, 즉 실증적 사실 그 자체는 아무래도 상관없고 실천적 입장만이 중요한 사람에게는 아무런 의미가 없는 것일까요? 아마 그렇지는 않을 것입니다. 먼저 한 가지를 지적할 수 있습니다. 만약 누군가가 유능한 교수라면, 그의 첫 번째 임무는 학생들에게 그들 자신의 가치입장의 정당화에는 불리한 사실들—즉, 학생의 당파적 견해에 비추어볼 때 학생 자신에게 불리한 그런 사실들—을 인정하는 법을 가르치는 일입니다. 모든 당파적 견해에는—예를 들면 나의 견해도 포함해서—매우 불리한 사실들이 있습니다. 만약 대학교수가 그의 수강자들을 그것에 익숙해지도록 유도한다면, 그는 단순한 지적 업적 그 이상을 행하는 것이라고 나는 생각합니다. 너무나 소박하고 당연한 일에 대한 표현치고는 어쩌면 너무 장중하게 들릴지 모르지만, 나는 감히 그것을 '도덕적 업적'이라고까지 부르고 싶습니다.

지금까지 나는 교수가 강의실에서 자기 개인의 가치관적 입장의 강요를 피해야 할 실제적 이유에 대해서만 말했습니다. 그러나 그것으로 문제가 끝난 것은 아닙니다. 확고하게 주어진 것으로 전제된 목적에 대한 수단을 논의하는 경우를 제외하고는 실천적 입장을 '학문적으로' 옹호할 수 없다는 사실은 훨씬 더 깊은 이유를 가지고 있습니다. 그 이유란 세계의 다양한 가치질서들이 서로 해소될 수 없는 투쟁 속에 있기 때문에 실천적 입장의 학문적 옹호는 원칙적으로 무의미하다는 사실이 바로 더 깊은 이유입니다. 제임스 밀[25]이 언젠가 "만일 우리가 순수한 경험에서 출발한다면, 우리는 다신교에 도달할 것이다" 말하였는데, 나는 그의 철학을 다른 점에서는 높이 평가하고 있지 않습니다만, 이 점에서는 그가 옳다고 생각합니다. 그의 이 명제는 피상적으로 표현되어 있고 역설적으로 들리겠지만 진리가 담겨 있습니다.

오늘날 우리가 다시 얻게 된 통찰이 있다면 그것은 바로 다음과 같은 것입니다. 즉, 어떤 것은 그것이 아름답지 않음에도 신성할 수 있을 뿐 아니라, 또 그것이 아름답지 않기 때문에, 그리고 그것이 아름답지 않은 한에서만 신성할 수 있다는 것입니다.[26] 여러분은 이에 대한 증거를 이사야서 제53장과 시편 제22편에서 찾을 수 있습니다. 그리고 어떤 것은 그것이 선한 것이 아님에도 또 그것이 선한 것이 아닌 바로 그 부분에서 아름다울 수 있다는 것을 우리는 니체 이래로 다시 알게 되었습니다. 그리고 니체 이전에는 보들레르가 〈악의 꽃〉이라고 이름 붙인 그의 시집에서 그러한 생각을 형상화하고 있음을 볼 수 있습니다. 또한 어떤 것은 아름답지도 않고 신성하지도 않으며 선하지도 않음에도, 또 그렇기 때문에 객관적 사실이라는 의미에서 참된 것일 수 있다는 것은 누구나 다 아는 일입니다. 그러나 이것들은 개별적 질서 및 가치의 신들 사이에 벌어지는 투쟁의 가장 근본적 차원일 뿐입니다.

이보다 더 구체적 차원의 예를 하나 들자면, 가령 어떻게 프랑스문화의 가치를 독일문화의 가치와 비교해서 '학문적으로' 그 우열을 결정할 수 있을지 나는 모릅니다. 여기에서도 역시 서로 다른 신들이 싸우고 있으며, 이 싸움은 영원히 계속될 것입니다. 이 상황은, 신들과 데몬*²⁷의 주술로부터 깨어나지 못했던 옛 세계의 상황과 같습니다. 다만 이제 그 의미가 달라졌습니다. 물론 고대 그리스사람들이 처음에는 아프로디테에게, 다음에는 아폴로에게 그리고 각자는 무엇보다도 자신의 도시 신에게 제물을 바친 것처럼 오늘날에도 외적 사정은 같습니다. 다만, 오늘날은 이 신들이 탈주술화 되었고 또 여러 신을 섬기는 위에 나온 고대인들의 태도의 신비적인, 그러나 내적으로 진실된 생생함도 더 이상 존재하지 않습니다. 그런데 이 신들과 이들의 투쟁을 지배하는 것은 운명이지 결코 그 어떤 '학문'도 아닙니다. 우리가 할 수 있는 것이라고는 단지, 개개 학문은 각각 무엇을 신적(神的)인 것으로 간주하고 있는지, 그리고 개개 질서에서는 각각 무엇이 신적인 것으로 여기고 있는지를 이해하는 것뿐입니다. 그러나 이것을 이해시키는 것으로 이 문제에 대해 교수가 강단에서 할 수 있는 일은 완전히 끝이 납니다. 물론 그것으로 이 문제에 담겨 있는 중대한 삶의 문제 자체가 끝나는 것은 아니지만 말입니다. 그러나 삶의 문제에 관해서는 이제 대학 강단 이외의 힘들이 발언권을 갖게 됩니다. 누가 감히 주제넘게 산상수훈의 윤리를, 가령 '악에 저항하지 말'라는 계명이나, 한쪽 뺨을 맞으면 다른 쪽 뺨을 돌려 대라는 비유를 '학문적으로 반증'하려고 하겠습니까?

그렇지만 세속적 관점에서 보면, 여기서 설교되고 있는 것 이 자긍심 포기의 윤리라는 것은 분명합니다. 따라서 우리는 이 윤리가 제공하는 종교적 존엄성과, 이와는 전혀 다른 태도, 즉 '악에 저항하라, 그렇지 않으면 너도 그 악의 폭정에 책임이 있다'는 태도를 요구하는 당당한 자긍심 가운데 어느 하나를 선택해야 합니다. 각자에게는 그가 가진 궁극적 입장에 따라서 앞의 두 대안 가운데 하나는 악마가 되고 다른 하나는 신이 됩니다. 저마다 자기에게는 무엇이 신이고 무엇이 악마인지를 결정해야 합니다. 그리고 이것은 삶의 모든 질서에 걸쳐서 그렇습니다. 그런데 그러한 다신교적 상황은 고대에 이미 존재했습니다. 예언종교에서 발전해 나온 윤리적, 체계적 생활 영위가 가진 그 위대한 합리주의가 이 다신교를 '필요한 단 하나의 것', 즉 유일신을 위해서 퇴위시켜 버렸습니다. 그러나 그 뒤 합리주의는 외적이고 내적 삶의 현실에 직면하면서 우리 모두가 기독교의 역사에서 알고 있는 저 타협과 상대화의 길을 걸어야 했습니다. 그리고 이러한 타협과 상대화가 오늘날에는 종교적 '일상'입니다. 옛날의 많은 신들은 이제 그 주술적 힘은 잃어버리고 비인격적 힘의 모습으로, 그들의 무덤에서 기어 나와 우리 삶을 지배하고자 하며 또다시 서로간의 영원한 투쟁을 시작하고 있습니다. 그러나 바로 현대인에게 매우 힘든 것은, 특히 젊은 세대에게 가장 힘든 것은 그러한 일상을 견뎌내는 것입니다. '체험'에 대한 모든 추구는 이러한 나약함에서 나오는 것입니다. 왜냐하면 시대의 운명을 진지하게 정면으로 바라볼 수 없다면 그것은 나약함의 징표이기 때문입니다. 지난 천 년 동안 우리는 기독교윤리의 숭고한 열정에 배타적으로—아무튼 배타적이었다고 주장되거나 상정됩니다만—지향함으로써 가치갈등 또는 신들의 전쟁과 같은 상황을 볼 수 있는 눈이 멀어 버렸지만, 이제 다시 이러한 가치갈등이라는 상황을 더욱더 뚜렷이 의식하게 되었으며, 이것은 우리 서구 근대 문명의 피치 못할 운명입니다.

그렇지만 매우 포괄적인 이런 문제들에 관한 논의는 이 정도로 해둡시다. 그런데 몇몇 젊은이들은 지금까지 말한 모든 것에 대해서 다음과 같이 대응할 수 있습니다. "예, 좋습니다. 그러나 우리는 어쨌든 단지 분석과 사실 확인만이 아닌 다른 어떤 것을 체험하기 위해서 강의실에 들어가는 것입니다." 그렇다면 이들은 교수에게서 교수로서의 자질과는 다른 어떤 것을 찾는 잘못을 범하고 있는 것입니다. 즉, 이들은 교수가 아니라 지도자를 찾고 있는 것입니다. 그러나 우리는 단지 교수로서만 강단에 섭니다. 이 두 가지는 서로 별개의 것입니다. 그리고 교수와 지도자가 별개라는 것을 여러분 스스로 쉽게 확인할 수 있습니다.

내가 여러분을 다시 미국으로 인도하는 것을 양해해 주시기 바랍니다. 왜냐하면 우리는 미국에서 그러한 일을 종종 가장 순수한 원초적 형태로 볼 수 있기 때문입니다. 미국의 젊은이는 독일의 젊은이와는 비교할 수 없을 정도로 훨씬 더 적게 배웁니다. 그러나 미국의 젊은이는 엄청나게 많은 시험을 치르는데도 학창생활의 의미를 기준으로 볼 때 아직은 독일의 젊은이처럼 절대적인 시험인간은 되지 않았습니다. 왜냐하면 그곳에서는 시험 합격증서를 관직봉록(官職俸祿)제국 입장권으로 간주하는 관료제가 아직 초보적 단계에 있기 때문입니다. 젊은 미국인은 그 어떤 것에 대해서도, 그 누구에 대해서도, 그 어떤 전통에 대해서도 또 그 어떤 직책에 대해서도 존경심을 가지고 있지 않습니다. 그가 존경심을 가지고 있다면 그것은 단지 상대의 개인적 업적에 대해서뿐입니다. 미국인은 이것을 '민주주의'라고 부릅니다. 이 개념의 의미에 비해서 미국의 현실이 아무리 왜곡된 상태에 있다 하더라도 민주주의라는 말의 의미는 이것이며, 그리고 여기서 중요한 것은 이것입니다.

미국인은 자기 앞에 서 있는 교수에 대해서 다음과 같이 생각합니다. 그는 그의 지식과 방법을 우리 아버지의 돈을 받고 나에게 파는데, 이것은 채소장수 아주머니가 우리 어머니에게 양배추를 파는 것과 조금도 다를 것이 없다. 그것으로 끝입니다. 물론 교수가 가령 축구의 명장(名將)일 경우에, 이 교수는 이 방면에서는 그의 지도자입니다. 그러나 그가 축구의 명장 또는 다른 스포츠분야에서 그와 비슷한 위인이 아니라면, 그는 단지 교수일 뿐 그 이상 아무 것도 아닙니다. 그러므로 그 어떤 미국 젊은이도 이 교수로 하여금 자신에게 '세계관'이나 또는 자신의 삶의 영위에 기준이 될 규칙들을 팔게 할 생각은 하지 않을 것입니다. 물론, 미국 젊은이들의 태도를 나처럼 이런 식으로 묘사한다면, 여러분은 아마도 그들의 태도에 거부감을 느낄 것입니다. 그러나 내가 의도적이며 극단적 방식으로 표현한 이러한 정서에 일말의 진리가 들어 있지는 않을까 자문해 보시기 바랍니다. 여러분! 여러분은 이와 같이 우리에게 지도자의 자질을 요구하면서 우리의 강의에 들어오고 있습니다. 그러나 100명의 교수 가운데 99명은 결코 스스로를 인생의 축구 명장, 또는 삶의 영위 문제에 대한 '지도자'라고 여기고 있지 않으며, 또 그래서도 안 된다는 점을 여러분은 잊어버리고 있는 것입니다.

한번 깊이 생각해 보십시오. 인간의 가치는 그가 지도자 자질을 갖고 있느냐에 따라 결정되는 것은 아닙니다. 그리고 어쨌든 어떤 사람을 뛰어난 학자와 대학교수로 만들어주는 자질은 실천적 삶의 지향목표 설정 문제 또는 특히 정치의 영역에서 그를 지도자로 만들어주는 그런 자질이 아닙니다. 교수 가운데 누군가가 지도자의 자질도 가지고 있다면, 그것은 순전히 우연입니다. 강단에 서게 되는 사람마다 자신이 지도자 자질을 발휘하도록 요구받고 있다고 느낀다면 그것은 매우 우려되는 일입니다. 더 걱정되는 것은 교수라면 누구나 강의실에서 지도자 행세를 할 수 있다는 것입니다. 왜냐하면 자신을 지도자로서 가장 적격이라고 생각하는 사람이야말로 흔히 지도자 자격이 없는 사람이기 때문입니다. 그리고 무엇보다도 강단에서는 그들이 지도자인지 아닌지를 검증할 수 있는 그런 상황이 아닙니다. 자신이 젊은이의 조언자로 소명을 받았다고 느끼며, 또 그들의 신뢰를 받는 교수는 그들과 인간 대 인간으로서의 개인적 교제에서 이 소명에 헌신해도 좋습니다. 그리고 그가 세계관 및 당파적 견해들의 투쟁에 개입해야 한다는 소명감을 느낀다면, 그는 바깥 인생의 시장에서는 그렇게 해도 좋습니다. 신문 지상이나 집회, 또는 협회나 그가 원하는 곳이면 어디에서나 말입니다. 그러나 참석자들, 그것도 어쩌면 자신과는 달리 생각할 수도 있는 참석자들이 침묵하고 있을 수밖에 없는 곳에서, 즉 강의실에서 교수가 신념 고백자로서 용기를 보여주는 것은 아무래도 너무 안일한 태도입니다.

여러분은 결국 다음과 같은 질문을 제기할 것입니다. 사정이 그러하다면 도대체 학문은 실천적·개인적 '삶'에 어떤 긍정적 기여를 하는가? 이러한 질문으로 우리는 다시 학문의 '소명'이라는 문제로 되돌아갑니다. 먼저 지적되어야 할 것은, 학문은 우리가 생활을 어떻게 잘 꾸려나갈 수 있는가, 다시 말해 어떻게 외적 사물과 인간행동을 계산을 통해 잘 다룰 수 있는가에 대해 기술적 지식을 제공합니다. 그렇지만 그것은 앞서 미국 젊은이의 예에서 본, 채소 장수 아주머니의 역할에 불과한 것이 아닌가라고 여러분은 말할 것입니다. 나도 전적으로 동의합니다. 그러나 채소 장수 아주머니는 제공해 줄 수 없는 반면에 학문은 제공해 줄 수 있는 것이 있는데, 그것은 사고의 방법, 사고의 도구 및 사고를 위한 훈련입니다.

이에 대해 여러분은 아마도 다음과 같이 말할 것입니다. 물론 그것은 채소는 아니지만, 그것도 역시 채소를 얻기 위한 수단에 지나지 않다고 말입니다. 좋습니다. 오늘 이 문제는 이 정도로 접어둡시다. 그러나 다행히도 학문이 하는 일은 아직 그것으로 끝나는 것은 아닙니다. 우리 학자들은 여러분이 명료성을 얻도록 도와줄 수 있습니다. 물론 이 말은 우리 자신이 명료성을 가지고 있음을 전제로 하고 있습니다. 그러한 경우에 한해서 우리는 여러분에게 다음과 같은 것을 명백하게 해줄 수 있습니다. 즉 사람들은 그때그때 현안이 되어 있는 가치문제에 대해서—편의상 사회현상을 예로 생각해 보십시오—실천적으로 이러저러한 입장을 취할 수 있다는 점, 만일 사람들이 이런 또는 저런 입장을 취한다면, 그 입장을 실제로 실현하기 위해서는 학문의 경험에 비추어 볼 때 이러이러한 수단을 사용해야 한다는 점입니다. 그렇지만 그 수단 자체가 아마도 당신이 거부해야 한다고 생각하는 그런 것일 수도 있다는 점을 명백하게 해줄 수 있습니다.

마지막으로 언급된 경우에서는 여러분이 특정한 목적과 이것의 실현에 불가피한 수단 사이에서 선택해야 합니다. 이 목적이 그 수단을 정당화합니까? 아니면 하지 않습니까? 교수는 그 선택의 불가피성을 여러분에게 보여줄 수 있습니다. 그러나 그가 선동가가 되지 않고 교수로 남고자 한다면 그는 그 이상은 할 수 없습니다. 물론 그는 더 나아가서 여러분이 이러이러한 목적을 원한다면, 경험상 이 목적의 실현에 수반되어 나타나는 이러이러한 부수적 결과도 함께 달게 받아야 한다고 말할 수 있습니다.

그러면 여러분은 또다시 위에서 말한 것과 똑같은 상황, 즉 목적과 불가피한 수단 사이에서 선택해야 하는 상황에 처하게 됩니다. 물론, 이 모든 것은 기술자들이 흔히 맞닥뜨리는 문제이기도 합니다. 왜냐하면 기술자는 많은 경우보다 작은 폐해의 원칙 또는 상대적으로 가장 좋은 것이라는 원칙에 따라서 결정해야 하기 때문입니다. 다만 그의 경우에는 대개 한 가지 가장 중요한 것이 주어져 있습니다. 바로 목적이 주어져 있는 것입니다. 그러나 참으로 '궁극적' 문제들이 현안이 되어 있을 경우, 우리에게는 기술자의 경우처럼 목적이 주어져 있지 않습니다. 그리고 이로써 우리는 마침내 학문 자체가 명료성을 위해서 수행할 수 있는 마지막 역할에 도달하는 동시에 그 한계에도 도달합니다. 우리 학자들(또는 교수들)은 여러분에게 다음과 같이 말할 수 있고 또 말해 주어야 합니다. 이러이러한 실천적 입장은 그 의미상 이러이러한 궁극적인 세계관적 기본입장—이 기본입장은 하나일 수도 아니면 여러 개일 수도 있습니다만—에서 내적으로 일관되고 순수하게 도출될 수 있으며, 그 밖의 다른 이러이러한 기본입장에서는 도출될 수 없다는 것입니다. 비유적으로 말하자면, 당신이 어떤 특정한 입장을 취하기로 결단을 내린다면, 당신은 이 신만을 섬기고 다른 신에게는 모욕을 주는 것입니다. 왜냐하면 만약 당신이 자기 자신에게 충실하다면, 당신은 위의 특정한 입장으로부터는 궁극적으로 이러이러한 의미를 가진 내적 결론에 반드시 도달하기 때문입니다. 적어도 원칙적으로는 그것이 가능합니다. 전문 철학분야 및 그 밖의 개별 학문분야에서 진행되는, 그 본질상 철학적인 원론적 논의들은 바로 이런 과업을 수행하고자 합니다. 만약 우리가 우리의 과제를 옳게 이해하고 있다면(여기서는 이것이 전제되어야 합니다), 우리는 개개인에게 그 자신의 행위의 궁극적 의미에 대해 설명하도록 유도할 수 있으며 아니면 적어도 개개인이 그런 설명을 할 수 있도록 도와줄 수 있습니다.

내가 보기에 여러분의 사적인 삶과 관련해서도 이 도움은 결코 작은 것이 아니라고 생각합니다. 만일 교수가 그렇게 하는 데 성공한다면, 나는 여기에서도 다음과 같이 말하고 싶습니다. 그는 '도덕적' 힘에 봉사하고 있다고, 다시 말하여 명료함과 책임감을 일깨우는 의무에 봉사하고 있다고 말입니다. 그리고 교수가 스스로 수강자에게 특정 입장을 강요하거나 암시하는 행위를 양심적으로 피하면 피할수록 위의 과업을 수행할 수 있는 그의 능력은 더욱더 커질 것이라고 나는 생각합니다. 물론 내가 여기서 여러분에게 제시하는 이러한 견해는 항상 다음과 같은 하나의 기본상황에서 출발하고 있습니다. 즉 신이 어떤 형이상학적 또는 종교적 준거 없이 그 자체로서 존재근거를 가지고 있고, 또 그 자체로서 이해되는 한, 삶은 오로지 저 신들 사이의 영원한 투쟁이 될 수밖에 없다는 기본상황 말입니다. 이것을 산문적으로 표현하자면, 삶에 대해 우리가 취할 수 있는 궁극적 입장들의 합치 불가능성 및 이 입장들 사이의 투쟁 중재 불가능성이라는 기본상황입니다. 따라서 우리는 필연적으로 이 입장들 가운데 하나를 위해 결단을 내려야만 합니다. 이러한 사정 아래서 학문이 어떤 사람의 '천직'이 될 가치가 있느냐, 또 학문 자체가 객관적으로 가치 있는 '소명'을 갖고 있느냐 하는 것은 또 다른 가치판단의 문제이며, 따라서 강의실에서는 이에 대해 아무것도 말할 수 없습니다. 그러나 대학에서 강의를 하고자 할 경우, 이 질문에 대한 긍정적 대답은 그 전제조건입니다. 나 개인적으로는 학문적 활동을 통해서 이미 그 질문에 대해서는 긍정적으로 대답한 셈입니다. 더욱이 오늘날의 젊은이들이 하는 바와 같이, 아니면—대부분의 경우—하고 있다고 착각하고 있는 바와 같이, 주지주의를 가장 저질의 악마로서 증오하는 입장을 취할 경우에도, 아니 바로 이런 입장의 경우에 특히 그러합니다(즉 학문의 가치에 대한 긍정이 그 전제조건입니다). 그 경우 젊은이들에게 다음과 같은 격언이 적용될 수 있기 때문입니다.

"악마, 그는 늙었다. 그러므로 그를 이해하려면 너도 늙어야 한다는 것을 염두에 두어라."*28

이 말은 출생증명서라는 의미에서 '늙는다'는 것을 뜻하는 것이 아닙니다. 이 말은 악마를 지배하려 한다면 오늘날 매우 흔히 일어나는 바와 같이 '악마', 즉 '학문'이라는 악마 앞에서 달아나서는 안 되며 그의 길을 끝까지 파악해야만 비로소 그의 힘과 한계를 알게 된다는 것을 뜻합니다. 학문은 오늘날에는 '자기성찰'과 사실관계의 인식에 기여하기 위해 전문적으로 행해지는 '직업'일 뿐, 구원재(救援財)와 계시를 희사(喜捨)하는 심령가나 예언자의 은총의 선물이 아니며, 또한 세계의 의미에 대한 현인과 철학자의 사색의 일부분도 아닙니다. 물론 학문의 이러한 전문직업화는 우리의 역사적 상황의 불가피한 조건으로 우리가 자기기만에 빠지지 않는 한 우리는 이 조건으로부터 헤어날 수가 없습니다. 그런데 지금 다시 여러분 안에 있는 톨스토이가 일어나서 다음과 같은 질문을 던진다고 합시다.

"우리는 실로 무엇을 해야 하는가, 또 우리는 어떻게 우리의 삶을 설계해야 하는가?"

또는 오늘 강연에서 사용한 언어로 표현한다면,

"'우리는 서로 싸우는 신들 가운데 어느 신을 섬겨야 하는가, 아니면 이들과는 전혀 다른 어떤 신을 섬겨야 하는가, 만약 그렇다면 이 다른 신은 누구인가?' 이 질문에 학문이 대답하지 못한다면 누가 대답할 수 있단 말인가?"

이에 대해서는 예언자나 구세주가 대답할 것이라고 말할 수밖에 없습니다. 예언자가 없거나 또는 그의 예언이 더 이상 믿어지지 않는다고 해서, 수천 명의 교수들이 국록을 받거나 특권을 누리는 소예언자로서 강의실에서 그 역할을 수임하려 시도한다고 해도 결코 진정한 예언자가 지상에 다시 등장할 수 있게 되는 것은 아닙니다.

강단의 이런 소예언자들이 초래할 결과는 단 하나밖에 없습니다. 즉 '우리의 젊은 세대 중 매우 많은 사람들이 갈망하는 그런 예언자는 이제 없다'라는 결정적 사실이 가진 의미의 막중함을 그 젊은 사람들이 깨닫지 못하도록 한다는 결과입니다. 강단예언과 같은 그 모든 대용물들은 신으로부터 소원해진 시대, 예언자가 없는 시대에 사는 것이 우리의 운명이라는 이 근본적 사실을 종교적 감수성을 지닌 사람과 그 밖의 사람들에게 은폐합니다. 이러한 은폐는 특히 진실로 종교적으로 '음감(音感)이 있는' 사람 즉, 종교적 감수성을 소유한 사람의 내적 목표 실현에 전혀 도움이 되지 않는다고 나는 생각합니다. 그의 종교적 감관(感官)의 정직성은 이러한 은폐에 대해서 아마도 분명히 반발할 것입니다.

그러면 '신학'이 존재한다는 사실과 또 신학이 '학문'이라고 하는 주장에 대해서는 도대체 어떤 태도를 취해야 하는가 여러분은 묻고 싶을 것입니다. 이에 대한 대답을 회피하지 맙시다. '신학'과 '교리'는 어디에나 있는 것은 아닙니다만, 그렇다고 특히 기독교에만 있는 것도 아닙니다. 신학과 교리는 '시간을 따져 올라가면' 이슬람교, 마니교*29, 그노시스교*30, 오르페우스교*31, 조로아스터교, 불교, 힌두교의 여러 종파, 도교, 우파니샤드, 유대교에도 상당히 발전된 형태로 있었습니다. 물론 이 신학들이 체계적으로 발전된 정도는 서로 매우 다릅니다.

예를 들면 유대교에 비해서 서양의 기독교는 신학을 더 체계적으로 확장하려 노력했고 또 확장했습니다. 기독교에서 신학의 발전이 단연 가장 큰 역사적 의의를 지녀왔다는 것은 결코 우연이 아닙니다. 헬레니즘 정신이 그것을 창출했는데, '분명히' 동양의 모든 신학이 인도의 사상으로 소급되는 바와 같이, 서양의 모든 신학은 헬레니즘 정신으로 거슬러 올라갑니다. 모든 신학은 종교적 구원 획득의 주지주의적 합리화입니다. 물론 어떤 학문도 절대적으로 무전제(無前提)적일 수는 없습니다. 그리고 그 어떤 학문도 그 전제를 거부하는 사람에게는 자신의 가치를 입증할 수 없습니다. 그러나 모든 신학은 자신의 학문적 작업과 존재의 정당화를 위해서 몇 가지 특수한 전제를 더 추가하고 있습니다. 물론 이 전제들의 의미와 범위는 신학에 따라 서로 다릅니다. 힌두교의 신학을 비롯하여 모든 신학은, 예컨대 세계는 필연적으로 의미를 가지고 있다는 전제를 받아들이고 있습니다. 그리고 신학의 문제는, 세계가 유의미하다는 사실이 사유의 대상이 될 수 있게 하기 위해서는 이 의미를 어떻게 해석해야 하는가 라는 것입니다. 이것은 칸트의 인식론이 "학문적 진리는 존재하며, 그것은 타당하다"라는 전제에서 출발한 다음, 어떤 사고 전제조건들 아래서 '유의미하게' 이것이 가능한가라고 물었던 것과 같습니다. 또는 현대의 미학자들이—예를 들면 루카치*32처럼 명백하게든 혹은 실제적으로든—"예술품은 존재한다"라는 전제에서 출발한 다음, 이것은 어떻게 해서 '유의미하게' 가능한가라고 묻는 것과 같습니다.

그러나 신학은 일반적으로 그러한 '본질적으로 종교철학적인' 전제로는 만족하지 않습니다. 오히려 신학은 보통 그 이상의 전제로부터 출발하고 있습니다. 즉 일정한 '계시들'을 구원에 중요한 사실로서—요컨대 비로소 의미 있는 삶의 영위를 가능하게 해주는 그러한 사실로서—전적으로 믿어야 한다는 전제, 그리고 일정한 상태와 행위가 신성함의 성질을 갖고 있다는 전제, 다시 말해서 이런 상태와 행위가 종교적으로 의미 있는 삶의 영위나 그러한 삶의 구성요소를 형성한다는 전제에서 출발합니다. 그렇다면 그들의 그 다음 질문은 다음과 같은 것이 될 것입니다. 전적으로 받아들여야 하는 이러한 전제들은 하나의 총체적 세계상 안에서 어떻게 해석될 수 있는가? 이 경우 그 전제들 자체가 신학에서는 '학문'이라는 영역의 바깥에 있습니다. 그 전제들은 통상적 의미에서의 '지식'이 아니라 '소유'입니다. 그것들—신앙 또는 그 밖의 성스러운 상태들—을 '소유하지' 않은 사람에게는 그 어떤 신학도 그것들을 대신 제공해 줄 수는 없습니다. 하물며 다른 학문이 이것을 대신 제공해 줄 수 없다는 것은 말할 필요도 없습니다. 오히려 정반대로 모든 '계시' 종교적 신학에서는, 신자는 언젠가 "불합리하지만 믿는 것이 아니라, 바로 불합리하기 때문에 나는 믿는다"라는 아우구스티누스의*33 명제가 적용되는 상황에 이르게 됩니다.

'지성의 희생'이라는 대가(大家)다운 일을 할 수 있는 능력은 계시종교 신봉자의 결정적 특징입니다. 그리고 이러한 상황에서 우리가 도출할 수 있는 인식은, 신학에도 불구하고 '아니면 오히려 바로 이 사정을 밝혀내는 신학 때문에', '학문'의 가치영역과 종교적 구원의 가치영역 사이의 긴장은 극복될 수 없다는 것입니다. 당연히 제자만이 예언자에게, 그리고 신자만이 교회에게 '지성의 희생'을 바칩니다. 그러나 다음과 같은 방법으로 뭔가 새로운 예언이 탄생한 적은 없습니다. 많은 사람에게 거부감을 주었던 다음과 같은 상황을 나는 여기서 의도적으로 되풀이해 이야기합니다. 즉, 오늘날 많은 지식인들은 자신의 영혼을 이른바 진짜임이 보증된 골동품들로 장식해서 채우고 싶은 욕구를 갖고 있는데, 근래에 이르러 이들은 그러한 골동품에는 한때 종교도 속했다는 것을 새삼 깨닫고 있는 듯합니다. 이들은 종교를 가지고 있지는 않지만 그 대신에 세계 곳곳에서 가져온 성화들로 장난스럽게 꾸민 가정 예배소를 대체물로 치장하거나 아니면 갖가지 체험으로 그 대용물을 만들어 냅니다. 이들은 이 체험들에 신비한 신성소유의 존엄성을 부여하고는 이 대용물을 가지고 독서시장에 팔러 다니고 있습니다. 이것은 단순히 사기이거나 자기기만입니다.

그와는 반대로, 최근에 조용히 늘어난 청년단체들 가운데 많은 단체들은 그들 자신의 인간적 공동체관계를 종교적 관계로, 우주론적인 또는 신비한 관계로 해석하고 있습니다. 의미상으로 자신을 종종 잘못 이해하고 있긴 하지만 그들의 이런 해석은 결코 사기가 아니라 매우 진지하고 진실된 것입니다. 모든 진정한 형제애의 발휘에는 이 행위를 통해 초개인적 세계에 불멸의 어떤 것이 추가된다는 인식이 깔려 있을 수 있다는 것은 분명한 사실이지만, 순수하게 인간적 공동체관계의 존엄성이 그러한 종교적 해석을 통해 증대되는지는 다소 의심스럽습니다. 그렇지만 이것은 이미 우리의 주제가 아닙니다.

합리화와 주지주의화, 특히 세계의 탈 주술화가 특징인 우리 시대에는 바로 가장 숭고하고 궁극적인 가치들이야말로 공공의 장에서 물러나 신비주의적 삶의 은둔 세계로 퇴장했거나, 아니면 개인들 상호간의 직접적 형제애 관계 속으로 퇴장했습니다. 이것이 이 시대의 운명입니다. 우리 시대의 최고예술은 은밀한 예술이지 결코 웅대한 예술이 아니라는 점은 우연이 아닙니다. 또한 전에는 예언적 성령의 형태로 대규모 신도공동체들에 매우 열정적으로 전파되면서 그들을 결속시켰던 힘이, 오늘날에는 아주 작은 공동체 내부에서만 인간 대 인간의 관계로 매우 약하게 고동치고 있다는 것도 우연이 아닙니다. 만일 웅대한 예술에 대한 지향을 억지로 창출하고 '발명'하려고 한다면, 그것은 지난 20년 동안의 많은 기념비적 건축 사례에서 보았던 것처럼 매우 한심한 기형들을 낳을 것입니다. 진정한 예언 없이 새로운 종교적 혁신들을 고안하려고 한다면, 내적 의미에서는 앞에서 지적한 예술의 경우와 비슷한 어떤 것이 발생할 것인데, 그 꼴은 틀림없이 더 볼썽사나울 것입니다. 그리고 강단예언은 결국 광신적 종파들만 만들어 낼 뿐, 결코 진정한 공동체를 만들어내지는 못할 것입니다.

　시대의 이러한 운명을 당당하게 견디어 낼 수 없는 사람에게는 다음과 같이 충고하는 것이 옳을 것입니다. 즉 흔히 그러 하듯이 전향자(轉向者)임을 공공연하게 떠들지 말고, 차라리 소박하고 조용하게, 옛 교회의 넓고 자비로운 품안으로 돌아가라고 말입니다. 교회 또한 그의 이러한 전향을 위해 문을 열어 놓고 있습니다. 이때 그는 어쩔 수 없이 지성을 희생해야 합니다. 그가 진정으로 그렇게 할 수 있다면, 우리는 그를 이 희생 때문에 나무라지는 않을 것입니다. 왜냐하면 무조건적인 종교적 헌신을 위한 그러한 지성의 희생은 소박한 지적 성실성 의무를 회피하는 것과는 도덕적으로 여하튼 다른 것이기 때문입니다. 이런 회피는 자신의 궁극적 입장에 대해 명료해질 용기를 지니지 못하고, 이 지적 성실성의 의무를 나약한 상대화를 통해 벗어버리려고 할 때 나타납니다. 나는 종교적 헌신이 강단예언보다 더 가치 있다고 생각합니다. 이 강단예언자들은 강의실 안에서는 소박한 지적 성실성 이외에는 그 어떠한 덕도 통용되지 않는다는 것을 분명하게 인식하지 못하고 있는 것입니다. 그러나 이러한 지적 성실성이 우리에게 요구하고 있는 것은, 오늘날 새로운 예언자와 구세주를 고대하는 수많은 사람들의 상황이 바로 이사야서에 서술된 망명시대의 저 아름다운 에돔의 '파수꾼의 노래'[*34]가 들려주는 상황과 똑같다는 것을 인정하라는 것입니다.

　'에돔의 세일 산에서 외치는 소리가 들려온다. 파수꾼아, 밤이 아직도 얼마나 남았느냐? 파수꾼이 말하기를, 아침은 올 것이다. 그러나 지금은 아직 밤이니라. 묻고 싶거든, 다른 때 다시 오너라.'

　이 말을 들은 민족은 2천 년이 훨씬 넘도록 묻고 고대해왔는데, 우리는 이

민족의 충격적 운명을 알고 있습니다. 우리는 이 운명에서 교훈을 얻고자 합니다. 즉 갈망하고 고대하는 것만으로는 안 되며 그것과는 다른 길을 택해야만 한다는 교훈, 우리의 일에 착수하여 '일상의 요구'를—인간적으로나 직업상으로나—완수해야 한다는 교훈 말입니다. 그러나 각자가 자신의 삶을 조종하는 데몬을 찾아서 그에게 복종한다면, 일상의 요구란 소박하고 단순한 것입니다.

〈주〉

*1 베버는 여기서 자신이 가졌던 교수직(프라이부르크대학, 하이델베르크대학) 그리고 이 강연 당시 곧 취임이 예상되었던 교수직이 모두 경제학 교수직이었다는 점을 염두에 두고 '우리 경제학자들'이라는 표현을 쓰고 있다. 그러나 실질적으로는 1909년 '독일 사회학회' 창립에 주도적 역할을 한 이후부터 베버는 스스로를 '사회학자'로 여기고 있었다.

*2 즉, 거창한 '이론적'구도가 아니라 세세한 현실적 조건들에 우선 주목한다는 뜻이다. (이하 이 책의 주는 모두 역자 주임)

*3 Ludwig Uhland(1787~1862). 독일의 시인이자 문예이론가. 후기 낭만주의의 대표적 시인 중 한 사람이다.

*4 베버가 이 강연 원고를 출판할 당시 1차 세계대전 종전 직후 독일에서 일어난 일련의 혁명적 과정들 가령 '바이에른 주의 수도 뮌헨에서의 혁명정부 수립'을 의미한다.

*5 Hermann Ludwig Ferdinand von Helmholtz (1821~1894)는 독일의 물리학자, 생리학자이자 철학자. 철학자로서는 초기의 신칸트학파에 속했다. 베버는 헬름홀츠와 랑케를 '학자'로서는 위대했지만, '교수'로서는 소양이 부족했던 사례로 여기고 있다.

*6 Leopold von Ranke(1795~1886). 독일 역사학자. 그는 역사학에서 과학적 방법을 확립한 근대 역사학의 아버지로 간주된다. 또한 그는 각 민족, 각 시대의 개성적 특질과 그 질적 발전을 중시하는 '역사주의'학파의 창시자 가운데 한사람이며, 그의 역사서술은 단지 학술적 가치뿐 아니라 높은 문학적·예술적 수준을 겸비한 것으로 유명하다.

*7 die Unsterblichen이란 프랑스 학술원을 뜻한다. 정원 40명의 종신회원으로 구성되어 있다. '불사(不死)'라고 한 것은 회원이 사망한 경우에는 신입회원이 선발 보충되어 항상 40명을 유지한다는 데서 한 말이다. 여기서는 연구에 종사하기만 하면 죽을 때까지 그 지위가 보장되는 단체라는 의미에서 이 말을 쓴 것 같다.

*8 Julius Robert von Mayer(1814~1874). 독일의 의학자이자 물리학자. 1840년에 의사로서 자바로 항해하던 중에 선원에게 일어난 방혈이 추운 지역일수록 선홍색이 되는 것을 관찰하고, 몸의 열경제가 변화한 때문이라고 생각하여 여기서 '에너지 불멸의 법칙'

을 창시하기에 이른다. 이 법칙에 엄밀한 수학적 표현을 부여한 사람이 다름 아닌 헬름홀츠이다.

＊9 Rudolf von Jhering(1818~1892)은 독일의 로마법학자. 1872년 괴팅겐 대학교수. 법철학자로 19세기 독일법학에 가장 큰 영향을 끼친 인물 가운데 하나이다.

＊10 Karl Weierstrass(1815~1897). 독일의 수학자. 1864년 베를린대학 교수. 수학에서 해석 함수론의 정립자로 유명하다.

＊11 Mania. 광기라는 뜻의 그리스어. 플라톤 철학의 중요개념으로서, 병자의 광기와는 다른, 신으로부터 부여된 신적 광기를 뜻한다.

＊12 Intellektualisierung. 여기서 '주지주의'란 知·情·意 등 인간의 마음을 이루는 속성들 가운데 지의 측면, 즉 이성·지성·오성으로 지칭되는 지의 기능을, 감정(주정주의)이나 의지(주의주의)의 기능보다도 상위에 두는 입장을 뜻하는 것으로 이해된다.

＊13 Hottentotte. 아프리카의 나미비아 남부에 사는 유목민족.

＊14 〈구약성서〉 '창세기'에 기록되어 있는 이스라엘인의 시조.

＊15 플라톤의 인식론에 따르면 지식은 개념으로 실현되며, 후천적으로 얻는 것이 아니다. 또한 개념의 대상은 감각적 세계가 아니다. 개념은 통일적인 것, 영원한 것에 대한 답이기 때문이다. 개념적 인식의 대상은 감각적인 것들과 독립적으로 존재하는 이데아의 세계이다. 플라톤의 이러한 사상의 원천은 베버도 지적하고 있듯이 소크라테스임은 두말할 나위도 없다. 소크라테스에 따르면 표상은 특수하여 언제나 변화될 수 있지만, 개념은 보편적이고 불변적이며 사물의 본질을 내포한다. 따라서 올바른 개념의 발견이 인식의 목적이 된다.

＊16 공작물을 고정시키는 공구.

＊17 Jan Swammerdam(1637~1680). 네덜란드의 박물학자이자 해부학자. 미소(微小)동물, 특히 곤충의 정밀한 해부학적 연구에 있어서 획기적이었다.

＊18 베버는 아마도 스콜라철학의 방법을 염두에 둔 듯하다.

＊19 Philipp Jacob Spener(1635~1705). 독일 경건주의 지도자. 루터파교회의 내부쇄신운동을 일으켜 독일 경건주의의 제1세대를 형성했다.

＊20 니체의 〈차라투스트라는 이렇게 말했다〉 제1부 제5절에 나오는 구절. 여기서 차라투스트라는 곡예사의 공연을 기다리는 군중에게 '초인'에 대해 설파하면서, 초인에 대한 극단적 대비인간형으로서 안정과 안락, 즉 나태한 '행복'만을 추구하는 소심하고 나약하며 미래가 없는 '최후의 인간'을 제시하고 있다.

＊21 19세기 말에는 반도덕적 퇴폐주의와 탐미주의가 팽배했다. 이런 경향에 대한 반동으로 인생의 뒤에 숨은 어두운 면에만 주목하는 작가에게 악마주의적이라는 비판적 낙인이 찍혔다. 보들레르가 중요한 예이다. 베버는 여기서 이런 배경을 암시하고 있는 것 같다.

* 22 Dietrich Schaefer(1845~1929). 독일의 역사가. 1901~1921년 베를린대학 교수. 국수주의적 견지에 서는 역사가로서 평화주의를 강력히 비판하고, 정치에도 관여하였다.

* 23 Friedrich Wilhelm Foerster(1869~1921). 독일의 철학자, 교육가. 1913년 뮌헨대학 교수. 정치적으로는 독일 내 평화주의 운동의 중요한 지도자였다.

* 24 프리메이슨(Freemason)은 18세기 초 영국에서 결성된 국제적 우애비밀결사단체이다. 프리메이슨의 구호는 자유·평등·박애였고, 프랑스혁명에서 이 구호가 혁명이념으로 이용되었다.

* 25 James Mill(1773~1836). 영국의 경제학자, 철학자, 역사학자, 대표적 공리주의자. 존 스튜어트 밀의 아버지.

* 26 즉, 근대에 들어서면서 '아름다움'에 대한 가치기준과 '신성함'에 대한 가치기준은 서로 전혀 다른 것이 된다. 따라서 이 기준들은 서로 "해소될 수 없는 투쟁" 관계를 형성하게 된다는 것이다. 이 명제는 본문에서 연이어 '객관적 사실의 세계'(眞), '도덕적 선함의 세계'(善), '아름다움의 세계'(美) 사이의 관계에서도 적용되고 있다.

* 27 베버는 아마도 플라톤적 의미에서의 데몬을 의미하고 있는 것으로 보인다. 플라톤은 데몬(Däamon)을 인간과 신 사이의 중간적 위치를 차지하는 영적 힘들로 규정하고 있다. 이것은 따라서 데몬의 통상적 의미인 악령, 악마, 귀신 등과는 구분되는 의미이다. 베버는 이 용어를 주로 플라톤적 의미에서 쓰고 있지만, 이 문맥에서는 통상적 의미도 함께 내포되어 있다고 볼 수 있다.

* 28 괴테의 〈파우스트〉제2부 제2막. '악마' 메피스토펠레스의 대사.

* 29 3세기 경 고대 페르시아의 조로아스터교를 바탕으로 파생된 종교.

* 30 그리스 말기의 종교. 그노시스는 그리스어로 '지식'으로서 신의 직관에 의해 체험되는 초감성적인 세계에의 깨달음을 의미한다. 뒷날 그리스도교와 결합하여 그리스도교 그노시스파가 되었다.

* 31 고대 그리스 종교. 기원전 7~5세기 무렵에 번성하였으며, 참가자를 한정하여 비밀의식을 가지는 종교이다.

* 32 Georg von Lukács(1885~1971). 헝가리의 정치가, 저술가. 한때 공산당이었으나 1919년 이래 망명하여 빈으로 옮겼다. 여기서는 베버가 편저자의 한 사람으로 있는 잡지에 실린 그의 논문 〈현대극의 사회학(1914)〉에 대하여 말하는 듯하다.

* 33 Aurelius Augustinus(354~430). 로마말기 라틴교부, 신학자, 철학자, 성인. 라틴교부 철학을 대변하는 인물로서, 봉건시대의 신학과 철학의 발전, 나아가 유럽 지성의 발전에 지속적 영향을 미쳤다.

* 34 〈구약성서〉 '이사야' 제21장 제10절~제12절에 있다.

Politik als Beruf

직업으로서의 정치

직업으로서의 정치

여러분의 요청에 따라 이 강연이 이루어지게 되었지만, 이 강연은 여러 의미에서 여러분을 실망시키리라고 생각합니다. 어쩌면 여러분은 직업으로서의 정치에 관한 강연이라면 요즘 시사문제에 대한 어떤 입장표명이 있지 않을까 은연중에 기대할 것입니다. 그러나 이러한 입장표명은 우리 생활에서 정치적 행위가 지니는 의미에 관한 몇 가지 문제를 제기하는 마지막 부분에 가서, 그나마도 아주 형식적 방식으로만 제시될 것입니다. 또한 나는 오늘 강연에서 우리가 어떤 정치를 하는 것이 옳은지, 다시 말해 우리의 정치적 행위에 어떤 내용을 담는 것이 옳은지에 관련된 문제는 전혀 다루지 않을 것입니다. 그러한 문제는 직업으로서의 정치란 무엇이며 어떠한 의미를 지닐 수 있는가, 이런 일반적 문제와는 아무런 관계가 없기 때문입니다. 그럼 이제 본론으로 들어갑시다.

여러분, 정치란 무엇일까요? 정치 개념은 범위가 매우 넓어서 독자적인 모든 지도적 활동이 모두 그 안에 들어갑니다. 현재 우리가 은행의 외환정책이라든가 중앙은행의 어음할인정책, 파업할 때 노동조합의 정책이 어떠어떠하다는 표현을 쓰며, 또한 도시나 농촌, 지방자치단체의 학교정책, 어떤 단체 이사회의 협회운영정책, 심지어 남편을 조종하는 영리한 아내의 정치라는 표현까지도 씁니다. 물론 오늘 저녁 나의 강연은 이런 광범위한 정치 개념에 기초하고 있지 않습니다. 나는 정치를 단지 다음과 같은 의미로만, 즉 정치적 조직체—오늘날 이것은 곧 국가입니다만— 운영 또는 이 운영에 영향을 미치는 활동의 의미로만 쓰고자 합니다.

사회학적 관점에서 보는 '정치적' 조직체, 즉 '국가'란 무엇입니까? 사회학적으로 보자면 다른 정치적 조직체와 마찬가지로 국가 역시 하는 일이 무엇인가에 따라 정의될 수 없습니다. 왜냐하면 정치적 조직체가 이따금이나마 다루지 않는 일이란 거의 없으며, 또 우리가 오늘날 국가라고 부르는 정치적 조직체—또는 역사적으로 근대국가에 앞서서 존재했던 조직체—만이 해야 할 일이라고 말할 수 있는 것은 없기 때문입니다. 따라서 우리는 근대국가를 사회학적으로, 결국 그것의 업무내용이 아니라 오히려 그것이 고유하게 지니고 있는 특수한 수단을 준거로 정의할 수밖에 없는데, 이 수단이란 곧 물리적 강제력입니다. 물론 이것은 근대국가 이외의 다른 모든 정치적 지배체제도 가지고 있는 수단이기는 합니다만. "모든 국가는 폭력에 그 기초를 두고 있다." 트로츠키가 브레스트—리토브스크*¹ 시에서 한 이 말은 정말 옳습니다. 만약 모든 사회적 조직체가 강제력이라는 수단을 갖지 않는다면, '국가'라는 개념은 사라질 것이고, 특정한 의미에서 '무정부상태'라고 할 수 있을 만한 현상이 나타날 것입니다. 물론 나는 지금 여기서 강제력이 국가가 가진 통상적 수단이라거나 유일한 수단이라고 말하는 것은 결코 아닙니다. 그러나 강제력이 국가 특유의 수단인 것은 분명합니다. 그리고 다른 어느 때보다 오늘날에야말로 국가와 강제력과의 관계는 특히 긴밀합니다. 과거에는 친족에서부터 시작하여 매우 다양한 조직체들이 물리적 강제력을 지극히 정상적 수단으로 사용했습니다. 그에 반해 오늘날에는 특정한 영토 내에서—이 점, 즉 영토는 현대국가의 특성 중의 하나입니다—정당한 물리적 강제력의 독점을 성공적으로 관철시킨 유일한 인간공동체는 곧 국가라고 보아야 할 것입니다. 왜냐하면 현대에 와서 국가 이외의 다른 모든 조직체나 개인은 오로지 국가가 정하는 범위 내에서만 물리적 강제력을 행사할 수 있을 뿐이기 때문입니다. 즉, 오늘날 국가는 강제력을 사용할 권리의 유일한 원천입니다. 요약컨대 정치란 국가들 사이에서든, 한 국가 내의 집단들 사이에서든 권력에 참여하려는 노력 또는 권력배분에 대해 영향력을 행사하고자 하는 노력을 뜻한다고 말할 수 있습니다. 이 정의는 대체로 정치 개념의 일상적 용법과도 들어맞습니다. 가령 우리는 어떤 특정한 문제를 정치적 문제라고 말하며, 특정 각료나 관리를 정치적 색깔이 있다고도 하고, 어떤 특정한 결정은 정치적으로 이루어졌다고 말하기도 합니다. 이럴 때 정치적이라는 말이 뜻하는 바는, 권력의 배분과 유지 및 권력의 이동에 관련된 이해관계가 문제해결에 가장 중요한 요소이며, 또한 이 이해관계가 문제에 어떻게 대답할 것인지 하는 결정에 영향을 끼치고, 그리고 해당 관료의 활동영역을 규정한다는 것입니다. 정치활동을 하는 사람은 권력을 추구합니다. 그가 추구하는 권력은 이념적 목적 또는 이기적 목적을 이루기 위한 수단일 수도 있고 권력 자체를 위한 권력일 수도 있는데, 후자의 경우 그는 권력이 주는 우월감을 만끽하기 위해서 추구하는 것입니다.

역사적으로 국가에 앞서 존재했던 정치조직체들이 모두 그러했듯이, 국가는 정당한 (다시 말하여, 정당하다고 간주되는) 강제력이라는 수단을 바탕으로 성립되는 인간의 인간에 대한 지배관계입니다. 따라서 국가가 존속하려면 피지배자가 그때그때 지배집단이 주장하는 권위에 복종해야 합니다. 그런데 피지배자들은 어느 때에, 무엇 때문에 복종할까요? 이러한 지배는 어떤 내적 정당화근거와 외적 수단에 기반하고 있는 것일까요?

내적 정당화의 근거, 다시 말하여 지배의 정당성 근거로는—우선 이 문제부터 시작하겠습니다만—원칙적으로 세 가지가 있습니다. 첫째로 영원한 과거가 지닌 권위로서, 이것은 아득한 옛날부터 통용되어 왔고 또한 습관적으로 준수되어서 신성화된 관습의 권위입니다. 오랜 형태인 가부장과 가산제 군주가 행사하는 전통적 지배가 이에 속합니다. 다음으로 비범한 개인의 천부적 자질인 카리스마에 의거한 권위를 들 수 있습니다. 여기서는 한 개인이 전하는 신의 계시, 그가 가진 영웅적 자질 또는 다른 지도자적 자질에 대해서 피지배자가 순전히 개인적으로 헌신하고 신뢰하는 것이 지배 정당성의 근거가 됩니다. 이것은 카리스마적 지배로서 예언자나—정치 분야에서는— 선출된 전제군주, 국민투표에 의거한 통치자, 탁월한 선동정치가(데마고그) *², 정당지도자들이 행사하는 지배가 여기에 속합니다.

마지막으로 합법성에 의거한 지배가 있습니다. 이것은 합법적 규약의 타당성에 대한 믿음, 그리고 합리적으로 제정된 규칙이 정하는 객관적 권한의 타당성에 대한 믿음에 의거한 지배입니다. 그러므로 여기서 복종은 법규가 규정한 의무의 수행을 뜻하며, 이 복종 관념에 의거하여 지배가 행사됩니다. 이것은 근대적 관료를 비롯하여 관료와 비슷한 모든 권력자가 행사하는 지배형태입니다. 물론 현실에서는 공포와 희망—주술적 세력이나 권력자의 복수에 대한 공포, 내세 또는 현세에서의 보상에 대한 희망—이라는 강력한 동기와 그 밖에 매우 다양한 이해관계가 복종을 유도합니다. 이에 대해서는 곧 논의하게 될 것입니다. 그러나 복종에 대한 정당성의 근거를 추적하면, 우리는 세 가지—전통적, 카리스마적, 합법적—순수 유형에 이르게 됩니다. 이러한 정당성 관념들과 이들의 내적 근거는 지배구조에서 매우 중요한 의미를 갖습니다. 물론 현실에는 이러한 순수 유형이 거의 존재하지 않습니다. 오늘 이 자리에서 순수 유형이 현실에서 보이는 복잡한 변형, 이행 형태, 결합 형태를 다룰 수는 없습니다. 이것은 일반국가론에 속하는 문제입니다. 여기서 우리가 주목하고자 하는 것은 무엇보다도 두 번째 유형, 즉 복종자들이 지도자의 순전히 개인적 카리스마에 헌신함으로써 성립되는 지배유형입니다. 왜냐하면 바로 여기에 정치에 대한 가장 수준 높은 천직 관념이 그 뿌리를 내리고 있기 때문입니다. 사람들이 예언자나 전쟁 지도자, 교회나 의회에서 보는 뛰어난 민중선동가의 카리스마에 몸을 바치는 것은 그런 인물을 내적으로 소명을 받은 인간 지도자로 인정하기 때문입니다. 따라서 사람들이 그에게 복종하는 것은 전통이나 법규 때문이 아니라 그에 대한 믿음 때문입니다. 만약 이 지도자가 편협하고 허영심에 찬 일시적 벼락출세자 이상의 인물이라면, 대의(大義)를 위해 살며 자신의 과업을 이룰 것입니다. 그리고 그의 신봉자들, 즉 그의 사도, 추종자, 전적으로 사적인 동조자들은 '그'라는 인간 자체 및 그의 자질 때문에 헌신합니다. 역사적으로 중요했던 카리스마적 지도자의 두 유형은 첫째 주술사회 예언자, 둘째 선출된 전쟁군주나 도당의 수령 또는 용병대장 같은 인물인데, 이 두 유형은 과거 어느 시대 어느 곳에서나 등장했습니다. 그러나 서양만이 가진 특이한 유형—그리고 이것이 우리의 주된 관심사입니다만—은 다음과 같은 형태의 정치적 지도자입니다. 먼저 도시국가를 배경으로 발전하였던 자유 시민층의 데마고그를 들 수 있습니다. 도시국가 자체가 그러했듯이 데마고그도 서양 특유의, 특히 지중해 문명권 특유의 현상이었습니다. 그 다음 의회 내의 정당 지도자를 들 수 있습니다. 이런 정치적 지도자는 입헌국가를 토대로 발전했으며, 이것 역시 서양 특유의 현상입니다. 그러나 물론, 가장 본래적 의미에서의 소명에 의거한 이러한 카리스마적 정치가들만이 정치적 권력투쟁의 장에서 유일하게 중요한 인물들은 결코 아닙니다. 오히려 이들이 활용할 수 있는 보조수단의 성격이 어떠한지가 매우 중요합니다. 그러면 정치적 지배층은 자신의 지배권을 유지하기 위하여 먼저 무엇부터 시작할까요? 이 질문은 모든 종류의 지배에 대해, 즉 전통적 지배, 합법적 지배 또는 카리스마적 지배 등 모든 형태의 정치적 지배에 대해서도 제기될 수 있습니다.

지속적 행정체제를 구축하려는 모든 지배조직은 다음 두 요건을 필요로 합니다. 첫째, 정당한 권력의 담당자임을 주장하는 지배자에게 복종하도록 인간의 행위를 조율하는 것. 둘째, 이러한 복종을 이용하여 상황에 따라 불가피한 물리적 폭력행사에 필요한 물질적 재화를 확보하는 것. 다시 말해 지속적 지배조직은 첫째, 복종하도록 조율된 행정 간부진이라는 인적 요건과 둘째, 행정수단이라는 물적 요건을 필요로 합니다. 다른 모든 조직의 경우에도 그러하지만, 정치적 지배조직의 경우에도 행정 간부진이 곧 이 조직의 외양입니다. 그런데 행정 간부진이 권력자에 대한 복종의 사슬에 얽매이게 되는 것은 앞서 언급한 정당성 관념 때문만이 아니라는 점은 자명합니다. 이들을 복종하게 하는 데는 그 밖에도 두 가지 수단이 있는데, 이는 모두 이들의 개인적 이해관계에 호소하는 수단입니다. 즉, 물질적 보상과 사회적 명예가 바로 그것입니다. 가신의 봉토, 가산제 관리의 봉록, 근대 공무원의 봉급, 기사의 명예, 신분적 특권, 공무원의 명예심 등, 이런 것들이 그들이 받는 보상입니다. 그리고 이런 보상들을 잃지 않을까 하는 두려움이야말로 행정 간부진과 권력자 사이에 생긴 연대감의 궁극적이고 결정적인 토대입니다. 그리고 이것은 카리스마적 지배에도 해당됩니다. 전쟁에 참여한 부하들에게는 전리품과 명예가 주어지며, 데마고그의 추종자들에게는 엽관(獵官)*3—즉, 관직의 독점을 통한 피지배자의 착취—이나 정치적 배경을 가진 이권 그리고 허영심 충족이라는 추가보상이 주어집니다. 강제력에 의거하는 모든 지배는 그의 유지를 위해 기업체의 경우와 마찬가지로 일정한 물질적·외적 재화가 필요합니다. 그런데 통치자에게 복종하는 행정 간부진—이들이 관료든 누구든 간에—이 가령 화폐, 건물, 군수물자, 차량, 말 등과 같은 행정수단에 대해 갖는 권리를 규정하는 원칙은 크게 볼 때 두 가지로 나눌 수 있습니다. 첫째, 행정 간부진이 행정수단을 독자적으로 소유한다는 원칙과 둘째, 행정 간부진을 행정수단으로부터 '분리한다'는 원칙이 그것입니다. 이 분리원칙이 야기하는 상황은 오늘날 자본주의적 기업 내에서 사무직 봉급자와 프롤레타리아가 물적 생산수단으로부터 '분리되어' 있는 것과 같은 상황입니다. 우리는 하나의 국가가 위 두 원칙 중 어느 원칙에 따라 행정 간부진과 행정수단 사이의 관계를 규정하고 있는가, 이를 기준으로 모든 국가체제를 유형적으로 분류할 수 있습니다. 그러나 먼저 이 두 원칙의 차이를 다시

한 번 덧붙여 설명하자면, 통치자가 행정에 대해 독자적 통제권을 스스로 확보하고 단지 개인적 신하, 고용된 관리, 또는 사적 충신과 심복으로 하여금이 조직을 관리하게 하는가—이 경우 행정관료들은 물적 운영수단의 소유자가 아닙니다. 즉 이 수단을 독자적 권리로 갖고 있지 않습니다. 그들은 통치자의 지위를 받아야 이 운영수단을 쓸 수 있습니다—아니면 그 정반대의 상황인가, 즉 행정 간부들이 행정수단을 독자적으로 소유하는가의 차이입니다. 이 차이를 기준으로 우리는 과거에 있었던 모든 행정조직을 구분할 수 있습니다.

물적 행정수단의 전부 또는 일부가 통치자와 종속관계에 있는 행정 간부진의 수중에 있는 정치체제를 나는 '신분적으로' 조직된 정치체제라고 부르고자 합니다. 예를 들어 봉건적 체제의 경우, 가신은 봉토로 부여받은 영토내의 행정과 사법업무의 비용을 스스로 부담했으며, 전쟁수행을 위한 장비와 식량도 스스로 조달했습니다. 그리고 이것은 그에게 종속된 하위가신들의 경우도 마찬가지였습니다. 이러한 상황이 가신들의 상전인 군주의 권력지위에 영향을 끼쳤음은 두말할 나위도 없습니다. 왜냐하면 군주의 권력지위는 오로지 가신과의 개인적 충성 동맹에만, 그리고 가신의 봉토소유와 사회적 명예의 '정당성' 근거가 군주에게 있다는 사실에만 의거하고 있기 때문입니다. 그러나 우리는 군주 스스로 행정을 관장하고 있는 모습도 정치조직발전 초기에서부터 어디에서나 발견할 수 있습니다. 이 경우에 군주는 노예, 시종, 개인적으로 '총애를 받는 자들'과 같이 그에게 예속된 사람들을 통해서, 그리고 자신의 창고에서 현물과 화폐로 녹봉을 주는 봉록자들을 통해서직접 행정의 장악을 시도합니다. 또한 그는 행정비용을 자신의 영지 수입에서 스스로 부담하며, 자신의 곡식창고와 화약창고 그리고 무기고로부터 무기와 식량을 공급받는 군대, 그러니까 순전히 개인적으로 자신에게 예속된군대를 창설하려 합니다.

'신분적' 체제 아래서 통치자는 자립성이 강한 '귀족'의 도움을 받아 통치를 하며 따라서 귀족과 지배를 공유하는데 반하여, 방금 언급한 유형의 통치자는 가내 예속인들이나 평민들을 활용합니다. 이들은 무산계층이며 아무런독자적인 사회적 명예도 지니지 못한 계층입니다. 이들은 물질적으로도 완전히 통치자에게 예속되어 있으며, 그와 경쟁할 만한 어떠한 자립적 권력기반도 없습니다. 모든 형태의 가부장적, 가산제적 지배, 술탄제적 전제*4 정치와 관료적 국가질서가 이 유형에 속합니다. 특히 바로 근대 국가의 특징이기도 한, 고도로 합리적인 발전단계에 이른 관료적 국가질서가 이 유형에 속합니다.

근대국가의 발전은 어디서나 군주가 그와 공생해 왔던 독립적이며 개인적인 행정권 소유자층의 권한을 박탈함으로써 시작됩니다. 이 계층은 그때까지 행정수단, 전쟁수단, 재정수단 및 기타 정치적으로 이용 가능한 모든 재화들을 직접 소유하고 있던 계층이었습니다. 그런데 위의 박탈과정은 독립적 생산자들의 생산수단을 점차 빼앗음으로써 진행되는 자본주의적 기업의 발전에 전적으로 상응하는 과정입니다. 위에서 말한 정치적 과정의 궁극적 결과로, 근대국가에서는 실제로 모든 정치적 운영수단에 대한 재량권이 단 하나의 정점에 집중되기에 이르렀습니다. 따라서 그 어떤 관리도 자기가 지출하는 돈의 개인적 소유자가 아니며, 자신이 관리하는 건물·비축물·도구·무기 등의 개인적 소유자가 아닙니다. 다시 말하여 오늘날의 '국가'에서는— 그리고 이 점은 국가 개념의 본질적 요소입니다—행정인력을, 즉 행정관료와 행정고용인을 물적 운영수단으로부터 '떼어놓는' 과정이 완전히 관철되었습니다. 이런 상황에서 가장 최근의 사태*5가 일어났는데, 이 혁명적 사태는 우리의 눈앞에서 정치적 수단과 정치권력의 박탈자, 즉 국가라는 박탈자의 권력을 박탈하고자 하는 시도입니다. 그리고 적어도 한 가지 점, 즉 합법적 통치기구들을 지도자들로 대체했다는 점에서 보면, 혁명에 의한 수탈은 성공을 거두었습니다. 다만, 지금까지의 일이—적어도 겉으로 보기에는—순조롭다고 해서 혁명의 앞길이 밝다, 자본주의적 경제경영 내부에서의 수탈에 문제가 없다고 말할 수 없습니다. 이는 다른 문제입니다. 왜냐하면 자본주의적 기업 운영은 정치적 행정과 상당 부분 비슷하기는 하지만, 본질적으로 정치적 행정과는 전혀 다른 법칙을 따르고 있기 때문입니다. 오늘은 이 문제에 대한 저의 입장을 밝히지 않겠습니다. 여기서는 단지 우리의 주제와 관련된, 순수하게 개념적인 측면만을 확인해 두고자 합니다. 근대국가는 공적 법인체의 성격을 띤 지배조직입니다. 이것은 하나의 특정한 영토 내에서, 정당한 물리적 폭력을 지배수단으로 독점하는 데 성공한 지배조직입니다.

근대국가는 이러한 독점을 위해 모든 물적 운영수단을 국가 운영자의 수중에 통합시켰고, 과거에 이 물적 운영수단에 대해 독자적 처분권을 가졌던 모든 자립적 지배층의 권한을 박탈하고 그들의 자리에 국가 자신을 그 정점으로 정립하였습니다. 세계 모든 나라에서, 비록 그 성공의 정도는 다르다 할지라도 이러한 정치적 수탈과정이 진행되어 왔습니다. 이 과정에서 두 번째 의미*6의 '직업정치가'들의 첫 유형이 출현하였는데, 이들은 초기에는 군주 수하의 인물들이었습니다. 이 유형의 직업정치가들은 카리스마적 지도자들처럼 스스로 통치자가 되려는 사람들이 아니라, 정치적 통치자의 수하에 들어간 사람들입니다. 이들은 위에서 말한 수탈 투쟁에서 군주의 편에 섰고, 그의 정책을 집행해 주었으며, 이를 통해 그들은 한편으로 자신들의 물질적 생계기반을 확보하고, 다른 한편으로는 이 활동을 자신들 삶의 이념으로 삼았던 것입니다. 그런데 이런 직업정치가들이 군주 이외의 다른 세력들에게도 봉사했다는 사실 또한 서양 특유의 현상입니다. 아무튼 이들은 군주의 가장 중요한 권력도구였고, 아울러 위에서 말했던 정치적 수탈작업의 도구였습니다.

앞서 언급한 직업정치가들에 대해 자세히 논의하기 전에 먼저 이런 '직업정치가들'의 존재가 만들어내는 상황을 모든 측면에서 명확히 해보도록 합시다. '정치'란 하나의 정치적 조직체 내에서의 권력배분 또는 여러 정치적 조직체들 사이의 권력배분에 영향력을 행사하고자 하는 행위입니다. 이런 의미에서의 '정치'를 한다면 여러 길이 있습니다. 우리는 가령 '임시' 정치가로, 부업정치가로 또는 직업정치가로 정치를 할 수 있으며, 이것은 경제적 영리활동에서 그러한 것과 똑같습니다. 가령 우리가 투표하거나 또는 이와 비슷한 정치적 의사를 밝히거나—예컨대 '정치적' 집회에서 지지 또는 반대 의사 표명—'정치적' 연설을 할 때, 우리는 모두 '임시' 정치가입니다. 그리고 많은 사람이 정치와는 이 정도 관계를 맺을 뿐입니다. 오늘날 부업정치가로는, 예컨대 정당정치에 관련된 여러 단체 대표와 임원진을 들 수 있습니다. 이들은 보통 필요할 때만 정치활동을 하며, 물질적으로나 이념적으로나 이러한 정치활동을 자신들 '삶의 영위'에서 최우선적인 과제로 삼지는 않습니다. 또한 소집될 때만 활동하는 추밀원 및 이와 유사한 자문기관 구성원들의 경우에도 사정은 같습니다. 그리고 우리의 국회의원들 가운데 회기 중에만 정치활동을 하는 상당수의 의원도 이런 유형에 속합니다. 과거에는 이러한 집단들이 특히 지배 신분계층에 많았습니다. 여기서 '신분계층'이란, 군사적 수단이나 행정에 중요한 물적 운영수단 또는 개인적 통치권한을 독자적으로 소유한 계층을 가리키는 개념으로 규정하고자 합니다. 이들 대부분은 그저 간간이 정치에 참여하는 것에 그쳤으며, 정치에 자신의 삶을 온전히, 또는 우선적으로 바치겠다는 생각은 전혀 하지 않았습니다. 그보다 이들은 자신의 통치권한을 지대(地代)의 확보나 심지어는 이윤추구에 활용했습니다. 즉, 이들은 단지 군주 또는 같은 신분의 동료가 특별히 요청했을 경우에만 정치적 조직체에 참여하여 정치활동을 했던 것입니다.

그런데 이들만 그러했던 것은 아닙니다. 군주가 자신에게만 복종하는 정치적 독자조직을 창출하려는 투쟁과정에서 끌어들였던 보좌세력들 중의 일부도 그러했습니다. '궁중소속 고문관' 그리고 더 거슬러 올라가서는 '원로원' 및 군주의 다른 자문기관에 속했던 고문관들 대부분도 이런 성격을 띠고 있었습니다. 그러나 군주가 이렇게 한때 부업으로만 봉사하는 보좌 인력을 가지고는 자신의 업무를 감당해 낼 수 없었다는 것은 자명합니다. 그는 당연히 그에게만 전적으로 봉사하는, 본업적 인력진을 창출하려고 시도했습니다. 그리고 그가 이런 보좌 인력을 어디에서 충원했는지는 해당 시기에 형성되던 왕조의 정치조직 구조에 결정적인 영향을 끼쳤으며, 더 나아가서는 해당 문화의 전체적 특징 형성에도 결정적 영향을 끼쳤습니다. 그런데 군주가 맞닥뜨렸던 것과 같은 불가피한 상황, 곧 본업적 보좌 인력을 충원해야 하는 상황이 군주보다 더 절실했던 정치적 조직체들이 있었습니다. 바로 군주권력의 완전한 제거 또는 그것의 대폭적 제한 아래 스스로를 이른바 '자유로운' 정치공동체로 확립시켜나가던 조직체들이었습니다. 물론 이들이 '자유롭다'는 말은 강제 '폭력'에 의한 지배로부터 자유롭다는 뜻이 아니라, 전통에 의거해 정당화되고 '대부분 종교적으로 신성화되었으며', 모든 권위의 유일무이한 원천이었던 군주권력이 이 조직체들 내에는 존재하지 않았음을 뜻합니다. 이러한 자유 정치 공동체는 역사적으로 서양에서만 생겨났습니다. 이 공동체의 맹아는 지중해 문화권에서 처음으로 등장한, 정치적 조직체로서의 도시에서 찾아볼 수 있습니다. 아무튼 이 모든 경우에서 '본업적' 정치가들은 어떤 모습을 하고 있었을까요?

　정치를 자신의 직업으로 삼는 데에는 두 가지 방식이 있습니다. 하나는 정치를 '위해서'(für) 사는 것이고, 다른 하나는 정치에 '의존해서'(von) 사는 것입니다. 그러나 이 두 방식은 결코 서로 배타적이지 않습니다. 오히려 사람들은 적어도 이념적으로는, 그러나 대부분 실제로도 이 두 방식을 동시에 따르는 것이 보통입니다. 그래서 정치를 '위해서' 사는 사람도 내면적으로 '정치를 자신의 삶의 지주로 삼는다'는 의미에서는 정치에 의존해서 사는 것입니다. 그는 자기가 행사하는 권력의 소유 자체를 즐기거나, 또는 하나의 '대의'에 대한 헌신이 자신의 삶의 의미라는 의식을 통해 내적 균형과 자부심을 얻습니다. 이러한 내적 의미에서 볼 때, 하나의 대의를 위해 사는 진지한 사람은 곧 이 대의에 '의존해서' 산다고도 할 수 있을 것입니다. 그러나 정치를 '위해서' 산다는 것과 정치에 '의존해서' 산다는 것의 구분은 직업으로서의 정치라는 문제가 지닌 훨씬 더 실질적 측면과 연관되어 있는데, 그것은 곧 경제적 측면입니다. 직업으로서의 정치에 '의존해서' 사는 사람은 정치를 지속적 소득원으로 삼고자 하는 사람인데 반해, 정치를 '위해서' 사는 사람의 경우에는 그렇지 않습니다. 사유재산제도의 지배 아래서 한 개인이 이러한 경제적 의미에서 정치를 '위해서' 살 수 있으려면 몇 가지의, 말하자면 매우 통속적 전제조건이 필요합니다. 그는—일상적 상황에서는—정치가 그에게 가져다줄 수 있는 소득에 경제적으로 의존하지 않아야 합니다. 아주 간단하게 말하자면, 그는 부유하거나 아니면 충분한 수입을 보장해 주는 개인적 생활여건을 갖추고 있어야 합니다. 적어도 일상적 상황에서는 그렇습니다. 물론 전쟁 군주의 측근 부하들이나 거리의 혁명영웅의 추종자들은 일상적인 경제적 조건을 무시합니다. 이들은 모두 전리품이나 약탈물, 몰수, 점령분담금, 무가치한 강제 지불수단의 강요 등—이것들은 본질적으로 모두 같은 것입니다만—에 의존해 생활합니다. 그러나 이러한 것들은 부득이한 비일상적 현상들입니다. 그에 반해 일상적 경제 아래서는 독자적 재산만이 경제적 독립을 보장해 줍니다. 그러나 이러한 경제적 독립만으로는 충분하지 않습니다. 정치를 '위해서' 살고자 하는 자는 이에 더하여 경제활동에 '얽매여 있어서'는 안 됩니다. 다시 말해, 그 스스로가 지속적으로 자신의 노동력과 사고력을 전부 또는 상당부분 영리활동에 투여하지 않고도 자신의 수입을 확보할 수 있어야 하는 것입니다. 이런 의미에서 경제활동에 얽매여 있지 않은 가장 완벽한 경우는 이자 내지 지대생활자입니다. 그는 완전히 불로소득 생활자입니다. 이 불로소득의 원천은 과거의 영주와 오늘날의 대지주 및 귀족의 경우와 마찬가지로 대지주일 수도 있고—고대 및 중세의 노예와 농노의 공납도 여기에 포함시킬 수 있습니다—유가증권이나 이와 유사한 근대적 이자수입일 수도 있습니다. 그런데 노동자는 물론이고—이 점은 매우 중요합니다—기업가도, 특히 근대적 대기업가도 방금 언급한 이자생활자가 누리는 것과 같은 여유를 가지고 있지 않습니다. 왜냐하면 기업가야말로 자신의 기업에 얽매여 있으며 경제활동에서 벗어날 수가 없기 때문입니다. 물론 이 점에서 농업분야 기업가는—농업의 계절성 때문에 산업 기업가보다는 훨씬 여유가 있기는 합니다만. 아무튼 기업가는 잠시라도 자기역할을 남에게 맡기기가 대단히 어려운 사람입니다. 이것은 의사의 경우에도 마찬가지입니다. 그가 유명하고 바쁘면 바쁠수록 더욱더 그러합니다. 이 점에서 변호사들은 사정이 조금 나은데, 그것은 전적으로 변호사 업무의 운영기술상 특징에 기인하는 것입니다. 이런 이유에서 변호사는 직업정치가로서는 다른 직종과 비교할 수 없으리만큼 큰 역할을, 때로는 지배적 역할을 해왔습니다. 이런 구체적 사례의 추적은 이쯤 해두고, 이제 지금까지의 고찰이 가진 몇 가지 함의를 명확히 해보기로 합시다. 한 국가나 정당이 '경제적' 의미에서 정치에 의존하여 사는 사람들이 아니라 전적으로 정치를 위하여 사는 사람들에 의해 운영된다 함은, 필연적으로 정치적 지도층이 '금권정치적'으로 충원된다는 것을 의미합니다. 그러나 이 말이, 곧 그 반대도 옳다는 것을 의미하지는 않습니다. 다시 말하여, 금권정치*7 적으로, 즉 자산가들에 의해 국가가 운영된다고 해서 이런 정치적 지배계층이 정치에 '의존해서' 살 생각을 하지 않았다는 것, 다시 말해서 이들이 자신의 정치적 지배를 개인적인 경제적 이익을 위해 활용하지 않았다는 것은 아닙니다. 당연히 그렇지 않았지요. 사실 어떤 식으로든 자신의 지배권을 경제적 이익을 위해 활용하지 않은 지배계층은 지금껏 없었습니다. 따라서 금권정치에 대한 위의 명제가 의미하는 바는 이런 것이 아니라 단지 다음과 같은 것뿐입니다. 즉, 금권정치적 조건 아래서의 직업정치가는 자신의 정치활동에 대해 곧바로 경제적 보상을 추구할 필요가 없는 반면에, 재산이 없는 정치가는 이런 보상을 추구할 수밖에 없다는 것입니다. 그렇다고 해서 재산이 없는 정치가는 오로지 또는 주로 정치를 통한 자신의 경제적 생계확보만을 염두에 두고 있지 '대의'에는 전혀 관심이 없거나, 주된 관심을 두고 있지 않다는 말은 아닙니다. 이보다 더 잘못된 생각도 없을 것입니다. 왜냐하면 경험으로 미루어 볼 때, 자산가들은 자기 생활의 경제적 '안정성'을—의식적이든 무의식적이든—그의 인생 설계에서 최우선적으로 고려하기 때문입니다. 그리고 거꾸로, 재산이 없고 따라서 기존의 경제체제의 존속을 바라지 않는 집단에 속하는 계층이야말로—물론 전적으로 이 계층만이 그런 건 아닙니다만—가장 철저하고 절대적인 정치적 이상주의의 주창자들일 수가 있는 것입니다. 그리고 이것은 특히 비일상적, 즉 혁명적 시기에 그러합니다. 따라서 재산이 없는 정치가에 대한 위의 언급이 의미하는 바는 단지, 만약 우리가 정치지망생, 지도층 및 그 추종자들을 비금권정치적 방식으로 충원하고자 한다면, 그의 당연한 전제조건은 이 정치지망생들이 정치활동을 통해—정기적이고 확실한 수입을 얻을 수 있어야 한다는 것입니다. 정치는 '명예직으로' 수행될 수도 있습니다. 이럴 경우 정치는 흔히 말하듯이 '독립적인' 사람들, 즉 자산가, 특히 이자생활자에 의해 수행됩니다. 아니면 재산이 없는 사람들에게도 정치적 지도층으로서의 길을 열어줄 경우, 이들은 보수를 받아야 합니다. 정치에 의존해서 사는 직업정치가는 순수한 '봉록자'이거나 아니면 유급 '관료'일 수 있습니다. 이런 정치가는 특정한 업무에 대한 수수료 및 사용료—수고비와 뇌물은 이 범주의 한 변형일 뿐이며 그것은 비정규적이고 또한 공식적으로는 비합법적 소득입니다—에서 수입을 얻거나 아니면 고정적 현물급여나 화폐봉급, 또는 이 두 가지를 다 받습니다. 또한 그는 '기업가'적 성격을 띨 수도 있습니다. 가령 과거의 용병대장이나 관직 임차인, 관직 매수인 또는 미국의 보스*8가 그러한 예인데, 미국의 보스는 지출비용을 자본 투자로 간주하고 이 투자가 이윤을 남기도록 영향력을 행사합니다. 또한 정치에 의존해서 사는 직업정치가는 편집장이나 당 서기, 근대의 장관이나 정치관료 등과 같이 고정적인 봉급을 받을 수도 있습니다. 군주나 승리한 정복자, 성공한 수령 등이 그들의 추종자들에게 제공한 전형적 보상은 과거에는 봉토·토지증여, 모든 종류의 봉록, 그리고 화폐경제가 발전한 뒤에는 특히 수수료·봉록 등이었습니다. 오늘날의 정당 지도자들이 충성봉사의 보상으로 배분하는 것은 정당, 신문사, 협동조합, 의료보험, 지방자치단체, 국가기관 등에 있는 모든 관직입니다. 정당 사이의 모든 투쟁은 본질적 목표를 위한 투쟁일 뿐 아니라 관직 수여권을 위한 투쟁이기도 합니다. 예컨대 독일에서 지방분권주의자와 중앙집권주의자 사이의 모든 투쟁은 베를린파, 뮌헨파, 칼스루에파, 드레스덴파 중 어느 파가 관직 수여권을 장악할 것인가를 두고 벌이는 투쟁입니다. 정당들은 관직 참여에서 뒤지는 것을 자신들의 본질적 목표를 배반하는 것보다 더 심각하게 받아들입니다. 프랑스에서는 당 정책에 의한 지방장관의 교체가 정부의 정당 수정보다 더 큰 변혁으로 간주되고, 또 더 큰 소동을 야기했습니다. 실제로 정부의 정당은 순전히 상투어들의 나열이라는 의미밖에는 지니지 못했습니다. 많은 정당들, 특히 미국 정당들은 헌법 해석에 대한 과거의 대립이 사라진 뒤에는 순전히 관직 사냥 정당이 되어버렸으며, 따라서 이들은 자기들의 핵심적 정강도 득표 가능성에 맞추어 바꾸어버립니다. 스페인에서는 최근까지도 상부에서 조작한 '선거'라는 형태를 빌려 두 정당이 관습적으로 정해진 주기에 따라 서로 정권교체를 했는데, 이것은 자신의 추종자들에게 관직을 나눠주기 위한 것이었습니다. 스페인의 식민지에서는 이른바 '선거'라는 것도, 또한 이른바 '혁명'이라는 것도 그 목적이 사실은 국가의 여물통을 차지하는 것입니다. 승리자들은 이 여물통에서 관직이라는 사료를 얻기를 바라는 것입니다. 스위스의 정당들은 비례대표제를 통해 관직을 서로 사이좋게 나누어 갖습니다. 그리고 독일의 상당수 '혁명적' 헌법 초안들, 이를테면 바덴의 1차 헌법초안은 이 관직할당체제를 장관직에까지 확대하고자 했는데, 이것은 국가와 국가관직을 순전히 봉급자 부양기관으로 취급하겠다는 것입니다. 특히 가톨릭 중앙당은 바덴에서 이 초안을 열렬히 지지하면서, 업적에 관계없이 종파에 따라 관직을 비율대로 배분하는 것을 심지어 강령으로 만들기까지 했습니다. 관료제가 일반적으로 관철됨에 따라 관직의 수가 늘고, 각별히 보장된 생계수단의 한 형태로서 관직에 대한 수요가 늘면서 모든 정당에서는 위에서 말한 경향이 강화되고 있으며, 당원들은 점차 정당을 생계를 보장받기 위한 하나의 수단으로 여기게 됩니다.

이러한 경향과는 대조되는 것이 근대 관료층의 발전입니다. 근대 관료층은 오랜 예비교육을 통해 전문적 훈련을 받은 고급 정신노동자로 발전했으며, 청렴성 확립을 위해 신분적 명예심을 높은 수준으로 끌어올렸습니다. 이러한 명예심이 없었더라면 필연적으로 엄청난 부패와 저속한 속물근성이 만연했을 것이며, 이것은 또한 국가기구의 단순한 기술적 작동조차도 위협했을 것입니다. 그런데 이것은 국가기구가 경제에 대해 지니는 중요성이, 특히 국유화의 진척과 함께 지속적으로 증대했고, 또 앞으로도 계속 증대할 것임을 고려하면 심각한 상황이 아닐 수 없었을 것입니다. 미국만 해도 과거에는 대통령선거 결과에 따라, 심지어는 우편배달부에 이르기까지 수십만의 관리들을 갈아치우는 약탈정치가들의 아마추어 행정이 지배했고, 종신직 직업공무원이라는 것은 알지도 못했습니다. 그러나 이런 아마추어 행정은 공무원제도개혁*9에 의해 이미 오래 전에 큰 변화를 겪었습니다. 그리고 이것은 행정이 가진 순전히 기술적 불가피성에 따라 나타난 결과입니다. 유럽에는 거의 500여 년에 걸쳐 서서히 노동분업적 전문 관료층이 발전했습니다. 이탈리아의 도시국가와 시 의회가 그 시초였으며, 군주국가들 중에서는 노르만족의 정복국가가 그 시초였습니다. 그러나 결정적 발전은 군주의 재정분야에서 진행되었습니다. 물론 막시밀리안 황제*10의 행정개혁을 보면, 극도의 곤경과 터키인의 지배라는 위기상황에서조차도 관료층이 재정분야에서 군주의 권력을 제한하는 것이 얼마나 어려운 일이었는가를 알 수 있습니다. 그리고 이 분야는 당시만 해도 아직 주로 기사(騎士) 출신이었던 군주들의 졸렬함이 가장 큰 해를 끼칠 수 있었던 분야였습니다. 그 밖에 전쟁기술 발전은 전문장교를 낳았고, 사법절차의 정교화는 훈련된 법률가를 낳았습니다. 16세기에 오면, 발전된 국가에서는 재정·군사·법률 세 분야에서 전문 관료제가 완전히 정착하게 됩니다. 그리고 이 전문 관료층은 특권적 신분계층에 대한 군주의 승리를 가능하게 했습니다. 그러나 다른 한편으로는 신분계층에 대한 절대군주의 이러한 승리와 동시에 군주는 자신의 절대지배권을 서서히 전문 관료층에게 넘겨주기 시작하였습니다. 전문훈련을 받은 관료층의 상승과 동시에 '고위 정치가들'의 발전도—비록 이것은 관료층의 경우보다는 훨씬 눈에 덜 띄는 과정이기는 했지만—진행되었습니다. 물론 예로부터 세계 어느 곳에서나 이런 종류의, 실질적으로 막강한 권력을 행사하는 군주 자문관들은 있었습니다. 예컨대 동방에서는 통치의 결과에 대한 개인적 책임으로부터 술탄을 되도록 보호하기 위해 '대재상'이라는 전형적 인물이 창출되었습니다. 서양에서는 카를 5세 시대*[11]—이것은 마키아벨리의 시대입니다—에 처음으로 외교술이 의식적으로 육성된 하나의 기술이 되었으며, 이 과정은 특히 당시 외교전문가들이 애독했던 베니스 공사관 보고서들로부터 영향을 받았습니다. 대개 인문주의적 교육을 받은 이 기술의 대가들은 서로 비법을 전수받은 훈련된 집단으로 대했는데, 이것은 마치 최근 동란기의 중국 문인정치가들 경우와도 비슷했습니다. 그런데 국내정치를 포함하여 정치 전반을 한 사람의 정치 지도자가 형식상 통일적으로 지휘해야 할 필요성은 입헌제가 발전함에 따라 비로소 본격적으로, 그리고 불가피하게 대두했습니다. 물론 이전에도 그런 인물은 군주의 자문역으로, 그보다는 군주의 실질적 지도자로 흔히 존재하기는 했습니다만. 그러나 통일적 지휘기능을 가진 정치 지도자의 필요성이 대두하기는 했지만, 정작 행정관청들의 조직화는 가장 발전된 국가들에서조차도 처음에는 다른 길을 갔습니다. 즉 우선은 합의제적 최고 행정관청들이 생겨났던 것입니다. 이론상으로나, 그리고 물론 점차 감소하는 추세이긴 했지만 실제적으로도 이 관청들은 군주의 군림 아래 회의를 했으며, 결정은 군주가 내렸습니다. 이 의제에서는 의견서와 반대의 견서가 다루어졌고, 안건제안에 의거한 투표를 통해 다수파와 소수파가 가려졌습니다. 또 그 당시 점차 아마추어의 지위로 전락하던 군주는 이 합의제를 이용하고, 또한 공식적 최고 관청 이외에도 순전히 개인적인 심복들—즉 당시의 이른바 '내각'—을 거느렸습니다. 그리고 군주는 이들을 통해 자신의 의견을 국가추밀원—명칭이야 어떠하든, 요컨대 국가의 최고관청—에 전함으로써, 전문훈련을 받은 관료들의 압력에서 벗어나고, 최고지휘권을 손에서 놓지 않으려 했습니다. 이렇다 보니 전문 관료와 군주친정 사이의 잠재적인 투쟁은 곳곳에서 벌어졌습니다.

그런데 의회가 등장하고, 의회 내의 정당지도자들이 권력장악을 지향하면서부터 상황은 달라졌습니다. 이런 변화를 야기한 조건들은 매우 다양했습니다만, 그 결과는 겉으로는 같습니다. 물론 이 결과에도 일정한 차이가 있기는 합니다. 이를테면 왕조가 실제 권력을 확고히 장악한 경우에는—독일이 그러했습니다만—어디서나 군주의 이해관계와 관료층의 이해관계가 굳건히 결탁하여 의회 및 의회의 권력추구에 대항하였습니다. 왜냐하면 관료들은 장관직 같은 고위직도 자신들이 차지하여 이런 고위직이 관료승진의 정상적 경로가 되기를 바랐고, 군주는 군주대로 자신에게 충성하는 관료들 가운데서 자기의 재량에 따라 장관을 임명하고자 했기 때문입니다. 그런데 이 둘의 공통된 관심사는 자기 진영의 정치적 지도부가 의회에 대하여 통일되고 단합된 힘으로 대처하는 것이었고, 그러기 위해서는 합의제 체제를 단일한 내각수반으로 대체하는 것이 유리했습니다. 더욱이 정당 간의 투쟁이나 정당들의 공격으로부터 공식적으로는 벗어나 있기 위해서도 군주는 자기를 보호하는 책임 있는 인물, 즉 의회에 나가 답변하고 의회에 반론을 제기하며 정당들과 협상할 수 있는 인물이 필요했습니다. 이러한 모든 이해관계는 한 방향으로 흘렀는데, 그것은 곧 단일지도체제적 관료직—장관의 출현이었습니다. 의회권력의 발전이 정치 지도부의 단일화를 더욱더 강하게 촉진시킨 경우는, 의회가—영국에서와 같이—군주에 대해 우세한 지위를 획득했던 경우입니다. 영국에서는 중심적 의회지도자, 이른바 '리더'를 수반으로 하는 '내각'이 발전했는데, 이 내각은 그때마다의 다수당의—다수당은 공식법상으로는 공인되지 않았지만, 실제로는 유일한 결정적 정치권력이었습니다—위원회와 같은 것이었습니다. 다시 말하여 공식적 합의제 조직들은 그 자체로서는 정당이라는 진정한 지배권력의 기관들이 아니었으며, 따라서 실제적 통치의 주체가 될 수 없었습니다. 지배정당이 대내적으로 권력을 유지하고, 대외적으로 큰 정치를 할 수 있기 위해서 필요로 했던 것은 오히려 다음과 같은 것이었습니다. 한편으로는 당내에서 실질적으로 주도적인 인물들만으로 구성되어 있으면서, 은밀히 협상할 수 있는 그런 강력한 조직, 즉 내각을 필요로 했으며, 다른 한편으로는 국민, 특히 의회여론을 상대로 모든 결정에 대해 책임을 질 수 있는 지도자, 즉 내각수반을 필요로 했습니다. 이러한 영국식 체제는 뒷날 의원내각제 형태로 대륙에 전파되었습니다. 단지 미국 및 미국으로부터 영향을 받은 민주주의 체제에서만 의원내각제와는 전혀 다른 체제가 대안으로 정착되었습니다. 미국식 체제에서는 국민의 직접선거에서 승리한, 정당이 선택한 지도자가 자신이 임명한 관료기구의 수반이 되며, 그는 단지 예산과 입법사항에서만 의회의 동의를 필요로 할 뿐입니다.

정치활동이 이제는 하나의 '지속적 조직 활동'으로 발전하게 되었는데, 이런 활동을 할 수 있으려면 권력투쟁에 대한 훈련 및 근대적 정당제도가 발전시킨 그런 투쟁방법들에 대한 숙달이 필요했습니다. 이러한 발전의 결과, 공직자들도 두 가지 범주로 나뉘게 되었습니다. 물론 이 두 범주의 차이가 그렇게 극단적인 것은 결코 아닙니다만, 그러나 둘은 서로 분명히 구분됩니다. 그 하나는 '전문'관료이고, 다른 하나는 '정치'관료입니다. 본디 의미에서 '정치'관료는 보통 다음과 같은 외적 특징을 지니고 있습니다. 그는 언제든 임의로 전직되고 해임될 수 있으며, '휴직에 처할' 수도 있습니다. 프랑스를 비롯한 다른 나라 정치관료도 마찬가지입니다. 이것은 사법기능을 가진 관료들의 '독립성'과 극단적 대조를 이룹니다. 영국에는 다수당이 바뀌어 내각이 교체되면 관행에 따라 관직에서 사임하는 관료들이 있는데 이들이 이 범주에 속합니다. 특히 '내무 행정' 관료가 그렇습니다. 그의 업무가 가진 '정치적' 요소는 무엇보다도 국내 '질서' 유지, 즉 기존의 지배관계 유지라는 과제입니다. 프러시아에서는 푸트캄머*12의 법령에 따라 정치 관료들이 문책을 면하기 위해서 '정부의 정책을 대변'해야만 했으며, 또한 이들은 프랑스의 지사와 마찬가지로, 선거에 영향을 끼치기 위한 관의 도구로 이용되었습니다. 물론, 독일식 체제에 따르면 대부분의 정치 관료들은 다른 나라 경우와 달리, 여타 모든 관료와 같은 자격을 갖추어야 했습니다. 왜냐하면 정치적 관직의 수임도 대학교육, 전문시험 및 일정한 수습근무를 그 조건으로 했기 때문입니다. 독일에서 근대적 전문 관료층의 이러한 특수한 조건들을 갖지 않고 있는 유일한 층은 정치적 기구의 수장인 장관들입니다. 가령 옛 체제에서는 고등교육을 받지 않고서도 러시아의 교육부 장관이 될 수 있었지만, 국장은 원칙적으로 규정된 시험을 거친 사람만이 될 수 있었습니다. 그리고 전문훈련을 받은 실무 국장이—예컨대 프러시아의 알트호프 장관 시절에—그 분야의 실제적인 기술적 체제들에 대해서는 자기의 상관보다 훨씬 더 정통한 것은 당연한 일입니다. 영국에서도 사정은 다르지 않았습니다. 따라서 실무 국장은 모든 일상적 사안에서는 더 큰 영향력을 발휘할 수 있었습니다. 그리고 이것은 그 자체로서는 불합리한 것이 아니었습니다. 그도 그럴 것이 장관이란 정치적 권력관계의 대리인*13일 뿐이며, 그는 이 권력관계에서 나오는 정치적 지침들을 대변하고, 이 지침들을 기준으로 자기 휘하 전문 관료들의 제안을 검토하여 그들에게 정치적 성격의 적절한 지시를 내릴 의무를 가지고 있었기 때문입니다. 그런데 민간경제의 기업에서도 사정은 이와 매우 비슷합니다. 본디 '주권자'라야 할 주주총회는 기업경영에 있어서 전문 관료의 지배를 받는 '일반 국민'과 마찬가지로 영향력이 없습니다. 그리고 기업의 정책을 수립하는 데 가장 중요한 인물들, 즉 은행의 통제 아래 있는 '이사들'은 단지 사업에 대한 지침을 내리고 기업행정에 필요한 인재를 선발할 뿐이지, 그 자신이 경영을 기술적으로 지도해 나갈 능력은 없습니다. 이 점에서는 현재 혁명국가 구조 역시 어떠한 근본적 혁신도 보여주지 못하고 있습니다. 이 혁명국가는 완전한 아마추어들에게—이들이 기관총을 장악하고 있다는 이유에서—행정권을 넘겨주었으며, 전문적인 훈련을 받은 관료들을 단지 명령을 집행하는 두뇌와 수족으로 이용하고자 할 뿐입니다. 현 체제의 문제점들은 이와는 또 다른 곳에 놓여 있지만, 오늘은 이 문제에 대해서는 언급하지 않겠습니다. 그보다는 이제 '지도자들'과 그 추종자들을 포함하는 직업정치가들의 전형적 특징을 논의해보고자 합니다. 이 특징은 변화해왔고 또 오늘날에도 매우 다양한 모습을 띠고 있습니다.

앞에서 살펴보았듯, 지난날 '직업정치가들'은 독립적 신분계층에 대한 군주의 투쟁에서 군주 편에 서며 발전했습니다. 이러한 직업정치가들의 주요 유형을 간략히 살펴보기로 합시다. 신분계층과의 투쟁에서 군주는 비신분계층 가운데 정치적으로 활용 가능한 계층에 의존하였습니다. 우선 성직자들이 이런 계층에 속했습니다. 이것은 인도의 동부와 서부, 불교시대의 중국과 일본, 라마교 국가인 몽골, 중세 기독교 지역 등 어디에서나 다 마찬가지였습니다. 성직자가 문자를 안다는 점이 그의 기술적 이유였습니다. 바라문승려, 불교승려, 라마승 등을 불러들인다거나 주교나 사제들을 정치고문으로 채용하는 것 등은 어디서나 다음과 같은 의도에서 진행되었습니다.

즉, 문자해독 능력이 있는 행정요원을 확보하여, 황제나 군주 또는 칸*14이 귀족 신분층과 벌이는 투쟁에서 이들을 활용하고자 하는 의도가 그것입니다. 성직자, 특히 독신 성직자는 봉건가신들과 달리 일상적인 정치적 그리고 경제적 이해관계의 소용돌이에서 벗어나 있었으며, 군주에 맞서 자기 후손을 위한 독자적 정치권력을 갖고자 하는 유혹에 빠지지도 않았습니다. 그리고 성직자는 그의 신분적 특성상 군주행정의 행정수단으로부터는 '분리'되어 있었습니다. 두 번째는 인문교육을 받는 문인층이 있었습니다. 우리 시대에도 한때는 군주의 정치적 조언자, 특히 그의 성명서 작성자가 되기 위해서 라틴어 연설문 작성법과 그리스 시 짓는 법을 배우려 했던 시기가 있었습니다. 이때가 인문학자 양성교육기관과 대학 내 왕립 '시학' 강좌가 처음으로 꽃핀 시기였습니다. 물론 독일에서는 이 시기가 곧 끝나버리기는 했지만, 독일의 교육제도에는 지속적으로 큰 영향을 미쳤습니다. 반면에 정치적으로는 그다지 깊은 영향을 미치지 못했습니다. 그런데 동아시아의 경우에는 사정이 달랐습니다. 현대 중국의 고관 '만다린'은, 아니 그보다는 과거의 중국 고관은 본디 서양 르네상스 시대의 인문주의자와 거의 유사했습니다. 즉 그는 예로부터 전수되어 온 문학적 고전들에 대해 인문주의적 교육을 받고 또 시험을 치른 인물이었습니다. 여러분들이 이홍장*15의 일기를 읽어보면, 그가 아직 자신이 시를 짓고 서예에 능하다는 것을 가장 자랑스럽게 생각하고 있음을 알 수 있을 것입니다. 중국 고대를 모범으로 하여 개발된 관습들을 따르는 이 계층은 중국의 운명을 결정지었습니다. 그리고 만약 그 당시 우리의 인문주의자들이 중국에서만큼 성공적으로 스스로를 관철시킬 수 있는 가능성을 조금이나마 가졌더라면 우리의 운명도 중국의 운명과 아마 비슷하게 되었을 것입니다.

세 번째는 궁정귀족층을 들 수 있습니다. 군주들은 귀족층의 신분적 정치권력을 빼앗고서, 이 귀족층을 궁정으로 끌어들여 정치·외교 관련 일을 하게 했습니다. 17세기에 독일의 교육제도가 큰 변화를 겪은 원인 가운데 하나는, 당시 인문주의적 교육을 받은 문인들 대신에 귀족적 직업정치가들이 군주에게 봉사하게 되었다는 데 있습니다. 네 번째는 영국 특유의 현상인 도시 문벌층으로서, 이 계층은 소(小)귀족과 도시의 이자생활자들로 구성되어 있었고 전문 용어로는 '젠트리'*16라고 불렸습니다. 젠트리층은 본디 군주가 남작계급을 견제하기 위해 끌어들인 계층으로서, '자치정부' 관직에 대한 소유권을 주었으나 나중에는 점차 이들에게 의존하게 되었습니다. 이 계층은 자신들의 사회적 권력 확보를 위해 지방행정의 모든 관직을 무보수로 떠맡아 이 관직들을 계속 소유했습니다. 이 계층이 영국을 다른 모든 유럽 대륙 국가들의 운명이 되었던 관료제화로부터 지켜주었습니다.

다섯 번째는 서양, 특히 유럽대륙의 특유한 계층으로서 대학교육을 받은 법률가층이었습니다. 이 층은 유럽 대륙의 정치구조에 대해 결정적 중요성을 가지고 있었습니다. 정치구조의 혁명적 변화가 합리적 국가의 발전이라는 방향으로 진행된 곳이면 어디서나 숙련된 법률가들이 이 변화를 주도했는데, 여기서 관료화된 후기 로마제국의 개정 로마법이 가졌던 엄청난 영향력이 여실히 드러납니다. 영국에서도, 비록 여기서는 대규모의 전국적 법률가 조합들이 로마법의 수용을 방해하기는 했지만, 사정은 마찬가지였습니다. 세계 어느 곳에서도 이와 같은 사례를 찾아볼 수 없습니다.

인도의 미맘사 학파*[17]'가 가졌던 합리적·법률적 사고의 그 모든 맹아도, 그리고 이슬람교가 성취한 고대 법률적 사고의 그 모든 계승·발전도 결국 신학적 사고형태가 합리적·법률적 사고를 압도해버리는 과정을 저지하지 못했습니다. 이 문화권에서는 특히 소송절차가 충분히 합리화되지 못했습니다. 소송절차 합리화는 고대 로마의 법학—이것은 도시국가에서 세계제국으로까지 올라선 매우 독특한 정치체제의 산물입니다만—을 이탈리아의 법률가들이 수용함으로써 비로소 가능해졌던 일입니다. 중세 후기 로마법학자 및 교회법학자들의 '근대적 적용'이 그 한 예이며, 법률적·기독교적 사고에서 태어났지만 후에 세속화된 자연법 이론들 역시 그러한 예에 속합니다. 우리는 이러한 법률적 합리주의의 탁월한 대변자들을 다음과 같은 역사적 사례에서 발견할 수 있습니다. 이탈리아의 시 행정관, 프랑스의 왕실 법률가들,—이들은 왕권이 봉건영주들의 지배를 타파하는 데 필요로 했던 공식수단을 창출했습니다—교회법학자들 및 공회의주의 운동 내의 자연법주의적 신학자들, 대륙 군주들의 궁정 법률가 및 박식한 법관들, 네덜란드의 자연법주의자들과 폭군방벌론자들*[18], 영국의 왕실 법률가 및 의회 법률가들, 프랑스 의회의 귀족들, 그리고 끝으로 혁명기의 변호사들이 바로 그러한 사례입니다. 이러한 법률적 합리주의가 없었더라면 절대주의 국가도 탄생하지 못했을 것이며 혁명도 일어날 수 없었을 것입니다. 만약 여러분이 프랑스의회의 항변서나 또는 17세기부터 혁명의 해인 1789년까지의 프랑스 삼부회*[19]의 진정서를 통독한다면, 여러분은 어디에서나 법률가 정신을 발견할 것입니다. 그리고 여러분이 프랑스 혁명기에 국민회의 구성원들이 가진 직업을 살펴본다면, 이 국민회의가 평등선거법에 의해 선출되었음에도, 단 한 사람의 프롤레타리아와 몇 안 되는 부르주아 기업가, 그리고 수많은 법률가들을 발견할 것입니다. 이 법률가들 없이는, 그 당시 급진적 지식인들 및 그들의 계획에 생명을 불어넣어 주었던 그런 특유의 정신은 생각할 수도 없었을 것입니다. 프랑스 대혁명 이래 근대적 변호사와 근대적 민주주의는 뗄 수 없는 관계가 되었습니다. 그리고 유럽적 의미에서의 변호사 집단, 즉 독립적 신분 계층으로서의 변호사 집단도 역시 서양에서만 존재했습니다. 이 집단은 중세 이래 진행된 소송절차 합리화 과정의 영향 아래 형식주의적·게르만적 소송절차의 '대변자'로부터 발전했습니다. 정당의 출현 이래 서양 정치에서 변호사가 중요한 위치를 차지하게 된 것은 결코 우연한 일이 아닙니다. 정당을 통해 정치를 한다는 것은 곧 이익집단들을 통해 정치를 한다는 것을 뜻합니다. 이것이 무엇을 의미하는지는 곧 보게 될 것입니다. 그리고 어떤 사안을 이해 당사자인 고객에게 유리하도록 이끌어 가는 것, 이것이 곧 숙련된 변호사의 특기입니다. 이 점에서 변호사는 어떤 '관료'보다도 우월합니다. 그리고 적군의 선전[20]이 가진 우월성은 우리에게 이것이 옳다는 점을 가르쳐 주었습니다. 변호사란, 논리적으로 취약하다는 의미에서 '좋지 않은' 사안을 성공적으로 기술 '좋게' 처리하여 승소할 수 있도록 하는 사람입니다. 그리고 변호사들만이 '강력한' 논증으로 지지되어야 할 사안, 이런 의미에서 '좋은' 사안을 승소로 이끄는, 즉 '좋게' 처리할 수 있는 집단입니다. 그에 반해 정치가로서의 관료는 너무나 흔히 기술적으로 '잘못된' 처리를 통해, 위에서 말한 의미에서 '좋은' 사안을 '좋지 않은' 사안으로 만들어버립니다. 우리는 이런 경험을 지난날 여러 차례 했습니다. 아무튼 오늘날 정치는 꽤 많은 부분이 공개적으로 말과 글로써 이루어집니다. 그런데 말과 글의 효과를 신중히 저울질하는 깃은 본디 변호사의 고유한 과제이지, 전문 관료의 과제는 아닙니다. 전문 관료는 데마고그(선동가)가 아니며, 또 그의 목적으로 볼 때, 데마고그여서도 안 됩니다. 만약 그럼에도 그가 데마고그가 되고자 할 경우 매우 형편없는 데마고그가 될 뿐입니다.

3. '관료'와 '정치가'

진정한 관료는—이 점은 독일의 옛 체제를 평가하는 데 매우 중요합니다 —그의 본디 사명에 따르면 정치를 해서는 안 되고, 단지 '행정'만 하게 되어 있으며, 무엇보다도 비당파적 자세로 행정을 해야 합니다. 그리고 이는 '국익', 즉 기존 체제의 사활이 걸린 이해관계가 위협받지 않는 한 '정치적' 행정관료도 마찬가지입니다. 적어도 공식적으로는 말입니다. 진정한 관료는 '분노도 편견도 없이' 그의 직무를 수행해야 하는 것입니다. 다시 말하여 그는 정치가, 지도자 및 그의 추종자들이면 항상 어쩔 수 없이 해야 하는 바로 그것, 즉 투쟁을 해서는 안 됩니다. 왜냐하면 당파성, 투쟁, 정열―분노와 편견―등은 정치가의 본령이며, 특히 정치적 지도자의 본령이기 때문입니다. 지도자의 행동은 관료의 책임과는 전혀 다른, 아니 그와는 정반대되는 성격의 책임원칙을 따릅니다. 관료의 명예는 무엇에 기초하고 있을까요? 그것은 상급 관청이―그의 이의제기에도 불구하고―그가 보기에 잘못된 명령을 고수할 경우, 명령자의 책임 아래, 마치 이 명령이 그 자신의 신념과 일치하는 듯이 양심적이고 정확하게 이 명령을 수행할 수 있는 능력에 기초하고 있습니다. 관료의 이러한, 가장 지고한 의미에서의 도덕적 자기통제와 자기부정 없이는 조직이 붕괴하고 말 것입니다. 이에 반해 정치적 지도자, 주도적 역할을 하는 정치가의 명예는 자신의 행위에 대해 전적으로 자기 스스로 책임을 진다는 것, 바로 그것에 기초하고 있습니다. 그는 이러한 자기 책임을 거부할 수도, 다른 사람에게 전가할 수도 없으며 또 해서도 안 됩니다. 따라서 도덕적으로 가장 지고한 품성을 가진 관료들이야말로 정치가로서는 부적절하고 무책임한―책임개념의 정치적 의미를 기준으로 볼 때 말입니다만―사람들이며, 그리고 이런 의미에서 도덕적으로 낮은 수준의 정치가들입니다. 우리는 유감스럽게도 지금까지 이런 정치가들이 지도적 위치에서 활동하는 것을 되풀이하여 경험했습니다. 이것이 바로 우리가 '관료 지배'라고 부르는 것입니다. 물론 우리가 이렇게 우리 체제의 정치적 결점―성과를 기준으로 평가할 때의 결점―을 적나라하게 밝힌다고 해서 이것이 우리 관료층의 명예에 흠집을 내는 것은 결코 아닙니다. 아무튼 이제 다시 정치적인 관료의 유형에 대한 논의로 돌아가기로 합시다. 입헌국가의 성립 이래, 그리고 무엇보다도 민주주의의 정착 이래로 서양에서는 '데마고그'가 지도적 정치가의 전형이 되었습니다. '데마고그'라는 개념이 부정적 뒷맛을 가지고 있기는 하지만, 우리는 데마고그라는 명칭을 얻은 맨 처음 인물이 클레온*[21]이 아니라 페리클레스였다는 사실을 잊어서는 안 됩니다. 페리클레스는 관직

없이도, 또는 유일한 선거직—고대 민주주의에서 다른 모든 관직은 추첨으로 충원되었습다만—인 최고사령관으로서 아테네 시민의 최고 의결기구인 민회를 이끌었습니다. 그런데 오늘날 대중 선동술은 물론 연설이라는 수단도 이용하지만—그것도 요즘 입후보자들이 해야 하는 선거연설의 수를 보면, 양적으로 엄청나게 많이 이용하지만—그보다는 더 지속적 영향력을 행사하는 수단으로 인쇄된 글을 이용합니다. 그래서 정치평론가와 저널리스트가 오늘날 데마고그적 유형의 가장 중요한 대표자입니다.

이 강연의 범위 내에서 근대 정치 저널리즘의 사회학에 대해 개괄하는 것은 불가능하며, 이 주제는 모든 면에서 하나의 독립적 주제로 따로 다루어져야 할 것입니다. 그러나 몇 가지 점만은 여기서 반드시 언급하고자 합니다. 우선 저널리스트를 포함한 모든 데마고그는 사회계층적으로 어떤 확고한 소속을 가지고 있지 못합니다. 이것은 변호사와 예술가도 마찬가지입니다. 물론 변호사의 경우, 영국 및 과거의 프러시아 변호사들보다는 주로 유럽 대륙 변호사들에 해당합니다다만. 아무튼 저널리스트는 아웃사이더 계층에 속하며, '사회'가 이 계층에 대해 내리는 사회적 평가는 항상 윤리적으로 열등한 이 계층의 대표자들을 기준으로 내려집니다. 그래서 저널리스트 및 이들의 일에 대해서 온갖 이상야릇한 생각이 퍼져 있는 것입니다.

그러나 진정으로 훌륭한 저널리스트적 업적은 어떤 학문적 업적 못지않게 '재능'을 필요로 한다는 것은 그리 잘 알려져 있지 않습니다. 특히 저널리스트의 기사는 지시에 따라 즉시 작성되어야만 하며, 또 곧바로 영향력을 발휘해야만 하기 때문에 재능이 요구되는 것입니다. 그것도 학자와는 전혀 다른 집필 조건 아래서 말입니다. 저널리스트의 책임은 학자의 책임보다 훨씬 더 크며, 모든 성실한 저널리스트의 책임감 역시 평균적으로는 학자의 책임감보다 낮은 것이 아니라 오히려 더 높다는 사실—이번 전쟁으로도 알 수 있다시피—도 거의 무시되고 있습니다. 늘 그러하듯이, 그 이유는 바로 무책임한 저널리스트들의 행동이, 그 결과가 끔찍한 경우가 허다하여 사람들의 뇌리에 계속해서 남아있기 때문입니다.

끝으로, 유능한 저널리스트는 평균적으로 다른 사람들보다 비밀을 더 잘 지킨다는 것은 아무도 믿어주지 않습니다. 그러나 사실은 그러합니다. 저널리스트라는 직업에 수반되는, 다른 직업과는 비교할 수 없을 만큼 강력한 유혹들 및 현재의 저널리스트적 활동의 제반 조건들을 접하는 일반 대중은, 경멸과 동시에 가련한 비겁함이 뒤섞인 감정으로 언론을 바라보게 되었습니다. 이런 상황의 개선을 위해 무엇을 해야 할지에 대해서는 오늘 이야기할 수가 없습니다. 여기서 우리의 관심사는 저널리스트라는 직업이 가진 정치적 직업으로서의 장래, 즉 이들이 정치적 지도자의 지위에 오를 수 있는 기회라는 문제입니다. 지금까지는 사회민주당에서만 이런 유리한 기회가 주어졌습니다. 그러나 사회민주당 내에서 언론편집자의 지위란 대부분 관료적 성격을 지니고 있습니다. 이런 관료적 성격의 편집자 지위는 지도자 지위의 토대가 될 수는 없었습니다. 전반적으로 볼 때, 부르주아 정당들에서는 저널리스트가 이런 경로로 정치적 권력의 지위에 오를 수 있는 가능성이 이전 세대에 비해 오히려 줄어들었습니다. 물론 모든 중요한 정치가는 언론을 통한 영향력을 필요로 했고, 따라서 언론과의 원만한 관계가 필요했습니다. 그러나 정당 지도자가 언론계에서 배출된 경우는—뜻밖의 사실이지만—오히려 매우 예외적이었습니다. 그 이유는 저널리스트들이 그전보다 훨씬 더 '여유가 없어졌기'*22 때문입니다. 특히 재산이 없고, 따라서 직장에 예속된 저널리스트가 그러합니다. 이렇게 여유가 없어진 것은 저널리스트적 활동의 강도와 시사성이 엄청나게 커진 데서 오는 것입니다. 매일 또는 매주 기사를 써야만 생계를 유지할 수 있다는 것은 정치가에게는 큰 짐입니다. 그리고 나는 지도자적 자질을 갖춘 인물들이 이런 언론활동으로 인해 권력상승 과정에서 외적으로, 또 특히 내적으로 완전히 마비되어버리는 경우들을 보아왔습니다. 아무튼 구체제 아래서 언론이 국가와 정당의 지배 권력과 맺은 관계가 저널리즘의 수준에 엄청난 해를 끼쳤다는 것은 별도로 다루어야 할 또 하나의 주제입니다. 이 점에서 우리의 적국들*23 사정은 달랐습니다. 그러나 이 나라들에서도, 그리고 어떤 다른 근대국가에서도 저널리스트적 노동자는 점점 정치적 영향력을 잃어가는 데 반해 자본주의적 언론재벌—가령 노스클리프 경*24 같은 부류—의 정치적 영향력은 점점 커져가고 있음은 사실이라고 생각합니다.

그런데 독일의 경우, 특히 이른바 '게네랄 안차이거'라고 불리는 '소형 광고' 위주의 신문들을 장악한 자본주의적 신문 재벌들은 지금까지 대부분 정치적 무관심을 조장하는 대표적 조직이었습니다. 왜냐하면 독자적 정책을 펴서는 아무런 이득을 볼 수가 없었으며, 특히 사업에 유익할 정치적 지배권력의 호의를 얻어낼 수도 없었기 때문입니다. 그런데 정치가들은 전쟁 동안 광고사업을 이용해 언론에 대규모로 정치적 영향력을 행사하려고 시도했으며, 지금도 이 시도를 계속하려는 것처럼 보입니다. 거대언론사들은 아마도 이런 압력을 거부할 수도 있겠지만, 소규모 신문사들은 형편이 훨씬 더 어렵습니다. 아무튼 독일의 경우 현재로서는 저널리스트 경력은 비록 매우 매력적이고 영향력을 행사할 수 있으며 특히 정치적 책임이 따르기는 하지만, 정치적 지도자로 올라서기 위한 정상적 경로는 아닙니다. 물론 이제는 더 이상 그런 경로가 아닌지, 아니면 아직은 그런 경로가 아닌지 여부는 좀 더 두고 봐야 할 일이긴 하지만 말입니다. 모두는 아니지만, 많은 저널리스트가 익명 원칙의 포기를 지지하고 있습니다만, 이것이 어떤 변화를 가져올지는 말하기가 어렵습니다. 아무튼 전시 중에 독일 신문들은 문필가적 재능이 있는 인물들을 특별히 고용하여 신문을 '경영'하게 했으며, 이들은 항상 이름을 밝히고 기사를 썼습니다. 여기서 우리가 경험한 바에 따르면 몇몇 잘 알려진 경우들이 보여주듯, 유감스럽게도 이런 방식으로는 언론의 책임감이 우리가 기대했던 만큼 그렇게 확실히 또 더 많이 배양되지는 않습니다. 그러나 바로 일부 저질 대중지로 악명 높은 신문들이—당파와는 상관없이—이런 방법을 통해 판매고를 올리려 했고, 또 실제로 성공을 거두었습니다. 이 과정에서 해당 사주들, 출판인들 및 선정적 저널리스트들이 재산을 모으기야 했겠지만 분명히 명예를 얻지는 못했습니다. 물론 내가 지금 전시에 실시된, 앞에서 말한 원칙 자체를 반대하고 있는 것은 아닙니다. 이 문제는 매우 복합적이며, 또한 저질 대중지와 관련된 현상이 일반적인 것도 아닙니다. 그러나 지금까지는 위의 방법이 진정한 지도자층을 키우거나 책임 있는 정치운영에 이르는 길은 아니었습니다. 앞으로 상황이 어떻게 변할지는 두고 보아야 할 것입니다. 그러나 어떤 상황에서든 아직도 저널리스트로서의 경력은 직업적 정치활동에 이르는 가장 중요한 길 가운데 하나로 남아 있습니다. 물론 이 길은 아무나 갈 수 있는 길은 아닙니다. 나약한 성격의 소유자, 특히 신분이 안정된 지위에서만 내적 균형을 이룰 수 있는 그런 사람에게는 이 길이 맞지 않습니다. 비록 젊은 학자의 인생에도 요행이 있기는 하지만, 그래도 그의 주변에는 확고한 신분적 관습들이 구축되어 있으며 이것들이 그를 탈선으로부터 보호해줍니다. 그러나 저널리스트의 삶은 모든 면에서 요행 그 자체입니다. 그리고 그의 삶은, 다른 어떤 직업에서도 찾기 힘든 방식으로 그의 내적 자부심을 시험하는 조건들에 기반하고 있습니다. 그는 직업생활에서 쓰라린 경험들을 자주 하지만, 이것이 그의 가장 심각한 문제는 아닙니다. 특히 성공한 저널리스트일수록 매우 힘든 내적 요구들에 직면하게 됩니다. 예컨대 그는 세계 유력자들이 모인 살롱에서 겉으로 보기에는 그들과 대등한 입장으로 모두에게 아부를 받으며—왜냐하면 모두들 기자를 두려워하니까요—그들과 교제합니다. 하지만 그는 자기가 방을 나가기가 무섭게 살롱 주인이, 손님들에게 자신이 '신문기자 나부랭이'와 교제하는 것을 특별히 변명해야만 한다는 것을 뻔히 알고 있습니다. 이런 것을 내적으로 견뎌내기란 결코 쉬운 일이 아닙니다. 이에 못지않게, 아니 이보다 더 힘든 일은 '시장'이 그때그때 요구하는 모든 것에 대해서, 그리고 생활상의 모든 문제에 대해서 신속하고도 설득력 있게 자기입장을 밝혀야 하고, 그러면서도 볼품없이 천박해서는 안 되며, 무엇보다도 자기 약점의 노출이 주는 체면손상과 이것의 냉혹한 결과들을 피할 수 있어야 한다는 것입니다. 이렇게 볼 때, 인간적으로 탈선하고 쓸모없이 되어버린 저널리스트들이 많다는 것은 놀라운 일이 아닙니다. 오히려 놀라운 일은 앞에서 서술한 모든 상황에도 불구하고 바로 이 계층에야말로, 관계자가 아닌 사람은 짐작하기 어려울 만큼 참으로 뛰어나고 순수한 사람이 많다는 사실입니다.

직업정치가의 한 유형인 저널리스트는 이미 상당히 오랜 전통을 가진 반면에, 정당관료라는 인물은 불과 지난 몇십 년간, 그리고 부분적으로는 지난 몇 년간의 발전과정에서 비로소 등장했습니다. 이 인물유형의 발전사적 위상을 이해하기 위해서는 정당제도와 정당조직의 문제를 먼저 고찰해야만 합니다. 정치체제가 그 범위와 업무영역 면에서 소규모 시골 행정구역의 단계를 벗어나서 어느 정도 규모를 갖추게 되고 또한 통치자를 정기적인 선거를 통해 선출하는 단계에 오면, 이제 정치조직은 정치적 이해관계자들의 조직이 될 수밖에 없습니다. 다시 말해, 이제 정치활동에 관심을 가지고 정치권력에 참여하고자 하는 비교적 소수의 사람들은 자유로운 모집활동을 통해 추종자를 확보하고, 선거에 스스로 후보로 나서거나 아니면 자신의 영향력 아래 있는 인사들을 후보로 내세워 자금을 모으고 득표활동에 나서게 됩니다. 대규모 공동체에서 이런 운영조직 없이 선거가 적절히 치러질 수 있으리라고는 생각할 수 없습니다. 물론 현실적 관점에서 볼 때 이런 운영조직은 유권자인 국민을 정치적으로 적극적 계층과, 소극적 계층으로 나누게 됩니다. 그런데 정치적 참여의 이러한 차이는 자발성을 기초로 하고 있기 때문에, 이 차이는 선거의무제 또는 '직능대표제' 등과 같은 어떤 조치로도 제거될 수 없으며, 또한 이 차이상황을 극복하고 직업정치가에 의한 지배를 극복하고자 하는 어떤 명시적 또는 묵시적 입법제의에 의해서도 제거될 수 없습니다. 지도자와 그 추종자는 모든 정당이 갖추어야 할 기본요소입니다. 이들은 적극적이고 자유로운 모집활동을 통해 지지자들을 확보하고, 이 지지자들을 통해 지도자의 당선에 필요한 소극적 유권자들을 확보합니다. 그러나 정당의 구조는 다양합니다. 예컨대 교황당과 황제당*25 같은 중세 도시의 '정당들'은 순수하게 개인적 추종자 집단으로 구성되어 있습니다. 교황당의 규약집을 보면, 귀족층의 재산몰수—귀족층은 본디 기사계층으로서, 봉토를 수임받을 자격을 가진 모든 가문이 이에 속했습니다—이들의 관직 및 투표권 박탈, 범지역적 당위원회, 엄격한 군사적 조직 및 이 조직의 밀고자포상제 등에 대한 규약들을 발견할 수 있는데, 이런 것들은 우리에게 볼셰비즘과 그 소비에트*26를 연상시킵니다. 왜냐하면 여기서도 우리는 엄격한 선발을 거친 군사조직 및—특히 러시아의 경우—첩자조직을 발견할 수 있으며, 또한 '부르주아', 즉 기업가·상인·이자생활자·성직자·왕실 자손들·경찰정보원 등의 무장해제와 정치적 권리 박탈, 재산몰수 등을 발견할 수 있기 때문입니다.

한편 귀족층을 박해한 중세 교황당(시민계급당)의 군사조직은 호적에 따라 구성된 순수한 기사군대였는데, 이 군대의 거의 모든 중요한 직위는 오히려 귀족이 차지했습니다. 다른 한편, 소비에트 역시 높은 보수를 받는 기업가, 성과급제도, 테일러 시스템*27, 군대와 공장의 규율 등을 그대로 유지하거나 아니면 다시 도입하고 외국 자본을 찾아 나섰습니다. 이들은 한마디로 국가와 경제가 제 기능을 유지하도록 하기 위해서는, 자신들이 부르주아 계급제도라고 타도했던 모든 것을 다시 수용할 수밖에 없었으며, 거기다 옛 오크라나*28마저 권력의 주된 수단으로 부활시키기까지 했습니다. 이렇게 볼 때 중세 정당과 볼셰비즘의 유사성은 더욱더 커집니다. 그러나 오늘 우리의 주제는 그러한 강압조직들이 아니라 직업정치가들인데, 이들은 정당을 통한 냉철하고 '평화적'인 유세 활동에 의거하여 유권자 시장에서 권력을 쟁취하고자 하는 사람들입니다. 우선 지적할 점은, 지금 우리가 쓰는 통상적 의미에서의 정당도 처음에는 순전히 귀족의 추종자 집단에 지나지 않았다는 점입니다. 영국이 그 좋은 예입니다. 어느 상급귀족이 어떤 이유에서든 당을 바꿀 경우에 그의 영향력 아래 있던 모든 사람도 그와 함께 새로운 당으로 넘어갔습니다. 국왕을 포함하여 귀족층의 대(大)가문들은 1832년의 선거법 개정 이전까지만 해도 엄청난 숫자의 선거구들을 관장하고 있었습니다. 이러한 귀족정당과 유사한 것이, 부르주아 계층의 권력이 커지면서 곳곳에서 발전한 명망가 정당들입니다. 그리고 서양의 전형적 지식인층이 정신적으로 이끌고 있던, '교양과 재산'을 갖춘 집단들은 때로는 계급이해에 따라, 때로는 가족전통에 따라, 때로는 순전히 이데올로기적 이유에서 다양한 정당으로 갈라져서 이 당들을 주도했습니다. 성직자, 교사, 교수, 변호사, 의사, 약사, 부농, 공장주—영국의 경우 스스로를 젠틀맨이라고 간주한 모든 계층이라고 할 수 있습니다—등은 처음에는 임시조직, 잘해야 지역적 정치클럽을 만들었을 뿐입니다. 시국이 불안정한 시기에는 소시민 계층이 자기 목소리를 내기도 했고, 어쩌다가는 프롤레타리아도 지도자가 나타났을 경우에는 그러했습니다. 물론 이 지도자들이 프롤레타리아 출신인 경우는 거의 없었지만 말입니다. 이 단계에서는 범지역적으로 조직된 영속 단체로서의 정당은 지방에는 아직 전혀 없었습니다. 단지 의회의원들만이 결속을 유지하고 있었을 뿐입니다. 그도 그럴 것이, 의원후보 선출에는 지역 명망가들이 결정적 역할을 했기 때문입니다. 선거 강령은 후보들의 유세구호들에서 나오기도 하고, 명망가 집회 또는 의회소속 정당들의 결의에서 나오기도 했습니다. 정치클럽의 운영은 부업 또는 명예직으로 수행되는 임시직일 뿐이었습니다. 그리고 클럽이 없는 곳에서는—대부분 지역이 그랬습니다만—여느 때나 정치에 지속적으로 관심을 갖는 몇몇 사람들이 부업 또는 명예직으로 전혀 격식 없이 정치활동을 했습니다. 저널리스트가 유일한 유급 직업정치가였고, 신문사가 유일한 지속적 정치조직이었습니다. 그 밖에는 회기 중의 의회가 있었을 뿐입니다. 의원들과 의회 정당 지도자들은 특정한 정치적 운동이 필요하다고 판단될 때 지역 명망가 가운데 누구에게 지원을 요청해야 할지를 알고 있었습니다. 그러나 이런 운동을 수행할 수 있을 지속적 정당조직들은 대도시에만 있었으며, 이들은 충분치 않은 회비수입을 가지고 정기적 집회 및 공개적인 의원보고회 등을 개최하였습니다. 그리고 정당은 단지 선거 기간 동안만 활성화될 뿐이었습니다. 그런데 시간이 지남에 따라 의회 의원들은 점차 지역 간의 선거타협의 가능성, 전국의 광범위한 계층이 승인하는 통일된 강령, 전국적으로 통일된 선전활동의 효력 등에 관심을 갖게 되었는데, 이것이 정당통합을 가속화시키는 추진력이 되었습니다. 이렇게 하여 전국적으로 중소도시에 이르기까지 당 지부 조직들의 연결망이 형성되고, 또한 중앙당 사무국 간부인 소속 당 국회의원과 지속적 연락관계에 있는 '파견관들'의 전국 연결망이 형성되었습니다. 그러나 명망가들의 단체라는 당 기구의 성격은 근본적으로 달라지지 않고 여전히 남아 있었습니다. 이를테면 중앙당 사무국을 제외하면 유급 당 관료는 아직 없었습니다. 그리고 지역 당 조직을 운영하는 사람들은 모두 '명망 있는' 인사들로서, 이들은 평소에 누리는 좋은 평판 때문에 이 역할을 맡게 된 사람들이었습니다. 이들은 의회 밖의 '명망가들'로서, 의회에 들어간 의원들로 구성된 정치적 명망가층과 나란히 영향력을 행사했습니다. 그러나 언론과 지역 모임에 지적 자양분을 공급하는 역할은 점차 당이 발간하는 당보에서 맡게 되었습니다. 또한 당원들은 정기적으로 당비를 내야했습니다. 당비수입에서 얼마쯤은 당 본부 운영비용으로 쓰였습니다. 얼마 전까지만 해도 대부분 독일 정당조직은 이런 단계에 처해 있었습니다.

그런데 프랑스는 부분적으로 이보다 더 초기단계에 있었습니다. 국민의원들의 결속은 아직 매우 불안정했고, 지방에서는 몇몇 지역 명망가들이 지배하고 있었으며, 강령은 후보자 자신이 작성하거나 아니면 그의 후원자가 개개 후보 지원자에게 제공해 주었습니다. 비록 이 강령들이 의원들의 결의와 프로그램에 다소간 의존하고 있기는 했지만 말입니다. 이런 체제는 부분적으로만 균열을 보였을 뿐, 그대로 지속되었습니다. 가령 정치를 주업으로 하는 직업정치가의 수는 아직 매우 적었고, 이에 속하는 주된 부류로는 선출된 의원들, 당 본부의 몇 안 되는 사무원들, 저널리스트들, 그 밖에—프랑스의 경우— '정치적 관직'을 가지고 있거나 아니면 이것을 지향하는 관직 사냥꾼 등을 들 수 있습니다. 즉 외형상 정치는 대부분 부업에 지나지 않았습니다. 그리고 '장관자격이 있는' 의원의 수도 매우 제한되어 있었을 뿐 아니라, 의원직이 지니는 명망가적 성격 때문에 선거 입후보자의 수도 매우 제한되어 있었습니다. 그에 반해 정치운영에 간접적 이해관계, 특히 물질적 이해관계를 가진 사람들은 매우 많았습니다. 왜냐하면 정부 부처의 모든 시책과 특히 인사조치는 선거에 미칠 영향을 고려하여 취해졌으며, 따라서 사람들은 지역 출신 의원의 중재를 통해 온갖 종류의 민원을 관철시키려고 시도했기 때문입니다. 그리고 장관은, 만약 그가 지역구 의원과 같은 다수당 소속이라면 이 의원의 청탁을 싫든 좋든 들어주어야 했습니다. 하긴 이런 이유에서 모두들 다수당에 속하려고 했던 것입니다만. 개개 지역구 의원은 관직 인사권을 가지고 있었으며, 더 나아가 자기 선거구의 온갖 사안에 대해 모든 결정권을 가지고 있었습니다. 또한 그는 나름대로 재선을 위해 지역 명망가들과 연계를 맺고 있었습니다.

명망가 집단, 그 중에서도 특히 의회소속 명망가 집단이 지배하는 이러한 목가적 상황과는 극명하게 대조를 이루는 것이 가장 최근의 정당조직 형태입니다. 이것은 민주주의, 보통선거제, 대중동원 및 대중조직의 필요성, 그리고 지도부의 고도의 통일성과 매우 엄격한 규율의 발전 등이 낳은 결과입니다. 명망가의 지배와 의원들의 주도적 역할은 막을 내렸습니다. 이제는 의회 바깥에 있는 '직업' 정치가들이 정당조직을 손에 넣습니다. 이들은—미국 정당의 보스나 영국의 '선거 간사'가 사실상 그랬던 것과 같이—'기업가'일 수도, 아니면 고정 급료를 받는 관료일 수도 있습니다. 형식적으로는 광범위한 민주화가 진행됩니다. 최종적 강령을 만드는 것은 이제 더 이상 의회 내의 원내교섭단체가 아니며, 지역 명망가들도 이제 더 이상 후보지명권을 지니고 있지 못합니다. 후보는 이제 조직된 당원대회가 선출하고 이 대회에서 상급대회에 보낼 대의원들을 선정합니다. 이런 심급별 대회는 일반 '전당대회'에 이르기까지 여러 개가 있을 수 있습니다. 그러나 물론 실질적으로 권력을 장악한 사람들은 조직 내에서 지속적으로 당무를 수행하는 자이거나 또는, 강력한 정치적 이익집단(가령 태머니 홀*29)의 후원자나 지도자 등과 같이 당 조직이 재정적으로나 인적으로 의존하는 자들입니다. 결정적으로 중요한 것은, 이러한 모든 인적 기구가—영미권에서 이것을 '기계'라고 부르고 있음은 주목할 만한 일입니다—더 정확히는 이 기구를 주도적으로 운영하는 자들이 의원들을 견제하고 그들에게 자신들의 의지를 거의 대부분 강요할 수 있다는 사실입니다. 게다가 이 사실은 특히 정당의 지도자를 선발하는 데 중요한 의미를 갖습니다. 이제 이 기계를 장악하는 사람이 지도자가 되는 것이며, 이것은 의회의 의사와 상관없이도 가능한 일입니다. 이러한 기계의 창출을 달리 표현하면, 국민투표제*30 민주주의의 도래를 의미합니다. 당의 추종자, 특히 당 관료 및 당 기업가는 당연히 그들의 지도자가 승리하면 개인적 보상이 돌아올 것이라고 기대합니다. 그것은 관직일 수도 있고 다른 이권일 수도 있습니다. 추종자들이 개별 의원들로부터가 아니라, 또는 이들에게서만이 아니라 바로 지도자로부터 이런 보상을 기대한다는 것이 매우 중요한 점입니다. 이들은 무엇보다도 지도자의 개성이 선거전에서 데마고그적 영향을 발휘하여 당에는 표와 의석, 즉 권력을 가져다주고 그럼으로써 그의 지지자들에게는 더 많은 보상의 기회를 가져다 줄 것으로 기대합니다. 그리고 평범한 사람들로 구성된 당이 지닌 추상적 강령만을 위해서가 아니라, 한 인간에 대한 절대적이고 개인적인 헌신에서 일을 한다는 사실은 이들에게 이념적 보상을 제공해 주며—이것은 모든 지도력이 지니는 '카리스마적' 요소입니다—이러한 이념적 보상은 추종자들의 중요한 행위동기 가운데 하나입니다. 이러한 정당체제는 영향력을 유지하려는 지역 명망가들 및 의회의원들과 계속해서 잠재적 갈등을 겪으면서도 결국 관철되었습니다. 물론 그 관철의 정도는 다양하지만 말입니다. 부르주아 정당은 미국에서 처음으로, 사회민주당은 특히 독일에서 이런 과정이 진행되었습니다.

그러나 이 체제는, 만약 널리 인정받는 지도자가 나타나지 않으면 그 순간부터 끊임없는 반격을 받았고, 또 설사 지도자가 있다 하더라도 당 명망가들의 허영심과 이해관계에 많은 양보를 해야 했습니다. 그러나 무엇보다도 이 기계 자체가 일상적 당무를 관장하는 당 관료들의 수중에 들어갈 수도 있었습니다. 많은 사회민주당 인사들의 견해에 따르면, 사회민주당은 바로 이러한 '관료제화'에 빠져버렸습니다. 그러나 다른 한편으로 당 '관료들'은 강한 데마고그적 능력을 지닌 지도자에게는 비교적 쉽게 순응했습니다. 그것은 그들의 물질적 그리고 이념적 이해관계가 이 지도자를 통해 확보할 수 있는 당 권력과 밀접하게 연관되어 있기 때문이며, 하나의 지도자를 위해서 일한 다는 것은 그것 자체로서 내적으로 더 큰 만족감을 주기 때문입니다. 지도자의 출현이 이보다 훨씬 더 어려운 경우는—대부분의 부르주아 정당과 같이—당 관료들과 나란히 '명망가들'이 당에 대한 영향력을 장악하는 경우입니다. 왜냐하면 이 명망가들은 자신들이 맡고 있는 조그만 이사직 또는 위원회 위원직에서 이념적으로 '삶의 보람'을 찾고 있기 때문입니다. 명망가의 행동을 결정하는 것은 풋내기 데마고그에 대한 반감, 자신들의 정당 정책적 '경험'의 우월성에 대한 확신—이런 경험은 실제로 상당히 중요합니다만—그리고 첫 전통들의 붕괴에 대한 이데올로기적 우려 등입니다. 그리고 당내에서 모든 전통주의적 집단은 그들을 지원합니다. 특히 농촌지역 유권자가 그렇지만 소시민층 유권자도 예로부터 친숙한 명망가의 이름을 신뢰하지, 낯선 사람은 믿지 않습니다. 그러나 이런 유권자들도 이 무명 인사가 성공을 거두고 나면, 그를 그 누구보다도 확고하게 지지합니다. 이제 몇 가지 중요한 예를 중심으로, 앞에서 말한 두 구조형태 사이의 갈등과 특히 오스트로고르스키*[31]가 서술한 국민투표적 형태의 발흥을 살펴보도록 합시다.

먼저 영국의 경우입니다. 여기서 정당조직은 1868년까지만 해도 거의 순전히 명망가 조직이었습니다. 가령 농촌지역에서 토리당의 지지기반은 영국 국교회*[32] 목사, 그 외에 대부분의 교사 그리고 무엇보다도 그 지역의 대지주들이었습니다. 휘그당의 지지기반은 주로 비국교회 목사—실제로는 드물었지만—우체국지국장·대장장이·재봉사·밧줄공과 같은 수공업자들이었는데, 이들은 여러 사람들과 잡담할 기회가 가장 많은 층으로 일정한 정치적 영향력을 가질 수 있는 사람들이었습니다. 도시의 경우 이 두 당은 경제적·종교적 성향, 또는 단순히 가문의 전수된 성향에 따라 지지자를 달리했습니다. 그러나 여기서도 명망가들이 정치운영의 주체였습니다. 이런 토대 위에 의회와 정당 및 정당 소속 내각과 '리더'가 있었는데, 리더는 내각의 수반이거나 야당의 당수였습니다. 이 리더는 정당조직에서 가장 중요한 직업정치인인 '원내총무'를 측근으로 거느리고 있었습니다. 원내총무는 관직임명권을 장악하고 있었으며, 따라서 관직 사냥꾼들은 그와 상담해야만 했습니다. 그러면 그는 이 문제에 대해 각 선거구 출신 의원들과 의논했습니다. 그런데 이러한 지역 선거구들에서 서서히 직업정치가층이 발전하기 시작했는데, 그 출발점은 지역 대리인으로 고용된 사람들이었습니다. 이들은 처음에는 무보수로 일했고, 그 지위는 독일 정당의 '지역 담당자들'과 거의 비슷합니다. 그러나 이들 이외에도 각 선거구에서는 자본주의적 기업가 유형이 발전했는데, '선거 대리인'이 바로 그것입니다. 이 유형은 공명선거를 보장하는 영국의 근대 입법체제에서는 불가피한 존재였습니다. 즉 영국의 입법체제는 선거비용을 규제하고 돈의 힘을 제한할 목적으로 후보들에게 선거비용 신고의무를 부과했습니다. 왜냐하면 후보들은—독일에서도 예전에는 그러했지만, 독일보다 더 심한 정도로—목청만 혹사시키는 것이 아니라 돈주머니도 풀어야 했기 때문입니다. 앞에서 말한 선거대리인은 후보로부터 모든 비용을 받았으며 이 과정에서 그는 많은 이윤을 남겼습니다. 의회와 지방에서 '리더'와 당 명망가 간의 권력배분을 보면, 영국의 경우 리더가 예로부터 매우 중요한 위치를 차지하고 있었음을 알 수 있습니다. 이것은 중요한 정책의 안정적 수행을 위해 어쩔 수 없는 일이었습니다. 그러나 의원과 당 명망가들의 영향력도 여전히 상당했습니다. 옛 정당조직은 그런 모습이었습니다. 즉 반은 아직 명망가의 조직이고, 반은 이미 유급 사무원을 둔 기업조직이었습니다. 그러나 1868년 이후 버밍햄의 지방선거에서 시작하여 곧 전국적으로 '코커스'*33 제도라는 것이 발전했습니다. 한 비국교회파 목사와 함께 조세프 체임벌린*34이 이 제도를 창시했으며, 그 계기는 선거법의 민주화였습니다. 즉 대중의 지지를 얻기 위해서는, 민주적이라는 외양을 갖춘 조직들로 구성된 엄청난 규모의 기구를 창설해야 했습니다. 또 도시의 각 구역마다 선거 사무소를 설치하고, 이런 조직을 중단 없이 가동하며 모든 것을 엄격히 관료제화해야만 했습니다. 그리하여 유급 고용직 관료가 늘었으며 지역 선거위원회에서 선출된, 호선권을 가진 지부장들이 점차 당 정책의 공식적 담당자가 되어 갔습니다. 그리고 이런 위원회들은 단기간 내에 전체 유권자의 10%를 조직화하였습니다. 이 과정의 추진세력은 특히 지방 자치단체의 정책—이것은 어디서나 가장 풍성한 물질적 이권기회의 원천이었습니다만—에 관심을 가진 지역인사들이었는데, 주로 이들이 재정수단도 조달했습니다. 이렇게 새로이 출현하여 더 이상 의회의 지도를 받지 않는 기구는 곧 지금까지의 권력자층, 특히 원내총무와 갈등을 일으켰습니다. 이 과정에서 이 기구는 지역 이익집단의 지원을 바탕으로 완벽한 승리를 거두어서 이제 원내총무가 이 기구에 순응하고 타협하게 되었습니다. 이것의 결과는 모든 권력이 소수의 손에, 그리고 궁극적으로는 당의 정상에 서 있는 단 한 사람의 손에 집중되는 것이었습니다. 왜냐하면 자유당의 경우 모든 체제가 글래드스턴*35의 권력장악 과정과 연계되어 출현했기 때문입니다. 글래드스턴의 '뛰어난' 선동술이 지닌 매력, 그의 정책의 윤리적 내용과, 특히 그의 인격의 윤리성에 대한 대중의 확고한 믿음 등이 바로 이 기구가 명망가들에게 신속히 승리할 수 있었던 요인이었습니다. 이런 현상은 정치에 있어 독재적—국민투표적 요소로서, 이제 선거전장에서의 독재자가 등장하게 된 것입니다. 그리고 이것은 곧 현실로 나타났습니다. 1877년에 코커스 제도는 처음으로 전국적 선거에 적용되어 대성공을 거두었는데, 그 결과는 대단한 성공의 절정에 있던 디즈레일리*36의 실각이었습니다. 그리고 1886년이 되면서 이 기구는 완전히 글래드스턴의 카리스마에만 의존하게 되었습니다. 그래서 아일랜드 자치 문제가 제기되었을 때 위에서부터 아래까지 모든 기구가, 과연 우리는 글래드스턴의 입장에 내용적으로 동의하느냐는 질문도 없이 단지 글래드스턴의 말 한마디에 그와 함께 입장을 바꿔버렸으며, 그가 하는 모든 것에 우리는 따를 뿐이라고 선언하고는, 이 기구의 창설자였던 체임벌린을 저버렸습니다. 이러한 기구는 꽤 많은 인원을 필요로 합니다. 영국에서는 정당정치가 직접적 생계수단인 사람이 어림잡아 2천여 명은 됩니다. 물론 순전히 관직 사냥꾼으로나 또는 이해관계자로 정치에, 특히 지방자치 정치에 참여하는 자는 이보다 훨씬 더 많습니다. 유능한 코커스—정치가에게는 경제적 기회뿐 아니라 허영심 충족의 기회도 열려 있습니다. '치안판사', 더욱이 '하원의원'이 되는 것은 야심을 가진 자들에게는 당연히 가장 큰 목표가 됩니다. 그리고 훌륭한 가정교육을 받은 사람들, 즉 '젠틀맨'들은 이것을 달성하기도 합니다. 특히 재정상의 대후원자에게는—당의 재정은 아마도 50%정도를 익명의 기부자들에게 의존하고 있었습니다—작위가 가장 큰 영예로 간주되었습니다.

그러면 이러한 제도 전반이 가져다준 결과는 어떠했습니까? 그것은 오늘날 영국국회의원들이 몇몇 내각각료들과, 주관이 강한 몇몇 사람들을 제외하면 대개가 규율이 잘 잡힌 거수기에 지나지 않다는 것입니다. 독일 제국의 회에서는 의원들이 자기 의석의 책상에서 비록 개인적 서신이라도 처리함으로써 마치 자신이 국가의 안녕을 위해 일하는 듯이 과시하려는 경우가 흔히 있었습니다. 적어도 그들은 이런 제스처나마 취했던 것입니다. 그러나 영국에서는 그런 제스처마저 요구되지 않습니다. 여기서 의회의원들에게 요구되는 것이라고는 단지 투표에 참여하고 당을 배반하지 말라는 것뿐입니다. 이들은 원내총무가 소집하면 나타나서 내각 또는 야당 당수가 지시하는 것을 수행해야 할 따름입니다. 더구나 지방의 코커스 기구는 만약 강력한 지도자가 있을 경우, 독자적 정견이라고는 거의 갖고 있지 않으며 완전히 리더의 손아귀에 있습니다. 이렇게 하여 사실상 국민투표제적 독재자가 의회 위에 군림하게 됩니다. 그는 앞에서 말한 '기계'를 이용해 대중의 지지를 얻으며, 그에게 의원들이란 단지 자신을 추종하는 봉록자에 지나지 않습니다. 그러면 이러한 지도자들은 어떻게 선발되는 것일까요? 우선, 어떤 능력을 기준으로 선발되는 것일까요? 세계 어디서나 의지력은 매우 중요한 자질로 간주됩니다만, 그 다음으로는 물론 데마고그적 웅변의 힘이 무엇보다도 결정적인 기준입니다. 웅변술의 성격은 오늘날까지 여러 차례 변화해 왔습니다. 즉 코브덴*[37]처럼 지성에 호소했던 시대로부터 시작하여 외견상 냉철하게 '사실이 스스로 말하게 하는' 기법을 구사했던 글래드스턴을 거쳐, 오늘날에는 구세군이 사용하는 것과 같은 수단을 활용하면서 순전히 감정에 호소하여 대중을 움직이려는 웅변술을 자주 볼 수 있습니다. 현재 상황을 우리는 '대중의 정서를 최대한 활용하는 것에 기초한 독재'라고 할 수 있을 것입니다. 그러나 이것을 가능하게 하는 것은 영국 의회의 매우 발달된 위원회 활동체제이며, 이 체제는 지도부에 가담할 의사가 있는 모든 정치가에게 위원회에서 함께 일하도록 강요합니다. 지난 수십 년간의 모든 중요한 각료들은 이러한 매우 현실적이고 효과적인 실무훈련을 거쳤습니다. 그리고 위원회의 논의사항에 대해 보고하고 공개적으로 비판하는 관행 덕분에, 위원회는 실제로 유능한 지도자들을 선발하고 단순한 선동가는 배제하는 그런 교육기관이 되었습니다.

영국의 상황은 그러했습니다. 그러나 영국의 코커스 제도는 미국의 정당

조직과 비교하면 이것의 약화된 형태에 지나지 않은 것처럼 보입니다. 왜냐하면 미국의 정당조직은 국민투표적 원칙을 매우 일찍부터 실현했기 때문입니다. 워싱턴은 미국이 '젠틀맨'들이 관리하는 공동체가 되어야 한다고 생각했습니다. 젠틀맨은 미국에서도 그 당시에는 지주이거나 대학교육을 받은 사람이었습니다. 처음에는 그러했습니다. 정당이 조직되기 시작하자 초기에는 하원의원들이 명망가가 지배하던 시기의 영국에서와 같이 지도자 역할을 하려 했습니다. 정당조직은 매우 느슨했습니다. 이런 상황은 1842년까지 지속되었습니다. 물론 1820년대 이전에도 이미 많은 지방자치단체에서는—미국에서도 이들이 근대적 발전의 시발점이었습니다만—당 기계가 형성되고 있었습니다. 그러나 서부 농민층의 후보였던 앤드루 잭슨이 대통령으로 (1829~1837) 선출되면서 비로소 옛 전통들이 붕괴되기 시작했습니다. 캘후운*38, 윌 웹스터*39와 같은 유력한 의원들이 지방의 당 기구에 대해 의회가 거의 모든 통제권을 잃었다는 이유로 정계에서 은퇴하자, 중진 하원의원들에 의한 당 운영은 1840년이 지나면서 곧 공식적으로 종식되었습니다. 미국에서 국민투표적 '기계'가 그렇게 일찍부터 발전하였던 이유는 미국에서만, 행정부의 수반이자—그리고 이 점이 중요했습니다—관직임명권의 최고위 책임자가 국민투표로 선출된 대통령이었고, 그는 '삼권분립'의 결과로 직무 수행에서 의회로부터 거의 독립되어 있었기 때문입니다. 그래서 특히 대통령 선거에서는 승리의 보상으로 엄청난 관직봉록의 전리품이 기다리고 있었습니다. 잭슨이 지극히 체계적 방식으로 하나의 원칙으로까지 끌어올린 '엽관제'는 이러한 상황의 결과였습니다. 모든 연방관직을 승리한 후보의 추종자들에게 배분하는 시스템인 '엽관제'가 오늘날 미국의 정당구조에서 갖는 의미는 무엇일까요? 그것은 전혀 이념적 원칙이 없는 정당들이 서로 대치하게 되었음을 의미합니다. 정당은 순수한 관직 사냥꾼 조직으로서 선거전이 있을 때마다 득표 가능성에 따라 정강을 바꾸어버립니다. 이와 비슷한 현상은 다른 곳에도 있지만, 여기서 보는 이런 정도의 바꿔치기는 다른 곳에서는 유례를 찾기 힘들 것입니다. 미국의 정당은 전적으로 관직임명권과 관련하여 가장 중요한 선거전인 연방 대통령 선거나 주지사 선거만을 겨냥하여 짜여 있습니다. 정강과 후보자들은 정당의 '전당대회'에서 의원들의 개입 없이 확정됩니다. 즉 전당대회가 결정하는 셈인데, 이 전당대회는 형식상으로는 매우 민주적으로 대의원대회 대표들로 구성되며 이 대표들은 다시금 당의 제1차 유권자대회인 '예비선거'에서 선출됩니다. 그러나 이미 예비선거에서 대의원들은 특정 대통령 후보에 대한 지지표명을 바탕으로 선출됩니다. 그렇기 때문에 개개 정당 내부에서 '후보지명'의 문제를 두고 격렬하기 짝이 없는 투쟁이 벌어집니다. 그도 그럴 것이, 대통령의 손에 30만에서 40만에 이르는 관료지명권이 달려 있으며, 그는 이 지명권 행사에서 단지 각 주의 상원의원하고만 상의하면 되기 때문입니다. 따라서 상원의원들은 막강한 권력을 가진 정치가들입니다. 그에 반해 하원은 상원과 비교하면 정치적으로 매우 무력합니다. 왜냐하면 하원은 관직임명권이 없으며, 장관—그는 의회를 포함한 모두에 대한 권력행사의 정당성을 국민으로부터 부여받은 대통령의 단순한 보좌역일 뿐입니다—은 하원의 신임이나 불신임과는 상관없이 자기 직무를 수행할 수 있기 때문입니다. 이런 상황은 '삼권분립'의 결과입니다. 이러한 기반을 가진 엽관제가 미국에서 기술적으로 가능했던 이유는, 미국 문화가 아직 젊어서 순수한 아마추어적 국가경영을 감당해 낼 수 있었기 때문입니다. 당에 충실히 봉사했다는 자격 이외에는 어떤 자격도 제시할 필요가 없는 30만에서 40만의 정당인들을 생각해 보십시오. 이런 상황이 엄청난 폐단, 전례 없는 부패와 낭비를 발생시켰을 것임은 당연합니다. 이런 상황은 단지 미국처럼 아직도 무한정한 경제적 기회를 가진 나라만이 감당할 수 있었던 것입니다. 그런데 국민투표제적 당-기계의 이러한 엽관체제와 함께 무대에 등장하는 인물이 바로 '보스'입니다. 보스란 어떤 인물일까요? 그는 정치영역의 자본주의적 기업가로서 자기 부담과 자기 책임 아래 유권자의 표를 모읍니다. 그는 아마도 처음에는 변호사, 술집 주인 또는 유사한 업체의 소유주 또는 대금업자로서 유권자들과 접촉했을 것입니다. 이제 그는 이것을 계속 확대하여 일정한 수의 표를 '통제'할 수 있게 됩니다. 이것을 달성하고 나면 그는 이제 이웃 보스들과 관계를 형성하고, 열성과 민첩함 그리고 무엇보다도 비밀엄수를 통해, 자신보다 경력 면에서 더 앞서 있는 사람들의 주목을 받게 됩니다. 이렇게 그의 출세는 시작됩니다. 보스는 당 조직에 꼭 필요하고, 따라서 당 조직은 점차 그의 수중에 장악되어 갑니다. 그가 당 조직 운영자금의 대부분을 조달합니다. 그는 자금을 어떻게 마련할까요? 부분적으로는 당원회비를 통해 마련하지만, 그러나 무엇보다도 그와 그의 당을 통해 관직을 얻게 된 관료들의 봉급에서 공제하여 마련합니다. 그밖에 뇌물과 사례금이 있습니다. 예컨대 그 수많은 법들 가운데 어느 하나를 어기고도 처벌을 면하고자 하는 사람이면 누구든 보스의 묵인을 필요로 하며 이에 대한 대가를 지불해야만 합니다. 그렇게 하지 않으면 그는 여러 불편한 일을 피할 수 없게 됩니다. 그러나 이런 것들만으로는 필요한 운영자본을 다 마련하지 못합니다. 보스는 재계 거물들이 내는 기부금의 직접적 수령자로서 필요합니다. 왜냐하면 재계인사들은 유급 당 관료나 또는 다른 어떤 공식적 회계담당관에게 선거자금을 맡기지는 않을 것이기 때문입니다. 그래서 금전문제에 관해서는 빈틈없이 비밀을 잘 지키는 보스가, 선거비용을 대는 자본가들이 신뢰하는 사람이 되는 것은 당연한 일입니다. 전형적 보스는 매우 냉철한 사람입니다. 그는 사회적 명예를 추구하지 않습니다. 이 '직업정치꾼'은 '상류사회'에서는 경멸의 대상입니다. 그는 오로지 권력만을 추구하는데, 그러나 재원으로서의 권력뿐 아니라 권력 자체를 위한 권력을 추구하기도 합니다. 그는 막후에서 활동하는데, 이것이 영국 리더와의 차이입니다. 그가 공개석상에서 연설하는 경우는 없습니다. 그는 단지 연설자들에게 무엇을 말하는 것이 적절한지 암시해 주기만 하고, 그 자신은 침묵합니다. 그는 연방 상원의원직을 제외하고는 보통 다른 어떤 관직도 맡지 않습니다. 상원의원은 헌법에 의거하여 관직임명에 관여하기 때문에, 유력한 보스들은 흔히 상원의원직을 직접 보유합니다. 관직 분배는 우선적으로 당에 대한 공헌도에 따라 이루어집니다. 그러나 관직을 경매를 통해 낙찰시키는 경우도 자주 있었습니다. 그리고 관직마다 일정한 요금이 매겨져 있기도 했는데, 이러한 매관매직 체제는 17~18세기에 교회국가를 포함해서 군주국가들이 흔히 사용했던 체제입니다. 보스는 어떤 확고한 정치적 '원칙'을 가지고 있지 않습니다. 그는 어떤 원칙도 갖지 않은 채 단지 무엇이 표를 끌어 모으는 데에 유리한가에만 관심이 있습니다. 그의 교육수준은 상당히 낮은 경우도 드물지 않습니다. 그러나 그의 사생활은 보통 흠잡을 데 없이 바릅니다. 다만 정치윤리 면에서 그는 당연히 정치행위에 대한 기존의 통상적 낮은 수준의 윤리를 따르는데, 이것은 우리 중 많은 사람이 매점(買占)의 시기에 경제윤리 영역에서 취했던 태도와 다를 바 없습니다. 사람들이 사회적으로 그를 '프로페셔널', 즉 직업정치꾼이라고 경멸하는 것에 그는 개의치 않습니다.

그 자신이 연방의 중요 관직을 얻지 않고 또 얻으려고 하지도 않는 것이 가진 이점은, 당과는 무관한 인텔리겐치아 또는 저명인사들이—만약 보스가 이들이 선거에서 득표력이 있다고 판단할 경우에는—후보로 선정되는 일이 드물지 않다는 점입니다. 이것은 항상 같은 당내 원로 명망가들이 거듭하여 후보로 선출되는 독일의 경우와는 다릅니다. 따라서 사회적으로 경멸당하는 권력자들로 이루어진 바로 이러한 무원칙적인 정당구조가, 독일에서라면 결코 출세할 수 없었을 유능한 사람들이 미국에서는 대통령이 될 수 있게 하였습니다. 물론, 보스는 자기의 자금줄 및 권력줄을 위험하게 할 수 있는 그런 국외자들에 대해서는 거부의 태도를 취합니다. 그러나 유권자의 지지를 놓고 경쟁을 벌이는 상황에서 보스들은 부패반대자라고 간주되는 바로 그런 후보들을 수용할 수밖에 없는 경우도 이따금 있었습니다. 다시 말하여 미국에는 위에서부터 아래까지 철저히 조직된 매우 자본주의적 정당조직이 존재합니다. 또한 이 정당조직은 테마니 홀처럼 수도회 식으로 조직된 매우 견고한 클럽들에 의해서도 뒷받침되는데, 이 클럽들은 특히 지방자치 행정기구들—이것은 미국에서도 가장 중요한 수탈대상입니다만—의 정치적 지배를 통해 잇속을 챙기는 것을 유일한 목적으로 삼고 있습니다. 이러한 정당 구조가 가능했던 것은, '신천지'로서의 미국이 가졌던 고도의 민주주의 때문이었습니다. 그런데 신천지라는 초기 상황에서 벗어나면서, 이제 앞에서 말한 미국식 정당체제도 서서히 쇠퇴의 길에 들어서고 있습니다. 미국도 이제 더는 아마추어들만을 통해서 통치가 이루어질 수 없게 되었기 때문입니다. 1904년만 해도 우리는 미국 노동자들에게, "왜 당신들은 당신들 스스로가 공공연히 경멸하는 그런 정치가들이 당신들을 통치하도록 하느냐?" 질문하면 그들로부터 다음과 같은 답을 들었습니다. "우리는 당신들 나라에서와 같이 우리에게 침을 뱉는 관료 카스트를 가지기보다는 차라리 우리가 침을 뱉을 수 있는 그런 사람들을 관료로 가지고자 합니다." 이것이 미국 '민주주의'의 옛 입장이었습니다. 물론 사회주의자들은 이때도 이미 전혀 다르게 생각했습니다만. 아무튼 이런 상황은 이제 더 이상 용납되지 않습니다. 즉 아마추어 행정으로는 이제 충분하지 않으며, 그래서 공무원법 개정을 통해 연금수령권을 가진 종신직이 지속적으로 확대되고 있습니다. 그 결과 이제 대학교육을 받은, 우리 관료에 못지않게 청렴하고 유능한 관료들이 관직을 차지하게 되었습니다. 이미 10만 개 정도의 관직이 더는 선거전의 전리품이 아니라, 자격증명을 요구하고 연금수령권을 갖춘 직책이 되었습니다. 이런 상황은 엽관제를 점차 쇠퇴시킬 것이고 정당운영 방식 역시 아마도 개혁될 것입니다. 다만 우리가 아직 알지 못하는 것은, 어떤 방향으로 개혁될 것인가 하는 점입니다.

독일 정치체제를 결정짓는 조건들은 지금까지 대체로 다음과 같은 것들이었습니다. 첫째, 의회의 무력을 들 수 있습니다. 이것의 결과는, 지도자 자질을 갖춘 사람이 의회에 계속 몸담고 있지 않는다는 점입니다. 누군가가 국회의원이 되었다고 가정합시다. 그가 국회에서 할 수 있는 것은 무엇이겠습니까? 어느 관청의 사무원 자리가 하나 비면, 그는 그 관청의 책임자에게 다음과 같이 말할 수 있을 것입니다. "내 지역구에 그 자리에 적합한 매우 유능한 사람이 하나 있는데, 그 사람을 채용해 주십시오." 이런 요청은 기꺼이 수용되었습니다. 그러나 이것이 독일 국회의원이 자신의 권력본능을—만약 그가 권력본능을 가지고 있기라도 했다면 말입니다—충족시키기 위해 할 수 있는 전부였습니다. 독일의 정치체제를 결정짓는 두 번째 조건은—이 두 번째 조건은 첫 번째 조건에 영향을 끼쳤습니다—훈련된 전문 관료층이 독일에서는 엄청나게 중요했다는 점입니다. 우리는 이 점에서는 세계 최고였습니다. 이러한 중요성의 결과로 전문 관료층은 단순히 전문 관료직뿐만 아니라 각료직까지도 요구하게 되었습니다. 예컨대 작년에 바이에른 주 의회에서 의원내각제가 논의되었을 때 사람들은, 만약 국회의원이 각료직을 차지하면 재능 있는 사람들이 더 이상 관료가 되지 않을 것이라고 주장했습니다. 거기다 관료행정은, 이를테면 영국의 위원회 심의가 행사했던 것과 같은 통제를 조직적으로 기피했습니다. 그 때문에 의회는—몇 가지 예외를 제외하면—정말로 유능한 행정수반을 자체 내에서 키워낼 수가 없었습니다. 세 번째 조건은, 미국과는 달리 독일에는 이념정당들이 있었다는 점입니다. 이 정당들은 자기 당원들이 어떤 특정한 '세계관'을 신봉하고 있다고, 적어도 주관적으로는 그렇게 믿었습니다. 그런데 이런 정당들 가운데 가장 중요한 두 정당, 즉 가톨릭중앙당과 사회민주당은 처음부터 의도적인 소수당이었습니다. 가령 제국 중앙당의 유력인사들은, 자신들이 의원내각제를 반대하는 이유는 의회에서 소수파가 되면 관직 사냥꾼들을 지금까지와 같이 정부에 압력을 넣어 취업시키는 것이 더 어려워질 것을 두려워하기 때문이라고 공공연히 말하고 다녔습니다. 사회민주당은 기존의 부르주아적 정치체제로 자신을 오염시키지 않겠다는 원칙적 이유에서 소수당으로 남아 있었으며, 또한 의원내각제를 저지했습니다. 이 두 당이 의회중심적 체제로부터 등을 돌렸다는 사실이 의회주의 체제의 실현을 불가능하게 만들었던 것입니다. 그런데 이 과정에서 독일 직업정치가들의 운명은 어떻게 되었을까요? 이들은 권력도 없었고 책임도 없었으며, 단지 매우 하찮은 명망가 역할을 할 수 있을 뿐이었습니다. 이런 상황의 결과로 이들은 근래 들어서는 어디서나 볼 수 있는 그런 전형적인 파벌본능에 깊이 빠져버렸습니다. 자신들의 하찮은 직책 하나에서 삶의 보람을 찾는 이런 명망가들 속에서 이들과는 다른 성향의 인물이 출세한다는 것은 불가능했습니다. 비록 지도자적 자질을 가졌음에도 바로 이 자질 때문에 명망가들이 용납하지 않아 자신의 정치 생애를 비극적으로 끝마친 수많은 사람의 이름을, 나는 사회민주당을 포함하여 모든 당에서 댈 수 있습니다. 우리의 모든 정당은 이렇게 명망가 길드로 변해 갔습니다. 예컨대 베벨*⁴⁰만 해도, 비록 지적 능력은 매우 제한되어 있었지만 그의 열정과 인격의 순수성으로 보면 지도자형 인물이었습니다. 그가 순교자적 인물이었다는 사실, 그리고 그가 대중의 신뢰를 '이들이 보기에는' 한 번도 배반하지 않았다는 사실 등의 결과로 그는 대중들을 확고하게 자기편으로 만들었으며, 사회민주당 내에서는 그에게 진정으로 맞설 만한 어떠한 세력도 없었습니다. 그러나 그의 죽음과 함께 이런 지도자 시기는 끝이 났고, 이제 관료지배가 시작되었습니다. 노동조합관료, 당 서기, 저널리스트들이 득세했고, 관료본능이 당을 지배했습니다. 물론 이들은 매우 고결한 관료층입니다. 다른 나라들의 사정, 특히 미국의 부패한 노동조합관료들과 비교하면 드물 정도로 고결하다고 해야겠지요. 그렇긴 하지만, 앞서 이야기한 관료지배의 결과들이 독일 정당에서도 나타났던 것입니다. 부르주아 정당들은 1880년 이래 완전히 명망가들의 길드가 되어버렸습니다. 물론 이 정당들도 이따금 선전목적으로, 즉 "우리도 이런 인물들이 있다" 말하기 위해 정당 밖의 인텔리겐치아들을 영입해야 했습니다. 그러나 이들은 영입인사를 선거에 참여시키는 것을 되도록 피했으며 단지 불가피할 경우에, 즉 해당 영입인사가 다른 대접을 용납하지 않을 경우에만 그를 선거에 참여시켰습니다. 의회에서도 같은 정신이 지배했습니다. 독일 의회정당들은 길드였고 또 아직도 그러합니다. 제국의회의 본회의에서 행하는 모든 연설은 당에 의해 철저히 사전 검열됩니다. 이 연설들이 유례없이 지루하다는 점이 바로 이것을 증명해 줍니다. 연설자로 지명된 사람만이 발언할 수 있습니다. 이것은 영국의 관행 및—전혀 상반된 이유에서지만—프랑스의 관행과는 극단적 차이를 보여주고 있습니다. 그러나 이제 엄청난 붕괴—세간에서는 흔히 혁명이라고 부르고 있습니다만—의 결과로 아마도 변화가 시작된 것 같습니다. 그러나 '아마도'이지 확실한 것은 아닙니다.

우선 새로운 종류의 정당기구에 대한 단초들이 등장하고 있습니다. 첫째, 아마추어 기구들로서 이것은 특히 여러 대학 학생들이 흔히 지지하는 형태입니다. 학생들은 자기들이 지도자의 자질이 있다고 인정하는 한 사람에게 "우리는 긴요한 과업을 당신에게 맡기고자 합니다. 당신이 이 과업을 실현해 주십시오." 말합니다. 두 번째로는 기업가적 기구를 들 수 있습니다. 이미 있었던 일이지만, 사람들이 지도자의 자질이 있어 보이는 인사에게 접근해서 한 표에 대해 고정액을 받고, 대신 선거운동을 해 주겠다고 제의하는 것입니다. 여러분이 나에게 이 두 가지 가운데 순전히 기술적·정치적 관점에서 어느 것이 더 신뢰할 만하다고 생각하는지 묻는다면, 나는 아마도 후자를 택할 것입니다. 그러나 이 두 형태 모두 갑작스레 부풀어올랐다가 곧 사라져 버리는 거품에 지나지 않았습니다. 비록 일부 재조정되기는 했지만, 실제로는 기존의 기구들이 계속 작동했습니다. 위의 현상들은 단지, 만약 지도자만 있으면 새로운 기구들이 출현하리라는 기대의 표현에 지나지 않았습니다. 그러나 비례대표제의 기술적 특성 때문에라도 그런 지도자는 나타날 수 없었습니다. 단지 거리의 독재자들이 몇몇 등장했다가는 다시 사라졌을 뿐입니다. 그리고 거리 독재자의 추종자들만이 확고한 규율 속에서 조직되어 있으며, 바로 이런 규율에서 사라져 가고 있는 이 소수파들의 힘이 나옵니다. 만약 이런 상황이 변해서 지도자 중심의 당이 출현한다고 가정한다면, 그 결과는 어떠할까요? 앞서 한 말에 비추어 우리가 분명히 인식해야 할 점은, 국민투표적 지도자가 당을 운영한다는 것은 그의 추종자들의 '영혼의 박탈'—아마도 정신적 궁핍화라고 말할 수도 있겠지요—을 의미한다는 사실입니다. 지도자에게 기구로서 유용하기 위해서는 추종자 집단은 맹목적으로 복종해야만 합니다. 다시 말해서 미국적 의미에서 '기계'라야 하며, 명망가적 허영심에 빠져서도 안 되고 주제넘게 독자적 견해를 가져서도 안 됩니다. 링컨의 당선은 단지 당 조직의 이러한 성격 때문에 가능했으며, 글래드스턴의 경우 이미 말했듯이 똑같은 일이 코커스에서 벌어졌습니다. 이것이 바로 지도자 중심의 당 운영이 치러야 할 대가인 것입니다. 그러나 우리는 둘 중 하나를 선택할 수밖에 없습니다. '기계'에 기반한 지도자 민주주의, 아니면 지도자 없는 민주주의가 그것입니다. 후자는 소명이 없는 '직업정치가', 지도자의 필수요건인 내적 카리스마적 자질이 없는 직업정치가들의 지배를 의미합니다. 그리고 이들의 지배는 그때그때의 당내 반대파들이 보통 '도당'의 지배라고 부르는 것입니다.

현재 독일에는 단지 후자, 곧 도당의 지배만이 있습니다. 그리고 앞으로도 이 상태는, 적어도 제국차원에서는 다음과 같은 몇 가지 조건들로 인해 존속할 것입니다. 첫째, 연방상원이 아마도 다시 부활되어 필연적으로 제국의회의 권력을 제한하고, 이를 통해 제국의회가 지도자 선발기구로서 가진 중요성을 감소시킬 것입니다. 둘째, 현재와 같은 형태의 비례대표제 선거법 역시 독일의 현재 상황을 존속시키는 요인으로 작용합니다. 이 제도는 지도자 없는 민주주의에서 볼 수 있는 전형적 현상입니다. 이는 단지 명망가들이 의석 배정을 놓고 벌이는 추악한 거래를 조장할 뿐 아니라, 앞으로 이익단체들에게 자기 관리들을 후보자 명단에 넣도록 압력을 가할 수 있는 가능성을 줌으로써 의회를, 진정한 지도자는 설 자리가 없는 그런 비정치적 의회로 만들 것입니다. 지도자에 대한 욕구가 가진 유일한 분출구는 아마도 의회에서가 아니라 국민투표로 선출되는 제국 대통령이 될 수 있을 것입니다. 업무수행 능력의 검증이라는 차원에서 지도자가 출현하고 또 선발될 수 있는 특별히 효과적인 길은, 규모가 큰 지방 자치구에서 국민투표에 의해 선출되고, 자신의 관청을 독자적으로 구성할 수 있는 권한을 가진 도시 독재자가 등장하는 일일 것입니다. 이 현상은 미국의 경우 부패를 진정으로 척결하고자 하는 곳이면 어디서나 나타났습니다. 이것은 이러한 선출과정을 겨냥한 정당조직을 전제로 하는 것입니다. 그러나 독일의 모든 정당—여기에는 특히 사회민주당도 포함됩니다만—이 보여주고 있는 지극히 소시민적인 지도자—적대감은 앞으로 당의 구성방식 및 앞에서 언급한 모든 가능성에 대한 전망을 매우 불투명하게 합니다. 따라서 현재로서는 '직업'으로서의 정치활동이 외적으로 어떤 모습을 띠게 될지는 전혀 짐작할 수가 없습니다. 그 이상으로 더더욱 전망이 어려운 것은, 정치적 재능을 가진 사람들이 충분한 정치적 과제를 떠맡을 수 있는 기회들이 어떤 방식으로 마련될 수 있을지 하는 것입니다. 자신의 재산상황 때문에 정치에 '의존해서' 살 수밖에 없는 사람에게는 두 가지 대안이 있습니다. 언론계나 당 관료 같은 전형적이고 직접적인 길을 택하거나, 아니면 이익단체 가운데 하나를 택하는 길입니다. 이익단체로는 노동조합, 상공회의소, 농업회의소, 수공업자회의소, 노동회의소, 사용자연합회 등을 들 수 있으며, 그 밖에 적절한 지방자치단체 자리도 생각할 수 있습니다. 직업정치가의 외적 측면에 대해서는 단지 아래와 같은 관점만 추가하고자 합니다. 당 관료와 저널리스트는 '하락한 계급'이라는 오명을 지니고 있다는 점입니다. 후자는 '글쟁이'이고 전자는 '연설꾼'이라는 말이 비록 공공연히 이야기되지는 않지만, 유감스럽게도 이들의 귀에는 항상 울릴 것입니다. 이런 평판에 대해 내적으로 무력하고 또한 스스로에게 이에 대한 적절한 답을 줄 수 없는 사람은 이 직업을 택하지 않는 것이 좋습니다. 이 두 직업은 어쨌든 매우 강한 유혹들 외에도 끊임없는 좌절을 안겨줄 것입니다. 그러면 직업정치가의 길이 제공해줄 수 있는 내적 즐거움에는 어떤 것이 있고, 이 길을 택하는 사람이 갖추어야 할 개인적 조건들은 무엇인지 살펴봅시다.

정치가라는 직업은 우선 권력감정을 제공합니다. 사람들에게 영향력을 행사하고 그들에 대한 지배에 참여하고 있다는 의식과, 무엇보다도 역사적으로 중대한 과정에서 중추적 역할의 일부분을 맡고 있다는 느낌은, 심지어 공식적으로는 변변치 않은 직위에 있는 직업정치가조차도 자신이 보통사람들의 위에 서 있다고 생각하게 합니다. 그런데 직업정치가의 문제는, 그가 어떤 자질을 통해 이 권력—실제로는 이 권력이 매우 한정된 것일 수 있습니다만—과 또 그것이 그에게 지우는 책임을 감당해낼 수 있을 것인가 하는 점입니다. 이 문제와 함께 우리는 이제 윤리적 문제의 영역으로 들어갑니다. 왜냐하면 어떤 인물이라야 감히 자기 손으로 역사의 수레바퀴를 움직여도 좋은가라는 문제는 윤리적 문제이기 때문입니다.

정치가에게는 다음 세 가지 자질이 결정적일 만큼 중요합니다. 열정, 책임감 그리고 균형감각이 그것입니다. 여기서 열정이란 하나의 대의 및 이 대의를 명령하는 주체인 신 또는 데몬에 대한 열정적 헌신을 의미하며, 그런 이상 이 열정은 객관적 태도라는 의미를 지니고 있습니다. 따라서 여기서 열정은 고인이 된 나의 친구 게오르그 짐멜*41이 '비창조적 흥분상태'라고 부르곤 했던 그런 내적 태도를 뜻하는 것은 아닙니다. 특징적으로 발견되는 이런 태도는 현재 사람들이 '혁명'이라는 자랑스러운 이름으로 장식하고 있는 카니발에서 우리의 지식인들 사이에서도 매우 큰 역할을 하고 있습니다. 이런 태도는 '지적으로 흥미로운 것에 대한 낭만주의'로서 아무런 결과도 낳지 않으며, 또 어떠한 객관적 책임의식도 내포하고 있지 않습니다. 왜냐하면 아무리 순수하게 느끼고 있다 하더라도 단순한 열정만으로는 충분하지 않기 때문입니다. 즉 열정만으로는 정치가가 될 수 없습니다. 하나의 '대의'에 대한 헌신으로서의 열정이 우리를 정치가로 만들 수 있으려면, 그것은 헌신과 동시에 바로 이 대의에 대한 우리의 책임의식을 일깨우는 열정이라야 하며, 더 나아가 이런 책임의식이 우리의 행동을 주도하도록 만드는 열정이어야 합니다. 그리고 이를 위해서 필요한 것이 균형감각이며, 이것은 정치가에게는 매우 중요한 심리적 자질입니다. 균형감각이란 내적 집중과 평정 속에서 현실을 관조할 수 있는 능력, 즉 사물과 사람에 대해 거둘 수 있는 능력입니다. '거리감의 상실', 그것은 그 자체로서도 모든 정치가의 가장 큰 죄과 가운데 하나입니다. 만일 '거리감의 상실'이 우리 후배 지식인들에게서 자라난다면 반드시 정치적 무능의 길로 잘못 이끌게 될 것입니다. 그것은 한 사람의 정신에 뜨거운 열정과 냉철한 균형감각이 공존하지 못하게 만들기 때문입니다. 물론 정치는 머리로 하는 것이지, 나른 신체기관이나 심정으로 하는 것은 아닙니다. 그러나 그럼에도 정치에 대한 헌신은, 만약 이것이 하나의 경박한 지적 유희가 아니라 인간적으로 진지한 행위이고자 한다면, 열정에서만 태어나고 또 열정에서만 자양분을 얻을 수 있습니다. 그러나 열정적 정치가의 특징인 강한 정신적 자기 통제력은—이 말의 모든 의미에서—거리감에 익숙해짐으로써만 발휘할 수 있습니다. 이러한 정신적 자기 통제력이 그를 단순히 '비창조적 흥분'에만 빠져 있는 정치적 아마추어들로부터 구분하는 자질입니다. 정치적 '개성'이 강하다는 것은 무엇보다도 열정, 책임의식,

균형감각, 이 세 자질을 소유하고 있음을 뜻합니다.

   그래서 정치가는 매우 통속적이면서도 너무나 인간적인 적을 자기 내면에
서 날마다, 그리고 매 순간마다 이겨내야만 합니다. 그것은 매우 일상적 현
상인 허영심이라는 적으로서, 모든 객관적 헌신과 거리감—이 경우에는 자
기 자신에 대한 거리감입니다만—의 가장 큰 적인 것입니다. 허영심은 매우
널리 퍼진 속성이며, 아마 어느 누구도 그로부터 완전히 자유롭지는 못할 것
입니다. 대학과 학자들 세계에서 허영심은 하나의 직업병입니다. 특히 학자
의 경우 허영심은 아무리 혐오스럽게 표출된다 하더라도 보통 학문적 조직
을 해치지는 않기 때문에 비교적 폐해가 적습니다. 그러나 정치가의 경우는
다릅니다. 그는 불가피한 수단으로서의 권력을 목표로 활동하는 사람이기
때문입니다. 따라서 '권력본능'—흔히 이렇게 표현됩니다만—이라는 것은
실제로 정치가의 정상적 자질에 속합니다. 그러나 이러한 권력추구가 '대의'
에 대한 전적인 헌신을 목표로 하는 것이 아니라 객관성을 결여한 채 순전히
개인적 자기도취를 목표로 하는 순간, 그때부터 직업정치가의 신성한 정신
에 대한 배반이 시작됩니다. 왜냐하면 정치영역에서는 궁극적으로 단 두 종
류의 치명적 죄악이 있을 뿐이기 때문입니다. 객관성 결여와—항상 그런 것
은 아니지만 흔히 이와 동일한 것으로서—무책임성이 그것입니다. 그런데
허영심, 즉 자기 자신을 되도록 눈에 띄게 앞에 내세우고 싶어 하는 욕구가
정치가로 하여금 이 두 죄악 가운데 하나, 또는 둘 다를 저지르도록 유혹하
는 가장 강력한 요소입니다. 그리고 '효과'를 노릴 수밖에 없는 데마고그는
더더욱 이런 유혹에 노출되어 있습니다. 그래서 데마고그는 항상 배우가 되
어버릴 위험에 처해 있을 뿐 아니라, 자신의 행동의 결과에 대한 책임을 가
볍게 여기고 단지 자신이 심어주는 '인상'에만 관심을 갖게 될 위험에 처해
있게 됩니다. 객관성의 결여는 그로 하여금 진정한 권력이 아니라 권력의 화
려한 외관만을 추구하게 하고, 그의 무책임성은 그로 하여금 권력을 그 어떤
내용적 목적도 없이 단지 그 자체로서 즐기게 만듭니다. 비록 권력은 불가피
한 수단이고 권력지향은 모든 정치행위의 추동력 가운데 하나이지만, 아니
오히려 바로 그렇기 때문에 벼락부자처럼 자신의 권력에 대해 허풍을 떨며
권력도취에 빠져 허영에 찬 자화상에 몰두하는 짓거리 등, 순전히 권력 그

자체를 숭배하는 모든 행태는 정치력을 왜곡시키는 가장 해로운 행태입니다. 단순한 '권력정치가'—지금 독일에서도 이런 유형의 정치가를 미화하려는 운동이 매우 활발히 전개되고 있습니다만—는 막강한 듯이 보이지만, 사실 그의 영향력은 허망하고 무의미합니다. 이 점에서는 '권력정치'*[42]를 비판하는 사람들의 입장이 전적으로 옳습니다. 우리는 권력정치 이념을 구현하던 대표적 인물들의 갑작스러운 내적 붕괴과정을 통해 이들의 허풍에 찬, 완전히 속 빈 제스처의 이면에 어떠한 내적 나약함과 무력함이 숨겨져 있었는지를 체험할 수 있었습니다. 권력정치론은 인간행위의 의미에 대한 극도로 빈약하고 얄팍한 오만의 산물로서, 이 오만은 모든 행위 특히 정치적 행위가 실제로 내포하고 있는 비극성을 전혀 인식하지 못하고 있는 데서 비롯됩니다. 정치적 행위의 결과가 그 본디 의도와는 전혀 동떨어지거나 때로는 심지어 정반대되는 경우도 흔히 있는 일, 아니 오히려 일반적인 일이며 이것은 모든 역사가 증명해 주는 기본적 사실—여기서는 이 점을 더 상세히 논증할 수는 없습니다만—가운데 하나입니다. 그러나 그렇다고 이 본디 의도, 즉 하나의 대의에 대한 헌신이라는 의도가 포기되어서는 안 될 것입니다. 우리의 행위가 내적 발판을 가지고자 한다면 말입니다. 그런데 정치가의 권력지향과 권력사용의 목적인 이 대의가 어떤 내용의 것이어야 하는지는 신념의 문제입니다. 그가 헌신하고자 하는 목표는 민족 또는 인류를 지향할 수도 있으며, 사회적 윤리적 또는 문화적, 현세적 또는 종교적인 것일 수도 있습니다. 그는 '진보'—이것이 어떤 의미이든 간에—에 대한 강한 믿음에 차 있을 수도 있고, 이런 종류의 믿음을 냉철히 거부할 수도 있습니다. 그는 하나의 '이념'에 헌신하고 있다고 주장할 수도 있으며, 아니면 이념에 헌신한다는 이런 생각 자체를 원칙적으로 거부하면서 일상생활의 외적 목표에 헌신할 수도 있습니다. 그러나 그 어떤 경우든 하나의 신념이 있어야만 합니다. 그렇지 않을 경우 겉으로는 아무리 당당한 정치적 성공이라 하더라도 이 성공에는 사실 피조물 특유의 공허함이라는 저주가 드리워져 있으며, 이것은 부인할 수 없는 일입니다.

방금 말한 것과 함께 우리는 이제 오늘밤 우리가 다루어야 할 마지막 주제영역에 들어섰습니다. '대의'로서의 정치가 가진 에토스(정신)의 문제가 그것입니다. 정치라는 것 자체는 그 목표가 무엇이든 우리 생활의 도덕적 전체

구조 내에서 어떤 소명을 완수할 수 있을까요? 다시 말하여 정치의 윤리적 고향은 어디일까요? 물론 이 문제에 관해서는 궁극적 '세계관들'이 서로 충돌하고 있으며, 우리는 결국 이들 가운데 하나를 선택할 수밖에 없습니다. 최근에—내가 보기에 매우 잘못된 방식으로—다시 거론되는 이 문제에 대해 이제 과감하게 접근해 봅시다. 그러나 우선 이 문제에 대한 하나의 매우 통속적 왜곡부터 바로잡기로 합시다. 먼저 지적해야할 점은, 윤리란 도의적으로 매우 난처한 역할을 할 수 있는 측면도 있다는 점입니다. 몇 가지 예를 들어봅시다. 한 남자의 사랑이 한 여자에게서 다른 여자에게로 옮겨갔을 경우, 이 남자는 틀림없이 자기 자신에게 정당화하고 싶을 것입니다. 그래서 그녀는 나의 사랑을 받을 자격이 없었다거나, 나를 실망시켰다거나 또는 이와 비슷한 '이유들'을 대면서 정당화하려 할 것입니다. 이것은 점잖지 못한 태도로서, 여기서 그는 자신이 그녀를 더 이상 사랑하지 않으며 그녀는 이것을 감당해 내야 한다는 단순한 운명적 사실에다가 매우 점잖지 않은 방법으로 하나의 지어낸 '정당성'을 내세우고 있는 것입니다. 이 정당성을 근거로 그는, 자신에게는 그녀를 떠날 권리를 부여하고, 그녀에게는 배반당한 불행에다 불의까지 더하여 뒤집어씌우고 있는 것입니다. 애정문제에 관한 경쟁관계에서 이긴 사람도 이와 똑같이 행동합니다. 상대는 자신보다 못난 자가 틀림없다, 그렇지 않다면 그가 졌을 리가 없었을 것이라는 식으로 자기 정당화를 합니다. 전쟁에 이긴 승리자가 "내가 이긴 것은 내가 정당하기 때문이다." 이렇게 채통머리 없이 독선적으로 주장한다면 이것 역시 앞의 경우와 조금도 다를 바가 없습니다. 또는 전쟁의 참혹함 속에서 어떤 사람이 정신적으로 탈진상태에 빠졌을 경우, 그저 소박하게 "나에게는 정말이지 너무나 힘들었어." 말하는 대신, 이러한 자신의 전쟁피로감을 자기 자신에게 정당화시키고 싶은 마음에서 지쳤다는 감정은 덮어둔 채 "내가 전쟁을 견디어내지 못했던 까닭은 내가 도덕적으로 옳지 못한 명분을 위해 싸워야 했기 때문이다." 말한다면 이것 역시 같은 경우입니다. 똑같은 현상을 우리는 전쟁에서 패배한 자에게서도 볼 수 있습니다. 당당하고 준엄한 자세를 가진 사람이라면, 전쟁이 끝난 뒤 늙은 아낙네들이 하는 방식대로 전쟁 '책임자'를—전쟁을 일으킨 것은 사회의 구조인데도—찾아 나서는 대신에 적에게 다음과 같이 말할 것입니다. "우리가 졌고 당신들이 이겼소. 그 문제는 이제 마무리되었소. 지금부터는, 전쟁의 요인이었던 객관적 이해관계를 두고 볼 때 어떤 결론을 내려야 할지, 그리고 무엇보다도 특히 승자가 짊어져야 할 미래에 대한 책임을 두고 볼 때 어떤 결론을 내려야 할지에 대해서 이야기합시다." 이런 태도가 아닌 다른 모든 태도는 품위가 없으며, 뒷날 결국은 그 대가를 치르게 됩니다. 한 민족은 이해관계의 침해는 용서하지만, 자신의 명예 훼손은 용서하지 않습니다. 특히 고지식한 독선적 태도 때문에 명예 훼손을 당했을 경우에는 더더욱 용서하지 않습니다. 몇십 년 뒤에 공개되는 새로운 문서는 매번 품위 없는 고함소리, 증오와 분노를 불러일으키는데, 그보다 전쟁은 그 종식과 함께 적어도 도덕적으로는 매장된 것으로 생각하는 것이 옳을 것입니다. 그러나 이것을 가능하게 하는 것은 단지 객관적 태도와 기사적 태도, 특히 자긍심이지 어떤 '윤리'가 결단코 아닙니다. 윤리는 이 경우에 사실상 양쪽 모두에게 자긍심의 상실을 뜻할 뿐입니다. 이런 상황에서 윤리 문제를 제기하는 것은 정치가에게 중요한 문제, 즉 미래와 또 미래에 대한 책임이라는 문제에 관심을 갖게 하는 것이 아니라, 정치적으로 소모적일 뿐인—정치적으로는 해결될 수 없는 것이니까요—지난 죄과에만 몰두하게 합니다. 이런 짓을 하는 것, 만약 정치적 죄과라는 것이 있기라도 하다면, 그것이 바로 정치적 죄과입니다. 더구나 이 과정에서 모든 문제가 다분히 물질적 이해관계로 인해 어쩔 수 없이 왜곡된다는 사실은 흔히 간과됩니다. 즉 승자는 가능한 한 최대의 이득—도덕적 그리고 물질적 이득—을 확보하려 하고, 패자는 전쟁책임을 인정하는 대가로 이득을 볼 수 있기를 희망하는 것 등이 그런 이해관계입니다. 그리고 무언가 '비열한' 것이 있다면, 바로 이런 태도들이 비열한 것입니다. 그리고 이 비열함은 위에서 말한 대로 윤리를 '독선'의 수단으로 이용하는 짓의 결과인 것입니다.

그렇다면 윤리와 정치 사이의 진정한 관계는 어떠한 것일까요? 흔히 말하듯이 이 둘은 서로 전혀 관계가 없는 것일까요? 또는 반대로, 정치적 행위에도 다른 모든 행위에 대해서와 '똑같은' 윤리가 적용되는 것이 옳은 것일까요? 흔히 사람들은 이 두 주장은 서로 완전히 배타적이며, 둘 중 하나만이 옳다고 생각합니다. 그런데 과연 애정관계, 사업관계, 가족관계, 공적 관계, 아내, 채소장수 아주머니, 아들, 경쟁자, 친구, 피고인과의 관계 등 모든 관계에 대해 같은 계명을 요구할 수 있는 그런 윤리가 세상에 있을까요? 그리고 정치란 하나의 매우 특수한 수단, 다시 말해서 이면에 폭력성을 내포하고 있는 권력이라는 수단을 가지고 일을 한다는 사실이 정치에 대한 윤리적 요구에서 과연 고려되지 않아도 되는 것일까요? 우리는 볼셰비키파 및 스파르타쿠스파*43의 이념가들이 바로 이러한 '폭력적' 정치적 수단을 사용하고 있기 때문에 그 어떤 군사독재자와도 다를 바 없는 결과를 낳고 있음을 보고 있지 않습니까? 노동자 및 군인 평의회의 지배와 구체제 권력집단의 지배 사이에는 인물이 바뀌었다는 점과 이들의 아마추어리즘을 제외하면 어떤 차이가 있습니까? 세간에 떠도는 이른바 새로운 윤리를 대변하는 대부분의 인사들이 자신의 반대자들에게 대해 벌이는 논박이 다른 어떤 데마고그들의 논박과 무슨 차이가 있습니까? 이에 대해 사람들은 그들의 고귀한 의도가 그 차이라고 말합니다. 좋습니다. 그러나 여기서 우리가 논하고자 하는 것은 수단입니다. 그리고 공격받고 있는 상대 역시, 주관적으로는 정말 정직하게 자신들의 궁극적 의도는 고귀하다고 주장하고 있습니다. "칼을 잡는 자는 칼로써 멸망하리라" 이런 말이 있지만, 투쟁은 어디서나 투쟁일 뿐입니다.

그러면 산상수훈*44의 윤리는 어떤가요? 산상수훈—즉, 복음서의 절대윤리는 오늘날 이 계명을 즐겨 인용하는 사람들이 믿는 것보다는 훨씬 더 진지한 의미를 지니고 있습니다. 산상수훈은 가볍게 볼 사안이 아닙니다. 우리가 과학에서 인과율에 대해 하는 말, 즉 인과율은 우리가 마음대로 정지시키고 기분에 따라 타고 내릴 수 있는 그런 마차가 아니라는 말은 산상수훈의 윤리에도 고스란히 적용됩니다. 전부 아니면 전무, 바로 이것이—만약 이 윤리가 단순히 통속적인 것 이상을 지향하고 있다면—이 윤리의 의미입니다. 예컨대 한 부유한 청년에 대해 복음서는 "그는 재물이 많으므로 이 말을 듣고 조심하며 다니라" 말하고 있습니다. 복음서의 계명은 절대적이고 명료합니다. "네가 가지고 있는 것을 다 주어라, 모든 것을 남김없이." 아마도 정치가는 이런 요구에 대해 이렇게 말할 것입니다. "이런 요구는 만약 그것이 모두에게 관철되지 않는다면 사회적으로 무의미한 요구이다." 따라서 그는 과세, 강제징수, 몰수 등 한마디로 모든 것에 대해 관철될 수 있는 강제와 규율을 주장할 것입니다. 그러나 윤리적 계명은 이러한 것에 대해서는 전혀 관심이 없으며, 이런 무관심이 윤리적 계명의 본질이기도 합니다. 다른 예를 들어봅시다. "한쪽 뺨을 맞으면 다른 쪽 뺨도 내주어라" 그것도 무조건. 즉 상대가 너를 때릴 권리를 가지고 있는지 따위는 묻지 말고 뺨을 내주라는 것이 이 계명입니다. 이것은 자긍심을 포기하라는 윤리입니다. 단, 성자인 경우에는 그렇지 않습니다. 바로 이것이 요점입니다. 만약 우리가, 적어도 우리가 소망하는 바를 기준으로 볼 때 모든 점에서 성자가 되며 따라서 예수·12사도·성프란체스코 같은 사람들이 살았던 대로 살려고 할 경우에만, 뺨을 내주는 윤리는 의미가 있고 존엄성의 표현이 됩니다. 이 경우 이외에는 그렇지 않습니다. 왜냐하면 우주론적 사랑의 윤리는 "악에 대해 폭력으로 대항하지 말라" 말하지만, 정치가에게는 거꾸로 "너는 악에 대해 폭력으로 대항해야만 한다. 만약 그렇게 하지 않으면 네가 악의 만연에 책임이 있다" 이 계명이 옳기 때문입니다. 복음서의 윤리에 따라 행동하고자 하는 자는 파업을 해서는 안 되며—왜냐하면 파업은 강요이기 때문입니다—그는 어용조합에 가는 것이 마땅합니다. 그는 특히 '혁명'을 논해서는 안 됩니다. 왜냐하면 복음서의 윤리가 하필이면 내란이 유일한 정당한 전쟁이라고 가르치고 있지는 않기 때문입니다. 복음서에 따라 행동하는 평화주의자는 독일에서 권고된 바 있듯이 무기를 거부하거나 내버릴 것이며, 이는 모든 전쟁을 소멸시키기 위한 그의 윤리적 의무라고 생각할 것입니다. 그에 반해 정치가는 전쟁을 상당기간 불신하게 만드는 하나뿐인 확실한 방법은 "현 상태에서의 강화(講和)이다" 말할 것입니다. 이에 대해 관련국가의 국민들은 아마도 그러면 전쟁은 무엇 때문에 했느냐고 물을 것이며, 이렇게 되면 전쟁은 무의미했던 것으로 판정될 것입니다. 그러나 지금 와서 그렇게 말할 수는 없습니다. 왜냐하면 전승국들에게는—적어도 그들 가운데 일부에게는—전쟁은 정치적으로 채산이 맞는 일이었을 것이기 때문입니다. 그리고 이런 상황에는 우리로 하여금 어떤 저항도 하지 못하게 만든, 위에서 말한 그러한 태도가 책임이 있습니다. 그런데 이제—현재의 무기력한 시기가 끝나고 나면—전쟁이 아니라 평화가 불신의 대상이 될 것이며, 이것은 절대윤리의 결과입니다. 끝으로, 진리에 대한 의무라는 문제가 있습니다. 이 의무는 절대윤리에서는 무조건적인 것입니다. 그래서 이 윤리의 신봉자들은 모든 문서, 특히 자기 조국에 불리한 문서의 공개 및 이러한 일방적 공개를 기초로 한 전쟁책임 인정, 즉 일방적이며 그 결과를 고려하지 않는 무조건적인 인정이 바른 길이라고 결론을 내렸습니다. 이에 반해 정치가는, 그런 행동을 통해서 결과적으로는 진리가 조장되는 것이 아니라 악용과 정열의 분출을 통해 오히려 진리가 은폐될 것이 확실하다는 입장을 취할 것입니다. 그는 또한 공정한 인사들에 의한 전면적이고 체계적인 조사만이 성과가 있을 것이며, 그 밖의 다른 어떤 방식도 그 방식을 취하는 국가에 앞으로 몇십 년간은 돌이킬 수 없을 결과를 초래할 것이라고 말할 것입니다. 이와는 달리 '결과'를 중시하지 않는 윤리, 그것이 곧 절대윤리입니다.

행위결과의 무시, 바로 이것이 결정적으로 중요한 관점입니다. 이 문제를 좀 더 상세히 살펴봅시다. 먼저 주목해야 할 점은, 윤리적으로 지향된 모든 행위는 아래와 같은 두 가지 서로 전혀 다른, 화합할 수 없이 대립적인 원칙 가운데 어느 하나에 따라 수행될 수 있다는 사실입니다. 그 하나는 '신념윤리적' 원칙이고 다른 하나는 '책임윤리적' 원칙입니다. 물론 이 말이 신념윤리는 무책임과, 책임윤리는 무신념과 같음을 뜻하는 것은 결코 아닙니다. 그러나 우리가 신념윤리적 원칙 아래서 행동하는가—종교적으로 표현하자면 "기독교도는 올바른 행동을 하고 그 결과는 신에게 맡긴다"—아니면 책임윤리적 원칙 아래서—우리는 우리 행동의 '예측 가능한' 결과에 대해 책임을 져야 한다는 원칙 아래서—행동하는가의 사이에는 심연처럼 깊은 차이가 있습니다. 여러분이 확신에 찬 신념윤리적 생디칼리스트[*45]에게 매우 설득력 있게 아래와 같은 설명을 한다고 가정해봅시다. 즉 그의 행동 결과는 반동세력의 기회를 늘리고, 그의 계급의 억압상황을 악화시키며, 이 계급의 상승을 방해하게 될 것이라고 말입니다. 이런 설명은 그에게 아무런 효과도 불러일으키지 못할 것입니다. 만약 순수한 신념에서 나오는 행위의 결과가 나쁜 것이라면 신념윤리가가 보기에 이것은 행위자의 책임이 아니라 세상의 책임이며, 타인들의 어리석음의 책임이거나 또는 인간을 어리석게 창조한 신의 의지의 책임입니다. 그에 반해 책임윤리가는 바로 인간의 이러한 평균적 결함들을 고려합니다. 피히테가 정확히 지적했듯이, 그는 인간의 선의와 완전성을 전제할 어떠한 권리도 자신에게는 없다는 입장입니다. 그는 그가 예측할 수 있는 한도 내에서 자신의 행동 결과를 다른 사람에게 뒤집어씌울 수 없다고 믿습니다. 그래서 그는 말할 것입니다. "이런 결과가 나온 것은 내 행동에 책임이 있다." 그에 반해 신념윤리가는 오로지 순수한 신념의 불꽃, 예컨대 사회적 질서의 불공정성에 대한 저항의 불꽃이 꺼지지 않게 하는 것에 대해서만 '책임감'을 느낍니다. 이 불꽃을 지속적으로 되살리는 것, 이것이 그의 행동들, 성공가능성의 관점에서 볼 때는 전적으로 비합리적인 그의 행동들의 목적이며, 이 행동들은 단지 모범의 제시라는 가치를 지닐 수 있을 뿐이며 또 이런 가치만을 가져야 하는 것입니다.

그런데 문제는 여기서 그치는 것이 아닙니다. 세계의 그 어떤 윤리도 피해갈 수 없는 사실은, '선한' 목적을 달성하기 위해 우리는 수많은 경우에 도덕적으로 의심스럽거나 위태로운 수단을 사용할 수밖에 없으며, 부정적 부작용의 가능성 또는 개연성을 감수해야 한다는 사실입니다. 그리고 어떠한 경우에, 또 어느 선까지 윤리적으로 선한 목적이 윤리적으로 위태로운 수단과 부작용을 '정당화'할 수 있는지는 세계의 그 어떤 윤리도 말해주지 못합니다. 정치에서 가장 중요한 수단은 '폭력적' 강제력입니다. 그리고 윤리적으로 볼 때, 수단과 목적 사이의 긴장이 끼치는 영향이 얼마나 막대한지를 여러분은 아래와 같은 사례에서 확인할 수 있습니다. 모두들 알고 있듯이 혁명적 사회주의자들 '짐머발트 계열'[*46]은 이미 전쟁 중에 하나의 원칙을 천명했는데, 이 원칙을 요점만 요약하자면 다음과 같습니다. "우리가 만약 앞으로 몇 년 동안 전쟁을 더 계속하면 혁명이 일어날 것이고, 지금 강화를 맺으면 혁명이 일어나지 않을 것이라는 두 대안 가운데 하나를 선택해야만 한다면, 우리는 '몇 년 동안 더 전쟁하기'를 선택할 것이다!" 이에 이어 "그럼 이 혁명은 무엇을 가져다줄 것인가?" 묻는다면, 과학적 훈련을 받은 사회주의자라면 누구나 다음과 같이 대답할 것입니다. "우리가 생각하는 그런 의미에서 사회주의적이라고 부를 수 있을 경제체제로의 이행은 일어나지 않을 것이다. 오히려, 단지 봉건적 요소와 왕조적 잔재들을 털어버렸을 뿐인 부르주아 경제체제가 다시 성립할 것이다." 이런 하찮은 결과를 위해서 '아직도 몇 년간 더 전쟁을' 하자는 것입니다! 감히 말하건대, 이 경우에는 매우 확고한 사회주의적 신념을 가진 사람도 그런 '수단'을 요구하는 혁명이라는 이름의 '목적'을 거부할 것입니다. 그러나 볼셰비즘과 스파르타쿠스주의, 아니 모든 혁명적 사회주의에서는 상황이 바로 그러합니다. 그래서 이 진영이 구체제의 '폭력정치'를, 그 수단의 폭력성을 이유로 도덕적으로 비난하는 것은 매우 가소로운 일입니다. 비록 구체제 폭력정치의 목적들을 거부하는 것은 전적으로 정당하다고 할지라도 말입니다. 바로 이 문제, 즉 목적에 의한 수단의 정당화라는 이 문제에서 모든 신념윤리는 좌절할 수밖에 없을 듯합니다. 논리적으로만 보면 실제로 신념윤리는 도덕적으로 위태로운 수단을 사용하는 모든 행동을 배척하는 길밖에는 없습니다. 논리적으로 그렇다는 말입니다. 그러나 현실 세계에서는 신념윤리가가 갑자기 종말론적 예언자로 변신하는 것을 흔히 경험할 수 있습니다. 예컨대 방금 '폭력이 아니라 사랑'이라고 설교하던 자들이 그 다음 순간 폭력을 호소합니다. 물론 이들은 이것이 마지막 폭력이라고 말합니다. 모든 폭력성이 제거된 상태를 가져다줄 마지막 폭력이라는 것입니다. 이것은 마치 우리 장교들이 병사들에게 공격작전 때마다, 이번 공격이 마지막이고 이것이 승리와 평화를 가져다줄 것이라고 말하는 것과 똑같습니다. 신념윤리가는 세계의 윤리적 비합리성을 견디지 못합니다. 그는 '우주적·윤리적 합리주의자'입니다. 여러분 가운데 도스토예프스키를 아는 사람은 대심문관이 나오는 장면을 기억할 것입니다. 거기에 바로 이 문제가 탁월하게 묘사되고 있습니다. 신념윤리와 책임윤리는 조화시킬 수 없으며, 설령 우리가 목적에 의한 수단의 정당화라는 원칙을 어느 정도 인정한다 하더라도, 어떤 목적이 어떤 수단을 정당화하는지를 윤리적으로 결정할 수는 없습니다. 그의 신념이 지닌 참다운 순수성 때문에 내가 개인적으로는 매우 높이 평가하지만, 정치가로서는 절대로 거부하는 동료교수 푀르스터*47는 그의 저서에서 이 어려움을 다음과 같은 단순한 명제를 통해 피해갈 수 있다고 믿습니다. 선한 것에서는 오로지 선한 것만 나올 수 있고, 악한 것에서는 단지 악한 것만 나올 수 있다는 명제가 그것입니다. 만약 그렇다면 물론 지금까지 논의한 모든 문제는 전혀 존재하지도 않겠지요. 그러나 정말 놀라운 것은, 우파니샤드가 쓰인 지 2천5백 년이 지난 지금 아직도 그런 명제가 세상의 빛을 볼 수 있었다는 사실입니다. 세계역사의 모든 과정뿐 아니라 일상적 경험만 냉철히 분석해 보아도 오히려 그 정반대가 사실임을 알 수 있는데도 말입니다. 푀르스터 교수 명제의 정반대가 사실이라는 점 때문에 지구상의 모든 종교가 생겨난 것입니다. 신정론*48이 안고 있었던 가장 오래된 문제는 다름 아닌 다음과 같은 질문이었습니다. "전지전능하면서 동시에 자비롭다고 믿는 신의 힘이 어떻게 그토록 비합리적 세계, 다시 말하여 부당한 고통, 처벌받지 않는 불의, 그리고 개선의 여지가 없는 어리석음으로 가득 찬 비합리적 세계를 창조할 수 있었는가?" 따라서 이 신적 힘은 전지전능하지 않거나 아니면 자비롭지 않은 힘일 것입니다. 아니면 우리의 삶을 지배하는 것은 전혀 다른 보상과 보복의 원칙들일 수도 있습니다. 이 원칙들은 형이상학적으로 해석할 수 있는 것들일 수도 있고, 아니면 우리에게는 영원히 해석할 수 없는 것들일 수도 있습니다. 이 문제, 즉 세계의 비합리성의 경험이라는 문제가 모든 종교발전의 원동력이었던 것입니다. 인도의 업보이론, 페르시아의 이원론*49, 원죄설, 예정조화설, 숨어 계신 신*50, 이 모든 것은 바로 세계의 비합리성에 대한 경험에서 발전한 것입니다. 그리고 초기 기독교들도 세상은 악령들에 의해 지배되고 있으며, 권력과 폭력적 강제력을 수단으로 하는 정치에 뛰어드는 자는 악마적 세력과 계약을 맺는 것이라는 점을 잘 알고 있었습니다. 또한 정치가의 행위에서는, 선한 것에서는 선한 것만이, 악한 것에서는 악한 것만이 나오는 것이 아니라, 오히려 그 정반대인 경우가 흔하다는 사실도 매우 잘 인식하고 있었습니다. 이것을 인식하지 못하는 사람은 정치적으로는 정말 어린아이에 지나지 않습니다.

종교적 윤리는 우리의 삶이 각각 다른 법칙을 따르는 다수의 상이한 질서들로 이루어져 있다는 사실에 대해 여러 방식으로 대응했습니다. 그리스의 다신교는 아프로디테에게도, 헤라에게도, 디오니소스에게도 그리고 아폴로에게도 똑같이 제물을 바쳤으며, 이 신들이 자주 서로 다툰다는 것을 알고 있었습니다. 힌두교적 삶의 질서는 다양한 직업을 저마다 하나의 특수한 윤리적 법칙, 즉 달마*51의 대상으로 삼았으며 직업들을 카스트 형식으로 영원히 서로 분리시켰고, 이 직업들을 하나의 고정된 위계적 신분체계로 조직했습니다. 그리고 이런 신분체계에 한 번 태어나면, 다음 생에서 다른 카스트로 태어나는 길 이외에는 벗어날 수가 없었습니다. 그러므로 최고의 종교적 구원자에 접근할 수 있는 가능성은 직업에 따라 서로 달랐습니다. 이렇게 하여 힌두교는 고행자와 브라만에서 시작하여 도둑과 창녀에 이르기까지 모든 카스트의 달마를 각 직업의 내재적 법칙에 상응하게 구축할 수 있었습니다. 그리고 이런 직업에는 전쟁과 정치도 있었습니다. 전쟁을 삶의 질서 체계 안으로 들이는 과정을 여러분은 크리슈나와 아르두나의 대화집인 바가바드기타*[52]에서 볼 수 있습니다. 거기에는 "필요한 행동을 하라", 즉 카스트의 달마가 정한 의무에 걸맞은 행동을, 그리고 전쟁목적에 비추어 객관적으로 필요한 행동을 하라고 적혀 있습니다. 힌두교에 따르면 이러한 행동은 종교적 구원을 해치는 것이 아니라 오히려 도움이 됩니다. 인도의 무사가 용맹하게 싸우다 전사할 경우 인드라*[53]의 극락에 간다는 것은 처음부터 보장된 것이었고, 이는 게르만 무사가 발할라*[54]에 가는 것이 보장된 것과 마찬가지였습니다. 그러나 인도 무사는 열반에 들어가는 것은 경멸했는데, 이것은 게르만 무사가 천사의 합창이 울려 퍼지는 기독교의 낙원을 경멸했던 것과 마찬가지입니다. 윤리의 이러한 분화로 인해 인도 윤리는 제왕의 정치를 순전히 정치 고유의 법칙에 따라 다룰 수 있었으며, 더 나아가 이 고유 법칙을 극단적으로 강화시킬 수 있었습니다. 통상적 의미에서 마키아벨리즘의 진정 극단적 형태는 카우티르야의 〈아르타샤수트라〉라는—인도 문헌으로서 예수 탄생 훨씬 전인 찬드라굽타 시대에 만들어진—문헌에 고전적으로 표현되어 있습니다. 이에 비하면 마키아벨리의 '군주론'은 차라리 순박하다고 보아야 할 것입니다. 가톨릭 윤리—푀르스터 교수의 평소 입장은 이것에 가깝습니다만—에서의 '복음적 권고'*[55]는 성스러운 생명의 은총을 받은 사람들을 위한 특수윤리입니다. 이 윤리체계에는 피를 흘려서도, '즉 전투를 해서도' 안 되고 영리 행위를 해서도 안 되는 수도사층이 있고, 그 다음 경건한 기사층과 시민층이 있는데, 전자는 피를 흘려도 되고 후자는 영리 행위를 해도 됩니다. 윤리의 이러한 서열화와 또 이런 서열화를 구원론적 체계 안에 유기적으로 통합시키는 작업은 인도의 경우와 비교하면 일관성이 부족하며, 이것은 기독교적 신앙의 전제조건에서 보면 어쩔 수 없던 측면도 있고 당연한 측면도 있습니다. 이 세상은 원죄로 인해 타락해 있다는 교리는 죄악에 대한, 그리고 영혼을 위협하는 이단자들에 대한 징계수단으로서의 폭력을 윤리에 비교적 쉽게 들여왔습니다. 아무튼 산상수훈의 신념윤리적이고 범우주적인 요구들 및 그것에 기초한 절대적 요구로서의 종교적 자연법은 혁명을 일으킬 수 있는 힘을 유지했으며, 실제로 이 힘은 사회적 격변의 시기마다 엄청난 돌파력을 지니고 등장했습니다. 이러한 신념윤리적 요구들은 특히 극단적 평화주의적 종파들을 창출했는데, 그 중 하나인 퀘이커교는 펜실베이니아에서 대외적 폭력행사를 배제한 국가건설이라는 실험을 했습니다. 그러나 이 실험의 진행과정은 정작 독립전쟁이 발발했을 때, 퀘이커교도들이 이 전쟁이 대변하던 자신들의 이상을 위해 무기를 들고 나설 수 없었다는 점에서는 비극적이었습니다. 이에 반해서 일반적 프로테스탄티즘은 국가를—따라서 폭력이라는 수단도—신이 세운 조직으로 절대 정당화하며 특히 정당성을 가진 권위주의 국가를 인정합니다. 루터는 개인을 전쟁에 대한 윤리적 책임으로부터 자유롭게 하고 이 책임을 정부 당국에 전가시켰습니다. 루터교에서는 신앙문제를 제외한 다른 사안에서 정부 당국에 복종하는 것은 결코 죄가 되지 않았습니다. 칼뱅주의는 신앙수호를 위한 수단으로서의 폭력을 원칙적으로 인정했으며, 따라서 종교전쟁도 인정했습니다. 물론 이슬람의 경우 종교전쟁은 처음부터 중심적 요소였습니다만. 여기서 볼 수 있듯이, 정치와 윤리의 관계라는 문제를 발생시킨 것은 르네상스 시기의 영웅숭배에서 생겨난 근대적 무신앙이 결코 아닙니다. 모든 종교가 이 문제와 씨름했으며 이 씨름의 결과는 매우 다양했고 또, 지금까지 서술한 것을 두고 볼 때 다양할 수밖에 없었습니다. 이렇게 볼 때, 인간이 만든 조직의 손안에 있는 정당한 폭력이라는 특수한 수단 자체가 정치에 관련된 모든 윤리적 문제의 특수성을 규정짓고 있는 것입니다.

그 목적이 무엇이든 간에 폭력이라는 이 특수한 수단과 손을 잡는 자는—모든 정치가들이 그렇게 합니다—누구든 이 수단이 초래하는 특수한 결과들에 맞닥뜨리게 됩니다. 이것은 특히 신념을 위해 투쟁하는 사람들—종교적 투사이건 혁명적 투사이건 마찬가지입니다—의 경우에 그러했습니다. 과감하게 현대를 그 예로 살펴봅시다. 이 지상에서 절대적 정의를 폭력으로 실현하고자 하는 자에게는, 이 목적을 위해 추종자, 즉 인적 '기구'가 필요합니다. 그리고 그는 적절한 내적 그리고 외적 보상—천상에서 또는 지상에서의 보상—을 이 인적 기구에 제공해주어야 합니다. 그렇지 않으면 이 기구는 작동하지 않습니다. 우선 내적 보상을 살펴봅시다. 이것은 근대적 계급투쟁이라는 조건 아래서 보면 증오심과 복수심의 충족, 무엇보다도 원한의 충족 및 사이비 윤리적 독선에 대한 욕구 충족, 다시 말해 적의 비하와 이단화에 대한 욕구 충족 등이 될 것입니다. 그 다음 외적 보상으로는 모험, 승리, 전리품, 권력과 봉록 등을 들 수 있습니다. 지도자의 성공여부는 이 기구의 원활한 작동여부에 전적으로 달려 있습니다. 따라서 그의 성공은 자기 자신의 동기가 아니라 이 기구의 동기에 달려 있습니다. 다시 말하여, 이 지도자가 성공하기 위해서는 자신의 추종자들—그가 필요로 하는 홍위병, 밀정들, 선동가들 등—에게 위에서 말한 보상들이 영속적으로 보장될 수 있게 해야 합니다. 따라서 그가 이러한 조건 아래서의 활동을 통해 실제로 무엇을 성취할 수 있을지는 그의 손에 달려 있는 것이 아니라 그의 추종자들의 행위에 깔린, 윤리적으로 대부분 저열한 동기들에 의해 결정되는 것입니다. 이러한 동기들은 지도자라는 인물과 그의 대의에 대한 정직한 믿음이 적어도 추종자의 일부분—대다수인 경우는 결단코 없다고 보아야 합니다—을 사로잡고 있는 동안만 통제될 수 있습니다. 그러나 지도자와 그의 대의에 대한 이러한 믿음은 비록 그것이 주관적으로는 정직한 것이라 할지라도 대부분 복수심, 권력욕, 전리품과 봉록에 대한 욕구의 윤리적 '정당화'에 지나지 않는데, 이것은 단지 이런 믿음에만 해당되는 것이 아닙니다. 이 점을 흐지부지 넘기려고 하는 시도에 넘어가서는 안 됩니다. 왜냐하면 유물론적 역사관 역시 마음내키는 대로 타고 내릴 수 있는 쌍두마차가 아니며, 이 역사관이 혁명의 주체들 앞에서 그 효력을 잃지 않기 때문입니다! 상기한 믿음이 지닌 그런 단순한 정당화 기능 이외에 무엇보다도 주목해야 할 것은, 혁명의 열정이 식은 뒤에는 전통주의적 일상이 찾아오고, 믿음의 대상이었던 영웅과 특히 믿음 그 자체가 사라지거나, 아니면—이것이 더 효과적이지만—이 믿음은 정치적 속물과 정치적 기술자들의 관습적 상투어의 일부가 되어버린다는 사실입니다. 이러한 과정은 특히 신념을 위한 투쟁에서 매우 빠르게 진행됩니다. 왜냐하면 이 투쟁은 순수한 지도자들, 즉 혁명적 예언자들에 의해 영도되거나 촉발되는 것이 보통이며 모든 지도자 중심의 기구에서 그러하듯이, 신념투쟁에서도 추종자들이 마음을 비우고 객관적 태도를 취하는 것, 즉 '규율'을 위해 정신적 프롤레타리아트가 되는 것이 성공의 조건 가운데 하나이기 때문입니다. 따라서 신념투사의 추종자들은 한번 지배층이 되고 나면 매우 쉽사리 평범한 봉급자층으로 전락하는 것이 보통입니다.

정치를 하겠다는 사람, 특히 정치를 직업으로 삼겠다는 사람이면 누구나 앞에서 말한 윤리적 역설들을 자각하고 있어야 하고, 또한 이 역설들의 중압에 눌려서 그 자신이 변질된다면 그것은 자신의 책임이라는 사실을 인식하고 있어야 합니다. 다시 한 번 말하지만, 그는 모든 폭력성에 잠복해 있는 악마적 힘들과 관계를 맺게 되는 것입니다. 범우주적 인간사랑과 자비의 위대한 대가들—이들이 나사렛에서 왔든, 아시시에서 왔든 또는 인도의 왕궁에서 왔든 상관없이—은 폭력이라는 정치적 수단을 가지고 일한 적은 없습니다. 그들의 왕국은 '이 세상의 것'이 아니었습니다. 그러나 그들은 이 세상에 영향을 끼쳤고 또 지금도 여전히 끼치고 있습니다. 플라톤 카라타예프[*56] 같은 인물, 도스토예프스키의 성자들과 같은 인물이 아직까지도 이런 대가들의 가장 적절한 형상화입니다. 자신 또는 다른 사람의 영혼이 구원받기를 바라는 자는, 이것을 정치라는 방법으로 이루고자 해서는 안 됩니다. 정치는 전혀 다른 과업들을 가지고 있는데, 이 과업들은 폭력으로만 완수될 수 있는 것들입니다. 사랑의 신, 또한 교회를 통해 구현된 기독교의 신은 정치를 수호하는 신이나 데몬과는 내적 긴장관계에 있으며, 이 긴장관계는 해소될 수 없는 갈등으로 언제든 표출될 수 있습니다. 그리고 이것은 교회지배 시대의 사람들도 알고 있었던 사실입니다. 예컨대 '비적수여 금지령'[*57]이 되풀이해 피렌체 시에 부과되었는데, 이 금지령은 당시 사람들과 그들의 영혼 구원을 위해서는 칸트적 윤리적 판단의 (피히테의 말을 빌리면) '냉정한 동의'보다는 훨씬 더 큰 힘을 지니고 있었습니다. 그럼에도 피렌체 시민들은 교회국가에 저항했습니다. 그리고 이런 상황을 염두에 두고 마키아벨리는—내 기억이 틀리지 않다면—그가 쓴 피렌체 역사의 한 아름다운 구절에서 그의 주인공 가운데 하나의 입을 빌려, 고향의 위대함이 자기 영혼의 구원보다 더 소중하다고 생각하는 시민들을 칭송하고 있습니다. 만약 여러분이 고향 또는 '조국'이라는 말의 자리에—조국이라는 것이 오늘날에는 모두가 공유하는 가치는 아닐지도 모르겠습니다만—'사회주의의 미래' 또는 '국제적 평화의 미래'라는 말을 집어넣는다면, 여러분은 위에서 논의한 문제의 현대판을 얻게 됩니다. 왜냐하면 우리는 사회주의의 미래라든가 국제적 평화라든가 이런 모든 것을 정치적 행위를 통해서 추구하는데, 정치적 행위는 폭력적 수단을 가지고 책임윤리 아래서 수행되는 것이며, 따라서 위의 목적들의 추구는 '영혼의 구원'을 위협하게 되기 때문입니다. 그러나 만약 이런 목적들을 종교적 신앙투쟁에서와 같은 순수한 신념윤리를 가지고 추구한다면, 이것은 이 목적들에 손상을 입힐 뿐 아니라 이 고귀한 목적들을 수 세대 동안 불신의 대상으로 만들 수도 있습니다. 왜냐하면 이러한 신념윤리적 행위자에게는 결과들에 대한 책임감이 결여되어 있기 때문입니다. 순수한 신념윤리를 따를 경우 행위자는 모든 정치적 행위에 개입되어 있는, 위에서 말한 악마적 힘들을 의식하지 못합니다. 만약 그가 이 무자비한 힘들을 인식하지 못한다면, 이 힘들이 그의 행위뿐 아니라 그의 내면에 초래할 결과에 그는 무력하게 내맡겨져 있을 수밖에 없습니다. '악마, 그는 늙었다. 너희도 나이를 먹어봐야 그를 이해할 것이다.' 이런 말이 있습니다. 그런데 이 문장에서 '나이'는 햇수를 뜻하지 않습니다. 나도 토론에서 출생증명서의 날짜로 나를 누르려는 자는 단 한 번도 용납한 적이 없습니다. 그러나 그렇다고 반대로 한 젊은이가 20대이고, 나는 50 고개를 넘었다는 단순한 사실 때문에 내가, 그런 젊음 자체가 하나의 업적이며 나는 이 업적에 대한 존경심에서 어쩔 줄 모른다고 말할 수도 없는 노릇입니다. 다시 말하면 나이가 중요한 것은 아닙니다. 중요한 것은 삶의 현실에 대한 훈련되고 가차 없는 시각과, 이 현실을 견디어 내고 이것을 내적으로 감당해 낼 수 있는 능력입니다. 정치는 확실히 머리로 하는 것입니다만, 반드시 그렇다고 할 수는 없습니다. 이 점에서 신념윤리가들의 입장은 전적으로 옳습니다. 그러나 우리가 신념윤리가로 행동하는 것이 옳은지, 아니면 책임윤리가로 행동하는 것이 옳은지 여부, 그리고 언제는 신념윤리가로, 또 언제는 책임윤리가로 행동해야 하는지에 대해서는 어느 누구도 우리에게 지시할 수 없습니다. 다만 다음과 같은 점은 지적할 수 있습니다. '비창조적' 흥분의 시대인 오늘날—여러분은 비창조적이지 않다고 말하겠지요. 그러나 흥분이 언제나 진정한 열정은 아닙니다—갑자기 곳곳에서 신념윤리가들이 다음과 같은 구호를 외치며 출현하고 있습니다. "세상이 어리석고 비열하지 내가 그런 건 아니다. 결과에 대한 책임은 나한테 있는 것이 아니라 다른 사람들에게 있다. 나는 이 사람들을 위해 일하고 있으며 나는 이들의 어리석음과 비열함을 뿌리 뽑을 것이다." 솔직히 말하자면, 이렇게 말하는 자들에게 나는 먼저 그들의 신념윤리를 뒷받침하고 있는 내적인 힘이 어느 정도인지 묻습니다. 내가 받은 인상은, 이들 중 열에 여덟

아홉은 스스로 주장하는 것을 진정으로 느끼는 것이 아니라 단지 낭만적 감흥에 도취하고 있을 뿐인 허풍선이에 지나지 않다는 것입니다. 이런 자세는 인간적으로 나의 관심을 끌지 않으며, 또 나를 추호도 감동시키지 않습니다. 그에 반해 한 성숙한 인간이—나이가 많고 적고는 상관없습니다—결과에 대한 책임을 진정으로 그리고 온 마음으로 느끼며 책임윤리적으로 행동하다가 어떤 한 지점에 와서 "이것이 나의 신념이오, 나는 이 신념과 달리 행동할 수 없소." 말한다면, 이것은 비할 바 없이 감동적인 것입니다. 이런 것이 인간적으로 순수한 것이며 감동을 주는 것입니다. 왜냐하면, 우리 가운데 내적으로 죽어 있지 않은 자라면 누구나 언젠가는 이런 상황에 처할 수도 있기 때문입니다. 이렇게 볼 때 신념윤리와 책임윤리는 서로 절대적 대립관계가 아니라 보완관계에 있으며, 이 두 윤리가 함께 비로소 '정치에의 천직'을 가질 수 있는 참다운 인간을 만들어내는 것입니다.

존경하는 청중 여러분, 10년 뒤 이 문제에 대해 우리 다시 한 번 이야기합시다. 여러 가지 정황으로 미루어 볼 때, 그때는 이미 반동의 시대가 시작하였을 것이라고 우려하지 않을 수 없습니다. 또한 10년 뒤 여러분 가운데 많은 사람이, 그리고 솔직히 나 자신도 바라고 희망했던 것들 중 과연 무엇을 이룰 수 있을까요? 아마 '전혀 아무 것도'라고 말할 수는 없겠지만 적어도 외견상으로는 거의 아무 것도 성취할 수 없을 것입니다. 그럴 가능성은 매우 큽니다. 이것이 나를 완전히 좌절시키지는 않겠지만, 그러나 이것을 안다는 것은 물론 내적으로 부담스럽습니다. 아무튼 10년 뒤 그때, 여러분 가운데 지금 자신을 진정한 '신념정치가'라고 느끼며 이 혁명이라는 도취상태에 동참하고 있는 분들은 과연 '이 말의 내적 의미에서' 무엇이 '되어' 있을까요? 나는 그것이 궁금합니다. 지금 상황이 셰익스피어의 102번 소네트가 들어맞는, 그런 상황이라면 참으로 좋겠지요,

그때 꽃피는 봄에 우리의 사랑은 푸르렀지만,
그때 나는 그 사랑을 노래 불러 맞으려 했지.
꾀꼬리는 여름의 문턱에서 노래 부르나,
계절이 무르익음에 그 가락을 멈추더라.

그러나 사정은 그렇지 않습니다. 여름의 만개가 아니라, 등골이 오싹한 어둠과 고난에 찬 극지(極地)의 밤이 우리 앞에 놓여 있습니다. 지금 표면적으로 어느 집단이 승리하든 그것과는 상관없이 말입니다. 아무 것도 없는 곳에서는 황제뿐 아니라 프롤레타리아도 자기의 권리를 잃을 것이기 때문입니다. 이 밤이 서서히 물러가고 난다면, 그때는 지금 보기에 그렇게도 풍성히 봄을 구가하고 있는 사람들 가운데 과연 누가 아직도 살아 있을까요? 그리고 여러분 모두는 그때 내적으로 어떻게 되어 있을까요? 쓸쓸함에 빠져있거나 또는 속물근성에 젖어 있을까요? 세상과 직업을 있는 그대로 단순하고 평범하게 감수하고 있을까요? 아니면—그리 드문 일도 아닙니다만—그럴 재주가 있는 사람들은 신비주의적 현실도피에 빠져들거나 또는—흔히 있는 개탄스러운 현상이지만—단지 유행에 따라 신비주의자 행세를 억지로 하고 있을지도 모르지요. 이 모든 경우에 대해 나는 다음과 같은 결론을 내릴 것입니다. 이런 상황에 빠진 자들은 자기 행동을 감당해 낼 수 있는 능력이 없으며, 실제로 있는 그대로의 세상을 감당해 낼 능력도 없을 거라고. 또 이 세상에서의 일상을 감당해 낼 능력도 없을 것입니다. 이들은 스스로 가지고 있다고 믿었던 정치에 대한 소명을 객관적으로, 그리고 실제적으로도 그의 가장 깊은 내면에는 가지고 있지 않았습니다. 이런 사람들은 차라리 소박하고 단순하게 사람들 사이의 형제애를 도모하고 그저 자신의 일상적 임무에 열심히 몰두했더라면 더 좋았을 것입니다. 정치란 열정과 균형감각, 이 두 가지를 다 가지고 단단한 널빤지를 강하게 그리고 서서히 뚫는 작업입니다. 만약 지금까지 '불가능'에 도전하는 사람들이 계속 나타나지 않았더라면, 인류는 아마 가능한 것마저도 이루어내지 못했을 것입니다. 이것은 전적으로 옳은 말이며 모든 역사적 경험에 의해 증명된 사실입니다. 그러나 지도자이면서 또한—매우 소박한 의미에서—영웅만이 이렇게 불가능한 것을 시도할 수 있습니다. 그리고 지도자도 영웅도 아닌 사람이라 할지라도, 모든 희망의 좌절조차 견디어낼 수 있을 정도로 단단한 의지를 갖추어야 합니다. 지금 그래야 합니다. 그렇지 않으면 우리는 오늘날 아직은 가능한 것마저도 이루어내지 못할 것입니다. 자신이 제공하려는 것에 비해 세상이 너무나 어리석고 비열하게 보일지라도 이에 좌절하지 않을 자신이 있는 사람, 그리고 그 어떤 상황에서도 '그럼에도 불구하고!' 이렇게 말할 수 있는 사람, 이런 사람만이 정치에 대한 '소명'을 가지고 있습니다.

〈주〉

＊1 Brest-Litowsk. 1918년 3월에 소련과 독일 사이에 단독강화조약이 체결된 곳. 당시 소련의 외무인민위원이었던 트로츠키(Leon D. Trotzki, 1877~1940)가 소련측 대표로서 이에 조인하였다.

＊2 데마고그의 어원은 그리스어의 데마고고스(demagogos)인데, 고대 그리스나 로마시대에는 대중의 지지를 기반으로 하는 정치가 또는 웅변가를 일컫는 말이었다. 따라서 당시에는 현재와 같은, 단순한 '선동정치가' 또는 '민중선동가'라는 부정적 의미를 지니지는 않았다. 베버는 데마고그를 맥락에 따라 이런 고전적 의미 또는 현대적 의미로 사용하고 있다. 역자는 이를 고려해 각각의 맥락에 적절한 역어를 선택하였으며, 많은 경우 원어 데마고그를 그대로 사용하기도 하였다.

＊3 spoils. 일반적으로 공무원의 임면(任免)을 당파적 충성 내지 당성에 의거하여 결정하는 정치적 관행을 의미한다.

＊4 이슬람교의 종교적 최고 권위자인 칼리프가 수여한 정치적 지배자의 칭호. 13세기 이후 세속권력의 최고 권위를 지니는 이슬람 전제군주의 공식칭호로서 투르크계(系)의 가즈나왕조에서부터 사용되었다.

＊5 제1차 세계대전 말기에 일어난 이른바 '독일혁명'의 상황을 가리키고 있다. 독일이 연합군에 항복하기 직전인 1918년 11월 3일 독일 북부 킬 군항(軍港)에서 해군수뇌부의 독자적 전투계획에 반대한 수병들이 반란을 일으키자, 킬 시(市)의 노동자들도 이 반란에 합류하였다. 이로 인해 노동자·병사평의회가 구성되어 그들이 킬 시의 실권을 장악하였으며, 이 혁명은 독일 북부에서 서부 및 남부로 빠르게 퍼져 나갔다. 물론 좌파 중심의 혁명운동은 결국 진압되었으나, 이러한 과정의 결과로 독일의 제2제정은 붕괴되고 1919년 1월에 '바이마르 공화국'이 탄생하게 된다.

＊6 첫 번째 의미의 '직업정치가'는 글머리에서 언급한 데마고그와 같은 '카리스마적' 정치가들이다.

＊7 Plutokrarie. '금권정치'란 부유한 자가 지배하는 정치체제를 뜻한다. 고대 그리스에서 이 개념은 지자(知者)의 지배나 전사(戰士)의 지배, 또는 무산대중의 지배와 대치되는 부자의 지배를 의미했다.

＊8 보스의 어원은 네덜란드어의 우두머리란 의미의 '바스 bass'에서 비롯되었으며, 일반적으로는 집단의 책임자나 지도자를 뜻한다. 그러나 요즘의 '보스정치'는 미국 정치에서 정당의 지방조직을 장악하는 실력자가 공식적 책임을 지지 않으면서 정치적 영향력을 발휘하는 것을 말한다. 이에 대해 베버는 아래에서 상세히 논하고 있다.

＊9 1883년에 제정된 이른바 '펜들들법'에 의한 미국관리임용제도의 개혁을 뜻한다. 이 개

혁을 통해 앞서 언급된 엽관제가 폐지되고 '메리트시스템', '자격임용제', '성과급제'
도입의 계기가 마련된다.

＊10 Maximillian Ⅱ(1527~1576). 신성로마제국 황제. 그는 대내적으로는 종교적·정치적
대립에 대처하였으나 성공하지 못했고, 대외적으로는 터키와의 싸움에서 패하고 또한
폴란드 왕위 획득에도 실패하였다. 그러나 예술가·학자를 보호하고 빈(Wien)대학을
지원, 서적을 수집하는 등 문화 진흥에 힘썼다.

＊11 Karl V. 독일 황제. 재위 기간 1516~1567.

＊12 R. von Puttkamer(1828~1900). 프러시아의 교육부장관.

＊13 성직자, 문인, 궁정귀족, 도시문벌.

＊14 대략 5세기 초 이후 몽골고원에 세워진 여러 유목국가 군주의 칭호.

＊15 1823~1901. 중국 청나라 말의 정치가.

＊16 gentry. 영국에서 중세 후기에 생긴 중산적(中産的) 토지소유자층. 젠틀맨 계층이라
는 뜻. 본디 '가문이 좋은 사람들'이라는 뜻이며, 넓은 의미로는 귀족을 포함한 좋은
가문의 사람들을 가리킨다. 그러나 보통은 신분적으로 귀족 아래이며, 봉건사회 해체
기에 출현한 영국의 독립자영농민의 위 계층으로서 가문의 문장(紋章) 사용이 허용된
사람들을 가리킨다.

＊17 Mimamsa 학파는 인도 6대 철학파의 하나이다. 자이미니(Jaimini : B.C. 2세기경)에
의해 확립되었으며, 베다 성전(聖典)에 규정된 제사의례의 연구와 실천을 인간 생활
의 의무라 생각하고, 베단타학파와 더불어 정통 바라문 철학의 중핵을 이루었다. 그
들의 언어철학은 특히 뛰어났다.

＊18 16세기 절대왕제 확립기에서 신·구 두 파의 종교전쟁과 관련하여 주장된 이론을 말하
며, 폭군방벌론자를 '모나르코마키'(Monarchomachi)라 부른다. 네덜란드의 자연법사
상가 J. 알투지우스(1557~1638)는 종교적 성격에서 벗어난 저항권 이론을 전개하여
자연법에 의한 폭군방벌론을 주장하였다. 즉 구교와 군주가 결합했을 때, 이 군주는
민중과의 계약을 어긴 폭군이므로 이에 반대하여 방축살해(放逐殺害)해도 정당하다는
사상이 폭군방벌론이다.

＊19 프랑스의 구제도(舊制度) 아래에서의 신분제의회. 정식 명칭은 전국삼부회다. 1301
년 필리프 4세가 소수 특권층인 사제·귀족·도시의 대표를 모아놓고 노트르담 성당에
서 개최한 것이 그 기원이다. 그 뒤 제1부 사제, 제2부 귀족, 제3부 평민의 대표들로
구성된 국민의회로 정형화하였다.

＊20 제1차 세계대전 때 연합군의 선전을 뜻하며, 아마도 베버는 여기서 '관료국가'인 독일
의 약점을 암시하고 있는 듯하다.

＊21 Kleon. 아테네의 정치가·민중지도자. 암피폴리스 출생. 부유한 피혁상(皮革商)의 아
들로 태어났다. BC431~BC430년에 만년(晩年)의 페리클레스를 공격하여 정계에 대

두, 페리클레스가 죽자 뒤를 이어 민주파의 지도자가 되었다.

＊22 Unabkömmlichkeit의 역어. 베버는 이 용어를 본업에 얽매여 다른 일을 할 여유를 갖지 못하는 상황을 서술하는 데 사용하고 있다.

＊23 제1차 세계대전 당시의 연합군 국가들.

＊24 1865~1922. 영국 역사상 가장 성공한 신문발행인. 대중적인 신문·잡지업의 창시자.

＊25 Guelfen과 Ghibellinen. '겔프당'(교황당)과 '기벨린당'(황제당)은 중세 말기에 격화되었던 로마교황과 신성로마제국의 대립에서 각각 교황과 황제를 지지하면서 대립한 당파들이다. 교황당에는 주로 독일 황제의 이탈리아 지배정책에 대항하던 이탈리아 자치도시들(피렌체, 베네치아 등)의 도시 시민계급이 속했으며, 황제당에는 시민계급에 적대적이던 귀족층이 속했다. 이 갈등은 결국 황제당의 승리로 끝났다.

＊26 Soviet. 본디 소비에트라는 말은 평의회·대표자 회의를 의미하는 러시아어였지만, 러시아 혁명 때에 자연발생적으로 노동자·군대·농민 대의원 소비에트가 형성된 뒤부터 특수한 의미를 가지게 되었고, 러시아 혁명 뒤에는 프롤레타리아 독재정권의 권력기관 또는 권력형태를 총칭하는 용어로 정착하게 되었다.

＊27 한 사람이 할 수 있는 표준작업량을 과학적으로 측정하고, 이것을 달성하기 위해서 예를 들면 특별한 성과급 등을 도입한 과학적인 노동관리제도. 미국의 기사 Frederick W. Taylor(1856~1915)가 창안하였다.

＊28 Ochrana. 차르 시대의 비밀경찰.

＊29 Tammany Hall. 뉴욕의 태머니 회관에 본부를 둔 민주당의 클럽. 종종 뉴욕 시정에 있어서의 부패와 추문의 뜻으로도 쓰여 '태머니주의'(Tammanyism)라는 말이 생겼다.

＊30 국민투표제는 국정의 중요한 문제에 관하여 국민이 직접 결정하는 직접민주주의적 제도로서 간접민주주의적 대의정치의 결함을 보완하는 장치다. 그러나 국민투표제가 나폴레옹이나 히틀러의 예에서 보듯이, 집권자의 전제(專制)를 합리화하기 위한 수단으로 악용되기도 했음은 잘 알려진 사실이다.

＊31 Moisej J. Ostrogorskij(1854~1919). 러시아의 정치학자. 그의 주된 저서인 《민주주의와 정당조직》(La democratie et l'organisation des parties politiques, 2 vols, Paris 1903)은 정당에 관한 선구적 연구로 유명하다. 이 책 하권은 나중에 다시 바로잡아 《민주주의와 미국의 정당제도》라는 제목으로 출판되었다. 그는 풍부한 역사적 자료를 이용, 헌법 이외에 정당이 미국의 정치를 지배·운용하고 있는 사실을 자세하게 분석하고, 금력에 의한 정치의 부패형태를 밝혔다.

＊32 16세기 영국에서 종교개혁의 결과 성립된 교회. 영국교회·영국성공회·잉글랜드교회라고도 한다. 헨리8세는 왕비와의 이혼문제로 로마교황과 대립한 사실을 계기로, 1534년 '국왕지상법'(國王至上法)에 의하여 영국의 교회를 로마로부터 이탈하게 한 뒤 스스로 그 최고 우두머리가 되었으며, 영국에서 보편적인 교회의 조직을 '국법에

의해 확립된 잉글랜드의 교회'로 개편했다.

* 33 Caucus. 정당의 간부진이 선거후보자의 지명 또는 주요 정책 결정을 위해 소집하는 비공식 간부회의라는 뜻으로 쓰이지만, 베버의 경우에는 이 용어를—명망가 정당과의 대비에 있어서—정당의 '관료제화'와 거의 같은 뜻으로 썼고, 특히 그것과 연관된 정당 리더의 국민투표적 성격을 강조했다.

* 34 Joseph Chamberlain(1836~1914). 영국의 정치가. 보수적 자유주의자로서 본디 자유당 의원이었으나, 글래드스턴의 아일랜드 자치법안에 반대하여 자유당을 탈당하고 자유통일당을 결성하였다. 그러나 이 당은 1912년 영국 보수당에 흡수되었다.

* 35 Gladstone, William Ewart(1809~1898). 1833년 하원의원이 되었고, 상무장관·식민지장관·재무장관 등을 역임하는 동안 자유무역을 목적으로 하는 관세개혁을 단행하고 곡물법 철폐에 찬성하였으며, 상속세 설치와 소득세 감소에 따른 예산안을 제출하는 등 자유주의자로 명성을 떨쳤다. 1868년 총리에 취임하고부터 아일랜드 교회의 국교(國敎)를 폐지하고, 국민교육법을 성립시키는 한편 선거의 무기명투표제를 제정하는 등, 잇달아 개혁을 추진하였다. 네 차례에 걸쳐 수상을 역임하였다.

* 36 Disraeli, Benjamin(1804~1881). 글래드스턴과 함께 택토리아 시대의 번영기를 이끌며, 전형적 2대 정당제에 의한 의회정치를 실현한 정치가.

* 37 Richard Cobden(1804~1865). 자유무역주의를 주창한 영국의 정치가·웅변가.

* 38 John Caldwell Calhoun(1782~1850). 합중국 민주당의 영수로 아담스(제6대) 및 잭슨(제7대) 밑에서 부통령을 지냈고, 주(州)주권주의 및 노예제 옹호론자로도 유명하다.

* 39 Daniel Webster(1782~1852). 타이라(제10대) 및 테일러(제12대)의 두 대통령 밑에서 국무장관을 지냈고, 연방의 우위와 노예제 철폐를 주장하여 캘후운 등과 논쟁하였다.

* 40 August Bebel(1840~1913). 독일 사회민주당 창설자 중의 하나. 노동운동의 뛰어난 지도자일 뿐 아니라 여러 차례 반복된 옥중생활에서 경제학을 독학하여 훌륭한 이론가가 되기도 하였다. 또 〈여성과 사회주의〉(Die Frau und der Sozialismus, 1883)의 저자로서 여성운동에 깊은 관심을 나타냈으며, 당시 이미 남녀의 완전한 사회적 동등권을 주장하였다.

* 41 Georg Simmel(1858~1918). 막스 베버와 동시대의 사회학자로서 이른바 '형식사회학'을 정립했으며, 베버와 서로 영향을 주고받았다.

* 42 Machtpolitik. 정치의 내용을 윤리적·이념적인 계기보다도 지배자 또는 국가가 자신의 이익 추구를 위하여 행하는 권력투쟁으로 파악하는 입장이나 정책.

* 43 제1차 세계대전 중에 독일 사회민주당의 극좌파가 탈퇴하여 조직한 혁명단체.

* 44 《신약성서》〈마태복음〉 5~7장에 기록된 예수의 산상설교. '성서 중의 성서'로 일컬어지는 이 설교에는 자선행위, 금식, 이웃사랑 등에 대한 예수의 가르침이 담겨 있으며, 참된 종교적 신앙생활의 내면적 본질에 대한 예수의 가르침이 비유적으로 서술되

어 있다.

* 45 혁명적 노동조합주의자.

* 46 Zimmerbalder Richtung. 1915년 9월 스위스의 짐머발트에서 개최된 사회주의자들의
국제 반전(反戰) 대회 참여자들.

* 47 Friedrich W. Foerster. (1869~1966) 독일의 교육학자, 철학자, 반전 평화주의자. 뮌
헨대학 교수(1914~1920). 제1차 세계대전 때부터 이미 스위스에서 윤리적 평화주의
운동을 실천하였다. 독일혁명이 발발하자마자 바이에른공화국 정부의 스위스주재 임
시공사에 임명되어 정전과 강화(講和)조건 완화를 위한 단독교섭을 연합국과 진행하
였다. 나치 시대에 미국으로 망명.

* 48 신정론(神正論)은 고통과 악, 그리고 죽음과 같은 현상을 신의 존재에 의거하여 정당
화하려는 믿음체계이다.

* 49 마니교(3세기, 페르시아인 마니를 시조로 하여 그리스도교·불교·조로아스터교 등의
교의를 혼합하여 만든 종교)라고도 하며, 광명(선·신·정신)과 암흑(악·악마·육체)의
이원론을 주장한다.

* 50 Deus absconditus. 루터신학의 용어. 신은 사랑을 계시할 때에도 이것을 분노의 가면
아래서 나타낸다는 뜻. 이러한 사고방식은 뒷날 구원은 신의 뜻에 따라 이미 결정되
어 있다는 칼뱅의 '예정설'(Praedestination)로 이어진다.

* 51 法. 본디 존재와 사실을 '뒷받침하는 것'이라는 의미로 우주원리를 비롯하여 사회윤
리, 생활규칙 모두를 아우르는 개념이다.

* 52 인도의 민족 서사시 '마하바라타'(Mahabharata) 제6편에 수록된 종교시. 마하바라타
는 기원전 10세기경 북인도에서 일어났다고 상정되는, 2대 부족의 항쟁에 대한 설화
를 서사시로 읊은 것이다.

* 53 Indra. 인도 3대 신 가운데 하나.

* 54 Valhalla. 북구의 최고신 오딘의 궁전. 오딘을 위해 싸우다가 죽은 전사들이 머무는
곳. 지붕이 방패로 덮여 있는 아름다운 궁전.

* 55 "consilia evangelica" 가톨릭교회에서 복음서가 권장한 윤리적 규범을 말한다. 수도원
서약에 나와 있는 청빈·정결·순종 세 가지 덕목은 그 대표적인 것이다. 이 규범들은
구원을 위해 반드시 지켜야 하지는 않지만, 이것을 천직으로 삼을 정도의 사람에게는
자발적인 준수가 요구되었다.

* 56 Platon Karatajev. 톨스토이의 〈전쟁과 평화〉에 등장하는 러시아 농민의 전형으로 철
저한 무저항주의자.

* 57 가톨릭 교회법에 의거한 처벌조치 가운데 하나로서, 교회에서 파문하지는 않으나 정
무, 즉 예배와 미사는 금하는 조치이다. 이 금지령은 한 지역 전체(본문의 경우 피렌
체 시)에 대해 내려질 수 있었다.

Soziologische Grundbegriffe
사회학 근본개념

머리말

앞으로 기술할 개념의 규정은 없으면 곤란하고, 있으면 추상적이고 비현실적인 것이 되어버리기는 하지만, 내 방법이 새로운 것이라고 주장할 생각은 추호도 없다. 오히려 같은 문제를 논할 경우, 모든 경험적 사회학에서 현재 거론되고 있는 것을 더욱 목적에 부합되고 조금 더 정확하게, 물론 그만큼 현학적이 되기 쉬운 말로 표현하려는 노력에 지나지 않는다. 익숙하지 않은 새로운 단어를 사용하는 것도 그 때문이다. 《로고스》 제4권(1913년)에 실린 논문과 비교하면, 되도록 이해하기 쉽게 용어를 단순화하고 몇 가지는 고치기도 했다. 본디 무제한적인 통속화와 극도의 개념적 정확성이라는 바람이 언제나 조화를 이루지는 않으므로, 그러한 경우는 아무래도 후자를 중시하게 된다.

'이해'라는 것에 대해서는 K. 야스퍼스의 《정신병리학 원론》을 참조하였고, H. 리케르트의 《자연과학적 개념구성의 한계》 제2판, 특히 G. 짐멜의 《역사철학의 여러 문제》에 나타난 몇 가지 견해도 참조했다. 방법에 대해서는 종전과 마찬가지로 F. 고틀의 《언어의 지배》의 사고방식을 참조했다. 단, 이 책은 매우 이해하기 어렵게 쓰였고, 또한 철저하게 파고들지 못한 곳이 있다. 내용에 대해서는 특히 F. 퇴니에스의 명저 《공동사회와 이익사회》를 참조했다. 또한 R. 슈탐러의 《유물사관으로 본 경제와 법률》과, 《사회과학방법론》 제2권(1907년)에 실린 나의 비판을 참조하였는데, 전자는 명백히 세상을 그르치는 책이며, 후자에는 앞으로 논할 원칙이 이미 많이 포함되어 있다. 나는 주관적으로 생각한 의미와 객관적으로 타당한 의미를 극력 구별하기 위해 이 점, 《사회학》 및 《화폐의 철학》에 나타난 짐멜의 방법과는 이해를 달리 한다. 짐멜은 두 의미를 구별하지 않을뿐더러, 곧잘 모호하게 표현하기도 했다.

제1장 사회학과 사회적 행위

'사회학'이라는 말은 여러 의미로 쓰이고 있으나, 이 책에서는 사회적 행위와 해석에 의해 이해하는 방법으로, 사회적 행위의 과정 및 결과를 인과적으로 설명하려는 과학을 가리킨다. '행위'란, 단수 또는 복수 행위자의 주관적인 의미가 포함된 인간 행동을 가리키며, 활동이 외적이든 내적이든, 방치든 인내든 그것은 상관없다. 그러나 '사회적' 행위의 경우는 단수 혹은 복수의 행위자가 생각하는 의미가 다른 사람들의 행동과 관계가 있으며, 그 과정이 이에 좌우되는 행위를 가리킨다.

1 방법의 기초

제1항

이 책에서 말하는 '의미'에는 크게 다음의 두 종류가 있다. (1)(ㄱ)어떤 역사상의 경우에서, 한 행위자가 실제로 주관적으로 생각하고 있는 의미, (ㄴ)많은 경우를 통해, 많은 행위자가 실제로 평균적으로 유사하게 주관적으로 생각하고 있는 의미, (2)개념적으로 구성된 순수유형에서, 유형으로 여겨진 단수 또는 복수의 행위자가 주관적으로 생각하고 있는 의미. 객관적으로 올바른 의미라든가, 형이상학적으로 해명된 참된 의미 같은 것이 아니다. 이 점에서 사회학이나 역사학처럼 행위를 연구하는 경험과학과, 법률학·논리학·윤리학·미학처럼 각 대상의 올바르거나 타당한 의미를 연구하는 모든 규범과학에는 차이가 있다.

제2항

의미 있는 행위와, 주관적으로 사고된 의미를 내포하지 않는 단순한 반사적 행동의 경계는 매우 모호하다. 사회학적으로 중요한 행동의 대부분, 특히 순수한 전통적 행위(후술 참조)는 그 경계선상에 있다. 의미 있는 행위, 즉 이해 가능한 행위는 많은 정신물리적 과정에는 전혀 나타나지 않는다. 나타 난다고 해도 오직 전문 연구자에게나 해당되는 이야기일 뿐이다. 또한 언어 로 충분히 전달할 수 없는 그 신비적인 과정을 체험해 보지 않은 사람이 완 전히 이해할 수는 없다. 반면, 직접 똑같은 행위를 하지 않는다고 하여 이해 할 수 없는 것은 아니다. '시저를 이해하기 위해 자신이 시저일 필요는 없 다.' 완전한 추(追)체험 가능성이라는 것은 이해의 명확성에 있어서는 중요 하지만, 그것이 의미 해석의 절대적 조건은 아니다. 하나의 과정에서 이해할 수 있는 부분과 이해할 수 없는 부분은 종종 서로 뒤섞여 연결되어 있다.

제3항

넓게는 모든 과학과 마찬가지로, 모든 이해는 '명확성'을 추구한다. 이해 에 있어서의 명확성은 두 종류가 있는데, 합리적인 것(이것도 논리적인가 수학적인가로 나뉜다)과 감정이입에 의한 추체험적인 것, 즉 감정적·예술 감상적인 것이다. 행위의 영역에서 합리적으로 명확한 것은 뭐니 뭐니 해도 행위의 주관적 의미 연관의 지적 이해가 완전하고 명석하게 이루어지는 부 분이다. 행위 중에서 감정이입적으로 명확한 것은, 행위의 체험적 감정 연관 이 완전히 추체험된 부분이다. 합리적으로 이해할 수 있는 것, 즉 그 지적 의미가 직접적으로 명백하게 파악되는 것의 필두는 역시 숫자적 또는 논리 적인 명제들의 관계에 포함된 의미 연관이다.

누군가가 사고와 논증 과정에서 2×2＝4라는 명제나 피타고라스 정리를 이용하거나, 우리의 사고 습관에 따라 올바른 추론을 할 때, 우리는 그 의미 를 매우 명료하게 이해한다. 또한 우리는 어떤 사람이 행위 하는 데에 자명 하다고 인정되는 경험적 사실 및 어떤 목적에서, 그것에 이용되는 수단이— 우리의 경험에 비추어—타당한 결론을 이끌어 내는 경우에도 그 의미를 명 료하게 이해한다. 이처럼 합목적적 행위의 해석은—그것에 이용되는 수단의 이해로 보아—언제나 최고의 명확성을 지니고 있다. 그와 같은 명확성까지 는 아니라도 설명으로 충족되는 정도의 명확성은, 우리 자신도 기억하고 있 는 것 같고, 감정이입을 통해 그 유래를 체험할 수 있을 것 같은 그러한 착오—문제의 혼동도 포함된다—를 이해하는 경우에도 존재한다. 그러나 경험이 나타내는 것처럼 인간의 행위는 여러 궁극적인 목적과 가치를 향하는 경우가 있다. 이러한 목적이나 가치는 우리가 완전히 명확하게 이해할 수 없는 경우가 매우 많고 때로 지적으로 파악할 수 없는 경우도 있다. 하지만 그것들의 가치가 우리 자신의 궁극적인 가치와 근본적으로 다르면 다를수록 감정이입적 상상력에 의한 추체험적 이해가 어려워진다. 사정에 따라 다르지만, 그러한 때는 궁극적인 가치를 단순히 지적으로 해석하는 것으로 만족한다. 그것을 성공하지 못한 경우에는 궁극적인 가치를 주어진 것으로 순순히 받아들이고서, 할 수 있는 데까지 지적으로 해석하고, 되도록 감정이입하여 추체험에 다가서서 궁극적인 가치를 향한 행위의 과정 이해에 힘을 쏟을 수밖에 없다.

그 예로 많은 종교적 및 자선적인 덕행을 그러한 마음이 없는 사람이 본 경우를 들 수 있다. 또한 인권사상 같은 극단적인 합리주의에 기초한 광신을, 그러한 생각을 근본적으로 싫어하는 사람이 본 경우도 그러하다. 그에 반해 불안·분노·야심·질투·시기·애정·감격·자부·복수심·신뢰·헌신·갖가지 욕망, 그러한 직접적인 감정과 거기서 발생하는—합리적인 목적적 행위에서 보아—비합리적인 반응은, 우리가 기억하고 있으면 있을수록 명확하게 감정적으로 추체험할 수 있다. 또한 그 감정이나 반응의 강도가 우리 자신의 가능성을 훨씬 넘는 경우라도, 우리는 그 의미를 감정이입에 의해 이해할 수 있으며, 그것이 행위의 방향과 수단에 미치는 영향을 지적(知的)으로 판단할 수 있다.

그러므로 유형 구성적인 과학적 고찰에 있어서 행동의 비합리적 감정적인 의미 연관이 행위에 영향을 미치는 경우, 먼저 행위의 순수 목적 합리적 과정을 관념적으로 구성한 다음에 이러한 의미 연관을 연구하고 서술하면 매우 명료해진다. 예를 들어 주식공황을 설명하려면, 먼저 비합리적 감정의 영향이 없는 경우에 상상할 수 있는 행위의 과정을 밝힌 다음 비합리적 요소를 교란 요인으로 도입하는 것이 편리하다. 마찬가지로 정치행동이나 군사행동에 대해서도 먼저 당사자의 사정과 의도가 완전히 알려져 있다는 가정, 그리고 올바르다고 생각되는 경험에 따라 수단의 선택이 순수 목적 합리적으로 이루어지고 있다는 가정을 수반하고, 이러한 가정 아래 행위가 어떠한 과정을 따르는

가를 밝히면 편리하다. 그리하여 비로소 편향의 원인을 거기에 작용하고 있는 비합리성에서 찾을 수 있다. 위와 같은 경우, 순수 목적 합리적 행위에는 명확한 이해 가능성과 합리성에 기초한 명백성이 있으므로 순수 목적 합리적 행위를 관념적으로 구성하는 것은 유형('이상형')으로서 사회학에 유용하며, 감정과 착오 등 온갖 비합리성의 영향을 받는 현실의 행위를 순수 합리적 행동으로 기대되는 과정에서의 편향으로 이해시키는 것이다.

위와 같은 의미, 그리고 위와 같은 방법상의 편의라는 이유에 의해서만, 이해사회학의 방법은 합리주의적인 것이다. 그러나 이 방법은 사회학상의 합리주의적 편견 등이 아니라, 단순한 방법상의 수단으로 풀이해야 하며, 생명에 대한 이성의 현실적 우위의 믿음 등으로 멋대로 해석해서는 안 된다. 목적의 합리적 사고가 사실 행위를 어디까지 현실에 규정하고 있는가에 대해서는 조금도 언급할 생각이 없기 때문이다. 그러나 분별없는 합리주의적 해석이 이루어질 위험성을 부정하는 것은 아니다. 유감스럽지만 그러한 위험의 존재는 모든 경험이 나타내주고 있다.

제4항

행위를 연구하는 모든 과학에서 보면, 의미를 포함하지 않는 과정이나 사물은 인간 행위의 자극, 결과, 촉진, 저지의 자격으로 문제가 될 뿐이다. 그러나 의미를 포함하지 않는다는 것이 생명이 없거나 인간적이지 않다는 뜻은 아니다. 기계를 비롯한 모든 제작물은 그 제조나 사용에 인간의 행위가 ―실로 다양한 목적을 위해―부여했거나 부여하려 한 의미로 인해 비로소 해석과 이해가 가능해진 것이다. 의미로 거슬러 올라가지 않으면 기계는 전혀 이해할 수 없다. 즉 기계에서 이해할 수 있는 것은 수단으로서든, 단수 또는 복수 행위자가 염두에 둔 행위의 방향을 결정짓는 목적으로서든, 어쨌거나 기계와 인간 행위의 관계이다. 이와 같은 범주를 이용하지 않으면 이러한 사물을 이해할 수 없다. 그런데 주관적 의미 내용이 결여된 과정이나 상태―생명이 있든 없든, 인간적이든 아니든―는 행위와의 사이에 수단과 목적이라는 관계가 없다. 단순히 행위를 자극하고, 촉진하고, 저지하는데 머무는 한 아무런 의미가 없다. 1277년의 돌라트 만 범람을 보면, 경우에 따라서는 역사적으로 커다란 중요성을 지닌 이주과정의 기록이라는 역사적 의의가 있을지도 모른다. 또한 사망률과, 아이들의 무력(無力)에서 노인의 무력이라는 생명의 유기적 순환도 예나 지금이나 다름없이 인간의 행위에 다양하게 영향을 끼쳐왔으므로, 매우 큰 사회학적 의의를 지니고 있을 것이다. 또한 심리적 또는 심리생리적 여러 현상—피로, 숙달, 기억 등, 그리고 예를 들어 고행에 수반된 유형적인 행복감, 나아가 시간, 종류, 명확도 등에서 반응양식의 유형적인 차이 등—의 과정에 관한 이해할 수 없는 경험적 명제도 있다. 그러나 이것은 결국 다른 이해할 수 없는 사실의 경우와 같으며, 현실의 행위자와 마찬가지로 이해적 고찰을 할 때도 그것들을 고려해야 할 여건으로서 받아들인다.

지금까지의 것은 어찌됐든 간에 앞으로 연구가 진행되면 의미가 명백한 행동에 대해 이해할 수 없는 규칙성을 발견할 수도 있다. 예를 들어 사회학에서도 필요한 영양소의 종류나 나이 듦이 행위에 미치는 영향 같은 생리적 사실과 완전히 같은 의미로, 생물로서의 유전적 소질(인종)의 차이를 여건으로 받아들이게 될 지도 모른다. 다만 이 차이가 사회학적으로 중요한 행동양식, 특히 의미관계에서 본 사회적 행위의 양식에 주는 영향이 통계적으로 확실히 입증된 다음의 일이다. 그러나 그러한 인과적 의의를 인정했다고 하여, 의미를 목표로 한 행위를 해석함으로써 이해한다는 사회학—및 널리 행위에 관한 여러 과학—의 임무는 조금도 달라지지 않는다. 단지 사회학이, 어떤 경우에 명백히 해석할 수 있는 동기 연관 속으로 이해가 불가능한 여러 사실—예를 들어 이미 오늘날에도 인정받고 있지만, 행위에 어떤 목표가 나타나는 빈도나 행위의 유형적인 합리성의 정도와 두개지수(頭蓋指數), 피부색, 기타 생리적 유전적 성질 사이의 유형적인 관계—을 가져오는 것일 뿐이다.

제5항

이해라는 것은 첫째, 행위(언어를 포함)에 대한 주관적 의미의 직접적 이해를 가리킨다. 예를 들어 우리는 $2 \times 2 = 4$라는 명제를 듣거나 보면 그 명제의 의미를 직접적으로 이해하며(관념의 합리적 직접적 이해), 분노의 폭발이 표정이나 노기 띤 목소리, 비합리적 행동으로 나타나면 그것을 이해한다(감정의 비합리적 직접적 이해). 또한 나무를 잘라내는 행위나, 문을 닫으려고 문고리로 손을 뻗는 사람, 총으로 동물을 겨누는 사람의 행위도 이해한다(행위의 합리적 직접적 이해). 그러나 이해란 두 번째로 설명적 이해를 가리킨다. 어떤 사람이 지금 $2 \times 2 = 4$라는 명제를 말하거나 쓴 경우, 그가 거래상의 계산을 하고 있는지, 과학상의 증명을 하고 있는지, 기술상의 계산을 하고 있는지, 아니면 무언가 다른 행위를 하고 있는지를 알면 우리는 그의 행위의 의미를 동기적으로 이해한다. 이 명제는 이해 가능한 의미라는 점에서 위 행위의 연관에 포함되며, 거기서 이해 가능한 의미 연관을 부여받기 때문이다(합리적 동기 이해). 나무를 자르는 행위든, 총을 조준하는 행위든 직접적으로 이해하는 것만이 전부가 아니다. 나무를 자르는 사람의 행위는 보수를 위해서인가, 자기가 쓰기 위해서인가, 기분전환을 위해서인가(합리적), 아니면 흥분한 나머지인가(비합리적). 또한 사격자의 행위도 명령에 따라 처형하기 위해서인가, 적을 쓰러트리기 위해서인가(합리적), 아니면 복수를 위해서인가(감정적, 즉 비합리적), 그러한 점을 알면 동기에 의한 이해도 이루어지게 된다. 마지막으로 노여움에 대해서도 그 원인이 질투나 상처받은 허영심, 손상된 명예 등(감정에 의한 것, 즉 비합리적 동기에 의한 것)임을 알면, 우리는 분노를 동기적으로 이해한다.

이것들은 모두 이해 가능한 의미 연관이며, 그것을 이해하는 것이 행위의 사실적 과정의 설명이라고 생각한다. 따라서 행위의 의미를 연구하는 과학에서의 '설명'이란, 주관적인 의미에서 보고, 직접적으로 이해할 수 있는 행위를 포함하는 부분의 의미 연관을 파악하는 것이다. 설명의 인과적 의미에 대해서는 다음 제6항을 참조하라. 감정적인 과정도 포함한 이 모든 경우의 사건 및 의미 연관의 주관적인 의미를 '생각된' 의미라 부르려 한다. 일상 용어법에서의 '생각한다'는 말은 보통 목적을 지향하는 합리적 행위에 대해서만 쓰이고 있으므로, 여기서는 그것보다도 넓은 의미가 된다.

제6항

이 모든 경우 '이해'란 다음과 같은 의미나 의미 연관의 해석에 의한 파악이다. (1)어떤 구체적인 상황에서 실제로 생각되고 있는 의미나 의미 연관(역사적 연구), (2)평균적으로 비슷하게 생각되고 있는 의미나 의미 연관(사회학적 대량 관찰), (3)어떤 빈도 높은 현상의 순수 유형(이상적)으로서 과학적으로 구성된 이상형적인 의미나 의미 연관. 이러한 이상형적 구성의 예로 경제학의 순수이론이 만드는 여러 개념과 법칙들이 해당된다. 그것은 가령 인간의 어떤 행위가 착오나 감정에 방해받지 않으며 완전히 합목적적으로 이루어진다는 가정 아래서 어떤 목적(경제)만을 외곬으로 지향하는 경우, 그 행위가 거치게 될 과정을 분명히 하는 것이다. 현실의 행위는 드문 경우(주식거래소)를 제외하면 이상형적으로 구성된 과정을 따르지 않으며, 따른다고 해도 단순한 모방에 지나지 않는다. 이러한 구성의 목적에 대해서는 《사회과학 방법론》제19권 64쪽 이하 및 제11항 참조.

모든 해석은 본디 명확성을 추구한다. 그러나 아무리 의미가 명확한 해석이라도 그것만으로, 또 그 명확성을 이유로 인과적으로 올바른 해석이라고 주장할 수는 없다. 그러한 해석 자체는 결국 명확도가 특히 높은 인과적 가설일 뿐이다. (1)본인이 그렇게 믿고 있는 동기라든가, 정신분석에서 말하는 억압—말하자면 본인이 인정하지 않는 동기—같은 것이 작용하여 행위자 본인의 눈에서 자기 행위 목표의 진정한 연관성을 숨기는 일이 종종 있으므로, 주관적으로는 정직한 증언이라도 상대적인 가치밖에 없는 경우가 있다. 그러한 경우에 위의 연관이 구체적으로 '생각된 것'으로서 전혀 의식되지 않아도, 그리고 많은 경우가 그러한 것처럼 불완전하게만 의식되더라도 사회학으로서는 이 연관을 확인하고, 해석에 의해 명백하게 드러내는 작업을 해내야 한다. 이것이 의미해석의 한계 상황이다. (2)행위의 외적 과정이 우리에게 같거나 비슷하게 보이는 경우라도, 단수 또는 복수 행위자에게는 근본에 매우 다른 의미연관이 있을 수 있다. 게다가 우리에게는 모두 같아 보이는 여러 상황에 대하여 매우 다르거나, 때로는 의미가 정면으로 대립하는 행위가 있어도 우리는 이를 이해한다. 그 예는 짐멜 《역사철학의 여러 문제》에 나와 있다. (3)행위하는 개인은 어떤 상황에 대하여 종종 서로 대립과 충돌의 충동을 느끼는 존재인데, 이러한 충동도 우리는 모두 이해한다. 그런데 우리에게는 모두 같은 것으로 이해되는 의미 연관이면서, 그것들이 동기 사이의 투쟁에 휘말려 있는 경우, 보통 각각의 의미 연관이 행위에 얼마만큼 강하게 나타나는가는 경험으로 보건대 거의 모든 경우에 유사한 판단조차 내리지 못하며, 애당초 일반적으로 확실한 판단을 내리는 것 자체가 불가능하다. 그것은 실제로 동기 사이의 투쟁에 결말이 나야 비로소 분명해진다.

모든 가설과 마찬가지로, 이해적 의미 해석도 사실적 과정의 결말이라는 결과에 의해 검증된다는 점을 잊어서는 안 된다. 다만 안타깝게도 검증이 다소나마 엄밀히 이루어질 수 있는 것은, 심리학의 실험 중에서도 그것에 적합한 몇몇 특수한 경우뿐이다. 계량 가능하고 인과의 소재가 분명한 대량 현상의 경우—이것 또한 근소하기는 하지만—에는 통계가 사용되지만, 유사 정도는 실로 다양하다. 또한, 역사상 및 일상생활상의 여러 과정에는 모든 점이 같고 동기나 자극의 현실적 의의라는 결정적인 점만이 다른 것이 있는데, 이러한 여러 과정을 되도록 많이 모아 비교하는 것은 확실히 가능하며, 그것이 비교사회학의 중요한 문제이기도 하다. 그러나 유감스럽게도, 원인의 소재를 분명히 하려 해도, 결합된 여러 동기의 어떠한 것을 관념적으로 연장하고 거기서 예상되는 과정을 관념적으로 구성하는 '사고실험'이라는 불확실한 수단밖에 존재하지 않는 경우가 많다.

예를 들어 "악화는 양화를 구축한다"는 이른바 '그레셤의 법칙'은, 어떤 조건 아래서 순수 목적 합리적 행위라는 이상형을 전제한 경우의 인간 행위를 합리적으로 명확하게 해석한 것이다. 실제로 법칙대로의 행위가 어디까지 영위되는가는 화폐제도에서 부당하게 낮은 평가를 받는 경화(硬貨)가 현실적으로 유통과정에서 사라진다는 경험—원리상 이것은 결국 통계적으로 나타난다—만이 명백해질 수 있는데, 사실 경험에 의하면 이 법칙이 매우 타당함을 알 수 있다. 현실의 인식과정은 먼저 경험적 관찰이 여러모로 이루어지고, 그 다음에 해석이 만들어지는 과정이었다. 이 해석이 성공적이지 못하면, 인과관계를 추구하는 우리의 마음은 결코 충족되지 않을 것이다. 그러나 반면에 관념적으로 추론된 행위의 과정을 가정해도 그것이 어느 정도까지는 실제로 일어났다는 증거가 없다면, 법칙 자체가 아무리 명확해도 현실의 행위 인식에서는 가치 없는 관념적 구성물이 되고 만다. 그레셤의 법칙에서는 의미 적합성과 경험적 증거와의 합치가 완전히 성공했으며, 경험적 증거가 충분히 확실하다고 여겨질 만큼 많은 사례가 있다.

E. 마이어는 마라톤, 살라미스, 플라타이아이 전투가 헬레니즘 문화(서양문화) 발전의 특성에 대한 원인으로서의 의의를 갖는다는 가설을 세운 적이 있다. 이 가설은 의미의 해명이 가능하며, 상징적인 사건(페르시아인에 대한 그리스 신화나 예언자의 행동)을 근거로 한 교묘한 가설이기는 하지만,

역시 승리(예루살렘, 이집트, 소아시아)한 페르시아인의 행동을 예로 검증할 수밖에 없으며, 그 검증도 많은 점에서 불완전하다. 이러한 경우는 어쩔수 없이 가설의 두드러진 합리적 명확성이라는 근거에 의지할 수밖에 없다. 그러나 매우 명확하게 보이는 역사적 인과관계라도, 위 예 정도의 검증밖에할 수 없는 경우가 매우 많다. 그렇게 되면 인과관계는 어디까지나 가설에그치고 만다.

제7항

'동기'란 행위자 자신이나 관찰자가 어떤 행동의 당연한 이유라고 생각하는 의미 연관을 가리킨다. '의미 적합적'이란, 행동의 여러 부분의 관계가사고나 감정의 평균적 습관에서 보아, 유형적인(보통은 '올바르다'고 한다) 의미 연관이 인정되는 정도의 연관성 있는 과정을 따르는 행동을 가리킨다. 이에 맞서, '인과 적합적'이란 경험적 규칙에서 보아, 언제나 실제로 같은경과를 따를 가능성이 존재하는 정도의 여러 과정의 전후관계를 가리킨다. 예를 들어 의미 적합적인 것은 우리가 잘 알고 있는 계산이나 사고의 규칙에서 보아, 산술의 예제를 올바로 풀었을 경우이다. 반면에 통계적 현상의 범위 내에서 본 경우, 인과 적합적인 것은 오늘날 우리가 잘 알고 있는 규범에서 보아 올바른 해결이나 그릇된 해결, 또한 유형적 오산과 문제의 유형적인혼동 등 그러한 것이 발생하는—확실한 경험적 규칙에서 얻어진—개연성을말한다. 따라서 인과적 설명이라는 것은 어떤 방법으로 평가할 수 있고, 희귀한 이상적 경우를 수량적으로 기술할 수 있는 개연성의 룰에 따라 어떠한(내적 혹은 외적인) 과정이 나타난 뒤에 다른 과정이 이어지는(또는 함께나타나는) 것을 확인하는 것이다.

어떤 구체적 행위의 올바른 인과적 해석이란 외적 과정과 동기가 정확하게 인식될 뿐 아니라, 동시에 그 연관의 의미가 이해되도록 인식되는 것이다. 유형적 행위(이해할 수 있는 행위 유형)의 올바른 인과적 해석이란, 유형적이라 생각되는 과정이 어느 정도 의미 적합적으로 보임과 동시에, 어느정도 인과 적합적이라 인정되는 경우이다. 의미 적합성이 결여된 경우는 그과정—외적이든 심리적이든—의 규칙성이 매우 크며, 그 개연성을 수량적으로 엄밀하게 기술할 수 있어도, 이해할 수 없거나 불완전하게 이해할 수 있는 통계적 개연성이 있을 뿐이다. 한편, 사회학적 인식 자체의 입장에서 보면, 매우 명확한 의미 적합성이라도 그 행위가(평균적 또는 순수한 경우에) 실제로 의미 적합적이라 생각되는 과정을 거친 어떤 분명한 가능성의 존재를 나타내지 못하면 올바른 인과적 명제라 할 수 없다. 이러한 어떤 사회적 행위의 이해 가능한 주관적 의미에 대응하는 통계적 규칙성만이 여기서 말하는 이해 가능한 행위 유형, 즉 '사회학적 규칙'이다. 위와 같은 의미의 이해가 가능한 행위라는 합리적 구성물만이 현실 현상의 사회학적 유형이며, 이 유형은 현실적으로는 적어도 어떤 유사함을 관찰할 수 있다. 해석할 수 있는 의미 적합성이 있다고 하여 그것에 대응하는 과정의 빈도의 사실상의 개연성이 증가하는 것은 아니다. 아니, 그것이 증가하느냐 아니냐는 언제나 쉽게 알 수 있다. 의미 있는 과정과 마찬가지로, 의미 없는 과정에도 통계가 있다(사망통계, 피로통계, 기계작업통계, 우량통계). 그러나 사회학상의 통계(범죄통계, 직업통계, 가격통계, 경지통계)는 의미 있는 과정의 통계에 한한다. 물론 수확량통계처럼 양쪽을 포함한 경우가 많음은 말할 것도 없다.

제8항

어떤 과정이나 규칙성은 이해할 수 없기 때문에, 여기서의 용어법으로는 사회학적인 사실과 규칙이라고 하지 않지만, 그렇다고 중요하지 않다는 것은 아니다. 여기서 말하는 사회학—'이해 사회학'만을 가리키며, 그것은 남에게 강제해서는 안 되며 강제할 수도 없다—에서 보아도 중요성이 낮은 것은 아니다. 단지 위와 같은 과정이나 규칙성은 방법상의 피치 못할 사정에 따라 이해할 수 있는 행위와 다른 영역, 즉 이해할 수 있는 행위의 조건·자극·저지·촉진이라는 영역에 속한다.

제9항

자신의 행동에 의미를 판단하는 방향이 있다는 행위는, 내 생각에 의하면 언제나 한 개인 또는 많은 개인의 행동으로서만 존재한다.

인식목적이 다르면, 한 개인을 세포의 결합이나 생물화학적 반응의 복합체로 보거나, 한 개인의 심리생활을 여러 요소—그 성질은 차치하고—로 구성된 것으로 보는 것도 유익하며 필요하다. 그것으로 인해서 분명히 매우 귀중한 인식(인과적 규칙)을 얻을 수 있다. 그러나 규칙에 표현된 여러 요소의 행동은 이해할 수 없다. 심리적 요소들의 경우도 이해하지 못한다. 게다가 심리적 요소들의 파악이 자연과학적으로 엄밀해질수록 더욱 이해하지 못한다. 이는 결코 생각한 의미에 의한 해석으로 통하는 길이 아니다. 사회학(및 역사학)에서는 행위의 의미 연관만이 파악 대상이다. 세포 같은 생물적 단위나 어떤 심리적 요소의 경우, 우리는—적어도 원리적으로는—그것을 관찰하고 추론하려고 노력할 수 있으며, 규칙(법칙)을 얻고, 그 규칙을 이용하여 개개의 과정을 인과적으로 설명할 수 있다. 즉 개개의 과정을 규칙으로 아우를 수 있다. 그러나 행위의 해석에서 이러한 사실과 규칙은 다른 여러 사실(예를 들어 물리학적, 천문학적, 지질학적, 기상학적, 지리학적, 식물학적, 동물학적, 생물학적, 해부학적, 의미 없는 정신병리학적인 여러 사실, 기술적인 사실들의 자연과학적 조건)과 동일한 정도와 의미로 사고될 뿐이다.

또한 더욱 다른(예를 들어 법률학) 인식목적과 실제적 목적에서 보면, 사회집단(국가, 협동조합, 주식회사, 재단)을 개인(권리 및 의무의 주체로서, 그리고 법률상의 중요한 행위의 실행자로서의)과 완전히 동일하게 다루는 것이 편리하며, 또한 불가피하기도 하다. 그런데 사회학에 의한 행위의 이해적 해석에 따르면, 위의 집단은 여러 개인이 영위하는 특수한 행위의 과정 및 관계이다. 왜냐하면 우리에게는 개인만이 의미 있는 방향을 내포한 행위의 이해 가능한 주체이기 때문이다. 그러나 사회학의 목적에서 보아도 다른 전문분야의 집단관념을 무시할 수는 없다. 행위의 해석과 위의 집단관념 사이에는 다음과 같은 세 가지 관계가 있기 때문이다. (1)사회학 자체에서도 일반적으로 알기 쉬운 용어법을 얻으려면 그것과 아주 비슷한(때로는 똑같은 명칭의) 집단개념을 이용할 수밖에 없는 경우가 많다. 예를 들어 법률가 용어와 일상용어로 '국가'라 부르는 것에는 법적 개념도 있으며 사회적 행위 속에 법칙이 적용된다는 사실도 있다. 그러나 사회학에서는 '국가'라는 사실이 반드시 법률적으로 중요한 요소만으로 이루어져 있는 것은 아니며, 그것이 중심도 아니다. 본디 사회학에서는 행위의 주체로서의 집단적 인격은 존재하지 않는다. 사회학이 국가, 국민, 주식회사, 가족, 군대 등의 집단을 문제 삼는 경우는 오히려 여러 개인의 사회적 행위나 가능성으로서 관념적으로 구성된 사회적 행위의 특정한 과정을 뜻할 뿐이다. 따라서 법률상의 개념들은 엄밀하기도 하고, 그것에 익숙해져 있기도 하므로 사회학이 사용하기는 하지만, 완전히 다른 의미를 포함하고 있다. (2) 행위의 해석에서는 다음 근본적인 중요한 사실에 주의해야 한다. 일상적 사고나 법률적 사고—또는 다른 전문적 사고—에서 이용되고 있는 집단관념은 현실의 인간—재판관이나 관료뿐 아니라 공중도—두뇌에 매우 강력하고 때로는 완전히 지배적인 원인으로서 의의를 지닌다. 특히 효력을 지녀야 하는 것(및 효력을 지닐 수 없는 것)의 관념이 그렇다. 그러므로 현대 국가의 적지 않은 부분은 어떤 사람들이 국가는 존재하는 것, 아니, 법률적 질서가 효력을 갖는 것과 같은 의미로 존재해야 한다는 관념에 자신들의 행위를 순종시키고 있는 덕분에, 인간의 특수한 공동행위의 복합체로서 존재하는 것이다(후술 참조). 사회학의 독자적인 용어법((1) 참조)이라는 점에서 보면, 일상 용어로서 법률적으로 효력을 지녀야 하는 것을 나타내는 개념뿐 아니라 현실의 현상을 나타내는 개념까지 모두 배제하고, 그 대신 완전한 신조어를 사용할 수도—매우 현학적이고 번거로워지지만—있으며, 적어도 위와 같은 중요한 사실에 대해서는 그 점은 문제가 되지 않는다. (3) 이른바 유기적 사회학—그 고전적 전형은 셰플레의 명저 《사회체의 구조와 생활》—의 방법은, 국민경제라는 전체에서 출발하여 사회적 공동행위를 설명한 다음에 내부에서 개인 및 그 행동을—생리학이 유기체 기관의 생태적 위치를 유기체의 자기 보존이라는 입장에서 논하는 것과 마찬가지로—해석하려는 것이다.

어떤 생리학자가 강의실에서 했던 유명한 말이 있다. "제10절 비장. 비장에 대해서는 아무것도 모릅니다. 이것으로 비장 부분을 마칩니다." 물론 이 생리학자는 비장의 위치, 크기, 형태 등 실제로는 많은 것을 알고 있었지만 기능에 대해서 서술할 수 없었으므로 "아무것도 모른다"고 한 것이다. 다른 많은 학자들의 경우 이처럼 전체의 부분들을 기능적으로 보는 관점이 얼마만큼 결정적인 의미를 지니는가는 여기서 논할 수는 없으나, 생물화학적인 연구나 생물기계론적인 연구가 근본적으로 그것으로 만족하지 않음은 명백하다. 해석을 방법으로 하는 사회학에서의 이러한 기능적인 표현방법은, (1) 실제적인 해설이나 당장 방향을 제시한다는 목적에 도움이 된다. 확실히 이러한 점에서는 매우 유용하며 없어서는 안 되지만, 동시에 그 인식가치를 과대평가하거나 잘못된 개념실재론으로 빠지면 대단히 해롭다. (2)어떤 연관을 설명하는 데 어떠한 사회적 행위의 해석적 이해가 필요한 경우, 때때로 기능적인 표현방법만이 그러한 행위의 발견을 도울 수 있다. 그 다음에 사회학의 임무가 비로소 시작된다. 유기체 아닌 사회집단에서는 기능적 연관이나 규칙(법칙)의 단순한 확인을 넘어, 어떠한 자연과학—현상 및 대상의 인과적 규칙을 만들고, 그로 인해 개개의 현상을 설명한다는 뜻의—도 영원히 불가능한 것, 즉 그것에 참여하는 여러 개인의 행동을 이해할 수 있다. 이에 대하여 우리는 예를 들어, 세포의 행동을 이해하지는 못하며, 단지 그것을 기능적으로 파악한 다음 그 과정의 규칙에 따라 확인할 수 있을 뿐이다. 물론 관찰적 설명에 대한 해석적 설명의 이러한 플러스는, 해석에 의해 얻어지는 결과가 두드러지게 가설적이며 단편적이라는 희생이 따른다. 그러나 그럼에도 이 플러스야말로 사회학적 인식의 면목이다.

동물 행위의 의미를 인간이 얼마나 이해할 수 있는가, 인간 행동의 의미를 동물이 얼마나 이해할 수 있는가—양쪽 모두 내용이 몹시 불확실하며 범위도 매우 모호하지만. 또한 인간과 동물(가축과 수렵 동물)과의 관계를 다루는 사회학이라는 것은 어디까지 이론적으로 가능한가—많은 동물은 명령·분노·애정·공격계획을 이해하며, 그것에 대한 반응도 종종 단순히 기계적 본능적이 아니라 의미를 이해하고 경험에 근거한다—의 문제를 여기서 모두 논하지는 않겠다. 본디 미개인의 행동에 대한 우리의 감정이입능력도 동물과 크게 다르지 않다. 그러나 동물의 주관적 상태를 밝히는 확실한 수단은 전혀 없으며, 있다 해도 매우 불완전하다. 요컨대 누구나 알고 있는 것처럼, 동물심리학의 문제들은 흥미롭지만 어려움도 많다. 마찬가지로 동물세계는 다종다양하다. 일부일처제 및 일부다처제의 가족, 가축 무리, 들짐승 무리, 나아가 분업적인 여러 국가. 이러한 동물사회의 기능분화의 정도는 그 동물종의 기관이나 형태의 진화적 분화 정도와 결코 비례하지 않는다. 예를 들어 흰개미의 기능분화는 매우 발달되어 있으며, 그 제작물도 다른 개미나 벌에 비해 훨씬 분화되어 있다. 물론 순수 기능적으로 보았을 때의 이야기로, 적어도 현재로서는 그 동물사회의 자기보존, 즉 식료·방어·생식·출생을 위해 개체의 여러 유형(왕, 여왕, 노동자, 병사, 기식자, 생식자, 여왕대리 등)이

하는 주요기능을 밝히는 것이 고작이며, 연구상으로는 그것으로 만족할 수밖에 없다. 그 이상의 문제라면 오랜 세월 이러한 사회적 소질을 발전시킨 유전 및 환경의 역할 정도에 대한 사색과 연구뿐이었다. 그 명백한 예가 A. 바이스만과 A. 괴테와의 논쟁인데, 전자의 〈자연도태 만능설〉은 완전히 비경험적인 연혁을 근거로 하는 것이었다. 그러나 기능적 인식에 문제를 제한하는 것으로 만족해야 한다. 아니, 욕심을 부리자면 당장은 만족할 수밖에 없다는 것이 진지한 연구자들의 하나된 의견이다. 예를 들어 흰개미 연구 현황에 대해서는 K. 에쉐리히의 저작(1909년)을 참조한다.

그러나 우리는 분화한 개개의 유형 기능이 자기보존에 대하여 갖는 중요성이라는 상당히 알기 쉬운 내용을 안 것만으로는 만족하지 않으며, 또한 획득형질의 유전을 가정하든 말든, 그 가정을 어떻게 해석하든, 분화의 설명 방법이 분명해진 것만으로 만족하지 않는다. 더욱 나아가, (1)최초의 중성적인 미분화한 개체에 분화를 시작한 것은 무엇인가, (2)분화한 개체를 알고, 분화한 집단의 자기보존이라는 목적에 실제로 유용하도록 평균적으로 행동하게 하는 것은 무엇인가라는 점도 알고 싶어 한다. 그러나 이 방면의 연구가 아무리 발전했다고 해도, 그 진보는 실제적 방법을 이용하여 개체에의 화학적 자극이나 생리적 사실(영양 과정, 기생 거세 등)의 입증(또는 추정)을 통해 이루어진 것이다. 심리적인, 의미 있는 방향의 존재까지도 실험에 의해 추측할 수 있다는 얕은 기대가 어디까지 가능한가에 관해서는 현재 전문가도 알 수 없을 것이다.

이러한 사회적인 동물 개체에 대하여 의미 이해 능력을 지닌 마음이라는 검증 가능한 개념을 만드는 것은, 이상적 목표로서 생각해도 그다지 전망은 없어 보인다. 무엇이든 동물에서 출발하여 인간의 사회적 행위의 이해를 기대하는 것이 아니라, 반대로 인간과의 유추를 동물에 이용하고 있으며, 이용해야 한다. 아마도 이러한 유추가 언젠가 우리에게 도움이 될 것이라고 기대할 수 있을 것이다. 그것은 인간의 사회적 분화의 초기단계에서 순수한 기계적 본능적인 분화의 영역과 하나하나의 의미의 이해 가능한 것과의 관계, 나아가 의식적 합리적으로 창조된 것과의 관계를 어떻게 평가하는가라는 문제를 제기하는 경우이다. 이해사회학으로서는 다음 사항을 충분히 이해해야 한다. 즉, 인간도 옛날에는 기계적 본능 요소가 명백히 우세했고, 그 뒤 발전 단계에서도 이들 요소의 부단한 협력이라는 매우 강력한 협력이 여전히 인정되고 있다는 것이다. 모든 전통적 행위(제2절)와 심리적 전염의 근원이며 사회발전의 원동력인 카리스마(제3장)의 대부분은 위와 같은 과정─생물학적으로만 파악되며, 의미의 해석과 동기에 의한 설명도 부분적으로만 가능한 정도─과 은밀히 연속되어 있다. 그러나 이러한 사실은, 이해사회학이 스스로 갇혀 있는 경계의 협소함을 알고 있음에도 그것만이 가능한 것을 달성한다는 임무에서 해방시켜 주지는 않는다.

오트마르 슈판의 저작들은 뛰어난 사상이 많은 반면, 죄 없는 오해나 경험적 연구에 상응하지 않는 순수한 가치판단에 기초한 의론도 포함되어 있다. 그러나 모든 사회학에 대한 기능적 전제─그는 그것을 '보편주의적 방법'이라 부른다─의 중요성을 강조한 점만은 아무도 부정하지 못한다. 확실히, '자기보존'(특히 문화적 희생의 자기보존)이라는 견지와, 어떠한 사회적 행위 유형의 일정방향으로의 발전이라는 견지에서 보아 어떤 행위가 기능적으로 중요한지를 처음부터 알고 있지 않으면, 그 행위가 어떻게 나타나며 어떠한 기능이 그것을 규정하는지 문제 삼을 수 없다. 또한 국왕·관료·기업가·매춘부의 정부·주술사 등이 행하는 것을 처음부터 알고 있지 않으면, 즉 어떠한 유형적 행위─그것에 의해 처음으로 인간은 이들 종류의 하나임이 정해진다─가 분석하는 데 중요한가, 문제가 되는가를 처음부터 이해하고 있지 않으면 그 분석에 손을 댈 수 없다(리케르트의 이른바 '가치관계'). 이 분석이라는 작업이야말로 유형적으로 분화된 개개의 인간─인간에 한함─의 행위를 사회학적으로 이해할 수 있고, 이해해야 하는 것이다. 어쨌든 개인주의적 방법을 개인주의적 평가─어떤 의미에서든─등으로 생각하는 터무니없는 오해는, 개념 구성에 불가피한 (비교적)합리주의적 성격이 합리적 동기에 우선한다는 믿음이나, 나아가 합리주의의 긍정적 평가로 생각하는 견해와 마찬가지로 이것을 배제해야 한다.

사회학적으로 보면 사회주의경제도 한계효용학설─앞으로 방법이 개량된다고 해도 이 점은 크게 달라지지 않을 것이다─의 교환과정처럼 개인주의적으로 설명할 수밖에 없다. 다시 말하면 여러 개인─사회주의경제에 등장하는 관료의 여러 유형─의 행위 해석을 통해 이해할 수밖에 없다. 왜냐하면 사회주의경제에서도 경제적 사회학의 주요 업무는 먼저, 이 '공동사회'가 성립하고 존속하는 방향으로 개개의 관료나 성원이 행동하는 데 어떠한 동기가 작용했고, 작용하고 있는가라는 문제에서 시작하기 때문이다. 모든 기능적—즉 '전체'에서 출발하는—인 개념구성은 그것을 위한 예비 작업에 지나지 않으므로, 그것이 올바르게 이루어지기만 하면 그 효용 및 의의는 의심할 여지가 없다.

제10항

이해사회학의 많은 명제는 습관적으로 '법칙'—예를 들어 그레샴의 법칙—이라 불린다. 법칙이란 어떤 상황에서 기대되는 사회적 행위 과정의 유형적 가능성이 관찰로 입증된 것이며, 동시에 그 가능성은 행위자의 유형적인 동기 및 유형적인 주관적 의미에서 이해할 수 있다. 이 법칙이 가장 이해하기 쉽고 명백한 때는 유형적으로 관찰된 과정의 근본에 순수 목적 합리적 동기가 있고, 편의상 방법적으로 구성된 유형의 근본에 순수 목적 합리적 동기가 가정된 경우, 그리고 경험에 비추어 볼 때 수단과 목적의 관계가 명백한—그 수단이 불가피적이다—경우이다. 이 경우는, 순수 목적 합리적인 행위가 있다면 반드시 그러한 행위임이 틀림없다. 왜냐하면 당사자가 그—명맥하게 기술할 수 있는—목적을 위해 사용할 수 있는 수단은, 기술적인 이유로 인해 그러한 것으로 한정되어 있기 때문이다. 동시에 위의 경우야말로, 심리학을 이해사회학의 궁극적인 '기초'로 생각하는 오류가 분명히 나타난 것이다.

오늘날 심리학을 풀이하는 방법은 각인각설이다. 특정한 방법적 목적에서 보면 어떤 과정의 자연과학적 연구에서 물리적인 것과 심리적인 것을 구별하는 것도 옳기는 하지만, 그러한 구별은 내가 생각하는 행위의 연구와는 관계가 없다. 자연과학적 방법론에서 말하는 심리적인 것을 자연과학적 방법으로만 연구하며, 그것과는 완전히 다른 인간 행동의 주관적 의미를 해석하지 않는 심리학의 성과는—그 방법이 어떻든—다른 임의의 과학에서의 성과와 완전히 같은 것이다. 확실히 어떤 경우에는 사회학적 해명에 의미가 있고 크게 도움 되기도 하지만, 사회학과 심리학이 다른 모든 과학에 비해 깊은 관계가 있는 것은 아니다. 과오는 심리적인 것이라는 개념에 있다. 물리적이 아닌 것은 심리적이라는 개념이다. 산술 예제의 의미를 생각할 때의 의미는 결코 심리적인 것이 아니다. 이해관계 속에서 어떤 행위가 기대되는 결과에 플러스인가 아닌가를 합리적으로 사고하는 경우, 그리고 그 결과에 상응하는 결정을 행하는 경우에 심리학적 고찰을 추가해도 이해는 조금도 깊어지지 않는다. 오히려 사회학—경제학 포함—은 이러한 합리적 전제 위에 대부분의 법칙을 세웠다. 행위의 비합리성을 사회학적으로 설명할 때 이해심리학이 매우 큰 역할을 하는 것은 자명하다. 그러나 그것으로 방법론상의 근본적인 사정은 무엇 하나 달라지지 않는다.

제11항

사회학은 유형개념을 구성하고, 현상의 일반적 규칙을 추구한다. 이 점에서 문화적 의의를 지닌 개개의 행위, 집단, 인물의 인과적 분석이나 귀속을 추구하는 역사학과 다르다. 사회학의 개념구성에서는, 예증으로서의 자료 모두는 아니더라도 대부분은 역사적으로도 중요한 현실 행위로 향한다. 사회학은 문화적 의의가 있는 여러 현상의 역사적 인과적 귀속에 유용한 점도 고려하면서 그 개념을 구성하고 규칙을 추구한다. 모든 것을 일반화시키는 과학에 나타나는 것처럼, 사회학의 개념들은 그 추상성으로 인해 역사의 구체적 현실보다 내용이 부실할 수밖에 없다. 대신 사회학은 개념에 고도의 명백성을 제공해야 한다. 이 고도의 명백성은 사회학의 개념구성이 추구하는 최고의 의미 적합성에 의해 달성된다. 지금까지 강조해 온 것처럼, 이 의미 적합성은 합리적(가치 합리적 또는 목적 합리적)인 개념 및 규칙에서 특히 완전하게 달성된다. 그러나 사회학은 비합리적(신비적, 예언자적, 종교적, 감정적) 현상들도 이론적인 개념, 즉 의미 적합한 개념으로 파악하려 한다. 사회학은 합리적과 비합리적을 불문한 다양한 경우를 통해 현실에서 멀어지면서도, 어떤 역사현상이 어떤 사회학적 개념과 얼마나 유사한가를 나타냄으로써 현상을 정리한다. 그러한 방법으로 현실 인식에 도움을 주는 것이다. 예를 들어 같은 역사 현상이라도 그 성분의 제1부분은 봉건적, 제2부분은 가산(家産)적, 제3부분은 관료적, 제4부분은 카리스마적이라는 것이 있다. 이러한 말의 의미를 분명히 하려면, 사회학으로서는 이들 구성체의 순수유형(이상형)을 구상해야 한다. 이러한 유형은 각각 매우 완전한 의미 적합성을 포함한 모순 없는 통일체를 가리키지만, 그런 만큼 절대적 진공이라는 전제 아래 계산된 물리학상의 반응과 마찬가지로, 절대로 이상적인 순수한 형식인 채로 현실에 나타나지는 않는다. 순수유형(이상형)에서 출발하여 비로소 구체적 사례의 사회학적 해명이 가능해진다. 또한 당연하지만 사회학은 상황에 따라 경험적·통계적 유형 같은 평균 유형을 이용하는 경우가 있는데, 이것이 꼭 방법적 설명을 필요로 하는 관념은 아니다. 그러나 사회학이 유형적 사례를 전전할 때는 언제나 이상형을 뜻한다. 이상형은 합리적인 것도 비합리적인 것도 있지만, 대체로—예를 들어 경제학이론에 언제나 나타나는 것처럼—합리적이고 반드시 의미에 맞게 구성되어 있다.

주의할 점은, 사회학 영역에서 평균이나 평균유형을 다소나마 명백하게 구성할 수 있는 것은, 동일한 의미를 지닌 행동의 정도 차이만이 문제가 되는 경우에 한정된다는 점이다. 그러한 경우도 확실히 있다. 그러나 대부분의 경우에서, 역사적 또는 사회학적으로 중요한 행위는 성질을 달리하는 많은 동기에 영향 받으며, 이러한 동기에서 참된 의미의 평균은 끌어낼 수 없다. 따라서 경제학에서 이루어지는 사회적 행위의 이상형적 구성은 비현실적이다. 왜냐하면 그것은 항상 이상적이고 순수 경제적 방향을 지닌 목적합리성에서 어떠한 행위가 이루어지는가를 문제 삼기 때문이다. 그러나 이것으로 전통에 의한 억압, 감정, 착오, 비경제적인 목적이나 고려의 개입으로 인한 영향이 조금이나마 인정되는 현실 행위라도, (1)구체적인 사례에서 경제적인 목적 합리적인 규정을 포함하고 있고, 평균적으로 언제나 그러한 규정을 포함하고 있다면 이것을 이해할 수 있으며, (2)또한 그 행위의 현실 과정과 이상형적 과정의 거리 자체를 통해 행위의 현실의 여러 동기를 인식할 수 있다. 현실생활(예를 들어 정치나 경제)에 대하여 철저하게 신비적이고 초현실적 태도의 이상형적 구성도 이것과 완전히 동일하게 이루어진다. 이상형이 정확하고 명백하게 구성될수록, 즉 위와 같은 의미로의 비현실적이 될수록 용어나 분류상, 발견상으로도 더욱 유용해진다. 역사적 연구로 어떠한 사건의 구체적인 원인을 추구할 때도 사정은 마찬가지다.

예를 들어 1899년의 전쟁 과정을 설명할 경우, 먼저 모르트케 및 베네딕이 서로의 상황을 완전히 알고 있다고 가정하여 이상적인 목적합리성 아래 어떻게 행동할지를 상상하고(이는 반드시 필요하다), 그것과 실제 행동을 비교하여 그 차이—원인은 잘못된 정보, 사실의 오인, 오해, 인간의 기질,

전략 이외의 고려는 무엇이든—를 인과적으로 설명하는 것이다. 여기서도 암묵적으로 이상형적인 목적 합리적 구성이 이용되고 있다.

그러나 사회학에서 구성된 여러 개념은 단순한 외적인 의미뿐 아니라, 내적인 의미로도 이상형적이다. 현실 행위의 대부분은 그 주관적 의미를 전혀 의식하지 않거나, 반쯤 모호하게 의식하여 이루어진다. 행위자는 의미를 자각하고 있다기보다 막연하게 느끼며, 대체로 충동적 또는 습관적으로 행위한다. 행위의 의미—합리적이든 비합리적이든—는 우연히 의식되며, 같은 행위가 집단적으로 이루어질 때 의식하는 것은 어떤 개인뿐이다. 현실에서 그 의미가 정말로 명백하게 의식되는 행위는 언제나 하나의 한계 상황에 지나지 않다. 모든 역사적 및 사회학적 연구는 현실을 분석할 때 이 사실을 잊어서는 안 된다. 그러나 사회학이 생각된 의미의 분류에 의해, 즉 실제로 행위의 의미를 의식하며 개념을 구성하는 것을 방해해서는 안 된다. 현실을 구체적으로 고찰할 경우, 사회학은 언제나 현실과의 거리를 고려하고 그 정도와 유형을 분명히 해야 한다.

방법적으로 보면 모호한 용어나 명료한 용어를 선택해야 하는 경우가 많은데, 후자는 반드시 비현실적이고 이상형적인 용어가 된다. 그러나 과학적으로는 후자를 선택하게 된다. 이 점에 대해서는 《사회과학 방법론》 제19권의 논문을 참조.

2 사회적 행위의 개념

제1항

사회적 행위—방치나 아만(我慢)을 포함—는 다른 사람들의 과거나 현재의 행동 또는 미래에 예정된 행동을 향한 것이다. 예전에 받았던 공격의 복수, 현재의 공격 격퇴, 미래의 공격에 대한 방어 방법. '다른 사람들'이란 어떤 개인이나 지인이기도 하고, 불특정 다수자나 전혀 모르는 사람들이기도 하다. 예를 들어 교환할 때 행위자가 화폐를 교환재로 받는 것은, 앞으로 교환할 매우 많은 사람—미지의 불특정 다수자—이 그것을 받아 줄 것이라는 기대에 자신의 행위를 맞추기 때문이다.

제2항

외적 행위를 포함한 온갖 행위가 이러한 의미의 사회적 행위라고는 할 수 없다. 외적 행위가 단지 물체의 행동_예상에 따를 때는 사회적 행위가 아니다. 내적 행동이라도 다른 사람들의 행동을 고려하면 사회적 행위가 된다. 따라서 묵상이나 고독한 기도 같은 종교적 행동은 사회적 행위가 아니다. 어떤 개인의 경제적 행위는 제3자의 행동을 고려해야만 사회적 행위이다. 그러므로 지극히 일반적이자 형식적으로 말하면, 재물에 대한 자신의 현실적인 지배권을 제3자가 존중해 줄 것을 기대하는 경우, 경제적 행위는 사회적 행위가 된다. 실질적으로 보면, 소비할 때 제3자의 앞으로 수요를 생각하여 자신이 절약하면 사회적 행위이다. 또한 생산할 때 제3자 수요에 근거하여 행위의 방향을 정하면 사회적 행위이다.

제3항

인간 사이의 모든 접촉이 사회적인 것은 아니다. 자기 행동의 의미가 남의 행동을 고려하지 않으면 사회적이 아니다. 예를 들어 자전거를 탄 두 사람이 충돌한 것은 자연현상이나 마찬가지이다. 그러나 상대를 피하려고 하거나, 충돌 뒤에 언쟁을 벌이고 주먹다짐을 하거나, 원만하게 해결하거나 하면 사회적 행위이다.

제4항

사회적 행위란 (1)여러 사람이 동일한 행위를 하는 것과 다르며, (2)남의 행위에 영향 받은 행위도 아니다. (1)비가 내리기 시작하여 많은 사람들이 동시에 우산을 펼치는 행위는 일반적으로 한 사람의 행위가 다른 사람에게 향해진 것이 아니라, 젖지 않으려는 필요에 의한 것이다. ―(2)알다시피 개인의 행위는 그가 공간적으로 밀집된 군중 속에 있는 것만으로 강한 영향을 받는다. 이는 군중적 행위이며, G. 르봉의 저서처럼 군집심리학적 연구의 대상이다. 또한 군집이 분산되어 있는 경우에도 신문정보를 통해 다수자의 행동이 개인에게 동시 또는 순차적으로 작용하고 인식됨으로써 여러 개인의 행동이 군집적으로 되기도 한다. 개인이 자신을 군집의 일부라고 느끼는 것만으로 어떤 반응이 쉽게 일어나거나, 다른 반응이 생기기 어려워지기도 한다.

그래서 어떠한 사건이나 행동이 혼자 있을 때는 일어나지 않거나 일어나기 어려운 갖가지 기분—쾌활, 격노, 감격, 절망, 온갖 열정—을 불러일으키나, 예외를 제외하면 개인의 행동과 군중 속에 있다는 사실 사이에 어떤 의미가 있는 것은 아니다. 전체적이든 부분적이든, 단순한 군집이라는 사실의 작용으로 반사적 과정을 따른 것일 뿐이다. 군집이라는 사실과의 의미적 관계가 결여된 행위는 개념적으로 여기서 말하는 사회적 행위가 아니다. 그러나 그 차이는 매우 모호하다. 왜냐하면, 예를 들어 선동자뿐 아니라 군중 측에서도 군집이라는 사실과의 의미 관계에 대한 정도의 크기나 해석이 다양하기 때문이다. 또한, G. 타르드가 그 의의를 정확하게 인정한 남의 행위의 단순한 모방도, 남의 행위와 의미적으로 연결되어 있는 것이 아니라 단순한 반사적 행위에 지나지 않다면 개념적으로는 사회적 행위가 아니다. 그 경계는 모호하기 때문에 구별이 어려운 경우가 많다. 그러나 어떤 사람이 편리한 방법을 남에게 배워 자기도 시도한다는 사실만으로는 내가 말하는 사회적 행위가 될 수 없다. 이 행위는 남의 행동을 향한 것이 아니라, 행위자가 남의 행위를 관찰하여 어떤 객관적인 이익을 깨닫고, 그것을 목표로 하는 것이다. 그 행위는 남의 행위에 의해 인과적으로 규정되어는 있지만, 의미적으로 규정되어 있지는 않다. 반면에 남의 행위를 모방하더라도 유행이라서, 전통이라서, 모범이라서, 고상해서 등의 이유가 있으면, 모방된 사람들과의 행동 사이, 제3자와의 행동 사이, 두 사람의 행동 사이에 의미 관계성이 생긴다. 물론 그 사이에는 많은 단계가 있다. 군집적 성향과 모방이라는 두 경우는 모두 모호하기 때문에 전통적 행위(제2절)에도 종종 나타나는 사회적 행위의 한계 상황이다. 이 밖에 모호한 이유는, 남의 행위에 대한 관심이나 자기 행위의 의미가 반드시 명백하지는 않거나 그런 의식조차 없으며, 완전한 의식은 더더욱 드물기 때문이다. 그러므로 단순한 영향과 의미 있는 관심을 명료하게 구별하지 못할 수 있다. 그러나 개념적으로는 구별할 수 있다. 가령—말할 필요도 없지만—단순한 반사적인 모방이 적어도 진정한 의미의 사회적 행위와 똑같은 사회학적 중요성을 지닌다고 해도 구별할 수 있다. 사회학은 결코 사회적 행위만을 연구하는 것이 아니지만, 사회적 행위는 과학으로서의 사회학에 있어 이른바 구성적인 의미를 지닌 중심적 사실이다. 하지만 이 사실의 중요성을 다른 여러 사실과 비교하는 것은 아니다.

제2장 사회적 행위의 종류

모든 행위와 마찬가지로 사회적 행위도 다음의 4종류로 구별할 수 있다.
(1)목적 합리적 행위. 외부 세계의 사물 및 다른 인간의 행동을 예상하고,
그 예상 결과를 합리적으로 추구하고 사고한 자신의 목적을 위한 조건이나
수단으로 이용하는 행위이다. (2)가치 합리적 행위. 어떤 행동의 독자적인
절대적 가치—윤리적, 미적, 종교적, 기타—자체에 대한, 결과를 도외시한
의식적인 신앙에 의한 행위이다. (3)감정적, 특히 정서적인 행위. 이는 직접
적인 감정과 기분에 의한 행위이다. (4)전통적 행위. 몸에 익은 습관에 의한
행위이다.

제1항
순수 전통적 행동은, 앞 절에서 서술한 순수 반사적 모방과 마찬가지로 의
미적 방향을 지닌 행위라 부를 수 있는 것의 한계에 있으며, 한계 저편에 있
는 경우도 많다. 이는 익숙한 자극과 만난 순간, 이전부터 몸에 배어 있던
태도에서 생긴 무의식의 반응에 지나지 않은 경우가 매우 많기 때문이다. 몸
에 밴 많은 일상적 행위가 이 유형에 가까운데, 이 유형이 이론상으로 문제
가 되는 것은 단순히 한계 상황이기 때문은 아니다. 나중에 보겠지만, 습관
의 고집이 다양한 태도 및 의미에서 의식적으로 유지되는 경우가 있기 때문
이다. 그러할 때 이 유형은 다음 제2항의 유형에 가까워진다.

제2항
순수 감정적 행동도 의미적 방향을 의식적으로 갖는 것의 한계에 있으며,
한계의 저편에 있는 경우도 많다. 그것은 이상한 자극에 대한 생각 없는 반
응인 경우가 있다. 정신분석에서 말하는 승화란, 감정의 의식적 발산으로서
감정적 행위가 이루어지는 것이다. 그것은 대부분(예외도 있지만) 가치합리

화나 목적적 행위가 시작되는 것, 또는 두 가지가 동시에 시작되는 것을 의미한다.

제3항

행위의 감정적 방향과 가치 합리적 방향은, 후자에서는 행위의 궁극 목표가 의식적으로 명확하며 언제나 그것을 계획적으로 지향한다는 점으로 구별된다. 그것을 제외하면 행위의 의미는, 행위 저편에 있는 결과가 아니라 특정한 행위 자체에 있다는 점에서 같다. 감정적으로 행위 하는 인간이란, 직접적인 복수, 직접적인 향수, 직접적인 귀의, 묵상에 의한 직접적인 조촐한 행복, 어떤 직접적인 감정—조야한 것이든 섬세한 것이든—의 발산 등의 욕구를 충족시키는 인간을 말한다.

순수 가치 합리적으로 행위 하는 인간이란, 예상되는 결과를 무시하고 의무·체면·미·교양·신뢰와 상관없이 자신에게 명령된 것의 의의를 믿기 때문에 행위 하는 인간이다. 가치 합리적인 행위는 언제나 행위자가 부여받았다고 믿는 명령과 요구에 따르는 행위이다. 나는 인간의 행위가 이러한 요구에 따르는—정도가 다양하며, 대개 정도는 상당히 낮지만—상태에서만 가치합리성을 문제 삼으려한다. 또한 여기서 행위의 유형을 완전히 분류할 생각은 없지만, 머지않아 밝혀지겠지만 가치합리성에 그것을 독립 유형으로 채택할 만큼의 의미는 있다고 생각한다.

제4항

목적 합리적으로 행위 하는 인간이란, 목적·수단·부수적 결과에 따라 자기 행위를 결정하고, 목적과 수단, 부수적 결과와 목적, 나아가 여러 목적의 상호관계까지 합리적으로 헤아려 어떠한 경우에도 감정적(특히 정서적) 또는 전통적으로 행위 하지 않는 인간이다. 경합하고 충돌하는 목적과 결과를 결정하면 가치 합리적인 방향을 취하기도 하지만, 그렇게 되면 그 행위는 수단만이 목적 합리적이 된다. 또한 행위자가 명령이나 요구에 가치 합리적으로 따르지 않고, 경합하고 충돌하는 목적들을 단순히 주관적인 욕망으로 여기고, 자신의 의식적인 평가에 따라 긴급도의 단계를 만들어 그 순서에 따라 가능한 만큼의 만족을 얻으려 하기도 한다('한계효용'의 원리). 이처럼 행위의 가치 합리적 방향과 목적 합리적 방향은 다양한 관계를 가진다. 그러나 목적 합리성의 입장에서 보면 가치 합리성은 언제나 비합리적이며, 특히 행위가 목표하는 가치가 절대적 가치로 높아짐에 따라 점점 비합리적이 된다. 왜냐하면 그 행위의 독자적인 가치(순수한 신념, 미, 절대적인 선의, 절대적인 의무감)에 마음을 빼앗기면, 가치 합리성은 점점 행위의 결과를 무시하기 때문이다. 행위의 절대적 목적 합리성이라는 것도 주로 주관적으로 구성된 한계 상황에 지나지 않다.

제5항
어떤 한 가지 방향만을 지닌 행위, 특히 그러한 사회적 행위는 매우 드물다. 또한 앞에서 방향의 종류를 들었지만, 행위의 방향 종류를 망라한 분류가 아니라 사회학의 목적에 맞춘 개념상의 순수유형에 지나지 않는다. 현실의 행위와 이들 순수유형 사이에는 크고 작은 거리가 있으며, 대부분 그것의 혼합물이다. 이 분류가 편리한지 아닌지는 오로지 결과 나름이다.

제3장 사회적 관계

사회적 '관계'란, 의미내용이 서로 상대를 지향하고, 그에 따라 방향이 정해진 다수자의 행동을 가리킨다. 따라서 사회적 관계라는 것은, 전적으로 의미가 명확한 방법으로 사회적 행위가 이루어질 가능성이지, 그 가능성이 무엇에 기초하는가는 당면 문제가 아니다.

제1항

그러므로 서로의 행위에 조금이라도 관계가 있으면 사회적 관계 개념의 규준이 된다. 그 내용은 매우 다양한데, 예를 들어 투쟁관계, 적대관계, 연애관계, 친구관계, 신뢰관계, 시장에서의 교환, 그리고 협정의 성립이나 회피와 파기, 경제나 연애 등의 경쟁, 동일한 신분, 민족, 계급에의 소속 등이 있다. 이 소속이 단순한 공통성 이상의 사회적 행위를 만드는 경우에 대해서는 나중에 서술한다. 따라서 사회적 관계의 개념에는 행위자 사이에 연대가 있는지 그 반대인지는 조금도 문제되지 않는다.

제2항

언제나 중요한 것은, 당사자들이 구체적인 경우에 실제로나 평균적으로 생각하고 있는 경험적 의미내용이나, 관념적으로 구성된 순수 유형에서 생각하는 경험적 의미내용이지, 결코 규범적으로 올바르다거나 형이상학적으로 참되다는 의미가 아니다. 국가, 교회, 조합, 부부 같은 이른바 사회집단이 문제가 되는 경우에도, 사회적 관계란 의미내용이 서로 상대를 지향하는 행위가 예전에 일어났던 적이 분명히 있으며, 현재 이루어지고 있으며 머지않아 일어나게 될 가능성이다. 이들 개념의 실체화를 피하려면 이 점을 항상 명심해야 한다. 사회학적으로 보면, 어떠한 의미를 쫓는 사회적 행위가 이루어질 가능성이 사라진 순간 국가는 더 이상 존재하지 않는다. 그 가능성은 매우 크기도 하고 제로에 가까울 정도로 작기도 하다. 과거, 현재에 관하여 이 가능성이 실제로 존재한다—또는 추정된다—는 의미 및 정도에 따라 사회적 관계도 존재한다. 어떤 국가가 아직 존재하고 있다거나 더 이상 존재하지 않는다고 할 때 이 밖에 다른 명백한 의미가 있는 것은 아니다.

제3항

구체적인 경우에서는, 서로 행위를 하는 당사자들이 사회적 관계에 동일한 의미내용을 부여하고 있다고 할 수 없으며, 그들이 상대 태도의 의미와 같은 내면적 태도를 취하고 있다고도 할 수 없다. 따라서 이 의미에서의 상호성은 없다. 한쪽이 우정, 애정, 신뢰, 계약에의 충실, 애국심을 갖고 있어도 다른 쪽은 완전히 다른 태도로 보답하는 경우가 있다. 이는 당사자가 자신들의 행위에 다른 의미를 부여하고 있는 것으로, 객관적으로 어느 쪽에서 보든 사회적 관계는 일방적이다. 그럼에도 행위자가, 상대가 어떤 태도를 보일 것이라고—완전히 또는 조금 오해하여—전제하고, 이 기대에 따라 움직임으로써 행위 과정과 관계 형성에 어떠한 결과가 나타난다면—대개 나타난다—, 사회적 관계는 상호적이다. 물론 사회적 관계가 객관적으로 상호적이라는 것은 의미가 서로—각 당사자의 평균적 기대에—같은 경우에 한한다. 예를 들어 아버지의 태도에 대한 아이의 태도가 적어도 아버지의 기대—구체적인 사례나 평균, 유형적이든—에 가까운 경우에 한한다. 다만 의미가 서로 같은 태도에만 기초하는 사회적 관계는 현실적으로 한계가 있다. 그러나 상호성이 결여되어 있어도 서로의 행위가 상대와의 관계를 실제로 잃지 않으면, 나로서는 사회적 관계의 존재를 부정할 생각은 없다. 이 점에서도, 현실에는 온갖 종류의 혼합형태가 일반적이다.

제4항

사회적 관계는 매우 일시적인 것도 있고 영속적인 것도 있다. 후자는 의미가 서로 일치된—그렇게 생각되고 기대되는—행동이 끊임없이 반복될 가능성이 있는 사회적 관계이다. 이 가능성이란 동일한 의미의 행위가 이루어지는 어느 정도의 개연성이다. 사회적 관계의 '존속'은 그러한 가능성의 존재를 의미할 뿐이지 그 이상의 의미가 아니다. 잘못된 관념을 피하려면 이 점을 언제나 염두에 두어야 한다. 친구관계나 국가가 존재하거나 존재했다는 것은 어떤 사람들의 어떤 태도에서 평균적으로 생각된 의미를 알 수 있는 방법으로 어떤 행위가 이루어질 가능성이 있거나 있었다고 우리 관찰자가 판단한다는 것일 뿐, 다른 의미는 없다. 법률적인 관점에서 보면 어떤 의미를 포함하는 법문이 법률적인 의미로 효력을 지니는지는 법률상의 관계가 있는지 없는지에 따른 양자택일이지만, 이것은 사회학적 고찰에는 통용되지 않는다.

제5항

사회적 관계의 의미내용은 변화한다. 정치적 단결 관계가 일변하여 이해충돌로 빠질 수 있다. 그럴 경우 새로운 관계가 발생했거나, 오래 이어져 온 관계가 새로운 의미내용을 얻었다는 것은 용어상의 편의 문제이자 변화에 나타나는 연속성의 정도 문제에 지나지 않는다. 그러나 의미내용 자체에도 영속적인 부분과 변화하기 쉬운 부분이 있다.

제6항

사회적 관계를 영속적으로 만들어 내는 의미내용은 '원칙'이라는 형태로 표현되기도 한다. 이 때 당사자는 단수 또는 복수의 상대가 그 원칙을 평균적 또는 근사적 의미로 지킬 것을 기대하고, 자신도 평균적 및 근사적으로 그 원칙에 따라 행동한다. 그 행위의 일반적 성격에서 보면 방향이 합리적―목적 합리적 또는 가치 합리적―일수록 그러한 상태가 된다. 그러나 물론 연애 및 기타 감정(신뢰 등)에 기초한 관계에서의 생각된 의미내용의 합리적 표현 가능성은 업무상의 계약관계 등에 비교하면 현저하게 적다.

제7항

사회적 관계의 의미내용이 상호 합의에 의해 협정되는 경우가 있다. 즉 당사자가 미래의 자신들 행동―상호간의 것도 있으며, 그렇지 않은 것도 있다―을 약속하는 경우이다. 이 경우 일반적으로 각 당사자는―그가 합리적으로 고려하는 한―먼저 상대가 자신과 같은 의미로 협정을 이해하고 그것에 따라 행위할 것을 기대―확신의 정도는 다양하지만―한다. 이 기대에 맞추어 자신도 목적 합리적으로—의미의 충실도에 따라—행위하기도 하며, 나름대로의 의미로 협정을 지키려는 의무에 가치 합리적으로 따르기도 한다. 여기서는 이상으로 마친다. 나머지는 제9절 및 제13절 참조.

제4장 사회적 행위의 여러 유형—습관과 관습

　사회적 행위 중에는 사실상의 규칙성이 보이는 경우가 있다. 즉 유형적으로 동일한 주관적 의미로 한 행위자에게 반복적으로 나타나는 행위 과정이 있고, 널리 많은 행위자에게—경우에 따라서는 동시에—나타나는 행위 과정이 있다. 역사학이 중요하고 결정적인 구체적 연관의 원인을 연구하는데 비해, 사회학은 이러한 행위 과정의 유형들을 연구한다.

　사회적 행위에 어떤 규칙성이 실제로 존재한다고 해도, 그 규칙성이 어떤 단체 내부에 존재할 가능성이 단순히 현실의 행위에 의해 부여되는 경우, 그것은 '습관'이라 불린다. 이 현실 행동이 오래도록 몸에 배면, 이러한 습관은 '관습'이라 불린다. 그러나 규칙성의 실제적 존속 가능성이 단지 여러 개인의 행위가 동일한 기대를 향하여 순수 목적 합리적으로 일어나고 있기 때문에 생겼다면, 그 규칙성은 '이해관계에 의한 것'이라 불린다.

제1항

　'유행'도 습관에 속한다. 관습과는 정반대로, 그 행동의 새로움 때문에 행위가 일어나는 경우에 습관은 관습이 아니라 유행이라 불린다. 유행은 관례와 유사하다. 왜냐하면 유행은 대부분 관례와 마찬가지로 자신의 긍지에서 생기기 때문이다. 여기서는 이정도로 그친다.

제2항

　관습은 '관례'나 '법'과 달리 외적으로 보증되지 않는 규칙이다. 행위자는 단순히 아무 생각이 없거나 편리하다는 이유로 그것을 자발적으로 지키며, 같은 집단의 구성원 역시 같은 이유로 그것을 지킬 것이라고 기대한다. 그러므로 이러한 관습에는 효력이 없으며, 아무도 관습에 따라 행동하도록 요구하지 않는다. 관습과 효력을 지닌 관례나 법의 차이는 매우 모호하다. 어느 나라든 실제로 이전부터 이루어져 왔다는 사실이 효력의 근원이었다. 매일 아침 일상적으로 아침식사를 먹는 것이 오늘날의 관습이지만, 호텔에 머무는 손님이 아니면 구속력이 없으며, 그것이 관습이 아니었던 시대도 있었다. 반면 어떤 옷을 입느냐는 처음에는 관습이었을지 모르지만, 오늘날에는 일반적으로 관습이 아니라 관례가 되었다. 습관 및 관습에 대해서는 R. 폰 예링의 《법의 목적》(제2권)을 참조하면 좋다. 참고로 P. 에르트만 《법질서와 상습관》(1914년)도 있으며, 최근에는 E. 바이겔린 《관습법, 도덕》(1919)이 있는데, 이는 나의 의견에는 일치하지만 슈탐러와는 견해를 달리한다.

제3항
사회적 행위, 특히─이것에 한한 것은 아니지만─경제적 행위 과정에는 현저한 규칙성이 무수히 많지만, 이것은 결코 효력을 지닌다고 믿었던 규칙이나 관습에 따랐기 때문이 아니다. 단지 내용의 성질상 당사자의 사회적 행위의 양식이 그들의 평범하고 주관적으로 평가된 이익에 평균적으로 가장 잘 일치하고, 그들이 이 주관적인 견해 및 지식에 따라 행위하고 있기 때문이다. 자유시장의 가격형성에서의 규칙성이 그 예이다. 시장관계자는 자신의 유형적이고 주관적인 경제적 이익을 목적으로 보고, 수단으로서 그것에 따라 행동한다. 이처럼 순수 목적 합리적으로 행동할수록 어떤 상황에 대한 반응은 비슷해지며, 거기서 발생하는 태도나 행위의 유사성·규칙성·연속성은 어떤 집단의 사람들이 실제로 구속력 있다고 생각하는 규범이나 의무에 따르는 행위보다 훨씬 안정적인 경우가 많다. 자타의 정직한 이해관계에 따르는 것만으로도 규범─게다가 이는 무효한 것이 많다─으로 강제하려는 결과와 동일한 결과가 나타난다. 이 현상은 경제 영역에서 주목받았으며, 이윽고 과학으로서의 경제학 성립의 한 원천이 되었다. 그러나 이 현상은 행위의 모든 영역에서 동일하게 인정된다. 그 의미성 및 내적 자유라는 점에서 예부터 내려온 관습에의 순응에서 오는 모든 내적 구속은 물론, 가치 합리적이라고 믿어온 규범 신봉과 정면으로 대립한다. 행위의 합리화는 본질적으로 예로부터의 관습에 대한 내적 순응 대신 이해관계에의 계획적 적응을 통해 하는 것이다. 물론 이 과정만으로 행위의 합리화 개념이 완성되는 것은 아니다. 왜냐하면 합리화는 가치의 의식적 합리화에 플러스로 작용함과 동시에, 관습뿐 아니라 감정적 행위까지 희생한다는 점이 마이너스로 작용하여, 결국 가치 합리적으로 구속된 행위를 희생함으로써 가치를 잊은 순수 목적 합리적 행위에 유리하게 작용하는 경우가 있기 때문이다. 행위의 합리화 개념의 이러한 다양성에 대해서는 앞으로도 종종 논하게 될 것이다.

제4항

단순한 습관의 안정성은, 주로 주위의 많은 사람들의 행위가 실제로 습관의 존속에 관심을 보이고 그에 따른 태도를 취하고 있기 때문에, 습관에 따르지 않는 사람은 부적절한 행위를 한 결과가 되므로 다소의 불편과 불이익을 받을 수밖에 없다는 점에 있다.

마찬가지로 이해관계에 의한 안정성은, 다른 사람들의 이해관계를 고려하여 행위 하지 않고 이를 무시하는 사람이, 그들의 저항을 불러 자신이 의도하거나 예상하지 못했던 결과를 초래하고 그로 인해 자신의 이익이 방해받는 위험을 감수하게 된다는 점에서 온다.

제5장 정당한 질서의 개념

행위, 특히 사회적 행위 중에서도 사회적 관계는 당사자 측에서 보면 '정당한 질서'의 존재라는 관념에 지배받는 경우가 있다. 실제로 지배받을 가능성을 그 질서의 효력이라 부른다.

제1항

내 생각에, 어떤 질서의 '효력'은 관습이나 이해관계에 의한 사회적 행위 과정에서 생기는 단순한 규칙성 이외의 의의를 지닌다. 이사철이 되면 가구 운송회사는 반드시 광고를 내는데, 이러한 규칙성은 이해관계에 의한 것이다. 세일즈맨이 매달 또는 매주 같은 날에 일정한 손님을 방문하는 것은 오랫동안 굳어진 습관이나 이해관계 때문이다(영업구역 순회). 이에 반해, 매일 공무원이 일정한 시각에 관청에 나타나는 것은 오랫동안의 습관(관습) 때문도 있고, 중시하거나 무시할 수 있는 자유로운 본인의 이해관계에 의한 것이기도 하다. 그러나 보통은 그뿐 아니라 명령이라는 질서(복무규정)의 효력이 있기 때문에 위반하면 불이익을 받을 뿐 아니라, 일반적으로 그의 의무감에 가치 합리적으로—그 강도는 매우 다양하다—반하기 때문이다.

제2항

나는 (1) 행위가 어떤 명백한 원칙을 (평균적 및 근사적으로) 따르는 경우에 한한 사회적 관계의 의미내용을 '질서'라 부르려 한다. 또한 (2) 원칙이 행위에 대하여 어떠한 효력을 지닌다—의무 또는 이상—고 여겨지며, 그로 인해 실제로 상당한 정도의 원칙이 지켜지고 있는 경우에 한하여 이 질서의 '효력'을 문제 삼으려 한다. 물론 행위가 실제로 어떤 질서에 따르려면 실로 당사자의 다양한 동기가 작용한다. 그러나 다른 동기는 차치하고서 적어도 행위자의 일부가 그 질서를 이상이나 의무라 믿고 따르고 효력을 지녀야 한다고 생각하면, 행위가 질서에 따를 가능성은 자연히 높아지며 때로는 눈에 띄게 상승한다. 목적 합리적 동기만으로 지키는 질서는, 대개 단순히 습관적으로—그 동기가 몸에 배어 있기 때문에—지키는 경우보다 훨씬 불안정하다. 후자는 가장 널리 보이는 내적 태도이다. 그러나 그것도 이상과 의무라는 권위, 아니, '정당성'이라는 권위를 수반하고 나타나는 질서에 비하면 매우 불안정하다. 말할 것도 없이, 순수 전통적 동기 또는 순수 목적 합리적 동기에 따른 질서 준수와 정당성에 대한 믿음의 차이는 현실적으로 매우 모호하다.

제3항
행위가 어떤 질서의 효력에 따르는 것은 질서의 평균적인 의미를 지키기 위해서만은 아니다. 그 평균적인 의미를 멀리하거나 그것에 등을 돌리더라도, 어느 정도 구속력 있는 규범으로서 존재하는 효력의 가능성은 작용하고 있다. 먼저, 순수 목적 합리적인 경우가 있다. 도둑은 자신의 행위를 숨김으로써 실은 형법의 효력에 따라 행위한 것이다. 그가 위반을 숨길 수밖에 없다는 점이 어떤 집단의 내부에 질서가 효력을 발휘하고 있다는 증거이다. 그러나 이러한 한계 상황을 제외하면 대부분 질서의 위반이라고 해도 갖가지 부분적인 위반에 지나지 않으며, 게다가 어디까지가 진심인지는 차치하고 위반을 올바른 것처럼 보이려고 한다. 질서의 의미에도 실제로는 서로 다른 관념이 수없이 병존하고 있지만, 사회학에서는 현실의 행위를 규정한다면 올바른 것이다.

한 집단 내부에서 서로 모순된 질서가 동시에 효력을 지니더라도 사회학 입장에서는 아무런 문제가 없다. 한 사람이 모순된 여러 질서에 따라 행위하는 경우도 있다. 그것도 흔히 그렇듯 시기가 다를 때는 물론 한 가지 행위에도 나타난다. 결투를 하는 사람은 명예의 법칙에 따라 움직이고 있지만, 그것을 비밀에 부치거나 반대로 법정에 호소할 때는 그 행위가 형법에 따라 이루어진다. 물론 어떤 질서의 평균적인 의미를 멀리하고 그것에 등을 돌리는 것이 보편적이 되면, 질서의 효력은 매우 작아지며 결국에는 완전히 사라지게 된다. 따라서 어떤 질서가 효력을 지니는지 아닌지는, 사회학에서는 법률학 같은—피할 수 없는 목적을 위한—절대적인 양자택일의 문제가 아니다. 오히려 그 둘 사이에는 많은 단계가 있으며, 이미 언급한 대로 서로 모순된 몇 가지 질서가 동시에 효력을 지니고, 각각의 질서는 행위가 실제로 그것에 따를 가능성이 존재하는 한은 효력을 지닌다.

'머리말'에서 지적한 슈탐러의 저서—그의 다른 저작들과 마찬가지로 확실히 명문이기는 하지만, 동시에 근본적인 오류로 문제의 치명적인 혼란을 야기한다—에서 질서의 개념이 하는 역할을 떠올려 보라. 그리고 '머리말'에서 지적한 나의 비판도 참조하기 바란다. 유감스럽지만 이 비판은 슈탐러가 빠진 혼란에 화가 난 나머지 조금 심술궂은 것도 사실이다. 슈탐러는 경험적 효력과 규범적 효력을 구별하지 않았을 뿐더러, 사회적 행위가 질서에만 따르는 것이 아니라는 점을 간과했다. 게다가 질서를 사회적 행위의 '형식'이라 하고, —다른 오류는 차치하더라도—인식론적인 의미로 형식이 하는 역할을 '내용'이라고 주장하는 완전히 그릇된 논리를 펼쳤다.

예를 들어 본질적으로 경제적인 행위(제2장)란, 예상되는 수요에 비해 수요를 채우기 위한 어떤 사용가능한 수단이 부족하다는 관념에 지배되고, 같은 수단을 추구하는 제3자의 현재 및 미래에 예상되는 행위에 지배된다. 게다가 경제정책의 선택도 행위자가 법이나 관례로서 효력을 지닌다고 생각하는 질서, 그것을 위반하면 제3자가 어떠한 반응을 보인다고 알고 있는 질서에 의해 지배된다. 그런데 슈탐러는 이 지극히 단순한 경험적 사실에 대해 절망적인 혼란에 빠져, 질서와 현실 행위 사이의 인과관계는 개념적으로 불가능하다고 설명한다. 물론 질서의 법해석적 규범적인 효력과 경험적 과정 사이에는 실제로 아무런 인과관계가 없다. 있는 것은 다음과 같은 문제뿐이다.

그 경험적 과정은 올바르게 해석된 질서 사이에 법적 관계가 있는가, 따라서 이 질서는 위의 과정에 규범으로서 효력을 지녀야 하는가, 그렇다고 한다면 질서가 규범으로서 효력을 지녀야 한다는 것은 무슨 뜻인가. 물론 행위가 평균적으로 이해된 질서의 효력이라는 개념에 따를 가능성과 경제적 행위 사이에는 매우 평범한 의미의 인과관계가 있는 경우가 있다. 그러나 사회학에서 보면 이 관념에 따를 가능성만이 바로 효력 있는 질서라는 것이다.

제6장 정당한 질서의 종류—관례와 법

질서의 정당성을 보증하는 것은 다음과 같다.

1 순수 내적인 것.
(1)순수 감정적인 것, 즉 감정적 신봉에 의한 것.
(2)가치 합리적인 것, 즉 궁극의 구속적 가치(도덕적, 미적 등) 실현을 위한 질서의 절대적 효력에 대한 믿음에 의한 것.
(3)종교적인 것, 즉 공덕의 소유가 질서의 준수에 의존한다는 믿음에 의한 것.

2 특정한 외적 결과의 기대에 의한 것, 즉 이해관계에 의한 것. 또한 특수한 기대에 의한 것도 있다.
질서는 다음 두 가지를 가리킨다.
(1)관례—어떤 특정한 집단 내부에서의 위반이 비교적 일반적이고, 실제로 그렇게 느껴지는 비난을 초래할 가능성에 의해 그 효력이 외적으로 보증된다.
(2)법—준수 강요나 위반 처벌을 전문적으로 담당하는 간부의 행위에 의한 육체적, 또는 정신적인 강제의 가능성으로 인해 효력이 외적으로 보증된다.

관례에 대해서는 앞에서 말한 예링과 바이겔린의 저서 및 퇴니에스의《관습》(1909년)을 참조.

제1항
관례는, 어떤 집단 내부에서 효력이 인정되며, 위반하면 비난이 가해짐으로써 보증되는 관습을 가리킨다. 법과 달리 강제하는 사람은 없다. 슈탐러는 복종의 절대적 자발성이라는 점에서 관례를 법과 구별하려 했으나 이는 일상 용어법과도, 그가 거론한 예와도 맞지 않는다. 예를 들어 세간의 인사나 예의에 맞는 옷차림, 형식 및 내용에 이르는 교제상의 제한이나 이른바 관례는 개인에게 의무나 이상으로서 진지하게 지킬 것이 요구되지만, 식사를 어떤 방법으로 요리한다는 단순한 관습의 경우에는 전혀 그렇지 않다. 지키느냐 마느냐는 개인의 자유이다. 관례—신분상의 관습—를 위반하면 종종 같은 신분의 동료에게 사회적 따돌림이라는, 법적 강제보다 엄격한 처벌을 받는다. 준수를 보증하기 위한 특수한 행위를 담당하는 특별한 간부—독일에서는 판사, 검사, 행정관, 집행관 등—가 없을 뿐이다. 하지만 그렇다 하더라도 그 차이는 모호하다. 관례와 법에 의한 질서 보증의 한계 상황은 정식으로, 진심으로, 조직적인 따돌림을 하는 경우일 것이다. 이는 나의 용어법으로 말하면 이미 법적 강제수단이다. 여기서는 관례가 단순한 비난은 물론 다른 수단—예를 들어 관례에 반대되는 행동에 대한 가법(家法)의 적용—에 의해 지켜진다는 점은 문제가 되지 않는다. 왜냐하면 중요한 것은 관례에 의한 비난에 기초하여 개인이—때때로 과격한—이 강제수단을 이용하는 것이지, 그것을 담당하는 간부가 있는 것은 아니기 때문이다.

제2항

내 견해로는 '법'의 개념—목적이 다르면 범위도 전혀 다르지만—에서는 강제하는 간부의 존재가 결정적이다. 그러나 당연히 오늘날의 우리에게 익숙한 간부와 같을 필요는 전혀 없다. 특히 법정의 존재는 필요하지 않다. 복수나 사투의 경우라면 씨족 자체—그 행위에 어떤 질서가 실제로 효력이 있으면—가 간부에 해당한다. 다만 이러한 경우는 간신히 법적 강제라 부를 수 있는 마지막 한계이다. 주지하다시피, 국제법은 초국가적인 강제력이 약하다는 이유로 법으로서의 자격을 수없이 의심받아 왔다. 즉, 단순히 피해자가 해야 할 비난이나 복수의 기대—즉 관례—와 이해관계에 의해 외적으로 보증되고 있을 뿐이며, 그 유지를 특히 목적으로 행위 하는 담당자가 없는 질서는 사실상 법이라 부를 수 없다. 그러나 법률상의 용어로서는 충분히 법이라 할 수 있다. 요컨대 강제라는 수단이 중요한 것이 아니다. 보통 많은 종파에서 죄를 범한 자에게 가해지는 최초의 가벼운 강제수단은 '우정에 의한 경고'인데, 이것도 규칙으로 정해지고 담당자에 의해 실시되는 한 역시 법이다. 또한 행동의 관습적 규범을 보증하는 수단으로서 검열관이 하는 문책도 법이다. 교회 특유의 징계수단에 의한 심리적 강제도 엄연한 법이다. 정치적으로 보증된 법, 임의단체의 규약, 가장의 권위, 조합이나 길드 등에 의해 보증된 법과 마찬가지로 교회정치적으로 보증된 법도 있다. 대학생들의 규약 조항들도 이 정의에 따르면 법이다. 독일민사소송법 제2부 제888조의 경우(집행 불가능의 권리)도 명백히 마찬가지다. 법률용어로는 '불완전법' 및 '자연책무'라는 형식으로 강제적용의 한계와 조건을 간접적으로 표현한다. 그 의미로는 강제적으로 부과된 거래상의 관습도 법이다(독일민법 제157조, 제242조). '양속'(즉 정당하며, 그로 인해 법으로 인정받은 관습)의 개념에 대해서는 막스 류메린의 논문 참조.

제3항

효력 있는 모든 질서가 일반적이고 추상적인 성격을 갖지는 않는다. 오늘날에는 효력 있는 법문과 구체적인 사건 판결과의 구별이 일반적으로 여겨지지만, 언제나 그러했던 것은 아니다. 단순히 어떤 구체적 상황의 질서로만 나타나는 질서도 있다. 자세한 것은 '법사회학'의 문제이다. 특히 주의하지 않는 한, 당장은 법문과 판결의 관계에 대한 근대적인 관점을 문제 삼는 것이 편리할 것이다.

제4항

외적으로 보증된 질서에는 동시에 내적으로도 보증된 것이 있다. 법, 관례, 도덕의 관계는 사회학의 문제가 아니다. 사회학에서 보는 도덕적 규준이란 어떤 사람들의 특수한 가치 합리적 믿음을 선이라는 인간행위의 규범으로서 부과하는 것으로, 미(美)라고 불러야 할 행위가 미적 규준에 의해 가늠되는 것과 마찬가지다. 이러한 의미의 도덕관념은 행위에 매우 깊은 영향을 줄 수는 있어도 외적 보증을 전혀 지니지 않는 경우가 있다. 도덕관념을 위반해도 남의 이익에 폐를 끼치지 않는다면 외적 보증이 없는 것이 보통이다.

그러나 이 도덕관념이 종교적으로 보증된 경우는 종종 있다. 또한 도덕관념이 이 책에서 말하는 관례에 의해, 즉 위반할 경우 비난과 거부로 보증되는 경우도 있고, 법적, 즉 형법이나 경찰 문제가 되어 민법상의 결과를 초래함으로써 보증되기도 한다. 사회학적인 의미에서 실제로 효력 있는 모든 도덕은 일반적으로 그 위반을 비난받을 가능성, 즉 관례로 보증되는 것이 통례이다. 그러나 관례 또는 법으로 보증된 질서의 전부가—적어도 반드시—도덕적 규범이라는 성격을 가질 필요는 없다. 그 중에서도 순수 목적 합리적으로 정해지기 쉬운 법적 질서는 관례적 질서에 비해 전체적으로 그러한 성격을 가질 필요는 거의 없다. 대부분 사람들이 갖고 있는 효력의 관념을 도덕 범위에 속한다고 볼 것인가, 아니면 단순한 관례나 법규범으로 볼 것인가. 경험적 사회학에서 이 문제는, 사람들 사이에서 실제로 효력을 갖고 있었거나 현재 갖고 있는 도덕의 개념 여하에 따라 결정할 수밖에 없다. 그러므로 사회학으로서는 이 점에 대해서 일반적인 것은 말할 수 없다.

제7장 정당한 질서

행위자가 어떤 질서에 정당한 효력을 인정하는 것은 다음 이유 때문이다.

(1) 전통에 의한, 즉 항상 존재해 온 것의 효력에 의한다.

(2) 감정적인, 특히 정서적인 믿음, 즉 새로이 계시된 것 또는 이상적인 것의 효력에 의한다.

(3) 가치 합리적 믿음, 즉 절대적 가치가 있다고 믿는 것의 효력에 의한다.

(4) 실정법의 합리성에 대한 믿음에 의한다.

이 합리성이 정당한 효력을 갖는 것은,

(ㄱ) 합리성에 관한 관계자 사이의 합의에 의하며,

(ㄴ) 정당하다고 인정되는 인간 사이의 지배 및 복종에 근거한 강제에 의한다.

뒤에 정의할 약간의 개념을 제외한 상세한 내용은 '지배사회학' 및 '법사회학'의 문제이다. 여기서는 다음을 언급하는 것으로 그친다.

제1항

질서의 효력이 전통을 신성시함으로써 생겨나는 경우는 매우 광범위하고 원시적이다. 그것을 건드리면 재앙이 내린다는 공포가 행위의 전통적 습관의 온갖 변경에 대한 심리적 제동을 강화했다. 또한 질서가 한 번 효력을 얻으면 그에 대한 복종의 영속화에 다양한 이해가 얽히게 되는데, 그 이해가 질서의 영속화를 만들어 왔다. 제3장 참조.

제2항

거슬러 올라가 보면, 질서의 의미적인 창조는 거의 대부분 예언자의 신탁이나 승인을 얻음으로써 신성성을 인정받은 선언이었다. 이는 고대 그리스의 도시국가가 위기에 처했을 때 지명한 독재자의 법령에도 나타나며, 이 경우 복종은 예언자에 의한 정당화에의 믿음이 뒷받침된다. 엄격한 전통주의 시대에 질서의 새로운 계시 없이 새로운 질서—즉 새롭다고 여겨지는 질서—가 성립되려면, 그것이 실은 예부터 효력이 있었는데 지금까지 올바르게 알려지지 않았다든가, 숨어 있던 것이 우연히 지금 다시 발견되었다는 식으로 다루어져야 했다.

제3항

가치 합리적 효력의 가장 순수한 유형은 자연법에 나타난다. 논리적으로 이끌린 자연법적 명제들이 행위에 끼친 적지 않은 현실적 영향력은 그 이상적 요구에서 보면 작지만 결코 부정할 수는 없다. 또한 그 명제들은 계시된 법이나, 제정된 법, 전통에 의한 법과도 다르다.

제4항

오늘날 가장 일반적인 정당성의 형식은 합리성의 믿음이다. 즉 정식 수속을 통해 통상 형식으로 성립된 규칙에 대한 복종이다. 그러나 협정에 의한 질서와 강제에 의한 질서의 대립은 상대적인 것에 지나지 않는다. 왜냐하면 협정에 의한 질서의 효력이 만장일치—과거에는 종종 만장일치가 참된 정당성에 필요하다고 생각했었다—에 의하지 않고, 흔히 그러하듯 뜻을 달리 하는 소수파의 다수파에 대한 실제적인 복종에 의한 경우에 현실적으로 소수파에 대한 강제가 이루어진다. 반대로 역시 매우 빈번한 일이지만, 다수파보다도 막무가내로 수단을 가리지 않는 난폭한 소수파가 질서를 강제한 결과, 그 질서가 당초의 반대파에게까지 정당한 효력을 갖는 경우도 있다. 투표가 질서의 창조나 변경 수단으로서 합법적이면, 소수파의 의지가 형식적인 다수를 얻고 다수자가 이에 복종하는, 즉 다수결이 외관으로만 그치는 경우도 드물지 않다. 또한 협정에 의한 질서의 합리성에 대한 믿음은 매우 오래전부터 있었던 것으로, 때때로 미개민족에게도 나타나지만 대부분은 신탁의 권위로 채워진다.

제5항

개인이나 다수자에 의해 강제된 질서에의 복종이라도, 단순한 공포나 목적 합리적 동기에 의한 것이 아니라 정당성이 존재하는 경우는, 단수 또는 복수의 강제자의 지배 권력이 어떠한 의미에서 정당하다는 믿음이 전제가 된다. 이 점은 따로 논하도록 한다(제13절, 제16절 및 제3장).

제6항

완전히 새로운 제정의 경우를 제외한 일반적인 질서에의 복종은 다양한 이해관계, 전통에의 애착과 정당성 관념의 혼합물에 의해 규정된다. 그 때 질서에 따라 행위 하는 사람들 자신은 관습이나 관례, 법 같은 것을 조금도 생각하지 않는 것이 통례이다. 그러나 사회학에서는 그러한 경우 효력의 유형적 종류를 분명히 해야 한다.

제8장 투쟁의 개념

한 사람 또는 여럿의 저항을 물리치고 자신의 의지를 관철하려는 의도를 지닌 행위의 사회적 관계는 '투쟁'이라 불린다. 현실의 물리적 폭력행위를 내포하지 않는 투쟁수단은 '평화적' 투쟁수단이라 불린다. 평화적 투쟁이 다른 사람들도 얻으려 하는 이익에 대한 자기의 지배권을 확립하려는 평화적 형식의 노력이라면 이는 '경쟁'이라 불린다. 경쟁의 목적 및 수단이 어떤 질서에 따르는 경우에는 '규칙 있는 경쟁'이라 불린다. 여러 개인이나 유형 사이에서 생존 또는 잔존 기회를 둘러싼 투쟁 의도가 결여된 잠재적인 생존경쟁은 '도태'라 불린다. 또 개인에게 일생의 기회가 문제라면 그것은 '사회적 도태'라 불리며, 유전적 소질의 잔존 기회가 문제라면 '생물적 도태'라 불린다.

제1항

상대의 생명을 노리기 위해 투쟁의 규칙을 전혀 지키지 않는 잔혹한 투쟁이 있는가 하면, 관례라는 규칙에 따른 기사들의 투쟁(폰트노아 전투에서 전령이 "영국군, 먼저 공격하라" 외쳤다는)이나 규칙에 따른 투쟁적 유희(스포츠)가 있다. 여성에게 잘 보이려는 구혼자들의 엄청난 경쟁이나, 교환할 때의 이익을 둘러싸고 시장 질서에 따라 이루어지는 경쟁적 투쟁이 있는가 하면, 규칙에 따른 예술 콩쿠르나 선수전이 있으며, 그 사이에는 무수한 단계가 있다. 폭력적 투쟁 특유의 수단의 성질과 그 사용으로 생기는 사회적 결과의 특수성을 생각하면, 폭력적 투쟁을 개념적으로 구별하는 것은 당연한 일이다.

제2항

유형적이며 대량적으로 이루어지는 투쟁이나 경쟁에는 갖가지 결정적인 우연이나 운명 같은 것이 있다 하더라도, 결국 평균적으로 보면 투쟁의 승리에 불가결한 개인적 성질을 많이 갖춘 사람이 선택되는 결과로 마무리된다. 그것은 그 성질이 완력이나 비양심적인 교활함이 뛰어난 것인지, 지적능력이나 성량, 선동 기술이 출중한 것인지, 상사나 우쭐대는 대중에의 추종에 능한 건지, 독창적 능력이나 사회적 적응능력이 뛰어난 점이 있는지, 언뜻 비정상적으로 보이거나 대중적 평균과 다르지 않은 성질이 풍부한 것인지는 잘 모르겠지만 이 모든 것들은 투쟁이나 경쟁의 조건에 의해 결정된다. 이 조건에는 개인 및 대중의 모든 성질은 물론, 투쟁행동이—전통적이든 가치합리적이든 목적 합리적이든—따르는 여러 질서도 포함된다. 그 모든 것들이 사회적 도태에 영향을 끼친다. 그러나 모든 사회적 도태가 내가 말하는 '투쟁'은 아니다. 오히려 사회적 도태란 지금 행동의 어떤 유형이다. 따라서 때로는 개인적인 성질의 어떤 유형이 사회적 관계(연인, 남편, 국회의원, 관리, 현장감독, 사장, 훌륭한 기업가 등)에서 성공할 가능성이 크다는 의미에 지나지 않는다. 이 사회적으로 선택되는 가능성이 투쟁에 의해 실현되는지 아닌지, 또한 가능성이 그 유형의 생물적인 잔존 가능성을 늘리는지 아니면 그 반대인지에 대하여, 사회적 도태 자체는 어떠한 주장도 하지 않는다.

나는 현실에서 경쟁이 이루어지는 경우에 한해서만 '투쟁'을 문제 삼으려 한다. 종래의 온갖 경험에 비추어 보아 사실상 투쟁을 배제할 수 없는 경우는 도태뿐이며, 원리상 투쟁을 배제할 수 없는 것도 생물적 도태의 경우뿐이다. 그것을 완전히 배제하는 방법이 제안되지 않기 위해 도태는 영원한 것이다. 매우 엄격한 규정이 내포된 평화주의적 질서라도 기껏해야 투쟁수단, 투쟁목적, 투쟁방법에 규제를 첨가하여 그 일부를 배제하려는 것일 뿐이다. 즉 남겨진 투쟁수단이 (공공연한) 경쟁에서 승리를 낳고, 또한 경쟁이 배제되었다고 상상해도—유토피아적 이론적으로는 가능하나—생존 및 잔존 기회를 둘러싼 (잠재적) 도태에서의 승리를 낳게 되며, 유전적 소질로서든 교육의 결과로서든 이 남겨진 투쟁수단을 구사하는 인간에게 유리하게 작용한다. 이렇듯 사회적 도태는 경험적인 의미로 경쟁의 배제를 저지하고, 생물적 도태는 원리적인 의미로 투쟁의 배제를 저지한다.

제3항

물론 생존 및 잔존 기회를 위한 개인들 사이의 투쟁과 여러 사회적 관계 사이의 투쟁 및 도태는 구별해야 한다. 후자의 개념은 비유적인 의미가 아니면 사용할 수 없다. '관계'란 어떠한 의미 내용을 포함하는 인간행위로서만 존재하기 때문이다. 그러므로 여러 관계 사이의 도태와 투쟁은 시간의 경과에 따라 어떤 행위가 다른 행위—같은 사람의 행위든 다른 사람의 행위든—에 의해 구축된다는 의미이다. 이는 다양한 방법으로 가능하다. (1)인간의 행위는 어떤 구체적인 사회적 관계, 즉 일반적으로 어떤 질서에 따른 사회적 관계, 환언하면 그 의미 내용에 관한 과정을 따르는 행위를 의식적으로 저지하려고 하며, 그 성립이나 존속을 의식적으로 방해하려는 경우가 있다. 예를 들어 전쟁이나 혁명으로 국가를, 잔혹한 탄압으로 반란을, 경찰력으로 축첩을, 법적 보호 정지나 처벌로 폭리 거래를 방해하는 경우이다. 또한 어떠한 관계 존속을 원조함으로써 고의로 다른 종류의 관계에 불리한 영향을 끼치기를 의식적으로 유도하는 경우가 있다. 개인은 물론 결합한 여러 개인들도 이러한 목적을 지닐 수 있다. (2)그러나 사회적 행위의 과정과 거기에 작용하는 각종 조건에서 의외의 부차적 결과가 생겨나고, 그로 인해 구체적인 어떤 관계—반드시 그것에 대응하는 행위를 의미한다—의 존속이나 성립 기회가 줄어들기도 한다. 어떤 변화가 일어나는 경우는 온갖 자연적 및 문화적 조건이 어떠한 작용을 하여 각종 사회적 관계의 존속이나 성립 기회를 바꾸기 때문이다. 이러한 경우에 관해서도, 사회적 여러 관계 사이—예를 들어 여러 국가 사이—에서 도태가 이루어지고, 강자—적자라는 의미—가 승리를 얻는다 말하고 싶다면 해도 좋다. 단, 이 점을 잊어서는 안 된다. 첫째, 이러한 '도태'가 사회적 의미든 생물적 의미든 인간 유형의 도태와는 관계가 없다는 점, 둘째, 어떤 사회적 행위나 사회적 관계에 기회의 변화를 야기한 원인, 어떤 사회적 관계를 파괴한 원인, 어떤 사회적 관계의 존속을 인정하면서 다른 사회적 관계의 존재를 인정하지 않았던 원인은 구체적 사례를 연구할 필요가 있다는 점, 셋째, 이들의 원인은 다양하므로 그것을 한마디로 표현하는 것은 적절하지 않다는 점이다. 한마디로 표현하면 아무래도 경험적 연구에 제멋대로의 평가를 가져 올 위험이 생긴다. 특히 구체적 사례를 보면 주로 순수 개인적인 조건에 의한 성공 같은 우연한 성공일 뿐인데 이론적으로 변명한다는 위험이 생기는 것이다. 최근에 그러한 예는 매우 많았다. 어떤 특수한 성질을 지닌 구체적인 사회적 관계가 순수 구체적인 원인에 의해 배제되는 경우가 곧잘 있지만, 그것만으로는 사회적 관계의 일반적인 적응성을 부정할 수 없기 때문이다.

제9장 공동사회 관계와 이익사회 관계

　사회적 행위의 방향—구체적 경우나 평균 또는 순수유형에서—이 구성원의 주관적(감정적 또는 전통적) 일체감에 근거하는 사회적 관계를 공동사회 관계라 한다.

　사회적 행위의 방향이 합리적(가치 합리적 또는 목적 합리적)인 동기에 의한 이해 균형이나, 동일한 동기에 의한 이해 일치에 입각한 사회적 관계는 이익사회 관계라 부른다. 유형적으로 보면 이익사회 관계는 특히—그러나 그것에 한하지는 않는다—상호 합의에 의한 합리적 일치에 기인한다. 또한 합리적 경우의 이익사회적 행위는 (1)자신의 의무에의 믿음에 의해 가치 합리적으로 구속되고, (2)상대의 성실함을 기대함으로써 목적 합리적으로 구속된다.

제1항

　위의 용어는 퇴니에스의 선구적 저작 《공동사회와 이익사회》에서 시도된 구별을 상기시킬 것이다. 그러나 퇴니에스는 그의 목적이 목적인 만큼, 이 책에서의 나의 목적에는 불필요한 매우 특수한 내용을 이 구별에 추가했다. 이익사회 관계의 가장 순수한 유형은 다음 세 가지이다. (1)시장에서의 자유로운 계약에 의한 순수 목적 합리적인 교환—이해 문제로 대립하면서도 서로 보충하는 사람들의 현실적인 타협이다. (2)자유로운 계약에 의한 순수한 목적 단체—목적 및 수단이 구성원의 실질적(경제적 등) 이익 추구만을 향하는 지속적 행위의 협정이다. (3)가치 합리적 동기에 의한 신앙 단체—예를 들어 감정적인 이익 옹호를 무시하고 오로지 가치 자체만을 추구하는 합리적 종파이다. 물론 특수한 경우가 아니면 이것이 완전히 순수한 유형으로 나타나는 일은 없다.

제2항

공동사회 관계는 온갖 종류의 감정적, 정서적, 전통적인 기초를 지니기도 한다. 믿음으로 맺어진 동료, 연애관계, 신뢰관계, 민족공동체, 전우로 결속된 부대를 예로 들 수 있으며, 가장 적절한 유형은 가족공동체이다. 그러나 대부분의 사회적 관계는 공동사회 관계와 이익사회 관계의 성격을 동시에 갖고 있다. 철저히 계산된 목적 본위의 목적 합리적인 사회적 관계(예를 들어 고객과의 관계)도 목적에서 벗어난 감정적 가치를 만들어내기도 한다. 또한 이익사회 관계 속에는 목적 일치에 의한 당면 행위를 넘어 장기적 존속을 지향하고, 동일한 인간 사이의 사회적 관계를 유지하며, 처음부터 실질적 구체적인 결과만을 목적으로 하지 않는 것이 있다. 이러한 모든 이익사회 관계는 본디 정도의 차이는 다양하지만, 역시 위와 같은 감정적 가치를 창출하는 경향이 있다. 예를 들어 같은 부대, 같은 학급, 같은 사무소, 같은 공장에서의 이익사회 관계가 그러하다. 반대로, 일반적인 의미로는 공동사회 관계인데 구성원 모두 또는 일부가 전체적이나 부분적으로 목적 합리적 태도를 취하기도 한다. 예를 들어 어디까지나 가족단체인 구성원이 그것을 공동사회로 느낀다든지, 이익사회 관계로 이용하는 등 그 정도는 매우 다양하다. 이 책에서는 일부러 공동사회 관계 개념을 매우 일반적으로 정의하고 있으므로, 두드러지게 이질적인 사실도 포함되어 있다.

제3항

주관적인 의미로 보면, 보통 공동사회 관계는 투쟁과 정면에서 대립하는 것이다. 그러나 다음 사항에 오해가 있어서는 안 된다. 즉 대단히 친밀한 공동사회 관계라도 기가 약한 인간에게는 사실상 다양한 폭력이 가해지는 것이 일반적이며, 다른 곳과 마찬가지로 공동사회 내부에서도 여러 유형 사이의 도태가 이루어지고, 거기서 생존 및 잔존 기회의 차이가 생겨난다는 것이다. 한편, 이익사회 관계는 상반된 이해의 타협에 지나지 않은 경우가 많다. 이 타협에 의해 투쟁목적이나 투쟁수단의 일부분만은 배제—또는 어쨌든 그것이 시도되는—되지만, 이해의 대립 자체는 물론 다른 기회의 경쟁도 그대로 존속된다. 투쟁과 공동사회는 상대적인 개념이다. 어떠한 수단(폭력적이든 평화적이든)이 사용되는가, 그것을 사용하는 데 거리낌이 있는가 없는가로 투쟁의 형태는 크게 달라진다. 앞에서도 보았던 것처럼 사회적 행위가 따르는 질서가 어떠하든, 모든 질서는 생존 기회를 둘러싼 인간 유형간의 경쟁을 통해 순수한 사실로서의 도태를 존속시키는 것이다.

제4항

성질, 상황, 행동에 공통성이 있다는 것으로 공동사회 관계가 되지는 않는다. 예를 들어 인종적 특징으로 간주되는 생물적인 유전적 소질의 공통성만으로 같은 특징을 지닌 사람들의 공동사회 관계를 의미하지는 않는다. 주위의 압력으로 교제나 결혼이 제한되어 있을 때, 사람들은 같은 상황—주위로부터 고립된 상황—에 처하는 경우가 있다. 그들이 이 상황에 같은 반응을 보여도 역시 공동사회 관계가 아니다. 공통된 사정이나 그 결과에 대한 감정만으로도 공동사회 관계를 만들기에는 부족하다. 이러한 감정을 기초로 그들이 서로 상대를 의식하고 행동하게 될 때 비로소 그들 사이—개인과 주위 사이뿐 아니라—에 어떤 사회적 관계가 생기고, 그 사회적 관계가 일체감을 가져야 비로소 공동사회가 생기는 것이다. 예를 들어 유대인의 경우 시오니즘을 받드는 집단이나 유대인의 이익을 지키기 위한 약간의 이익사회 관계의 행위를 제외하면 공동사회는 그다지 나타나지 않으며, 그들 스스로도 이것을 분명히 거부하는 경우가 많다. 가정이나 이웃의 공통된 전통에 의해 생겨난 언어의 공통성은 확실히 서로의 이해를 크게 돕고, 따라서 모든 사회적 관계 형성에 크게 이바지한다. 그러나 언어의 공통성 자체는 여전히 공동사회 관계를 의미하는 것이 아니라 기껏해야 그 집단 내부에서의 교류 촉진, 즉 이익사회 관계의 성립 촉진을 의미할 뿐이다. 공통 언어의 규칙에 따르더라도 처음에는 같은 언어를 쓰는 동류로서가 아니라 다른 관심사를 지닌 개개의 인간으로서이다. 다시 말해, 공통 언어의 규칙에 따르는 것은 처음에는 단순한 이해의 수단이지 사회적 관계의 의미 내용이 아니다. 제3자에 대한 의식적 대립이 생겨야 점점 언어를 공유하는 사람들에게 같은 상황이 생기고, 공동사회 감정이 생기고, 공통 언어를 의식적인 존재 근거로 삼는 이익사회 관계가 생긴다. 어떤 시장(시장의 개념에 대해서는 제2장 참조)에 참가하게 되면 사정은 또 달라진다. 시장에의 참가는 개개의 교환자 사이에 이익사회 관계를 낳고, 서로 상대를 의식하여 행동할 수밖에 없는 구매자들 사이에 어떤 사회적 관계(특히 경쟁)를 낳는다. 그러나 이익사회 관계가 그 이상으로 나아가는 것은 몇몇 참가자가 가격 경쟁을 유리하게 할 목적으로 협정을 맺는 경우나, 전 참가자가 거래 규제나 안전을 도모할 목적으로 협정을 맺는 경우에 한한다. 시장과 그것에 기초한 자유경제는 적나라한 이해관계에 의해 행위가 서로 영향을 주고받는다는 현대 경제 특유의 현상을 나타내는 가장 중요한 전형이다.

제10장 개방적 관계와 폐쇄적 관계

사회적 관계는 공동사회 관계나 이익사회 관계를 불문하고, 다음과 같은 경우 외부에 대하여 개방적이라고 불린다. 즉, 실제로 참가 능력 및 희망을 가진 사람이라면 위의 사회적 관계를 구성하고, 그 의미 내용에 따라 이루어지는 상호적인 사회적 행위 참가가 효력 있는 질서에 의해 금지되지 않는 경우이다. 반면, 사회적 관계의 의미 내용 또는 효력 있는 질서가 참가를 배제하거나 제한하고 조건을 제시하면 외부에 대하여 폐쇄적이라고 한다. 개방성과 폐쇄성은 전통적, 감정적, 가치 합리적, 목적 합리적으로 규정되어 있는 경우가 있다. 특히 어떤 사회적 관계가 구성원에게 내적 또는 외적인 관심을 충족시킬 기회를 부여할 수 있으면 합리적 폐쇄가 이루어지며, 그것을 부여하는 것이 목적인지 결과인지, 연대 행위에 의한 이해의 균형에서인지는 상관없다. 사회적 관계 확대로 자신의 기회의 정도·종류·안전·가치 등의 개선이 기대되면, 구성원은 외부에 대한 개방성에 관심을 갖는다. 반대로 독점에 의하여 기회 개선이 기대되는 경우는 외부에 대한 폐쇄성에 관심을 갖는다.

폐쇄적인 사회적 관계가 구성원에게 독점적 기회를 보증하는 경우는 다음 세 가지이다. (1)자유롭게 보증한다. (2)정도나 종류에 규제를 두거나 할당제도로 보증한다. (3)개인이나 집단이 영속적이며—상대적 또는 절대적으로—양도할 수 없이 사유하는 것으로 보증한다(대내적 폐쇄). 사유된 기회는 '권리'라 불린다. 사유의 주체는 질서에 따라 다음 셋으로 구별된다. (1)특정한 공동사회나 이익사회—예를 들어 가족공동체—의 구성원. (2)여러 개인. 단, 이 경우는 (ㄱ)순수한 개인도 있으며, (ㄴ)이전의 기회 향유자가 사망한 경우 어떠한 사회적 관계나 출생(혈연관계)에 의해 그와 맺어진 단수 내지 복수의 개인, 또는 그가 지정한 단수 내지 복수의 타인이 기회의 사유를 잇기도 한다(상속에 의한 사유). (3)향유자가 협정에 의해 (ㄱ)특정한 타인이나 (ㄴ)

임의의 타인에게 많든 적든 자유로이 기회를 양도하는 경우도 있다(양도 가능한 사유). 폐쇄적 관계의 구성원은 동료라 불리는데, 참가가 규제되고, 참가에 의해 기회를 소유하는 경우는 권리상의 동료라 한다. 개인·공동사회·이익사회가 상속으로 사유하는 기회는 개인·공동사회·이익사회의 재산이라 불리고, 양도 가능한 형식으로 사유된 기회는 자유 재산이라 부른다.

위의 여러 사실에 대해 쓸데없이 번거로운 정의를 서술했는데, 이는 '자명한 것'—늘 보던 것이므로—일수록 생각하지 않게 되는 한 예이다.

제1항

(1) 예를 들어, 가족 관계를 기초로 소속되는 공동사회는 보통 전통적으로 폐쇄적이다.

(2) 인격적인 감정관계(연애관계나 신뢰관계 등)는 보통 감정적으로 폐쇄적이다.

(3) 독점적 또는 재벌적 성격의 경제단체는 목적 합리적으로 완전히 폐쇄적이다.

생각나는 대로 몇몇 예를 들겠다.

이야기를 나누고 있는 그룹이 개방적인지 폐쇄적인지는 의미 내용에 따라 결정된다. 일반적인 대화는 개방적이지만, 비밀스러운 이야기나 장사 이야기는 폐쇄적이다. 그러나 시장 관계는 대체로 개방적인 경우가 많다. 대부분의 공동사회 관계 및 이익사회 관계에는 확대와 폐쇄의 순환이 나타난다. 예를 들어 길드나 고대 및 중세의 민주적 도시들은 어떤 때는 구성원이 권력으로 자신들의 이익을 확보하기 위해 힘을 다해 증원을 도모하고, 상황이 바뀌면 독점 가치를 지키기 위해 구성원 제한을 꾀한다. 수도원이나 종파에서도 포교활동에서 폐쇄로 옮김으로써 도덕적 수준 향상과 물질적 이익 증가를 기도하는 것은 드물지 않다. 마찬가지로 매상을 올리기 위한 시장 확대가 있는가 하면, 독점을 위한 시장 제한도 있다. 또한 이전에는 어떤 신분만의 폐쇄적인 언어나 은어가 자주 사용되었으나, 오늘날에는 출판자나 저술가의 이해관계에 의한 당연한 결과로 언어가 개방적이 되었다.

제2항

대외적인 제한 및 폐쇄의 정도나 수단은 실로 다종다양하기 때문에 개방성과 제한성, 폐쇄성의 차이는 모호하다. 즉 가입 자격시험이나 수련기간을 거치거나, 조건부로 살 수 있는 구성원 지위 입수도 있고, 가입의 가부를 표결하기도 하고, 출생(세습)이나, 아무나 참가할 수 있는 콩쿠르 같은—대내적인 폐쇄나 사유의 경우처럼—어떠한 사유 권리를 획득함으로써 자격이나 가입이 정해지기도 한다. 가입 조건에는 참으로 다양한 단계가 있다. 그러므로 대외적인 제한성이나 폐쇄성은 상대적인 개념이다. 고급 클럽, 표를 사야 들어갈 수 있는 극장, 선전을 목적으로 하는 정당 집회, 자유롭게 참가할 수 있는 예배, 특정한 종파의 예배, 비밀결사의 신비적 의식 등 수많은 단계가 있다.

제3항

마찬가지로 구성원 자신이나 그 상호 관계에 있어서의 대내적 폐쇄 형태도 다양하다. 예를 들면 외부에 폐쇄적인 카스트, 길드, 주식 매매자들이 구성원에게는 온갖 독점적 기회를 둘러싼 자유경쟁을 허락하는 경우가 있으며, 또한 각 구성원에게 특정한 양도 가능한 기회—예를 들어 고객이나 상품—만을 인정하는 경우도 있다. 이 기회는 일생에 걸친 것도 있고, 특히 인도에서처럼 세습적인 것도 있다. 또한 외부에 폐쇄적인 마르크 공동체가 그 구성원에게 토지의 자유 사용을 인정하기도 하고, 개개의 가정 사정에 정확하게 맞춘 할당량을 인정하기도 한다. 요컨대 다양한 단계와 중간 단계가 있다는 것이다. 역사적으로 보면 영지, 부지, 관직에 대한 자격의 대내적 폐쇄나 현재 소유자의 소유권에도 실로 다양한 형태가 있다. 또한 어떤 직업상의 지위에 대한 자격이나 점유를 보아도—단정할 수는 없지만 그 첫걸음은 경영협의회의 발전이었다고 생각한다—클로즈드 숍에서 특정한 직업을 선택할 권리—그 전 단계는 노동자 대표의 동의 없는 해고 금지—에 이르기까지 다양하다. 자세한 것은 구체적 분석을 기다려야 한다. 영속적 사유의 극단적인 형태는 기회가 개인—또는 여러 개인으로 된 특정한 단체, 예를 들어 가족공동체, 씨족, 가족—에게 다음과 같은 방법으로 보증된 경우이다. (1)사망했을 때, 다른 특정한 사람에게의 이전이 질서에 의해 규정되고 보증되어 있는 경우, (2)기회의 소유자가 그 기회를 임의의 제3자에게 자유롭게 줄 수 있으며, 그로 인해 제3자가 사회적 관계의 참가자가 되는 경우. 따라서 이러한 사회적 관계는 대내적으로는 완전한 사유이면서 동시에 대외적으로는 비교적 개방적인 관계이다. 단, 이 관계에의 가입이 다른 권리상의 동료의 동의를 필요로 하지 않는 경우에 한한다.

제4항
폐쇄의 동기에는 다음 세 가지가 있다. (1)질의 향상, 때로는 그로 인한 권위의 향상, 그것에 수반된 명예 또는 이익의 향상. 그 예로 고행자 단체, 수도회, 특히 인도의 탁발수도회, 종교단체(청교도 단체), 군인 단체, 하급 귀족 단체, 공무원 단체, 정치적 시민단체(예를 들어 고대의), 수공업자 단체가 있다. (2)소비 수요에 대한 공급(식료의 가능성) 부족. 즉 소비의 독점(그 전형은 마르크 공동체). (3)이익의 기회(이익의 가능성) 부족. 즉 이익의 독점(전형은 길드 또는 고대의 어민 단체 등). 그러나 보통 동기(1)은 동기(2)나 동기(3)과 결부되어 있다.

제11장 대표권

전통적 질서나 실정적 질서로 인해 어떠한 사회적 관계가 구성원에게 다음과 같은 결과를 야기하기도 한다. (1)구성원 중 어느 한 사람의 특정한 행위가 구성원 전체(연대책임자)의 책임이 되거나, (2)특정한 구성원(대표자)의 행위가 다른 구성원(피대표자)의 책임이 되고, 그로 인해 기회나 결과가 다른 구성원의 이익 또는 책임이 되는 경우가 있다. 효력 있는 질서에 따라 대표권(대리권)이 (1)종류나 정도 여하에 관계없이 사유되거나(법정대리권), (2)어떤 규준에 따라 영속적 또는 일시적으로 부여되는 경우가 있고, (3)구성원이나 제3자의 특정한 행위에 의해 영속적 또는 일시적으로 위임되기도 한다(임의대리권). 어떤 사회적 관계―공동사회든 이익사회든―를 연대관계로 다룰지 대표관계로 다룰지는 조건에 따르는데, 이러한 조건은 일반적으로 다음뿐이다. 우선 그 행위의 목적이 (1)폭력적 투쟁에 있는가, (2)평화적 교환에 있는가가 중요하며, 다음으로 예나 지금이나 구체적 분석에 기대하여 점차로 명확해지는 많은 특수 사정이 중요하다. 그러나 당연하지만 순수 관념적 이상을 평화적 수단에 의해 추구하는 사회적 관계에 그러한 결과는 거의 나타나지 않는다. 대외적 폐쇄성이 늘어남에 따라 연대나 대표권이 많이 나타나지만, 반드시 수반된다고는 할 수 없다.

제1항

실제적으로 책임의 귀속에는 두 가지 의미가 있다. (1)수동적 연대책임과 능동적 연대책임. 전자는 어떤 한 구성원의 행위에 대하여 모든 구성원에게 그와 완전히 동일한 책임이 있다고 인정되는 경우이며, 후자는 한 구성원의 행위로 얻어진 이익 향유에 있어 모든 구성원이 그와 같은 자격을 가진다고 인정되는 경우이다. 정령이나 신들에 대한 책임도 있다. 즉 종교적 방향을 갖기도 한다. 그렇지 않은 경우는 인간에 대한 책임으로, 이는 권리상의 동료에 대한 관례적 또는 법적인 것이다. 전자에는 씨족 구성원에 대한 또는 씨족 구성원에 의한 복수, 같은 도시나 나라에 사는 사람들에 대한 복수가 있으며, 후자에는 근친자·가족 구성원·공동체 구성원의 처벌, 또는 가족이나 조합원 사이의 상호적 책무 구류가 있다. 신에 대한 연대책임도 역사상 —고대 유대교, 초기 기독교, 초기 청교도 신도들—매우 중요한 의미를 지닌다. (2)또한 책임의 귀속도 기껏해야 전통적 질서 또는 실정적 질서에 의해 폐쇄적 관계의 구성원들이 대표자가 획득한 이익—어떠한 종류든 상관없지만, 특히 경제적 이익—을 자신들이 합리적으로 향유할 수 있게 하려는 의미밖에 없는 경우도 있다(질서에 의해 단체적 목적에 유용하다고 여겨지는 재화에 대한, 임의단체 간부나 정치 단체 또는 경제 단체 대표자의 처분의 유효성).

제2항

연대라는 사실이 전형적으로 존재하는 것은 다음 네 가지 경우이다. (1)전통적인 혈연적 공동사회 또는 생활 공동사회(가족이나 씨족). (2)스스로의 폭력행위에 의해 독점적 이익을 지키는 폐쇄적 관계(정치단체, 특히 과거의 정치단체, 그러나 현재에도 전시에 매우 널리 나타난다). (3)구성원의 개인 경영에 의한 영리적 이익사회 관계(합명(合名) 사회). (4)어떤 경우의 노동조합(아르첼리). 대표라는 사실은 목적단체 및 법정단체에서 특히 목적 재산—이 점에 대해서는 나중에 '법사회학'에서 서술한다—을 모아 관리하는 경우 전형적으로 존재한다.

제3항

어떠한 규준에 의한 대표권 위임은 연령순 등의 사실에 의해 부여되는 경우가 있다.

제4항

위와 같은 사실의 세부 내용은 일반적으로 서술할 수 없으며, 사회학적인 구체적 분석이 이루어져야 비로소 가능하다. 이러한 사실 중 가장 오래되고 가장 일반적인 것은 보복—복수든, 담보 물건의 압류든—이다.

제12장 단체의 개념과 종류

　규칙에 의해 대외적으로 제한되고 폐쇄된 사회적 관계는, 그 실시를 특히 목적으로 하는 특정한 인간의 행위로 질서 유지가 보증되는 경우, 이를 '단체'라 부른다. 특정한 인간이란 지휘자 및 일반적으로 대표권을 지닌 행정 담당자이다. 지휘나 행정 담당자의 행위에 참여하는 일―즉 관리권―은, (1)사유되기도 하고, (2)효력 있는 단체적 질서에 의해 정해진 인간, 또는 일정한 규준 및 방법으로 선택된 인간―영속적이나 일시적, 특정한 경우에 한하여―에게 위임되기도 한다. 단체적 행위는 다음 두 가지를 가리킨다. (1) 질서의 실시에 관한 행정 담당자 자신의 행위로, 관리권 내지 대표권에 근거한 정당한 것. (2)행정 담당자의 명령에 의해 지휘 받은 단원의 행위.

제1항

　우선 단체의 개념은 공동사회 관계인지 이익사회 관계인지는 문제가 안된다. 가장, 임의단체 간부, 사장, 군주, 대통령, 교회의 우두머리 같은 지휘자가 존재하고, 그 행위가 단체적 질서 실시를 목표하고 있으면 충분하다. 왜냐하면 이 특수한 행위, 즉 단순히 질서에 따르는 행위가 아니라 질서의 강제를 목적으로 하는 행위야말로, 사회학적으로는 폐쇄적인 사회적 관계라는 사실에 중요하고 새로운 특징을 추가하는 것이기 때문이다. 이는 모든 폐쇄적인 공동사회 관계나 이익사회 관계가 모두 단체는 아니기 때문이다. 지휘자가 없는 연애관계나 씨족공동사회도 단체가 아니다.

제2항

　단체의 존재는, 지휘자 또는 행정 담당자의 존재와 완전히 불가분적인 것이다. 엄밀히 말하면 질서 실시를 목적으로 행위할 가능성이 있는 특정한 인간의 존재와 뗄 수 없다. 환언하면, 필요에 호응하여 그것을 목적으로 행위하는 인간 존재의 가능성과 불가분적이다. 이 입장이 무엇에 기인하는가. 즉 전통적, 감정적, 가치 합리적인 신념(영주에의 의무, 공무원으로서의 의무, 직무상의 의무)에 입각하는가, 아니면 목적 합리적 이익(봉급에 관한 이익 등)에 근거하는가는 당장 개념적으로 문제 삼을 부분이 아니다. 어쨌든 사회학적으로 보면, 그러한 방향으로의 행위 가능성이 없으면 내가 말하는 단체는 존재하지 않는다. 특정 담당자(또는 특정 개인)의 그러한 행위 가능성이 결여되어 있는 경우를 나는, 사회적 관계는 존재하지만 단체는 존재하지 않는다고 말한다. 그러나 사회학적으로 그러한 가능성이 존재하는 한 그 질서에 따라 행위 하는 인간이 바뀌어도 단체는 존재한다. (이렇게 정의하는 이유는 머지않아 다름 아닌 이 사실을 문제 삼을 것이기 때문이다.)

제3항

(1)행정 담당자 자신의 행위와는 별개거나 그 지휘 아래 단체적 질서에 따르는 다른 구성원의 특수한 행위가 유형적으로 나타나고, 이것이 또한 질서의 실시 보증을 목적으로 하는 경우가 있다. 예를 들어 납세, 또는 배심이나 병역 같은 각종 공공적 봉사행위이다. (2)효력 있는 질서는 몇 가지 규범을 내포하며, 단체의 구성원은 다른 문제에 대해서도 이에 따라야 한다. 예를 들어 국내에서의 사경제 행위는 단체적 질서의 효력을 강제하는 데 유용한 것이 아니라 개인의 이익에 도움 되는 행위로, 민법에 따른다. (1)과 같은 경우는 '단체 관계적 행위'라 불리고, (2)의 경우는 '단체 규제적 행위'라 불린다. 행정 담당자 본인의 행위와 그가 지휘하는 계획적인 단체 관계적 행위만이 '단체적 행위'라 불린다. 예를 들어 국가가 벌이는 전쟁은 모든 구성원에게 단체적 행위이며, 임의단체의 간부 승인을 거쳐 결정된 청원서 제출도 그러하다. 또한 지휘자가 내린 결정의 효력이 단원에게 강제되고 단원이 책임을 지는 계약은 물론(제11절), 나아가 모든 재판이나 행정 과정이 그러하다. 제14절 참조.

단체는 (1)자율적인가 타율적인가, (2)독립적인가 종속적인가로 나뉜다. 자율성이란 타율성과 달리 단체의 질서를 외부 사람이 제정하지 않고, 단체원이 그 자격으로—다른 점은 제쳐 놓고—제정하는 것을 의미한다. 독립성이란 종속성과 달리 지휘자 및 단체의 담당자를 외부인이 임명하는 것이 아니라, 단체의 독자적인 질서에 따라 임명—임명의 방법은 차치하고—되는 것을 의미한다.

종속성의 예는 캐나다 중앙정부의 각 주지사 임명을 들 수 있다. 종속적 단체가 자율적인 경우도 있으며, 독립적 단체가 타율적인 경우도 있다. 또한 한 단체라도 위의 두 가지 점에서 부분적으로 성격을 달리하는 경우가 있다. 독일 연방을 구성하고 있던 독립 국가들은 그 독립성에도 불구하고 독일국의 권한에 대해서는 타율적이며, 스스로의 권한(예를 들어 종교나 교육 문제)에 있어서는 자율적이었다. 엘자스 로트링겐은 독일의 어느 제한된 범위에서는 자율적이었지만, 황제가 지사를 임명했으므로 종속적이었다. 이러한 모든 사실은 부분적으로 나타나기도 한다. 완전히 타율적이고 종속적인 단체(예를 들어 어떤 군단에 소속된 한 연대)는 일반적으로 큰 단체의 '부분'이라 불린다. 그러나 그렇게 부를지 어떨지는 구체적 경우에서 행위 방향에 대한 자주성의 실제적인 정도에 따른 것으로, 순전히 용어상의 편의 문제이다.

제13장 단체의 질서

이익사회 관계의 실정적 질서는, (1)자유로운 협정에 의해 성립되기도 하고, (2)강제 및 복종에 의해 성립되기도 한다. 어떤 단체의 관리권은 새로운 질서를 강제하는 정당한 권리를 요구하기도 한다. 단체의 '헌법'이란 현재의 관리권이 지닌 강제권에의 복종에 대한 현실적 가능성—정도, 종류, 전제를 달리 하는—을 말한다. 효력 있는 질서에 따르면 특히 단원의 어떤 집단이나 분파의 의견을 듣고 그 동의를 얻는 것이 전제되며, 그 밖에도 여러 조건이 있다.

단체의 질서에는 단원뿐 아니라 특정한 사정이 있는 비단원에게도 강제되는 것이 있다. 특히 이 사실은 지역적 관계—예를 들어 어떤 지역 내에서의 거주, 출생, 어떤 행위의 실행—에서 나타난다. 이는 '지역적 효력'이다. 지역적 효력을 원칙적으로 강제하는 단체는 지역단체라 불린다. 그러나 그 질서가 대내적(단원에 대하여)으로도 얼마만큼의 지역적 효력밖에 갖지 못하는지—이는 가능한 일이며, 적어도 한정된 범위에서는 이루어지고 있다—는 문제가 되지 않는다.

제1항

모든 구성원의 자유롭고도 발전적인 협정에 의하지 않고 성립된 모든 질서를 여기서는 강제된 것이라 부른다. 따라서 소수자가 복종하는 다수결도 강제된 것이다. 그런고로 다수결의 정당성은 오랫동안—중세의 여러 신분에 있어서, 그리고 현대에 이르러서도, 러시아의 오브시치나에서도—의심받아 왔으며 인정받지 못할 때가 많았다. '지배사회학' 및 '법사회학' 참조.

제2항

모두 알다시피 형식적으로는 자유로운 협정이라도 실은 강제된 경우가 매우 많다(오브시치나가 그러하다). 그런 경우 사회학에서는 사실만이 중요하다.

제3항

여기서 채택된 '헌법' 개념은 라사르도 이용한 것이다. 물론 그것은 성문 헌법과 다르며, 애당초 법률적 의미의 헌법과 같지 않다. 다음과 같은 문제 만이 사회학의 문제이다. 어떠한 시기, 어떠한 문제, 어떠한 한도, 그리고 어떤 특별한 전제(신이나 사제의 승인, 선거단체의 동의 등)로 단체원이 지 휘자에게 복종하는가. 행정 담당자가 지휘자에게 복종하는가. 또한 지휘자 가 명령을 내리고 특히 질서를 강제할 때, 단체적 행위가 이에 따르는가의 문제이다.

제4항

강제적인 지역적 효력의 주요 유형은 형법 규범 및 다른 많은 법문에서 나 타나며, 질서 적용은 정치단체 내부에서의 거주·출생·현장·계약이행지 등이 단체의 지역 내에 있을 것을 전제로 한다. O. 폰 기르케 및 H. 프로이스의 '지역단체' 개념 참조.

제14장 행정질서와 규제질서

단체적 행위를 규제하는 질서는 '행정질서'라 불린다. 그 밖의 사회적 행위를 규제하고, 그 규제로 얻은 이익을 행위자에게 보증하는 질서는 '규제질서'라 불린다. 단체가 첫 번째 질서에만 따르면 '행정단체'라 불리고, 두 번째 질서에만 따르면 '규제단체'라 한다.

제1항
말할 필요도 없이 대부분의 단체는 두 가지 성격을 갖고 있다. 순수한 규제단체가 있다고 한다면 절대적인 자유방임주의에 의한 순수 법치국가—이는 물론 화폐제도 규제도 순수한 사경제에 위임하는 것을 전제로 한다—가 되겠지만, 이는 이론에 지나지 않다.

제2항
단체적 행위의 개념에 대해서는 제12절 제3항을 보라. 행정질서 개념에는 행정 담당자의 행위와, 단체에 대한—이렇게 이야기되는 것이 일반적이다—단원의 행동에 동일한 효력을 지닌 모든 규칙이 포함된다. 후자의 행동은 행정 담당자 및 단원의 명확하게 규정되고 계획적으로 방향이 정해진 행위를 통한 단체의 질서 확보를 목적으로 한다. 순수한 공산주의적 경제조직이라면 거의 모든 사회적 행위가 이에 속하지만, 순수한 법치국가에서는 재판관·경찰서·배심원·병사 등의 업무, 입법자 및 유권자로서의 행동만이 이에 속한다. 일반적으로—모든 구체적 경우에 들어맞는다고는 할 수 없지만—행정질서와 규제질서의 경계는 정치단체의 공법과 사법 구별에 합치한다. 자세한 내용은 '법사회학'에서 논한다.

제15장 경영 경영단체 임의단체 강제단체

'경영'이란 어떠한 영속적인 목적적 행위를 가리키며, '경영단체'는 영속적인 목적적 행위를 영위하는 행정 담당자가 있는 이익사회 관계를 가리킨다.

'임의단체'란 협정에 의한 단체를 가리키며, 그 실정적 질서는 자발적 가입으로 구성원이 된 사람에게만 효력이 있다.

'강제단체'란 그 실정적 질서가 특정한 활동범위 내에서의 어떤 규준에 맞는 모든 행위에 비교적 효과적으로 강제되는 단체를 가리킨다.

제1항

목적의 영속성이라는 규준에서 보면, 경영 개념에는 당연히 정치적 및 사회적인 사업, 임의단체 사업 등의 수행도 포함된다.

제2항

임의단체 및 강제단체는 모두 합리적·계획적으로 제정된 질서를 가진 단체이다. 더욱 정확하게 말하면, 단체가 합리적으로 제정된 질서를 지녀야 임의단체 또는 강제단체라 부른다. 강제단체의 전형은 이에 종속된 모든 단체를 포함하는 '국가'이며, 그 질서가 합리적으로 제정되어 있는 경우에 한해서의 '교회'이다. 강제단체의 여러 질서는 어떤 규준(출생, 거주, 일정 시설의 이용)에 맞는 모든 인간에 대하여 효력을 지닐 것을 요구하며, 당사자가 ―임의단체처럼―자발적으로 찬성했는지, 또는 제정에 협력했는지는 상관없다.

그러므로 그 질서는 매우 특별한 의미의 강제적 질서이다. 강제단체는 특히 지역적 단체인 경우가 있다.

제3항

임의단체와 강제단체의 대립은 상대적인 것이다. 임의단체의 질서들도 제3자의 이해에 관여하며, 그런 경우 제3자에게도 이러한 질서의 유효성 승인이 강제된다. 그것은 임의단체의 탈취나 횡포에 의한 것도 있고, 법으로 정해진 질서(예를 들어 주식법)에 의한 것도 있다.

제4항

당연하지만 모든 단체가 임의단체나 강제단체로 분류되는 것은 아니다. 이 둘은 양 극단에 지나지 않는다. 종교 영역에도 종파와 교회라는 두 극단이 있다.

제16장 권력과 지배

'권력'이란 어떤 사회적 관계 내부에서 저항을 물리치면서까지 자기의 의지를 관철하는 모든 가능성을 의미하며, 이 가능성이 무엇에 의거하는가는 문제되지 않는다.

'지배'란 어떠한 내용의 명령을 내렸을 때, 특정한 사람들의 복종을 얻을 수 있는 가능성을 가리킨다. '규율'이란 어떤 명령을 내린 경우 습관적 태도에 의해 특정한 다수자의 신속한 자동적 기계적인 복종을 얻을 가능성을 가리킨다.

제1항

권력의 개념은 사회적으로는 모호하다. 인간의 어떠한 성질이나 사정도 상황에 따라 자신의 의지를 관철하는 입장에 사람을 세우는 경우가 있기 때문이다. 그런 만큼 지배의 사회학적 개념은 더욱 엄밀할 필요가 있으므로, 명령에 대한 복종을 얻을 수 있는 가능성만을 의미한다.

제2항

규율의 개념에는 비판이나 저항 없는 대중적 복종 습관도 포함된다.

지배라는 사실은 다른 사람들에게 효과 있는 명령을 내리는 사람의 현실적 존재에만 의존한다. 행정 담당자나 단체의 존재에 반드시 의존한다고는 할 수 없지만, 적어도 모든 보편적인 상황에서는 둘 중 어느 한 쪽에 의존하고 있다. 어떤 단체의 구성원 스스로가 효력 있는 질서에 의해 지배관계에 복종하는 경우, 이 단체는 '지배단체'라 불린다.

제3항

가부장은 행정 담당자 없이 지배한다. 베드윈 족 추장은 자신의 바위 앞을 지나는 대상(隊商)에게, 사람이나 재화 등의 공물을 요구한다. 그는 한 단체에 결속되어 있지 않은 변화하는 불특정 인간 모두를 지배하므로, 그 사람들은 특정한 상황에 처했을 때에만 필요에 따라 추장의 행정 담당자로서 강제를 가할 부하가 있어야 하기 때문에 복종하는 것이다. 이론적으로 이러한 지배는 행정 담당자가 전혀 없는 개인의 경우에도 가능하다.

제4항

행정 담당자가 존재하는 단체는 언제나 어느 정도는 지배단체이다. 그러나 이 개념은 상대적이다. 평범한 지배단체는 그것만으로 동시에 행정단체이다. 행정의 방법, 행정에 관계된 사람들의 성격, 행정의 대상이 되는 사항, 지배 효력의 범위 같은 것이 단체의 특성을 결정한다. 그러나 앞의 두 사실은 지배의 정당성 근거의 종류에 의해 매우 강하게 규정되어 있다. 이점에 대해서는 제3장 참조.

제17장 정치단체와 종교정치단체

어떤 지역 내의 지배단체의 존립과 그 질서의 효력이 행정 담당자의 물리적 강제 및 위협에 의하여 영속적으로 보증되면, 이 지배단체는 '정치단체'라 불린다. 정치적 강제단체의 경영은, 그 행정 담당자가 질서 실시를 위한 정당한 물리적 강제 독점을 유효하게 요구하면 '국가'라 불린다. 사회적 행위 중에서도 단체적 행위가 정치단체의 지휘에 영향을 끼치려 할 때, 특히 관리권의 획득, 박탈, 재분배, 분배를 목적으로 할 때 그것은 '정치적 방향을 지닌다'고 한다.

지배단체가 질서 보증을 위해 공덕을 부여하거나 거부함으로써 심리적 강제(종교정치적 강제)를 이용하면 '종교정치단체'라 불린다. 종교정치적 강제단체의 경영은 행정 담당자가 정당한 종교정치적 강제의 독점을 요구하는 경우에 한하여 '교회'라 불린다.

제1항

말할 것도 없이 정치단체에서는 폭력행위가 유일한 행정수단이 아니며, 보편적인 것도 아니다. 오히려 정치단체의 지휘자는 그 목적을 관철하기 위해 온갖 수단을 이용해 왔다. 하지만 폭력행위에 의한 위협 또는 폭력행위 사용은 결국 정치단체의 독특한 수단이며, 다른 수단이 도움 되지 않을 때는 언제나 마지막 수단이 된다. 그러나 폭력행위는 정치단체만이 정당한 수단으로써 이용해 온 것이 아니며, 이용하고 있는 것도 아니다. 씨족, 집, 때로는 중세의 길드조차 무장의 권리가 있었다. 정치단체의 특징으로는 질서 보증을 위해 폭력행위를 사용한다는(적어도 병용한다는) 사실 외에, 어떤 지역에 대한 행정 담당자 및 질서의 지배를 요구하고, 그것을 폭력행위에 의하여 보증한다는 것이 있다. 폭력행위를 사용하는 단체에서 그러한 특징이 발견되면, 촌락공동체든 개개의 가족공동체든, 길드나 노동자단체(소비에트)

든 모두 정치단체라 불러야 한다.

제2항

국가를 포함한 정치단체는 그 단체적 행위의 '목적'을 들어 정의할 수 없다. 왜냐하면 식료 공급에서 예술 보호에 이르기까지 정치단체가 추구하지 않는 목적은 없으며, 또한 인신보호에서 판결에 이르기까지 모든 정치단체가 추구한 목적도 없기 때문이다. 그러므로 어떤 단체의 정치적 성격은 폭력 행위라는 '수단'—때로 그것이 자기목적으로 치켜세워지지만—에 의하여 정의할 수밖에 없다. 그 수단은 정치단체만의 고유한 것은 아니지만 역시 그 특징이며, 그 본질에 없어서는 안 되는 것이다. 이는 일상적인 용어법에는 그다지 맞지 않지만, 일상 용어법은 엄밀한 정의를 덧붙이지 않으면 쓸 수 없는 것이다. 세간에서 말하는 국립은행의 외환정책이나 사회 상층부의 금융정책, 지방자치체의 교육정책 등은 어떤 문제의 계획적인 취급이나 처리라는 의미이다. 세간에서는 정말 독특한 방법으로 어떤 문제의 정치적인 측면이나 의미, 정치적 관료, 정치신문, 정치혁명, 정치결사, 정치적 당파, 정치적 결과를 그 인물, 사실, 과정의 다른 측면이나 성질—경제적, 문화적, 종교적 등—과 구별한다. 그리하여 내가 말한 정치단체(국가) 내부의 지배관계와 결부되어 지배관계의 유지·이동·변혁을 낳고, 방해하거나 돕는 모든 것을 그것과 연결되지 않은 사람이나 사실·과정과 대립시킨다. 이처럼 일상의 용어법에서도 지배의 목적을 도외시하고 지배라는 수단, 즉 국가권력이 지배할 때의 방법에서 공통성을 추구한다. 그러므로 앞에서 시도한 정의도 일상 용어법을 정밀하게 한 것에 지나지 않다. 나의 정의는 현실적 또는 가능한 폭력행위라는 특수한 사실을 날카롭게 강조하는 것이기 때문이다. 물론 일상 용어법에서 정치단체라 불리는 것은 정당하다고 인정되는 폭력행위의 주체뿐 아니라, 정치적인 단체적 행위에 영향—명백히 비폭력적인 영향도 포함된다—을 끼치는 것을 목적으로 하는 당파나 클럽도 가리킨다. 나는 이러한 사회적 행위는 '정치적 방향을 지닌다' 하고, 진정한 정치적 행위(제12절 제3항의 의미로서의 정치단체 자체의 단체적 행위)와 구별하려 한다.

제3항

'국가' 개념이 완전히 발달한 것은 전적으로 근대에 이르러서이므로, 그 근대적 유형에 적합한 국가 개념을 정의하는 것은 중요하다. 그러나 역시 실제로 보이는 변천 경향이 없는 내용적 목적은 사상해야 한다. 현대국가의 형식적 특징은 규칙에 의해 변경이 가능한 행정질서 및 법질서에 있다. 즉 이질서도 마찬가지로 규칙에 의해 정해진 행정 담당자의 단체적 행위가 그에 따라 실시되는 것이다. 또한 이 단체에 태어난 단원뿐 아니라, 그 지배지역에서 이루어지는 모든 행위에 대하여 널리 유효성을 요구하는 것(즉 지역강제단체적)이다. 그러나 오늘날 정당한 폭력행위는 국가질서가 허가하고 규정하는 한에서만 존재한다. 예를 들어 가부장의 '징계권'이 묵인되고 있는데, 이는 옛날 가장이 자식이나 노예에 대한 살생의 권리까지 포함한 폭력행위를 스스로 정당화했던 흔적이다. 이러한 국가의 폭력적 지배의 독점적 성격은 합리적인 강제단체적 성격 및 영속적인 경영적 성격과 더불어 그 현상의 본질적 특성을 이룬다.

제4항

종교정치단체 개념의 결정적인 특징은 약속하는 공덕의 종류—차안적, 피안적, 외적, 내적—가 아니라, 그 수여가 인간에 대한 종교적 지배의 근거가 될 수 있다는 사실이다. 일상의 편리한 용어법을 사용하면, 교회 개념은 질서나 행정 담당자의 종류에 나타나는 비교적 합리적인 강제단체적 성격 및 경영적 성격과 독점적 지배에의 요구가 특징이다. 일반적으로 교회적 강제단체는 종교정치적 지역지배 및 교구적 편성을 추구하지만, 어떠한 수단에 의하여 이 독점적 요구가 유지되는가는 하나하나의 경우에 따라 답이 달라진다. 그러나 역사적으로 보면, 현실의 지역적 지배 독점이라 해도 교회의 경우는 정치단체처럼 본질적인 것이 아니었으며, 오늘날에는 전혀 본질적이지 않다. 교회는 강제단체적 성격, 특히 인간이 그 속에 '태어난다'는 사정에 의해 종파와 구별된다. 종파의 특징은 그것이 임의단체이며, 종교상 자격 있는 사람만을 개인으로서 받아들이는 것에 있기 때문이다. 자세한 내용은 '종교사회학'의 문제이다.

막스 베버의 생애와 사상

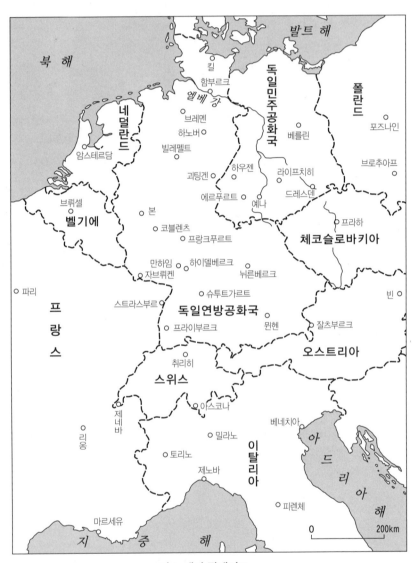

막스 베버 관계지도

제1장 베버의 초상

복잡한 가문의 젊은 베버

친가 쪽 가문

막스 베버는 1864년 4월 21일 튀링겐 지방 에르푸르트에서 태어나, 1920년 6월 14일 바이에른의 고도 뮌헨에서 폐렴으로 세상을 떠났다. 56세였다.

막스 베버의 가계와 그의 생애에 대하여 말하는 것은 동시에 베버가 살았던 시대의 독일, 철혈 재상 비스마르크의 이름으로 상징되는 독일 제2제정 사회에 각인된 여러 특질에 대하여 말하는 것이기도 하다. 그의 아내 마리안네도 남편의 전기 《막스 베버―어느 초상》을 베버의 가계에서부터 시작한다.

베버의 아버지는 법학박사 막스 빌헬름 베버이고 어머니는 헬레네 팔렌슈타인이다. 막스 베버는 8명의 형제(안나 1866년 출생, 알프레드 1868년 출생, 카를 1870년 출생, 헬레네 1873년 출생, 클라라 1875년 출생, 알빈 1877년 출생, 릴리 1890년 출생) 중 장남이다.

친가 쪽 가문은 베스트팔렌 빌레펠트 시 상공업계 명문으로 대대로 리넨 사업을 했다. 조상은 복음주의 신앙 때문에 잘츠부르크에서 쫓겨나 이 새로운 고향으로 리넨 사업을 들여왔다고 한다. 여기서도 베버의 오랜 주제였던 종교와 경제의 연관을 엿볼 수 있다. 그의 증조할아버지 다비드 크리스티안 베버는 빌레펠트 리넨의 성가를 높인 첫 번째 회사 '베버·레아·니만' 상회의 공동설립자이다. 할아버지 카를 아우구스트 베버는, 빌레펠트 명문 출신이며 의사인 빌만스 박사의 딸 마리 루시 빌만스와 결혼하여 이 회사 공동경영자로 널리 활동했다. 빌만스 박사는 에스파냐에서 저명한 피아니스트 프란츠 리스트를 만나 오랜 세월 친교를 맺었다. 또한, 카를 아우구스트의 장남이자 베버의 큰아버지인 카를 다비드 베버는 1848년 혁명에 참가했다가 프로이센군에 쫓겨 에스파냐로 망명했으며, 자유민주주의자(리버럴 데모크라트)임을 자칭했다고 한다.

마리안네는 다음과 같이 쓰고 있다. '할아버지 베버의 시절(19세기 초)은 리넨 사업도 아직 두드러지게 전통주의적이고, 돈벌이는 자기목적도 실력의 상징도 아니며, 주로 신분에 맞는 쾌적한 생활방식의 수단이었다. 그에 맞게 작업 속도도 느렸다. 한창 일할 나이의 베버(막스 베버의 할아버지)는 오래된 좋은 시절 습관에 따라 아침 6시에 일어나서 먼저 몇 시간이고 자신의 넓은 정원을 손질했다. 그런 다음 종종 야채를 씻거나 껍질을 벗기고 있는 여자들에게 한가로이 무언가를 읽어 주고, 이윽고 11시 무렵이 되어서야 가게로 나갔다. 저녁에 클럽으로 저녁 반주를 하러 가는 것과 고급 보르도 포도주 한 병은 늘 일과 속에 들어 있었다.'(《전기》I 21p.)

큰아버지 다비드

그러나 아들인 카를 다비드(막스 베버의 큰아버지) 대에 이르자 적극적으로 밖으로 나가 손으로 짠 리넨을 주변 직조공들로부터 사서 자신이 개척한 고객들에게 팔기 시작했다. 그 시장은 베를린에서 뮌헨, 나아가 슈투트가르트에 이르는 광범위한 지역으로 넓어져 갔다. 만년에는 기계제 공장도 설립했다. 베버는 〈프로테스탄티즘 윤리와 자본주의 정신〉에서 할아버지와는 대조적으로 큰아버지를 근대적인 기업가의 전형으로 그린다. '어느 날 갑자기 이 한가로운 생활이 어지럽혀질 때가 왔다. 하지만 조직형태의 원리적인 변화, 예를 들어 집중경영이나 자동기계로의 이행은 거의 발생하지 않았다. 오히려 다음과 같은 일이 일어났을 뿐이다. 즉, 선대제(先貸制 : 뒷날 지급할 금전을 그 기일 이전에 빌려줌)를 직업으로 하는 가족의 한 청년이 도시에서 직접 농촌에 가서 자신의 요구에 들어맞는 직조공들을 주의 깊게 선택하고 그들에 대한 지배와 통제를 강화하여 농민인 그들을 노동자로 육성했다. 한편 최종구매자와의 접촉 즉, 소매업을 통해 판매를 모두 장악하고 고객을 스스로 찾아 나서 해마다 규칙적으로 그들을 방문하고, 특히 제품의 품질을 개량하여 구매자의 욕구나 희망에 따라 그 취향에 맞추면서, 박리다매 원칙을 실행했다.

심한 경쟁이 시작됨과 동시에 목가(牧歌 : 목동의 노래, 즉 소박함)는 자취를 감추었다. 거액의 재산은 증식하지 못하고 끊임없이 사업에 투자되어, 옛날의 여유 있고 안온한 생활을 잃고 엄격한 성실함이 이를 대신했다. 이와 같은 혁명이 일어난 것은 보통 새로운 화폐의 유입 등이 아니라 새로운 정신, 즉 근대 자본주의 정신이 침입했기 때문이었다. 근대 자본주의 확장의 원동력이 무엇이냐는 문제는 자본주의적으로 이용될 수 있는 화폐가 어디서 왔는지에 있는 것이 아니라 무엇보다도 자본주의 정신의 발전에 있다는 것이다.' 여기에서 볼 수 있듯이 베버는 자신의 주제에 결정적인 논점을 다루는 부분에서 큰아버지의 리넨 사업 예를 잘 이용하고 있다. 그는 나중에, 역시 이 윤리 논문과 밀접하게 관련된 근대적 공장노동자의 에토스와 기능의 상관관계를 조사한 〈공업노동의 심리물리학〉(1909)에서도 큰아버지의 공장을 이용한다.

큰아버지 다비드 베버는 빌레펠트에서 가까운 곳, 서기 9년 로마황제 아우구스투스 시대 정예로 이름난 로마군단이 아르미니우스가 지휘하는 게르만 부족 병사들에게 섬멸당한 것으로 유명한 토이토부르거 숲(Teutoburger Wald)이 있는 에링하우젠 읍(邑)에서, 리넨 사업을 경영하는 동시에 공동출자자인 크리스티안 니만의 딸 마리안네 니만과 1850년 결혼하여 다섯 아이를 얻었다. 이 다섯 아이는 안나(1851년 출생), 헤르타(1853년 출생), 알비네(1855년 출생), 카를(1858년 출생), 엘레오노레(1861년 출생)이다. 알비네의 남편 브루노 뮐러는 에링하우젠의 읍장으로 1893년부터 1912년까지 20년이나 근무한 명사이고, 또한 다비드 베버와 함께 베버상회의 공동경영자이기도 했다. 맏딸 안나는 1869년 에링하우스의 의학박사 에두아르트 슈니트거와 결혼하고 그 맏딸 마리안네가 뒤에 막스 베버와 결혼한다. 즉 마리안네에게 베버는 어머니 숙부의 아들이고, 베버에게 마리안네는 먼 조카딸이 된다. 마리안네는 3살에 어머니를 여의고 아버지는 정신병 증세가 있어서 할머니에게 맡겨졌다. 그녀의 아버지뿐만 아니라 세 삼촌도 정신착란 증상이 있어, 마리안네는 《전기》에서 어린 시절 발광한 두 삼촌과 같은 지붕 아래 살았던 특이한 경험을 이야기한다. 17살 때 카를 다비드(마리안네의 외할아버지)는 그녀를 하노버에 있는 학교에 보냈다. 21살 때(1891) 다비드의 남동생인 작은 할아버지 막스 베버(베버의 아버지)가 베를린으로 불러들였다. 2년 뒤 그녀는 그의 맏아들 베버와 맺어진다.

정치가로서의 아버지

베버의 아버지 막스 빌헬름은 헬레네의 언니 이다의 남편이자 역사가로 유명한 헤르만 바움가르텐의 친구로서, 24살 때 마침 베를린에 살고 있던 언니 이다를 찾아온 헬레네를 만나 맺어졌다. 1863년의 일이다. 그는 법학을 공부하여 법률가로서 베를린 시 당국에서 근무하는 한편 자유주의적인 주간지의 편집을 맡고 있었으나, 결혼 바로 전해 12월 에르푸르트로 옮겨 시 참사 회원으로 활동했다. 《전기》에 따르면 아버지 막스는 영리하고 전도 유망했으며, 쾌활하고 붙임성 좋은 성격과 즐겁게 사는 모습, 시원스럽고 순수함이 넘치는 따뜻함이 매우 매력적인 청년이었다. 그는 정치에 깊은 관심을 갖고 현세의 삶에 애착을 느끼는 중산층 시민이기도 했다. 두 사람은 서로 사랑하여 맺어졌으나, 위그노파 가문에 유래하는 매우 내면적이고 종교적 관심이 강했던 헬레네와의 대조적인 성격이 나중에 가정생활을 파탄으로 이끌었음은 주목할 만하다.

시대는 격동의 가을을 맞고 있었다. 프로이센은 수상 비스마르크의 지도 아래 군비확장, 강권정치, 독일 통일을 향하여 준비를 진행시켰다. 아버지 막스 빌헬름은 소년 시절 3월 혁명의 시대정신을 영향받아 국가주의자인 동시에 자유주의자이기도 했다. 1869년 4월 자유주의 우파인 입헌당에 속한 시 참사 회원이 되어 또다시 베를린으로 옮겨갔을 때, 그는 당의 베를린 중앙위원회 서기로 정계에 입문하여 프로이센 의회(1868~1897)와 독일제국 의회(1872~1884)에서 국민자유당 의원으로 활동을 시작했다.

국민자유당은 1859년 독일국민동맹 창립자의 한 사람인 루돌프 베닉센의 지휘 아래 프로이센 호엔촐레른 왕조의 입헌군주정치를 지지하며 비스마르크와 함께 강력한 국민국가의 수립을 목표로 했다. 그의 집에는 당시 유력한 학자나 정치가들—정치가에는 베닉센, 미켈, 카프, 호프레히트, 학자로는 딜타이, 골트슈미트, 테오도르 몸젠, 지벨, 트라이치케 등—이 자주 드나들어, 아들 베버는 어린 시절부터 그들의 활발한 논의논쟁을 들으며 자라났다.

외가 쪽 가문

아버지가 점점 외향적이 되어 갔던 것과 대조적으로 어머니 헬레네는 더욱 내면세계로 몰입해 갔다. 그러나 그것이 그녀가 행동적이지 않았다는 뜻은 아니다. 그녀는 자신이 관심 있었던 사회복지사업 분야에 깊이 관여했다. 그것은 그녀가 자유주의적인 영미계 프로테스탄트 신학자였던 바커나 채닝에 심취했던 것을 보더라도 명백하다. 이것은 언니 이다의 자극에 의한 바가 컸다. 그런 의미에서는 어머니 헬레네의 가문도 아버지의 가문 못지않게 흥미롭다. 마리안네는 《전기》 첫머리에서 이를 언급하며, 막스 베버의 어머니 쪽 외할아버지와 외할머니는 조금 특이한 사람이었으며 자손들에게는 뚜렷하게 그 자손임을 알 수 있는 몇몇 성격을 물려주었으므로, 전기의 시작은 당연히 외할아버지와 외할머니의 인간상을 그려야 한다고 말한다.

팔렌슈타인 가문은 17세기 중엽 이후 튀링겐에 있었다. 칼비니스트였으며 위그노파에 속하는 그 가문은 지적인 직업에 종사하는 사람을 배출했다. 헬레네의 할아버지는 유명한 문헌학자였는데, 어느 날 집을 나간 뒤 소식이 끊겼고, 아내는 많은 자식들을 거느리고 가난 속에 남겨졌다. 헬레네의 아버지 게오르그 프리드리히는 남의 집에 맡겨져 자라 29살에 16살의 페티와 결혼했다. 그는 가정교사나 군청 서기로 일하는 한편, 문필가와 시인 일에 열중했다. 마침내 1832년 코블렌츠 시 참사관 자리를 얻었을 때, 그는 사랑하는 아내를 잃었다. 그는 자식들을 엄격하게 교육하여 아들들은 모두 그의 슬하에서 떠났다. 마리안네는 이렇게 썼다. '그의 성격은 넘치는 남성적인 힘이고 정신의 고양이며, 신념을 지키는 엄격함이고 거리낌 없는 솔직함이었다. 거기에 보태어 무턱대고 짜증을 잘 내는 정열적이고 흥분을 잘 하는 성격이었다. 그러나 이것은 약자, 특히 여자나 아이들에 대한 경우에는 기사도 정신과 순수하고 다정한 마음 때문에 언제나 억제되었다.'(《전기》 2p.)

이 피가 외손자인 베버에게도 전해졌음은 마리안네의 《전기》를 보면 확실히 알 수 있다.

외할아버지는 아내가 죽고 4년 뒤에 또다시 마음씨 착한 여성을 만나 재혼한다. 이 여성이 헬레네의 어머니 에밀리에 쉬셰, 즉 베버의 외할머니였다. 베버에게 외가 쪽 증조할아버지가 되는 에밀리에의 아버지 카를 C. 쉬셰는 프랑크푸르트, 맨체스터, 런던에 가게를 가진 회사를 설립한 유능한 인물이었다. 그는 오를레앙 근처에 영지를 갖고 독일에 망명하면서 귀족 지위를 버린 위그노 일가 쉬셰 가문 출신이다. 그의 아버지는 프랑크푸르트의 프랑스계 개혁파 교회 목사였다. 에밀리에의 아버지 카를 C. 쉬셰는 스스로의 노력과 결혼으로 막대한 재산을 가지게 되었으나, 그 스스로는 자기 재산의 관리자에 지나지 않는다고 생각했다. 여기에도 칼비니스트 고유의 천직관이 흐르고 있으며, 베버는 논문 〈윤리〉에서 이 관념을 훌륭하게 살렸다. 외할머니 에밀리에는 회상기에서 '나의 가장 큰 고민은 내 체질에 있었다' 하므로 역시 정신병 증상이 있었다고 생각된다. 그와 관련하여 그녀의 남편 게오르그 F. 팔렌슈타인이 첫 번째 아내 페티와의 결혼을 어리다는 이유로 그녀의 부모에게 거부당하자, '이 과격한 젊은이는 몇 개월에 걸쳐 매우 심한 정신질환에 빠졌다'(《전기》I 2p.)는 것도 유의해야 할 것이다.

게오르그 F. 팔렌슈타인은 1842년 보고위원으로서 베를린 재무부로 전임되었으나, 몇년 만에 그만두고 하이델베르크로 옮겨와 1847년 네카어 강변 지겔호이저란트 거리에 집을 지었다. 베버의 어머니 헬레네가 3살 때 일이다. 그는 여전히 쉼 없는 활동가였으며 라인란트의 나폴레옹 체제 지지자였고, 그림형제 사전편찬에 열심인 협력자였다. 하이델베르크에서는 슐로사나 호이사를 중심으로 하는 '역사학회'(Historischer Kreis)에 들어가 역사가 게르비누스와 친해져 그의 동거를 허락했을 정도였다. 게르비누스는 베버의 어머니 헬레네의 스승 가운데 한 사람이었는데, 높은 교양을 지녔고 1904년부터는 민생위원이 되어 샬로텐부르크 시 행정에 관여했다. 마리안네는 《전기》에서 헬레네가 소녀 시절 그의 욕정에 희생당한 이후 평생 성애(에로스)에 대한 공포심과 죄악감에 사로잡혀 살았다는 이상체험을 언급한다.

《전기》는 또한 헬레네가 아버지 팔렌슈타인의 생활태도, 일찍 일어나기, 냉수, 온갖 종류의 심신단련, 극도의 의지에 대한 노력, 극기 정신을 스스로도 지키고 자녀에게도 가르쳤다고 적고 있다. 그와 동시에 《전기》는 팔렌슈타인의 성격에서 보이는 '도가 지나쳐 순간의 감정이나 숙려된 지속적인 주관성 등 모든 것이 과도해지기 쉬웠다'는 게르비누스의 평가를 전하며, 이 평가는 손자 베버에게도 들어맞는다고 말한다.

막스의 탄생

'위그노파 가문에 흐르는 종교적인 경건함은 할머니 에밀리에로부터 어머니 헬레네를 포함한 네 딸들에게 전해져, 네 자매는 모두 정신이나 심정이 보통과는 달랐다.'(《전기》I 14p.)

그녀들의 강한 종교심은 그 인생에 깊이를 부여함과 동시에 어렵게도 만들었다. 어머니 헬레네의 일생이 그것을 분명하게 말해 준다. 그녀의 친가

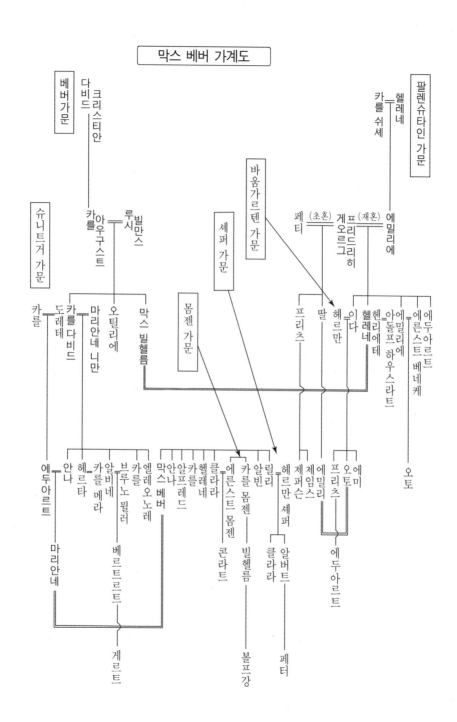

막스 베버 가계도

쪽인 팔렌슈타인 가문이나 외가 쪽인 쉬셰 가문은 서남 독일에 깊이 뿌리내리고 있던 경건주의의 영향을 받았다. 그것은 북동 독일의 교의를 고집하는 복음주의 정통파와는 달리, 철학자 셸링이나 헤겔을 낳은 신앙과 이성의 조화를 목표로 한 자유주의적이고 전투적인 파토스에 불타고 있었다. 하이델베르크에서 이 파를 대표하는 것은 티켈 목사이며 헬레네는 그에게서 견진성사를 받았다. 그녀는 게르비누스에게서 그리스 로마의 고전을 배웠고, 특히 호메로스는 그녀 평생의 재산이 되었다. 그러나 게르비누스와의 사건이 있은 뒤 그녀는 불쾌한 기억에서 벗어나기 위해, 저명한 역사가 헤르만 바움가르텐에게 시집간 언니 이다를 만나러 베를린으로 갔다. 그녀는 그곳에서 헤르만의 친구이자 24살의 청년법률가 막스 빌헬름 베버를 만나게 된다. 두 사람은 2년의 약혼 기간을 거쳐 1863년 결혼하고, 1년 뒤인 1864년 4월 21일 에르푸르트에서 맏아들 막스가 태어났다. 헬레네는 그 뒤 7명의 자식들을 낳았는데 두 딸은 어려서 죽고, 네 아들과 두 딸이 성인이 되었다. 그 가운데 둘째아들 알프레드는 나중에 형에 이어 저명한 사회학자가 되었다.

막스는 난산에다 어머니가 수유를 할 수 없었다. 그래서 사회민주당원인 소목장이 집에 맡겨져 갈고랑이에 걸린 빨래바구니에서 길러졌다. 마리안네는 막스의 사회문제에 대한 깊은 관심은 유모의 젖과 함께 빨아들인 것이라고 썼다. 그는 어려서 뇌막염을 앓아 사경을 헤매었는데, 그것이 뒷날 베버에게 나타나는 신경질환과 전혀 무관하다고는 할 수 없을 것이다.

즐거웠던 대학생활

베버는 상당히 조숙한 소년이었다. 카이제린 아우구스타 김나지움 시절 그리스 로마의 고전과 철학서(스피노자, 쇼펜하우어, 칸트)를 읽고 14살 때 사촌 프리츠 바움가르텐(가계도 참조)과 호머, 헤로도토스, 키케로에 대하여 편지를 주고받았다. 교사 입장에서는 다루기 힘든 학생이었다. 학교수업이 지루했던 베버는 40권의 코타판 괴테전집을 수업 중에 몰래 탐독했다고 한다. 아버지의 살롱에서 이루어진 정치가와 학자들의 담론이 그에게 준 영향은 컸다. 1879년 크리스마스에 그는 〈인도 게르만 국민들의 민족성의 역사와 발전에 관한 고찰〉이라는 뛰어난 논문을 썼다.

1882년 베버는 하이델베르크 대학교에 입학했다. 그는 법률학을 배울 예정이었으나 경제학, 역사학, 철학, 신학도 청강했다. 쿠노 피셔(철학), 카를 크니스(경제학), 임마누엘 배커, H. 슐츠(법률학) 등의 강의이다. 아버지의 뜻에 따라 '아르마니아'라는 학생조합에 들어가고, 결투를 벌여 뺨에 상처를 만들기도 하고 학생들의 집합소인 '붉은 소' 술집에서 술을 잔뜩 마시는 등 대학생활을 만끽했다. 머리가 크고 호리호리한 허약 체질은 이러는 사이 몰라볼 정도로 건강해져서, 베를린으로 돌아왔을 때 어머니 헬레네에게 엉겁결에 뺨을 맞을 정도로 현세 애호적인 청년으로 변해 갔다.

어머니 헬레네와 막스 형제
막스(5살 때)는 왼쪽, 오른쪽은 동생 알프레드(1869).

베버는 그 분위기를 부모님에게 보내는 편지에서 이렇게 썼다.

'7시 윤리학 강의 때문에 어쩔 수 없이 일찍 일어나, 아침마다 한 시간 정도 검도장에서 연습을 한 뒤 모든 강의를 꼼꼼하게 듣습니다. 1시 반에 근처에서 1마르크짜리 점심을 먹고 가끔은 포도주나 맥주를 마십니다. 2시까지는 종종 오토, 이크라트(숙소 주인)와 함께 스카트(카드놀이)를 합니다. 그 뒤 방으로 돌아와 강의 노트를 훑어 본 다음 슈트라우스의 《오래된 신앙과 새로운 신앙》을 읽습니다. 때로는 오후에 오토와 함께 산을 오르기도 합니다. 밤에는 80페니히에 아주 맛있는 저녁을 제공하는 이크라트의 가게에서 다시 뭉치는데, 요즘은 규칙적으로 로체의 《미크로코스모스》를 읽고서 더 없이 맹렬한 논쟁을 주고받습니다.'(《전기》I 55p.)

신학생이었던 사촌형 오토는 그 무렵 베버의 사상에 깊은 영향을 주었다.

어두운 그림자

1883년 베버는 1년 동안의 병역 의무를 수행하기 위하여 스트라스부르로 갔다. 어리석게만 여겨진 영내 근무 생활에 여유를 준 것은, 스트라스부르 대학교에서 역사를 가르쳤던 이모부 헤르만 바움가르텐 가정과의 어울림이었다. 헤르만은 어머니 헬레네의 언니 이다의 남편이고, 어머니의 여동생 에밀리에는 같은 대학의 지질학·고생물학자였던 에른스트 빌헬름 베네케와 결혼했다. 바움가르텐 부부는 베버에게 제2의 부모님이었다. 이모부인 헤르만은 저명한 역사학자이자, 1848년 혁명의 민주주의적 정신을 고수한 소수 좌파 자유주의자의 한 사람이었으며, 비스마르크의 강권정치에 동조한 국가주의적 우파 자유주의자(베버의 아버지도 그 중 한 사람)와는 선을 긋고 있어, 비스마르크가 주도한 제2제정 체제에 매우 비판적이었다. 특히 비스마르크 정권이 알자스인들의 배반을 낳은 것을 엄하게 비판하여, 프로이센 정신과 호엔촐레른 왕조를 찬미하는 역사가 트라이치케와 격렬한 논쟁을 벌였다. 그는 남독일 여러 작은 나라의 자유주의적 정신을 열심히 체현했다.

베버는 이모부에게서 정치를 보는 눈을 배웠다. 그리고 이모인 이다에게는 팔렌슈타인 가문에 흐르는 위그노 개혁파 프로테스탄티즘의 경건하고 엄격한 파토스로 충족된 종교심과, 마음이 가난한 자와 약자에 대한 깊은 사회적 관심을 배웠다. 베버는 마침내 어머니의 생활 태도를 이해하게 되었다. 그것은 이제까지 자신도 모르게 이어받았던 아버지의 세속적이고 시민적인 생활 태도에 대한 반성을 동반하는 것이었다. 아버지와 어머니 사이에 조성되었던 불협화음도 깨달았다. 이리하여 베버의 심정은 아버지와 어머니 사이에서 이리저리 흔들리게 된다.

그러나 그보다 더 베버의 마음을 뒤흔든 것은 바움가르텐 부부의 딸이자, 사촌인 프리츠와 오토의 여동생 에미와의 만남이었다. 에미는 18살, 베버는 20살, 두 사람 사이에 어렴풋한 사랑이 싹트기 시작했다. 그녀는 사랑스럽고 총명했으나 어머니와 할머니의 신경장애도 물려받았기에, 그녀의 청춘은 일찍부터 허탈과 우울의 그림자에 갇혀 있었다. 두 사람의 사랑에는 처음부터 어두운 그림자가 덮여 있었던 것이다. 그러나 이 어두운 그림자가 팔렌슈타인 가문까지 뒤덮는 것이었음은 여태껏 살펴본 가계를 통해서도 명백하다. 사촌 오토는 외할아버지 G.F. 팔렌슈타인의 첫 번째 아내의 손녀로 오토와는 이복 자매가 되는 에밀리 팔렌슈타인과 비극적인 결혼을 했다.

'이 아가씨는 어떻게 보아도 이상했다. 젊은 바움가르텐보다 훨씬 나이가 많은데다 미인도 아니고 병약한 몸에 심각한 정신장애를 갖고 있었으나, 순수한 종교적 기질에 마법적인 힘이 있었다. 그녀는 투시력을 갖고 있었던 것이다.' (《전기》I 64p.)

막스와 두 동생
막스(왼쪽, 14살), 알프레드(가운데, 10살), 카를(오른쪽, 8살).

아버지 바움가르텐은 결혼이 두 사람에게 불행을 가져올 거라며 맹렬히 반대했다. 그러나 어머니 이다는 달랐다. 그녀는 이 두 사람의 맺어짐을 거역할 수 없는 숙명으로 보았다. 그 밑바탕에는 결혼은 단순한 성적 결합이 아니라 그보다 훨씬 깊은 영적 결합(고양된 우애)이라는 그녀의 신념이 있었다. 이는 베버의 어머니 헬레네와도 통하는 심정이다. 이 사상이 뒷날 베버가 《세계종교의 경제윤리》를 썼을 때, 주옥 같은 소품 〈중간고찰〉 안에서 성애의 역학을 다룬 부분에 투영되어 있음을 사람들은 알 것이다.

두 사람은 결혼하고, 1년 뒤 에밀리는 살아남을 힘도 없는 아이를 낳음과 동시에 죽었다. 오토가 선택한 인생은 불행했다고 해야 할까? 마리안네의 《전기》는 그에 대하여 이렇게 말한다.

'젊은 남편에게 있어 그녀는 죽지 않았다. 청년의 뜨거운 피와 사교 능력을 가졌고, 붙임성이 좋고 헌신적이었던 그는 그 뒤 쭉 아내를 맞지 않고, 끝없는 사랑으로 가득한 마음을 수많은 고민하는 사람들에게 쏟았다. 이러고 보면 과연 어느 쪽이 옳았던 것일까? 생활력이 넘친 청년이 죽음이 정해진 아가씨와 부부가 되는 것을 불행하다고 본 사람들 쪽일까? 그렇지 않으면 그런 결혼을 영원한 숙명으로 느낀 청년 쪽일까?'(《전기》I 65p.)

당시 베버는 이모부에게 동정적이었다. 그러나 이윽고 이 문제는 남의 일이 아니게 되었다. 게다가 베버의 경우, 사태는 오토보다 복잡했다. 그것은 마리안네가 나타나, 베버는 두 사랑 사이에서 한쪽을 택해야 할 결단에 쫓겼기 때문이다. 사랑은 망설임 없이 빼앗는 잔혹한 것임을 아마도 그는 내면에서 맛보지 않았을까? 마리안네의 펜 역시 거기서는 애매한 묘사로 끝난다. 그러나 베버가 존경해 마지 않은 오토의 비극적이라고도 할 수 있는 순애에 마음속 깊이 충격을 받았음은 분명하며, 그것이 베버의 결혼생활에도 어느 정도 그림자를 드리웠다고 생각된다. 어떻든 베버는 이때에는 모두를 미결인 채 두고, 1884년 베를린 대학교로 돌아가 공부를 계속했다.

공부와 고뇌

채닝의 사상과 복잡한 민족감정

베버의 스트라스부르 시절 사상형성에 있어서 놓칠 수 없는 화제가 두 가지 더 있다.

하나는 이다 이모에게 자극받아 어머니도 애독했던, 19세기 초 미국의 목사 채닝의 사상을 접하고 깊은 영향을 받은 일이다. 채닝의 사상적 핵심은 인간 영혼의 무한한 가치를 믿고 숙명·욕망·공포·습관에 얽매이지 않으며 신 이외의 모든 권위로부터 독립하여 자유로운 것이다. 개인도 국가도 신의 계명에 기초한 동일한 윤리범위에 구속되며 국가권력을 그 자체로서 긍정하는 것은 허락되지 않는다. 개인을 희생시키는 권력 투쟁은 악이며 전쟁은 원리적으로 부정된다. 젊은 베버는 어머니 앞으로 보낸 편지에 그 감동을 써 보냈다.

'저는 처음으로 종교적인 것에 객관적 이상의 흥미를 갖게 되었습니다.' (《전기》 I 71p.)

채닝의 독립되고 자유로운 인격이라는 사상은 이윽고 베버가 칸트에게 몰입하는 가운데서 엄밀한 논리적 정형화를 얻었다. 그것은 뒤에 바우머와 노르트벡의 애국심과 복음이라는 두 법률에 관한 논쟁에 대해 논평했던, 1916년 2월 〈부인〉지면에 발표된 〈두 개의 율법 사이〉에서 또 다시 모습을 드러낸다. 채닝의 자유로운 인격 사상은 영미의 경험론적 자연법에서 보이는 기

베버의 가족

본적 인권 사상과 같으며, 만일 베버가 채닝의 절대평화주의와 그 국가관에 평생 동의하지 않았거나 또는 니체의 〈권력에의 의지〉에 비교되는 권력에 대한 이해를 암시했다 해도 그것이 베버의 모든 사상 체계를 관통하고 있음을 간과해선 안 될 것이다.

다른 하나는 스트라스부르의 알자스 지방 주민이 품는 복잡한 민족감정에 대한 깨달음이다. 《전기》는 이렇게 전한다. '알자스 민중이 우리 프로이센 군인들에게 냉담한 대우를 하는 것은 정말 유감입니다. 다만 독일군에 입대한 아들을 가진 어머니만은 별개입니다. 제가 후속부대에 전할 것이 있어서 행군 도중 중대장에게 되돌아갈 것을 명 받고 팔츠부르크 부근 농가에서 후속부대를 기다렸을 때의 일인데, 농가의 주인아주머니가 물통 가득 커피와 빵과 포도주를 가져다 주고는 전혀 인사를 받으려 하지 않았습니다. 그녀는 온 얼굴을 눈물로 적시고 말했는데, 자기가 나에게 친절히 대해 주면 프로이센 쪽에도 그 땅에서 초년병이 된 자기 아들에게 똑같이 대해 주는 사람들이 있을 거라고 생각해서라는 것입니다. ─바사보라크(폴란드어를 쓰는 상부 슐레지아인)나 슐레지아 사람이나 그 밖에 알자스 연대 소재지의 누군가가 이 가없은 여인의 소원을 이루어 줄지 누가 알겠습니까?'(《전기》 I 62p.)

베버의 이러한 민족감정에 대한 깨달음은 뒤에 폴란드인 문제에 대한 평생에 걸친 관심, 또는 유대계 독일인 사회학자 짐멜에 대한 지지, 미국 여행 때의 흑인문제에 대한 관심으로 이어진다.

사법관 시보 시험과 학위논문을 위하여

1884년에 시작한 베를린 생활은 8년간 계속되었다. 하숙생활을 끝내고 그는 부모가 사는 집에서 통학했다. 베를린 대학교에서는 베젤러의 사법(私法), 니기디의 국제법, 그나이스트의 독일 국내법과 프로이센 행정법, 부른너와 기르케의 법제사, 몸젠과 트라이치케의 역사학을 청강했다. 이모부 헤르만과 논쟁을 벌인 트라이치케의 강의는 너무나 선동적이어서, 뒷날 베버가 강단에서 자신의 세계관을 학생들에게 강요하는 교수 유형의 표본으로 삼았을 정도였다.

1885~1886년 겨울 학기를 괴팅겐 대학교에서 보냈다. 그곳 생활은 하이델베르크 시절에 비하면 매우 규칙적이었다. '그는 엄격한 학습계획과 시간표에 따라 생활하고, 저녁은 하숙집에서 얇게 썬 고기 1파운드와 달걀 프라이 4개를 직접 요리해서 그 나름으로 절약했다.'(《전기》 I 85p.)

이 맹렬한 학습 계획은 사법관 시보 시험을 위한 준비이기도 했다. 그는 1886년 괴팅겐에서 사법관 시보 시험에 합격한다.

그 뒤에는 베를린 대학교에서의 면학생활이 이어지고 학위취득 준비에 쫓긴다. 1887년 장교로서 훈련을 마치기 위하여 스트라스부르로 가서 에미를 다시 만나지만, 그녀는 정신병 증상으로 신경과 병원에 입원하여 그에게 무거운 고뇌를 강요하는 나날이 시작되었다. 1888년 폴란드에서 군사훈련을 받을 때, 베버는 1886년 독일제국 의회에서 가결된 '동부 변경 법안' 실시상황을 엿볼 수 있어, 국경문제의 문화정책적인 의의를 통감하기에 이른다.

같은 해 베버는 사회정책학회에 입회한다. 1889년 골트슈미트와 그나이스트의 지도 아래 〈남유럽 문헌에 의한 중세 상사회사의 역사〉로 법학박사가 되었다. 그 공개 구술시험에서 로마 역사가 테오도르 몸젠과 큰 논쟁을 벌였는데, 그때 몸젠이 한 말은 유명하다.

"내가 무덤으로 갈 때 '아들아, 내 창을 가져라. 내 팔에는 이제 너무 무겁다' 말해 주고 싶은 사람은, 내가 높게 평가하는 막스 베버다."(《전기》 I 92p.)

이 논문에서 제기된, 중세 상사회사 가정 공동태의 해체로부터 노동 공동태의 분리, 그 기초상에 계승된 특별재산, 연대책임제를 통한 합명·합자·주식회사 형태로의 발전을 더듬어 볼 수 있다는 도식은 뒷날 논문 〈윤리〉에서 중요한 준거 틀의 하나가 되었다.

비스마르크 시대

학위취득에 이어 베버는 대학 교수자격 논문 준비에 들어갔다. 또한 사법관 시보 기간이 끝나고 그는 베를린에서 변호사 개업 허가를 얻었다. 1890년 제국의회 선거에서 그는 최초의 한 표를 아버지가 속하는 국민자유당보다 우익적인 자유보수당에 던졌다. 그가 실제로 정치에 관여한 첫걸음이다. 그의 이러한 정치적 관심을 이해하려면 그가 학생생활을 보낸 1880년대 독일 국내의 정치정세를 살펴 두어야 한다.

교수자격 논문 끝내고 베버 (26세 때)

이 연대는 그야말로 권력을 좌지우지한 비스마르크의 시대였다. 비스마르크의 배후에는 엘베 강 동쪽 지역을 차지하는 반봉건적인 토지소유자이자 대농장 경영자이기도 한 융커라는 귀족 영주층이 있었다. 그들은 프로이센 군의 지도세력이고, 영지 내에 살고 있는 장기고용 농업노동자들은 그 충실한 하사관으로서 강력한 군의 핵심을 이루고 있었다. 그들은 또한 열렬한 루터파이기도 했다. 이러한 융커세력의 종교·군사·정치력을 배경으로 비스마르크는 입헌군주제를 표방하며 가톨릭 중앙당을 가톨릭 교회에 대한 문화투쟁으로 견제하는 한편, 다른 편에서는 지지 세력과 비지지 세력이 뒤섞인 국민자유당을 교묘하게 분단하고 통치함으로써 스스로의 독재적인 정치체제를 구축했다. 국민자유당은 자유보수당을 축출하고 좌익적으로 진보당과 합동한 독일 자유당을 분리하여, 어쩔 수 없이 더욱더 비스마르크를 따라가게 된다. 그들은 비스마르크의 사회정책을 지지하고 보호관세·군사력 증강·사회주의 탄압정책에 찬동한다. 요컨대 비스마르크가 배를 유도한 곳으로 그들은 상륙한 것이다. 산업혁명기를 거친 독일 자본주의의 발전이 본격화했음에도 그 담당자인 부르주아지는 정치적 지배권을 손에 넣을 수 없었다. 이 독일 부르주아지의 허약함은 자유주의정당 분립과 결부되어 있고, 융커세력의 정치적 지도능력은 예사롭지 않다는 것이 드러났다.

아버지 베버는 베닉센이 이끄는 국민자유당 중도파로서, 좌우 두 파로의 분열은 독일 자유주의를 위기에 빠뜨린다며 그 통일에 애썼다. 이 판단과 행동이 아버지 베버가 정치가로서 비범했음을 말해 준다. 아들 막스도 아버지와 기본적인 입장에서는 같았으나 비스마르크의 인물평가면에서는 아버지와 달랐다. 막스는 이렇게 비판한다. '비스마르크는 사실상 독재를 위하여 독립적이고 뛰어난 정치력 있는 인물을 곁에 두지 않으며, 부하들을 서로 다투게 하여 도덕적으로 상처 입히고, 사심 없는 인물(예를 들어 베닉센 같은)이 책임 있는 지위에 오르는 것을 막는다. 그러므로 비스마르크의 행동 가운데, 그(막스 베버)가 특히 버려야 할 것으로 여긴 것은 그칠 줄 모르는 권력욕이었다. 이 권력욕 때문에 비스마르크는 어떠한 뛰어난 인물도 자기 옆에 서는 것을 용납하지 않았으며, 그럼으로써 자신을 점점 더 필요한 존재로 만들어 국민이 정치적으로 자신의 보호 아래 서도록 길들였다.'(《전기》I 95p.)

비스마르크의 탁월한 통치능력은 독일을 급속히 세계 열강과 어깨를 나란히 하는 강국으로 만든 반면, 베버 평생의 정치적 과제가 된, 국민의 정치적 성숙이라는 근대 민주주의에 필요한 기초조건 형성을 압살하는 결과를 가져왔다. 물론 베버는 이 결과를 모두 비스마르크 개인의 정치적 책임에 돌리지는 않았다. 그는 이렇게 말한다.

'비스마르크가 가져온 자주적인 신념의 가공할 파괴야말로 우리나라 온갖 폐해의 주요원인 자체, 또는 주요원인의 하나이다. 그러나 이에 대해 우리에게도 비스마르크만큼의 책임이 있지 않을까?'(《전기》I 95p.)

1895년 프라이부르크 대학교 취임 강연 〈국민국가와 경제정책〉에서 보이는, 독일 제2제정과 그것을 주도한 비스마르크의 위대함에 대한 베버의 상극적인 자세는 이미 이 시기에 싹텄음을 알 수 있다. 이 정치적으로 미숙한 국민 위에 1890년 황제 빌헬름 2세가 비스마르크 실각을 기하여 권력을 자의적으로 행사하려고 모습을 드러냈을 때, 베버는 '고속 열차에 타고 있으나, 다음 선로의 갈림길에서 올바른 노선으로 들어갈 수 있을지 불안한' 심각한 위기의식을 품었다.

복음사회파 회의와 사회정책학회

베버는 1890년 교수자격 취득을 위한 논문을 쓰며, 스승 골트슈미트 외에 농업역사가 아우구스트 마이첸의 지도를 받았다. 한편 그는 여전히 자신의

성격이 실천적인 변호사에 맞지 않나 생각
하고 있었다. 그래서 실패로 끝났으나 브레
멘 시 법률고문 지위를 얻기 위해 애쓰기도
했다. 이 시기에 주목해야 할 것은 이모 이
다와 어머니 헬레네의 영향이기도 했으나,
궁정목사 슈테커의 주도로 설립된 제1회 복
음사회파 회의에 참가하여 평생의 맹우 프
리드리히 나우만과 만난 일이다. 나우만은
'가난한 자의 목사'로서 그리스도교 사회주
의적 경향의 지도자로 여겨졌으며, 마르크
스주의로 대표되는 사회주의를 그리스도교
지복천년 사상의 세속화 형태로 파악했다.

비스마르크(1815~1898)
독일의 정치가. 독일제국의 초대 총리.

　그는 그리스도교 사회주의 노동자당을 만
들고 싶다는 희망을 가지고 있었다. 베버와
의 만남은 그러한 희망이 비현실적이며, 정치 과제는 정책으로 실현될지 의
심스러운 대중의 외적·내적 행복의 실현이 아니라 피할 수 없는 생존경쟁의
고통 속에서도 인간 영혼의 고귀함과 위대함, 우리가 독일 국민에게 유지시
키기를 바라는 여러 특성을 잃지 않을 만한 외적 환경을 만들어 내는 것에
있으며, 그를 위해서는 국민의 정치교육과 정치적 성숙을 향한 운동이야말
로 진정 현실적임을 그에게 인식시켰다.

　베버 또한 그러한 노선에서 평생 나우만의 정치활동을 지원한다. 그런 의
미에서 사회주의 진압법 철폐에 의한 노동운동과 사회운동의 고양에 위기감
을 느끼는 그리스도교도 각계 유력자와 슈테커, 나투지우스, 크레이머, 드리
안더와 같은 궁정교회파 지도자 그리고 카탄, 폰 조덴, 하르나크 등의 자유
주의적인 신학자와 라데, 바움가르텐, 겔레, 보누스, 올덴베르크 등의 반권
위주의적인 사상 경향의 사람들까지를 포함하는 복음사회파 회의는 베버에
게 알맞은 장소를 제공해 주었다.

　베버는 지적·실천적인 관심의 발산 대상을 사회정책학회(1873년 설립)에서
도 발견했다. 사회정책학회는, 독일의 공업화 과정이 계급대립을 격화시켰
을 때 그 원인이 계급투쟁을 추진하는 사회주의 정당의 존재와 맨체스터파

의 자유방임적인 이윤추구 주의에 있다고 보고, 노동문제와 빈곤 해결을 사회주의라는 윤리적 관점과, 사회정책 실시에 의한 불평등 시정을 목표로 하는 경제적 시점과의 결합에서 찾던 학계·재계·관계의 학식 있는 사람들에 의하여 결성되었다. 아돌프 바그너, 구스타프 슈몰러, 루요 브렌타노, 게오르그 F. 크나프 등 당대의 쟁쟁한 경제학자가 중심이 되어 활약했다. 베버는 1890년부터 1891년에 걸쳐 학회에서 떠들썩한 문제가 되었던 농업노동자에 관한 조사를 위탁받고 엘베 강 동쪽 지역을 담당했다. 그것은 이윽고 900쪽에 이르는 큰 책이 되어 세상의 평가를 받는다.

고뇌로 가득한 결혼

1891년(최종결정은 1892년 4월) 그는 스승 마이첸 곁에서 〈로마농업사, 공법 및 사법에 대한 의의〉를 제출하고 대학교수 자격을 얻는다. 베버는 여기에서 로마의 공법과 사법상의 큰 문제인 사적 소유개념이 어떻게 형성되었는가를, 토지가 본디 공동체 소유였음을 시사하는 공유지 분해에 의한 사유지 형성에서 추적한다. 베버는 법제사의 경계선을 넘어 경제사 영역으로 들어가 토지측량 기술의 고찰에서, 분유지 분할과 그 사유지화를 추진한 사람들이 도시귀족·평민의 대자본가층임을 설명했다.

또, 제정기 라티푼디움(노예제 대토지소유)이 지배적이 되어 가는 상황을 철저하게 분석하여, 토지에 관한 사적 소유가 이루어진 사정을 상세히 해명했다. 이 논문은 몸젠과의 논쟁을 야기하는 등 전문가의 주목을 끌었으며, 그의 방법론적 관심이나 뒷날 고대사회 연구와의 연관 면에서도 눈여겨 볼만한 내용을 담고 있다. 대학교수 자격을 딴 베버는 베를린 고등재판소에서 변호사 일을 하는 한편, 1892년 여름 학기부터 스승 골트슈미트가 와병으로 쉬게 된 뒤를 이어 베를린 대학교에서 상법과 로마법을 대신 강의했다.

그해 봄 큰아버지 베버의 외손녀 마리안네가 베를린에 왔다. 21살의 마리안네는 베를린에서 자립을 위한 직업훈련을 받고 싶어했다. 얼마 안 있어 마리안네는 막스 베버에게 호의 이상의 감정을 품게 되었다. 베버도 그 사랑에 응했으나, 어머니 헬레네가 베버의 친구와 마리안네의 약혼을 바라고 있었기 때문에 혼란이 일어났다. 게다가 베버에게는 에미와의 관계가 문제로 남아 있었다. 에미가 점차 회복 중이었던 만큼 베버의 고뇌는 깊었다. 같은 해

가을 베버는 남독일 보양지에서 휴양 중인 에미를 만나러 가서 그녀와의 관계를 우애관계로 바꾸었다.

《전기》를 주의해서 보면, 베버는 자신이 그녀의 사랑을 배신하지 않았다고 설득시키는 형태로 끝을 맺고 있다. 에미는 마지막까지 베버의 진정한 사랑은 자신에게 있다고 믿고, 그와 마리안네의 결혼을

마리안네와 베버
1893년 결혼 당시 베버는 29세였다.

인정했다. 마리안네는 그에 대하여 베버가 자신에게 보낸 장문의 뜨거운 사랑 고백 편지를 싣는 것으로 답한다. 이렇듯 1893년에 있었던 두 사람의 결혼은 그 심정에 있어 처음부터 행복에 쌓인 것은 아니었다. 베버는 자신의 가문이나, 에미나 마리안네의 가문에 정신장애의 그림자가 짙게 드리워져 있음을 생각해서인지 마리안네와의 사이는 자식을 낳지 않는 뜨거운 우애관계로 끝내려 했던 것 같다. 거기에는 어쩌면 에미의 그림자가 있었는지도 모른다. 베버가 성적 충족을 경험하는 것은 제1차 세계대전보다 조금 전이며 그것도 혼외관계에서였다.

프라이부르크 대학교에서의 초빙

1892년 두 사람이 약혼한 해에 베버는 900쪽에 이르는 방대한 조사보고서 《독일 엘베 강 이동지역에서의 농업노동자 사정》을 완성했다. 그것은 엘베 강 이동지역에 보이는 영주제 대농장에서 독일인 노동자를 대신하여 폴란드인 계절노동자 고용이 늘고 있으며, 그들을 통하여 유입되는 슬라브계 문화에 독일국경의 두꺼운 방벽이 경제적으로 구멍이 뚫리는 위기 상황을 폭로하는 것이었다. 독일 제2제정의 정치적·군사적 기반은 경제면에서부터 흔들리고 있었던 것이다. 이에 더하여 베버는 독일 서부 산업자본주의와 다른 발전 경향을 제시하는 농업자본주의 현상을 꿰뚫어 보았다. 바로 이 점에 베버

보고서의 뛰어난 학술적 의의가 있다. 농업사의 권위자 게오르그 F. 크나프가 베버의 업적에 대하여 '우리가 가진 전문적 지식은 이미 과거의 것이다. 우리는 처음부터 다시 공부해야 한다' 말한 것도 나름의 이유가 있다.

이 1892년 봄 베버는 베를린 대학교의 시간강사가 되고, 이듬해인 1893년 프로이센 교육부 국장 알트호프는 그를 베를린 대학교의 상법, 독일법 원외교수로 채용했다. 그러나 같은 해 7월 프라이부르크 대학교에서 경제학 정교수로 초빙되었을 때 한 가지 문제가 생겼다. 알트호프 체제라고 불릴 만큼의 실력자였던 알트호프는 베를린 대학교 상법 정교수로 그를 추천할 생각이었다. 베버를 붙잡기 위해 알트호프는 그가 베를린 대학교에서 자리를 확보하기 위하여 프라이부르크 대학교의 초빙문제를 이용한다는 소문을 냈고, 이 때문에 알트호프와 베버의 관계는 뒤틀리고 말았다. 게다가 베버는 이제 행정기술적인 법률학보다도 직접 경제정책과 관여하는 실천적인 경제학에 관심을 갖게 되었다. 이리하여 베버는 결혼을 기하여 이듬해인 1894년 가을, 암울한 북쪽 베를린을 뒤로 하고 밝은 햇살에 마음이 환해지는 남쪽 프라이부르크로 이주했다.

교수취임연설

프라이부르크 대학교는 스트라스부르 대학교, 하이델베르크 대학교와 함께 남서 독일문화권의 중심을 형성하고 있었다. 거기에는 신칸트파의 두 영웅 빈델반트와 리커트가 있었고, 나중에 미국으로 건너간 산업심리학의 선각자 후고 뮌스터베르크도 있었다. 베버는 어린 시절 친구이기도 했던 H. 리커트와는 특히 친하게 지냈다. 동문 경제학자로는 G.v. 슐체 게버니츠가 있었고, 박식한 문헌학자 고트프리드 바이스트도 있었다. 베버는 좋은 동료들에 둘러싸여 주 12시간 강의와 두 개의 세미나를 해냈다. 지난해에 입회한 범게르만협회 지부에서 폴란드 문제에 대하여 강연하고 나면, 프랑크푸르트로 가서 나우만이 의뢰한 '경제학의 국민적 기초'—프리드리히 리스트의 이론을 떠올릴 만한 제목이다—를 강연하고, 밤이면 집에 돌아와 책상 앞에 앉아 아침까지 강의 준비를 하는 몹시 바쁜 생활을 보냈다. 그는 창백한 인텔리와는 거리가 멀었고, 마치 씨름 선수 같은 커다란 체격으로 사람들에게 게르만 숲에서 나온 전사라는 인상을 주었다. 술 실력도 만만치 않아, 시골

술집에서 친구나 학생들과 함께 술을 잔뜩 마시고 모두가 쓰러져서 건초를 나르는 차로 실려 갔을 때도 베버만은 똑바른 걸음걸이로 걸어갔다고 한다.

1895년 5월 프라이부르크 대학교 2학기가 시작되었을 때, 베버는 〈국민국가와 경제정책〉이라는 대학취임 강연을 했다. 그것은 그가 직접 한 동엘베 농업노동자 사정의 분석에서 시작하여, 경제적으로 상향 중인 부르주아지에 게는 정치력이 결여되고 정치적으로 지도력을 가진 융커계급은 경제적으로 몰락의 운명에 있는 독일의 현 상황을, 우국지정을 담아 각성한 눈으로 직시 하고 있다. 열강 사이의 가혹한 다툼에 끼어 역사의 수레바퀴에 손을 대는 무게를 가늠하면서, 그는 경제정책의 목표가 흔히 말하는 평화와 인간의 행 복이라는 꿈의 실현이 아니라, 미래의 자손에게 우리가 남기고 싶어하는 여 러 가치를 각인짓도록 최대한 노력하는 데 있다고 하며, 그러므로 '독일인의 경제정책의 가치척도는 독일적인 것밖에 있을 수 없다'고 단언했다.

국민국가의 권력 관심이야말로 정책결정의 궁극 원인이어야만 한다. 베버 가 본 독일의 현실은 그것과는 거리가 멀어, 국민국가의 권력 관심이 국민적 이해를 실현하려면 무엇보다도 먼저 역사의 살아 있는 경험에 기초한 국민 의 정치교육이 필요했다. 베버의 어둡지만 파토스에 불타는 논지는 널리 사 람들의 눈과 귀에 충격을 주었다. 이 강연은 31세가 된 베버의 정치적 신앙 고백이라는 느낌이 있다. 그는 그해 8월부터 10월까지 잉글랜드, 스코틀랜 드, 아일랜드를 처음으로 아내와 둘이서 여행했다.

거래소론과 나우만의 운동

1896년 베버는 하이델베르크 대학교로부터 초빙을 받았다. 그는 프라이부 르크도 떠나기 힘들었으나, 학생 시절의 추억이 있는 하이델베르크의 흡인력 은 강하여 그는 얼마 뒤 그것을 수락했다. 정치 세계와도 거리가 가까워졌다. 베버는 1894년부터, 제국의회에서 문제가 되어 왔던 거래소 개혁논의에 거래 소조사위원회 전문위원으로서 활동하며 정치에 관여해 왔으나, 이 시기에 나 우만의 의뢰로 '괴팅겐 노동자문고'를 위하여 계몽적인 〈거래소〉론을 썼다.

그것은 일반적으로 미심쩍게 여겨진 거래소에 대한 몽매함을 깨우쳐, 거 래소가 근대 시장경제에 꼭 필요하며, 또한 자본조달 면에서도 중요한 기강 이라는 것과 그것에 직접 관여하는 사람들에게는 어떠한 시민적 덕성이 요구되는지를 영미와 대비하여 말한다. 그에 비하면 독일의 거래소는 아직 충분히 국민경제적으로 기능하지 않아서, 정기거래도 곡물거래에 있어서는 동부 대토지소유자층의 이해에 따라가고 있다고 비난했다. 그의 거래소 개혁 법안 비판은 엄격하여, 스스로 융커의 적으로 불린다고 말했을 정도이다.

이해 베버는 유명한 〈고대문화 몰락의 사회적 원인〉이라는 강연을 했다. 여기서는 로마의 평화가 노예시장 고갈을 초래하여, 고대 자본주의가 뿌리 내렸던 유통경제적 상부구조가 무너지고 점차 자연경제로 옮겨가는 과정이 마르크스의 수법이라고 오인될 만한 방법으로 분석된다.

이 무렵 친구 나우만은 그리스도교 사회주의 이념을 구체화하기 위한 국민사회파연맹 설립에 착수하여 베버의 협력을 구해 왔다. 베버는 운동의 비현실성을 염려하면서도 협력을 약속하고 회원이 되었다. 그의 생각에, 당면한 정치과제는 시민계급을 지지하느냐 반봉건적인 융커 대토지소유자층을 지지하느냐의 양자택일밖에 없고, 사회민주당은 노동자계급 해방을 위하여 시민계급에 적대적인 행동을 취했기 때문에 결과적으로 반동으로의 길을 개척했다는 것이었다.

베버의 염려는 현실이 되었다. 나우만은 선거에 지고 운동도 대중화하지 못하여, 결국 자유주의 좌파의 자유사상 연합에 합류하게 되고, 나우만은 베버의 생각에 동조하기에 이른다. 베버의 입장은 당시 학계·정계·재계를 이분화하여 격렬하게 싸웠던 농업국이냐 공업국이냐 논쟁에서의 공업국론자 입장에 가까워, 복음사회파 회의에서도 농업국론자에 가담한 올덴베르크와 날카로운 토론을 펼쳤다. 19세기 말 독일은 영국·프랑스·러시아 3국 협상을 향한 조류 속에서 미켈의 결집정책이 일정에 오르며 커다란 시대의 전환점에 서 있었다. 그리고 베버의 인생에도 전기가 찾아오고 있었다.

'모든 것이 지독하다'

1897년 4월 베버는 하이델베르크 대학교 경제학부 교수로서 강의를 시작했다. 과거의 스승은 이제는 동료가 되었다. 특히 법학자 게오르그 옐리네크, 신학자 에른스트 트뢸치와는 가깝게 지냈다. 트뢸치는 1915년 베를린 대학교로 옮길 때까지 베버의 집 3층에서 같이 살았을 정도이다. 베버의 집은 손님이 많이 찾아와 다양한 유명지식인의 살롱이 되었다. 호니히스하임은《막스

하이델베르크의
베버 집

베버의 추억》에서, 베버가 '하이델베르크의 미토스'로 불렸다고 전한다.

대학에서는 이론경제학 및 실천경제학, 노동문제를 강의했다. 실천경제학
은 나아가 상업·공업·교통·농업정책 각론으로 나뉘었다. 1897년 겨울 학기
의 농업정책(농정학)에서, 베버는 처음으로 뒷날 논문 〈윤리〉에서 볼 수 있
는 주제를 맹아적이나마 다룬다. 다년간 쌓은 베버의 학식이 이제 드디어 개
화의 시기를 맞으려 했다.

순풍이 부는 것처럼 보였던 그의 인생은, 이해 안팎으로 제동이 걸린다.
외적으로는 거래소 개혁을 둘러싼 거래소위원회의 최종결정을 맞이하여 위
원회 회원에서 제외된 것과 자르브뤼켄(독일 남서부 자를란트 주의 주도)에서의 제국의회 입후보
의뢰를 거절한 것, 내적으로는 부모의 불화와 파탄이었다. 그 발단은 헬레네
가 할머니 에밀리에가 남겨 준 유산의 일부를 사회사업에 쓰고 싶다고 말했
을 때 아버지가 막은 것과, 셋째아들 카를의 가정교사로 헬레네가 마음에 들
어 했던 신학생을 아버지가 쫓아낸 것에 있었다.

베버는 아버지의 독단적이고 가부장적인 권위에 의해 어머니의 소중한 정
신적 자유가 부당한 위험에 처했다고 느껴 아버지와 격렬한 말다툼을 벌였
다. 아버지는 친구와 여행을 떠나 8월 10일 리가에서 죽었다. 베버는 자책
감에 짓눌렸고 그것이 이제까지의 과중·과밀한 연구생활에 압력을 가하여,
가을이 되자 베버는 심리적·육체적으로 신경과민증에 시달린다. 마리안네는
이렇게 썼다. '모든 것이 지독하다. 그는 고통 없이 읽을 수도, 쓸 수도, 말

할 수도, 외출할 수도, 잠들 수도 없다.'

1898년 봄, 겨울 학기 말에 무거운 우울증 증세가 나타나 제네바의 레만 호수로 보양을 떠난다. 여름은 보덴 호반(독일·스위스·오스 트리아 국경 지역)의 사나토리움에 머물렀다. 그래도 1898년 겨울 학기까지 강의는 이어졌으나, 크리스마스부터 또다시 우울증이 심해져 1899년 여름 학기는 마침내 휴강할 수밖에 없었다.

교수 사직

베버의 병에 대해서는 많은 설이 있다. 그의 가계에 정신장애의 피가 흐르는 것은 앞서 말했다. 하지만 그의 경우는 다른 다양한 요인, 아버지와 큰아버지 사이, 아버지와 어머니 사이, 에미와 마리안네와의 삼각관계, 마리안네와의 우애적인 부부생활이 빚어내는 여러 가치의 갈등이 그의 마음에서 자신과의 동정화(identification)를 향한 에너지를 현저히 빼앗아, 그것을 극복하기 위해 과중·과밀한 일에 대한 열중 현상이 생긴 것이 아닐까? 그러한 의욕이, 그의 매정한 처사에 기인한 가출이나 다름없는 아버지의 갑작스런 여행지에서의 죽음으로 와해되었을 때, 그가 자신의 정신안정을 위하여 부지런히 둘러쳐 온 벽이 무너지고, 무언가를 할 능력을 잃은 것이다. 실제로 그 스스로 자신의 일에 대한 에너지에는 병적 경향이 있음을 인정했다.

1899년 겨울 학기는 농업정책 강의만이 이루어졌다. 그러나 또다시 우울 상태가 일어나 베버는 사직을 바랐으나, 대학 측은 장기휴가를 허락했다. 1900년 가을 베버 부부는 지중해의 햇빛을 맞으러 코르시카로 여행한다. 이듬해 3월에는 남이탈리아, 여름은 스위스에서 휴양한다. 베버가 논문을 한 편도 쓰지 않은 것은 평생에서 이 1901년뿐이다. 그해 겨울은 로마에서 보냈다. 병세가 호전되자, 그는 사학연구소 도서관에서 수도원의 역사·제도·경제에 관한 고문서를 탐독한다. 1900년에 나온 짐멜의 《화폐의 철학》은 그에게는 자극적이었다. 논문 〈윤리〉의 구상이 무르익었고, 1902년 〈로셔와 크니스〉 집필에 착수한다. 1903년 병세가 호전되지 않자 결국 그해 10월, 39세 나이로 교수직을 사임하고, 학위심사권 및 학내에서의 발언권을 갖지 못하는 명예교수가 되었다. 이해에도 3월은 로마, 여름은 네덜란드와 벨기에, 10월에는 또다시 네덜란드를 여행한다. 스스로 한숨이 나올 만하다고 표현한 논문 〈로셔와 크니스〉가 〈슈몰러 연보〉에 발표되었다. 창조의 새로운 국면이 시작된 것이다. 논문 〈윤리〉를 쓰기 시작한다.

창조의 새로운 국면과 문제의식

학문상의 전환점

1904년은 그의 학문에도 전환점이었다. 그는 에드가 야페, 베르너 좀바르트와 함께 〈사회과학과 사회정책 잡지〉(전신은 하인리히 브라운 편집 〈사회입법과 통계학 잡지〉 8권까지) 편집을 맡아 독일 학계의 지도적인 잡지로까지 키워냈다. 사회과학사에서도 획기적이었던 〈사회과학적 및 사회정책적 인식의 객관성〉과 〈프로테스탄티즘 윤리와 자본주의 정신〉은 이해의 〈잡지〉 제19, 20권에 발표된 것이다. '이념형'이라는 유명한 방법개념은 논문 〈객관성〉에서 처음으로 나타났다. 논문 〈윤리〉에서는 이 방법개념이 자유자재로 쓰이는 것을 본다. 그는 마르크스의 《자본론》을 철저하게 독파하고, 그의 논리구성을 스스로의 이념형 개념으로 다시 파악하여, 산업자본 생성의 수수께끼를 마르크스가 해명한 것보다 더 깊이 헤치고 들어가 푸는 데 성공했다.

마르크스도 화폐로부터 자본으로의 전환에는 세계사 과정의 일련의 전개가 불가결한 요소라고 했으나, 베버는 그 전환에는 독자적인 정신의 협동이 결정적으로 중요했다고 하며, 그 정신이 루터와 칼뱅의 종교개혁으로 시작하는 금욕적 프로테스탄티즘의 천직관념에서 유래하여, 이른바 부모를 닮지 않은 아이로 탄생한 까닭을 밝혔다.

이 논문은 사상의 고유 법칙성을 입증한 점에서 마르크스가 경제에서 밝힌 그것과 대중(對重)적인 의의를 갖는다.

베버는 이해에 다시 〈프로이센 세습재산의 농업통계·사회정책적 고찰〉을 〈잡지〉 제19권 3에, 또한 〈옛 게르만 사회제도의 성격을 둘러싼 논쟁〉을 〈경제학·통계연보〉 제28권 4에 발표했다. 전자는 독일의 공업화 과정이 지대구조를 달리하는 동·서 엘베 지방 전체를 뒤덮기에 이른 결과, 융커의 부르주아화와 부르주아의 봉건화라는 난기류가 발생하여 세습재산의 증대경향이 농업자본주의의 지배로 귀결하는 까닭을 날카롭게 비판한 것이다. 이는 베버의 독일 자본주의론을 이해하는 데도 매우 중요한 논문이다. 〈옛 게르만 사회제도)는 중세 게르만적 농업공동체가 고대의 그것과 달리 형식적 평등의 원리에 입각하는 까닭이 밝혀져 있고, 동·서 엘베 지방 지대구조의 차이를 시장구조의 차이와 관련지어 설명한 점은 주목할 만하다. 두 논문 모두 〈윤리〉를 이해하는 데 꼭 필요하다.

1904년 8월부터 12월까지 베버 부부는 옛 친구 뮌스터베르크의 초대로 친구 트뢸치와 함께, 세인트루이스 만국박람회를 기하여 개최된 세계학술회의에 출석하기 위해 미국으로 여행을 했다. 거기서 베버가 강연한 '독일 농업문제의 과거와 현재'는 그의 유일하게 통합된 형태의 독일 자본주의론으로서 주목할 만하다. 그는 미국 곳곳을 여행하며 미국의 민주주의, 관료기구, 흑인문제, 프로테스탄트 여러 교파의 실태에 대하여 많은 지식과 견문을 얻었다. 그것은 논문 〈윤리〉의 원고에 계속 이어져 정치논문, 종교사회학적 연구 안에서 뚜렷이 볼 수 있다.

제1차 러시아 혁명에 즈음하여

1905년 제1차 러시아 혁명이 발발했다. 베버는 슬라브적인 러시아에 자유의 등불이 켜질지 정열적인 관심을 기울인다. 그는 3개월 만에 러시아어를 익혀 러시아어 신문을 읽고, 스크랩을 만들고, 러시아 군주제의 운명을 추구하며, 러시아 혁명에 관한 장대한 논문을 쓴다. 슬라브 농민 공동체 미르가 그의 마음을 사로잡았다. 만년의 마르크스와 비슷한 문제의식이 베버의 뇌리를 스쳤다. 그러나 혁명의 장래에 대해서는 비관적이었다. 베버는 사회정책학회에 출석하여 노동자의 파업권과 노동조합 문제로 슈몰러 등과 논쟁하며 브렌타노, 좀바르트, 슐체 게버니츠 등과 학회 좌파로서 발언력을 키워갔다. 대학문제에서도 종종 발언을 했다. 베버에 의한 짐멜의 하이델베르크 대학교 초빙은 그가 유대계라는 이유로 거절당했으며, 로베르트 미헬스의 경우는 사회민주당원이라는 것 때문에 거절당했다. 1906년에는 사회민주당 대회에 출석하여 그 소시민적 분위기에 실망한다. 〈러시아에서의 부르주아 민주주의 현 상황〉, 〈러시아, 의사 입헌제 이행〉을 〈잡지〉 제22, 23권에 발표했다. 또한 미국여행의 성과 중 하나인 〈교회와 사이비종교〉를 〈그리스도교 세계〉 제20권에 발표했다.

1907년 봄, 베버의 우울 상태가 시작되어 3월 코모 호(이탈리아 북부 롬바르디아 지방)를 여행한다. 할아버지 카를 베버가 죽고 그 유산은 그의 생활을 꽤 안정적으로 만들었으나, 이자생활자로서의 콤플렉스는 벗어나기 힘들었다. 이해에 남동생 알프레드 베버가 프라하 대학교에서 하이델베르크 대학교로 옮겨왔다. 베버 집에서 지식인들 모임은 점점 더 커져 간다. 그 무렵 드나들던 주된 인물들은 에밀 러스크, 미나 토플러, 프리드리히 군돌프, 카를 야스퍼스 부부, 베르너 좀바르트, 로베르트 미헬스, 게오르그 짐멜, 게르트루트 보이머, 파울 호니히스하임, K. 레벤슈타인 등이었다.

공업노동자 조사와 대학론

1908년 1월 정부의 3급 선거법에 대한 일반여론의 항의가 거세어져 하이델베르크 대학교에서는 국제철학자협회가 개최되었다. 베버는 봄에 혼자 프로방스와 피렌체에 갔다.

공업노동의 성격이 앞으로 어떠한 모습을 드러낼지가 〈윤리〉 선상에서 그의 관심을 강하게 끌었다. 가을 에링하우젠의 큰아버지 직물공장에서 오늘날 말하는 노동경제학적인 관점에서의 상세한 실태조사를 한다. 그것은 사회정책학회가 전국적 규모로 계획한 공업노동자 조사의 일환이기도 했다. 이윽고 그것은 방법론적인 봉건적 대규모 공업노동자의 적응과 도태(직업선택과 직업운명)에 관한 조사를 위한 방법적 서설, 〈공업노동의 심리물리학〉이되어 결실을 본다.

또한 로베르트 미헬스 문제를 비롯하여 사회민주당원에게는 대학교수 자격을 주지 않는다는 독일 각 대학의 습관을 격렬히 비판한 논문 〈독일 대학에서의 교직의 자유〉를 〈프랑크푸르트 신문〉 9월 20일자에 게재하여, 당시화제가 되었던 베를린 대학과 프로이센 교육부 간의 분쟁, 이른바 '베른하르트 사건'에서 보이는 알트호프 체제를 엄하게 규탄한다. 그것은 프로이센 교육행정과 대학행정의 유착에서 발생한 부패의 실태를 폭로하는 것이었다.

베버는 사회정책학회가 전통적으로 학문연구와 정책을 비판 없이 결부시키는 경향을 가졌음을 불만스럽게 생각하여, 학문적이고 경험과학적인 연구를 추진할 장소를 마련하고 싶어 했다. 이윽고 그것은 그 자체가 하나의 가치영역을 구성하는 학문의 자율성을 목표로 하는 가치자유 논문이 되어 가고, 다른 한편으로는 대학에서의 교육의 자유(→교단금욕)에 관한 논문으로 결실을 맺는다. 이 신조에 입각하여 베버는 사회학회 설립을 목표로 움직인다. 이러한 움직임 안에서 베버는 《국가과학 중사전》의 한 항목으로서 〈고대 농업사정〉이라는 대논문의 작성에 몰두한다. 여기서 베버의 자본주의 개념은 크게 변모하여, 고대 자본주의라는 용어법이 등장하기 시작한다.

이 논문은 베버 만년의 구상이 처음 나오기 시작한 시기를 나타낸다. 출판사 〈파울 지베크〉로부터 낡은 쉔베르크의 《정치경제학 핸드북》 4권을 대신할 기획을 의뢰받았다. 그는 흔쾌히 수락하여 9권으로 나누어진 5부짜리 《사회경제학 강좌》 편집을 맡고, 제1부 《경제와 경제학》 제3분책 《경제와 사회》를 오이겐 필리포비치와 분담 집필하기로 했다. 이 편집 계획은 1914년 수정되고 1920년에 다시금 최종적인 변경이 가해진다. 마리안네가 베버가 죽은 뒤 남겨진 원고를 그녀의 생각대로 편집한 데에서부터, 뒤에 마르크스의 《자본론》 계획 문제에 필적하는 《경제와 사회》 계획 문제가 생겼다.

가치판단 논쟁과 성해방론

1909년 빈에서 사회정책학회가 열렸다. 필리포비치의 '국민경제 생산성의 본질'이라는 보고를 둘러싸고, 생산성 개념에 가치판단의 혼입을 지적하며 날카롭게 비판한 베버 형제·좀바르트·퇴니스·고틀 등에 맞서, 슈몰러를 비롯하여 오트마르 슈팡·골트샤이트·노이라트가 반대측으로 돌아섰다. 역사상 유명한 가치판단 논쟁에 불이 당겨진 것이다. 그것은 1914년 사회정책학회 가치판단 논쟁토의 특별위원회에서 베버의 토의자료 회장(回章)이 제1차 세계대전 발발과 함께 위원의 일치를 보지 못한 채 끝날 때까지 계속된다.

1909년 1월 3일 베버는 베를린에서 독일사회학회 공동설립자가 되어 회계를 맡았다. 회장은 《게마인샤프트와 게젤샤프트》로 유명한 페르디난드 퇴니스, 간사는 짐멜과 하인리히 헤르크너(얼마 뒤 좀바르트와 교대)였다. 1910년 프랑크푸르트에서 제1회 사회학회가 열렸다. 베버는 엄밀한 경험과학의 자리이기를 바랐으나 1910년, 1913년 사회학회에서 가치판단의 옳고 그름을 둘러싸고 루돌프 골트샤이트와 격렬히 대결하기에 이르러 실망과 낙담은 체념으로 바뀌었다. 결국 그는 1913년 사회학회에서 탈퇴한다. 남들에게 '실행 불가능하다고 생각되는 원리의 돈키호테'라는 평을 되풀이해서 듣는 데 싫증이 났기 때문이다.

그 무렵 하이델베르크에서는 프로이트의 제자라고 불리는 오토 그로스의 성해방론이 지식인들 사이에 선풍을 일으키고 있었다. 그는 빅토리아 왕조적인 낡은 인습에 얽매인 정숙한 일부일처제를 공격하고, 자연의 건강함을 판단의 척도에 두었다. 모든 충동의 억제는 억압이 되고 억압의 제거야말로 심층적인 의식에 일어나는 모든 불안을 사라지게 한다는 그의 가정을 베버는 용인할 수 없었다. 만약 그것이 옳다면, 자유를 위하여 싸우고

프로이트 (1856~1939)
오스트리아의 신경과 의사. 정신분석의 창시자.

있는 보어인에게 불안을 없애고 건전한 신경을 가지려면 전선에서 도망치라고 권해야 마땅할 것이다. 그는 남성우위를 비판하는 여성해방 운동의 역사적 의의를 인정하고 마리안네가 그 운동에 적극적으로 관여하는 것에 찬동했으나, 그것은 자유연애를 격려하고 일부일처제를 공격하는 자유사상과는 뚜렷이 구분되는 것이었다.

그러나 시대의 풍조는 자유사상 측에 유리했다. 베버는 이것을 기하여 프로이트 이론을 철저하게 연구하고, 현재 역시 생성 도상에 있으나 충분히 정밀화되면 이윽고 사회과학에서도 이용 가능할 때가 올지도 모른다는 전망을 갖기에 이르렀다. 거기에는 마리안네와의 사이에서 성충동 억압 사태가 베버 자신의 생체해부라는 실험대상이 되었는지도 모른다. 적어도 베버가 의식의 심층으로 눈을 돌린 것은 이미 논문 〈윤리〉나 〈사이비종교〉에서 종교의식의 올바른 자세에 메스를 가했던 문맥을 볼 때, 그 이해를 더욱 깊게 하는 방향으로 작용한 것이리라. 신비주의에 대한 평가에 어떤 확장이 생긴 것, 예언자의 심리분석을 가능하게 한 것 등은 《세계종교의 경제윤리》의 여러 논문, 특히 〈힌두교와 불교〉, 〈고대 유대교〉 안에서 자취를 확인할 수 있을 것이다.

미츠만은 에두아르트 바움가르텐과의 인터뷰를 기초로, 베버가 1910년 봄 이탈리아 여행 중 베네치아에서 하이델베르크 대학 시절의 여제자 엘제 리

히트호펜과 마침내 사제의 선을 넘었음을 《철창》에서 알린다. 엘제는 이미 야폐 부인이었으며, 여동생인 프리다는 유명한 영국 작가로 《채털리 부인의 연인》의 저자 로렌스의 부인이었다.

두 가지 연구의 현격한 차이

1910년 베버는 마리안네 비방 건으로 신문기자 및 그에게 자료를 제공한 하이델베르크 대학 교수와 명예재판 사건(결투위협을 동반)으로 법정에서 싸우게 된다. 일의 시비가 구명될 때까지 밀고 나가는 할아버지 때부터 이어진 성격은 여기서도 발휘되었으나, 승리가 명백해지자 남자답게 상대를 용서했다. 그러나 그것은 과거 동료의 경력을 물거품으로 만들었고, 하이델베르크의 여론도 냉담해졌다.

1911년 10월 13일 드레스덴에서 열린 제4회 대학교원회에서 베버는 프로이센 교육부 국장 프리드리히 알트호프의 문교·인사정책 및 상과대학 학우회 제도를 격렬하게 공격하여 저널리즘의 광범위한 논쟁을 불러일으켰다. 프라이부르크 대학교 학우회 축하연회에서 비판 없이 군국주의가 구가된 것을 〈프랑크푸르트 신문〉이 비판했을 때 베버는 이것을 지지하여, 프라이부르크 대학교 교수단과 비판으로 맞섰다.

1911년부터 1913년에 걸쳐 베버는 《경제와 사회》 제2부에 포함된 원고 작성에 매달렸다. 그와 동시에 《세계종교의 경제윤리》로 열매맺는 세계 여러 종교의 연구도 이루어진다. 왜 그가 〈윤리〉 끝부분에 쓴 속고(續稿) 계획을 변경하여 《세계종교의 경제윤리》 연구를 했는지는 여전히 알 수 없다. 베버는 1920년 〈윤리〉 개정원고 말미에서 트뢸치의 대작 《그리스도 교회 및 집단의 사회이론》이 간행되었으며, 이 논문을 독립화하지 않고 종교와 사회의 보편사적인 관련 속에 위치를 부여하기 위하여 이러한 비교종교사회학적인 연구가 기획되었다고 말할 뿐이다. 그러나 〈윤리〉가 순수하게 역사학적인 연구이며, 역사적 개체로서의 근대 자본주의 형성사가 대상인 것에 반하여 《세계종교의 경제윤리》는 종교와 사회의 보편적인 관련에 관한 비교연구, 즉 종교사회학적인 연구로 성격이 전혀 다르다. 이 문제의식에서 보이는 커다란 차이는 어떻게 발생했을까?

합리화 개념

그런 의미에서도 1913년이라는 해는 베버의 업적에 관한 작품사적 연구에 있어서 매우 주목할 만한 해이다. 그는 《경제와 사회》 제2부에 수록된 원고의 상당 부분을 이때 썼다. 특히 법사회학, 종교사회학, 도시사회학, 음악사회학에 관한 부분이 그러하다. 그리고 이들 문화영역을 분석하기 위하여 방법개념을 정리하는 시도로서, 〈이해사회학의 약간의 범주에 관하여〉가 〈로고스〉지 제4권에 발표되었다. 《사회경제학 강좌》에 기고할 준비가 착착 진행되는 모습은 1908~1909년 단계의 계획에 비하여, 담당인 제3분책 《경제와 사회》의 표제가 '경제와 사회질서 및 사회적인 힘'이라고 명확화되어 있는 것에도 반영되어 있다. 경제와 사회질서와 사회적 힘을 서로 관련짓는 키(key) 개념이 합리화였음은 이제까지의 많은 연구가 밝혀온 바이다.

서양 근대 초기를 특징짓는 금욕적 합리주의와 인문주의적 합리주의에 대한 베버의 깊은 관심은 이미 1905~1906년에 발표된 〈윤리〉에서 확실하게 알 수 있다. 그러나 그것은 어디까지나 역사적 개체로서의 근대 서양문화의 경제적 측면 해명을 목표로 하며, 종교와 사회의 보편적 관련에서 언급한 부분은 모두 1919~1920년의 개정판에서 고쳐 쓴 것이 오늘날 밝혀졌다. 작품사적으로 보아 그 실마리는 〈음악사회학〉의 초고일 것이다. 거기에서는 소리의 합리화 과정을 세계 각 지역, 각 시대에 걸쳐서 범시적·통시적으로 따라가며, 합리화 개념에 대한 보편사적인 틀이 주어져 있기 때문이다. 이런 문맥에서 여류 피아니스트 미나 토플러와의 관계가 중요해진다.

이 시기에 《세계종교의 경제윤리》에 수록된 세계종교에 관한 비교종교사회학적 연구 계획도 무르익고 있음을 《경제와 사회》 제2부에 수록된 종교사회학 초고가 시사한다. 《종교사회학 논집》 제1권 말미에 첨부된 중간고찰은 종교와 사회의 보편사적 관련의 비교연구를 극도로 압축하여 묘사한 주옥같은 소품인데, 그 구도는 1913년 무렵에 쓰였을 거라고 추정되는 종교사회학 후반 부분에서 이미 모습을 보이기 때문이다. 베버 만년의 사상에서 가장 중요한 보편사 개념이 합리화 개념과 밀접하게 관련되어 있음은 이상의 지적에서 명백하다. 그와 동시에 베버의 합리화 개념이 역사에 있어서의 '비합리적인 것'을 해명하기 위한 방법 개념으로 개발되었다는 점도 이해될 것이다. 베버가 만년에 점차 신비주의(예를 들어 불교)나 심층의식(예를 들어 니체의 르상

티망)에 관심을 더해 갔던 사정도 이 문맥에서 파악해야 할 것이다.

살롱 사람들

1910년부터 1913년에 걸쳐 베버의 살롱에는 동유럽에서 온 사람들이 슬라브게 문화를 들여 왔다. 게오르그 루카치, 에르네스트 블로흐, 그 밖의 러시아 혁명 망명자들이 하이델베르크로 모이기 시작했다.

베버에게 특히 유익했던 것은 루카치와의 만남이었다. 그를 통하여 베버는 톨스토이, 도스토예프스키, 키르케고르 등의 사상에 관심을 더해 갔다. 특히 톨스토이의 원시 그리스도교적인 사랑 사상은 베버의 흥미를 끌어, 그는 톨스토이에 대하여 논문을 쓸 예정이었다.

뮌헨에서는 군돌프의 중개로 슈테판 게오르게가 찾아왔다. 정신적 귀족주의를 체현한 시인 게오르게와의 대결은 《전기》에 생생하게 나타나 있다. 그 무렵 뮌헨은 슈바빙 카페거리로 대표되는 세기말의 잡종문화가 소용돌이치고 있었다. 에리히 뮈잠 같은 아나키스트(무정부주의자), 성 해방론자 오토 그로스, 그리고 코스미쉐 룬데(Kosmische Runde)의 클라게스, 신비주의적이고 예술지상주의인 게오르게 클라이스 등 넓은 뜻에서의 '생의 철학'에 이어지는 사상적 조류가 충만했다. 엘제나 짐멜 부인도 게오르게 클라이스의 영향 아래 있었다.

1913년 봄과 가을에 베버는 혼자서, 뮈잠이나 그로스가 북이탈리아 마조레 호수의 아스코나(몬테베리타)에 만든, 아나키스트·자연애호가·채식주의자 그 밖의 현대 사이비종교 사람들로 이루어진 코뮌 생활권에 들어가 함께 생활했다. 《전기》에는 마리안네가 슈바빙의 여왕이라고 부른 F. 레벤트로 백작 부인도 등장한다. 베버에게는 완전히 새로운 체험이었을 것이다. 그러나 그의 내부에 이미 종교와 사회의 보편사적 관련에 대한 문제의식이 싹트기 시작한 만큼 이러한 문화를 이해할 토대가 준비되어 있었다고 보아도 좋다.

라우엔슈타인 회의에서
(1917)

제1차 세계대전과 만년의 베버

'위대한 전쟁'

1914년 8월 제1차 세계대전이 일어나자 베버는 예비역 장교로 하이델베르크 예비군 육군병원위원회에 근무하게 되었다. 군기 장교로서 그는 9개의 육군병원을 정비하고, 1915년 끝무렵까지 병원관리를 맡았다. 그에게 병원관리는 관료제 체제를 이해할 수 있는 중요한 경험이었음이 분명하다.

병원 근무에서 물러난 베버는 세계종교의 종교사회학적 연구에 매진했다. 〈유교와 도교〉가 인쇄되었다. 《세계종교의 경제윤리》의 위대한 세계가 드디어 모습을 드러내기 시작한 것이다. 건축학 교수였던 남동생 카를과 에밀 러스크가 전사했다. 베버는 전쟁이 처음부터 독일에게 불리하다는 것을 알고 있었다. 하지만 '그래도 이것은 위대하고 훌륭한 전쟁'이라고 생각했다. 그는 '프랑크푸르트 신문' 지면에서 폭넓은 저널 활동을 했다. 폴란드 정복과 벨기에 진주는 그에게 독일의 병합 정책을 비판할 근거를 주었고, 또한 무제한 잠수함전에는 미국의 개입을 야기하여 독일에 불리하다고 판단, 반대를 표명했다. 1916년 월간지 〈부인〉의 평화주의를 둘러싼 논쟁에 더해서 〈두 개의 율법 사이〉를 써서 평화주의에 대한 자신의 입장을 밝혔다. 그 입장은 나중에 '직업으로서의 정치'의 강연에서 다시 선명하게 드러났다. 그 해 〈힌두교와 불교〉가 발표된다.

라우엔슈타인 회의

1917년 5월과 10월, 베버는 독일의 미래를 토의하기 위해 이에나의 출판업자 오이겐 디데리히스가 기획한 '라우엔슈타인 회의'에 출석했다. 학자는 타루지우스·마이네케·야페·좀바르트·텐니스, 예술가는 R. 데멜·R. 에른스트·J. 빙클러·펠스호펜·W.v. 모로, 저널리스트와 실무가는 G. 보이머·테오도르 호이스(전후 서독의 초대 대통령)·그라보프스키·칸푸프마이어·세프라·마우렌브레허, 젊은 세대는 브레가·크로나·우포프·토라 등이 참가했다.

토론의 테마는 문화와 정치의 관계에 대해서였으나, 목적은 전후를 통해 새로운 독일 정신을 형성하는 것이었다. 《전기》는 이 회의의 중요성을 전하고 있으나, 베버는 가을의 회의 서두에 '인격과 삶의 질서'라는 제목으로 강연을 했다. 이것은 이미 발표한 〈중간 고찰〉을 밑바탕으로 한 내용이었을 것임은 그 제목에서도 알 수 있다. 《전기》에서 베버가 이상하리만치 정신적 앙양을 이야기하고 있음에 주목할 만하다. 그는 이때 이미 '종교와 사회의 보편사적 관련'을 꿰뚫어 보고 있었다. 그 훌륭한 성과에 대한 열망이 그에게 그러한 정신적 앙양을 가져다준 것일까.

그 강연을 할 즈음, 베버는 〈고대 유대교〉 원고를 쓰고 있었으며 그 속고의 계획도 다 되어 있었다. 이것은 1919년 10월 25일 발행한 〈노이히카이텐〉 및 〈잡지〉 제44권에 하나로 실린 계획과 대비하면 명확해진다. 그 계획대로 하면 현행의 제2권 〈힌두교와 불교〉, 제3권 〈고대 유대교〉가 한데 묶여 제2권이 되고, '시편과 욥기'가 덧붙을 예정이었다. 그리고 〈고대 유대교〉에 '바리새인'을 제3권 첫머리에 넣었고 거기서는 탈무드의 유대교, 원시 그리스도교, 이슬람교를 다루게 되어 있다. 마지막 제4권은 서양의 시민계급과 그리스도교를 대상으로 한 것이었다. 이러한 구상에서 베버는 1917년부터 1919년에 걸쳐 〈고대 유대교〉를 〈잡지〉에 연재했다.

전후 독일의 새로운 질서

베버에게 1917년은 정치 문제에 대한 발언이 가장 활발했던 해이다. 군 검열 당국은 베버가 프로이센의 3급 선거법을 비판한 논문을 실은 〈프랑크푸르트 신문〉 4월 26일호를 압류했다. 베버는 이 무렵부터 발언의 역점을 독일의 대외정책 비판에서 내정 문제의 검토로 옮겨 갔다.

독일의 국가적, 역사적 존속의 전제는 지금까지와 같은 관헌국가가 아니라 의회주의에 입각한 국민국가임이 명백해지자 현행 헌법의 개정이 필요해졌다. 〈프랑크푸르트 신문〉에 이러한 내정 문제를 다룬 논설들이 개재되고 나중에 별개의 독립된 책자 《신질서 독일의 의회와 정부》로 발간되었다. 1917년 봄, 미국이 참전하자 베버는 독일의 패배를 각오했다. 전후 독일의 새로운 질서는 어떠해야 하는가, 그것이 그의 가장 중요한 정치 과제가 되었다. 3월 러시아 혁명이 일어나고 11월 소비에트 정부가 들어섰다. 조국 독일은 파국을 향해 확실히 움직이고 있었다.

1917년 11월 7일 뮌헨의 슈바빙 지역에 있는 슈타이니크 서점의 로비에서, 비학우회파 학생동맹의 학생들 앞에서 유명한 〈직업으로서의 학문〉 강연이 이루어졌다. 패전을 꿰뚫어 본 베버의 말은 어둡고 가혹했다.

독일의 패전

1918년 베버는 대학 강의를 할 수 있을지 없을지를 시험삼아 빈 대학교 여름학기 경제학 수업을 맡았다. 〈유물사관의 적극적 비판〉이라고 이름 붙인 강의는 당시 대학에서 청강한 역사 민족학자 빌헬름 코파즈에 따르면, '힌두교와 불교'를 중요한 제재로 하여 카스트 제도에 대해 논한 것이었다고 한다.

그때도 베버의 저널 활동은 계속되어, 연방주의적인 헌법초안을 작성하고 있었다. 3월, 브레스토리트프스크의 화의가 성립되고 11월에는 킬 폭동, 전국에 파업이 파급, 뮌헨에서 레테(노병 평의회) 정부가 수립되어 황제는 퇴위하고 독일의 패전은 결정적이 되었다. 남동생인 알프레드와 나우만의 요청으로 독일민주당에 가입했다. 1918년 가을 베버는 뮌헨으로 가, 바이에른에서 펼쳐지고 있던 분리주의적이고 급진적인 평화주의 풍조와 대결했다. 11월 7일 아이스너가 정권을 잡았다. 베버에게 이 혁명은 단순히 '피비린내나는 카니발'에 지나지 않았다. 베버는 겨우 공화제가 불가피하다는 것을 인정하게 되었다. 마이네케가 잘 표현했듯이, 당시 많은 지식인들은 감정의 군주제주의자에서 오성의 공화제주의자로 변해 있었다.

패전 뒤 최초의 국민의회 선거가 1919년 1월에 실시되어, 베버는 프랑크푸르트 선거구에서 민주당으로 입후보하지만, 그 지역 유력자의 방해로 단

넘한다. 그러나 베버는 내무성 헌법초안심의회 13인 가운데 단 한 명의 민간인으로 참가하게 되었다. 그것과 관련하여 베버의 논의는 오로지 전쟁 책임 문제에 집중되어 있었다.

격동 속에서의 연구

1919년의 독일은 다난했다. 스파르타쿠스단의 봉기가 있었고, 1월 15일 로자 룩셈부르크, 카를 리프크네히트가 암살당했으며, 2월에 에베르트가 대통령에 취임했다. 4월에는 뮌헨의 혁명정권이 무너지고, 7월 베버도 독일 측의 일원으로 참가한 베르사유 강화 조약이 체결되었다.

8월 동지인 나우만이 사망하고, 10월 어머니 헬레네가 세상을 떠났다. 베버는 그해 1월 28일 같은 슈타이니크 서점 쿠스트자르에서 비학우회파 학생동맹 학생들에게 〈직업으로서의 정치〉를 강연한다. 3월 12일에는 〈서양의 부르주아지〉, 13일에는 〈학생과 정치〉를 강연했다. 6월 중순에 베버는 뮌헨대학교 교수로서 브렌타노의 강좌를 넘겨받아 사회학 강연을 맡았다. 엘제(베버의 여제자)는 그 이전부터 뮌헨에서 살고 있었다. 마리안네는 바덴 주 의회 의원이 되어 여성운동 지도자로서 하이델베르크에 머무르고 있었다. 변칙적인 반 학기의 여름 학기에 베버가 한 강의는 그때 마침 새로 집필한 《사회경제학 강좌》 제1부 제3분책인 《경제와 사회》 제1부 제1장 '사회학의 기초 개념'을 내용으로 하는 것이었다. 그러나 너무 추상적이고 난해하다는 학생들 의견에 맞춰 겨울 학기에는 〈보편적 사회경제사 요론〉을 강의했다. 여기서는 만년의 베버의 사회 이념이 극도로 압축되어 드러나며, 그가 말하는 '보편사'가 무엇을 의미하는가를 시사하고 있다.

이 시기에 베버는 종교사회학적 연구의 성과를 처음 저서 형태로 세상에 내놓기 위해 논문 〈윤리〉 개정 작업에 열중하고 있었다. 〈유교와 도교〉도 《세계종교의 경제윤리》 서론 및 〈중간 고찰〉에서도 면밀한 수정 및 가필이 이루어졌고 〈힌두교와 불교〉, 〈고대 유대교〉는 2권으로 나누어 교열이 끝났다. 그와 함께 《경제와 사회》의 계획도 크게 바뀌어, 현행판에서 제1부로 되어 있는 개념 도식론이 분책형식으로 출판될 준비가 진행되고 있었다. 1919년 말에는 현행판 제3장 '지배의 유형'이 '경제와 지배'라는 가제가 붙은 것에서도 알 수 있듯이 아직 미완성 단계에 있었다. 텐부르크가 날카롭게 지적한 것처럼, 베버가 만년에 의도한《경제와 사회》는 1914년의 계획을 바탕으로 한 현행판 제1부, 제2부의 구성과는 상당히 다른 내용이 구성되었을 것이라 한다. 1920년 여름 학기 '일반국가학'에 관한 강의와, 레테를 논한 '사회주의'의 강의도 '지배의 유형'에 후속하는 분책에 들어갈 예정이었다. 결국《경제와 사회》의 구성내용은 미완으로 끝났다.

막스 베버
1918년 당시 54세 때의 모습. 죽기 2년 전.

베버의 최후

뮌헨에서 그는 정권의 종말을 체험했다. 쿠르트 아이스너의 살해자 아르코 백작의 재판, '아르코 발리 사건'에서 뮌헨의 우익 학생이 항의했을 때 베버는 이것을 격렬하게 비판했기 때문에, 학우회의 우익학생이 강의 중에 그에게 시위를 했다.

1920년 3월 카프 폭동이 일어나고, 4월 베버는 독일민주당으로부터 제1회 사회화위원회 위원으로 추대되었으나 '사회화'에 비판적인 그는 사퇴했다. 그에게 '사회화'는 국가와 기업의 관료제화를 더욱 촉진하고, 경제 재건의 원동력이 되는 시장경제의 활력을 약화시킨다고 여겨졌기 때문이다. 이 베버의 사상은 제2차 세계대전 뒤 서독의 경제부흥을 주도한 에하르트, 밀러 아르마크 등의 사회적 시장 경제론에 어느 정도 반영되었다고 볼 수 있다.

1820년 4월, 여동생 릴리 베버 셰퍼가 죽자, 4명의 아이가 남겨졌다. 베버는 이 아이들을 양자로 삼을 것을 결심했고, 그 염원은 베버가 죽은 지 7년 되던 해인 1927년 4월에 마리안네에 의해 이루어졌다.

뮌헨의 기후는 변덕스러워서, 모든 것을 쏟아 연구에 몰두하던 베버에게는 결코 좋은 환경이 아니었다. 같은 해 6월 초, 그는 감기가 악화된 데다 의사의 오진으로 치료가 늦어져 급성폐렴으로 발전했다. 마리안네와 엘제의 간병을 받으며 6월 14일 저녁 베버는 돌연 사망했다. 향년 56세. 우연히 그날 방문했던 레벤슈타인이 생전의 베버를 만난 마지막 방문객이 되었다.

제2장 베버와 독일제국

〈국민국가와 경제정책〉

베버가 다룬 문제

매일매일 현실의 문제를 논하는 것으로 그 시대를 넘어선 사상을 전개하고, 또한 앞으로 다가올 시대의 흐름을 파악하면서 그 속에서 매일의 문제의 핵심을 파악해 가는 것—역사에 이름을 남긴 사상가란 모두 그러한 일을 이루었으며, 베버도 그런 사람 중의 하나이다.

이번 장에서는 시대의 구체적인 문제를 다룬 베버의 논문을 모은 《정치논집》을 중심으로, 그가 독일제국 사회의 상황을 어떻게 파악하고 문제를 어떻게 해결하려고 했는지 살펴보려고 한다. 이를 위해 먼저 독일사의 여러 사실에 접근해 보자. 당시 사회에 대한 베버의 입장이나 사상의 특질을 이해할 수 있을 것이다. 특히 정치사상의 영역에서는 아주 유명한 '지도자 민주주의론'이나 '책임 윤리' 등은 모두 당시의 정치 상황에 깊이 관여하면서 생긴 것이다.

독일은 19세기 후반부터 급속하게 산업 발전을 이루고 농업국에서 공업국으로, 그리고 고도의 자본주의를 기반으로 하는 제국주의적 정책을 수행하는 국가로 발전되었다. 그 속에서 베버는 경제정책, 의회제도, 전쟁정책 등등에 대해서 부르짖었다. 그의 주장은 대체적으로 소수파 쪽이었고, 거의 실현되지는 않았다. 독일의 산업 발전은 다른 선진국에 비해서 결코 뒤떨어지지 않는다고 말할 수 있다. 그렇다고 한다면, 베버의 여러 가지 비판은 그 정도로 의미가 없었던 것일까. 나라에 대한 그의 걱정은 지식인의 단순한 기우였던 것일까. 그러한 의문도 생긴다. 그러나 문제는 그렇게 간단하지 않다.

'경제' 발전이, 현대사회의 문제를 조정하고 해결하는 '정치'를 생산한다는 보증은 어디에도 없다. 국민 한 사람 한 사람의 정치적 자각이나 국가의 운명에 영향력을 미칠 뛰어난 정치 지도자가 끊임없이 생겨나지 않는다면, 근대적 산업국가는 누가 움직이게 될까. 그 문제에 대해서 베버는 논하고 있으며, 제1차 세계대전 개전과 그 전쟁정책, 나아가 베버가 죽은 뒤 나치에 의한 정권 획득이라는 독일 역사를 보면, 그가 다룬 문제가 현대 정치사상의 중요한 논점 중 하나라는 사실을 알 수 있다.

프로이센의 농민 문제

베버는 1894년에 프라이부르크 대학교의 경제학 교수에 취임하고, 이듬해인 1895년에는 관례에 따라서 취임 강연을 했는데, 이것이 큰 반향을 일으켰다. 현재 우리가 볼 수 있는 것은 그것에 가필해 같은 해에 간행한 것이다. 그 '서두'의 첫머리는 이렇다. '찬동이 아니라 항변, 그것이 많은 청중이 나타낸 반응이었다. 그것이 나에게 이 공개적인 간행을 독촉했다.'

이 강연 〈국민국가와 경제정책〉에는 세 가지가 서술되어 있다. 먼저 프로이센 동부의 농민 문제에 대해서이다.

엘베 강에서 멀리 떨어진 동·서 프로이센 주에서 생기기 시작한 현상을 베버는 통계 숫자를 사용해서 설명했다. 이 땅에서는 정책상 '촌'이라고 구별되는 동부 독립의 '영주 관구'가 있고, 또한 폴란드인이 많이 들어와 있었다. 제국 총인구(1880~1885)가 3.5% 증가한 것에 비해, 주 인구는 1.25% 감소했다. 자세히 보면, 인구가 감소한 땅은 열악하고 쓸모없는 땅이 아니었고 반대로 비옥한 땅이었다. 인구 이동이 심한 곳은 기름진 대토지소유가 많은 지역—영주 관구!—이고, 유출된 사회 계층은 상비 노동자층이 중심이었다. (자세한 것은 나중에 설명) 이와 반대로 거친 땅의 촌에서는 인구가 증가한 데다 농민이 늘어났다.

이것에서 '민족' 시점을 겹쳐보면 '수준 높은 문화 지역을 세워 가는 것은 주로 독일 노동자층이며, 문화 수준이 낮은 지역에 늘어 가는 것은 주로 폴란드인 농민이다'라고 했다. 물질적으로는 비교적 혜택받은 지위를 보장받고 있는 거친 땅의 노동력이 유출되는 이유를 베버는 이렇게 판정했다. '태어나고 자란 영주 땅에서 노동자는 계속 주인의 종으로 있을 수밖에 없다. 아들이나 손자가 나아갈 길도 어차피 타인의 토지에 노역하는 것밖에 없다는 것.

먼 그들의 동경, 어렴풋하지만 규정되어 있지 않은 충동 속에서 원시적인 이상주의의 소망이 숨겨져 있다. 이것을 읽어 볼 수 없는 사람은 자유의 마력을 모른다.' 경제적 이해관계에 섞인 자유의 정신적 가치가 독일인 노동자층으로 하여금 고향을 떠나도록 한 것이다.

그러면 독일인 유출 대신에 폴란드인 영입으로 메워진다. 처음은 계절노동자로, 그리고 천천히 영주지의 외권인 소농으로. 낮은 정신적, 물질적 생활수준은 슬라브 폴란드인이 독일인에게 승리한 이유이다. 이것이 동엘베에서 민족이 도태한 내부 사정이었다. 그러면 무엇을 해야 할 것인가. 베버는 첫 번째로 동부 국경 폐쇄, 두 번째로 독일인 농민 촌락 창설 즉, 식민을 위한 국유지 확장을 주장했다. 이렇게 하여 이 정책적 주장의 근거가 바로 제2의 주제에 연결된다.

경제정책의 가치 기준

제2의 주제는 경제정책의 가치 기준에 대해서이다. 당시 경제학은 신흥학문이면서 '경제학적인 고찰 방법', '경제적 관점'이 다양한 분야에 진출해 있었다. 처음 법학 영역에서 일으키려고 했으나, 말하자면 유행의 경제학 교수가 된 베버는 다소 강한 의욕을 넘어서 이렇게 논한다. 경제학 연구가 진전해도 현상의 평가 기준이나 이상을 독자적으로 잡아 낼 수는 없다. 현재 있는 것(존재)의 분석이 해야 할 것(당위)을 보여 준다고 생각하는 것은 착각이다. 학자가 의식적으로 가치 판단은 단념할 수 있다고 생각하는 것도 그러한 착각이다. 보편성이라고 하는 경제적 관점에서 보자면 인간 존재의 '쾌고 대조표'의 개선이야말로 경제정책 유일의 목표가 될지도 모른다. 하지만 그것이 동엘베의 경제적 민족 투쟁에 대해 무엇을 말할 수 있을까. 전술에 있어서 베버의 두 제언은 경제정책에 의한 동부 독일인의 보호라고 하는 국민국가의 입장에서 생긴 것이다.

19세기 말의 민족의 각축이라고 하는 사태를 응시했던 베버의 국민주의적 주장은 강렬했다. '독일인의 국가 경제정책은 독일 경제 이론가의 가치 기준이 그런 것처럼 그저 독일적일 수밖에 없다.' '평화와 쾌적이 자손에게 물려주는 정표가 아니다. 우리 국민의 양식을 유지 배양하기 위한 영원한 투쟁이야말로 우리의 전별(餞別 : 떠나는 사람을 위하여 잔치를 베풀어 작별함)이다. 낙관적인 기대는 경계해야 한다. ……경제적인 발전 과정이 문제가 되는 경우, 경제정책이 봉사해야 하는 궁극적이고 결정적인 이해(利害)는 국민의 권리에 대한 이해이다. 경제정책에 관한 과학은 하나의 정치적인 과학이다. 그것은 정치의 시녀이다. 때때로 지배하는 권력자나 때때로 지배계층이 행하는 나날의 정치의 시녀가 아니라, 국민의 긴 세월에 걸친 권력 정치적 이해의 시녀이다.'

프라이부르크 대학교
베버는 1894년 경제학 교수로 취임하였다.

독일 국민의 정치적 성숙도

그러면 독일 국민은 정치적 관점—국민의 긴 세월에 걸친 권력 정치적 이해의 고려에 얼마나—에서 과연 얼마나 성숙하다고 말할 수 있을까. 그것이 제3의 주제가 된다. 그리고 융커(junker : 지방 호족, 프로이센과 동부 독일의 지주계층), 시민층, 프롤레타리아의 세 기본 계층이 각각 검토된다.

융커는 프로이센 왕조의 번병(藩屛 : 왕실을 수호 하는 제후)이었고, 지금도 정치적으로 특권적인 위치에 있다. 한때 이 토지 귀족이 정치적 지성의 중점을 인정받았고, 독일제국도 '위대한 융커' 비스마르크의 지도 아래에서 이루어졌지만, 지금 그들은 그 지위를 자기의 정치적·경제적 이익을 지키기 위해 이용한다. 그들이 과거 사회적 성격을 되살릴 가능성은 없고, 그들의 역사적 사명은 벌써 달성되었다.

'위험한 것 그리고 긴 시간에 걸쳐서 국민의 이해에 반대되는 것은, 경제적으로 망해 가는 계층이 정치적 지배권을 잡고 놓지 않는 것이다. 하지만 그것보다 더 위험한 것은 경제적 권력을 잡을 날이 다가오고 정치적 지배의 기대로 높아지고 있는 계층이, 정치적으로는 국가를 지도할 수 있을 만큼 성숙하지 못했을 때이다.'

베버는 스스로 그 일원이 될 책임이 있는 시민계급이 아직까지 성숙하지 않다고 생각하고 있었던 것 같다. 비스마르크의 국민 통일 사업 달성은 사람들에게 정치적 '만족'과, 독일 역사가 종점에 이르렀다고 하는 의식을 주었다. 그 속에서 자란 세대는 정치적 판단력조차 없는 것처럼 느껴졌다. 대시민층의 일부는 강력한 지도자에게 환호와 찬동을 보내게 된다. 다른 많은 대시민층이나 소시민층은 정치적 속물근성에서 벗어나지 못했고, 시대가 바라던 국가의 경제적 정치적 권력이해에 관심을 가질 상황이 아니었다. 경제적으로는 상승하고 있었던 그들의 정치적 미성숙은 긴 시간에 걸쳐서 정치 교육의 결여, 그들의 비정치적인 과거에 책임이 있었기 때문이다.

마지막으로 프롤레타리아는 어떤가.

'경제적으로 보면 독일 노동자계층의 최상층은 소유계급의 이기주의적인 망상보다도 훨씬 성숙되어 있고, 당연하게 그들은 공연하게 조직된 경제적 권력투쟁의 형식에 의해 자기의 이익을 획득하는 자유를 원하고 있다.'

하지만 정치적으로는 이것도 미성숙하다. 그들은 국민적 정열이나 권력 본능이 결여된 정치꾼 저널리스트를 지도자로 가지고 있을 뿐이다. 영국, 프랑스의 일부 노동자계급은 자국의 세계 권력적 지위라고 하는 정치적 요인 아래에서 훈련되어 왔으나, 독일 노동자계급은 경제적 교육 이상의 것을 가지고 있지 않고 속물근성을 청산하지 않았다. 그러한 그들에게 정치적 지도는 기대할 수 없다. 그것을 기대할 수 있는 정치적 감상을 갖춘 '노동 귀족'이 등장할 가능성은 먼 장래의 것으로 생각되었다. ―'현 상황의 위협은 시민적 계급이 국민의 권력 이해의 담당자로서의 영향력을 약화시키고 있는 듯이 여겨지며, 노동자층이 그에 대신해 성숙도를 보이지 못하고 있다는 것이다.'

그러면 어떻게 해야 될까. 국민의 정치적 교육을 추진하는 것, 이것이 베버의 답이었다. 그래서 '독일 역사학파의 문하생'을 자인한 그는 그 학파의 경제학에 젖어 있는 '윤리적' 사회 정책관을 강하게 비판하고, '역사에 대한 책임 의식'―후세의 그가 우리를 가리켜 선조라고 부를지 어떨지―을 책임과 의무라고 말하고, 젊은 세대가 이상을 향해서 매진하는 것에 의해 그 국민의 생명력이 보호된다고 주장하며 강연을 끝냈다.

이 강연은 '정책학은 정치의 시녀'라는 주장으로 너무나 유명하다. 앞에서 봐 온 것처럼 이 강연에서는 융커 비판, 정치적 성숙, '역사에 대한 책임'이라는 형태를 갖춘 내셔널리즘 등, 그 뒤 베버의 정치론을 관통하는 논점이 몇 가지 보인다. 덧붙여서 당위와 존재의 비연속(넓게 말하면 정치와 학문의 관계), 환경에 의해 키워지는 인간의 질이라고 하는 문제도 논의되었고, 방법론의 관점에서도 중요한 논점이 포함되어 있다.

동엘베 농업문제

취임 강연이 농업문제를 소재로 하여 시작된 데는 배경이 있다. 여기에서 그것을 조금 파헤쳐 보자. 베버는 사회정책학회에서 실시한 '독일의 농업 노동 사정' 설문 조사의 분석·검토를 위탁받았고, 동부 독일을 담당했다. 그는 900쪽에 달하는 대보고서를 제출했다. 그것이 《독일 엘베 강 이동지역에서의 농업노동자 사정》(1892)이라는 제목으로 공표되었고, 28세의 그는 일약 이 분야에서 이름을 떨치게 되었다. 계속해서 그는 복음사회파 회의에 있어서 앞서 조사를 보수할 사업의 안건을 세워 이를 실행한다. 이 일련의 작업을 통해서 그는 동부의 농업 문제를 깊이 이해하게 된다. 거기에는 독일 제국의 정치적·경제적 구성의 근저에 있는 중요 문제가 가로놓여 있었다.

독일은 1870년대의 불황 속에서 제국건설 이전부터의 자유무역 정책을 1879년에 버리고 높은 세율의 곡물·철 관세를 제정했다. 이것은 소비자의 이익을 없애고, 제국의 지주가 되는 동부 대지주와 서부 기업가의 이익을 보증하고 이들의 연대를 강화시켰다(철과 밀의 동맹). 그러나 독일 밀 생산의 열악함으로, 국제적 순위는 말할 수도 없을 만큼 동부 농업자는 부채에 허덕이고 있었다. 동부가 처한 위기의 내부 사정을 들여다보자.

동부에는 크고 작은 영주지가 다수 있고, 거주와 약간의 토지이용권을 부여받은 인스트로이테(정주(定住) 농민)가 주된 노동력이었다. 영주는 그들이 농사지은 총수확물의 일정 비율을 지급했는데, 이것이 그들 수입의 대부분을 차지했다. 이런 상황이 계속되는 한 그들은 영주와 '이해 공동태' 관계에 있었다. 또한 주에서는 '영주 관구'가 50%의 면적을 차지하고 있었으며, 이것은 영주가 자신의 영토의 재판, 행정권을 쥐고 특권적인 지위를 가지겠다고 하는 전근대적인 행정구였다.

융커라고 불리는 영주귀족은 장교나 관사가 되어서, 프로이센뿐만 아니라 제국의 정치적으로 주요한 지위를 점하고 있었다. 그들에게 영지는 신분에

맞는 생활을 하기 위한 근본일 뿐이었다. 그들은 군인이나 관사로서의 생활
도 있었기에 합리적인 농업경영에 대한 의식은 결여되어 있었다. 영지 상속
때에는 집안의 주요 성에서부터 영지를 분할하지 않고, 장남이 물려받고 장
남 이하에게는 현물을 주었으나, 영지를 저당으로 빌릴 수 있는 돈이 더 많
았다. 그때 장남 이외의 자식들에게는 상당히 불리한 상속법이 실시되었다.
19세기 말이 되면 노동력은 한때의 인스트로이테에서 임금노동자로 변해 가
고 '이해 공동태'의 유대관계는 무너져버려, 고용주와 노동자의 관계가 되어
갔다.

　농업 불황 속에서 밀 이외에 이익이 남는 사탕무를 재배하는 영주가 많아
졌다. 그러자 한동안 많은 노동력이 필요해지면서 폴란드인 계절노동자가
들어왔다. 노동자 부족에 대처하기 위해서 그들을 영지 부근에 살게 하고 농
업노동에 고용하는 일이 많아졌다. 그러한 속에서 곡가하락과 부채에서 고
민한 융커 구제책이 몇 가지 세워졌으나 다른 지방에서는 슬라브의 위협이
라고도 불렸다. 이것은 러시아의 보호령인 폴란드에서의 인구 유입으로 국
경에 있는 여러 주에서 독일인을 탈출하게 하는, 군사 정책상 좋지 않은 사
태라고 판단되었기 때문이다.

사회 구성 개조 플랜

　사회정책학회의 주류를 이루고 있는 슈모라와 그 제자 제링크들의 대응은
장자우선 상속법 실행과 국내 식민책이었다. 그리고 그 배경에는, 크고 작은
농장의 적절한 뒤섞임이 농촌 지역의 가장 안정된 모습이라는 이념이 있었다.

　이것에 대해서 베버는, 융커적 농장 경영의 자본주의화를 내버려 두는 것
은 좋지 않다, 또한 동부 국경 문제를 즉시 정치적 현안으로 우선해야 한다
는 독자 견해를 펼쳤다. 먼저 동부의 대중 농장이란 융커령이다. 여기에서의
자본주의화는 가부장적 관계 속에서 농업 프롤레타리아를 증대시킬 뿐이며,
베버의 이상이 되는 '자유로운 노동제도'는 실시되지 않는다. 게다가 현행법
에 의한 '소농 창설=식민정책'은 자립된 소농 경영을 보장하는 것이 아니
고, 대신 소토지에 묶인 농민이 영주지에서의 임금노동을 하지 않으면 안 되
게 만들어 결국 융커의 노동력 부족 문제 해결에만 도움이 되게 된 것이다.

　그는 효율이 나쁜 중소 융커 경영을 더 이상 유지할 필요가 없다고 생각했

다. 추구해야 할 식민책은 토지개량을 시행한 국유지에 생존 가능한 규모의 소농을 창설하고, 영주라는 신분을 없애고, 농민 촌락을 만드는 것이다. 일자상속법(一子相續法)은 융커 농장에서가 아니라 이 농민지에서만 적용되어야 하고, 경영이 부진한 영주토지는 국유지로 해야 한다. 소농은 시장을 겨냥하는 것이 아니라 자가 소비용의 곡물을 생산하므로, 국제적 곡가하락에 영향받지 않는 생존 능력을 가진다. 또한 그들 속에서 뛰어난 경영자가 나오면 규모를 확대하고 소작을 맡길 수도 있다. 그러나 이번에는 봉건적이지 않은 계약관계가 체결되고 누구에게나 상승 가능성이 열려 있으므로, 상비노동자보다 생활은 힘들더라도 자유를 추구하여 서부로 탈출하는 일 없이 머무르게 될 것이다.

이 독일인 소농의 두터운 주민층이 동부에 존재하는 것이야말로 국경 지대의 국민국가적 군사정책에 가장 알맞은 것이다. 베버는 대농 경영이 소농을 뛰어넘는 효율성이 있음을 인정한다. 따라서 대 융커 영지에 대해서는 지주—소작적 대차지농(小作的大借地農)—농업노동자라고 하는 영국형 근대화 노선을 제언한 것이다. 그렇게 되면 곡가 변동의 위험이 융커뿐만 아니라 여러 계급에 분산되기 때문이다. 베버의 동엘베 사회 구성 개조 계획은 자본주의화로 방목하고 허락하는 것이 아니라, 이상과 같이 정치적 시점을 상위에 두고 근대화를 이행하는 독일의 곤란한 과제에 정면으로 답을 내리려고 한 것이었다. —하지만 현실에서는 융커의 특수 이해를 용납하는 형식으로 식민이 이행되고 있었다.

올덴베르크의 주장

1890년 비스마르크 실각 뒤에 제국 제상이 된 카프리비는 그때까지의 고율 보호관세를 수정한 '신항로' 정책을 내놓고 새로운 조약을 체결했다. 그것은 동유럽 제국에서의 밀, 호밀유입 관세를 톤당 50마르크에서 35마르크로 내린 것이었다. 이에 반대하는 사람들은 1893년에 '농업자동맹'을 결성하여 대운동을 전개했다. 20세기 첫무렵의 조약 개정기를 노려서 1890년대 말에는 관세개혁을 둘러싸고 논쟁이 활발해졌다. 말하자면 '공업국' 논쟁이다.

학자 세계에서 그 논쟁의 불을 붙인 것은 칼 올덴베르크로, 그는 1897년

6월 10일 제8회 복음사회파 회의에서 '공업국으로서의 독일'을 주제로 보고했다. 베버도 출석하여 그 보고를 듣고, 바로 올덴베르크에 대한 비판 발언을 한다. 이것을 단서로 하여 그가 독일 경제 전망을 어떻게 보고 있었는지 조금 논의해 보도록 하자.

올덴베르크는 이렇게 말했다. 독일은 지금은 공업국으로서의 길을 추진하고 있으나, 그것은 국민에게 장기적 전망을 주는 것이 아니다. 먼저 온대국=공업, 열대국=농업(식량, 원료 생산)이라고 하는 국제 분업관은 최초의 공업국가인 영국에 의한 것이고, 지금으로서는 공업국 간 경쟁이 심하고 또한 중립 발전국 뿐만 아니라 공업화에 애초부터 적절하지 않다고 믿어져 왔던 인도와 같은 열대국조차 공업화를 전개해 가고 있다. 제품의 판로를 둘러싸고 경쟁은 심해지고, 시장은 불안정해질 수밖에 없다. 더욱이 위험스러운 것은 장래 안정된 식량공급이 어려워지는 사태이다. 공업국이 되면 인구는 유입 곡물에 의지하게 된다. 즉 외국에서 생산된 것이다. 살기 위해서는 공업제품의 유출을 장려해야 하나 그 판로는 벌써 위험해지고 있는 것이다. 현재의 관세정책—낮은 곡물관세로 외국의 밀을 사고 대신 독일의 공업제품을 파는—으로는 독일 장래를 보장할 수 없다. 오히려 국내 농업을 강화하는 것으로 확실한 '국내시장'을 양성해야 한다. 국가 경제의 토대는 식량 생산에 해당하는 농업이며, 2계 부분을 담당하는 공업이 확대되는 만큼 불상응에 유출공업의 비대화가 되는 것은 위험하다. 농업의 확충은 과잉 공업노동력을 흡수하고 그것에 의해 실업이나 저임금 완화라고 하는 효과를 가지므로 노동자계급의 이익도 된다. 세계 경제의 구조변화 속에서 벌써 유출공업진흥이 아니라 농업균형 독일 국민 경제를 만들어 내는 것—그것이 올덴베르크의 주장이었다.

발전을 방해하는 고질병

베버는 반론한다. 먼저 독일 공업이 유출하는 곳은 열대의 후진국이 아니라 영국을 중심으로 하는 공업국이다. 선진 공업국 간의 분업의 중요성을 무시하고 독일 공업 발전의 미래를 비관적으로 보는 것은—나도 낙관적으로 볼 생각은 없으나—잘못이다. 지금 자본주의적 발전은 피할 수 없는 우리의 운명이다. 그 속에서 올덴베르크가 말하는 '국내시장론'이 현실적으로 의미하는 것은 무엇인가. 국내에서 기업 투자 활동을 억제하면 뛰어난 노동력이나 자금이 유출되고, 외국으로부터 이자를 받는 자본과 나태한 기업이 남을 뿐이다. 하지만 그들 '자본가=지배층'은 국내에서 비스마르크가 한때 행한 것과 같이 '농공' 연대보호책 아래에서 높은 식량, 제품가격을 가지고 '노동자=피지배층'의 수확을 강화하는 것이 될 뿐이다. 그것은 위에서의 계급투쟁의 격화일 뿐이다. 게다가 대공업 시민층을 대영지소유자 이해에 유입하는 '시민적 자본의 봉건화'가 일어날 것이다.

이것이 원하는 바일까. 농업의 진흥에 대해서 말하자면, 그것이 의미하는 바를 확실히 생각해야 한다. 식량 자급을 추구하는 것이라면, 동부의 잉여 곡물을 서부에 공급하는 것으로, 동부에서는 보다 적은 인원으로 보다 많은 산출을 낼 수 있는 대경영이 행해져야 한다. 따라서 계속해서 동부에서 서부로 인구 유출이 진행되어 과잉 공업노동인구가 증가할 것이다. 거기에서 고용기회를 제공할 수 있는 것은 공업의 발달뿐이다. 농업인구를 증가시켜야 한다고 말한다면, 동부의 인구가 증가하면 할수록 서부에 돌아오는 곡물은 적어지게 되어 서부 공업노동자에게 필요한 곡물을 들여와야 한다. 그것을 위해서도 유출은 필요하다. 어떻게 해도 올덴베르크가 한 말은 해결책이 못 된다. 그의 주장은—의도가 무엇이든지 간에—실천적으로는 곡물관세 인상에 가세하여 결과적으로 융커적 이익에 이바지하는 것이며, 공업 자본의 활력을 약하게 하는 것이다. 공업국화는 확실히 자국의 고용기회를 외국 시장에 의뢰하게 되고 위험스럽기도 하다. 하지만 독일에 필요한 것은 위대한 국민으로서 그 위험을 짊어지는 것이다.

'농업입국론'의 올덴베르크에 대해서 베버는 언뜻 공업국론자로 보인다. 하지만 앞서 본 그의 농정론을 생각하면 그렇게 간단히 말할 수 없다. 동부 농업 구성의 기조와 서부 공업 활동의 촉진에서 보듯 엘베의 동과 서는 확실히 다르다. 베버는 독일제국 사회가 풀어야 할 이런 동서 과제를 시대의 요청 아래에서 명확하게 하고, 그에 응하려고 한다. 그리고 동서를 하나의 국경선 내에 품고 있는 독일의 권력적 이해와 역사에의 책임을 용감하게 견지하는 것, 이런 것이 민족주의자 베버의 태도였다. 여기에는 올덴베르크의 '국내 시장론'과는 다른 형태이기는 하지만 국내 시장론을 볼 가능성도 있지 않을까. 그것은 동부의 농지개혁에 의한 독일 국내 시장의 심화를 예상시킨다.

베버의 눈에는 융커적 이해야말로 독일 발전을 방해하는 고질병으로 비쳤다. 그의 코는 일자상속법, 가산법, 거래처 개혁문제, 향후에는 세습재산 법안이나 선거법 개악책에 이르기까지 어떤 영역에서도 실로 예민했다.

사회정책학회와 공업노동자

악명 높은 영업 조령 153조

노동운동과 사회정책에 대한 베버의 입장을 검토할 때, 가장 좋은 근거는 1905년 만하임에서 열린 사회정책학회에서의 발언일 것이다. 학회 2일간(9월 26일)의 주제는 '사적 대경영에서의 노동관계'였다. 그해 1월 독일제국의 노동운동 사상 최대라고 할 룰 탄광 쟁의가 일어났다. 그것은 노동자 약 20만 명이 참가한 파업으로, 외국인 노동자도 파업에 투입되어 고용자측과 대응, 정부의 개입과 광산법 개정을 내세웠다. 그 쟁의 모습과 러시아 2월 혁명의 충격으로 독일사회민주당 내의 제네스토 의론이 격화되는 상황에서 학회가 위 주제를 들고 나온 것이다.

그날 기조 보고를 한 사람은 학회에서도 '좌파'의 대표격이며, 베버를 비롯한 젊은 세대를 지도하고 있던 루요 브렌타노였다. 그는 '노동의 매수=노동자와 매수=고용'이 먼저 대등해져야 하지만, 이 노동력이라고 하는 상품이 다른 상품과는 달리 수요를 초과한 공급 때문에 '가격저하=저임금'을 도의적으로 당하는 생산비, 즉 생활비 이하의 임금이 강요되어버리기 때문에, 진정한 대등한 관계를 가지기 위해서는 노동자의 단결이 필요하다고 했다. 또한 노동을 지휘하는 자가 노동자의 인격까지도 지배하게 되기 때문에, 그 지배에 법적 제약이 필요하고 노동자 보호 입법이 요청된다고 말했다.

여기에서 독일제국의 악명 높은 영업 조령 153조에 대해서 언급하겠다. 당시의 노동관계에 관한 법규로서는 제국 영업 조령이라고 하는 것이 있었고, 그 152조 1항은 한때 단결 금지령의 폐지를 고발하였다. 단결하는 자유는 인정받았지만, 동조 2항에서는 단결하지 않는 자유를 법적으로 보호하고 있다. 다시 말하면 '전 항의 약정 또는 동맹에 참가하는 자는 모든 자유로부터 탈퇴하는 것이 가능하다. 탈퇴를 이유로 하는 고소 또는 항변은 허락되지 않는다.' 그리고 문제의 153조에서 이렇게 규정한다.

'신체에 대한 강제·협박·명예 훼손 또는 동맹 절교의 수단으로, 타인에 대해서 전 조에 내건 약정에 참가하거나 복종할 것을 종용하도록 결의시키거나 결의하려고 꾀하는 것, 또는 약정에서 탈퇴하려는 것을 같은 수단으로 방해하거나 방해하도록 종용하는 것은, 일반형법상 더욱 무거운 형벌에 해당되는 경우를 빼고 3개월 이하의 금고에 처한다.'

이러한 조항은 '파업 와해=노동 희망자'를 법적으로 보호하고, 노동협약을 노리는 단결활동의 실질적 차단을 노리고 있다. 비스마르크의 '사탕=보건법'을 축으로 하는 사회입법과 '채찍=사회주의 진압법' 속에서 그의 실각 뒤 '채찍'이 폐지되었지만, 정부는 여전히 '단결의 자유'를 원하는 사회개량의 주장을 사회주의적이라 보고 노동자 탄압책을 계속했고, 153조를 더욱더 개악하도록 국회에 몇 번이고 제출했다. 그것은 보수당 이외의 반대에 부딪쳐서 부결되었다.

'성격학적으로 어떤 인간이 될 것인가'

브렌타노의 언급된 주장은 153조의 예외 규정(일반형법 이상 가별 규정) 폐지, 단결하지 않는 자뿐만 아니라 단결하는 자에 대해서의 법적 보호, 노사조직 대표자에 의한 노동조건 협의=집단적 노동협약 강제 확립, 그러기 위해서 모든 노동자를 포괄하는 영업 부분별로 조직 창립이라는 구체적 제안을 하기에 이른다. 노사대등, 단결권 승인, 그리고 집단적 노동협약의 법적 확립이라는 방향은 과연 노동관계에 있어서도 근대화를 추구하는 '좌파' 브렌타노에 어울린다는 생각이 든다.

그러면 베버는 어떤 견해를 가지고 있었을까. 가부장주의적 고용주의 노조 적대시를 비판하고 진보적인 사회개량을 원하는 것은 그도 브렌타노와 같았다. 하지만 브렌타노가 법 개정에 의한 노동관계의 근대화를 원했던 것과 비교해서, 베버는 사태를 단순하게 경제 영역의 문제로 보는 것에 그치지 않고 독일 사회의 문화—정치적 전통에 걸려 있는 것으로 보고, 노동자의 '자조(自助 : 스스로 자 기를 도움)' 원칙에 근거하는 단결에 대해서 높은 사회적 가치를 인정하고 있었다.

그의 구체적 제안은 153조의 예외 규정을 폐지하고 일반형법에 근거하는 것, 그리고 '일반형법은 비행과 공포를 동반한 협박 행위가 있으면 그것만으로 벌칙을 적용할 수 있는 것이나, 유형의 장해를 동반하는 협박 행위만으로도 벌칙을 적용하는 것이 가능하다'라고 하는 형태에서의 협박 행위의 한정, 더욱이 고용주 측에 대해서도 노동자를 해약고지에서 처하는 것에 대한 벌칙을 동등하게 설정할 것 등이다. 쟁의에 관하는 법적 제재에도 노사 대등을 철저히 할 것 등이 요점이었다. 베버의 진면목은 그 앞에 있었다.

그는 이렇게 말한다.

"오늘 이 회장에서 토론하려는 사회정책 문제에 관해서 의사 소통을 하려는 경우, 무엇보다도 먼저 확실히 알아야 할 것이 있다. 그것은 입법상의 조치를 문제로 해야 할 경우에 각자가 어떤 최후적인 가치에 있는가 하는 것이다. 여기에서 나는 어떻게라고 하거나, 나에게 있어서는 어떤가라는 질문이 문제가 되는 것을 여기에서 확인할 것이다. 즉 오늘 의논되는 것과 같은 법적, 또는 사실적인 생활조건 속에 우리 인간은—유행하는 말을 사용하자면—'성격학적'으로 어떤 인간이 될 것인가 하는 것이다." 독일의 취업 규칙에 잘 보이는 '이런 것을 하는 자는 처벌 된다', '이것을 처음 하는 자는 견책에 처하고, 또 저지르면 벌금을 매긴다.' 이런 표현은 그야말로 경찰의 말이 아닌가. 고용주는 경영 관리의 권력을 쥐는 것에 그치지 않고 '타인을 복종시키는 것이 외부에서 봐도 알 정도가 아니면 인정하지 않겠다'라는 것이며, 권력의 '위선' 추구에 기를 쓰고 있는 것이다. 이러한 성격의 형성에는 독일의 정치적 전통이 영향을 미치고 있다. "독일 국가 시민이 독일 국내에서 공개적으로 정치적 발언을 하는 것이 적어지면 적어질수록, 독일의 통치가 독일 국가 시민의 머리를 통해서 행해지면 행해질수록, 독일 국가 시민이 정치의 대상 이외에 아무것도 아니게 되면 될수록, 그것만 좋으면 독일 국가 시민은 자신이 어쨌든 가장인 장소에서—대경영도 그야말로 그러한 장소이다—그곳에 있을 때 자신의 부하에 대해서 자신도 확실히 무언가를 발언할 수 있다는 것, 그것을 들은 자는 복종해야만 한다는 것을 느끼려는 것이다. ……그것은 또한 우리나라 노동인구의 성격을 망치는 것이고 그 범주에 들어가는 것이 오늘의 주제인 우리나라의 현행 노동법이기도 하다."

'할머니를 위한 법률'과 브렌타노 비판

노동자에게 이러한 조건은 어떻게 작용할까. 그는 문제의 소재를 상징적으로 지적했다. '수년 전 학회에서 교수가 이렇게 말했습니다. "오늘 한 명의 파업자가 취업 희망자에게, 만약 단결해서 파업을 하지 않는다면 우리 아우구스테는 이후 당신과는 댄스를 추지 않겠다라고 한다면, 그는 처벌된다." 농담을 하는 게 아니고 이러한 법률이 독일에 있다는 사실은 나의 주관적인 느낌으로 말하자면, 치욕 이외의 아무것도 아닙니다. 이것은 할머니를 위한 법률입니다. 이것은 역병을 보호하는 것입니다.'

브렌타노(1844~1931)
독일의 경제학자.

역병을 보호하는 할머니를 위한 법률(153조를 일컫는 것) 아래에서는 독일 국가 정치의 객체, 신민은 성장해도 정치의 주체, 주인공은 성장하지 않는다. 이런 풍토를 타파하기 위해서는, 위에 말한 법 개정에 의해 노동자의 자유로운 단결 조합 활동을 적어도 제도적으로 보장해야 한다.

그러나 자유로운 활동을 보장하는 것과 노동자 전원을 포괄하는 강제적 노동조합의 설립은 같은 것이 아니다. 여기에서 베버는 브렌타노의 제안 가운데 하나인 집단적 노동협약의 강제 기관 설립을 비판하는 것이다. 브렌타노의 안이 실시될 경우 '실제로 바로 문제를 본다면 결과는 이렇다. 국가는 어딘가에서 노동쟁의가 생긴 경우(해당 산업에 속하는) 경영을 모두 한 번에 정지시킨다. 그렇게 하지 않으면 강제 기관의 의미가 전혀 없다. 그러니까 이런 경우 국가는 당해 산업의 노동자 전원에 대해서, 일하고 싶다고 생각하는 자에 대해서도 노동을 계속하지 못하게 하는 것이다. 그것뿐만이 아니다. 국가는 노동자의 요구를 수용하려고 하는 고용주에 대해서도 공동의 협정을 체결하지 않고는—단독으로—그렇게 하는 것을 금지하고 있다. 이런 다음에는 이미 고용주 단체에서 크건 작건 행하고 있는 것을 공식으로 명령하는 것에 그칠 뿐이다. 국가는 이러한 명백하게 취업 희망자(문제)도, 그 밖의 여러 문제도 너무 간단하게 정리해버리고 이렇게 말한다.

"자, 이렇게 되면 누가 길게 가는지 기다리기만 하면 된다."

노동쟁의에 대해서 국가가 개입하고 결과로서 국가에 의한 임금 통제도

나오게 된다. '좌파'의 대표격인 브렌타노도 젊은 세대의 베버가 보자면 슈몰러와 같은 구세대의 한 명으로서, 결국은 '위에서' 정책을 결정하는 것이라고 생각한다는 점에서 비판되는 것이다.

베버의 관심에서 문제는 오히려 다음의 것이다. 강제 기관의 설립과 국가의 개입이 되었을 때에는 파업이 벌써 정치적 견지에서, 현실적으로 말하면 정당 정치적 견지에서밖에 안 보인다. 그렇게 되면 본래적으로 경제적 견지에서 자유롭게 단결하고 파업을 검토한다고 하는 노동조합 고유의 의의는 어떻게 되는 것인가. 노동자가 조합에 기대어 자발적으로 생기 있는 관심과 그것을 기초로 하는 조합의 자유로운 '자기결정' 자조의 원칙은 어떻게 되는 것인가. 그는 정당과 조합 정치와 경제의 분단을 말하는 것이 아니다. 국가 개입으로는 원하는 바가 아닌 통치의 객체로부터 주체에의 전환의 계기를 조합에게 집중하는 노동자의 자발성, 자주원칙에 기대고자 하는 것이다.

노동조합과 사회민주당

그러면 베버는 당과 조합의 관계에 대해서 어떤 견지를 가지고 있을까. 그는 마지막 발언에서 이렇게 말했다.

"나의 개인적인 입장은 정직한 부분이 결핍되어 있습니다. 노동조합이 자유에 투쟁하는 것으로 얻을 수 있는 것이 많든 적든 그런 것은 관계없이 나에게 노동조합은 한낱 고유의 가치일 뿐입니다. 노동조합은 예를 들면—아니 예를 들면이라고 말하고 있지만, 이것은 나에게 결정적으로 중요한 것입니다.—노동조합은 사회민주당 내부에서 굶주리지 않는 유일한 존재입니다. 사회민주당은 지금부터 기성세대 사이에 존재하는, 생각하지 않으면 안 되는, 앞으로 계속 대중의 교육을 독점하는 정당입니다. 노동조합이 정당을 파괴한다는 것은 생각할 수도 없습니다. 그것은 바보 같은 환상입니다. 노동자와 교제한 적이 있는 사람이라면 누구라도 프로이센의 국가와 경찰을 상대로 한 일상 투쟁이 정당을 등에 업을 수밖에 없다는 것, 정당이 없는 경우에는 노동조합을 위해서 정당이 만들어져야 한다는 것을 알고 있습니다. 하지만 노동자는 이 정당이 미국형으로 가는 것을 허락하지 않을 것입니다. 사회민주당 내부에서 이상주의적인 노동과 이상주의적인 신념 모두는 단 하나, 노동조합의 본질을 위협하는 제안은 일절 거부합니다. 설령 노동자의 물질적 이익에 호소하든가 그런 것은 문제가 안 됩니다."

여기에서 우리는 베버의 사회민주당에 대한 관점을 어느 정도 봐둘 필요가 있다.

1907년 학회 대회 발언에서 베버는 전년의 사회민주당 대회를 봤을 때의 감상을 말했다.

"방청인으로 이 당 대회에 온 러시아의 사회주의자들은 '혁명'당을 자임하는 이 당을 독일의 가장 막강한 문화적 사업에서 전 세계의 먼 혁명적 장래의 단서라고 존경했으나, 대회를 눈앞에 보고 질려서 돌아가버렸습니다. 그곳에는 멍청해 보이는 여관 주인의 얼굴, 소시민의 면상이 잔뜩 모여 있었기 때문입니다. 혁명적 열광은 어디에도 눈에 띄지 않고, 공식적으로 투덜투덜 불평을 내뱉고 있는 힘 빠지는 촌론과 그것에 대한 궤변을 뒤엎을 반론조차 없었습니다. ……사회민주당에 대한 공포—라고 해도, 그 당이 현실적인 권력 수단을 갖추지 못해 정치적으로 무력하다는 것은 보려고 생각만 하면 누구의 눈에도 오늘날 드디어 자명해졌으나—어쨌든 그 당에 대한 공포에서 또한 제후의 가슴에 서렸음이 분명한 것은 그리하여 당에서 송두리째 잃어버리고 있다고, 이렇게 나는 보고 있습니다."

사회민주당은 두려워할 당이 아니다. 현대 사회를 관통하는 관료제화의 움직임은 이 당도 빠져 나갈 수 없다. 사회주의라고 하는 이념, 세계관을 들어 그것을 위해서 사는 사람들도 확실히 있지만, 지금은 대규모가 된 당은 그 대조직의 존속을 생계의 원천으로 하는 한 무리의 사람들을 끌어안고, 역으로 그 사람들의 관심에 의해 존속되고 있다. 정당의 관료제화가 이 당에 있어서 정도의 진전을 본 것은 다른 곳에서는 없었다.

따라서 여러 가지 방해에 저항해서 사회민주당이 지방자치체로 권력을 장악하면서 현재 그 사태를 걱정할 필요는 없으며, 선거법 개악에서 보수파후대를 획책하려는 것이다. 사회주의자의 자치체 레벨에서의 경제정책상의 실험은 사회주의에의 신뢰를 배신하는 것이 될 뿐이며, 그들이 현실적으로 행동한다면 그런 일은 하지 않을 것이다. 자치체 번영을 목적으로 한 중상주의 정책의 채용을 둘러싸고 논의가 오늘 여기저기에서 행해지고 있으나, '……이 점에서도 사회주의적 행정에 새로운 것은 아무것도 없다. 신선함은 동기에만 있다. 즉, 오늘의 시민적 통치를 행하는 변경 마을에서 이러한 정책이 채용되는 이유는, 억지로 세금을 내는 시민이 마을에서 공장이 많으면 많을수록 조세액이 분할되고 지대도 높이 상승할 것이라고 내다볼 수 있으나, 사회주의적인 마을의 관청에서 그것과 완전히 같은 중상주의 정책을 채용하는 이유는 노동자의 활동 반경을 넓혀서 생활 상태를 개선하는 것에 있다. 그것만이 다르다. 그 이외에는 경제정책의 분야에서 사회주의적 도시행정과 시민적 도시행정의 사이에서 오랜 시간에 거쳐 원리적인 차이가 느껴질지 어떨지에 대해서는 의심스럽게 생각한다. 자본의 말살이나 유산자의 자산을 강제로 빼앗는 것과 같은 차이를 만들어 내는 것만은 분명하다.'

노동조합의 '한 개의 고유가치'

오히려 그들을 '제국의 적=비국민시'하는 것은 혁명적 이데올로기의 선전을 밥벌이로 하는 사람들을 즐겁게 할 뿐이고, 사회민주당 지지자를 시민사회에서 소외시켜 독일의 국민적 정치 통합을 방해하는 것이 된다. 따라서 그들의 지방행정 권력 장악이 진행되면 그들도 시민사회 담당자로서의 지위를 얻을 것이며, 당의 성격도 변화할 것이다. 베버는 베른슈타인의 지도 아래에서 벌써 남독일의 강력해진 사회민주당 내의 수정주의가 일어섬을 한편으로 보면서 사회정책학회 내의 반동파를 견제한 것이다.

"현재 이미 사회민주당 관료제 내부의 대립은 누구의 눈에도 명확합니다. 그것에 더해서 한쪽은 직업정치가의 물질적인 생계 관심과 한쪽은 혁명적 이데올로기와의 대립이 자유로운 전개를 보이게 될 때, 더욱 사회민주당원이 현재와 같은 재향군인회에서 추방되는 것이 없어질 때, 사회민주당원이 지금 배척되고 있는 교회정치 관여를 허락받을 때, 그때 처음으로 당의 중대한 내부 문제가 시작될 것입니다. 그때 처음으로 혁명의 바이러스는 실제 용의하지 않는 위험에 휩쓸릴 것입니다. 그때 처음으로 이렇게 해서 사회민주당이 도시나 국가를 정복하는 것이 아니라, 반대로 국가가 이 당을 정복하는 것이라는 것을 알게 될 것입니다. 나에게 합점(合点)이 없는 것은 시민사회 그것 자체가 왜 이 사태를 위험이라고 느껴야만 하는가 하는 점입니다."

이렇게 사회민주당을 체제의 적으로서 정치적으로 차별하는 것은 대중 민주주의적 상황의 진전 아래에서 이미 선택할 수 없는 방법이라는 것이 밝혀짐과 동시에, 그 당도 사회 관료제화의 파도 밖에 있는 것이 아님을 나타낸다. 그 현대 상황에 있어서 문제의 핵심을 베버는 이렇게 정식화한다.

"가장 중요한 문제는, 우리가 어떻게 이 발전을 좀더 추진하고 촉진할 수 있느냐가 아니라, 이 기구에 무엇을 대항시킬 수 있느냐 하는 것입니다." (1909년의 대회에서의 발언)

당과 조합의 관계에 대해서 그의 태도도 실은 이 기본적 관심에 의한 것이다. 베버는 '이상주의적인 노동과 이상주의적인 신념의 보루'는 노동조합 이외에는 없다고 했다. 물질적 이해관심에 지지하는 정당 관료기구에 저항해야 하는 존재, 즉 인간의 영혼과 자유에의 의지의 담당자로서의 이상주의가 대중 안에서 키워질 경우를 노동조합으로 본 것이다. 그리고 그것이야말로 노동조합이 가지는 '한 개의 고유가치'가 되는 것이다.

사회정책학회의 공업노동자 조사

1907년 막스의 남동생 알프레드가 프라하 대학교에서 하이델베르크 대학교로 초빙되었다. 형제는 공동 연구에 대한 이야기를 진행시켰다. 마리안네의 전언에서 그 사정을 살펴보자.

막스는 빌레펠트의 동남 십수 킬로에 있는 에링하우젠의, 큰아버지가 경영하는 아마직물 공장에서 조사를 시작했다. '1908년 여름, 그는 몇 주간 친척 집에 머무르면서 공장 임금장부나 타임리코더를 자세히 살펴보고, 직공의 시간당, 일당, 주당 생산량을 꼼꼼히 계산해서 생산량 변동의 심리물리적인 원인으로 규명하려고 했다.' 그리고 알프레드에게 편지를 보냈다.

'……통속적인 제목을 붙이려고 하면 아마도 '근대 대공장에서의 정신노동 상태'라고 하는 표제라도 붙여질 법한 일련의 조사를 사회정책학회가 시작할 수 있도록 나는 제안할 생각이다. 각 공장의 내적 구조를 노동 숙련성의 정도와 성질, 노동자의 안정도, 직업기회, 직업 이동 등에 관련시키고, 그 '형태적'인 면에서, 공업에 의해 행해지는 심리적 생리적인 도태, 각각의 공업에 있어서의 도태의 경향, 또한 반대로 선천적인 것으로 배워서 몸에 익힌 것이라도, 주민의 심리적 생리적 특성이 그 도태에 기대는 조건의 문제에 접근한 것을 나는 생각하고 있다.'

올덴베르크를 비판할 때 본 것처럼, 베버는 자본주의적 발전을 불가피하다고 봤다. 그리고 그 발전이 노동자에 대해서 어떻게 작용하는가, 또한 반대로 노동자가 안고 있는 요인이 대공업에 어떤 영향을 미치는가에 주목해 왔다. 1907년에는 알프레드가 사회정책학회 위원회에서 학회로서 그 문제에 맞설 것을 제안하고 성공했다. 막스의 에링하우젠에서의 조사는 이러한 파격 속에서 행해진 것이다. 그는 학회에서 해야 할 조사를 위해 〈방법서설〉을 쓰고, 스스로의 조사 성과를 대논문 〈공업노동의 심리물리학〉(1909)으로 발표했다.

학회 조사에는 젊은 연구자가 나섰고, 사회정책학회 잡지에 13가지 보고가 발표되었다. 조사는 베를린의 정밀기계, 프랑크푸르트 근방의 피혁, 바덴의 석재, 슈투트가르트의 자동차 등 독일 각지(빈 포함)의 여러 공장에서 뮌헨의 여공을 대상으로 했다. 그 조사 보고는 현재에도 독일 경제사 연구의 사료로서 큰 의의를 가지고 있다. 학회는 1911년 10월의 뉘른베르크 대회에서 이 문제를 둘러싸고 토론했다.

하이델베르크의 여학생 마리 베르나이스는 이 조사에서 그라트바하의 방적직포공장과 슈파이야의 방적공장에 대한 보고서를 내었고, 대회 당일에도 오바라인의 방적공업에 대해서 구두 발표를 했다. 더욱이 대회 조사 모두를 정리한 논문을 〈잡지〉(나중에 설명)에 실었다. 그녀는 그라트바하 공장 조사에서는 신분을 속이고 공장에서 수주 간 여공으로 일하며 공장 내 실태나 노동자 의식 파악에 주력했다. 그 결과, 다른 보고에 보이지 않는 상세한 기술을 할 수 있었다. 베버도 사회의 결산, 영업보고서에 눈을 돌려 깊은 관심으로 마리를 지도했다.

그녀의 보고에서 알 수 있는 조사 사항으로는 노동자의 성별, 연령, 직종, 입사 연월, 입사시의 연령, 출생지, 종파, 부친·친할아버지의 직업, 부친의 출생지, 직업선택의 이유, 전 근무지, 거주지, 직종의 변경 횟수와 변경 이유, 남자 노동자 및 그 부친의 병역검사의 부합, 거주형태, 혼인여부, 기혼자의 결혼연령, 자식의 수, 유아 사망수, 아들의 직업, 휴일을 보내는 방법, 바라는 직업(남자), 공장에 계속 있고 싶은가. 다른 일이 하고 싶은가(여자). 생산량과 임금과의 변동(계절, 주, 일의 변화), 어린 시절 거주지, 피로감·'긴장감'의 유무, 향상의욕 등이 있다. 그리고 이 항목의 복수를 조합해서 여러 자료를 얻고 있다. (방적공은 직포공보다 젊었을 때 공장 이동이 잦으나 출생지에 의해 임금변동의 폭이 다르다 등)

베버의 목적

베버는 이 조사에서 무엇을 노리고 있었던 것일까. 〈방법서설〉, 정확하게는 〈봉쇄적 대공업 노동자의 적응과 도태(직업선택과 직업운명)에 관한 사회정치학회의 조사를 위한 방법서설〉(1908)에서 그는 말한다. "한쪽에서 하는 봉쇄적 대공업은 그 노동자의 인격적 특질, 직업적 생애 및 직업 외의 '생활양식'에 어떤 영향을 주는가, 어떤 육체적 또는 심리적인 질을 그들 속에서 발달시킬까, 또한 그러한 질이 노동자의 생활 태도의 모든 것에 어느 정도로 나타나는가—다른 방향에서는 대공업 쪽에서 봤을 때 대공업의 발전 가능성과 방향 등, 노동자의 민족적·사회적·문화적인 출신이나 전통 및 생활 조건에 의해서 만들어진 그들의 일정 질에 어느 정도까지 결부될 수 있겠는가……"

봉쇄적 대공업이란 공장제 기계공업의 대경영이며, 선대제(先貸制 : 상인이 수공업자에게 원료나 임금 등을 먼저 지불하여 물품을 생산시키는 체계) 아래에서 원료 공급과 제품 판매를 타인에게 위임했다(＝해방적). 가내공업 경영 등과는 구별되는 것이다. 또한 먼저 기계체계에 바로 노동 분할이 시행되었다. 또한 기술개량보다 고도의 기계화를 추구하는 합리적 경영이 되었다. 따라서 '모든 종류의 질을 가진 모든 종류의 노동자가 이러한 기술적 변혁에 의해 한 번에 배제되고 다른 면에서는 양성될까……, 자본 수요의 양과 종류에 의존하는 그 공업의 일반적 경제적 기초에 의해 이것이 어느 정도까지 제약될까'가 중요한 점이 된다.

그리고 거기에서 여러 문제가 생길 것이다. 노동자의 도태를 촉진하는 조건은 무엇인가. 자본의 구성, 회전이나 상업의 '표준화'가 가진 특성이 노동자의 내부 조직, 직업적 생애, 적성에 어떤 영향을 줄까. 어떤 업종 어떤 지역의 경영이 어디에서 어떤 질의 노동력을 모집하게 될까(노동시장의 문제). 노동자의 기술습득 과정은 어떨까. 노동자의 지역적, 민족적, 사회적, 문화적 출신 차이가 그 습득능력에 어떻게 영향을 미칠까. '숙련'의 형식 및 '미숙련'의 관계 등등. 여기에서 보는 한 베버는 노동자라고 하는 시각에서, 독일 자본주의 전개의 양태를 경영 내부라고 하는 미시적 관점과, 노동 시장의 구조나 노동자 단계의 편성비에 재생산이라고 하는 거시적 관심 두 방향에서 검토하려는 자세를 가지고 있었다는 것을 알 수 있다.

'사회과학적'인 연구

베버의 연구를 보자. '편견을 갖지 않는 기업가는, 일반적으로 사회민주당게 노동조합원 노동자의 능력이 다양한 공업에서 다른 노동자에 앞선다는 것을 인정한다.' '경영관리자에서 벌써 "완강한 노동조합원"으로서 지적된 남자 노동자 모두가 내가 본 바로는, 한 명의 열외를 빼고 경영에 완전히 최우수 노동자에 해당하는 능률의 기록을 가지고 있다.' '여자 노동자는 또한 더욱 뚜렷하다. 여자들의 경우는 경건파 비밀집회 동료의 후예인 여자노동자들이 특히 뛰어나다.' '……책임이 있고, 관리하는 것이 곤란한 정사공정에서는 같은 경건파 노동력이 기능하고 있다……댄스홀이나 그것과 비슷한 "경건파"에서 인정받지 않는 오락의 기피, 환언하면 "프로테스탄트적 금욕"의, 또한 그 금욕에 의해 태어난 "신이 기뻐하는" 직업 노동에의 내면적인 태도의 결과는 이러한 현상 속에 확실히 드러난다.'

이상은 노동자의 세계관적인 태도와 노동자의 경영에 있어서의 수익성과의 관련에 대해서 이야기한 것이다.

그는 이러한 연구가 사회정책적 관점 위에서 직접 걸쳐지는 것을 거부하고 순수하게 '사회과학적'으로 이루어지기를 원했다. 그러나 그 성과가 독일 대공업의 존재 형태, 존립 조건을 명확하게 하는 한, 그것은 정책적 사고에 대해서도 '무언가 가능하고 불가능한가'를 나타내는 것을 가늠할 것이다. 그러나 그것은 어디까지나 조사의 부차적 결과에 지나지 않는다.

방법상의 문제

베버는 또한 이 조사에서 사회 현상에 대한 자연과학적 방법의 적용이라고 하는 방법상의 문제를 생각하고 있었다. 조사에서는 노동자의 출생지나 종파 외에 '피로와 회복', '연습', '숙달', '노동 중단의 영향'이라고 하는 항목이 있다. 이것은 인류학, 생리학, 실험심리학, 정신병리학 등의 성과를 '경제적 노동의 사회과학적 분석에 적용'할 수 있는지, 적용할 수 있다면 어떻게 어느 정도인지라고 하는 관심에 의한 것이었다. 이 영역에서는 지금까지 거의 연구가 없었다. 그렇다고 해도 미국에서는 테일러의 '과학적 관리론'이 나올 시대였다.

베버는 특히 뮌헨 대학교 실험심리학의 대가 크레펠린과 그 학파의 연구를 배우고 크레펠린과도 연구 계획을 세우고 있었다. 그의 '심리물리학' 연구는, 크레펠린 학파의 성과에서 배운 방법을 사용하여 '노동곡선'을 그리거나 한 것이었다. 확실히 자연과학과 사회과학 연구는 원리적으로 협력할 수 있다. 그러나 베버는 〈방법서설〉에 이렇게 썼다.

'……사회적인 현상을 계속 자연과학의 전문적 견지에서 추론하려고 하는, 예를 들면 공업 발전을 계속 생리상 힘의 절약 법칙의 한 작용으로 설명하려고 하는 것과 같은, 자연과학계의 개별과학에서 종종 있을 법한 거의 저항할 수 없는 실험에 대해서는—공업은 그 자신으로서는 "힘의 절약"이 아니고 "비용의 절약"을 추구하는 것이라는 것. 그리고 공업이 비용을 절약할 수 있는 길은 결코 반드시 생리적·합리적인 것의 발전과 합치하는 것은 아니라는 것, 오히려 비상시에 여러 가지 이유로부터 자본 이용의 경제적 최적도에의 발전이 힘 이용의 생리적인 최적도에의 발전과 배치할 가능성이 있다는 것을 인식해 둘 필요가 있다.'

또한 '심리물리학' 연구에서도 노동 적성의 유전 문제에서는 '……우리에게 필요한 것은 먼저 유전에 대한 모든 학설의 논쟁을 완전히 시야 밖에 두고 보아야 한다는 것. 또한 어떤 방법이라고 해도 여기에서 문제가 될 법한 조그마한 논의도 개입하는 것은 허락하지 않는다고 하는 것이다'라고 썼다. 실험심리학이나 생리학의 정밀한 실험 방법을 사회적 대량 현상에 직접 응용하는 것은 불가능하고, 어물쩍 유전에 대한 모든 학설을 경험적 사상에 적용하는 것도 불가능하다. 그러한 한 결혼은 비관적이긴 하지만 그는 개별연구의 업적을 쌓고 새로운 연구 성과가 장래 개척할 것이라는 지평을 다시 한번 부정하는 것은 하지 않았다. 장래의 가능성을 구하면서도 연구의 현상에 보이는 방법론상의 문제를 명확하게 하려고 한 것이다.

이 문제권은 그 뒤, 노동과학이나 산업심리학의 영역에서 취급하게 되고 테일러의 이름만이 알려져 있으나, 독일사회정책학회의 조사도 잊어서는 안 될 것이다.

지적 세계 스케치와 제1차 세계대전

〈아르히프〉 편집

병 때문에 정상적으로 일을 할 수 없자, 하이델베르크 대학교에 사표를 낸 베버는 1903년 10월, 명예교수 칭호를 받고 교수직에서 정식으로 물러났지만(그 뒤 1919년에 뮌헨 대학교수가 되기까지 그는 대학에 적을 두지 않았다), 이때는 다시 지적 활동력을 되찾고 있었다. 그해 지인인 유대인 자산가이자 학자였던 에드가 야페가 〈사회입법과 통계학 잡지〉를 사들여 베버, 좀바르트와 셋이서 새 잡지를 만들게 된다. 〈사회과학과 사회정책 잡지〉(이하 〈아르히프〉라 부른다)로 고치고, 그 첫 호(제19권 1호, 1904년 1월)에 베버는 〈아르히프〉 편집방침 제시를 포함한 유명한 〈사회과학적 및 사회정책적 인식의 객관성〉을 실었다. 그는 이 잡지가 전문적인 경험과학을 위한 것이며, 동시에 불가피한 자본주의적 발전의 문화 의의를 생각하는 '사회철학'적 과제를 짊어지고 있다고 썼다. 그 뒤 그는 이 〈아르히프〉에 잇따라 논문을 발표한다. 〈프로이센 세습재산의 농업통계·사회정책적 고찰〉(1904), 〈프로테스탄티즘 윤리와 자본주의 정신〉(1904~1905), 〈문화과학의 논리학 영역에서의 비판적 연구〉〈러시아에서의 부르주아 민주주의 현 상황〉〈러시아, 의사 입헌제 이행〉(1906), 〈슈타믈러의 유물사관 극복〉(1907), 〈한계효용 이론과 심리 물리적 기본법칙〉〈공업노동의 심리물리학〉(1908), 《공업노동의······(이어서)》《에네르기론적 문화 이론》(1909), 《자본주의 정신에 대한 반비판》《(동)반비판의 맺음말》(1910)······ 물론 그 밖에도 사회정책학회, 독일사회학회 개최 등의 일을 처리하면서 많은 집필을 발표했다. 1905년에는 러시아 혁명의 진전을 좇기 위해 몇 달 만에 러시아어를 습득하기도 했다. 그 생산력은 '병'으로 중단한 것을 보충하고도 남은 것이었다. 〈아르히프〉와 베버의 이름은 끊을 수 없는 것이 되었다.

'객관성' 논문에는 '이 잡지는 지금까지 "사회주의자" 기관은 아니었고, 앞으로 "부르주아" 기관이 되지도 않을 것이다. 과학적인 토론을 바탕으로 주장하는 사람은 누구라도 이 잡지의 기고자 사이에서 배척될 일은 없다'고 되어 있다. 정말 다채로운 집필진으로 저작 일부가 한국에 소개되어 있는 학자만 해도 트룈치, 퇴니스, 베른슈타인, 짐멜, 라트브루흐, 루카치, 미헬스,

브렌타노, 미제스 등의 이름을 들 수 있다. 헝가리 사회민주주의자 샤보의 이름도 있다. 1910년 이후 레데러가 사회정책연표 작성을 시작한다. 베버는 이 지위에 대해 다음과 같이 설명했다. 처음에 레데러는 소개하는 글만을 쓰려고 했다. "하지만 레데러는 비상한 노력을 기울여 항상 그것을 엄밀한 학문적 논설로 완성했다." 호니히스하임은 《막스 베버의 추억》에서 이렇게 전하고 있다. 레데러는 베버와 야페가 죽은 뒤 알프레드 베버, 슘페터와 함께 〈아르히프〉 편집을 이어가게 된다. 베버 그리고 이어서 레데러가 주도한 이 아르히프는 나치 정권

트뢸치 (1865~1923)
독일의 프로테스탄트 신학자·철학자.

탄생 1933년 레데러가 망명할 때까지 많은 중요한 논문을 싣고, 사회과학 역사 속에 특이한 위치를 차지하였다.

지식인 살롱

전쟁이 시작되기 전 하이델베르크에는, 부활한 거인을 둘러싸고 하나의 살롱이 생겼다. 당시 지적 세계에 이름을 떨치던 여러 사람들이 출입했다. 트뢸치·짐멜·법학자 옐리네크·루카치·블로흐 등 베버가 그 재능을 높이 평가한 철학자들에 그치지 않고, 문학자 군돌프·정치가 나우만·호이스, 그리고 러스크의 소개로 피아니스트 미나 토플러(베버가 죽은 뒤 그녀에게 《종교사회학 논집》 제2권이 헌정되었다)도 출입했다. 유대인, 나중에는 헝가리 출신도 많이 볼 수 있다. 지식인 살롱은 그 밖에도 있었지만, 전문 영역, 다양한 출신 면에서 보아 베버 살롱은 당시 사회에서는 정말 독특했다.

'정말 베버와 직접 만날 수 있는 사람은 한정되어 있었지만, 그의 존재에 대해서는 누구나 알고 있었고, 그의 의견은 많은 사람을 통해 멀리 전해졌다. 왜냐하면 그것은 "하이델베르크의 가치관"의 소리, 즉 막스 베버의 말이었기 때문이다.'(호니히스하임)

'우아함과 자유분방한 정신으로 모임의 중심 인물'이었던 엘제 리히트 호

펜은 베버의 동생 알프레드와 약혼했다가, 이듬해 1902년에 갑자기 야폐와 결혼해버렸다. 막스가 죽은 뒤에는 알프레드의 집에서 살았다. 베버의 지도 아래에 자란 하이델베르크 대학 최초의 여성박사 중 한 사람으로, 박사 논문 〈권위주의적인 모든 정당의 노동자 보호 입법에 대한 입장의 역사적 전환과 그 동기에 대하여〉는 나중에 역사가 에커트도 그 저서 속에서 언급했다. 생애 편에서도 다뤘지만, 그녀의 여동생은 《채털리 부인의 연인》의 모델이 된 로렌스의 아내 프리다이다. 이 자매도 휩쓸린 '성 해방' 운동의 이론가 오토 그로스는 뮌헨에서 자신의 의견을 주장하는 논문을 〈아르히프〉에 투고했다. 프로이트 이론을 공부한 베버는 그로스의 이론에서 미심쩍은 면을 비판하면서 게재를 거절했지만, 나중에 그도 자신의 관점에서 성애 문제를 논했다('종교적 현세 거부의 단계와 방향', 아르히프, 1916). 미국 문학자 M. 그린은 이 자매의 역사를 다룬 《리히트 호펜 자매》(1975)를 발표하고, 그로스를 매개로 하여 막스와 로렌스라는 인물로 구현되는 당시의 문화 상황을 그렸다. 로렌스는 자매를 몇 번이나 작품 소재로 삼았다. 또 그는 베버의 집에서 머물며, '어린 새처럼' 베버의 이야기를 받아들였다고 한다.

나중에 로렌스의 대극에 서 있는 또 한 사람 존 M. 케인스는 《평화의 경제적 귀결》로 영국에서, 베버는 독일에서, 대전 후 유럽 경제부흥의 조건에 관해 깨달은 인식을 싣게 되지만, 이 두 사람이 접촉한 사실은 확인되지 않았다.

'사회경제학 강좌'

1909년 베버는 P사 기획의 《사회경제학 강좌》의 감수를 맡았다. 5부 9권의 대계획이었다('경제의 기초' '근대자본주의 경제의 독자적인 모든 요소' '자본주의 경제의 개별적 영리영역과 근대국가의 대내 경제정책' '자본주의적 세계경제의 모든 관계와 근대국가의 대외 경제정책 및 사회정책' '자본주의의 사회적 모든 관계와 근대국가의 사회적 대내정치'인 5부). 집필자가 사람을 고르는 일과 작업 진행 등으로 고심했지만, 1914년에 제1권이 출판되었다.

그 순서로 베버는 경제발전을 '삶의 일반적 합리화의 독자적인 부분 현상으로서 받아들여야만 한다'고 집필자의 입장 차이를 넘은 기본적 관점을 명시했다. 그래서 방법론을 포함한 조정은 가능하지 않더라도 '전체의 기획 및 연구소재의 배열 방법과 그것에 관한 모든 결함에 대한 책임은 이 강좌의 간행을 기획한 막스 베버에게 있다'고 말했다. 예정대로 진행되지 않고 도중에 수정된 계획도 그가 살아 있는 동안에는 실현되지 않았다.

그는 제1부 제3권 《경제와 사회》를 맡았다. 이것도 결국은 아내 마리안네의 편집에 의한 사후 출판(1921)이다. 집필은 1911~13년경과 1919~20년 2기로 되어 있고, '제1부 사회학적 범주론'이 후기에, '제2부 경제와 사회적 모든 질서 및 모든 힘'이 전기에 쓰인다. 전후 발견된 '원안'에 따라 빙켈만이 다시 편집한다. 지금도

루카치(1885~1971) 헝가리의 철학자.

제1부 개념장치의 나열을 어떻게 읽을까에 대해서는 논의가 있다. 이것에 대해 제2부의 예를 들면 '제5장 종교사회학' '제7장 법사회학' '제9장 지배사회학' '제9장 제7항 비정당적 지배(도시의 유형학)' 등은 각 영역의 사회학적 기술로서 근접해 가기 쉽고, 높은 수준의 이론적·역사적 서술로서 저마다 개별과학의 고전적 지위를 차지하게 된다. 단 어디까지나 《경제와 사회》의 부분이고, 그 자체가 사후 출판으로 미완성 작품이라는 것도 잊어서는 안 된다.

《강좌》 중 베버 이외 학자의 기고도 슘페터 '학설 및 방법의 모든 단계', 레데러 '경기변동과 공황', 고틀 '경제와 기술' 등은 번역되어 높은 평가를 받고 있다. 베버는 기획에서 독일 역사학파의 학문세계를 넘으려고 했다.

칼 폴라니도 쓰고 있다. '《사회경제학 강좌》는 물론 《국가학 사전》도, '오스트리아 학파'의 신봉자들에게 기본적인 이론적 주제를 다룬 논문 기고를 촉구했다. 이것은 주로 막스 베버가 게재한 것의 결과였다.'

제1차 세계대전 발발

하이델베르크의 아름다운 생활은 1914년 6월 28일 '발포'로 파괴된다. 사라예보에서의 오스트리아 황태자 부부 살해 사건은 세계대전으로 번지게 된

다. 다시 현실정치에 휘말린 베버의 모습을 쫓아가 보자.

독일 원조를 요청한 오스트리아와 헝가리는 7월 28일 세르비아에 선전포고하고, 30일에는 러시아가 총동원령을 발표한다. 이때부터 주요 강국이 전쟁에 휘말린다. 전쟁 뒤 베버의 태도나 발언은 마치 호전론자를 방불케 한다. '이 전쟁은 추악함에도 역시 위대하고 멋지다. 이 체험은 유익한 것이다 …….' 50세로 병역의무가 없었던 베버였지만, 바로 사령부에 나가 육군병원 정비일을 맡았다.

단 그가 쓴 글에서 얻을 수 있는 인상은, 일어난 전쟁을 독일인으로서 어떻게 받아들이고 이해하는가 하는 태도이다. 이것도 그는 한편으로 전쟁까지의 독일 외교정책과 군의 비현실적인 전쟁 목적론을 비판하면서도 전쟁국가의 존재 이유를 적극적으로 보이려고 하기 때문이다. 이 전쟁에서 독일에게 묻고 있는 것은 무엇일까? 독일이 대국인 이상 무엇을 해야만 할까? 그는 이것에 답하고자 한다. 우리가 알고 있는 '역사에 대한 책임'이 여기서 재현된다. 군사 역사 연구에서 고명한 역사가 게르하르트 리히터는 스스로의 전쟁 체험을 이렇게 회고했다. '전쟁 전의 교양 있는 청년들은 내가 그렇듯이 경직된 광신적인 범게르만주의의 내셔널리즘과 아무런 관계도 없다. 애국주의에 몰두하는 일도 없고, 조부의 위업을 기리기 위함도 아니다. 오히려 희망에 만족하고, 더 위대한 미래를 바라보며 막스 베버나 델브뤼크의 호소에 따라 나아간다.'

세계강국 독일의 건설

현실 전쟁의 전개 속에서 어떻게 전쟁을 종결시켜야만 할까, 또 어떤 조건으로 평화가 가능한 것일까 하는 매우 고도의 정치문제에 대해서도 베버는 스스로의 관점에서 현실적 가능성을 검토했다. 그의 주장의 성격을 알기 위해서는 우선 정치·군부 그리고 사회 일반의 전쟁·강화에 대한 사고방식을 보아두어야만 한다.

전투는 처음에는 독일에 유리하게 전개되었다. 여론은 지도적 이데올로기에 선도되었고, 독일은 세계강국으로서의 권력지위를 원했다. 1890년대에 베버가 농업에 관한 정책론으로 대항한 막스 제링크는 세계대전 당시 추밀고문관의 높은 지위에 있었다. 그가 1915년 9월 정부에 제출한 '북동 점령

제1차 세계대전에 등장한 전차

지역에 관한 보고'는 독일 동방정책에 결정적인 영향을 미쳤다고 보지만, 그 '일반적 관점'을 살펴보자.

'근대 세계강국의 기초는 국내 산업을 위한 원료공급지와 판매시장으로서 광대한 열대 및 아열대 식민지를 소유하는 것에 있다고 그는 보았다. 하지만 그에게 더 중요한 것은 "민족의 힘의 진정한 본거지"로서의 본국이었다. 본국은 국민의 식량을 확보하고, 특히 "건강한 인간을 기를 수 있기 때문"에 중요한 것이다. 독일과 반대로 세계강국으로서의 지위를 확립한 나라—미국, 러시아, 영국—는 백인을 위한 그러한 거주지역을 충분히 가지고 있다. 이 세 개의 거대제국이 성립한 것은 제링크에 따르면 오래된 대국이 "중류국가"로 전락하는 위험을 필연적으로 동반하는 것이었다. 그 위험을 독일이 면하려고 한다면 독일 자신이 세계강국이 되는 것밖에 없다. 하지만 이것은 제링크에 의하면 독일이 그 거주권과 경제권을 확대했을 때에만 가능하다. 따라서 존재하는 유일한 영역은 슬라브 민족이 사는 동유럽이다. 독일 동유럽에서의 확장은 동시에 또 기존 세계강국의 하나인 러시아를 매우 약하게 하고, 러시아의 중추열강에 대한 그 수적 우위를 결정적으로 저하시킨다는 이점을 가져올 것이다.'

이 관점은 당시 꽤 광범위하게 퍼져 있었다. 그래서 문제는 이 확장욕구를 어떻게 구체화하는가에 있었다.

동부에서는 폴란드인 거주 지역을 일부 합병, 일부 보호 영역으로서 하고, 점령한 리투아니아 등도 합병하고, 서부에서는 룩셈부르크 합병, 알자스 대프랑스 국경을 십수 킬로 서쪽으로 움직이는 것, 게다가 벨기에 동부 합병과 남은 지역의 보호 영역화가 정부·군의 지도부에 의해 계획되었다. 대이익단체에 유도되어 합병주의를 제창하는 범독일협회는 벨기에와 솜 강(江) 이북 프랑스 합병조차 요구했다. 전쟁을 시작한 계기는 잊고 대영제국에 대항할 수 있는 강국 독일 건설, 그것을 요점으로 벨기에 지배가 사람들의 머릿속을 차지하게 되었다.

베버의 인식

베버는 어떻게 생각했을까? 우선 서부에 대해서는 라인 강 어귀를 가진 네덜란드의 지배가 독일 권익 신장을 위한 목표일 것이다. 하지만 그것은 외교정책상 영국에 유리한 것일까? 군사적으로도 마이너스이다. 오히려 교통정책상 협정을 맺고, 그때 네덜란드의 '무조건적인 독립은 존중'하는 것으로 양국의 우호관계를 밀접하게 하는 것이 독일에는 유리하고 현실적이다.

'서부 국경에서 합병정책과 억압정책을 하면 우리나라는 복잡하게 뒤얽힌 적대관계 속에 휘말린다. 그렇게 되면 동부 문제 해결에 있어서 우리나라의 힘은 영원히 마비되어버린다. 라인 지방 국경을 보전하는 데 최소한으로 필요한 것은 1) 룩셈부르크에 1867년 이전 상태를 만들어 내는 것, 2) 앞으로 벨기에 국민과의 화해의 길을 닫지 않도록 벨기에 문제를 처리하는 것, 게다가 그때 서부 공업지대에 대한 기습공격을 준비해서 합병이나 "편입"을 하지 않고 획득할 수 있는 보장을 가능한 한 유리한 조건으로 성립시켜 두는 것이다. 그럼에도……확장정책을 하길 원한다면―러시아와의 무조건적인 협조, 즉 러시아와의 긴밀한 동맹이 꼭 필요한 전제조건이다.'

그것은 앞으로 가능할지도 모른다. 하지만 '……서부의 합병정책은 앞으로 서유럽 강국과의 성실한 협조를 불가능하게 하기 위해 나라가 외면상 어떠한 전과를 올려야 하는 것과는 관계없이 이 전쟁을 무한하게 장기화한다는, 직접적이고 구체적인 효과를 가져오지 않을 수 없다.' 그 경우에 전쟁의 주도권을 장악하려는 영국은 '……서부에서의 나라 정책이 (앞에서 말한 의미에서) 단순한 안전보장정책의 입장을 유지하는 것이 확실하지 않는 한 앞으로도(대 독일) 연합의 갱신을 바라는 것이다. 앞으로 같은 연합이 끊임없이 부활하고 존속한다면 나라의 세계정책은 영원히 마비될 것이다.'(《강화문제에 있어서》)

동부에 대해서는 어떨까? 대 러시아 대결의 폴란드는 독립국이 되는 것이 좋을까? 경제적으로 독일은 거기에서 최혜국 대우를 받는 것만으로 좋다. 베버는 예전에 참가했던 범게르만협회가, 대지주의 이익을 민족의 이익으로 우선시키고 폴란드인을 싼 노동력으로만 보는 것에 반대하여 탈퇴했다. 독일 동부 폴란드인과의 협조는 나라의 의무이기도 하다. '하지만 국경 쪽에서는, 즉 폴란드 요컨대 동부에서는 만약 이러한 전쟁이 시작한다고 하면 나라는 대 독일적 정치를 행할 수 없다. 이 전쟁이 서슬라브 문제를 일으키고, 스스로 원하지 않는 경우조차 나라는 동부에서 소민족의 해방자가 되는 것—이것이 나라의 운명인 것이다.'(《유럽 열강과 독일》) 그에게 동부 문제 해결의 전망이야말로 강화의 요건이었다.

국가 지도층은 조기 강화의 기회를 모조리 망쳤다. 전쟁이 길어질수록 국민에게 고통인 것은 물론 독일의 지위를 위태롭게 하는 것이다. 유럽의 피폐는 '유럽 이외의 국민—특히 북아메리카—이 산업의 지배권을 독점하고, 나라를 언제까지나 불리한 상황에 몰아넣는 결과를 가져온다. 이것은 한편으로는 효과를 동반하는 지폐경제에 들어가고, 다른 한편으로는 점점 고정이자가 붙는 공채로 투자되는 것으로 국내자본이 탕진되는 불가피한 결과이다. ……공채경제의 진전은 금리생활자층의 급격한 증가—이미 오늘날 연간 10억 마르크의 전시 공채이자가 금리생활자에게 지불된다—특히 경제적 "안전"을 요구하는 금리생활자 근성의 배양을 의미한다.' 앞으로 경제적 권력지위의 저하, 그래서 전후 경제활동에 필요한 활발한 기업가 정신의 쇠약함을 베버는 걱정하고 있는 것이다.

권력국가로서의 독일

베버는 자국에 대한 비판을 계속했던 것은 아니다. 동부에서 독일이 '소민족의 해방자' 같은 것을 운명으로 했던 그는 다른 대국의 태도를 같은 논리로 비판한다.

'적 규정의 하나로서 "소민족" 문제가 제기되었다. 만약 적이 정말로 민족 자결의 원칙에 근거하여 강화체결을 바란다면 우리는 언제라도 응할 준비가 되어 있다. ─우리는 온 세계에 큰 목소리로 이것을 선언한다! 하지만 살인 청부업자들부터 시작해야 한다!'

협상 측 열강 지배하에 독일 총구에 쫓기고 있는 아일랜드·이집트·알제리·핀란드·코카서스 등의 3억 5천만 민족에게 자결권을 주는 것이 강화조약에 명기되어야 한다. 지금까지 인도인, 코친차이나인, 리투아니아인 등의 뛰어난 문화를 가진 민족 거주지를 식민지로서 한 것은 독일이 아니라 영국·프랑스·러시아는 아니었을까? 하지만 이 문제를 파고들면 권력국가의 존재 이유를 묻게 된다.

독일이 중부 유럽에 7천만 인구를 가진 국가로서 위치하고 있는 것, 이 역사적 지리적 조건이 독일을 권력국가로 만들고 있다. 이 나라의 존망에 가해지는 위협은 오직 러시아다. 러시아 황제 교황주의적인 통치체제, 농민의 토지 기아와 인구 팽창이 중부 유럽의 위기 원인이다. 이것이 베버의 기본 인식이었다. 이렇게 해서 중부 유럽의 권력국가 독일의 과제가 명확해진다.

중부 유럽에 대국으로서 존재한다는 것은 동러시아, 서앵글로색슨, 라틴이라는 문화에 둘러싸인 가운데 독일 문화를 독자적인 것으로서 자손에게 전하는 것을 과제로서 안게 된 것이다. 그래서 중부 유럽에 권력국가 독일이 지위를 차지한다는 것은 유럽의 정치역학상 필요한 것으로, 이것이 이루어짐에 따라 유럽 소국 문화가 가장 잘 발전하는 조건이 생기는 것이다. 권력국가로서의 지위를 처음부터 내버려 두지 않을 수 없는 소국(스위스·벨기에·덴마크 등)에는 소국에 고유한 의의가 있는 문화육성의 과제가 있다.

그것은 대국이 권력정치적 관심에서 자국에서는 단념할 수밖에 없는 것이고, 반대로 대국에는 소국의 발전을 이루는 조건을 만드는 것이 역사적 책임으로서 주어지고 있다. 유럽의 권력균형, 정치적 안정을 만들어 내는 일은 소국이 아니라 대국에 맡겨진다. 독일은 1860년대에 제국 창설이라는 역사적 선택에 의해 벗어날 수 없는 이 책무를 짊어졌다. '만약 우리가 이 의무를 거절한다면 독일제국은 문화를 독이 되는 화려하고 천박한 사치라고 말하는 것이다. 만약 그렇다면 우리는 이러한 사치를 해서는 안 된다.'(《두 개의 율법 사이》)

이러한 그의 태도는 권력 낭만주의적인 것과는 관계가 없다. 경험과학자 베버는 모든 사례에서 '정치상 경계를 보이는 세 개의 합리적인 요소—군사적 안전성, 경제적 이해 공동태, 국민적 문화 공동태—는 지도 위에서는 일치하는 것이 아니라는 것'을 숙지하고 있었다. 애당초 한 민족 한 국가 등은 불가능하다.

동유럽에 한해서도 '여기서는 민족을 넘는 국가제도의 모습에서 민족연합체만이 항상 가능하다'는 것에 지나지 않는다. 따라서 지리적 역사적 조건과 민족 선택에 따라 권력국가와 소민족이 성립했다고 해도 이들이 가진 가치의 대소라는 문제 등은 있을 수 없다. 단 '권력'이라는 독자적인 세계가 이들에 다른 과제를 주게 되는 것에 지나지 않는다. 이러한 냉철한 인식을 전제로 하기 때문에 베버의 발언은 '역사에 대한 책임', 국민의 '명예와 영광', 소국의 자유 보장 등의 표현이 주는 인상과는 다소 달라서, 분석에서 전망에 이르기까지 어디까지나 현실주의자인 것이었다.

신질서 독일 의회와 정부

정치논집의 백미

전쟁은 사람들이 처음 예상한 단기 결전으로 끝나지 않고 총력전이 되어 장기화된다. 1916년 봄에는 총리 베트만 홀베크가 공연한 전쟁 목적 논의를 검열 등을 통해 탄압하기 시작했다. 또 국민의 전의 저하에 저항하는 협력 체제를 만들어, 1917년 3월에는 프로이센 하원 선거법 개정안이 제기되었다. 이러한 가운데 베버의 펜 끝은 국내정치를 정면에 내놓았다. 전쟁에서 그는 남동생 카를을, 그리고 친구인 철학자 에밀 러스크를 잃는다. 슬픔으로 그의 글은 날카로워진다.

먼저 전쟁이 시작했을 때 독일에 불리한 국제환경을 가져온 외교정책, 외교능력 결여, 변화가 없는 정부 체제를 비판했다. 국민의 정치적 성숙을 막는, 독일 사회에 내재된 모든 요인에 대해서도 지적했다. 그의 비판은 헌법 개정까지 포함하고, 독일 정치제도의 제안으로까지 이른다. 논고의 대부분은 〈프랑크푸르트 신문〉에 게재되었다. 그 중에서도 1917년 4~6월에 게재된 '독일 의회의 과거와 미래'가 덧붙여져 1918년 5월에 《신질서 독일 의회와 정부》라는 책으로 간행되었다. 이것은 그의 독일 정치에 대한 분석·비판·제안을 가장 포괄적으로 포함하고, 또 자주 《정치논집》 중 가장 뛰어나다고 칭찬받아 온 것이다. 이것을 단서로 그의 독일 정치론 및 근대 정치론을 보자.

구성은 서문과 1) 비스마르크의 유산, 2) 관료지배와 정치지도, 3) 행정공개와 정치지도자의 선발, 4) 대외정치에 있어서 관료지배, 5) 의회주의화와 민주화, 6) 의회주의와 연방주의 등 6개의 장으로 되어 있다.

비스마르크의 유산

독일제국의 통일을 이룬 비스마르크는 뛰어난 정치가였다. 그의 강력한 지도는 어느 정도까지 군을 억제할 수 있었고, 외교정책상 모험도 했다. 베버는 그의 천재적 능력을 높이 평가한다. 하지만 그의 부정적 유산도 컸다. 그것은 그가 스스로 바라는 정치운영 방침을 관철하기 위해 대중 선동을 중심으로 한 여러 수단을 이용해서 제국의회를 다루고, 거세해야 할 독립적인 힘이 있는 정치가를 배제해버리는 것이다.

그의 의회의 교묘한 운영 결과, 모든 정당은 정치이념을 구체화한다는 태도를 잃어버리고(그것은 비스마르크에 맡긴다), 의회 내에서 잘 움직이는 자기 당 관계자를 한 사람이라도 이익이 되는 자리에 보내는 일에 힘을 쏟았다. 의회는 물적 이해의 거래 장소로 변하고, 이렇게 해서 유능한 정치지도자가 이 무력한 의회에서 길러지는 일도 없게 되었다. 의회가 무력해지면 국민도 충분한 정치교육을 받을 수 없다. '무력한 의회와 정치교육을 조금도 받지 못한 국민'— 이것이 비스마르크가 짊어진 유산이었다. 비스마르크 없이 독일은 권력국가로서의 과제를 만족스럽게 수행할 수 없었다. 이것은 외교정책의 파탄과 개전, 조기강화(講和)의 실패와 전쟁 목적에 관한 군부 허위정보의 횡행 등의 사실로 증명되었다.

미래의 예속 용기

여기서 《정치논집》을 떠나 베버의 유명한 '관료제론'을 한번 살펴보자. 그는 《경제와 사회》 중의 '지배의 사회학'에 있어서 좁은 의미에서의 지배란

'이해상황에 의해—특히 시장적으로—제약되고, 형식적으로는 항상 이해관심의 자유로운 발동에 근거하고 있는 힘과 바로 정면에서 대립하는 개념이고, 따라서 권위를 가진 명령 권력이라는 것과 같은 개념이다'라고 말한다. 또 지배를 '일정 명령에 대해 복종하는 기회'로 규정하고, 지배자·피지배자의 쌍방이 권리 근거, 즉 지배의 '정당성'의 근거에 의해 내면적으로 지배되는 것이 일상이라고 한다. 그래서 정당성 근거는 순수한 형태로서는 세 가지로 좁혀지고, 그것들에 근거한 지배를 각각 합법적 지배, 전통적 지배, 카리스마적 지배라 부른다.

우선 형식적으로 바른 절차로 정해진 규칙에 대한 복종이라는 관념에 지배되는 것이 제정규칙에 의한 합법적 지배이다. 다음으로 예전부터 존재하는 질서와 지배 권력과의 신성성을 믿는 신념에 근거한 것이 전통적 지배이다. 그래서 지배자의 인격과 그 천부적 자질(카리스마), 특히 비일상적인 주술적·군사적 능력이나 언변 능력 등에 대한 정서적 귀의에 따라 성립하는 것이 카리스마적 지배이다. 맨 처음 합법적 지배의 가장 단순한 형태가 관료제적 지배인 것이다.

관료제의 기능 방법에는 다음과 같은 특색을 볼 수 있다. 우선 규칙에 의해 권한이 명확하게 분배되고, 상하관계가 일원적 지배로서 체계화되는 것에 의해 히에라르키(Hierarchi, 계층제 또는 위계제)가 확립된다. 업무내용이 기록·보관되어 문서주의가 관철된다. 직무수행을 위해 전문적 훈련(지식의 습득)이 이루어지고, 관리는 전업(專業)으로서 직무에 해당된다. 직무를 위한 수단(문서·사무소·자금·관직지위 등)은 사적 재산으로 없어지고, 공사 분리가 명확해진다. —이렇게 기능하는 관료제는 정확·신속·명확·계속성·통일성·신중·엄격한 복종관계·물적 인적 비용의 절약 등의 점에서 두드러지고, 많고 복잡한 업무를 처리하는 능력을 가지고, 다른 지배형태에서 볼 수 없는 기술적 우수성을 보인다.

관료제화는 인간과 운영수단의 분리를 촉진한다. 그래서 그 수단은 인적 조직을 통제하는 자의 손에 집중한다. 이것은 행정 관료제에 한하지 않고, 기업·군대·대학에서도 마찬가지다. 그것은 회사 이름이 들어간 볼펜을 사용하는 회사원, 도서관 책을 사용하는 교수, 무기를 개인 소유할 수 없는 근대 군대의 병사를 보면 분명해질 것이다. 이 '인간과 운영수단의 분리'라는 시점은 마르크스가 말하는 '생산자와 생산수단의 분리'를 포섭하는 중요한 것이다. 모든 생활영역—국가·정당·기업·병원·학교·교회—으로 진행하는 관료제화를 베버는 '미래의 예속 용기'라 부른다. 이 중에서 인간은 작은 톱니바퀴의 하나가 아니라 적어도 커다란 톱니바퀴가 되는 것에만 관심을 가지게 된다. 인간의 미래를 이 관료제화라는 보편사적 문제로 보는 베버는, 하지만 그 중에서도 '어떻게 하면 인간의 자유를 조금이라도 구할 수 있는 것일까' 하고 묻는다.

정치지도자와 관료

인간이 만들어 낸 조직이 마치 생명을 가진 생물처럼 비대해서 반대로 인간을 얽어매고 속박한다. 거기서 인간다움을 어떻게 돌릴 수 있는 것일까? 베버의 이 문제 상황을 마르크스의 '소외론'과 나란히 비교 검토했던 철학자 카를 뢰비트는《베버와 마르크스》에서 이렇게 적고 있다.

'두 사람은—마르크스는 직접적으로, 베버는 간접적으로—시민적 자본주의 경제를 단서로 시민사회에서 오늘날 인간의 비판적 분석을 제출한다. 그때 기초가 되는 것은 "경제"가 인간의 "운명"이 된다는 경험이다. ……마르크스가 "치료법"을 주었던 것에 대해 베버는 하나의 "진단"을 내리는 데 지나지 않았다.'

지금 정치 세계를 보려고 하는 우리는 멈추어 서 있을 수가 없다. 관료제의 원리에 대항해야만 하는 힘을 제시하고, 그것에 따라 관료제의 힘을 조절해야 한다. 베버는 그 하나를 정치지도자로 보았다.

정치지도자란 스스로의 이념을 걸고 그 실현에 노력하는 것이다. 현실적으로 가능한 모든 수단을 고려하고, 타협하기도 한다. 하지만 궁극적으로는 최선을 다하면서도 스스로 모시는 주인(국민이거나 군주이거나)으로부터 뜻과 맞지 않는 지시나 명령을 받을 때에는, 예를 들면 수상의 지위 사직을 말할 각오가 있어야만 한다. 그 지위에 달라붙기 위한 타협은 논외이다. 거기에는 정치가로서의 책임이 있는 것이다. '자기의 권력을 위한 전투나 얻은 권력으로부터 생긴 자기의 과제에 대한 고유의 책임'이야말로 정치가로서의 '생명의 시작'이다.

이것에 대해 관료의 경우는 어떠한가? '결단의 자주성대로 자신의 생각에 근거한 조직 능력대로'는 지도자에게나 관료에게도 똑같이 요구되는 것으로, 일의 방법에 대해서 보면 일반적인 차이는 없다. 단 '관료는 자신의 의견과 어긋나는 명령을 받은 경우에 이의를 제기할 수 있고, 또 제기해야만 한다. 하지만 상사가 자신의 지령을 고집해서 양보하지 않는다면 하급자로서는 마치 그 지령이 자신의 미래의 신념과 일치하는 것처럼 그것을 수행하고, 그렇게 함으로써 직무에 대한 의무감이 자신의 신념보다도 중요하다는 것을 보이는 것이 관료의 의무일 뿐만 아니라 명예이기도 하다.' 그는 권력투쟁 바깥에 몸을 두어야 하는 존재이다.

마르크스(1818~1883)
독일의 사회학자·경제학자.

이렇게 이들 태도 결정의 궁극에는 다른 '책임' 개념이 있다. 따라서 정치가가 신념을 버리고 복종하거나, 반대로 정치가의 책임이 되는 것을 모르는(직무상 가질 수 없는) 관료가 정치지도를 커튼 뒤에서 행하게 된다면 그것이야말로 무책임한 정치지도—신념에 근거한 책임 소재에 명확한 정치지도의 결여—가 되어버린다.

관료지배의 결함

빌헬름 2세의 지배는 '황제 개인적 통치'라고 한다. 하지만 실제로는 무책임한 무통제의 관료지배였다. 이 구조를 살펴보자.

관료는 지식을 자기 권력지위의 근거로 하고 있다. 우선 그들은 전문교육에 따라 행정기술상 많은 고도의 전문지식을 익힌다. 그것에 그치지 않고 그들은 직무수행 중에 관료만이 얻을 수 있는 구체적 사실에 관한 지식, 즉 직무상 지식을 갖게 된다. 그래서 이것이 '직무상 비밀'이기 때문에 관료의 비밀 지식이 되고, 그것은 의원도 누구도 알 수 없는 것이기 때문에 그들의 중요한 권력수단으로 변하는 것이다. 행정에는 누구의 감독도 미치지 못하는 영역이 만들어진다.

그리고 군주는 태어나면서 군주이므로 훈련을 받은 정치가는 아니다. 따라서 예외도 있을 수 있겠지만, 군주란 정치적으로는 호사가에 지나지 않는다. 이 군주가 친정(親政)에 나서고자 한다면 행정을 파악하기 위해서는 관료의 보고에 의지하게 되지만, 그것을 믿기 위해서는 다른 관료의 보고에 의하는 수밖에 없다. 거기에는 관청 간에 관할권을 둘러싼 다툼이 생긴다. 또 누가 최고 관료 자리를 차지하는가가 문제가 된다. 이것은 이제 궁정 내의 인사항쟁 가운데서 결정하게 된다. 이렇게 상급 관료층 내부에서 인사 거래가 이루어진다.

본디 정치가의 최고 지위가 대신(정확하게는 국무장관)이고, 그가 행정 감독·통제를 행하지만, 이 대신은 군주가 지명하게 된다. 그래서 사임할 방도가 없는 군주가 정치가인 체하기 시작하면 대신에게 상급 관료를 지명할 가능성이 열린다. 혹은 역시나 정치적 경험이 없는 귀족이 거래의 결과로서 대신이 된다. 관료의 이해는 관철된다. 비스마르크의 유산인 강력한 지도자에게 '예수'를 말하는 것과, 당파의 물적 이해의 조정 기술밖에 모르는 무력한 정치가가 대신이 된다. 혹은 대신의 지위는 보수당 관료 승진이 최종 목표가 된다. 이렇게 대신도, 그 지도자다운 재상도 의회가 아니라 군주에만 책임을 지는 제도 아래에서 군주의 개인적 통치가 이루어졌다. 정부에는 한 사람의 지도적 정치가도 없다.

'군주는 스스로 통치할 생각이지만, 실제로는 관료가 군주를 위장하여 누구에게도 통제받지 않고 무책임하게 특권을 누리고 있는 것이다.'

이 체제의 결함은 내부의 논리나 변명이 통하지 않는 외교정책에서 드러난다. 베버는 영국의 반독 감정을 강하게 한 1896년 크루거의 전보 사건, 일본·중국을 대독 참전으로 이끈 원인이 된 황제의 '황화론' 공표, 1898년 황제의 다마스쿠스 연설(범슬라브주의에 대한 도전) 공표, 영국과 프랑스의 결속을 강화시킨 모로코 위기 사건, 독영 반목을 결정지은 1908년 〈데일리 텔레그래프〉지 사건을 살피고, 국제여론의 반독 감정과 열강의 대독 결속 강화, 따라서 독일의 고립화를 진행한 독일 외교정책을 구체적으로 점검했다.

'……우리가 체험한 것은 독일의 정치지도가 외교문제에 관한 군주의 개인적인 공표를, 근면한 궁내청의 관리나 보도관 등을 통해 허용하거나 협력

하는 사태였다.'

정치적 지도자라 할 수 있는 대신이나 재상이 없던 독일 내정의 결함은 외교면에서도 드러났다.

빌헬름 2세(재위 1888~1918)

'군주의 공적 발언은 국내에서는 가차 없는 비판에서 멀어지고 있다. 따라서 국내에서는 이 발언이 정권담당자를 비호한다. 즉 그는 자신의 태도에 쏟아지는 가차 없는 비판을 받아넘기는 수단으로 군주의 공적 발언을 악용한다. 하지만 외국은 군주의 발언을 앞에서 막을 수 없다. 군주가 말하는 것을 받아들인다. 정치가라면 상황이 변화하여 필요하게 된 태도 결정에 차이가 생기는 경우에는 그 직무를 떠나는 것이 좋고 떠나야만 한다. 그런데도 군주는 그대로 있어야만 한다. 하지만 군주와 함께 발언도 남는다.'

거기에서 독일 외교정책은 곤경에 빠졌다.

정치가가 군주의 발언 공표에 책임을 가지는 입장에 서면 공표를 그만두게 하고, 공표가 만든 결과에 책임을 가지고 사임을 하는 것이 가능하다. 그에 따라 미숙한 정치가인 군주를 외국의 대독 정책의 표적에 내려놓고, 정부가 전면에 나선다. 외교정책은 냉정하게 독일의 권력 이해를 고려하는 정치가의 책임 있는 지도 아래에 놓이게 된다. 하지만 중요한 정치가가 빠져 있다. 독일의 보수적인 관료지배는 '결정적 순간에 관료 정신을 익힌 사람들을 정치가가 정해야만 하는 지도적인 곳에 두었다. 이 정치가야말로 정치투쟁 속에서 공적 발언의 중요성을 가늠할 소양이 있고, 특히 지도적 정치가로서의 책임감을 가진 인물이다. 그는 관료에게 필요하지만 그 직분에는 유해한 관료로서의 복종의 의무감을 갖지 않은 인물이다.'

의회의 조사권

관료지배를 배제한 정치를 행하기 위해서는 의회에 권력을 장악하는 것이 필요하다. 베버는 그 실현을 위해 두 가지 구체적인 제안을 한다. 하나는 의회에 '조사권'을 갖게 하는 것, 또 하나는 헌법 9조 2항의 개정이다.

앞에서 본 것과 마찬가지로 관료의 중요한 권력 수단은 비밀 지식이었다. 정치가가 그것을 입수할 수 있는 것이 제도적으로 보장되지 않는다면 행정 감독 등이 존재하지 않게 된다. 따라서 '서류열람, 실지검증, 게다가 극단적인 경우에는 의회위원회의 석상, 증인으로서 출두하는 관계자에게 선서를 시켜 자문하는 것' 등을 통해 의원이 사실에 관한 지식을 입수해야만 한다. 이 문제에 대해 베버는 영국의 의회제도를 모델로 생각했다.

의회위원회에 조사권이 주어진다면 개개의 문제에 관해 그 관청의 관료나 장관은 책임 있는 답변을 요구받는다. 관료의 지식은 비밀인 채 두는 것이 아니라 공개되게 된다. 한편 정치가 쪽에서도 대중의 정서에 호소하는 언변뿐만 아니라, 관료로부터 유효한 정보를 끌어내기 위한 중요하고 구체적인 행정에 대한 정통이라는 것이 요구된다. 위원회 활동을 경험하는 것에 의해 정치가가 단련되고, 또 행정 공개에 의해 국민이 스스로 통치받고 있는가에 대해 깊이 알게 된다. 베버가 의회주의화의 수단으로서 제기한 조사권은 관료지배의 제어, 정치지도자의 육성·도야, 그리고 국민의 정치교육을 노리는 것이다.

'정치가는 강력하고 행동하는 의회의 위원회 속에서 행정의 실제를 경험하고 거기서 자기의 역량을 증명해야 하지만, 이러한 행정의 실제에 대한 활동을 훈련하는 경우만이, 의회라는 집합을 단순한 허위 광고가 아니라 실질적으로 행동하는 정치가를 선발하는 경우에 바꿀 수 있다. 그러한 선발의 장으로서 영국 의회는 지금까지 다른 나라의 추종을 불허한다. 위와 같은 방법에 의한 전문 관료층과 직업정치가와의 협력만이 행정 감독을 보장하고, 그것을 통해 지도하는 자와 지도받는 자와의 정치적인 교육과 훈련을 보장하는 것이다. 효과 있는 의회 감독에 의해 강요되는 행정의 공개야말로 모든 의회 활동과 국민의 정치교육 전제조건으로서 요구되어야만 하는 것이다.'

행정공개를 제도적으로 보장하는 것, 그것이 독일 제국의회에는 결여되어 있는 강력한 의회조사권이었다.

헌법 9조 2항의 규정

다음으로 헌법 9조 2항에 대해 살펴보기로 하자. 독일제국은 군주국의 연방이고, 각 지방 정부의 파견된 대표가 연방참의원에 의석을 가진다. 이것이 제국의 연방주의적 요소를 표현한다. 또 보통선거에서 뽑힌 의원으로 구성된 제국의회는 제국 통일주의적 요소를 표현한다. 프로이센 국왕이 제국황제를 겸하고, 프로이센 수상이 제국 수상으로서 참의원 의장을 겸하며, 국무장관은 프로이센 정부 대신을 겸하고 참의원에 의석을 가지는 것이 예사였다. 이 복잡한 구조야말로 제국헌법을 둘러싼 모든 문제의 원인이었다. 그렇게 9조 2항은 '누구도 연방참의원과 제국의회 의원을 겸임할 수 없다' 규정하고 있다. 여기에서 어떠한 문제가 생기는 것일까?

베버는 이렇게 지적한다. '의회주의적인 통치를 행하고 있는 나라에서는 지도적인 지위에 있는 정권담당자들이 의회에 소속하는 것은 무조건적인 요구인데도, 이 조항이 있기 때문에 독일에서는 이것이 불가능하게 된다. 제국 수상, 사절로서 연방참의원에 파견되는 각 지방의 대신, 제국 국무장관 등은 확실히 각 지방의회—예를 들면 프로이센 방의회—에 소속하고, 거기서 정당에 영향을 주거나 정당을 지도하기까지 한다. 하지만 제국의회에 대해서는 그래서는 안 된다. 이 규정은 영국에서는 하원부터 귀족이 제외되고 있는 것을(틀림없이 프로이센 헌법을 두고) 단순히 기계적으로 모방하고 있는 것으로 경솔한 규정이다. 이것은 폐지되어야만 한다. 폐지 그 자체가 가진 의미는 의회주의 제도의 도입 내지 의회주의적 관직 수여권 도입이 아니라, 정치적으로 유능한 의원이 동시에 정치에 있어서 지도적인 제국의 관직에 취임할 수 있는 가능성(의 창출)이라는 것이다. 제국의 지도적 관직에 오르는 것이 적당하다고 생각되는 대의사가 관직에 오르면 갑자기 정치적인 발판을 불응 내지 잃게 되는 이유는 이해하기 어렵다.' 유력한 정치가가 정권담당자가 되면 그의 본디 권력기반다운 제국의회의 의석을 빼앗기고 만다. 이래서는 난처하다.

만약 겸임이 허락되면 어느 사람은 의회에서는 자신의 신념에 근거하여 발언하고 투표한다. 또 동시에 참의원에서는 지방 정부의 지령에 의해 투표해야 하기 때문에 그는 자기의 신념을 등지고 행동해야만 할지도 모른다. 거기서 '양심의 갈등'이 생긴다는 비판은 당연히 나온다. 하지만 베버는 반론한다.

'어느 국정담당자가 자신의 정치적 신념에 반하는 훈령을 받는다면 그는 그 직책에서 물러나야만 한다. 그 경우 퇴진은 정치적 명예가 뜻하는 것으로 "양심의 갈등" 때문은 아니다.'

베버가 바라고 있는 것은 우선 책임 있는 정치의 확립이다. 그래서 그것을 수행할 수 있는 정치가의 도야를 제도적으로 행하는 것이다. 겸임금지는 유력한 정치가를 그가 이끌었던 제국의회의 정당세력과 단절시킨다. 하지만 겸임되면 그는 정당지도자로서 국정담당자이고, 지방정부의 파견대표이다. 그의 활동을 통해 우선 제국의회의 권력 강화, 책임 있는 정당정치의 추구가 야기되는 것과 함께 의회·정당에 대한 제국정부 정치지도의(커튼 뒤에서 이루어지는 것이 아니다) 정당한 영향력 강화도 가져올 것이다. 이렇게 해서 군주제하에서 의회주의화=의회권력의 실효적 강화를 가져오고, 무력한 정당정치로부터의 탈피가 모든 정당에 요구된다. 이 수로가 열리는 것은 바로 국민의 정치교육 기회가 늘어나는 것이다. 이것이 문제의 일면이었다.

'연방참의원의 의회주의화' 구상

또 하나는 독일 연방주의의 문제이다. 헌법이론상, '의회주의와 연방주의'의 양립 불가능성이 설명된다. 그것은 이러한 것이다. '제국정부를 의회주의화하면, 모든 독일 인민에 의해 뽑힌 제국의회가 정치적 지도에 대해 결정적 영향력을 가지고, 연방권력은 이미 연합시킨 군주의 모든 정부 권력이 없어지게 될 것이다. 여기서 독일제국 해체의 위험이 보인다. 연방 군주제적 동질성의 관점에서도 의회제적 제국정부는 중대한 문제라고 생각된다.'

의회주의화는 책임 있는 정치지도와 국민의 정치교육 관점에서 꼭 필요하다. '어떻게 하면 독일 의회주의화는 건전한, 즉 능동적인 연방주의와 조화할 수 있을까.' 이것이 베버의 과제였다. 그래서 9조 2항의 겸임금지 규정이야말로 그것을 막는 장애라는 것이 그의 답이었다. 겸임금지의 경우는 각 방에서 의회주의화가 진행되면 '프로이센은 프로이센에서 지배적인 모든 정당에 신임된 자를 연방참의원 의원으로 파견하고, 프로이센 이외의 지방은 각 방에 있어서 지배적인 모든 정당에 신임된 자를 파견하게 될 것이다. 그 경우, 제국수상 및 연방참의원에 출석한 국무장관은 프로이센의 정당 정치가이고, 다른 연방지방 대표자는 각 지방의회의 정당 정치가일 것이다.

이렇게 연방참의원 의회주의화는 9조에 의해 결코 저지되지 않을 것이다.

단, 이 의회주의화는 필연적으로 연방참의원의 분권주의화의 길을 걷게 될 것이다.' 참의원에 들어가지 않고 제국의회의 의석을 가진 국무장관을 사이에 두고 모든 정당이 내각에 압력을 가한다. 덧붙여 '연방참의원에 있어서 각 방의회 출신이 서로 적대하는 정당대표자가 당의 이해에 더해 분권주의적 이해를 대표하게 되기 때문에 충돌하는 상태이다. 이렇게 되면 프로이센은 제국 내의 압도적 권력에 소지방국을 가신화하고, 중위연방(작센·바이에른·바덴·뷔르템베르크)은 프로이센에 대항한다. 연방주의적 요소의 표현이었던 연방참의원은 분권적 이해의 표명, 할거주의적 방향의 표명의 장이 되어버린다. 이래서는 모든 나라의 의견을 제국통일로 방향짓는 연방주의를 이룰 수 없다.

하지만 겸직금지 규정을 폐지하면 제국의 통일성이 참의원에 침투하는 길이 열리고, 분권주의에 대한 경사도 완화될 것이다. '왜냐하면 연방참의원에 각 지방의 의회인뿐만 아니라 적어도 제국의회 정당의 대표자도 출석한다면 모든 정당의 전국 규모에서의 결합이 보이게 되고, 그것에 따라 정당 내부의 지역적인 차이는 대폭 조정되기 때문이다. ……세 권력집단, 즉 제국정부와 제국의회, 프로이센 정부와 프로이센 방의회, 소방 군주와 의회, 이 세 권력집단의 의회주의화된 대표자가 가능한 한 연방참의원 내부에서 힘의 균형을 만들려고 노력하는 것은 각 방의 문제이기도 하고 제국의 문제이기도 하다. 이것을 가능하게 하려면 의회주의화된 제국의 최고관사를 연방참의원에 넣을 수밖에 없다. 그때 의회주의화의 격류는 제국의 통일성이라는 강바닥으로 이끌려, 동시에 제국 정무에 주어지는 각 방의 활발한 영향은 보장된다.' 베버의 '연방참의원의 의회주의화' 구상이라고 하는 것은 이렇게 군주제 연방국가에 있어서 의회권력의 강화와 연방구성을 유지한 형태에서의 통일성 보장이라는 난문에 대한 현실적인 해답이었다. 군주제와 의회제, 연방과 통일이라는 대립계기를 바깥쪽 테두리를 바꾸지 않고 차지하기 위한 고심책이었다.

대중민주주의

의회권력의 강화라 해도 그 의회가 어떠한 선거제도를 채용하고 있는지를 물어야만 한다. 이것은 다음과 같은 사정이 있기 때문이다. 독일의 군주주의

자를 선두로 하는 지배층은 민주주의를 까닭 없이 싫어하고, 그 표현인 보통선거법에 반대하여 금권적·신분적 등의 선거법을 선전했다. 하지만 제국의회는 보통선거에서 이루어졌다. 비스마르크가 자기 권력지위를 굳히기 위해 민주화를 앞서 하고, 민주주의가 정착되지 않은 인민투표의 도구에 그것을 사용한 것이다.

비스마르크도 빨리 인식했던 것과 같이, 시대는 대중화의 상황을 나타냈다. 정치 국면에서는 대중민주주의적 상황 진행을 생각해야만 한다. 현대사회에 대해서도 말할 수 있는 이 문제를 베버는 어떻게 보았던 것일까?

'······대중민주주의가 가진 국정상 위험은 정치에 있어서 정서적 요소가 강대한 힘을 가진 가능성 안에 있다. ······"대중" 그 자체는(개개의 경우에 어떠한 사회층으로 구성되는가에 관계없이) "꼭 내일까지 일만 생각한다." 모든 경험이 가르치듯 대중은 항상 눈앞의 정서적이고 비합리적인 영향력에 몸을 맡기기 때문이다.'

'능동적인 대중민주화가 의미하는 것은 다음 사실이다. 즉 정치지도자는 명망가층 내부에 자격 승인에 근거하여 후보자다운 것이 선언되어, 그 뒤 의회에서 뛰어난 것에 의해 지도자가 된다. 그러한 과정을 따르는 일 없이 허위 광고적 수단을 이용해서 대중의 신임과 신용 그 자체를, 따라서 권력을 얻는 그것이다. 그것은 본성상, 지도자 선발의 카이사르주의적인 전환을 의미하고 있다. 사실 민주적 제도는 모두 이러한 경향을 나타낸다. 특수하게 카이사르주의적인 수단은 무엇일까? 그것은 인민투표이다. 이것은 보통 "투표"나 "선거"가 아니라, 자신의 지도자적 사명에 대한 찬동을 요구하는 남자의 그 사명에 기댄 "신앙" 고백이다.'

이 상황에서는 허위 광고가 유력한 권력수단이 된다. 대중의 허위 광고를 구사하고 인민투표로 권력을 장악한 지도자를 가진 것이 민주주의가 가는 운명이라고 한다면, 거기서의 폐해를 억제하기 위해서도 의회권력이 강화되어야만 한다. 의회는 대중의 신임을 얻은 인물에 대해 그 권력지위를 감독하고 시민법을 보장하며, 그가 신임을 잃었을 때는 평화적인 퇴장을 보장하는 임무를 띠고 있다. 따라서 질서 있는 민주주의를 바란다면 그것은 의회제 민주주의라는 형태를 취할 필요가 있다. ―〈의회와 정부〉의 '5 의회주의화와 민주화'에는 이러한 문제나 정치가의 조건, 정당조직 변화의 분석을 포함한 베버의 정치사회학이 전개되고 있다. 여기서는 이것에 관여하지 않고, 독일 시사문제로 돌아가자.

3급 선거와 평등선거

제국의 지도방다운 프로이센 의회의 하원은 악명 높은 '3급 선거법'에서 선출되었다. 이것은 제국의회의 보통·직접·비밀선거와 전혀 다르고, 제한·간접·공개선거였다. 24세 이상의 남자가 납세액에 의해(선거구에서 다액 납세자 순의 명단을 만들고, 상위에서 납세액을 누계해 납세총액의 3분의 1에 달하는 데까지 제1급, 이하 3분의 2까지를 2급, 나머지를 3급으로 한다) 3단계로 구분된다(제한). 각 단계가 같은 수의 선거인을 뽑는다(간접). 각 사람은 투표소에서 선거인의 이름을 말한다(공개). 이 조직의 압박감은 상상할 수 없을 정도이다. 극단적인 예로는, 어느 현 사회민주당 득표수가 제국의회선거에서 18,800표였던 것에 비해 프로이센 하원선거에서는 32표였다고 한다. 공개선거의 위력이다. 덧붙여 3급이라는 금권선거 장치가 작동한다. 1908년 선거에서는 사회민주당 대 보수당·자유보수당이 598,500 대 418,400표(공개인데도 불구하고!)인데도 당선의원으로는 6 대 212명이었다. 이 현상에 정부는 만족하지 않고 더 수정한다. 프로이센 통계국은 '프로이센 방의회의 구성으로서 국민자유당·제국당·보수당 대표가 조금 더 뽑히는 것처럼, 중앙당·좌파 자유주의 정당의 대표는 그다지 뽑히지 않는 것처럼, 사회민주당 대표는 한 사람도 뽑히지 않는 것처럼 하기 위해서는 선거등급 구분을 어떻게 하면 좋을까, 그것을 정말 어려운 수리계산에 의해 궁리해 낸 임무까지 띠고 있다.' 베버의 야유이다.

그는 평등선거법을 주장했다. 그때 그는 인간의 천성적인 평등이라는 사고에 동의하지 않았다. 평등선거권을 사회적으로 조건 붙인 재산의 불평등에 대한, 또 사회적인 '평형추'로 보는 식이 있다. 하지만 전시에 평등선거법을 정당화하는 그의 논의 중에는 다음과 같은 과격한 표현이 보인다.

'……평등선거법은 국가정책적으로 보면 현대국가 그 자체가 새롭게 만들어진 일종의 운명의 평등과 밀접하게 관계하고 있다. 인간은 죽음 앞에서는 "평등"하다. 육체적 생명을 유지하는 데 필요한 최저한의 욕구라는 점에서도 거의 평등하다. 현대국가가 그 모든 시민에게 현실에 끊임없이 제시하는 평등은 후자처럼 가장 당연한 것으로 전자처럼 비장하고 가장 숭고한 것에 미치고 있다. 즉 육체적인 안전과 살아가기 위한 최저생활, 그리고 죽음에 다다르는 전쟁이 이것이다. 과거 정치적 권리의 불평등은 모두 궁극적으로는 경제적으로 조건이 붙은 군대의 자격 불평등에 기인하고 있다. 이러한 불평등은 관료제화된 국가와 군대에는 없는 것이다. "국가시민"이라는 현대적 개념을 비로소 만든 관료제 지배 아래에서 사람들은 평준화되어 피할 수 없다. 결국은 투표용지가 이 지배에 대항하는 유일한 권력수단이다. 투표용지라는 권력수단에 의해서만, 그들이 죽음으로 향해 가는(정치적 운명) 공동체의 모든 업무에 관해 공동으로 결정하는 권리의 최소한을 장악할 수 있다.'(《독일에서의 선거법과 민주주의》)

전우의 죽음을 눈앞에서 보고, 스스로도 상처받아 귀환하는 사람들에 대해 더 이상 변명은 할 수 없다. 독일을 주도하는 프로이센에 베버는 이렇게 다가섰다. '다른 모든 것을 빼고, 국정상 다음의 것에 결단을 내릴 필요가 있다. 첫 번째는, 선거법 투쟁 결착점으로서 평등선거법이 지금 가능한 유일한 것, 그리고 병사들이 전장에서 귀환해서 국가의 새로운 건설에 착수하기 이전에 점점 참기 어려운 선거투쟁이 정치에서 없어져야만 하는 것이다. 두 번째는, 대전 중에 내지에서 자기의 사회적 지위를 지키거나 혹은 자기의 재산이나 단골을 늘리기도 했던 모든 계층의 선거권에 비해, 그러한 것을 유지하기 위해 전장에서 피 흘린 귀환병사들의 선거권이 선거법상 냉대를 받게 되는 것은 하나의 정치적으로 불가능한 일이라는 것이다.'

지방의회의 민주화를 전제로 하는 연방참의원의 의회주의화—이것이 그의 주장이었다.

'대통령'과 '직업으로서의 정치'

패전과 혁명

대전은 종국 가까이 왔다. 독일의 패전이 분명해진 1918년 9월 황제와 군사령부는 휴전을 결정, 협상 측과 협상해야만 하는 '민주적' 정부를 만들기 위해 '위에서부터' 민주화 정책을 진행했다. 10월 3일, 바덴 공 막스의 내각이 조직되고, 미국과의 강화 교섭이 시작된다. 황제 빌헬름 2세의 퇴위가 논해지는 가운데, 그는 베를린에서 사령본부가 있는 벨기에 스파(Spa : 벨기에 동부 리에 주 주에 위치)로 도망가 퇴위를 거부한다. 11월 초 킬(Kiel : 독일 북동부 슐레스비히 홀슈 타인 주의 주도 항구 도시.) 군항의 수병반란을 발단으로 혁명이 시작된다. 황제는 네덜란드로 망명하고, 제국은 끝이 났다.

혁명 가운데 베버는 독일 부흥을 위하여 정력적으로 활동했다. 11월 말부터 12월에 걸쳐 〈프랑크푸르트 신문〉에 게재된 〈독일 장래의 국가형태〉에서는, 지금까지 전제했던 군주제의 틀이 소멸된 뒤의 국가제도를 검토했다. 그 예리한 고찰과 전쟁 전부터의 발언으로 높은 평가를 받았던 베버는 한때 정부의 내무장관 후보로도 거론되었다. 결국 헌법학자 프로이스가 지명되지만, 프로이스가 주재한 헌법기초위원회에 유일한 민간인으로서 초대되어 나중에 '바이마르 헌법'이 되는 헌법초안 작성에 참가했다.

'국가형태론'이 책으로서 공간될 때에 붙여진 서문(12월 15일 부)에는 '자주공화제적으로 대독일적인, 하지만 대프로이센적은 아닌 국가형태, 즉 연방주의적이고 민주주의적인 특성을 갖춘 국가형태는 결국 있을 수 없다고 생각된다. 하지만 나는 그러한 국가형태는 불가능하지 않다는 것을 나타내고, 논의를 일으키길 바란다'고 쓰여 있다. 대독일적이란 오스트리아를 포함하는 구상을 의미한다. 그 뒤 이루어진 티롤이나 잘츠부르크에서의 주민투표는 '대부분 전원일치로 독일 국민국가에 대한 찬의를 표명했다.' 이러한 실정을 베버는 알고 있었다. 단, 전승국 측의 압력으로 실현되지는 않았다.

군주제가 무너진 뒤에도 연방제를 유지한 것에는 몇 가지 이유가 있겠지만, 우선 바이에른의 분란 움직임에 저항할 필요가 있었다. 뮌헨에서는 〈아르히프〉 공동편집자 야페나 혁명정부 수상에 의한 지방 바이에른의 독단강화가 계획되었다. 중앙통일주의는 베를린과 프로이센에 의한 독일 지배라는 주민감정도 고려되어야 할 것이다. 하지만 독일의 전후 부흥 추진에는 높은 행정능력을 가진 프로이센 관료기구와 프로이센이 가진 경제력·재정력, 그리고 경제제도상 중앙집권제는 꼭 필요하다. 이렇게 인식하는 베버의 프로이센에 대한 태도에는 증오 혹은 무언가 석연치 않은 것이 느껴진다.

게다가 전후 부흥은 특히 미국의 원조·신용공여를 빼고는 생각할 수 없다는 현실인식도 있다. 그러기 위해서는 프롤레타리아의 실험적 혁명평의회

정부에는 신용이 없고, 부르주아가 참가하는 베를린에서는 우익 노동자·병사평의회가 중앙정부를 손아귀에 넣으려고 했다. 베를린의 경과에 맡겨져버리는 중앙통일주의를 베버는 신용할 수 없었다. 자금 문제 이전에 전승국에 의한 직접적 점령을 조금이라도 막으려고 하는 관점에서도, 내란을 막는 안정된 공화제 수립이 긴급 필요 사항이었다.

국민선출의 대통령제와 선거활동

군주 없는 원수는 어떠한 형태를 취할까? '인민투표의 원수인가, 의회선출의 원수인가, 또는 연방주의 원수인가.' 그 가능성을 논하는 가운데 그는 '국민선출의 혁명적 정당성에 맡겨진 대통령은 고유의 권리에 근거하여 다른 국가기관에 대항하며, 의회선출의 대통령은 다른 권위를 갖게 될 것이다' 적고 있다. 12월 9~12일에 열린 헌법기초위원회에서 그는 소수파였던 연방주의 구상을 전개하면서 동시에 국민선출 대통령제를 강력하게 주장했다. 대통령은 국민의 직접적 신임을 얻은 행정 수장으로서, 또 정당 관료기구와 소명 없는 직업정치가의 의회에 맞서며 정치를 떠맡은 사람으로서 독자적인 권력을 가져야만 했다. 의회를 기반으로 하는 내각은 의회에 대한 대중의 신뢰저하, 합법성이라는 정당성 근거의 하락 때문에 강력한 지도능력을 가질 수 없다. 베버는, 혁명의 모토가 되는 '사회화'의 성공이 독일 건설의 열쇠라 한다면 군과 관료를 지휘 아래 두고, 임기응변으로 모든 문제를 개인적으로 처리할 수 있는 인민투표로 유지되는 대통령에게 보다 큰 권력이 집중되는 것을 필수 조건으로서, 당초 반대했던 사회민주당 사람들을 회유하는 작전마저 사용했다. 그의 주장은 수정을 받으면서도 프로이스의 초안에 허용되었다.

11월 중반 베를린에서 베버 형제나 프리드리히 나우만을 중심으로 모인 사람들이 독일민주당을 창립했다. 군주제 지지를 공표했던 막스 베버는 급한 전환을 싫어했지만, 월말에는 가입하고, 독일 각지에서 당을 위한 연설을 하고 대성공을 거두었다. 당은 다음 헌법제정 국민의회 선거에서 그를 프랑크푸르트 지구 의원으로 내세우려고 했다. 그 자신이 헌법초안의 전도에 아직 영향력을 행사하는 연설회는 물론, 프로이스에 편지를 쓰고, 의원이 되는 것에 의욕을 보였다. 하지만 선거구에서의 유력자와 밀접한 접촉을 취하는 일은 특히 하지 않았다. 선거는 비례대표제다. 당직원이나 유력자가 후보자 명단 상위에 배치되고, 베버의 순위는 선출 가능성이 없게 되었다. 이듬해인 1919년 1월 19일 제헌의회 선거에서 민주당은 다수파 사회당 163, 중앙당 88에 이어 75 의석을 획득, 이 세 당에서 '바이마르 연합'이라 불리는 연립이 만들어졌다. 혁명의 종결이다. 2월 11일, 사회당 에베르트가 의회에 의해 초대 대통령으로 선출되었다.

스파르쿠스단의 지도자 로자 룩셈부르크
1918년 11월 11일 휴전협정이 조인되고 공화국이 선포되자, 프롤레타리아 혁명을 주장하는 스파르쿠스단이 과격 시위를 선동하며 정부 전복을 꾀했으나 실패하였다.

'대통령'과 지도자 민주주의

2월 25일, 헌법초안 심의가 열렸다. 이날 〈베를린 거래소 신문〉에 베버는 '대통령'이라는 논고를 실었다. 스스로의 주장을 헌법작성 과정에 반영시키고자 하는 의도에서였다. 이때는 스스로의 경험도 덧붙여, 정당 관료기구의 이익단체다운 의회에 대한 견해가 더 엄격해졌다.

그의 주장은 이렇다. '초대 대통령은 국민의회에 의해 뽑힌다. 대통령은 무조건적으로 국민에 의해 직접 뽑혀야만 한다. 그 결정적 이유는 다음과 같다.' 우선 연방참의원이 방정부의 대표조직으로 존속할 것이기 때문에 '중개자의 간섭 없이 확실하게 온 국민의 의사에 근거한 국가원수를 설계하는 것이 아무래도 필요하다.' 또 사회화를 추진할 수 있는 권위를 갖는 것이 필요하다. 사민당도 '자주 논의된 대중의 "독재정치"는 마치 "독재자"를 필요로 하는 것, 즉 대중이 스스로 선택하고, 그 신뢰에 부응하고 있는 사이는 복종하는 신임자를 필요로 하는 것'을 잘 생각하자. 또 의회의 운영에 따라 저지되는 지도자 선발 기회는 국민에 의한 대통령선거만이 제공할 수 있다. 비판 선거 결과, 모든 이익단체 직원이 진출하는 기회는 경제적 이해의 거래 장소가 되고, '의회 그 자체의 순정치적 의의가 불가피적으로 제한될 수밖에 없게' 된다. 또 '어떠한 헌법초안이라도—국민이 아니라, 의원의—다수의 무류성(無謬性 : 오류가 없음)과 전능에 대한 마치 맹목적인 신앙에 닿아 있지만' 사태는 의회가 위기에 직면했을 때 유효하게 대처할 수 없고, 나라의 모든 기구를 혼란하게 해버릴 것이라는 것을 쉽게 상상하게 한다. 거기서는 국민투표보다 독자적인 권력기반을 가진 대통령이 필요하게 된다.

물론 이것은 대통령의 독재를 의도하는 것은 아니었다. 그는 이렇게 적고 있다. '대통령에게는 법률을 침해하거나, 독재적으로 통치하고자 하는 어떤 시도에도 "교수대와 끈"이 항상 눈앞에 매달려 있는 것이 풀이되어야 한다.' 또 '국민이 뽑은 대통령은 행정 및 관직수여권의 장으로서(경우에 따라서는), 정지적(停止的) 거부권, 의회해산권, 국민심문권의 유지자로서, 파벌에 대한 무기력한 굴복이 아니라, 자기가 뽑은 지도자에 대한 복종을 의미하는 진정한 민주주의의 수호신이다'라고도 쓰여 있다. 이것이야말로 '지도자 민주주의'의 구상이었다.

베버는 독일 재건에 필요한 국민지도의 강력한 권력을 구상하면서도, 한편으로는 역시 대통령과 의회의 권력 균형을 생각하고 있다. 하지만 그것은 정치적으로 성숙한 국민만이 손에 넣을 수 있는 강력한 의회가 있으면 살아 있는 구상이다. 독일의 미성숙 극복을 위해 글을 쓴 그는 어떻게 전망했던 것일까? 대중민주주의 상황의 진전, 패전과 혁명의 혼란, 그렇게 합법성이라는 정당성 근거의 유효성이 저하했다고 생각되는 시점에서 카리스마적 정당성을 가지고 독일 정치권력을 기초로 한 그의 구상은, 대중 속에 있는 비합리적이고 정서적인 요인에 대해 명확한 면역력을 가지고 있던 것일까? 민주주의를 그다지 기능적 관점에서만이 아니라 대중의 지도자 요구와 폭력적 허위 광고에 의한 난폭한 지배형태의 등장에 대해 억지력을 가질 수 없었던 것은 아닐까? 지도자가 가진 권위의 '질'을 물을 수 없는 발상은 아닐까— 나치즘을 체험한 제2차 세계대전 뒤 독일에서는, 베버도 그 제정에 참여한 바이마르 헌법 아래에서 히틀러가 권력을 빼앗은 역사의 반성에서, 베버의 '지도자 민주주의론'에 대한 비판이 나왔다. 이 정치학상 대문제를 여기서 논할 수는 없다. 단 이론적으로는 없고 시론으로서 한마디 하면, 〈국가형태〉 논문에서 '……대통령 국민선거를 하려고 해도 오랜 내적 무력의 결과로서 대중에게 영향력 있는 초월한 정치지도자가 없다'고 쓴 베버는 그 뒤에 국민선출 대통령제를 내걸었다. 정치적으로 성숙했다고 생각할 수 없는 국민에게 성숙을 전제로 한 제도를 내걸어야 했던 베버의 고뇌를 우리는 여기

히틀러(왼쪽)와 힌덴부르크

1919년 5월 베르사유 조약에 의해
독일은 전쟁 책임에 대한 보상 의무
를 지게 되었고, 점령지도 몰수되었
다. 극심한 경제난에 시달리던 독일
은, 설상가상 세계공황의 여파로 극
심한 타격을 입는다. 이러한 상황에
서 1931년 힌덴부르크가 히틀러를
누르고 대통령에 당선되었다. 1932
년 선거에서는 나치당이 대승을 거두
고 급부상한다.

서 보는 것이다.

혼란 속에서의 강연

《정치논집》 말미에 들어 있는 〈직업으로서의 정치〉는 베버가 뮌헨의 '자유
학생동맹'의 요구로 1919년 1월 28일에 했던 강연을 정리한 것이다.

전년도 2월에 성립한 바이에른 독립사회민주당의 마이스너 혁명정부는 1
월 12일 선거에서 180 의석 중 3개 의석밖에 갖지 못하고 궁지에 몰렸지만,
혼란 속에서 청년들 사이에는 혁명의 흥분과 실천에 대한 에너지가 넘쳐흘
렀다. 강연에 모인 청중도 혁명의 열광으로 거기서 어떤 전망을 찾으려고 하
는 젊은 사람들이었다. 그들은 당연히 베버에게 실천의 지침을 기대하고, 교
양 있는 사람은 어떠한 정치적 태도를 가져야 하는가에 대한 이야기를 듣기
를 바랐다.

그는 이렇게 잘라 말했다. "여러분의 요청에 따라 이 강연이 이루어지게
되었지만, 이 강연은 여러 의미에서 여러분을 실망시키리라고 생각합니다."
그의 말은 정치·국가·지배의 정당성 등 기본적인 개념규정으로 시작하고,
정치지도자·행정장치·정당기구의 분석, 그 영국·미국·독일의 간단한 비교로
전개한다. 그러면서 정치사회학 강의이다. 그 가운데 그는 근대국가의 특질
을 그리고 있다. 행정 관료제 확립, 대중민주주의 상황에 대응한 정당조직

성립, 그리고 인민투표적 민주제. 이러한 분석상 그는 근대국가에 대하여 말했다. "우리는 둘 중 하나를 선택할 수밖에 없습니다. '기계'에 기반한 지도자 민주주의, 아니면 지도자 없는 민주주의가 그것입니다. 후자는 소명이 없는 '직업정치가', 지도자의 필수요건인 내적 카리스마적 자질이 없는 직업정치가들의 지배를 의미합니다."

국회는 선거가 끝나고, 개최를 눈앞에 두고 있었다. 전자가 바람직함에도 독일은 지금 후자의 길을 가려 한다고 보는 베버는 여기서도 물론 국가투표에 의한 대통령제 장점을 언급하는 것을 잊지 않았다.

정치가의 자질

앞으로의 이야기는 정치를 직업으로 하는 자=정치가에게 요구되는 자질, 그래서 본질적으로 권력에 관계하지 않을 수 없는 정치와 인간생활 전체와의 관계 등의 문제도, 어조도 정열적이 된다.

'도대체 어떤 자질이 있다면 그는 이 권력에 맞는 인간에게, 또 권력이 자신에게 과하는 책임에 참을 수 있는 인간으로 익숙해지는 것일까? 여기서 우리는 윤리적 문제의 영역에 발을 내밀게 된다. 어떠한 인간이 역사의 톱니바퀴에 손을 댈 자격이 있는 것인지 하는 문제는 확실히 윤리적인 문제 영역에 속하고 있다.' 베버는 정열, 책임감, 판단력 세 가지를 든다. '정열은 사정에 속한다는 의미에서의 정열, 즉 "사정"에 대한 정열적인 헌신, 그것을 맡은 신 내지 악마에 대한 정열적 헌신이다.' '정열은 그것이 "일"에 대한 봉사로서 책임성과 이어지고, 이 일에 대한 책임성이 행위의 결정적인 기준이 됐을 때 비로소 정치가를 만들어 낸다. 그래서 그러기 위해서는 판단력—이것은 정치가의 결정적인 심리적 자질이지만—이 필요하다. 즉 정신을 집중해서 냉정함을 잃지 않고, 현실을 그대로 받아들이는 능력, 즉 사물과 인간에 대해 거리를 두고 보는 것이 필요하다.'

정치가는 스스로 믿고 이 자질을 가동시켜야만 한다.

두 가지 윤리

그러면 정치와 윤리의 관계는 어떠할까? '정치가 권력—그 배후에는 폭력이 기다리고 있다—이라는 매우 특수한 수단을 이용해서 운영된다는 사실은 정치에 대한 윤리적 요구에 있어서 정말 아무래도 좋은 것일까?' 폭력과 극으로 위치하는 '신이 내린 교훈'의 윤리는 이유를 묻지 않고 무조건적인 요구로, 성인도 아닌 한 굴욕의 윤리이다. 하지만 '이것을 관철할 수 있을 때 이 윤리는 의미가 있는 것이 되고(굴욕이 아니라) 품위의 표현이 된다. 그렇지 않을 때는 반대이다. 왜냐하면 무차별적인 사랑 윤리를 관철하지 않으면 "나쁜 자에게도 힘으로 저항하지 않게" 되지만, 정치가에게는 이것과 반대로 나쁜 자에게는 힘으로 저항하고, 그렇지 않으면 악의 지배를 짊어지게 된다는 명제가 타당하기 때문이다.'

복음의 절대 윤리는 정치 세계에서는 타당하지 않다. 정치가에게는 다른 윤리가 있다. 즉 '윤리적으로 방향지어진 모든 행위는 근본적으로 다른 두 개의 조정하기 어려운 대립된 준칙 아래에 있다는 것, 즉 '심정 윤리적'으로 방향지어진 경우와 '책임 윤리적'으로 방향지어진 경우가 있다는 것이다. 심정 윤리는 무책임하고, 책임 윤리는 심정을 뺀다는 의미는 아니다. ……하지만 사람이 심정 윤리의 준칙하에서 행동하는—종교적으로 말하면 "그리스도교 교인은 바른 일을 하지 않고, 결과를 신에 맡긴다."이나 아니면 사람은 (예측할 수 있는) 결과의 책임을 짊어지는 책임윤리의 준칙에 따라 행동하는지는 속을 알 수 없을 정도의 깊은 대립이다.'

심정 윤리란 모든 행위가 자기의 심정(신념)에 충실한지 아닌지를 묻는 것이다. '심정 윤리가는 단순한 심정, 예를 들면 사회질서의 부정에 대한 항의를 절대 하지 않도록 하는 것에만 '책임'을 느낀다. 마음을 끊임없이 새롭게 불타게 하는 것, 이것이 그의 행동—일어날 수 있는 결과에서 판단되면 전혀 불합리한 행위—의 목적이다.' 여기서 다음과 같은 문제가 생긴다. '인민의 평화를 얻기 위해 압정자를 죽여라!' 살인이라는 폭력적 수단이 평화라는 윤리적 목적의 이름 아래에 정당화될 것인가. 혹은 '좋은 수단에 의해서만 좋은 목적이 달성된다'는 것은 아니라는 현실이 문제이다.

베버는 두 윤리를 논리적으로 극한으로 갈라놓는다. '심정 윤리와 책임 윤리를 타협시킬 수는 없다. 또 만약 우리가 목적은 수단을 신성화한다는 원리 일반을 어떠한 형태로 인식하더라도, 구체적으로 어떠한 목적이 어떠한 수단을 신성화할 수 있을지를 윤리적으로 결정할 수는 없다.' 정치가는 이 단계에서는 책임윤리가여야만 한다. 신앙이 두터운 자의 입장에서 보면 영혼의

〈직업으로서의 정치〉 초고

구제를 면하려는 수단조차 정치가는 이용할 것이다. 아니 정치가에 그치지 않고, 비합리적인 현세에서의 생활에는 앞의 현실 문제가 다가오고, 이것이 모든 종교의 신의론(전능하고 의로운 신이 왜 고난과 비합리에 찬 현세를 만들었는지)을 전개시킨 것이다. '……선에서는 선만이, 악에서는 악만이 만들어진다는 것이 인간의 행위에 의해 결코 진실이 아니라 그 반대가 진실이라는 것. 이것들은 고대 그리스도교도들에서도 매우 잘 알려져 있다. 이것을 꿰뚫어 보지 못한 사람은 정치의 첫 걸음도 이해 못한 미숙아이다.' 따라서 견해를 바꾸면 '자기 영혼의 구제 ……를 바라는 자는 이것을 정치라는 방법에 의해서는 구할 수 없다.' 그리고 이것은 사실 정치도 인간생활의 한 영역에 지나지 않는다는 것, 종교에서 보아도 하나의 상대적인 가치밖에 가지지 않는 정치가 유일한 절대적 자기목적의 세계는 아니라는 것을 시사하고 있다.

정치에 대한 직무

게다가 베버는 앞의 두 가지 대립한 윤리가 이어지는 것을 설명했다. 아름답고 순수한 신념을 가진 사람이 악마의 힘과 관계를 가지는 것을 피하려면 현실세계에서 무엇을 이루어야 할까? 다만 전능할 수 없는 책임 윤리가 모든 능력을 기울인 배려와 수단 행사의 결과, 바람직한 사태를 실현할 수 없는 것도 당연하다. 여기서 그의 책임 윤리는 바른 의미에서의 책임, 그 윤리성에서 심정 윤리에 겹쳐진다. 목적 실현에 대해 합리적으로 영위되는 행동이 그 극한에 있어서는 결과에 상관없이 '나의 판단에서는 다른 것은 없었다'는 행동으로서, 마치 심정 윤리적으로 평가를 받지 않을 수 없는 지평이 나타나는 것이다. 베버는 종교개혁자 루터의 말을 인용하여 이렇게 말했다. '……결과에 대한 책임을 매우 절실히 느끼고, 책임 윤리에 따라 행동하고,

성숙한 인간이 있는 지점까지 와서 "나로서는 이렇게 하는 수밖에 없다. 나는 여기에 머무른다"고 말한다면 헤아릴 수 없을 정도의 감동을 받는다. 이것은 인간적으로 순수하고 영혼을 흔드는 것이다. 왜냐하면 정신적으로 죽지 않는 한 누구라도 언젠가 이러한 상태에 있을 수 있기 때문이다. 그 한에서 심정 윤리와 책임 윤리는 절대적인 대립이 아니라 오히려 더불어 "정치에 대한 직무"를 가질 수 있는 진정한 사람을 만들어 내는 것이다.'

베버는 젊은 사람들을 지배하고 있는 혁명의 열광이나 심정 윤리적 행동 욕구에 우선은 찬물을 끼었고, 패전국 독일의 엄격한 미래를 예측한다. 하지만 그 가운데에서도 살아가야만 하는 동포로서 그들을 위한 강연을 다음의 말로 결말지었다.

"정치란 열정과 균형감각, 이 두 가지를 다 가지고 단단한 널빤지를 강하게 그리고 서서히 뚫는 작업입니다. 만약 지금까지 '불가능'에 도전하는 사람들이 계속 나타나지 않았더라면, 인류는 아마 가능한 것마저도 이루어내지 못했을 것입니다. 이것은 전적으로 옳은 말이며 모든 역사적 경험에 의해 증명된 사실입니다. 그러나 지도자이면서 또한—매우 소박한 의미에서—영웅만이 이렇게 불가능한 것을 시도할 수 있습니다. 그리고 지도자도 영웅도 아닌 사람이라 할지라도, 모든 희망의 좌절조차 견디어낼 수 있을 정도로 단단한 의지를 갖추어야 합니다. 지금 그래야 합니다. 그렇지 않으면 우리는 오늘날 아직은 가능한 것마저도 이루어내지 못할 것입니다. 자신이 제공하려는 것에 비해 세상이 너무나 어리석고 비열하게 보일지라도 이에 좌절하지 않을 자신이 있는 사람, 그리고 그 어떤 상황에서도 '그럼에도 불구하고!' 이렇게 말할 수 있는 사람, 이런 사람만이 정치에 대한 '소명'을 가지고 있습니다."

남겨진 베버의 메모에서는 책임 윤리는 비로소 권력 윤리로 적힌다. 이것에 따라 책임 윤리는 강연의 주제를 넘어 정치뿐만 아니라 학문, 아니 모든 인간의 실천에서 주체성을 가진 윤리라고 말하게 된다.

베버의 학문적 유산

베버가 죽은 뒤 60년, 그가 살았던 시대는 역사학의 대상이 되고 있다. 《정치논집》은 '매일매일의 요구'에 답하듯 쓰인 논고집이다. 그 의미로는 일류의 '사료'이다. 동시에 독일의 특수성—베버가 맞서 극복해야만 하는 정치적 미성숙—은 기묘한 형태로 보편성='고전'을 만들었다. 그가 느끼고 예지한 문제가 바로 현대에 있다는 것은 제쳐놓고라도, '실용적인 사고의 전통이 없는 분야에서 실용적인 사고방식을 정착시키려면 과감히 극단적인 것을 말해야만 한다는 패러독스'를 이해했던 베버의 발언에는, 구체적 문제가 극한적인 모습으로 그려져 있기 때문에 이론적인 문제 소재가 잘 드러나 있다.

2월 혁명기 자유주의자 대 민주주의자의 대항이 전자의 승리로 끝난 이래, 독일에서는 자유주의가 하나의 가치이념을 체현하는 말로서 사회적 지도층에서 공유되었다. 말하자면 국민자유당, 자유주의적 법치국가. 자유주의는 하나의 독일적 전통으로서 의식되어 온 것이다.

그 담당자는 '시민'이 되었다. 자칫 조잡한 논의가 되지만, 그것은 '재산과 교양'을 갖춘 시민의 개인주의적인 '정신적 자유'를 중심으로 한 독일의 19세기적 이념이었다. 그렇게 공업화의 진전과 함께 대중민주주의화의 물결이 밀려올 때, 독일의 권위적 국가체제 가운데 민주주의 실현의 운동을 선두로 담당했던 것은 사회주의 정당다운 사회민주당이었다. 사회주의의 깃발 아래 민주화를 추구한 것이다. 따라서 민주주의적인 제도·조직이 이루어진 바이마르 공화국 시대에는 사회민주당이 민주화를 자기 운동의 기동력으로는 이미 할 수 없었다. 한편 사회의 엘리트, 유산층과 교양층은 대중민주주의적 상황을 싫어하고, 자유주의 이념에 매달렸다. 즉 허위 광고 아래에서의 민주주의가 아니라, 정치교육을 받은 국민이 담당하는 의회제 민주주의—베버가 바라는 것—는 결국 독일에서는 하나의 전통이 되지는 않았다. 바이마르 헌법 이념을 맡은 국민대중은 무관심이라고도 할 만한 정치적 정신 상태에 놓여 전후 혼란기를 넘고 바로 세계 경제공황의 맹위에 놓인다. 나치 정권 전야이다.

베버의 책은 독일제국 사회의 뛰어난 역사적 논리적 분석에 그치지 않고, 이른바 사상사에서의 '나치즘'에 대한 접근을 생각할 때에도 많은 시사를 함으로써 현재도 읽히고 있다.

제3장 베버의 사회과학 방법론

이 장에서는 막스 베버의 《학문논집》(내지 《과학논집》, 이하 과학·학문 Wissenschaft은 문맥에 따라 구별해 사용된다. Gesammelte Aufsätze zur Wissenschaftslehre, 1922)의 주요논문을 대상으로, 사회과학적 인식이 어떤 전제를 가지고, 어떤 방법으로 추구되며, 그 인식은 무엇에 도움이 되는지 등의 문제에 대한 베버의 사상을 밝히고자 한다.

현재 《학문논집》에 담긴 모든 논문은 체계적인 '학문론'의 의도를 가지고 쓴 것이 아니었다. 그것은 여러 기회에 다른 동기에서—전문잡지의 강령(綱領) 작성을 계기로(〈객관성〉 논문), 또는 논문집에 기고 요청을 받고(〈로셔와 크니스〉), 또 학회 보고(〈가치자유〉 논문) 또는 강연(〈직업으로서의 학문〉)을 바탕으로, 그의 사후 미망인에 의해 《학문논집》이라는 제목 아래 한 권으로 정리된 것이다.

본디 베버는 자신을 학문론·방법론의 전문가라고 생각하지 않았고, 또 방법론적 고찰이 학문을 직접 발전시킬 것이라고 생각했던 것도 아니었다. 방법론처럼 순수한 논리적 고찰이 구체적인 연구 내용을 발전시키는 것은 아니다. 학문은 실제적인 문제의 제출과 해결에 의해서만 추진력을 갖는 것으로, 방법론은 '실제 연구에서 참인 것이 확인된 방법의 자각에 지나지 않는다.'(〈비판적 연구〉)

하지만 '어떤 소재를 서술 대상으로 할 때의 관점이 극도로 혼란되면, 이전의 과학적 '작업'을 움직여 온 논리형식에도 새로운 '관점'에 의해 수정을 가하려는 사고방식이 나타난다. 그로 인해—연구자 가운데—연구의 본질에 대한 의문이 생기는 경우'(〈비판적 연구〉)가 있는데, 이때 논리적 고찰이 구체적 인식을 전개하는 데 꼭 필요한 작업이 된다. 이것은 마치 병자에게 그 특정한 병상의 진단서와 처방전이 필요한 것과 마찬가지이다.

그리하여 베버는 다름 아닌 경험과학자로서, 자기의 실제적 연구에 필요한 방법론적인 진단서와 처방전을 써야 했던 것이다.

이런 결과 《학문논집》에는 특정의 방법론 문제를 논한 개별논문이 나란히 실리게 되었다.

이런 사실을 전제로 다음과 같은 점을 지적할 수 있다. 즉, 그러한 논문 속에 체계적인 사고가 전혀 이루어져 있지 않은가 하면, 물론 그렇다고는 할 수 없다. 적어도 어떤 체계를 배후에 두고 썼으리라 생각되는 논의를 많이 발견할 수 있으며, 논문의 상호참조를 구하는 기술도 있다. 또 베버의 의도와는 다르게 우리 관심에 따라 어떤(일면적인) 질서를 끄집어 낼 수도 있을 것이다.

이리하여 이 장에서는 다음과 같은 각도에서 《학문논집》의 주요논문을 다루고자 한다.

사회과학적 인식의 작업은 논리적으로 대립하는 두 가지 면을 가진다. 사실판단과 가치판단이 두 가지 결합과 분리이다. 바꿔 말하면, '객관적인' 사회과학적 인식은 '주관적인' 가치판단을 모두 추방하면 성립되는 것이 아니라, 연구대상으로서도, 연구주체에 있어서도 가치판단은 사회과학적 인식과 깊이 관련되어 있다.

베버의 《학문논집》이 가르치는 것의 하나는, 사회과학의 작업에 있어서는 위와 같은 '객관적' 요소와 '주관적' 요소의 어느 한쪽이 우월한 것이 아니라, 서로 보완하고 있다는 점이다.

이하에서는 인식의 전제로서 가치영역이 어떤 의미를 갖는가(제1절), 그럼에도 인식의 객관성은 어떻게 보증되는가(제2절), 이 보증을 위해 과학자에게 요구되는 정신은 어떤 것인가(제3절), 객관적인 인식은 가치영역에 대해 어떤 효용을 갖는가(제4절)와 같은, 서로 관련된 일련의 문제를 베버가 어떻게 생각하고 있었는가 하는 각도에 한정해서 《학문논집》을 설명하고자 한다.

현재 《학문논집》에 수록되어 있는 논문 가운데, 이 장에서 인용할 주요한 논문을 발표연대순으로 나열하면 다음과 같다.

1903(~1906) : 〈로셔와 크니스 및 역사학과 경제학의 논리적 문제〉(이하 〈로셔와 크니스〉로 약기)

1904 : 〈사회과학적 및 사회정책적 인식의 객관성〉(〈객관성〉 논문)

1906 : ⟨문화과학의 논리학 영역에서의 비판적 연구⟩(⟨비판적 연구⟩)
1917 : ⟨사회학·경제학에서 가치자유의 의미⟩(⟨가치자유⟩ 논문)
1919 : ⟨직업으로서의 학문⟩

그리고 이 장에서는 제4절에서 《정치논집》에 들어 있는 ⟨직업으로서의 정치⟩(1919)도 인용하게 된다.

마지막으로 서술 방법에 대해 덧붙여서 말해 둔다. 앞에 설명한 것처럼 베버의 《학문론》의 '체계적' 정서(整序)라는 목적에 대응해, 이 장은 여러 논문을 연대순으로 설명하는 방법을 취하지 않고, 각 부분에 적합한 문장을 연대를 무시하고 자유롭게 골라 제시하면서 설명하는 방법을 취한다. 베버의 논문과 베버 연구서에서의 인용은 이미 번역한 것을 바탕으로 자유롭게 고쳐 쓴 것도 많다. 또 베버의 문장에 번거로워 보이는 ' '와 방점도 생략한 것이 많다.

사회과학의 전제—인식을 만들어 내는 가치

인식의 세 가지 전제

베버에 따르면 학문적인 작업은 전제 없이 이루어지지 않는다. 그것은 가치판단과 세계관적인 전제에 입각하고 있고, 그것에 의해 비로소 의미를 부여받는 활동인 것이다. 가치판단에 좌우되지 않는 보편적으로 타당한 인식은, 다름 아닌 일정한 가치판단(태도결정)이라는, 과학적으로 그 '정당함'이 증명되지 않는 주관적 요소에 그 원초적인 근거를 가지고 있다.

그 전제란 다음 세 가지이다.

(1)논리학과 방법론의 규칙이 타당하다는 전제
(2)'아는 것' 그 자체에 의미가 있고, 과학적 진리 그 자체에 가치가 있다는 전제
(3)무엇이 알 가치가 있는가 하는 선택에 임한 가치판단(가치이념)의 개입이라는 전제

이 세 가지 전제 중, (1)과 (2)는 자연과학에도 공통으로 들어맞는 전제이고, (3)은 사회과학 고유의 전제이다.

아래에 이들을 설명하겠지만, (1)의 논리학과 방법론의 규칙이라는 전제는 제2절의 '인과귀속의 방법'에 들어맞게 되므로, 이 절에서는 (2)・(3)을 먼저 설명하겠다.

사실은 '알 가치가 있다'

과학적 진리 그 자체에 가치가 있다는 전제에 대해 '직업으로서의 학문'에서는 다음과 같이 설명하고 있다.

자연과학의 작업은, 자연사상의 여러 법칙은 '알 가치가 있다'는 전제에 입각하고 있다. 물론 그 법칙을 앎으로써 거기서부터 기술적으로 유효한 인식이 얻어진다는 실천적인 이유는 있지만, 그뿐 아니라 자연사상은 무엇보다 '그 자신을 위해' 알 가치가 있는, 아는 것 그 자체에 의미가 있다는 전제인 것이다. 또 위에서 말한 기술적 유효성의 측면에 대해서도, 자연과학적 지식을 바탕으로 인간의 생명을 유지한다든지, 고통을 완화하는 것에 항상 의미가 있는지 없는지는 의학 그 자체는 답할 수 없다. (예를 들면 '안락사' 문제) 처음부터 거기에 '의미가 있음'을 전제로 영위되고 있는 것이다.

또 문화(사회)과학은 정치적・예술적・사회적인 여러 현상을 그 성립의 모든 조건에서―즉 인과적으로―이해하려는 것이지만, 애초에 이들 문화현상에 존재하는 가치가 있고 그것을 아는 것에 의미가 있는지 없는지는, 문화과학 그 자체는 답할 수 없다. 그런데도 '의미가 있다'는 전제 아래 인식이 추구되는 것이다.

이렇게 과학적 인식 전반의 가치를 인정하는 것이 하나의 태도라는 것은, 바꿔 말하면 다른 가치에 입각한 다른 태도의 선택도 가능하다는 것이다. 예를 들면 정치적 가치, 예술적 가치, 윤리적 가치, 종교적 가치이다. 베버는 이들 가치의 상호대립을 '신들의 다툼'이라 부르며 다음과 같이 썼다.

'어떤 것은 그것이 아름답지 않음에도 신성할 수 있을 뿐 아니라, 또 그것이 아름답지 않기 때문에, 그리고 그것이 아름답지 않은 한에서만 신성할 수 있다는 것입니다. ……어떤 것은 그것이 선한 것이 아님에도 또 그것이 선한 것이 아닌 바로 그 부분에서 아름다울 수 있다는 것…… 또한 어떤 것은 아름답지도 않고 신성하지도 않으며 선하지도 않음에도, 또 그렇기 때문에 객관적 사실이라는 의미에서 참된 것일 수 있다는 것은 누구나 다 아는 일입니다.'(《직업으로서의 학문》)

예를 들면, 과학적 진리의 가치를 전제로 하면, 죽은 사람을 사용한 어떤 의학실험은 과학 발전에 봉사하는 행위로 해석될 수 있다. 하지만 물론 그것은 윤리적 가치를 전제로 하면 부정되어야 한다. 그래도 의사는 어떤 경우에 전자의 가치에 봉사할 것이다. 그렇게 하는 것이 '정당하기' 때문이 아니라, 그가 주관적으로 그 가치를 '선택하기' 때문이다.

덧붙여 두고 싶은 것은, 여기에서 과학자는 다른 가치를 모르고, 오직 과학적 인식의 가치를 전제로 과학 발전에 봉사하는 인간이라는 결론을 이끌어 내는 것은 잘못이라는 것이다. 왜냐하면 과학자도 한 인간이고, 인간은 모든 가치의 조화와 질서 확립에 의해 정의되어야 하기 때문이다. 자신에게 과학적 인식의 가치·윤리적 가치·예술적 가치·정치적 가치와 같은 것들은 어떤 의미를 가지고 있는가, 그들은 어떻게 자신 속에서 질서 잡힐 수 있는가 하는 것을 전제로 하고(인격), 다음에 자신에게 과학적 인식이 최상위에 있음을 결정함으로써 과학을 직업으로 하는 인간(과학자)이 생겨난다고 생각해야 한다.

가치이념

베버(일반적으로 신칸트파)의 인식론의 특징은, 인식하는 인간과 인식되는 대상의 엄밀한 분리이다. 그에 따르면(《객관성》논문) 현실이 직접 우리 앞에 나타나는 모습을 생각해 볼 때, 그것은 개별적 사실의 의미 없고 끝없는 다양성이다. (예를 들면 이 원고를 쓰고 있는 '지금' 나의 내부에서는 무수한 심적·생리적 사실이 생성되거나 소멸하고, 외부에서도 마찬가지로 무수한 자연적·사회적 사실이 발생하거나 소멸하고 있다)

이 무한성은 단일의 사실을 잘라 내어 그 모든 부분을 빠짐없이 서술하는 것, 또 그 원인을 이루고 있는 것 모두를 전혀 파악할 수 없게 하는 것이다. 인간에게는 이런 혼돈의 사실을 있는 그대로 모사하는 능력이 주어지지 않았다.

따라서 인간의 인식은 이 무한한 현실의 '일부분'만을 대상으로 할 뿐이고, 그것만이 '알 가치가 있는' 것이 된다.

이것을 기준으로, 법칙적으로 반복되는 사실과 일회적이고 개성적인 사실이 헤아려지지만, 문화과학에서는 후자가 주로 대상이 된다. 왜냐하면, 문화과학에 대한 관심의 출발점에 있는 것은 우리가 살아 있는 동시에 우리를 둘러싼 사회적·역사적 현실의 개성, 다른 시간과 장소와는 다른 독자성의 인식이기 때문이다. ('우리는 우리를 둘러싸고 있는 삶의 현실을 그 특성에서 이해하려고 한다—즉, 현실 속 2, 3 현상의 관계와 문화의의를 현재 모습으로써 이해하려 하면서도, 다른 한편으로는 그 현상이 역사적으로 보아 현재 보이는 모습이 되었고, 그것 이외의 모습은 되지 않았다는 근거를 이해하고 싶어한다.'(《객관성》 논문))

예를 들면 '한국인의 특성은 무엇인가'와 같은 사회적이고 역사적인 자기인식이 문화과학의 목적이고, 따라서 당연히 일회적이고 개성적인 것이 주된 대상이 된다. 또한 베버는 법칙적으로 반복되는 것은 자연과학의 주된 대상이 된다(후술)고 생각했다. 하지만 대상의 모든 '개성'은 또한 무한하며, 있는 그대로를 모사하는 것은 불가능하다. (예를 들면 내가 임의의 다른 사람과 다른 점은 무수히 있다) 따라서 진정으로 우리의 관심을 끄는 개성, '알 가치가 있는' 개성이 또한 선택되어야 한다. 그리고 이것이야말로 베버가 '가치이념'이라 부른 것의 기능이다. 가치이념에 의해 생기는 관심으로 물든 개성적인 현실이야말로, 우리의 인식 대상이 되는 것이다. (왜 가치이념이 다름 아닌 개성적 사실과 결부되는가 하는 점에 대해서는 '가치해석' 항목을 참조)

베버는 이렇게 가치이념에 의해 부여된 의미를 '문화의의'라 부르고, 이 의미를 부여한 대상을 '문화'라 불러('문화란 세계 사건의 의미와 관계 없는 무한한 내용 속에서 채택된 유한한 한 조각으로, 인간의 입장에서 볼 때, 의미와 의의가 깃들어 있다고 생각되는 것이다.'(《객관성》 논문)) 그것을 대상으로 하는 과학을 '문화과학'이라 부르고, 그것의 인식작업을 행하는 인간을 '문화인'이라 부른다. ('대체로 문화과학의 선험적인 전제란……우리가 의식해 세계에 태도를 취하고, ……세계에 어떤 의미를 부여하려고 하는 능력과 의지가 주어진 문화인이라는 것이다.'(앞의 논문))

가치이념의 평가성
이 가치이념은 궁극적으로는 가치평가이다. 자기를 둘러싼 현실에 대한 긍정과 부정의 가치평가만이 인식에 대한 관심을 만들어 낸다. 이런 의미에

서 문화과학의 인식활동 근원에 있고, 그
것을 재촉하는 것은 학문외적인 가치평가
라는 요소이다.

'문화적인 여러 과학의 영역에서 사고
에 의해—현실을—정리하는 활동 방향에
대해서는, 항상 실천적 관심이 품은 최고
의 가치가 결정적으로 중요하다.'(앞의 논
문)

보통, 인식활동은 연구주체의 가치평가
—낮은 차원의 이해관심에서 고도의 이상
까지—와 분리되어 행해진다고 생각하기
쉽지만, 베버에 따르면 그것은 순전히 오
해이다. 현실에 대해 긍정도 부정도 하지
않고 '중립적'으로 본다는 태도는 적어도
인식을 만들어 내는 것은 아니다. 문화과

GESAMMELTE AUFSATZE
ZUR
RELIGIONSSOZIOLOGIE

von

MAX WEBER

I

6. photomechanisch gedruckte Auflage

1972
J. C. B. MOHR (PAUL SIEBECK) TÜBINGEN

《종교사회학 논집》 속표지

학자는 '객관적' 인식의 획득이라는 직무의 수행에 임하여, 가치판단이라는
'주관적' 국면을 통과해야만 하는 것이다. (예를 들면, 베버가 〈객관성〉 논문에서
이것을 강조한 것은, 당시 학자인 자는 자신의 이념과 가치평가를 없애고(몰가치성), 있는
그대로 현실을 보아야만 하며, 또 그것이 가능하다는 사상이 퍼지고 있었기 때문이다)

베버의 가치이념

여기서 베버 자신의 가치이념에 대해 간단히 언급해 두겠다.

그의 생애 가치이념이 잘 드러나 있는《종교사회학 논집》제1권의 '머리
말'은 유명하다.

'보편적 의미와 보편적 타당성을 가진 발전과정을 더듬어 가는 등의 문화
현상은 다름 아닌 서유럽 사회에, 게다가 서유럽 사회에서만 일어난 일이라
고 우리는 생각하지만, 이것은 대체 어떤 사정이 겹쳐서 일어난 것일까' 이
렇게 시작되는 문장은, 서유럽 고유의 이러한 문화현상을 스케치해 나가면
서 '서유럽 합리주의의, 또 서유럽 내부에 있어서는 근대 서유럽 합리주의의
독자적인 특성을 인식하고, 그 성립 역사를 해명하는 것'이 이《종교사회학

논집》의 과제임을 밝히고 있다.

그럼 왜 베버는 우리를 둘러싼 현실을 '합리화'라는 의미에서 고찰한 것일까. 서양 근대에 독자적인 합리화라는 측면에서 사실 인식을 만들어 낸 그의 근원적인 가치이념은 어떤 것이었을까.

이 문제를 마르크스와 비교하면서 훌륭하게 설명한 뢰비트에 따르면(《베버와 마르크스》), 베버가 이 합리화를 평가할 때 기준이 되는 것은 자율적으로 책임을 질 수 있는 개인의 자유, 합리화에 의해 만들어진 생활의 제도와 질서의 우위성에 대항하는 인간의 자유이다. 그리고 합리화가 가지는 가장 큰 문제는, 거기서부터 만들어진 것이 인간의 수단인 위치를 넘어 자기목적화되기에 이른다는 비합리성을 만들어 낸 것에 있다.

예를 들면 돈벌이는 그것이 생활의 수단인 한 합리적이라 할 수 있지만, '돈벌이를 위한 돈벌이'—즉 순수하게 자기목적으로서의 돈벌이—가 되면, 그것은 특수한 의미에서 비합리적이다. 그리고 이런 합리화는 근대 서유럽의 생활원리 전반이 가지는 근본적 성격이다. 단순히 개개의 영역 현상에 머무르는 것이 아니라 생활태도, 생활원리 전체에 이르는 것이다. —정신에서 기구까지—그 결과 '예종(隸從 : 예속하여 복종함)의 쇠'처럼 단단한 껍데기가 만들어져, 인간이 '도구화'되어버린다. 가치가 가득 찬 목적에 대한 수단이었던 것이 자립해서, 본디 가지고 있던 의미를 잃어버리기에 이른다. 인간이 만들어 낸 것이 인간을 지배한다. 합리화의 결과 비합리적인 생활태도가 만들어진 것이 문제이다.

이런 판단 속에는 말할 것도 없이, 모든 제도의 근본적인 목적은 그것 자체가 아니라 인간이고, 인간의 자율성이야말로 궁극적인 것이며, 모두는 그것을 섬기는 수단이라는 사상이 있다. 이것이야말로 베버의 가치이념이었던 것이다.

베버의 합리화에 대한 평가는 이것으로 끝나는 것이 아니다. 왜냐하면 위와 같은 부정적 평가와 함께, 그에게 있어 합리화는 인간의 자유를 가능하게 하는 객관적 조건을 만들어 냈다는 면도 있기 때문이다. 이에 대해서는 뒤에 서술하겠다.

가치이념의 주관성

이 가치이념이 원리상 과학적인 '정당함'을 증명할 수 없는, 개인에 의해 내용을 달리하는 주관적인 것임은 분명하다. 가치이념이라는 것은 경험적으로 확인할 수 있고 또 스스로 경험할 수 있는 것이지만, 결코 현실에서 보편타당성을 가지는 것으로서 과학적으로 근거를 둘 수는 없는 것이다.

사실 이 점에서 베버와, 방법론의 면에서 그에게 일정한 영향을 준 하인리히 리케르트와는 다르다. 리케르트에게는 가치이념과 현실의 관련이 그대로 역사학의 객관성을 근거로 한 것이다. 그에게 가치이념은 개인

리케르트(1863~1936)
독일의 철학자.

적이고 주관적인 것이 아니라, 사회에 의해 조정되는 객관적인 가치인 것이다. 그에 따르면 어떤 사회에는 하나의 가치체계가 객관적으로 존재한다. 따라서 그 사회에서는 어떤 대상을 다룰 때, 모든 사람이 다 같이 그 의의를 인정하게 된다. 베버는 그런 보편적인 가치체계에 근거를 둔 역사학의 객관성을 인정하지 않았다. 리케르트가 현실을 이른바 사회의 가치이념과 관련시킨 것에 비해, 베버는 어디까지나 나의 가치이념과 관련시킨 것이다. '어떤 가족의 연대기에 대한 역사적인 관심과, 한 나라의 국민 또는 인류에 대해, 오랜 기간 공통이었고 또 지금도 있는 것처럼 생각되는 한, 커다란 문화현상의 발전에 대한 흥미 사이에는 그 의미에 무한히 많은 단계가 있고, 그 단계를 구성하는 대부분의 층층대에는 우리 한 사람 한 사람에 대혜 다른 나열 방법이 있다.'(《객관성》 논문)

이 가치이념의 주관성으로부터 베버와 마르크스가 같은 현상(자본주의 경제)을 대상으로 선택하면서도, 그것에 대한 태도 결정을 다르게 하고 있는 사실을 설명할 수 있다.

앞서 나온 카를 뢰비트의 《베버와 마르크스》에 따르면, 베버와 마르크스는 모두 '근대의 경제 및 사회 전체의 자본주의적 체제'를 문제로 삼았다. 하지만 그것은 '시민적이고 자본주의적인 경제를 단서'로 한 '시민사회에서의 요

즘 인간에 대한 비판적 분석'으로, 그들 분석의 기저에는 각각 '인간에 대한 일정한 견해'와 '인간에 대한 비판적 이념'(즉 가치이념)이 있었고, 그것이 다른 점인 것이다.

베버가 문제로 삼았던, 합리화의 결과 비합리적인 것이 생긴다는 사태는 마르크스도 문제로 삼은 것이었다. 그렇다는 것은 위와 같은 전도 사태는 경제적으로 표현하면, 물건이 인간을 지배하고, 생산물이 생산자를 지배한다는 보편적 전도의 경제적 형태를 의미한다. 따라서 '그것의 직접적이고 인간적인 표현은 인간 그 자체의 즉사화(即事化 : ᵛᵉ시 일에 착수함)와 전문화로, 즉사적인 활동을 통해 인간적으로 분할된 "특수한" 전문인이다. 베버도 역시……이러한 전문인을 합리화 시대의 인간유형이라 생각'하고 있다. 그리고 베버와 마찬가지로 마르크스도 '인간의 모든 시설의 본원적인 목적'은 '이 시설이 아니라 인간 그 자체뿐'이고, '다른 모든 것은……수단이다'라는 전제에 서 있었다. 이점에서 그들은 뜻을 같이 한다.

하지만 마르크스가 그것을 '원리적으로 지양'하려고 자본주의사회를 '인간의 "자기소외"라는 부정적 관점'에서 해석한 것에 비해, 베버는 '합리화'를 '긍정하는 한편 부정한다.'

왜냐하면 그는 합리화 과정 속에서 앞서 말한 것과 같은 부정적인 것과 동시에 긍정적인 것, 즉 '궁극적 가치……에 의해 정해진 목적을, 그것에 대한 적당한 수단의 자유로운 고려에서 추궁하는 자유'를 보았기 때문이다. 이 경우 '합리성은 행위의 자유와 합치한다', '자유인으로서 행동한다는 것은, 합목적적으로, 즉 주어진 수단을 내세워진 목적에 합리적으로 적합하게 만들어, 그 한계에 대해……"처음부터 끝까지 일관해" 행동하는 것'이다.

현실에 대한 마르크스의 확실한 부정적 태도 결정에 비해, 베버는 '합리화'라는 '중립적이고 어느 쪽으로도 평가할 수 있는' 관점에서 해석했다.

그 결과, 일반적으로 생활관계의 합리적 조직화의 진전이 비합리적 전제를 만들어 낸다는 사태에 대해 '마르크스의 이론적·실천적인 작업 전체는 이 보편적 사실의 설명과 극복을 둘러싸고 전개되었고, 베버의 그것은 이 사실의 이해를 둘러싸고 전개된다'는 것이 되었다. '마르크스가 "치료법"을 제시하고 있는 것에 비해, 베버는 하나의 "진단"을 내렸다'—이것이 뢰비트의 설명이다.

물론 이 가치이념이 주관적인 것이라고는 하나, 단순히 개인적이고 취미적인 것으로 다른 사람과 공통되는 것이 적은 것보다는, 연구주체가 속해 있는 사회상황과 보다 넓은 세계상황의 통찰과 연결되어 있는 것일수록, 보편적—대부분의 사람들에게 공유될 수 있을 정도의 의미—의의를 가진다고 할 수 있다. '과학 천재가 연구대상에 관여시키는 가치는, 한 시대의 관점 방향을 규정하는 것이다. 즉 현상에 대해 가치가 있다고 인정되는 것에 대해서만, ……의의가 깊다든가, 의의가 없다든가, 중요하다든가, 중요하지 않다든가 하는 것에 대해서도 결정적인 의미를 가질 수 있다.'(〈객관성〉논문)

이런 의미에서 개인적 관심에서 출발해—출발점은 거기밖에 없을 것이다—다른 사람들에게도 공통되는 부분의 '시대' 문제에 몰두하기에 이르는 것—이것이 연구자의 과제이고, 또한 야심이기도 하다.

가치이념의 역사적 변화

이 가치이념은 당연히 사회와 문화상황의 변화에 따라 역사적으로 변천해 갈 것이다. 각 시대는 고유의 가치관을 가지고, 그것이 변화함에 따라 당연히 문화과학에 있어서 무엇을 연구 과제로 삼을지로 변화해 간다.

예를 들면, 어떤 시기의 연구자가 특정한 대상의 전부를 인식한 것처럼 보여도, 차세대의 연구자는 다른 가치이념을 가지고 같은 대상을 다른 각도에서 다루거나, 또는 전혀 다른 대상을 다루게 될 것이다. 이런 의미에서 문화과학은 '완결'이라는 것을 모르는, 그런 의미에서 항상 '젊은' 학문이다. 보다 구체적으로 말하면, '문화과학의 연구는……우리가 현실을 파악하려고 노력할 때 쓰이는 개념을 끊임없이 바꾸는 과정이다. ……사회생활에 대한 과학의 역사는 개념구성으로 사실을 사고에 의해 정리하는 시도와……변화한 기초에 입각해 개념이 새롭게 구성되는 것, 이런 과정의 끊임없는 교체이다.'(〈객관성〉논문)

가치해석의 방법

지금까지 인식을 만들어 내는 전제로 가치이념이라는 학문 외적 요소가 필수임을 설명했는데, 베버는 '비판적 연구' 제1부의 '가치해석론'에서 보다 구체적으로 가치이념에 의한 대상의 선택과 구성에 대해 논하고 있으므로,

아래에 간단히 설명해 둔다.

거기에서 베버는 먼저, 역사적 현실을 학문적으로 고찰할 때의 논리적 관점을 분석하고, 그 관점의 변화에 따라 우리가 다루는 역사적 사실의 내용도 변화함을 '괴테의 편지'를 예로 들어가며 밝히고 있다.

예를 들면 이 편지의 내용—편지에서 드러나는 감정과 사상—은,

(1)직접, 역사적 인과(因果 : 사물의 생성 변화에서/원인과 결과의 관계) 관련으로 편입될 수 있다. 예를 들면, 편지에 표현되어 있는 것과 같은 내용의 감정이 뒷날 괴테의 창작에 영향을 주었을 경우, 이 편지는 괴테의 창작 '원인' 가운데 하나이다.

(2)어떤 추상개념의 전형적인 한 예로서, 예를 들면 괴테의 인생관과 그가 속해 있던 사회계층의 생활능력도를 나타내는 하나의 예로서, 즉 '유례'의 하나로서 고찰될 수 있다.

이렇게 설명한 뒤에 베버는, 우리에게 '괴테의 편지'가 가지는 '최고의 의의'를 설명한다.

그것은 위에서 말한 것처럼 편지 내용 그 자체의 '밖에' 있는 의미가 아니라, '있는 그대로의 모습으로……우리에게 그 고유성에서 평가의 대상'이 된다. 예를 들면 '그의 감정생활이 가장 섬세했던 때의 불타오르는 듯한 정열과 금욕의 결부'를 우리는 직접 편지에서 읽고, 그것을 부정하거나 긍정한다.

그리고 여기서 다음 두 가지 점이 중요하다.

하나는, 이 '평가'가 '대상의 고유성, 다른 것과 비교할 수 없는 독자적인 것, 유일한 것'으로 결부된다는 것이다. (예를 들면 우리가 '모차르트의 음악을 좋아한다'는 의미는, 다른 어떤 작곡가의 곡과도 다른 모차르트만이 가지는 매력을 평가한다는 의미이다. 그렇지 않다면 '모차르트의 음악을 좋아한다'고는 말할 수 없다) 즉 '개성의 인식'이라는 문화과학의 과제와 관계된다. 다른 하나는 이런 대상의 독자성을 가치평가한 결과, '해당 대상이 우리에게 사색과 사유적인……과학적인 취급, 즉 해석의 대상이 된다'는 것이다.

그리고 이 해석은 '논리적으로 확실히 구별되어야 할' 두 가지 방향에서 이루어진다. 하나는 말할 것도 없이 가치평가이고, 또 하나는 '가치해석'이

다. 후자는 '우리가 괴테의 편지에 깃든 정신적 내용을 이해할 수 있게 한다.' '우리가 애매하게 막연히 느끼고 있는 것'은 이 해석에 의해 '그 불명확한 베일이 벗겨지고, 확실한 윤곽을 가진' 대상이 된다. 이렇게 대상의 개성을 파악한 '역사적 개체'가 성립하는 것이다.

이 가치해석이야말로 '그 본질로부터 역사적 대상과 시간을 초월한 모든 관계에서, 즉 대상의 가치의 중요성에서' 출발하는 것, '모든 가치를 지향하는 의의로서의 의미'를 해석하는 것, '대상을 그것과 가치의 모든 관계에서' 파악하는 것—요컨대 '가치이념'에 의해 대상을 선택하고 구성하는 것과 다름없다.

그리고 이렇게 대상—역사적 개체가 확실히 설정된 뒤, 다음 작업은 이 대상의 원인('그 현상이 역사적으로 보아 현재 보이는 것 같은 모습이 되었고, 그것 이외의 모습이 되지는 않았다는 근거')을 밝히는 것이다.

이 인과인식의 욕구는 어디에서 오는 것일까. 이 점에 대해서도 베버는 〈비판적 연구〉에서 언급하고 있다.

위에서 말한 것처럼 가치이념을 통한 가치관계 부여에 의해, 현실의 혼돈 속에서 '역사적 개체'가 선택되고 구성된 뒤, 다음으로 이 역사적 개체에 대해 그 원인을 밝히는 작업이 이루어져야 한다. 왜일까. 그것은 위의 가치해석이 필연적으로 요구하는 것이기 때문이다. '가치해석이 그 목적을 완전히 달성하기 위해서는 이런 관념적 가치대상이 역사적으로 제약되어 있다는 것을 자각해야만 한다. 괴테가 그 편지를 썼을 때의 일반적인 여러 조건, 예를 들면 사회적 환경이나 아주 구체적인 그날의 사건이 전혀 알려지지 않았다든지……한다면, 그의 생각과 감정의 무수한 그늘과 굴절은 이해되지 않은 채 머문다. 이렇게 의미해석이 성공하기 위해서는, 그 편지가 쓰였을 때 갖추었던 모든 조건의 역사적 추구가 필요하다.'

즉, 우리는 자신의 가치평가 대상을 보다 정확히 파악하고 평가하기 위해, 반드시 대상에 대한 인과적 지식이 필요하다는 것이다.

사회과학의 방법—객관적 인식의 객체적 조건

'인과적으로 처리된 것만이'

앞에서 밝혀진 것처럼, 인식의 전제를 이루는 가치이념은 평가적이고 주관적인 것이며, 역사적으로 변화하는 것이었다. 하지만 베버에 따르면, 그럼에도 '문화과학적 연구는 어떤 사람에게는 타당하지만 다른 사람에게는 타당하지 않다는 의미에서, 주관적인 결과밖에 얻을 수 없다는 것은 아니다'(《객관성》 논문)라고 한다. 왜인가. 사회과학적 인식에서는 '가치이념'이라는 주관적인 것이 완수하는 역할(대상의 선택과 구성)과, 그것 이후의 대상인식 과정에서 준수되어야 할 '사유의 규범', 즉 '논리학과 방법론의 규칙'이 구별되기 때문이다.

연구의 출발점에서는 가치이념이 규정적인 역할을 한다. 하지만 인식의 진행에서 연구자는 어디까지나 보편적인 '사유의 규범'에 구속되어야만 한다. '연구의 방법에서는 지도적인 관점이 확실히 그곳에서 사용되는 개념적인 보조수단을 만들어 낸 다음에 결정적이 되지만, 그 보조수단의 사용방법에 대해 이른바 연구자는, ……인간의 사고 규범이라는 것에 묶임은 말할 것도 없다.'(《객관성》 논문)

이 '인간의 사고 규범'은 윤리학과 방법론의 규칙으로 검증 가능하도록, 즉 누구나 같은 결론에 이르도록, 예를 들면 여기에서 다루는 '인과인식'은 형성될 수 있다고 한다. '여기에서 다시금 논할 필요 없는 특정한 의미로 "주관적"인 것은 결코 주어진 해명의 대상에 있어서의 역사적 여러 원인에 대한 확증이 아니다. "주관적"인 것은 역사적 대상의……구획이다. 왜냐하면 대상을 구획할 때, 그것을 결정하는 것은 가치의 모든 관계이기…… 때문이다. 그러니까 E. 마이어가 우리는 결코 역사적인 것에 대해 "절대적이고 무조건 타당한 인식"에 도달할 수 없을 것이라고 생각하는 것도 어떤 면에서는 틀렸다. 즉, 그것은 원인(의 인식)이라는 것에 대해서는 합당하지 않다.'(《비판적 연구》)

그리고 이렇게 인과인식이 이루어져 '과학'이 성립한다. 인과인식이야말로 과학적 명제의 보편타당성을 보증하는 것으로, 인과적으로 처리된 것만이 과학적으로 처리되었다고 말할 수 있다—이것이 베버의 사고방식이었다.

객관적 가능성 판단

'인과귀속은—단순한 관찰에 의해 이루어질 수 있는 것이 아니라—일련의 추상을 포함한 사고과정의 형태로 이루어진다. 즉 우리가 사건의 실제인과적 여러 요소 가운데 하나 또는 몇 개가 일정한 방향으로 바뀐 것을 생각해 보고, 그 다음에 이런 경과의 조건을 변화시킨 경우, 본질적인 점에서 같은 결과가 기대될 수 있었을까, 아니면 어떻게 다른 결과가 기대될 수 있었을까 하고 묻는 것이다.'(《비판적 연구》)

이 문장을 앞뒤 문맥에 비추어 판단하면 인과귀속의 조작은 거의 다음과 같다.

(1)주어진 사실을 여러 가지 구성요소로 분해한다.

(2)이 구성요소의 하나(내지 몇 개)를, 제외(내지 변형)해 본다.

(3)이렇게 고립화된 요소를 '경험의 규칙'에 적용해 보고, 어떤 결과가 기대되는지를 예상해 보고, 그것과 실제경과를 비교한다.

(4)그리고, 실제경과와 다를 것이라고 판단된 경우, 위의 요소는 인과적 의의를 가진다고 판단된다.

위의 조작을 베버는 마라톤 전투에서의 그리스군의 승리를 예로 들어 설명하고 있다.

(1)페르시아 전쟁 당시의 모든 상황 가운데, '마라톤 전투'라는 요소를 끄집어 낸다.

(2)이 '마라톤 전투'에서 그리스가 졌다는 식으로 사실을 바꾸어 본다.

(3)사실이 위와 같았다고 하면 어떤 결과가 나타났을지 '경험의 규칙'을 원용해 가면서 상상해 본다. 마라톤 전투에서 그리스군이 졌다면, 현재와 다르게 페르시아가 그리스를 정치적·문화적으로 지배하고, 그리스 문화의 성립은 없었을 것이라고 생각된다.

이 판단은 다음 두 지식에 입각해 이루어진다.

하나는 자료에 의해 증명 가능한 여러 가지 역사적 사실에 대한 지식—예를 들면 '페르시아의 정치형태와 문화, 피지배 민족에 대한 통치형식, 마라톤 전투 이전의 그리스 문화의 발전도, 지중해 지방의 세력분포'와 같은 것들이다.

또 하나는 '경험의 규칙'—'일반적으로 전승국은 자국의 문화를 피정복 국에 이식시키려 한다. 이 과정은 피정복국 측에서 받아들일 소지가 있을 때에 쉽게 진행된다. 신권주의적 국가는 자유로운 세속문화에 대해 관용적이지 않고, 자신의 종교를 발전시키려 한다.'

(4)이렇게 하여 '마라톤 전투'는 '그리스 문화'의 발전에 인과적인 의의를 가지고 있었다고 판단된다.

다음으로 이런 객관적 가능성 판단으로 열거될 수 있는 여러 가지 원인을, 그 인과적 중요도로 구별해 질서 세우는 작업이 이루어진다.

적합적 인과연관
다음 두 경우를 생각해 본다.

ⓐ마부가 졸다가 길을 잘못 들어, 여행자가 벼락을 맞고 죽었다.
ⓑ마부가 졸아서 마차가 전복해, 여행자가 죽었다.

앞서 설명한 객관적 가능성 판단을 사용한다면, ⓐ에서 '벼락을 맞고 죽다'라는 결과의 원인 가운데 하나는 '마부가 졸았다'는 것이다. 하지만 이 두 가지의 관계는, ⓑ의 '마부의 졸음'과 '마차의 전복에 의한 죽음'만큼 필연적인 관계가 없음이 확실하다. '마부가 졸아'도 '벼락을 맞아' 죽을 확률이 반드시 높아진다고 할 수는 없다. 그것에 비해 '마부의 졸음'으로 인해 '마차가 전복'해 죽을 확률은 높아진다.

· 베버는 ⓐ와 같이 원인—결과의 관계로서 특수하고 일반성을 지니지 못한 것을 '우연적' 인과연관이라 부르고, ⓑ와 같이 일반성을 지니는 것을 '적합적' 인과연관이라 부른다.

객관적 가능성 판단에 의해 구체적이고 일회적인 그 상황만의 모든 원인이 밝혀진 뒤, 나아가 이번에는 그들을 일반적 '경험의 규칙'에 비추어, 반복될 가능성이 더욱 높은 원인과 그렇지 않은 원인을 선발함으로써 모든 원

인에 대한 일반적 조력(助力)의 상대적 정도를 조정하는 것이다.*1

그리고 앞에서 밝혀지는 것처럼, 이 인과관련은 결코 원인 A에서 결과 B가 필연적으로 생겼다는 필연성을 표현하는 것이 아니다. 그런 필연성 판단이 가능해지기 위해서는 결과—원인의 총체가 명확해야 하고(모사), 사용되는 '경험의 규칙'도 법칙적 필연성을 가져야 하는데, 그것은 불가능하다. 적합적 인과연관, 객관적 가능성 판단이 진정으로 의미하는 것은, 현실 전체에서 선택된 원인 A와 결과 B는 우리의 '경험의 규칙'에 의하면, 원인—결과로서 서로 어울린다고 생각된다는 것이다. (만약을 위해 덧붙이자면, 이 '적합적 인과연관'은 위와 같은 시간적 전후관계에 있는 인과관련뿐만 아니라, 동시에 존재하는 것의 상호연관—예를 들면 '자본주의'와 '자본주의의 정신'의 관계—에도 적용된다고 생각된다)

물론 역사가가 인과귀속을 행할 경우 그의 머릿속에서 실제로 위의 조작이 순서대로 이루어진다는 것은 아니다. 숫자와 자연과학에서도 그렇지만, 인과인식도 먼저 '직관적으로' 가설이 형성되는 경우가 많을 것이다. 위의 조작은 그 가설의 타당성이 문제시된 경우에 그것을 '증명'하기 위해 사용되는 방법이다. 그것에 성공해야 비로소 그 인과인식은 '보편적으로 타당한' 것임이 밝혀지는 것이다. 바꿔 말하면, 이런 '논리학과 방법론 규칙의 타당성'을 전제로 해야 비로소 '보편적으로 타당한' 인식이 성립하는 것이다.

'자본주의의 정신'에 관련해서

그런데 이렇게 해서 확립되는 인과인식은, 결코 현실을 만연히 관찰해 '모사'된 것이 아니라, 특정의 가치이념에서 보아 중요한 '결과'(=역사적 개체)에 대해 인과적으로, 또 본질적으로 중요한 것이 선출되어 '구성'된 것이다. 바꿔 말하면, '역사적 개체'로 어떤 요소가 선택되어 구성되는가에 따라, 당연히 '원인'도 변한다. 예를 들면 '자본주의 정신'은 가치이념에 따라 여러 가지로 정의할 수 있고, 그에 따라 다양한 원인이 지적될 수 있다. ('우리의 관점에서 본질적인 것으로서 우리에게 나타나는 것으로만 자본주의 정신이라는 개념을 유일하게 파악할 수 있는 것도 아니며, 또한 그럴 필요도 없다' '관점이 바뀌면 다른 무언가가 본질적인 특징이 될 수도 있다. 이런 일은 모든 역사적인 현상을 상대로 일어날 수 있다' 《프로테스탄티즘 윤리와 자본주의 정신》)

베버의 논문 〈프로테스탄티즘 윤리와 자본주의 정신〉과 관련해 발표 당시부터 활발한 논쟁이 이루어졌는데, 논쟁이 어긋나는 가장 큰 원인은, 애초에 논자들이 '자본주의 정신'이라는 역사적 개체의 정의를 잘못한 것에 있었다. 이 잘못을 밝히지 않고, 실증적 지식을 아무리 쌓아도 논의가 일치하지 않은 채 성과가 없는 것은 당연했다.

베버의 비판자인 브렌타노와 좀바르트 등은 베버의 '자본주의 정신'을 '자본가적 정신'으로 해석하고 '가능한 한 많은 이윤획득을 지향'(브렌타노)한다는 의미로 정의하고 있다. 그것은 충동으로서의 '영리욕'이고, 또한 자본가의 활동에서만 나타나는 영리충동으로─따라서 임금노동자를 제외하고─파악되고 있다. 하지만 베버가 생각하는 '자본주의 정신'은, 자본가뿐만 아니라 임금에 대한 노동자층의 영리심을 포함하고, 또한 단순한 영리욕이 아니라 '윤리적인 색채를 띤 생활의 원칙', 즉 윤리적 의무의 하나가 되기에 이른 '정신'─결코 단순한 감성적인 욕망이 아니다─으로 정의되고 있다.

이런 정의의 잘못, 역사적 개체를 만드는 방법상의 잘못으로 인해, 무엇을 원인으로 하는가라는 인식에서도 어긋남이 나타나는 것은 당연했다. 브렌타노의 입장에서는, 바로 인류의 역사와 함께 오래 전부터 보편적으로 존재하고 있는 영리욕이 원인으로 지적되었을 것이고, 베버의 입장에서는 서유럽 고유의 금욕적 프로테스탄티즘이 지적된다. 이것은 직접적으로 어느 한쪽의 인과인식이 잘못되어 있다는 것이 아니다. 베버의 가치이념과 관점에서 보면 브렌타노가 다룬 인과관련은 관심 밖에 있고, 그런 의미에서 무의미하다는 것이다.

문화과학 연구의 근저에 있는 것은 어디까지나 '어떤 것의 즉물적(卽物的: 실제 사물에 비추어 생각하거나 행동하는 것) 또는 실재적인 연관이 아니라, 문제의 사상상의 연관'(〈객관성〉 논문)인 것이다.[*2]

어떤 것이 적합한 원인으로 판단된 경우, 게다가 그것이 다른 시간과 장소에 존재하지 않는 독자적인 원인임이 확실해지면, 그만큼 원인─결과의 인식은 확실해질 것이다. (공통원인의 제거에 의한 '고유한' 원인의 석출)

[*1·2] 베버는 이런 인과귀속의 작업을 더욱 확실히 하기 위해 나아가 비교 방법도 사용하고 있다. (〈종교사회학〉)

예를 들면 '프로테스탄티즘 윤리'가 '자본주의 정신'의 성립에 의해 중요한 인과적 의의를 가지는 것이 밝혀졌을 경우, 게다가 '자본주의 정신'이 성립되지 않았던 곳에서는 프로테스탄티즘적인 '세속 내적 금욕'도 결여되어 있던 것이 확실해지면, '프로테스탄티즘 윤리'와 '자본주의 정신'의 인과관련 인식은 보다 명백한 것으로 인정될 것이다. 베버가, 예를 들면 그리스도교 이외의 '세계종교'—유교·힌두교·불교 등—의 경제윤리를 고찰한 이유가 (적어도 하나는) 여기에 있다.

문화과학의 법칙

문화과학의 인식대상은 사상의 개성, 일회적인 것이지만, 위의 설명에서도 밝혀졌듯이 베버는 인과귀속에서 사상의 법칙성에 대한 지식—특히 인간은 주어진 상황에서 어떻게 행동하는 것이 보통인가에 대한 지식—, 넓은 의미의 '법칙론적 지식'의 필요성을 물론 부정하지 않는다. '경험의 규칙'이 확실성이 높은 것일수록, 인과귀속은 그 확실성을 높일 것이다.

베버는 이 '규칙성'의 탐구를 역사학과 구별된 '사회학' 고유의 과제로 보고 있다. '사회학은 유형개념을 구성하고, 현상의 일반적 규칙을 추구한다. 이 점에서……개개의 행위, 집단, 인물의 인과적 분석이나 귀속을 추구하는 역사학과 다르다. ……사회학은 문화적 의의가 있는 여러 현상의 역사적 인과적 귀속에 유용한 점도 고려하면서 그 개념을 구성하고 규칙을 추구한다.' (《사회학 근본개념》)

본디 현실의 과학적 가공에는 두 가지 방법이 있다. (《로셔와 크니스》)

하나는 '가능한 한 제약이 없는 일반적으로 타당한 개념과 법칙의 체계'를 수립해, 현실의 혼돈을 질서 세우려는 것이다. 그것은 알 가치가 있는 것을 '그 현상이 가지는 비슷한 것'(=반복되는 것)에서 구한다.

또 하나는 '항상 개성적인 현실의 실재성에 끊임없이 접근해 가는 개념'을 가지고 현실을 바로 세우려고 한다. 그것은 현실을 '그 질적이고 특징적인 특수성과 일회성에서' 인식하려고 하는 것이다.

이것을 만약 '법칙화적 방법', '개성화적 방법'이라 부른다면, 이 두 가지 구별은 어디까지나 방법적인 것으로, 전자가 자연과학에만, 후자가 문화과학에만 적용된다는 것은 아니다. 대상으로서의 '자연'과 '문화'에도 이 두 방법은 적용 가능하다.

단, 이미 언급한 것처럼 자연과학은 '반복되는' 대상을, 문화과학은 '일회적인' 대상을 다루므로, 전자에 법칙과학적 방법이, 후자에 개성화적 방법이 주로 사용되게 된다.

즉, 문화과학에서 법칙의 수립은 목적이 아니라 수단이 된다. 개성적 현실의 인과연관 인식이라는 목적은, 아무리 법칙론적 지식을 쌓아도 달성되지 않을 것이기 때문이다.

예를 들면 세계사의 발전 속에서 법칙성과 규칙성을 찾아냈다고 해도, 그것만으로는 개별적인 발전의 개성 인식에 이르지 못함은 말할 것도 없다.

'역사의 과제는 "모든 것은 이미 존재하고 있었다"는 것, 그리고 모든 또는 적어도 거의 모든 것의 상위는 정도의 차이라는 것, ……을 증명해 보이는 것에만 있는 것이 아니다. (우리는) 모든 평행현상에도 불구하고 확실히 나타나는 전위(轉位 : 위치가 바뀜)에 역점을 둘 것이다. 그리고 두 가지 발전궤도 중 한 쪽이 다른 쪽에 대해 가지고 있는 특성을 찾기 위해서만, 이들의 유사점을 이용할 것이다.'(《고대 농업사정》)

또 다음과 같은 점을 지적할 수 있다. 같은 법칙이라고는 하나, 사회과학에서의 법칙과 자연과학에서의 법칙은 성격이 다르다.

그 하나는, 자연법칙과 사회과학적 법칙은 결코 같은 현실의 두 가지 법칙성을 나타내고 있는 것이 아니라는 것이다. 즉, 자연과학은 현실과의 가치관계를 떠나 사상을 분석하는 것인데, 문화과학은 가치이념과 관계맺으면서 사상을 파악하려고 한다는 차이가, 그대로 두 과학법칙의 차이에도 적용된다. 문화과학의 법칙은, 자연과학과 달리 이른바 '가치에 관계된 사상이 가지는 법칙성'을 표현한 것이라고 할 수 있다.

또 하나는, 문화과학의 법칙은 앞서 말한 '경험의 법칙'의 설명에서 밝힌 것처럼, 자연과학적인 필연성을 나타내는 것이 아니(그럴 필요는 없다)라는 것이다. 그것은 '언제, 어디서든' 성립할 필요가 없고, 그런 자연법칙과 비교해서 일반성이 약한, 이른바 일상적 성격을 가지는 것이 허용되어 있다. 그것은 연구자의 사상이나 연상, 기억 등에 입각한 판단과도 연동할 수 있는 것이다. 따라서, 단지 하나의 반증물로 무효가 될 수 있는 것이 아니라, 어떤 경우에 적합하지 않은 것이 있어도 그것만으로 무효가 되지는 않는다.

인간행위의 합리성

위의 설명처럼 자연과학과 문화과학에 다 같이 '법칙화적 방법'과 '개성화적 방법'을 적용할 수 있다면, 두 과학을 결정적으로 구별하는 것은 무엇일까.

그것은 문화과학의 경우, 대상이 자연과 학과 다르게 인간—물론 그 생리적·물리적 측면이 아니라, 의식을 가지고 또 일정한 목적을 가지고 행동하는 인간으로, 그 때문 에 인과인식 속에 이 인간의 행위 동기의 인식이 포함된다는 점이다.

이 점을 베버는 〈로셔와 크니스〉에서 논 하고 있다.

좀바르트(1863~1941)
독일의 경제학자·사회학자. 베버와 함께 〈사 회과학과 사회정책 잡지〉 편집(1904).

당시의 역사학파에서는, 인간은 자유의지를 가지고, 그런 의미에서 비합 리적이며 예측·계산이 불가능하고, 인과율에 따르는 자연현상과는 다르다고 보았다. 그리고 이 비합리성이야말로 인간의 존엄성을 상징하는 것이라 생 각되고 있었다. 이런 견해에서는, 당연히 이런 인간적 현상을 대상으로 하는 사회과학의 인과적 인식이 자연과학에 비해 한정된 정도밖에 가능하지 않다 는 귀결에 이른다.

이것에 대해 베버에 의하면, '인격'의 특징을 이루는 것은 그 동기가 언제 나 변함없다는 점이며, 결코 그 행위의 '예측불가성=비합리성'에 있는 것이 아니다. 행위의 비합리성과, 인간의 자유는 동일시되어서는 안 된다. 왜냐하 면 '행위자의 결의가 보다 자유로워짐에 따라, 즉 외적인 강제와 참기 힘든 격정에 의해 흐려지지 않는, 자신의 고량(考量 : 생각하여 헤아림)에 입각해 결의가 서 면 설 수록……동기부여는 점점 철저하게 목적과 수단의 범주에 편입될' 것 이기 때문이다.

이렇게 해서 행위가 자유로워질수록, 예측가능성이라는 의미에서의 인간 합리성도 증대하게 된다. 문화과학의 방법론 차원에서 본다면, 인간 의지의 자유는 '합리적 행위=예측가능성'이라는 의미 이외에는 생각할 수 없는 것 으로, 인간의 자유의지가 결여되어 있는 경우에 그 인간의 행위는 정신 병리학 법칙의 한 예로서 파악되는 데 머무를(즉 '의지를 갖지 않는' 자연현상의 설명과 같아진다) 것이다.

이런 인간행위의 합리성을 시야에 넣을 수 있는 문화과학에 비해, 자연현상이 보다 '계산가능=예측가능하다'라고는 결코 말할 수 없다. 예를 들면 태풍이 돌덩이를 날려버리고, 바윗덩이가 엄청난 수의 파편이 되어 흩어졌을 경우, 그 덩어리 대부분이 낙하하는 방향과 부서진 정도 등은 '숙지하고 있는 역학법칙에 입각해, 추가 계산이라는 형태로 인과적으로 "설명할 수 있는" 것'은 확실하다. 하지만 더욱 자세하게 그것이 얼마나 많은 수로, 어떤 모양의 파편이 되어 흩어지는가 하는 등의 인식이 문제가 될 경우 우리는 완벽히 답하지는 못하고, '눈앞의 사태는, 우리의 법칙적 지식과 모순되는 것을 포함하지 않는다는 의미에서, "파악할 수 없는 것"을 하나도 포함하지 않는다'는 소극적인 판단에 만족할 수밖에 없다. 이렇게 구체적인 과정의 인과적 설명에서는 자연현상의 경우라도 필연성 판단의 형식을 취하는 것은 예외이다. (악명 높은 일기예보의 개연성은 이것을 나타내는 다른 좋은 예이다)

동기의 이해

다시 한 번 정리하면, 인간은 자연과 달리 의미를 부여하면서 행동한다. 이렇게 사회에서의 인간행위는 모두 자연현상에 없는 하나의 특징, 즉 '의미'에 입각하고 있다. 사회적으로 행동한다는 것은, 그 동기로서 특정의 가치·원망·이상 등을 지향하면서 행동하는 것이다. 공백 상태에서 의미 없이 행동한다는 것이 아니다. 베버는 이런 '의미부여=동기의 이해'를 문화사상의 인과인식에 포함시켰다. ('사회학은 사회적 행위가 주관적으로 사념된 의미를 해석에 의해 이해하고, 그것을 통해 그 경과와 결과를 인과적으로 설명하는 것이다.'《사회학 근본개념》) 이 동기이해 조작의 도입에 의해, 문화과학에서의 인과인식은 자연과학에서의 인과인식보다 명료해진다. 자연과학과 달리 사회과학의 인과귀속의 경우, 사상이 일어나는 객관적인 여러 조건이 고찰될 뿐 아니라, 덧붙여 그것에 관여한 인간의 행위 동기도 이해하면서 고찰되기 때문이다.

단, 만약을 위해 써 두자면, 위에 서술한 것은 물론, 역사의 과정이 결코 행동하는 인간의 목적대로 진행한다는 것을 의미하지는 않는다. 베버는 행위자의 '목적' 개념을, 일정한 개인에 안긴 '목적 표상'으로 풀이하고 있다.

즉 그것은 일정한 행위의 근원에 있는 '결과'의 이미지이고, 이렇게 해서 경험과학의 고찰에 있어, 여러 가지 다른 원인과 같은 하나의 원인에 지나지 않는 것이다. 그러므로 행위자의 '목적'(적 행위)은 다른 모든 조건과 힘을 합쳐 일정한, 단—보통은—의도하지 않은 결과를 만들어 낼 수 있게 된다.

베버는 행위자의 의도와 그 실제 결과는 결코 같지 않고, 그뿐 아니라 정반대가 될 수 있다는 놀라운 역사의 역설을 자각하고 있었다. 베버 자신이 연구 대상으로 삼은 칼비니즘을 더듬어 간 '운명'이 좋은 예이다. 칼뱅의 예정설은, 인간이 헤아리기 힘든 의지를 가진 신이 어떤 사람에게는 영원한 생명을, 다른 사람에게는 영원한 죽음을 미리 정해 놓았다고 설명했다. 이 교설을 믿는 자가 자신이 선택받은 자임을 확신하기 위해서는, 자기의 선택을 확신하는 철과 같은 신앙을 가지든지, 신의 영광에 봉사하며 세속으로의 몰입을 제어하여, 정해진 나날을 직업노동으로 헌신(세속 내적 금욕)함으로써 확실한 구제를 경험할 수밖에 없었다. 이렇게 해서 세속으로의 유혹을 부르는 '부'라는 것은 그들에게 위험한 것이고 배척되어야 하는 것(목적으로서의 부의 추구를 부정)이지만, 세속을 방법적으로 살기 위해 직업노동에 헌신한 결과는 다름 아닌 부였다. 부가 확실한 구제를 증명하게 되었다. (결과로서의 부의 획득을 승인) 세속의 부를 배제하고 신을 향한다는 주관적인 목적이, 그 의도와 정반대인 부의 획득이라는 사태를 만들어 내, 결국에는 부의 추구 그것 자체가 온당해지기에 이르렀다…….

'이념형'의 성격

위에서 본 것처럼 인과귀속의 조작에서 원인과 결과의 관련이 확정된 것은, 함께 무한히 혼돈스러운 현실의 모사가 아니라, 그 일부를 선택해 '객관적으로 가능'하게 구성된 것으로—'결과'는 우리의 가치이념에 입각해(역사적 개체), '원인'은 그 결과와의 인과적 관련이라는 의의에 입각해서이다.

베버는 이렇게 구성된 개념을 '이념형'이라 부른다. '이념형은……특히 역사적 개체 내지 그 구성 부분을 발생적인 개념에서 파악하려는 시도이다. ……내가 종파라는 개념을 발생적으로, 예를 들면 종파의 정신이 근대의 문화에 대해 가진 어떤 중요한 문화 의의에 대해 파악하려고 한다면, 특정한 징표만이 그 결과와 적확한 인과관계를 이루고 있으므로, 두 가지 개념에 있어

본질적인 것이 된다.'(〈객관성〉논문)

이 이념형의 성격으로 베버는 다음과 같은 점을 지적하고 있다.

먼저 그것이 '그 개념적인 순수함에 있어서는 현실의 어디에서도 찾아 낼 수 없는' 것이라는 점이다. (앞의 논문)

현실은 무한히 잡다한 요소의 조합으로 이루어져 있고, 순수한 형태로 존재하고 있지 않다. 예를 들면, 현실의 자본주의 사회에서는 비자본주의적인 현상도 많이 존재하고 있다. 그것을 사상(捨象)해 사고의 세계에서 정합적으로 구성한 것이, 예를 들면 '근대 자본주의'의 이념형이라는 것이다.

두 번째로, 그것은 현실의 특성을 헤아리기 위한 척도이고, 인식의 기술적인 수단이다. 현실의 '특정한 의의가 있는 구성 부분을 확실히 하기 위해, 현실을 달아 헤아리는 기준이 되고, 현실을 비교하는 바탕이 되는 것이다.' (앞의 논문) 이 이념형과의 거리와 차이에 의해, 현실이 어느 정도 이 이념형에 가까운가가 밝혀진다.

세 번째로, 그것은 현실을 서술하기 위한 확실한 표현수단이 될 수 있다.

그리고 베버는 이런 이념형의 성질을 오해하는 데서 생길 수 있는 위험으로서, 그것을 현실과 동일시하거나 거기에서 불거져 나오는 부분을 무시하는 등의 사고를 들고 있다. '그 개념상이 이른바 "프로크루스테스의 침대"처럼 이용되어, 역사가 남김없이 그 속으로 쳐넣어진다고 생각되는 일도 있다.'

그러면 마르크스의 이른바 '유물사관'을, 이런 베버적 '이념형'의 시선에서 보면 어떻게 될까. (이 문제는 내용적으로 다음 절의 '가치자유'와 다르지만, 이 책에서는 여기에서 다루어 두고 싶다) 아주 단순하게 말하면 다음과 같다. 지금까지의 설명을 바꿔 말하면, 요컨대 가치이념과 불가피하게 결부되어 만들어지는 인식의 체계는, 과학의 세계에 들어가자마자 가치평가, 또 세계관과 논리적으로 구별되어, 논리학과 방법론의 규칙성을 바탕으로 한 윤리적 정합성과 사실인식에서 이루어지는 가설로 간주된다. 이런 의미에서—다음 절에서 설명되는 것처럼 역시 문제적인 의미에서이긴 하지만—여기서는 학자의 사상이 이차적인 것이 된다.

이런 문맥에서는, 예를 들면 마르크스의 유물사관은 ①역사와 사회의 분석을 위한 가설 ②세계관, 이 두 가지로 논리적으로 구별되어야 한다.

그리고 ②에 대해서는 베버 개인은 공유하는 것을 부정하고, ①에 대해서는 그 '일원론적 측면'을 부정하면서, 하나의 학문적 가설로서 인정하는 것이다. '세계관 내지는 역사적인 현실을 인과적으로 설명하는 공통분모로서의 이른바 "유물사관"이라는 것은 단연코 배척되어야 하지만, 경제적인 역사해석에 종사하는 것은 이 잡지 〈사회과학과 사회정책 잡지〉의 가장 본질적인 목적의 하나다.'(앞의 논문)

칼뱅(1509~1564)
프랑스의 종교개혁가.

말할 것도 없이 마르크스의 사회발전 법칙의 의의는 경험과학의 명제밖에 없는 것이 아니고, 그 경험적 타당성의 검토에서 충족되는 것도 아니다. 하지만 베버의 과학론 입장에서 보면, 과학적 명제와 그것 이외의 것은 논리적으로 구별되어 각각의 영역에서의 의미로 나뉘어야만 한다.

즉 '베버가 시도하고 있는 것은, 마르크스주의적 역사해석에서 이해하는 것을, 과학에 의해 이해하는 것을 위해 구출하는 것이다. 그는 유물사관을 발견적 원리로서 수용하고, 절대성에의 요구와 혁명적인 능력으로부터 자유롭게 하여, 현실을 과학적으로 인식하기 위한 많은 방법 중의 하나로 생각하고 있다.'(위르겐 코카 《베버와 마르크스》)

가치자유—객관적 인식의 주체적 조건

'가치자유'의 요구

먼저 문화과학에서 인식의 '주체적' 요소(가치이념 그 외)를 설명하고, 다음으로 '객관적' 요소(논리학과 방법론의 규칙 등)를 설명하였다. 그러나 그 '객관적' 측면—'객관적 가능성 판단', '적합한 인과관련', '법칙', '이해', '이념형' 등—도 우리 가치와의 관계로 현실을 파악해야 하는 문화과학의 숙명으로서 자연과학적인 몰가치(沒價値 : 가치가
없는)적 조작은 결코 아니다. 거기에는 연구자의 가치판단이 개입할 가능성이 끊임없이 존재하고 있다. 이처럼 문화과학의 경향성이 짙은 가치판단적 성격을 자각하면 할수록, 보편적으로 타당한 인식에 도달하기 위해 연구자에게는 자기의 평가 판단과 사실판단을 구별하는 노력이 요구될 것이다. 자연과학과 마찬가지로 문화과학에서도 연구자는 '있어야 하는 것'이 아닌 '있는 것'을 탐구한다. 그는 자기의 연구대상에 대해 가치판단을 내리는 것으로 객관적 인식을 어지럽혀서는 안 될 것이다.

물론 연구자의 기쁨이나 놀라움, 불만 같은 가치감정이 그를 대상의 인식으로 향하게 하지만, 그 같은 감정에 무자각적으로 사로잡혀 가치판단과 사실판단의 구별을 소홀히 한다면 '보편적으로 타당한' 인식, 즉 가치이념을 달리하는 만인에게 '진리'라는 것을 인정받을 수 있는 인식에 도달하는 것은 불가능할 것이다.

요컨대, 사회과학적 인식을 낳는 행위에는 불가피하게 가치판단이 작용하는 것을 자각하면서 그것을 사실판단과 끊임없이 구별하는 것─이것이 베버의 '가치자유' 원리이다.

'연구자는 경험적 사실의 확정과…, 그의 실천적으로 평가적인 태도 결정─곧 이러한 사실을 바람직한 것으로 또는 바람직하지 않은 것으로 판정한다는 의미에서 '평가하는' 태도 결정─을, 이러한 것들은 이질적인 것이기 때문에 무조건 구별해야 한다.'(〈가치자유〉 논문)

'있다'와 '있어야 한다'는 논리적으로 차원이 다른 판단이다. 인식은 일정한 가치이념에 근거하여 일정한 논리학과 방법론의 규칙을 사용하여 구성된 '있는 것'에 대한 지식이고, '있어야 하는 것'에 대한 언명(言明 : 말로 의사를 분명히 나타냄)은 아니다. 사실판단은 여러 사실의 확정과 인과인식에 관련된 것이고, 가치판단은 가치─종교적, 윤리적, 심미적 등─에 따라 사실을 평가하는 것이다.

가치평가의 표현이 아닌 역사적 개체

'가치자유'의 요구는 지금까지 설명해 온,

(1) 역사적 개체의 가치이념에 의한 선택과 구성
(2) 인과관련의 인식, 이념형의 성질에 적용되는 동시에
(3) 사회과학의 언명에서 직접적으로(논리적으로) 당위를 끄집어 낼 수 없는 것과도 관련되어 있다.

먼저 역사적 개체가 가치평가를 표현한 것은 아니라는 점에 대하여 살펴보자.

'가치해석'의 대목에서 가치이념에 의한 역사적 개체의 형성이 구체적으로 설명되었으나, 거기서 중요한 것은 '가치판단'을 논리적으로 다른 두 가지 국면—가치평가와 가치해석—으로 나누어 생각할 수 있다는 것이다. (《비판적 연구》)

가치평가와 달리 가치해석 쪽은 대상에 대해 우리가 '애매하고 막연하게 느끼고 있는 것'의 '불명확한 베일'을 거두어내 '확실한 윤곽'을 가진 것으로 의식화하는 것인데, 그것 자체가 '가치를 내리거나 암시하는' 것은 아니다. 오히려 우리가 자신의 가치평가가 대상의 무엇에 대해, 어떤 요소에 향해 있는가를 객관적으로 밝히는 것이다. 마르크스의 《자본론》이나 괴테의 《파우스트》를 생각해 보면 명백한 것처럼, 우리가 그것들에 대해 내릴 수 있는 가치평가—대상의 어떤 부분을 어떤 의미에서 긍정(부정)하는가는 다양하다. 이 '부분'을 가치판단 그 자체가 아닌 가치판단이 향해진 '부분'을 제시하는 것이 '가치해석'의 작업이다.

비유적으로 다음과 같이 말할 수 있으리라. 우리가 어떤 사람을 '바람직하다'고 가치판단할 경우, 거기서는 논리적으로 다른 두 가지가 이루어지고 있다. 하나는 말할 필요도 없이 '바람직하다'고 하는 가치판단이고, 다른 하나는 그 사람의 '무엇이' 바람직한가에 대한 (지적인) 판단이다. 예컨대 아무리 작은 약속도 결코 어기지 않는다, 씀씀이가 시원시원하다, 다른 사람을 잘 믿는다…… 등과 같은 판단이다. 이것은 가치평가가 아니라 가치의 대상에 대한 사실판단이다. 그 증거로 이 판단은 반대로 부정적 가치판단의 가치해석 내용일 수도 있다. —가령 완고하고 고지식해 융통성이 없다, 씀씀이가 헤프다, 다른 사람에게 잘 속아 넘어간다…… 등이다.

가치해석이라는 작업이 이뤄지고 있는 것은 대상에 대한 가치평가 자체가 아니라 '평가의 가능적인 입장과 착안점을 발견하는 것', '대상과 가치가 어떻게 관련되어 있는지, 그 모든 가능성'을 밝히는 것이다.

가치평가의 표현이 아닌 인과관련

다음으로 인과 인식도 가치판단과 구별된 사실판단이라는 점에 대해, 또는 같은 말인데 이념형도 가치판단의 표명이 아니라고 하는 것에 대해 살펴보자.

사실의 단순한 인과연관을 알고자 할 때에도 가치판단이 개입하여 인식을 일그러뜨릴 가능성이 있음을 베버는 인정하고 있다. 결국 '인과연관의 결과를 보면 개인의 이상이 실현되는 기회 곧, 무언가 있을 만한 특정한 일에 의욕적일 수 있는 가망성이 적은가 많은가를 알 수 있게 된다.'(〈객관성〉논문)에서 우리는 자신의 가치판단에 있어 형편 좋은 인과연관을 중요한 것으로 간주하려는 경향이 있기 때문이다.

그러나 '역사적 개체=이념형'은 가치판단의 표현이 아니며 또한 그래서는 안 된다.

'이념형'은 평가적으로 판단하는 것과는 전혀 관계가 없다. '그것은 순논리적 "완전성" 이외의 것과는 전혀 관련성을 갖지 않는다.'(〈객관성〉논문)

예컨대, 이념형으로 구성된 '원인'도 그 자체, 연구자의 '평가'를 포함한 것은 아니다. 그것은 특정 '역사적 개체'와는 인과관계라고 하는 의미에서 구성된 것이다. 베버는 〈프로테스탄티즘 윤리와 자본주의 정신〉에서, 근대 서유럽 자본주의 정신의 형성에 대해 그리스도교 사상이 얼마만큼 인과적 의의를 가졌는가 하는 문제를 검토한다. 거기서 다루고 있는 루터주의나 칼뱅주의, 가톨리시즘은 위와 같은 관점에서 보면 중요한 한 측면만을 끄집어내어 구성된 것이다. 그리고 거기서는 '자본주의 정신'에 대한 인과적 의의점에서 칼뱅주의가 가장 높게 '평가'되고, 루터주의나 가톨리시즘의 '평가'는 낮았다. 그러나 이것은 결코 거기서 이 그리스도교 사상의 '전체=본질'이 '가치평가'된 것은 아니다. 앞서 예시된 것들은 '자본주의 정신'으로의 '인과적인' 의미평가에 지나지 않는다.

같은 사항이 다음에도 꼭 들어맞는다. 베버는 '종교사회학'에서 동양과 서양을 비교하면서, 동양에 존재하지 않았던 것을 제출하고 있다. ―예컨대 '합리적 예언', '도시', '시민' 등―이것을 그가 동양보다 서양이 본질적으로 뛰어나다고 가치평가하고 있다고 해석하는 것은 옳지 않다. 그것은 '방법적' 한정이자, 이 같은 한정은 어떤 입장에서의 과학적 인식도 예외 없이 존재하는 성질로 불가피한 것이었다.

물론 칼뱅주의든 루터주의든 대체로 종교나 사상은 궁극적 진리로 신앙,

가치판단의 대상이고 인식의 대상은 아니다. 그러나 이것은 앞서 언급한 사항이 경험과학의 차원에서 인과적 영향의 고찰 대상이 되지 않음을 의미하지 않는다.

'하나의 종교를 신봉하는 신학자들이 보기에 가치 있는 것일지라도, 필자의 이 연구에서는 가치가 없을 수도 있다. 필자가 문제로 삼고 있는 것은—종교 측의 가치판단에 따르면—인류의 종교 생활 가운데 외적으로 친근한 측면인 경우가 많은데, 종교에는 이런 측면 역시 분명히 존재했던 것이다. ……'(《프로테스탄티즘 윤리와 자본주의 정신》)

괴테(1749~1832)
독일의 시인·극작가·정치가·과학자.

당위를 끄집어 낼 수 없는 사회과학의 언명

세 번째는 사회과학의 언명에서 직접 당위의 언명을 끄집어 낼 수 없다는 것이다.

이 점은 사실의 확정을 기초로 당위(當爲 : 마땅히 행하여야 할 일이라고 요구되는 것) 제출을 과제로 하는 사회정책에서 특히 관련 깊은 것이기에, 베버는 일찍이 1895년 교수 취임강연 〈국민국가와 경제정책〉에서 당위 제출에서의 가치기준 명시라는 형태로 이 문제를 설명했다.

그는 여기에서 '국민경제상의 여러 현상을 판단할 때에 나타나는 개인적인 ……주관적인 입장'을 명백히 할 것을 언명한다. 그리고 정책이라고 하는 것이 사실분석(사실판단)에서 저절로(논리적 틈새 없이) 끄집어 낼 수 있는 것은 아니라고 강조한다.

당시 학계는 여러 경제 현상을 판단할 때 가치기준의 필요성을 느끼지 못했으므로, 경제학은 그 소재에서 직접 이상(=정책)을 끄집어 낼 수 있다고 믿었다. 이 사항이 잊혀지고 의식적인 자기통제가 결여되어 자기 자신의 판단 안에 포함되어 있는 모순(사실에서 당위가 꺼내져 있고 그곳에는 틈새가 있다고 하는 것)이 의식되지 않은 결과, 우리에게 자각적인 가치판단을 내리지 않고 할 수 있다고 하는 환상이 생성되어 결국엔 반성에 의해 조절되지 않는 본능이나 반감의 포로가 되어버린다고 그는 지적하고 있다.

가치판단의 우위

과학적 언명은 사실판단이지 가치판단이 아니므로, 이 둘을 구별하는 '가치자유'적인 태도가 요구된다. 그러나 앞의 설명에 따라 학자에게 가치판단을 내릴 필요 없고, 그 자격도 없다는 결론을 끄집어 내는 것은 어떤 의미에서나 착오다.

이미 명백해진 것처럼 사회과학적 인식은 가치이념(판단)에 의해 처음으로 대상이 결정된다. 즉 가치판단으로 인해 인식이 촉구된다. 그 의미에서 앞에서 설명한 이를테면 '가치에서의 자유'는 가치판단의 존재(가치로의 자유) 다음에 올 것으로, 그 반대는 아니라고 말해야 한다. 가치판단이 선행하여 존재하고 있기 때문에 그것과 사실판단을 구별하라는 요구가 필요하게 된 것이다.

역사적 개인의 선택·구성에서 가치이념이 작용하고 있음은 이미 충분히 설명하였으므로 여기서는 재차 언급하지 않겠다.

인과인식의 경우에 대해서는, 예컨대 가치판단·사상의 차원으로 말하자면 베버에게 있어 청교도(Puritan)의 금욕은 오직 서유럽 근대 자본주의의 성립에 대해 중요한 인과적 의의를 가지며, 역사연구의 한 대상물로 머무르는 것은 결코 아닐 것이다. 피조물의 권위나 혹은 전통적인 신성함을 고려하지 않고, 그것을 파괴하여 자신의 절대가치를 믿으며 그것을 철저히 살린 청교도의 행동과 가치는 세속화된 형태 그대로 그의 세계관과 깊이 결부되어 있다고 여겨진다. 그렇기 때문에 그는 그것을 과학적 인식의 대상으로 채택할 수밖에 없었을 것이다.

또한 앞에 제시된 사회정책 차원에서 가치판단이 중요 역할을 연기하고 있다는 것은 두말할 나위 없다. 필요한 것은 '구별하는 것'이다. 이 점만 지켜진다면 실천적 태도 결정은 단순히 '무해할 뿐만 아니라, 직접 유용하며 오히려 그것이 요청되는 일조차 일어날 수 있다.' 왜냐하면 입법자의 실천적 제안에 대한 과학적 비판은 '모름지기 자기 자신의 가치기준과 대결하게 함

으로 인해서만 분명하고 명확한 방식으로 이루어질 수 있기 때문이다.'(《객관성》논문)

지고가치와 '인격'의 정의

'가치로의 자유'에 대해 더욱 중요한 사항을 짚고 가야 할 것이다. '가치로의 자유'에서 선행의 강조는 단순히 그것이 학문적 인식으로 의미를 부여하기 때문이라고 하는 이유에 그치지 않는다. 베버에게 그것은 '인격'의 정의와 관련된 것이다. 베버에게 인식의 세계는 지상(至上)의 것이 아니었기에 인식을 낳는 것에 유용하는 이유만으로 가치평가를 요구한 것은 아니었다. 또한 가치에서의 자유 요구는 단순히 객관적인 인식을 지키기 위해서만 제출된 것은 아니다. 그것은 그의 '인격' 개념과 밀접하게 결부되어 있었다.

베버에게 가치평가 영역은 인식 영역과 같다기보다 그 이상 고유의 존엄, 결국에 학문의 힘이 미칠 수 없는 자율성을 가진 영역이다. 인간의 삶을 근원에서 그것도 항상(恒常)적으로 방향 짓는 것, 인간의 모든 행위에 통일적 의미를 부여하는 것, 그것이야말로 가치평가인 것이다.

'우리 행위를 규정하고 우리 삶에 의미와 의식을 부여하는 '인격'의 가장 깊은 곳에 있는 요소, 즉 최고 궁극의 가치판단'(《객관성》논문)', '특정의 궁극적 "가치"와 삶의 "의의"—이것들은 앞에서 언급한 인격의 행위 안에서 스스로가 목적으로 변화해서, 목적론적으로 합리적인 행위로 변화된다—에 대응하는, 항상적인 내적 관계 안에서 그 "본질"을 발견해 낼 수 있는 인격 개념'(《로셔와 크니스》)이라는 베버의 표현에서 그 의미가 명백해진다.

따라서 앞서 다룬 '가치치유'의 요구는 이처럼 실천적 가치적 세계를 과학—의 부당한 개입—에서 지키는 것도 표현한 것이라고 생각해 볼 수 있다.

'그것은 한편에서 사이비 과학에 기초한 가치적 태도에 대항하여 인격의 영역을 지키는 데 유용하고, 다른 방면에서는 고의적으로 과학 안에 반입되는 가치적 입장에서 과학을 멀리하는 데 유용하다.'(몸젠《막스 베버—사회·정치·역사》)

과학이 전제되어—또한 후에 분명해지듯 목적으로 한—입각하고 있는 가치의 세계는 과학이 해결할 수 있는 영역이 아니다. 경험과학의 세계는 지식·가설의 체계로, 인간에게 있어 지고(至高 : 더할 수 없이 높음)의—베버가 가정하는—

가치·실천의 세계에 대해서는 최종적으로 침묵할 수밖에 없다. 규범을 과학적으로 증명하는 것이 가능하다는 신앙을 베버는 철저히 부정하였다. 베버는 이 같은 가치평가의 세계를 인식의 세계 위에 놓는다. 이것은 그의 학문론 의미를 이해하는 데 결정적인 중요한 점이다.

그는 과학적으로 증명 가능한 '옳은' 이상이 있다는 사상을 멀리하였다. 그러나 그것은 '당위의 문제를 과소평가하기 때문이 아니다.' 그 반대이다. '당위'라고 하는 '어떤 의미에서 인간의 마음을 움직일 수 있는 최고의 문제가 기술적·경제적 '생산성'의 문제로 변화되어, 경제학과 같이 하나의 특수학과의 토론 대상이 되는 것에 견딜 수 없기 때문이다.'(1909년 사회 정책학회 빈 대회에서 발언)

이 '지고의 가치'는 원리적이고 경험적 사실에 의해 부정도 긍정도 되지 않는 것으로, 각자가 자신의 책임에서 만들어 내고 유지해야만 하는 것이다.

'무엇 때문에 사람이 가치평가해야 하는가는 결코 객관적으로 이유가 부연되는 사항이 아니다. 인간은 살아 있는 한 가치평가를 내린다. 인간은 그 가치평가를 명백히 밝혀 정식화하고, 객관화할 수 있다. 그러나 우선 가치평가가 그곳에 있고, 경험된 것이어야 한다.'(야스퍼스 《세계관의 심리학》)

경험과학적 인식 타당성의 근거를 명확하게 하고자 했던 베버의 노력은 동시에 경험과학의 할 수 없는 것, 최고의 가치영역이 존재하는 것의 확인 노력이었다.

베버에 대해서 누차 사상의 '상대주의' 이름이─부정적 함의(含意)로─부여되는데 그것이 반드시 옳지 않다함은 명확하다.

베버에 따르면 특정의 가치 처음과 끝에 일관해 자기를 구속하는 것─그것이 '인격' 증명이다─은 논리적으로 다른 가치를 인정하지 않는 것을 의미한다. 원리상 거기에 타협의 여지가 없다. '여러 가치의 갈등'을 말하는 것은 이 같은 가치로의 신념을 전제하는 것이다. 다만 저마다에게 절대적이며 하나뿐인 이와 같은 가치는 어떠한 것이든─그것이 '가치'인 한─과학적으로 '옳다'는 것을 증명할 수 없다. 그와 같은 의미에서 '상대적'이라고 하는 것이다.

어쨌든 사실인식에서 직접적으로 가치판단을 끄집어 낼 수 없다는 그의 주장은 단순히 논리적·인식론적인 이유에 의한 것이 아니라고 말할 수 있다. 그것은 앞에서 말한 '인격' 개념에서—궁극적 진리로는 완전히 이제부터—유래하는 것이라 생각할 수 있으리라.

야스퍼스(1883~1969)
독일의 철학자.

인식과 가치판단의 동시적 추구

사실판단에서 당위를 논리적 틈(gap) 없이 끄집어 낼 수 있다는 착각은 가치의 주체적 선택의 불가피성을 잊게 하고 현실로의 수동적 적응을 '옳은' 태도로서 지시하는 것이리라. 그와 같은 태도를 베버는 부정한다.

그렇다고 가령 변화하기 어려운 '발전경향'이 확인되었다고 해도, 거기에서 그런 까닭에 그 발전경향에 따라 편승하는 것이 '옳다'고는 할 수 없다. 또한 베버가 사회주의 사상을 과학적 근거에 의해 궁극의 승리를 약속하는 이른바 '사이비 과학적 의상' (몸젠, 앞의 책)을 두르고 나타나는 동안에는 멀리하면서, 스스로 긍정한 이상을 살린 사회주의자에 대해서 경의를 표하는 것은 그 때문이다.

이로써 베버가 사실을 보는 학문적 인식의 세계와 이상적인 가치·실천의 세계를 나누고, 스스로 동등하게 그 영역의 삶을 살았음이 명확히 밝혀졌다. 자기의 가치관에 의해 흩뜨리는 일 없이 엄정하고 객관적인 인식과 외부의 사실에 좌우되는 일 없는 자율적 가치의 동시적 추구. '혼신의 힘을 다해 환영을 품지 않는 냉정함을 얻고, 자기 이상을 굳게 믿고서 끊임없이 헌신하는 것.'(마리안네 베버《막스 베버》) 이것이 그 자신 및 모든 인간에 대한 요구였다.

그렇다면 베버는 왜 서로 다른 성질의 두 사항을 동시에 이루길 요구한 것인가 되묻게 된다. 이 요구가 진정한 의미를 가질 수 있는 것은, 두 사항이 그의 인격 안에서 서로 다름을 필요로 하는 것으로서 결합되어 있는 경우뿐이다. ①인식에서 가치평가가 왜 필요한가. ②가치평가에서 인식이 왜 필요한가. 이 질문에 대한 해답을 가지고 있지 않으면 두 가지를 동시에 요구할 수 없다. ①에 대해서는 이미 설명하였다. 현실에 대한 가치평가(이념)야말로 문제설정의 원천이다. 그럼 가치평가에 대한 인식은 어떠한 의미로 필요한 것인가. 그것은 가치평가에 대해 어떤 '유용함'을 이룰 수 있는가.

근대과학은 목표를 사실 확인과 인과인식이라는 엄격한 경험적 인식에 한정하였다. 베버에 따르면, 그 결과 학문이라는 것은 이미 '참된 존재로의 길', '참된 예술의 길', '참된 자연으로의 길', '참된 신으로의 길', '참된 행복으로의 길'로 통하는 것을 그만두었다. (톨스토이의 답은 다음과 같습니다. "학문은 의미가 없다. 왜냐하면 학문은 우리에게 가장 중요한 문제, 즉 '우리는 윤리적·당위적으로 어떻게 살아야 하는가?' 이 문제에 대해 어떤 답도 주지 못하기 때문이다."(《직업으로서의 학문》))

그럼 학문은 자기 안에서 자기만족하고, 진리가치의 전제 기초로 끝없이 지식을 쌓아갈 뿐이며, 가치로의 '유용함'을 달성하는 것이 아닌 것인가.

베버는 그렇게 생각하지 않았다. 마지막으로 이 문제를 고찰해 보자.

책임윤리—가치판단과 사실판단의 통일

가치분석 방법

가치판단에서 인식은 어떤 의미가 있는가, 이 문제를 생각할 때 첫 실마리는 '가치분석'—가치의 과학적인 취급에 있다.

가치를 '대상'으로서—앞에서 가치는 과학적 취급 대상이 아닌 학문적 인식을 촉구하는 '주체'였다—과학적으로 취급될 수 있는 가능성은 다음과 같이 정리되었다. (《객관성》 논문, 〈가치자유〉 논문, 〈직업으로서의 학문〉) 구체적인 가치판단을 대상으로 한 과학은

①그것을 비경험적인 이념으로, 그것이 보다 상위 또는 궁극의 어떠한 가치와 운동하고 있는가, 혹은 그 궁극적 가치가 다른 궁극적 가치와 어떠한 관계에 있는가(그리고 그 궁극적 가치에서 어떤 특정의 가치판단이 귀속하는가)라는 것처럼, 말하자면 가치론적인 정합성을 검토한다.

②그것을 실제적 결과를 낳는 경험적인 '목적'으로서 그것이 실현되기 위해 필요한 수단은 무엇인가, 그리고 그 수단의 행사가 낳게 될 부수적 결과는 무엇인가. 이처럼 이를테면 목적론적인 정합성을 검토한다.

이 두 가지는 과학이라고는 말하나 서로 다른 것이다. 즉, 전자는 타당한 의미의 관련을 더듬어 가는 규범과학의 작업이고, 후자는 존재하는 사실의 관련을 더듬어 가는 경험과학의 작업이다. 이 후자의 작업에 앞에서 설명된 바와 같이 경험적 지식이 사용된다. (②의 가치분석은 광의의 '외계의 컨트롤'이라고 하는 것이 가능할 것이다. 결국 인과인식의 욕구의 원천으로서 먼저 예를 든 '가치해석의 완수' 외에 이 '외계의 컨트롤'이라고 하는 실천적 이유를 예로 든 것이 가능할 것이다)

이들의 가치분석은 대상인 가치판단을 '있는 것'으로 하여 취급하고, '있어야 할 것'으로 하여 취급하지 않았다.

①에서 궁극적인 가치를 명백히 밝히는 것은 결코 그것을 공유한다는 의미에서의 승인을 의미하지 않는다. 여기서 이해할 것은 '승인한다'를 의미하지 않으며, 어떤 궁극적 가치를 선택하라고 가르치는 것도 아니라는 것이다. 단순히 형식 논리적으로 '특정의 목적=가치판단과 궁극적가치', 이를테면 의미적인 관련을 명확히 밝히고 있을 뿐이다. 그렇기 때문에 여기에서 과학은 논리적인 모순을 포함하지 않는('논리학의 규칙의 타당성') 어떠한 가치판단도 부정할 수 없다.

그러나 그렇다고 해서 이것이 가치판단의 '수정'으로 영향을 끼치지 않는다는 의미는 아니다.

가치분석에 의한 가치판단의 '수정'

우리는 구체적 개별적인 문제에 각각의 가치판단을 내리고 살아가는데 이 경우, 개별적인 가치판단의 전체가 지향하고 있는 이를테면 궁극적 가치판단이 의식되고 있다는 것은 많지 않을 것이다. 의식되고 있어도 그것이 반드시 의미론적으로 바르게 꺼내지고 있다고는 할 수 없으리라. 가치분석은 이것을 명백히 밝힐 수 있고, '잘못' 꺼내진 구체적인 가치판단이 '수정'됨도 가능하리라.

그러나 이것은 경험적 사실의 확인이 가치판단에 어떻게 유용한가, 이에 대한 답은 아니다. 그것은 ②의 경우이다.

②의 경우에도 가치분석은 필요한 수단이나 부차적 결과를 명확히 밝힐 뿐으로, 가령 부차적 결과의 의의를 어느 정도로 생각하고 어떤 수단을 최종적으로 취할 것인지는 과학 외 가치판단의 영역의 일이다. 과학은 하나의 '목적=가치판단'의 경험적 여러 귀결을 서로 엇바꿔 칭량(稱量 : 사정이나 형편을 헤아림/)하는 것은 가능하나, 칭량에 근거한 최종적 결단은 달성할 수 없다. 바꿔 말하면 과학적으로 '옳은' 최종적 결단이라는 것은 없고, 그것은 개개인이 주체적으로 선택할 수밖에 없는 것이다.

이것을 전제한 후에 이 경우도 가치판단이 '수정'된 경우로서 다음의 경우를 생각할 수 있다.

①목적을 이루기에 알맞은 수단이 없고, 목적을 이룰 수 없을 것 같은 경우.

②처음에 의도하지 않은 부차적 결과 발생 가능성이 밝혀져 목적 수행을 망설이게 하는 경우.

이 같은 경우에는 목적·수단·부수적 결과·궁극적 가치의 정체 관련을 재고하여 '처음 목적=가치판단'이 변경되는 것이 당연히 있을 수 있다.

이때에는 틀림없이 사실인식이 가치판단에 '유용함'이라고 하는 것이 가능하리라.

인식과 가치판단에 대한 베버의 준엄한 논리적 구별을 파악하여 베버가 두 가지 사물을 너무 멀리한 결과, 학문은 가치평가에 대한 어떠한 효력도 갖지 못하게 되고 예컨대 정치적·실천적 입장에 대한 과학적 검토의 통로가 닫혀버려, 정치는 완전하게 비합리적인 결단이라는 투쟁의 영역으로 한정되어버린다는 비판이 부여되었다. 그러나 그것이 반드시 옳지 않다고 하는 것은 앞선 설명에서 분명히 생각할 수 있다.

심정윤리와 책임윤리

그렇지만 가치판단이 이처럼 경험적 지식에 의해 영향을 받는다는 것은 사실 결코 자명한 일이 아니다. 그것은 어느 '입장'을 선택하는 것에 따라 비로소 가능케 되는 것이다.

위 사항은, 행위를 할 때, 목적에 어울리는—즉 실현에 가장 유효한—수단을 생각하여 그 수단의 행사가 빚어낸 부수적 결과를 고려한 뒤에 다시금 처음 목적을 검토하고 필요하다면 변경하는 조작은, 자신의 행위에서 생성될 것이라는 경험적인 모든 결과에 대한 자신의 책임을 인정한다는 입장에서 비로소 의미 있는 작업 바로 그것이기 때문이다.

결과는 어떠하든, 목적 그 자체의 가치, 수단 그 자체에 내포되어 있는 가치만이 중요하다는 입장을 선택하면, 가치론적인 정합성을 검토하는 ①의 조작은 필요하여도 ②와 같은 경험적 지식에 근거한 목적론적인 비판은 반드시 의미를 갖지 않을 것이다. 베버는 이 입장을 '심정윤리'라 일컬으며, 그것과 대조적인 '책임윤리'와 원리적(=논리적) 대립을 설명하고 있다. (《직업으로서의 정치》)

모든 윤리적인 방향을 가지는 행위는 두 가지의 '근본적으로 다르다, 조정하기 까다롭게 대립한다.' 원리, '심정윤리'와 '책임윤리'의 근본에 서 있다.

'그리스도교는 바르게 행동하고, 결과를 신에게 맡긴다'고 하는 말에 집약할 수 있는 심리윤리에 따라 행위할 것인가, 대조적으로 결과에 대한 책임을 자각하고 행위할 것인가 하는 '측정하기 힘들 만큼 깊은 대립'을 행하고 있다.

물론 심정윤리의 대립에 선 사람이 '무책임'하단 말은 아니다. 다만 그는 일어날 수 있는 결과에 대해서가 아닌 '순수한 심정의 불꽃'에 대해 책임을 느끼는 것이다. 반대로 책임윤리의 입장을 취한 인간은 수단에 결정(結晶)하고 있는 '좋은 의도'에 더욱 결과를 중시하고 결과에 대해 책임을 부담하고자 한다.

다음의 '가치합리적 행위'를 '심리윤리적 행위,' '목적합리적 행위'를 '책임윤리적 행위'로 바꿔 놓을 수 있다. '순수 가치 합리적으로 행위 하는 인간이란, 예상되는 결과를 무시하고 의무·체면·미·교양·신뢰와 상관없이 자신에게 명령된 것의 의의를 믿기 때문에 행위 하는 인간이다. 가치 합리적인 행위는 언제나 행위자가 부여받았다고 믿는 명령과 요구에 따르는 행위이다.' '목적 합리적으로 행위 하는 인간이란, 목적·수단·부수적 결과에 따라 자기 행위를 결정하고, 목적과 수단, 부수적 결과와 목적, 나아가 여러 목적의 상호관계까지 합리적으로 헤아려 어떠한 경우에도 감정적(특히 정서적) 또는 전통적으로 행위 하지 않는 인간이다.'(《사회학 근본개념》)

책임윤리의 입장

물론 이 두 행위의 어느 쪽이 '옳다'라는 것은 과학적으로 결정할 수 없다. 어느 쪽으로 입장을 선택하면 논리적으로 그것이 또 다른 하나의 입장과 서로 대립·모순될 수밖에 없게 된다. 다소 풍자적(caricature)인 예가 되나, 과격한 조합주의자(Syndicaliste)에게 "당신의 행위는 반동 기회를 높이고 당신 계급에 대한 압박을 격심하게 하는 것이오"라고 말한다 해도 설득할 수 없을 것이다. 또, 냉엄한 권력정치가에게 "당신의 행위는 비윤리적이오"라고 선언하여도 어떠한 도움도 되지 않을 것이다. 어떤 '비판'도 그들의 행동을 뒷받침하는 윤리적 입장 그 자체로의 내재적 비판은 있을 수 없기 때문이다.

그러나 여기서 중요한 것은, 다름 아닌 책임윤리 입장이야말로 스스로 행위의 여러 결과를 예상하고 목적·수단·부차적 결과·궁극적 가치를 고량하면서 행위하는 것을 내포하고, 이리하여 전술의 가치분석 ②를—보다 일반적으로 말해 경험과학적 지식을 불가결한 것으로서 포함한다고 말하는 점이다. (이에 대해, 심정윤리의 입장은 가치분석의 ①은 필요로 하여도 ②는 필요로 하지 않으리라)

책임윤리 입장을 취할 경우에 처음, 사실인식과 가치판단이라는 다른 차원인 존재가 '인격' 안에서 완전하게 이질의 체계인 것을 멈추고 '통일'된다.

이 책임윤리의 입장에 서게 되면 가치자유적인 태도가 요청되지 않고, 가치판단이 사실판단 속에 한데 섞여 인식의 보편적 타당성이 위협받게 되면 적당한 수단의 인식이나 행위의 결과 예견이 불가능해진다. 따라서 행위 결과에 대한 책임을 애매한 것으로 해버린다는 자기 세계관적 입장상 중대한 귀결을 일으키는 것이 된다.

이것은 명백히 밝혀진 하나의 '입장'이다. 그러나 이 입장은 베버 개인의 것임과 동시에 현실에 의한 근거지어진 것이라고도 말할 수 있다. 왜냐하면 합리화된 근대 유럽이라는, 서유럽인에게 있어 피할 수 없는 역사적 소여(所與 : 이의 없이 받아들이게 되는 사실·원리) (요컨대 베버가 분석한 세계의 측면)에서 사는 사람은 단순한 당위가 아닌 능력—실현 가능한 당위와 그것에 어울리는 수단의 인식—을 내포한 당위가 실제상 요구되고 있기 때문이리라. '베버의 입장에서 볼 때 가치자유적 경험과학과 책임윤리적 정치행위는, 이 주술로부터 해방된 세계의 조건 아래에서는 대립적인 것이다.'(W. 슐르후터 《가치자유와 책임윤리》)

'책임윤리'의 입장에서 경험과학적 인식은 '행위＝가치판단'과 직접적 결부된다. 여기서는 '아는 사람'과 '행하는 사람'이 그 목표는 다르다고 해도, 내면적인 구조—지식과 가치판단의 상호관계—에 있어서 일치한다. '무엇을 위한 학문인가'라는 물음은 베버의 사회과학 방법론에 이르러 여기서 소멸하는 것이다.

'책임윤리'와 '심정윤리'의 내용과 이들 관계에 대한 베버의 생각은 여기서 설명할 만큼 단순한 것은 아니다. 특히 여기선 두 윤리의 궁극적 통일이 〈직업으로서의 정치〉 논문의 참된 결론임을 덧붙여 두어야 할 것이다. (심정윤리와 책임윤리는 절대적인 대립물이 아닌, 오히려 서로 모자라는 부분을 보충하여 정치를 천직으로 가질 수 있는 참된 인간을 만들어 내는 것이다)

이 '상호보완'을 어떻게 해석할까에 대해 여기서 상세히 서술할 수는 없다.

여기서는 단지 다음 부분만 기록해 두고 싶다. 즉 이 두 윤리는 각각, 책임윤리의 풍자적(목적을 막론한 수단의 합리성만을 고려한 현실 순응의 이데올로기), 진정한 책임윤리(궁극적 가치·목적·수단·부수적 결과의 서로 간 헤아림에 근거한 수단의 합목적성의 중시), 극단적인 심정윤리(세속의 전 부정), 책임윤리에 근거한 심정윤리(궁극적 가치·목적·수단·부수적 결과의 서로 간 헤아림에 근거한 수단의 가치 중시)라는 식으로 세분화되고, 게다가 진정한 책임윤리와, 책임윤리에 접근한 심정윤리와 함께 경제과학적 지식을 내포한 두 가지의 가능한 태도라고 하는 의미에서 '상호보완'의 관계가 선다고 하는 방식의 해석도 가능한 것은 아닐까 생각해 본다.

막스 베버 연보

1864년   4월 21일 아버지 막스 빌헬름·어머니 헬레네 사이의 맏아들
                로 튀링겐 지방 에르푸르트에서 태어남.

1866년(2세)   뇌막염을 앓음.

1868년(4세)   남동생 알프레드 태어남.

1869년(5세)   베를린으로 이사.

1872년(8세)   카이제린 아우구스타 김나지움에 입학. 아버지, 독일제국 의
                회의 국민자유당 의원이 됨.

1876년(12세)   폭넓은 독서를 바탕으로 〈황제와 교황의 지위를 중심으로 본
                독일사의 경과에 관해서〉와 〈나 자신의 하잘것없는 자아 및
                부모형제에게 바침〉이라는 수필 두 편을 씀.

1882년(18세)   하이델베르크 대학교에서 법학을 중심으로 역사학·경제학·철
                학 등을 공부함.

1883년(19세)   병역기간 중, 스트라스부르에서 이모부 헤르만 바움가르텐
                일가와 가까이지냄.

1886년(22세)   사법관 시보가 되어, 베를린 샤를로텐부르크에 있는 집에서
                부모님과 함께 지냄. 베를린 대학교의 골트슈미트, 마이첸과
                함께 연구를 이어감.

1888년(24세)   사회정책학회 회원이 됨.

1889년(25세)   〈남유럽 문헌에 의한 중세 상사회사의 역사〉로 베를린 대학
                교에서 박사 학위를 취득.

1891년(27세)   〈로마농업사, 공법 및 사법에 대한 의의〉로 베를린 대학교
                교수자격 취득.

1892년(28세)   《독일 엘베 강 이동지역에서의 농업노동자 사정》간행. 베를
                린 대학교에서 로마법과 상법·독일법 강의.

1893년(29세) 육촌 마리안네와 결혼.

1894년(30세) 프라이부르크 대학교 경제학 교수로 취임하여, 가을에 그곳
으로 이주하여 개강. 〈독일 엘베 강 농업노동자 상태의 발전
경향〉〈거래소—목적과 조직〉 발표.

1895년(31세) 5월, 교수취임 강연 〈국민국가와 경제정책〉을 발표. 8~10월
영국과 스코틀랜드를 여행.

1896년(32세) 〈거래소—거래소거래〉〈고대문화 몰락의 사회적 원인〉 발
표.

1897년(33세) 하이델베르크 대학교에 초빙됨(다음 해에 취임). 7월, 하이델
베르크에서 아버지와 격론을 벌인 다음 달, 아버지 객사. 신
경질환 징후가 나타남.

1898년(34세) 병세 악화. 봄, 레만 호에서 요양. 여름, 보덴 호반의 요양
소에 들어감. 겨울 침체 상태에 빠져듦.

1899년(35세) 여름 학기를 휴강. 가을 강의 재개 후 다시 발병. 겨울, 사
표 제출하나 수리되지 않고 장기 휴가가 인정됨.

1900년(36세) 7월, 우라흐(프라이부르크)에서 요양. 가을에서 겨울은 코르시
카에서 지냄.

1901년(37세) 이탈리아와 스위스에서 요양.

1902년(38세) 다시 사표 제출. 4월, 하이델베르크로 돌아와 집필 활동 재
개.

1903년(39세) 교수직을 사임하고 명예교수가 됨. 〈로셔와 크니스〉 제1부
발표.

1904년 (40세) 〈사회과학과 사회정책 잡지〉의 편집을 좀바르트와 함께 추
진, 같은 잡지에 〈사회과학적 및 사회정책적 인식의 객관성〉
〈프로이센 세습재산의 농업통계·사회정책적 고찰〉〈옛 게르
만 사회제도의 성격을 둘러싼 논쟁〉을 발표. 미국을 방문.
〈프로테스탄티즘 윤리와 자본주의 정신〉을 〈경제학·통계연
보〉에 발표.

1905년(41세) 단기간에 러시아어를 익히고, 혁명 경과를 뒤좇음.

1906년(42세) 〈러시아에서의 부르주아 민주주의 현 상황〉〈러시아, 의사

(擬似) 입헌제 이행〉을 발표.

1908년(44세)   공업노동자의 조사를 벌여, 이듬해에 걸쳐 사회정책학회의 조사를 위한 방법론적 논문을 집필.

1909년(45세)   〈공업노동의 심리물리학〉 논문 발표. 〈고대 농업사정〉의 대폭 증보. 《사회경제학 강좌》 감수자가 됨. 사회정책학회 빈 대회에 출석하고, '가치자유' 논쟁을 전개함.

1910년(46세)   독일사회학회를 설립. 트뢸치와 함께 팔렌슈타인 저택으로 옮겨 생활함.

1911년(47세)   뒷날 《경제와 사회》 제2부로 잘 알려진 원전의 많은 초고를 씀. 또한 《세계종교의 경제윤리》 연구에 착수함. 〈음악사회학〉 집필.

1912년(48세)   사회정책학회 우파의 방침을 둘러싼 분쟁을 수습하기 위해 〈사회정책에 대한 진보로 접근〉을 씀.

1913년(49세)   〈이해사회학의 약간의 범주에 관하여〉를 발표.

1914년(50세)   《사회경제학 강좌》 제1권 머리말 집필. 제1차 세계대전이 일어나자 지원하여 하이델베르크 예비군 육군병원위원회 임무를 맡음.

1915년(51세)   군복무 퇴임, 종교사회학 연구 재개. 이후 1918년까지 《세계종교의 경제윤리—서설》와 〈유교와 도교〉〈중간 고찰〉〈힌두교와 불교〉〈고대 유대교〉를 차례로 발표. 정치평론 활동을 활발하게 전개. 〈비스마르크의 대외정책과 현대〉를 발표.

1916년(52세)   〈강화(講和)로 접근〉〈두 개의 율법 사이〉〈유럽 열강과 독일〉 발표.

1917년(53세)   3월, 전쟁목적에 관련된 논의가 금지되어 이후 국내 정치로의 비판적 평론에 필봉(筆鋒)이 향함. 〈선거권에 관한 제국의 긴급법〉〈러시아 의사(擬似)민주주의로의 이행〉〈제국헌법 제9조의 개정〉〈사회학·경제학에서 가치자유의 의미〉〈독일에서의 선거법과 민주주의〉 등을 발표. 자유연맹 학생들에게 〈직업으로서의 학문〉 강연.

1918년(54세)   빈 대학교에서 객원교수로 〈유물사관의 적극적 비판〉 강연.

5월, 《신질서 독일 의회와 정부》 발간, 〈독일 장래의 국가형태〉 발표. 6월, 장교단에서 〈사회주의〉 강연. 패전 즈음 황제의 퇴위를 주장. 독일민주당에 참가. 12월, 신정부의 프로이스 내무장관의 헌법초안위원회에 참가. 연말부터 다음 해 1월에 걸쳐 민주당 선거활동을 전개.

1919년(55세) 새해 첫머리 민주당의 비례대표제 피선거자 명부의 상위 게재가 되지 않아, 정치활동 단념. 자유학생연맹 학생들에게 〈직업으로서의 정치〉 강연. 2월, 국회헌법안 심의를 주시하며, 〈라이비 대통령〉을 발표. 연합국의 독일 전쟁책임론에 반대함. 5월, 민간 강화대표단에 참가, 베르사유로 향함. 뮌헨 대학교 교수로 취임. 6월, 뮌헨으로 이주, 사회학의 범주론을 강연함. 《종교사회학 논집》 개정에 착수함. 10월, 어머니 헬레네 사망. 겨울 학기, 〈보편적 사회경제사 요론〉 강의.

1920년(56세) 겨울, 《서양의 몰락》의 저자 슈펭글러와 논의. 《경제와 사회》의 개념론에 착수. 4월, 막내 여동생 릴리 사망. 여름 학기, 〈국가사회학〉 강의. 6월 14일, 폐렴으로 사망. 《종교사회학 논집》 제1권 출판, 부인 마리안네에게 바침.

김현욱(金顯煜)

한국외국어대학 독어과 졸업. 오스트리아 빈대학 대학원 수학, 국제정치학 박사학위 취득.
미국 남오레곤주립대학 교수, 한국외국어대학, 단국대학교 대학원 교수, IPU 한국대표 지냄.
지은책으로 《이상과 현실을 바라보며》《용기있는 사람들》《한국과 한국인》 옮긴책으로 토마
스 모어 《유토피아》 존 스튜어트 밀 《자유론》 존 로크 《통치론》 미하엘 엔데 《짐 크노프》 등
이 있다.

세계사상전집038
Max Weber
DIE PROTESTANTISCHE ETHIK UND DER GEIST DES KAPITALISMUS
WISSENSCHAFT ALS BERUF/POLITIK ALS BERUF
SOZIOLOGISCHE GRUNDBEGRIFFE
프로테스탄티즘 윤리와 자본주의 정신
직업으로서의 학문/직업으로서의 정치/사회학 근본개념
막스 베버/김현욱 옮김
동서문화사창업60주년특별출판
1판 1쇄 발행/2016. 9. 9
1판 2쇄 발행/2020. 3. 1
발행인 고정일
발행처 동서문화사
창업 1956. 12. 12. 등록 16-3799
서울 중구 마른내로 144(쌍림동)
☎ 546-0331~6 Fax. 545-0331
www.dongsuhbook.com

＊

사업자등록번호 211-87-75330
ISBN 978-89-497-1446-2 04080
ISBN 978-89-497-1408-0 (세트)